JÉSUITES

Jean Lacouture

JÉSUITES

une multibiographie

1. Les Conquérants

Éditions du Seuil

ISBN 2-02-025847-1
(ISBN 2-02-025852-8, éd. complète en poche)

ISBN 2-02-012213-8 (tome 1, éd. brochée)
ISBN 2-02-013714-3 (tome 1, éd. reliée)

© Éditions du Seuil, octobre 1991

Avant-propos

L'immensité du sujet autant que la fragilité de ses titres à le traiter interdisent à l'auteur de proposer une Histoire des jésuites. Il ne s'agit donc ici que d'« histoires de jésuites », d'une série de chroniques aventureuses, choisies de façon arbitraire en fonction des centres d'intérêt, des aptitudes ou des manques, des goûts et des rêves d'un auteur aussi mal armé en matière de théologie que peu assuré sur le terrain de la morale et sous-informé à propos des rites…

D'où l'accent mis sur les personnages en tant que tels par un praticien de la biographie impatient de prendre quelque distance avec elle ou de tenter de l'élargir à telle ou telle collectivité, mais incapable de résister à certain type de fascination quand surgissent de l'enquête un Loyola ou un Xavier, un Laynez, un Ricci ou un Montoya. D'où aussi la prépondérance accordée à la politique qui a si longtemps fourni à l'auteur le matériau de ses recherches et de ses commentaires, et où il n'est pas toujours impertinent de situer les pères jésuites.

Ce livre qui doit comporter deux volumes, *Les Revenants* succédant aux *Conquérants*, est écrit par un laïc imbibé de culture chrétienne, modelé par neuf années de formation dans un collège des « pères » voici un demi-siècle. Empreinte indélébile ? Il ne le croit pas. Mais qui oserait dire qu'elle n'implique ni préjugés, ni réactions, ni réflexes ? On peut s'efforcer de dompter les uns ou de réguler les autres sans y parvenir.

Beaucoup jugeront cette approche d'un ordre religieux, et placé sous l'invocation directe du Christ, trop dénuée de références proprement catholiques. Il est vrai que l'auteur, incertain en ce domaine, a pris le parti de considérer moins les jésuites comme les instruments d'une volonté divine qu'ils prétendent

avant tout servir qu'en tant que témoins très actifs d'une grandeur humaine, d'un optimisme de la terre qui émane à l'évidence de leur histoire contrastée.

Les références au divin, on les trouvera moins dans les interventions de l'auteur que dans les innombrables textes cités,
d'Ignace de Loyola à Pedro Arrupe. Il en ressort à l'évidence
que l'histoire des jésuites, pour humaine qu'elle fût, et engagée
dans le « siècle », ne saurait être tout à fait assimilée à celle des
conquistadores, des fondateurs de l'Internationale ouvrière ou
des inventeurs du radium.

On comprendra peut-être que si l'auteur a choisi un tel sujet,
c'est parce qu'il a vu dans les fondateurs de la Société de Jésus
et ceux de leurs héritiers qui sont demeurés fidèles à leur message les pionniers d'une aventure humaine au sein d'un monde
pris en charge dans sa totalité, les tenants d'une dynamique
de vie qui cherche et exalte la gloire de Dieu à travers celle de
l'homme, et non dans l'exécration de la créature.

Qui pense que la personne humaine est d'abord ce qu'elle
fait ne peut manquer d'admirer une démarche fondée sur l'action au cœur de la vie – une vie déployée en méandres, contradictions, pratiques, rituels et coutumes avec lesquels il faut
compter, au prix d'innombrables accommodements. Lâcheté,
hypocrisie, ruse, fraude ? Seule la mort les exclut et les jésuites,
de face ou de biais, ont choisi la vie. Dans la vie, son infinie
pluralité ; dans les hommes, leur infinie diversité – celle des
êtres, des groupes, des ethnies, des cultures (« l'accès à la
vérité, dit l'un d'eux, Michel de Certeau, est conditionné par
la rencontre de l'Autre »).

Ce qui a conduit un ancien journaliste à consacrer tant
de mois à l'évocation rétrospective de cette étrange société de
prêtres, c'est qu'il n'a pu manquer de voir en eux des décou-
vreurs de mondes, d'êtres, de civilisations différents, des
mangeurs de cultures assez férus de l'homme, en ses contradictions, pour se faire ici et là « tout à tous », conquérants-
conquis pris dans les rets d'un dialogue sans fin, sinon sans
finalité, trop confiants en ses pouvoirs et en sa fertilité pour se
résigner à croire qu'une frontière, un rituel, une coutume borne
ou exclut.

L'homme n'est peut-être pas seulement ce qu'il fait – dans
une certaine lumière. Mais qui s'efforce de collecter, pour
le meilleur et pour le pire, les traits les plus significatifs de

l'histoire de cette compagnie ne peut manquer de constater la prépondérance qui s'y manifeste de l'initiative, de l'œuvre, de l'entreprise inscrite, *ad majorem Dei gloriam*, dans la lourde et trouble pâte de la vie.

J. L.

Note. Compte tenu de la pluralité et de l'imbrication des cultures impliquées dans l'histoire des jésuites, de l'évolution et de la fixation tardive des manières d'orthographier la plupart des prénoms et des patronymes (d'Ignatius à Ignacio et à Ignace), des usages dominants en la matière (François Xavier ayant supplanté, en France, Francisco de Javier), on a osé s'autoriser les choix les plus arbitraires, le plus souvent commandés par la pratique, en essayant de ne pas en faire un système. On écrit donc Ignace et non Ignacio (pour éviter le pédantisme), mais Diego plutôt que Jacques (Laynez) et Matteo plutôt que Mathieu (Ricci). Pardonne qui pourra...

CHAPITRE I

Le vagabond et l'inquisiteur

• *La décennie où l'Univers explose* • *Le boulet de Pampelune* • *Au jugement de la mule* • *Dans la caverne de Manrèse* • *Des* Exercices *à « faire »* • *Refoulé de Jérusalem* • *Une inclination à étudier* • *L'alumbrado d'Alcalá* • *Vers Paris, cité des arts* •

Un homme chemine seul, clopinant, le long de la rive du Llobregat, sur le « chemin royal » qui mène de Manrèse à Barcelone. Derrière lui, les hauteurs de grès en tuyau d'orgue du Montserrat, le « Mont scié », dressent vers le ciel leurs moignons de supplicié.

Le marcheur, petit, d'une maigreur affreuse, est mal couvert d'une sorte de tunique en toile de sac, râpeuse comme un cilice. Au bord de la route, les paysans catalans l'appellent l'*home del sac*. Il boite, la main crispée sur un bâton trop lourd. En bandoulière, une sacoche de peau. Un seul de ses pieds, le droit, est chaussé d'une espadrille. L'autre est nu, en sang.

Étrange tête. Un nez en forme de proue, des pommettes pointues, un front immense cerné de mèches de feu. Dans les orbites profondes le regard brille avec une intensité de forge. Le visage osseux, dissymétrique, comme calciné, est encadré d'une barbe roussâtre. Un silex crépitant d'éclairs fauves[*].

Jean-Baptiste, le farouche Iokanaan d'Oscar Wilde pataugeant le long du Jourdain, dut susciter parmi les Hébreux l'étonnement qu'éprouvent, sur le passage de ce vagabond hirsute, les bonnes gens de Catalogne et les hommes d'armes de l'em-

---

[*] L'iconographie classique en fait un pruneau. Mais les descriptions du jeune Loyola à la cour de Castille signalent ses « boucles blondes ».

pereur Charles – comme, beaucoup plus tard, les Arlésiens
voyant déambuler vers Saint-Rémy, dans son hallucination
solaire, Vincent Van Gogh. Un possédé, ce rouquin au regard
d'ailleurs ? Nous sommes encore en un temps où l'errant, le
vagabond, le gyrovague solitaire est tenu pour un diable.

Inigo Lopez de Loyola marche vers Jérusalem. Il vient de
loin déjà, de ses montagnes basques. Pense-t-il à quoi que ce
soit d'autre qu'au Saint-Sépulcre ? Marmonne-t-il, *in petto*, des
fragments de ces *Exercices spirituels* dont il vient de jeter sur
le papier, dans une grotte voisine, les premiers linéaments ?
Revit-il en pensée les visions sublimes ou terribles qui l'ont
hanté, des mois durant, sur les rives du Cardoner ?

Il ne pourrait en tout cas chasser d'une mémoire en feu
les trois premières décennies de sa vie dont les turbulences ont
nourri jusqu'à la nausée l'immense confession faite naguère,
pendant trois jours entiers, à un moine bénédictin de Montserrat. Des souvenirs de rapts et de stylets, de coups d'arquebuse
et de cours d'amour.

En ces temps où s'épanouit en Espagne l'humanisme érasmien, nul ne pourrait incarner avec un emportement plus minutieux le Moyen Age sur le déclin, et d'autant plus hanté
d'angoisses collectives, de supplices désirés et de quêtes éper-
dues que ne le fait ce pèlerin claudiquant vers des Lieux saints
aux mains des infidèles.

Sous la défroque et dans un style qu'il semble avoir empruntés aux profondeurs de la chrétienté des croisades et des macérations frénétiques, Inigo-à-la-jambe-courte est lancé dans le
plus imprévisible des voyages : il marche vers le Saint-Sépulcre
mais c'est bien au-delà qu'il a rendez-vous, avec une humanité
sans exclusion ni malédiction, avec un monde ouvert et sans
limites, avec une créature qui ne se verrait plus comme le crime
du Créateur mais comme un audacieux projet dont l'accomplissement serait son œuvre à lui aussi : l'homme. Ce qu'on
appelle, en somme, l'humanisme.

Ainsi le pèlerin hagard surgi du Moyen Age, l'*home del sac*,
est-il, sans le savoir encore, l'esquisse, le brouillon d'un homme
de la Renaissance.

Rien n'est plus vain que de tenter de tracer une frontière entre
deux époques, entre le Moyen Age et la Renaissance par

exemple. Le XVIe siècle crépite de signaux prérenaissants. Le XVIe résonne d'échos de la civilisation médiévale. Peut-on au moins parler de périodes charnières où s'opère une sorte de partage des eaux, quand bien même des reflux contredisent ici et là les flux ? La dernière décennie du XVe siècle pourrait bien être l'exemple de ces moments où presque tout bascule ou bourgeonne en bégayant.

En ce temps-là, l'univers devient immense et l'homme primordial. L'an Mil avait été celui des grandes peurs. Le mitan du deuxième millénaire fut la saison des grandes espérances. La terre se gonfla d'espaces neufs, l'histoire s'étira vers les origines comme pour mieux bondir vers l'avenir.

Depuis plus de dix siècles, le monde se confondait avec la chrétienté, avec l'Europe chrétienne. Au-delà, des infidèles, des barbares, des Turcs et des lions. Soudain les frontières s'évanouissent, balayées par les vents qui poussent les caravelles espagnoles vers l'ouest, les galions portugais vers le sud et vers l'est. Et il ne suffit pas que Christophe Colomb, Vasco de Gama et Magellan dilatent l'espace ouvert aux terriens : Copernic leur révèle qu'ils ne sont que les passagers d'un des vaisseaux d'une flotte innombrable. Comment l'homme n'aurait-il pas porté un regard tout neuf sur l'homme, sur sa place dans l'univers et sur son rapport à Dieu, à l'issue de la décennie prodigieuse qu'il a vécue de 1490 à 1500 ?

Quand Inigo de Loyola vient au monde, en 1491, Érasme a vingt-cinq ans, Machiavel vingt-deux, Copernic dix-huit, Michel-Ange seize, Thomas More onze – et Luther tout juste l'âge dit « de raison ». L'année suivante Christophe Colomb offre aux souverains catholiques d'Espagne, avec l'Amérique et son or et ses perspectives illimitées, la suprématie mondiale. Deux ans encore et François Rabelais surgit, gaillard, comme pour saluer la naissance du premier éditeur moderne, le Vénitien Aldo Manucci. Mais c'est peut-être à Florence que le signal le plus clair est alors donné du passage d'une ère à l'autre : le supplice médiéval de Savonarole clôt un siècle mais ouvre la voie à l'Homme Nouveau, le deuxième secrétaire de la Chancellerie Niccolo Machiavelli – alors qu'Érasme, soulagé du froc des augustins, s'installe pour un temps à Paris où Guillaume Budé lutte pour imposer l'enseignement du grec.

Les inventeurs du monde à venir sont en place. Copernic, Érasme, Machiavel : il ne reste plus à Rabelais qu'à proclamer

« Fais ce que veult ! ». Écoutons Lucien Febvre : « Rarement l'humanité eut plus net le sentiment de vivre des jours enivrants d'un printemps plein de promesses. Rarement elle sut tirer d'elle-même plus de projets enthousiastes mêlés à plus de rêveries [1]... »

C'est dans cette perspective mouvante qu'entre en lice le fils des seigneurs de Loyola, dont la vie apparente semble se résumer en un refoulement saccadé mais continu des traditions médiévales par les forces de la modernité qui, sous les formes les plus diverses, bourgeonnent alentour. Tout ce qui le ligote au Moyen Age, fidéisme terrifié, chevalerie querelleuse, clanisme féodal, cédera peu à peu sous la poussée de forces internes et externes : quête de la connaissance, conscience de la liberté, avidité de saisir le monde – et en fin de compte, mais non sans réserves, reflux et replis, humanisme planétaire.

En ce sens, cette vie fondatrice se partage très exactement en deux. La césure se situe non pas au moment de la « conversion » d'Inigo, courtisan-écuyer foudroyé par la guerre (1521) qui le laisse d'abord en l'état d'épigone de ses ancêtres basques, de saint François et des croisés, aventuré dans la frénétique ascèse de Catalogne et le pèlerinage de Palestine, mais bien plutôt à son retour de Terre sainte, quand il décide en 1524, près de Venise, d'« étudier ». Alors, le vagabond hirsute se mue en étudiant bientôt taxé d'érasmisme. Alors, les folles macérations de l'illuminé de Manrèse se transforment en veillées studieuses, en conquête systématique du savoir. Alors le mendiant de Dieu devient un homme en quête d'humaines bâtisses, puis en virtuose de l'art du possible.

Alors « son » Moyen Age, pour sublime qu'il fût, recule devant l'affirmation conjuguée de la science et d'une sociabilité neuve. Saisi par l'humanisme où il croit découvrir une voie d'accès aux « âmes », Inigo Lopez de Oñaz y Loyola devient (malgré lui ?) un précurseur des temps modernes. Il a trente-trois ans.

L'Europe est en transes, comme si elle s'affolait de n'être plus seule au monde, mais encerclée d'espaces infinis et d'empires entrevus. En ce vertige elle cherche un tuteur. Héritages, mariages, coups d'arquebuse et conquêtes coloniales mettent les Habsbourg en position de rétablir à leur profit le Saint Empire, ce que ni les Valois ni les Tudor ni le pape ne peuvent tolérer, en attendant les princes protestants d'Allemagne, et les

Turcs. Quand François Ier, Henry VIII, Jules II et Charles Quint seront en place, la guerre permanente pourra s'instaurer, ravageant l'Europe, sauf l'Espagne dont s'ouvre l'âge d'or – au propre et au figuré.

Au sud des Pyrénées, le puissant appareil d'État mis en place par Isabelle et Ferdinand fait régner – au moins sur la Castille – un ordre sans rival alors en Europe, gagé sur l'« or des Indes ». Vainqueurs des Maures, conquérants de l'Amérique, maîtres des Pays-Bas, puissamment implantés en Italie et en Europe centrale, les rois très-catholiques sont tout près d'assurer leur hégémonie sur le monde. Quand l'adolescent Inigo entrera au service du roi Ferdinand ou de ses grands vassaux, c'est le Pouvoir par excellence qu'il servira, un pouvoir qui rayonne sur l'Europe et le monde. De quoi inspirer quelque vanité, à lui comme à d'autres.

Si puissante qu'elle soit, l'Espagne* du début du XVIe siècle n'est pas pour autant florissante. L'or d'Amérique emplit les caisses du souverain de Valladolid, assure la paye de ses armées, arme ses flottes. Mais la Castille se dépeuple et les provinces ou royaumes périphériques, Aragon, Catalogne, Galice, sont agités, incertains, hantés par les *bandoleros* : pèlerins et colporteurs se gardent mal de ces grandes compagnies de pillards.

Quant à la Navarre et au Guipúzcoa d'où vont surgir nos personnages, ils sont travaillés, à l'intérieur, de rivalités féroces entre clans, et objets de disputes implacables entre les couronnes du sud et du nord des Pyrénées. En ces conflits, nous verrons s'affirmer ou s'affronter les Loyola et les Xavier, à coups d'épée, de procès ou de rapts de bénéfices ecclésiastiques.

L'Église catholique en effet, cette Église que vont régenter tour à tour un Borgia (Alexandre VI), un Médicis (Léon X) et un Farnèse (Paul III), est un cloaque. Nul n'en doute moins que Laurent le Magnifique, alors occupé à marier son fils à la fille du pape et qui, en connaisseur, voit en Rome « le repaire de tous les vices ». De la visite qu'il fait en 1510, Luther tirera les conséquences que l'on sait. Des palais romains, la foire d'empoigne a gagné les plus maigres des paroisses navarraises – où l'on s'étripe ou se vend pour une cure. Les réguliers

---

* Dit pour la commodité. « Les Espagnes » serait plus juste.

n'échappent guère mieux à la corruption et, après quelques années passées sous la bure, Érasme écrira sur un mode plus feutré que Luther qu'il faut se garder de confondre monachisme et piété : « *monachatus non est pietas…* ».

L'Espagne, pourtant, échappe à cette lèpre, ou tente de s'en guérir : non qu'Isabelle et Ferdinand, les souverains « catholiques », missent, par la sainteté, le comble à leur art de gouverner. Il s'en faut… Mais la reine est responsable de la promotion de l'un des deux hommes auxquels l'Église espagnole doit d'être pour partie préservée de la corruption du monde catholique : Érasme et Cisneros[*].

Rapprocher ces deux noms a quelque chose de provocant, ne serait-ce qu'en raison de la diversité des rôles qu'ils ont tenus. Le cardinal de Cisneros incarne une grandeur et un pouvoir enracinés dans le sol castillan, quand l'humaniste s'est toujours refusé à franchir les Pyrénées. Mais l'un par l'action directe, l'autre par l'influence diffuse, le prélat par une réforme hardie du système des biens de l'Église (et du franciscanisme), le philosophe par le rayonnement de son *Enchyridion* ou *Manuel du chevalier chrétien*, ont donné au catholicisme espagnol une dignité que ne parviennent à déshonorer tout à fait les horreurs de l'Inquisition alors occupée à traquer les *conversos* juifs. Si l'Espagne fait alors converger, selon Lucien Febvre, « la sagesse antique et l'inspiration évangélique », c'est d'abord grâce au grand cardinal tour à tour confesseur de la reine, primat des Espagnes, grand inquisiteur, fondateur d'universités, régent du royaume qui « coordonne, régule et ordonne », mais aussi du fait d'un « érasmisme » que propagent les gens d'Église comme les gens de robe ou même d'épée.

On peut s'étonner que cette Espagne toute bruissante d'inventivité et de réformes originales ne soit pas restée le foyer, le tremplin de l'entreprise purificatrice que médite encore sourdement le cadet des seigneurs de Loyola.

Eh non ! C'est l'Institution romaine, manipulée sans vergogne par des papes simoniaques encombrés de bâtards querelleurs, de maîtresses voraces et de cardinaux de douze ans, qui, dans la magnifique tourmente, dans l'explosion scientifique, spirituelle, anthropologique de ces débuts de siècle, polarisera l'énergie et

* Ximénès de Cisneros, souvent appelé, en France, Ximénès.

la foi de la dizaine d'aventuriers qui allaient fonder la Société de Jésus. Énigme que les « hommes de peu de foi » n'en finissent pas de tenter de déchiffrer.

Noble projet à coup sûr que de se vouer à l'accroissement de la gloire du Christ. Mais le faire dans le cadre de la Rome infestée par les sbires et les maquerelles des Borgia et des Médicis, et dans une sorte d'exaltation papiste, remettre l'« honneur de Dieu » entre les mains des promoteurs du vice, voilà qui met un sceau mystérieux, baroque, presque provocant, sur l'origine de cette immense entreprise.

Le paradoxe, on ne cessera de le vérifier, est au cœur même du projet jésuite. Il ne suffisait pas que ce fou de pureté, d'exigence, de renoncement qu'est le Loyola des temps fondateurs, et qui, en chacune de ses démarches, semble en remonter à Luther dans la dénonciation du comportement du clergé, plante son entreprise dans ce fumier et se mette, en dépit des harcèlements de l'Inquisition, à la discrétion des individus de proie qui se disent alors les maîtres de Rome.

Il faudra en outre qu'Ignace et ses premiers compagnons, ces hommes qui sont comme des torches, aillent quérir la liberté par les voies de l'obéissance la plus provocante, quand les réformés mettaient leur révolte au service de la prédestination...

L'*Autobiographie*[2] dictée par le fondateur trente ans plus tard à Luis Gonçalves da Camara, et publiée parfois sous le titre de *Récit du pèlerin*, est, à propos de sa jeunesse orageuse, d'un laconisme seigneurial :

> « Jusqu'à la vingt-sixième année[*] de sa vie, il fut un homme adonné aux vanités du monde et principalement il se délectait dans l'exercice des armes avec un grand et vain désir de gagner de l'honneur. »

Cent historiens, chroniqueurs et mémorialistes nous ont donné les moyens d'en savoir davantage sur l'enfance, l'adolescence et la jeunesse du seigneur de Loyola, avant qu'il ne devienne l'*home del sac* claudiquant vers Jérusalem.

---

[*] Sur ce chiffre, voir p. 19.

A la fin du XVe siècle, Azpeitia, à cinq ou six lieues de *Donostia* (Saint-Sébastien) et de la Bidassoa, n'était qu'une bourgade blottie au pied d'une montagne basque, l'Izarraïtz, dominant la vallée de l'Urola, un gros ruisseau bordé de noyers, de pommiers et de châtaigniers. Un « trou », dirions-nous, mais charmant. Rarement paysage aussi escarpé offre ou suggère tant de fertilité.

Les Loyola, qu'ils portent ce patronyme ou celui d'Oñaz, autour duquel se regroupe le clan, régentent ici un petit peuple de paysans. Des hobereaux ? Non. Des seigneurs, des *parientes mayores* qui, surtout depuis le XIIIe siècle, servent avec éclat, et non sans profit, la couronne de Castille, tissant le lien le plus solide entre Valladolid, siège du pouvoir, et ce Guipúzcoa qui, déjà, est synonyme de turbulence, sinon de dissidence.

Quand Biscayens, Navarrais ou Gascons donnent de la tablature aux souverains castillans, c'est souvent grâce aux Oñaz y Loyola que les Basques leur prêtent main-forte. Les seigneurs d'Azpeitia ne se privent pas pour autant de rançonner à l'occasion leurs voisins, notamment ceux d'Azcoïtia, au point que les services rendus à la couronne n'ont pas évité à Juan Perez de Loyola, grand-père du fondateur, de voir démanteler plus qu'à demi sa maison forte sur l'ordre du roi.

La *Casa y Solar* léguée à son fils Beltran est, depuis ce temps-là (1450), un étrange compromis entre donjon et maison de campagne, le décret royal n'ayant imposé que la démolition des superstructures : un lourd soubassement façonné de puissants moellons est surmonté de deux étages de briques élégamment appareillées et ornementées dans le style *mudéjar*, bizarre sous ce ciel plombé. Un tiers voué à la guerre, deux à la paix : éloquente leçon pour un fondateur d'ordre.

La colère du souverain n'avait pas atteint les Loyola dans leur opulence : ainsi avaient-ils préservé leur patronage sur l'église d'Azpeitia, dite monastère de Saint-Sébastien de Soroasu. Des revenus annuels de plus de 1000 ducats en provenaient, pour lesquels parents et alliés se battaient à coups d'escopettes ou d'actes notariés. Pourvu qu'il tombe dans le tronc de l'église, un maravédi est un maravédi, qu'il sorte de la poche d'un duc ou d'un indigent. Moyennant quoi les terres des Loyola étaient estimées au début du siècle à 80 000 ducats...

Le dernier héritier mâle et treizième enfant de Beltran et

Marina de Loyola* fut baptisé du nom basque d'Eneko, traduit Inigo** en castillan. Ce n'est qu'à Paris, quarante-trois ans plus tard, au moment de recevoir son diplôme de bachelier ès arts, que le cadet des Loyola choisit le prénom d'Ignatius. Basque est donc la culture, turbulente l'ambiance, violente la tradition – et fructueuse la piété collective du clan. Au-dessus de la porte de la *Casa y Solar* sont sculptés deux loups (*lobos*) dont les pattes s'agrippent à un chaudron (*olla*). Origine de Loyola ? Le mot paraît plutôt d'origine basque. Image violente en tout cas, propre à enfiévrer l'imagination d'un enfant.

La date de naissance d'Inigo a donné lieu à mille controverses, les registres paroissiaux d'Azpeitia n'ayant été tenus qu'à partir de 1537. Dans le texte cité plus haut, il situe à vingt-six ans sa « conversion » qui date, sans doute possible, de 1521. Ce qui donnerait à penser qu'il est né en 1495. Mais la nourrice du cadet des Loyola donna la date de 1491 aux enquêteurs de la Compagnie venus l'interroger après la mort du fondateur, date confirmée par le fait qu'Inigo put signer des actes judiciaires à l'occasion de la mort de son père (1507), ce qui lui eût été interdit s'il avait eu moins de seize ans.

En servant avec diligence la couronne de Castille, les Loyola n'avaient pas desservi l'avenir du cadet, – d'autant que quatre des fils de Beltran avaient, sous un ciel ou l'autre, des Flandres à Naples (où deux d'entre eux étaient morts) et aux Amériques, combattu pour les rois catholiques. Tant de sacrifices et de loyalisme leur valaient quelque bienveillance. A la mort du père, le cadet Inigo fut appelé auprès d'un personnage considérable, le *contador mayor* ou ministre des Finances de la reine Isabelle, don Juan Velasquez de Cuellar, qui résidait à Arevalo, petite cité castillane sise entre Valladolid, la capitale politique, et Salamanque, la métropole culturelle. Les Velasquez, en effet, étaient apparentés par les femmes aux Loyola.

En prenant sous sa coupe le dernier rejeton de la *Casa y Solar*, don Juan donnait une chance inespérée, aux approches immédiates du pouvoir – il était l'exécuteur testamentaire de la reine Isabelle –, à ce cadet confiné dans la brume de ses mon-

---

* On ne compte pas les bâtards. Deux ou trois, semble-t-il, élevés avec leurs demi-frères et sœurs.

** Les Basques n'utilisent pas le tilde qui surmonte, en castillan, le *n* d'Iñigo.

tagnes écartées. Tout enfant, Inigo avait été tonsuré, et promis de ce fait à l'état ecclésiastique, comme son frère Pedro, le plus mauvais sujet de la famille, auquel était promise la cure d'Azpeitia. La meilleure place étant ainsi pourvue, et la vocation du cadet fort incertaine, sa mère se décida à le « donner » aux Velasquez, c'est-à-dire au pouvoir central. Un avenir illimité !

Inigo a seize ans. Il est fluet, petit, cambré. La chevelure est blonde et couvre, en boucles, les épaules. Un regard hardi, une taille bien prise, le jarret agile comme savent l'avoir les Basques chasseurs d'isards : voilà un cadet qui, l'épée en main, fera carrière auprès du grand argentier du royaume. Un Lauzun, un d'Artagnan déjà ? Fut-il page, comme on le dit le plus souvent ? Seize ans, c'est précisément l'âge où les adolescents étaient dits « hors-de-page », état juvénile qui appelait à coudoyer plus qu'à demi les dames. Écuyer alors ? Voyons-le plutôt en secrétaire, en tout cas dans la seconde partie de son séjour à Arevalo, qui dura dix ans : c'est vraisemblablement dans ces fonctions qu'il acquit le talent de calligraphe dont il resta jusqu'à sa mort très fier, et qui jouera un rôle dans sa vie spirituelle.

Page, écuyer ou secrétaire, c'était en tout cas un joyeux luron. De sa vie d'alors, deux de ses confidents les plus proches, son successeur Diego Laynez et son secrétaire Juan de Polanco, ont rapporté un écho éloquent : « Bien qu'il fût attaché à sa foi, écrit le second, il ne vivait en rien conformément à celle-ci et ne prenait pas garde aux péchés ; il était spécialement adonné aux jeux et aux questions des femmes ainsi qu'aux rixes et à l'usage des armes. » Et le premier, plus direct : « Il était tenté et vaincu par les fautes de la chair. » Bretteur, joueur, coureur, un personnage de *Lazarillo de Tormès* ?

Un bien mauvais sujet en tout cas, cet Inigo aux boucles blondes ! Chaque fois qu'il revint d'Arevalo au pays natal, ce fut pour « scandaliser les Azpeitiens par ses dérèglements ». Lesquels prirent, une fois au moins, une forme criminelle : en 1515 – il a alors vingt-quatre ans – Inigo de Loyola passa en jugement pour des crimes « *muy enormes… cometido… de noche y de propósito… sobre asechanza y alevosamente* » (crimes très énormes commis de nuit avec préméditation par guet-apens et traîtrise). Un assassinat ? Quelque temps après la mort de « maître » Ignace, en 1557 à Rome, un de ses plus proches collaborateurs, Jérôme Nadal, évoquant la jeunesse tumultueuse du courtisan d'Arevalo, assura qu'il avait beaucoup péché mais « jamais tué personne ».

Des quelques documents qu'ont pu consulter les chroniqueurs, il ne semble pas ressortir que la peine de mort ait été requise en 1515 contre Inigo. Histoire de mœurs, d'enlèvement ? On était en période de carnaval. Bataille autour de la cure d'Azpeitia dont son frère Pedro était impatient de chasser l'occupant, un certain Juan de Anchieta ? Rapt d'ecclésiastique en vue d'un chantage ? En tout état de cause, un crime « *muy enorme* ».

Tonsuré dans son jeune âge et assuré des protections multiples que le système féodal procurait aux gens de haut lignage, Inigo de Loyola s'enfuit à Pampelune, échappant à la justice civile pour se livrer aux tribunaux d'Église – lesquels, en dépit des protestations des autorités royales, s'empressèrent de le tirer d'une prison éphémère. Peu d'hommes s'infligèrent des macérations plus intenses que saint Ignace. Mais beaucoup d'autres auraient payé plus cher qu'il ne l'a fait pour le mystérieux crime d'Azpeitia.

Si éloigné qu'il fût alors du ciel, notre Inigo, c'est moins tout de même aux héros de *La Célestine* qu'il convient alors de l'associer qu'à ceux de la chevalerie. Une confidence de l'auteur de l'*Autobiographie* nous le dépeint rêvant aux exploits qu'il pourrait accomplir « au service d'une certaine dame [qui] n'était pas de vulgaire noblesse : ni comtesse, ni duchesse, mais sa condition était plus haute encore[3] ».

Bigre ! Plus que duchesse ? En dépit de ce qui fut souvent écrit (en pensant peut-être à *Ruy Blas*…), il faut écarter l'idée que la reine fût l'objet de cette flamme. Germaine de Foix, deuxième épouse du roi Ferdinand, était – dit la chronique – « obèse et portée sur la boisson ». La « dame des pensées » d'Inigo fut plutôt la princesse Catalina, sœur de Charles Quint, que leur mère Jeanne la Folle séquestrait auprès d'elle à Tordesillas. Le roi Ferdinand, accompagné de Juan Velasquez et de sa maison à laquelle appartenait le petit Loyola, lui rendait souvent visite. Comment ne pas rêver à l'infante captive et d'autant plus émouvante qu'à peine entrevue ?

Doña Catalina devait d'ailleurs jouer un rôle plus concret dans la vie du cadet des Loyola : épouse du roi Jean III de Portugal, elle fut à ses côtés, dès l'origine, l'un des plus fermes soutiens de la Compagnie de Jésus. D'où il appert que les voies du Seigneur sont impénétrables, et que les vanités humaines, même « mondaines », peuvent servir les desseins d'un fondateur d'ordre.

L'éclatant avenir d'Inigo dans le siècle – et peut-être la bienveillance, naguère, de ses juges – tenait à la protection du très puissant *contado mayor*. Tout s'effondra soudain en 1516, quand la mort de Ferdinand priva don Juan Velasquez de la faveur royale : le prince Charles (ou Karl, ou Carlos), le futur Charles Quint, ne se contenta pas de donner un successeur au grand trésorier ; il prétendit le priver de son fief d'Arevalo pour le faire dépendre de la veuve du souverain. Indigné, le grand vassal refuse de plier, amorce une rébellion qui sombre dans l'impuissance : don Juan meurt en 1517, désespéré, et laissant ses féaux sans ressources. Sa veuve, doña Maria, n'en offre pas moins un dernier témoignage d'attachement à Inigo, en le confiant à son cousin don Antonio Manrique de Lara, duc de Najera, vice-roi de Navarre et suzerain attitré du clan des Oñaz.

Ce brusque retournement du destin, la fragilité des faveurs mondaines, la toute-puissance des caprices souverains n'auront pas manqué de frapper le jeune homme qui, à vingt-six ans, prend congé d'Arevalo. Mais, de multiples documents l'attestent, Inigo garda de ces dix années castillanes un souvenir heureux – y contractant un goût de la musique qui ne s'effaça jamais, y versifiant à l'occasion, et y acquérant, lui, fils des rudes culs-terreux d'Azpeitia, des « manières » qui lui vaudront, devenu le *padre maestro Ignacio* de Rome, d'être salué par un visiteur comme « le plus courtois et le plus poli des hommes », et d'y manifester « un je-ne-sais-quoi digne de la cour »[4].

Le voici donc à Pampelune, métropole de la Navarre : le calligraphe se mue en écuyer. Finis les raffinements de l'amour courtois, de la viole de gambe et des pourpoints soyeux. Le vice-roi de Navarre, doté de sujets turbulents, attend surtout des gens de sa maison qu'ils sachent mettre l'arme au poing. Non qu'Inigo se fût jamais transformé en professionnel de la guerre. Et c'est ici qu'il convient de dénoncer la légende de l'homme d'armes tout naturellement épanoui en « général » des jésuites.

Gentilhomme, issu d'une société batailleuse et d'une famille de soldats, Inigo se devait d'être l'homme à l'épée comme il avait été l'homme de cour. Mais la première mission importante qui lui fut confiée par le duc Manrique fut plutôt diplomatique : le vice-roi ayant nommé un nouveau *corregidor* à San Sebastián sans l'agrément des gens du Guipúzcoa, fort pointilleux en ce domaine, quelques bourgades basques se soulevèrent. Le duc choisit de négocier avant de réprimer, et dépêcha vers les insurgés quelques gens de sa maison, parmi lesquels Inigo. Commentant l'affaire un demi-siècle plus tard, son secrétaire Juan de Polanco devait écrire qu'en cette occurrence le cadet des Loyola s'était comporté en homme « habile et prudent pour les choses de ce monde… ».

Déjà « jésuite », le jeune Inigo ? Nous allons voir que, la trentaine passée, la véhémence basque et le *pundonor* castillan pouvaient encore cabrer l'homme de cour, le secrétaire et le diplomate. Ce n'est plus en tout cas le petit paysan d'Azpeitia, le courtisan d'Arevalo, le chenapan nocturne pourchassé par les alguazils que le vice-roi de Navarre convoqua, au printemps 1521, pour sa défense : c'est un homme mûr de trente-deux ans, qui va donner sa mesure.

La Navarre n'avait été rattachée à la Castille que neuf ans plus tôt. Soupirait-elle après son autonomie vécue parfois dans une vague mouvance française ? Le fait est qu'en cette année-là son nouveau statut paraissait menacé. A peine sacré roi de Castille, le futur Charles Quint voyait se dresser contre son autorité les *communeros* attachés à leurs franchises locales. Il n'en fallait pas plus à François Ier pour tenter d'affaiblir un peu plus son rival au bénéfice de la cour de France en soutenant la querelle de ses cousins d'Albret, impatients de récupérer la couronne de Navarre.

Le 12 mai 1521, commandés par André de Foix, seigneur de Hasparren, quelque 13 000 Franco-Navarrais – dont deux des frères de François-Xavier – passaient la Bidassoa, campant une semaine plus tard sous les remparts de Pampelune.

Chargé par le vice-roi de la défense de la ville, Francis de Beaumont ne dispose guère que d'un millier de combattants, dont Inigo. Il ne se juge pas en mesure de tenir face aux assaillants, et quitte la place, suivi de l'aîné des Loyola, Martin, entre-temps survenu de son village. Inigo, lui, a « honte de paraître s'enfuir [5] » et se jette dans la forteresse aux côtés de l'alcaïde, Miguel de Herrera, qui la commande – tandis que les bourgeois de la ville font allégeance à Henri d'Albret pour éviter d'être pris sous les feux croisés des assiégeants et des défenseurs de la forteresse. Herrera tente alors de parlementer avec André de Foix. Mais Inigo de Loyola, qui l'assiste, lui fait valoir que des renforts pourraient être dépêchés par le vice-roi et qu'en tout cas les conditions imposées par les assaillants – sortie en bon ordre des défenseurs après la reddition – sont infamantes : il faut se battre.

Ainsi le courtisan-secrétaire-diplomate se retrouve-t-il dans le rôle du résistant inflexible, de celui auquel Péguy donne raison parce qu'il « ne rend pas la place ». Il sait bien que la lutte est sans espoir : les assaillants, très supérieurs en nombre, disposent de dix fois plus de bouches à feu. Mais on ne saurait relater cet épisode crucial de la vie d'Inigo sans citer sa version de l'événement, nette et fraîche comme du Joinville :

> « … ainsi, se trouvant dans une forteresse que les Français attaquaient, et tous étant d'avis qu'ils devaient se rendre à condition d'avoir la vie sauve, parce qu'ils voyaient clairement qu'ils ne pouvaient pas se défendre, il donna tant de bonnes raisons à l'alcaïde qu'il le persuada tout de même de se défendre, en dépit de l'opinion contraire de tous les chevaliers, lesquels se réconfortaient à son courage et à son énergie. … Et le jour venu où l'attaque était attendue, il se confessa à l'un de ses compagnons d'armes. Après que la bataille eut duré un bon moment* une bombarde l'atteignit à une jambe, la brisant toute. Et comme le boulet passa entre ses deux jambes, l'autre aussi fut durement blessée. Mais quand il fut tombé, ceux de la forteresse se rendirent immédiatement aux Français [6]… »

Le tibia de la jambe droite fracassé, le mollet de la jambe gauche emporté, Inigo de Loyola gisait sur la muraille quand les assaillants investirent la forteresse. Fut-ce en raison de sa naissance, de ses liens avec la famille d'André de Foix ? Il fut traité « courtoisement et amicalement » par les vainqueurs. L'ayant soigné tant bien que mal pendant deux semaines sur place, « ils l'emmenèrent dans une litière à son domaine », raconte le blessé [7].

---

* Six heures, pense-t-on.

Près de cinquante kilomètres séparent Pampelune d'Azpeitia. Les porteurs mirent plus de dix jours à les couvrir, de sentiers en sentiers à flanc de montagne. Sur le brancard où on l'avait étendu, Inigo dut souffrir mille morts[*] ; mais en arrivant à la *Casa y Solar*, il n'était qu'au début de ses peines ; installé dans une grande pièce d'angle, au deuxième étage[**], il y reçut la visite de ce que tout le pays comptait de chirurgiens, dont son compatriote d'Azpeitia, Martin de Iztiola. Celui-ci dut constater que, en dépit de leur « courtoisie », les vainqueurs n'avaient pas très bien opéré le blessé – à moins que les péripéties de la route n'eussent gâté leur ouvrage. Il fallait « une nouvelle fois placer les os en leur emplacement » raconte-t-il, « et de nouveau se fit cette boucherie »[8]. Il emploie le mot *carnicería*, le plus cru qu'il put trouver pour évoquer cette opération en un temps où n'était pas connue l'anesthésie… Sur quoi il ajoute, très fier de son stoïcisme :

> « … Comme pendant toutes les autres qu'il avait traversées auparavant, et qu'il traversa ensuite, il ne prononça jamais un mot et ne montra aucun autre signe de douleur que de serrer beaucoup les poings[9]. »

On le trouve quelques jours plus tard aux portes de la mort. Les derniers sacrements administrés le jour de la Saint-Pierre, il implore l'apôtre fondateur, auquel il attribuera son soudain rétablissement. Mais les saints du paradis ne le détourneront pas d'une nouvelle épreuve, où ils ont peu de part : les os ressoudés, il constate que l'un chevauche les autres « tellement que c'était chose laide – ce qu'il ne pouvait supporter parce qu'il était décidé à suivre la vie du monde… ».

Ne pouvant admettre d'être ainsi « enlaidi », de ne plus pouvoir porter « une botte très ajustée et très élégante » – écrit son premier biographe Ribadeneira –, il demanda à ses chirurgiens s'ils pouvaient « trancher cet os ».

> « Eux lui dirent qu'on pouvait bien le trancher mais que les douleurs seraient plus grandes que toutes celles qu'il avait traversées parce que l'os était guéri maintenant et qu'il fau-

---

[*] Sur une place de Pampelune s'élève la statue représentant l'épisode. Une copie est placée à l'entrée de la *Casa y Solar* d'Azpeitia.
[**] Bien reconstituée aujourd'hui.

drait du temps pour le trancher. Et cependant il se décida à se martyriser pour son propre goût bien que son frère plus âgé s'épouvantât et déclarât qu'une telle douleur, lui-même n'oserait pas la souffrir; mais cette douleur, le blessé la souffrit avec sa patience habituelle [10]. »

L'horrible opération* réussit. Mais sa jambe droite resta plus courte de plusieurs centimètres; et il boitera bas jusqu'au jour où, à Rome, il portera une chaussure droite à talon plus haut.

Le convalescent doit rester alité. Que faire? Il demande à sa belle-sœur Magdalena de lui procurer des romans de chevalerie comme ceux qu'il lisait à Arevalo: *Amadis de Gaule*, par exemple. Mais les châtelains de Loyola ont peu de goût pour la littérature: tout ce qu'on trouve chez eux, ce sont deux livres édifiants, une *Vie de Jésus* due à un père chartreux, Ludolf le Saxon, et le *Flos sanctorum*, ou Florilège des saints, autrement dit la *Légende dorée* de Mgr Giacomo de Varazzo, ou Jacques de Voragine.

On n'est pas très loin ici des extravagances chevaleresques dont se délectait le courtisan d'Arevalo. Vus par Ludolf-le-moine ou l'évêque italien, le Christ et saint François, Pilate et les ermites du Sinaï sont des héros de roman hauts en couleur, bons et méchants, miraculeux et inaccessibles: les ancêtres de la « BD ». Inigo y trouve son compte. Estropié comme il se voit, lui reste-t-il la moindre chance de rivaliser avec Amadis ou d'approcher Catalina?

Non qu'il ait cessé de rêver à la petite infante de Castille. Le passage de l'*Autobiographie* consacré à cette période suggère qu'« une certaine dame » hante encore la pensée du chevalier blessé toujours « si vaniteux de ce projet qu'il ne voyait pas à quel point il lui était impossible de le mener à bien... ».

Mais une sorte de glissement psychique et affectif se produit dans son esprit, qu'Alain Guillermou appelle très justement une *metanoia*, ouvrant la voie au fameux « discernement des esprits », l'un des thèmes chers à l'auteur des *Exercices spirituels*. De la « certaine dame » et d'Amadis aux apôtres et à saint Dominique, un cheminement se fait dans son esprit, un retournement. Mais l'héroïsme, la prouesse, le *magis* ou accroissement (ici de gloire ou d'honneur), moteur central de sa vie,

---

* Pour laquelle Martin de Iztiola demanda 13 ducats: mais l'aîné des Loyola refusa de lui en verser plus de 10...

restent au cœur de cette intense fusion intérieure. Progression, mutation ? C'est à lui-même qu'il faut confier la description de cet itinéraire décisif :

> « Il méditait beaucoup de choses qu'il trouvait bonnes, se proposant toujours des choses difficiles et dures, et, quand il se les proposait, il lui semblait qu'il trouvait, au fond de soi, de la facilité pour les mettre en œuvre. Le plus souvent son propos intérieur consistait à se dire : "Saint Dominique a fait ceci…, saint François a fait cela…, eh bien moi, il faut que je le fasse" […] Les pensées relatives au monde prenaient la suite et il s'arrêtait à elles aussi pendant un grand moment. Et cette succession de pensées tellement diverses dura assez longtemps, son esprit s'attardant toujours sur la méditation nouvelle, que ce fût celle des exploits mondains qu'il désirait accomplir ou celle des autres exploits qui s'offraient à son imagination, – lesquels étaient de Dieu. … Il y avait toutefois cette différence. Quand il pensait à ce qui était du monde il s'y complaisait beaucoup, mais quand, lassé, il cessait d'y penser, il se trouvait aride et insatisfait ; en revanche aller à Jérusalem nu-pieds, ne plus manger que des herbes, se livrer à toutes les austérités auxquelles il voyait que les saints s'étaient livrés, non seulement il éprouvait de grands élans intérieurs quand il méditait sur des pensées de ce genre mais même, après les avoir quittées, il restait satisfait et allègre […] A partir du moment où ses yeux s'ouvrirent un peu, il se mit à s'étonner de cette diversité et à faire réflexion sur elle, saisissant par expérience qu'après certaines pensées il restait triste et qu'après d'autres il restait joyeux, et peu à peu, il en vint à connaître la diversité des esprits qui s'agitaient en lui, l'un du démon, l'autre de Dieu [11]. »

Tout semble dit, avec une simplicité foudroyante : s'il discerne entre les « esprits » ce qui vient du démon ici, et là de Dieu, c'est que rêvant aux *hazañas mundanas* il en reste « lassé », « aride », « insatisfait », et que pensant aux *hazañas de Dios* il s'en trouve « allègre » et « satisfait »… D'où il semble ressortir qu'Inigo de Loyola, le futur pèlerin aux pieds nus, le futur clochard de Dieu, le futur maître des *Exercices*, s'est tourné vers les *hazañas de Dios* parce qu'il se trouvait mieux aise, plus « allègre » (et l'on sait la force, en castillan, du mot *alegría* !) qu'en rêvant à Catalina…

Ainsi glissons-nous du thème du plaisir de Dieu à ceux du

plaisir à Dieu, aux macérations, à la douleur – et l'épisode de l'opération revient à la mémoire : « Il se décida à se martyriser pour son propre goût. » Masochisme ou hédonisme ? Voilà des mots et des idées qu'il ne faut pas manier trop vite.

Les hasards du vocabulaire, de traduction en traduction, les jeux de miroir de la mémoire du vieil homme s'efforçant, à Rome, trente ans après les rêveries d'Azpeitia, de reconstituer le cheminement psychique ou spirituel du convalescent de l'automne 1521, incitent à la prudence. Mais cette *alegría* sécrétée par les douleurs projetées, opposée à la *melancolía* suintant des douceurs remémorées... Tout est encore enveloppé de vapeurs de gloire, d'honneur, d'exploits. Surpasser saint François dans le sacrifice ou le dénuement, plutôt que le Cid Campeador dans la bravoure, voilà où ses dévotes lectures d'Azpeitia ont d'abord conduit Inigo : d'un orgueil à l'autre, gloire de la bure et du cilice, substituée à celle de l'armure et de l'épée. *Competencia*, compétition, vanité supérieure...

De quelque nature que soient les « saints désirs » qui désormais l'assaillent, le gisant de la *Casa y Solar* prend alors une décision autour de laquelle toute sa vie doit maintenant s'ordonner : aller à Jérusalem en se contraignant à « autant de contraintes et d'abstinences qu'un esprit généreux, enflammé de Dieu, a coutume de souhaiter ».

Enflammé de Dieu ? Comment pourrait-il maintenant en douter, lui qui se voit accorder une « visitation spirituelle » aux effets décisifs :

> « Étant resté, une nuit, éveillé, il vit clairement une image de Notre-Dame avec le Saint Enfant Jésus, et de cette vision qui dura un notable moment, il reçut une très extraordinaire motion* intérieure et il resta avec un tel écœurement de toute sa vie passée et spécialement des choses de la chair *(cosas de carne)*, qu'il lui sembla qu'on avait ôté de son âme toutes les sortes d'images qui s'y trouvaient peintes. Ainsi, depuis cette heure-là jusqu'en août 1553 où ceci est écrit**, il n'eut jamais le plus petit consentement pour les choses de la chair [12]. »

Vision suspecte, exacerbant la haine de soi qu'il avait conçue « craignant de ne pouvoir l'exercer »... ? Ce n'est pas la der-

---

* Mot typique du vocabulaire ignacien : mouvement, pulsion, ébranlement.
** A Rome, dicté par le « général » Ignace à Luis Gonçalves da Camara.

nière fois, certes, que nous devrons poser ce type de questions, non sans relever que, évoquant une « visitation spirituelle » provoquant en lui une « extraordinaire motion », Inigo s'interroge sainement sur l'origine du phénomène. Fut-elle « chose de Dieu » ? On peut le penser – ajoute-t-il sobrement, compte tenu de l'« effet produit »… Mais il se retient de crier au miracle. Une « motion intérieure »…

Partir, partir pour Jérusalem… Mais il est trop faible encore, sa jambe trop mal cicatrisée. Alors, il va passer quelques mois à recopier, lui qui est si fier de son talent de calligraphe, les fragments de ses lectures où s'expriment, selon Ludolf ou Voragine, le Christ ou la Vierge : et de couvrir de grandes feuilles in-quarto de parchemin, trois cents, précise-t-il, de sa belle écriture, les propos de Jésus étant retracés en rouge, ceux de Marie en bleu. Quand la nuit vient, il contemple le ciel et les étoiles, y trouvant « une grande énergie ».

Une énergie si flambante qu'elle le pousse enfin au départ, sa jambe droite encore enveloppée de pansements. Et parce que son frère Martin tente de le retenir, de le détourner de cette renonciation au monde qui hante de toute évidence le cadet, c'est « en s'esquivant » – racontera-t-il – qu'Inigo s'éloigna à la fin de février 1522 de la *Casa y Solar* où il a tant souffert et où, pour des raisons puissantes mais encore ambiguës – dont son infirmité soudaine n'est que la plus banale, en tout cas la plus circonstancielle –, il a choisi de troquer une chevalerie contre une autre, l'amour courtois contre celui de Dieu et, contre les copieux bénéfices de la féodalité, le dénuement sur les chemins de Jérusalem.

Converti, à coup sûr. Mais de quoi, et en quoi ? Le courtisan d'Arevalo n'est plus ni le chenapan échappant à la justice, ni le chevalier de l'infante, ni l'écuyer du seigneur de Najera, ni l'inflexible défenseur de Pampelune. Il va se proclamer pèlerin et se conduire en vagabond pittoresque, puis en ermite illuminé. Il est en rupture, vers un ailleurs qu'il situe parmi les « *cosas de Dios* », et qu'il résume en un mot obsessionnel : Jérusalem.

Il a changé de vie. Il va changer de costume. Il a même changé d'appétit de gloire. Mais c'est encore à la gloire qu'il rêve, se donnant chaque nuit la discipline, cheminant sur sa mule, en route pour la chapelle voisine d'Aranzazu et puis pour Navarette et Tudela, Saragosse, Lerida et, avant l'embarquement à Barcelone, pour Montserrat.

Chevauchant sa monture, de la Rioja à l'Aragon, il fut rattrapé du côté de Pedrola par un Maure en même équipage. Un de ceux qui, pour éviter les proscriptions de 1492, avait choisi de se convertir. Il l'était assez pour lier conversation et la mener bon train sur une question brûlante : la virginité de Marie. Le « nouveau chrétien » est de bonne composition. Il veut bien admettre que la Vierge a conçu sans homme ni péché. Mais ce qui lui semble irrecevable, c'est qu'ayant enfanté elle fût restée vierge.

Point n'est besoin d'être maure et fraîchement chrétien pour trouver là quelque embrouille. Mais Inigo, lui, y voit malice. Il argumente, avec une véhémence qui va croissant ; à tel point que le sceptique au teint basané prend peur : ce maigre cavalier au regard brûlant, à la voix râpeuse, au ton péremptoire, ne serait-il pas quelque peu lié à l'Inquisition ? Et voilà notre Maure qui prend le large, impatient de mettre quelques tournants du chemin entre cet ombrageux dévot et ses propres doutes.

Inigo est resté seul. Au pas de sa mule il réfléchit sombrement à l'algarade. Et le voilà envahi de « motions intérieures ». Comment a-t-il pu permettre à cet infidèle de mettre en doute la vertu de Notre-Dame ? Comment lui, chevalier de Loyola, avait-il pu laisser attenter à l'honneur de Marie ? Pour cet « honneur », il lui fallait combattre, il lui fallait « donner des coups de poignard » à l'incrédule – et il le pouvait, le Maure lui ayant indiqué d'entrée de jeu sa destination, un bourg proche du *camino real*, la route royale située hors du chemin qu'il suit. Mais devait-il recourir ainsi à la violence, comme « avant » ?

Ici, il faut de nouveau donner la parole à l'émule de saint Dominique. Comment dire les choses avec une naïveté plus savoureuse ?

> « ... Alors, lassé d'examiner ce qu'il serait bon de faire, il décida de laisser aller la mule avec les rênes lâches, jusqu'à l'endroit où les chemins se séparaient. Si la mule choisissait le chemin du bourg, il chercherait le Maure et lui donnerait des coups de poignard. Si elle n'allait vers le bourg mais prenait le chemin royal, il le laisserait tranquille... Notre-Seigneur – bien que le bourg fût à peine à un peu plus de trente ou quarante pas

et que le chemin qui y conduisait fût plus large et meilleur – voulut que la mule prît le chemin royal [12]... »

Admirable sagesse de la mule, instrument de celle de Dieu, sauvant la vie d'un pauvre Maure aussi inhabile à discerner la virginité de la mère de Jésus qu'un quelconque archevêque de Cantorbéry ou que maints docteurs luthériens. Étrange converti que celui qui se fie à l'arbitrage de sa monture – lequel vaut bien l'ordalie du feu des juges du Saint-Office, ou l'arbitrage du tournoi et de l'estoc, ce « jugement de Dieu » qui fut pendant des siècles l'*ultima ratio* de la chrétienté – pour déterminer s'il sera un assassin ou un passant.

Savoureuse anticipation enfin de ce « probabilisme » qui fera la gloire (la honte aux yeux de Pascal) des confesseurs jésuites du grand siècle : pourvu qu'il puisse s'appuyer sur l'opinion d'un docteur (ou d'une mule) le chrétien peut prendre un parti ou l'autre...

Cet Inigo errant, en rupture de clan, et chevauchant vers Montserrat, Rome et Jérusalem, a beau avoir changé de Dame et mettre l'arme au poing pour la Vierge Marie plutôt que pour la petite infante, il est toujours le cadet basque, frère aîné des cadets de Gascogne, tout fumant du « grand et vain désir de gagner de l'honneur ».

Mais ce qui touche si fort en ce récit, c'est moins ce qu'il nous apprend sur le pèlerin de 1522 que ce qu'il nous révèle sur le vieux chef qui, trente-deux ans plus tard, dans sa gloire de confesseur du monde, de « général » des deux hémisphères, de pape noir, raconte ce fabliau barbare et délicieux, ses fureurs bégayantes de pèlerin mal formé, le sacre de la mule en interprète de Dieu. Si le cavalier de Pedrola est encore un étrange chrétien, le « général » de 1555 est encore un homme simple.

C'est alors qu'avant de parvenir à Montserrat il s'enfouit dans son « sac » – tunique faite, dit-il, « d'un tissu de chanvre d'une trame peu serrée et qui a beaucoup de piquants ». Puis il acheta des espadrilles, n'en chaussant qu'une « non pour faire des manières, mais parce qu'une de ses jambes était entourée de bandages et se trouvait en mauvais état... », et, enfourchant de nouveau sa mule, escalada les hauteurs de Montserrat, le monastère bénédictin où l'on priait la *Virgen Morena*, la Vierge noire.

Là, enfermé trois jours durant dans une cellule, il rédigea sa *confession générale* remise sous le sceau du secret le plus strict (touchant à son nom et à ses origines) à un moine français, Jean de Chanon, auquel il fit enfin confidence de ses projets : abstinence, dénuement total, vœu de chasteté, pèlerinage en Terre sainte.

Et alors, le 24 mars 1522, se situe la cérémonie la plus conforme à l'éthique et à l'esthétique du temps, l'acte de rupture solennelle entre le chevalier et la « vaine gloire » d'ores et déjà dénoncée mais toujours poursuivie, cet adoubement négatif par lequel il se dépouille, devant l'autel de la Vierge noire, de tous ses attributs féodaux, suspend ce qui lui reste d'armes aux grilles de la chapelle, s'agenouille enfermé dans son « sac » et prie, la nuit durant, homme neuf.

Un beau poème de Bartolomé Leonardo, *A colgar San Ignacio las armas en Montserrat*, témoigne de la grandeur du geste :

> « *Ignace suspend ses armes pour trophée*
> *dans le temple, espérant que lui offre les siennes*
> *Celui qui lui inspire un si belliqueux désir*
> *Ainsi quand le jeune berger hébreu*
> *eut quitté son armure royale, sa fidélité lui valut*
> *les pierres pures dont il frappa le front altier du Philistin*[13]... »

Le voici donc, en son accoutrement primitif, prêt pour le grand voyage. La première escale, a-t-il décidé, en sera Barcelone. Mais non. Ce n'est pas vers le quai d'embarquement où somnole aujourd'hui la caravelle de Colomb qu'il se dirige clopin-clopant, mais vers « un village appelé Manrèse » où « il avait décidé de rester dans un hôpital quelques jours », pour ranimer son corps épuisé et ménager sa jambe qui n'a cessé d'enfler tout au long des trois cents kilomètres qu'il vient de parcourir, d'Azpeitia à Montserrat. C'est aussi pour consigner « certaines choses dans son livre qu'il conservait avec beaucoup de soin [en] tirant grand réconfort ».

Curieuse référence, soudain, à ce livre. S'agit-il encore de ces morceaux choisis en calligraphie multicolore colligés à la *Casa y Solar* ? Ou d'un carnet de notes qui seraient déjà l'ébauche des *Exercices spirituels* ? Ou encore d'un livre que lui aurait confié Jean de Chanon, son confesseur de Montserrat, l'*Exercitario de la Vida Spiritual* du prieur de l'abbaye, Garcia de Cisneros, disciple des inventeurs de la *devotio moderna* inspirée par le Flamand Ruysbroeck ? C'est l'hypothèse que propose Alain Guillermou [14] : elle est séduisante, non sans atténuer, sur le plan purement spirituel, l'originalité « révolutionnaire » du fondateur des jésuites. Mais quel inventeur ne s'inspire de quelque génie précurseur ?

Le fait est qu'il va gîter longtemps à Manrèse et que ce qu'il n'a considéré d'abord que comme une simple escale, une halte vouée au repos et à la récollection, va devenir pendant une dizaine de mois un haut lieu de son aventure spirituelle, de sa révolution intérieure, une commotion psychique, une traversée du feu en ce foyer de l'« ignacisme » qu'il appellera lui-même « ma primitive Église ».

Jusqu'ici, nous avons constamment mis l'accent sur la gentilhommerie basque, remodelée pendant dix ans par la cour castillane, puis par la chevalerie navarraise : Inigo, d'incartades en faveurs et en épreuves, n'est encore qu'un héritier plus ou moins assailli par la grâce. A Manrèse, il plonge dans un autre univers, furieux, irradié, bouleversant. Il n'en sortira que fou ou saint, délivré ou captif d'une puissance qui lui parle – d'où ? La démesure, l'excès, le « surrationnel » même sont désormais son domaine – jusqu'à la reconquête de soi. On a parlé de possession, de « nuit obscure ». L'*home del sac* est, pour un temps, l'enjeu d'un étrange combat où Dostoïevski et Bernanos se reconnaîtraient volontiers.

Écoutons-le décrire la vie qu'il mène alors, celle d'un clochard halluciné :

> « Il demandait l'aumône chaque jour. Il ne mangeait pas de viande, ne buvait pas de vin, même si on lui en donnait. Les dimanches il ne jeûnait pas et si on lui donnait un peu de vin, il le buvait. Comme il avait été très préoccupé de soigner sa chevelure, selon la coutume de ce temps-là, et qu'elle était belle, il décida de la laisser à l'abandon, selon son état naturel, sans la peigner ni la couper, ni la couvrir d'aucun objet, de nuit ou de jour. Et pour la même raison il laissait pousser les ongles de ses pieds et de ses mains parce qu'il leur avait donné, à eux aussi, autrefois, du soin... »

Il a d'abord choisi pour asile une grotte sur la rive du Cardoner, cours d'eau qui traverse Manrèse. Mais son confesseur, un dominicain, lui impose de venir chercher abri dans son couvent, ou de coucher à l'hospice, fort misérable, de Santa Lucia. Mais ni là ni ailleurs il ne se sent en paix :

« Comme il se trouvait dans cet hôpital, il lui arriva maintes fois en plein jour de voir une chose en l'air près de lui, qui lui donnait beaucoup de consolation parce qu'elle était très belle, considérablement belle. Il ne percevait pas bien quelle espèce de chose c'était mais d'un certain point de vue il lui semblait qu'elle avait la forme d'un serpent et que sur elle beaucoup de choses resplendissaient – tels des yeux, bien que ce n'en fussent pas. Il se délectait beaucoup et se consolait à voir cette chose et [...] quand cette chose disparaissait, il en souffrait du déplaisir... »

Il lui faudra plusieurs mois pour déceler dans cette « chose considérablement belle », dans ce délicieux serpent aux yeux multiples, une manifestation du « démon » qu'il chassait « en manière de mépris » avec son bâton de pèlerin.

Il y avait alors à Manrèse une vieille femme dont la réputation de piété était si grande que le roi Ferdinand l'avait priée de le visiter. L'ermite la rencontra. Et elle : « Plaise à mon Seigneur Jésus-Christ qu'il veuille vous apparaître un jour. – Et pourquoi donc, fait-il effrayé, Jésus-Christ devrait-il m'apparaître à moi ? »

Il vit alors, pendant les onze mois de son séjour à Manrèse, dans un ouragan de scrupules, de soif de confession, d'appétit de macérations. Il passe ses nuits en oraisons ininterrompues, se tuant presque. La tentation du suicide lui vient, qui le pousse à « vouloir se jeter dans un grand trou proche de l'endroit où il faisait ses oraisons ». Puis il reste une semaine entière sans rien absorber, bien que son confesseur le mette en garde contre ces folies.

« En ce temps-là, soutiendra-t-il plus tard, Dieu le traitait de la même manière qu'un maître d'école traite un enfant. » Violent maître, rude école, fol enfant ! Mais lui, de ces temps téméraires où manqua sombrer son esprit, où s'abîma pour toujours sa santé, il ne voudra retenir que les illuminations. Quitte à mettre en garde, à l'avenir, ceux de ses disciples qui voudront le suivre sur la voie des macérations emphatiques.

Nul mieux que l'auteur de l'*Autobiographie* ne saurait décrire les phénomènes qui de toutes parts l'assaillent, phénomènes où les incrédules (grossiers ou subtils) ne sont pas seuls à voir des manifestations hallucinatoires liées à des comportements extrêmes, provocants sinon pathogènes. Mais si ce type de question ne peut pas être posé, qui s'en tiendrait ensuite à un haussement d'épaules ?

> « Comme un jour il priait sur les marches de ce même monastère (de Saint-Dominique), récitant les heures de Notre-Dame, son entendement se mit à s'élever comme s'il voyait la Sainte-Trinité sous la figure de trois touches d'orgue – et cela avec tant de larmes et tant de sanglots qu'il ne pouvait se mouvoir […] Une fois devint présente à son entendement, non sans une grande joie spirituelle, la manière dont Dieu avait créé le monde. Il lui sembla voir une chose blanche d'où sortaient des rayons et avec laquelle Dieu faisait de la lumière. Mais ces choses il ne savait pas les expliquer et il ne se souvenait pas non plus tout à fait bien des connaissances spirituelles qu'en ce temps-là Dieu imprimait dans son âme…
>
> … A de nombreuses reprises et chaque fois pendant long-temps, il vit avec les yeux intérieurs, tandis qu'il se tenait en oraison, l'humanité du Christ. L'image qui lui apparaissait était comme un corps tout blanc ni très grand ni très petit, mais dont il ne distinguait pas les membres. Cela, il le vit à Manrèse, beaucoup de fois : s'il disait vingt ou quarante il n'oserait pas juger que ce serait faux. […] Il vit également Notre-Dame sous une forme analogue mais sans distinguer non plus de parties dans cette forme. Toutes ces choses qu'il aperçut le raffermirent alors et lui donnèrent une si grande confirmation dans la foi que souvent il se dit, au fond de soi : même s'il n'y avait pas l'Écriture pour nous enseigner ces choses de la foi, il se déciderait s'il le fallait, à mourir pour elles, et seulement à cause de ce qu'il avait vu [15]. »

Mourir à cause de ce qu'il avait vu… Le dernier mot suscite évidemment bien des questions. Vu ? Vision intérieure, projection externe ? Le mémorialiste de Rome écrit bien, trente-trois ans plus tard : « Il vit avec les yeux intérieurs », qu'il s'agisse des « rayons blancs qui venaient d'en haut » ou du « corps tout blanc ni très grand ni très petit »… Mais le débat a-t-il le moindre sens ? De quoi s'agit-il, avec ces « visions » si vagues, si indécises, on allait dire banales, sinon de cette « confirmation de la foi » reçue par l'homme au sac, plus déterminante pour lui, alors, que les Écritures ?

C'est à une autre expérience encore, tout intérieure celle-là, qu'Inigo attachera le plus d'importance : celle que ses biographes appellent l'« illumination du Cardoner », du nom de la rivière qui arrose Manrèse et au bord de laquelle le pèlerin connut sa plus grande « révélation » avant celle de 1538 à La Storta, près de Rome*.

Ce jour-là**, vers la fin de son séjour à Manrèse et alors qu'il avait adopté un genre de vie moins extravagant, vêtu non plus de son « sac » mais d'un « mantelet brun de drap très grossier et d'un bonnet en forme de petit béret », il choisit d'aller prier en l'église de Saint-Paul, qui surplombe le Cardoner :

> « Il marchait donc, plongé dans ses dévotions, puis il s'assit pour un moment, le visage tourné vers la rivière qui coulait en contrebas. Comme il était assis en cet endroit, les yeux de son entendement commencèrent à s'ouvrir et, sans percevoir aucune vision *(no que viese alguna visión)*, il eut l'intelligence et la connaissance de choses nombreuses aussi bien spirituelles que relevant de la foi et de la culture profane et cela avec une illumination si grande que toutes ces choses lui paraissaient nouvelles.
> On ne peut exposer clairement les notions particulières qu'il entendit alors, bien qu'elles eussent été nombreuses, sauf qu'il reçut une grande clarté dans l'entendement, de telle sorte que dans le cours de sa vie jusqu'à soixante-deux ans passés, s'il récapitule en esprit toutes les aides qu'il a obtenues de Dieu et toutes les choses qu'il a sues, même s'il les réunit en un faisceau, il ne lui semble pas avoir acquis autant de connaissances que cette seule fois [16]. »

Ici, on a bien lu : le mot « illumination » revêt un sens purement intellectuel. Non seulement parce que cet éclairement n'est lié à aucune « vision » *(no... alguna visión)* mais parce qu'il a trait aussi bien à la « culture profane » qu'au domaine spirituel. Ici, il est question d'« intellect ». On peut penser à Newton voyant tomber la pomme, à Champollion déchiffrant pour la première fois les hiéroglyphes de Ramsès. Et la note que Camara rajouta plus tard en bas de page est plus explicite encore : « Et cela fut de telle sorte qu'il resta l'entendement illuminé au point qu'il eut le sentiment d'être un autre homme et d'avoir un autre intellect que celui qu'il avait auparavant. »

De telles « illuminations de l'esprit », Paul Valéry, si peu porté qu'il fût vers le mystère, l'irrationnel et le merveilleux,

---

* Voir chapitre III, p. 113.
** Nous sommes aux tout premiers jours de 1523.

en décelait chez un grand esprit qu'il décrivait ainsi : « Tout à coup, la vérité de quelqu'un se fait et brille en lui ; une intelligence a découvert ou a projeté ce pour quoi elle était faite : elle a formé, une fois pour toutes, le modèle de tout son exercice futur [17]. » Mais ce n'est pas Loyola qu'il vise ainsi, en dépit de cet « exercice », c'est Descartes...

Qui ne verrait là une clé pour la démarche future du fondateur de la Compagnie, en ce que ce moment décisif n'est pas seulement d'« extase spirituelle » mais aussi d'« entendement intellectuel » et que le profane s'y joint au sacré ? « Toutes les choses qu'il a sues. » Le vieil homme qui va mourir à Rome et qui a « su », en effet, beaucoup de choses, et du siècle, et des hommes, et de Dieu, rapporte l'essentiel à cette illumination de son « intellect ». D'abord la connaissance, et puis l'« entendement ».

De la tempête des « scrupules » à l'aurore exquise du Cardoner, Inigo a vécu à peu près seul quelques mois dans un tumulte spirituel, bousculé, tiraillé, provoqué de « décharges », de « stimulations » quasi psychiatriques, en proie à des « motions » qui furent autant de pulsions créatrices. Le fruit de cette traversée du feu, ce furent les *Exercices spirituels*, son œuvre centrale, celle par laquelle il participe depuis quatre siècles et demi à la vie d'innombrables individus en quête d'une ascèse et d'un contact avec le divin.

Les *Exercices*, rédigés d'abord en un latin approximatif, celui auquel s'initiait un nobliau basque frotté de cour castillane au début du XVIe siècle, ne sont pas l'œuvre d'une seule saison. Peut-être ébauchés sous forme de notes à la fin du séjour à la *Casa y Solar*, rédigés en leur ensemble pendant les six derniers mois du pathétique séjour du pèlerin à Manrèse, ils ne cesseront d'être révisés, augmentés, jusqu'à la fin des années quarante par le *padre maestro* de Rome. Le meilleur témoin en la matière, Diego Laynez, premier successeur de Loyola, précisera que la « substance » des *Exercices* venait de Manrèse.

La relation d'Inigo aux *Exercices spirituels* n'est pas celle d'un auteur à « son » œuvre. Il la tient pour révélée, dictée par le Seigneur, comme le fait un prophète, et, surtout, ne les donnera jamais à « lire » mais à « faire ». Aussi bien ne s'agit-il pas d'un livre, ni d'un « journal », ni d'un traité de spiritualité comme l'*Imitation*, ni de la règle d'un ordre, mais d'un manuel pratique comme, révérence parler, la « Méthode assimil » ou ceux qu'ont élaborés, pour le bien-être du corps, Thérèse Bertherat ou Jane Fonda. On ne poussera pas la vulgarité jusqu'à parler d'un livre de recettes mais l'image traverse l'esprit de l'auteur irrévérencieux ou du lecteur frivole.

Le vocabulaire, une fois de plus, est décisif. Le mot « exercice* » en dit long, et celui de « faire ». Tout est voué à l'action ou à une discipline du comportement et de l'intellect, et pour un grand nombre d'« exercitants ». Il faut noter aussi que si, dans la pratique, le fondateur de la Compagnie de Jésus donne les *Exercices* à des inconnus, considérant le manuel comme un tout, il juge plus sain qu'entre l'exercitant et son manuel s'interpose un directeur, attentif à adapter la méthode à un tempérament et à une spiritualité spécifiques. Encore une procédure typique : adaptation, ajustement, données réelles…

Si l'ermite du Cardoner croyait que sa méthode lui avait été inspirée, dictée par une volonté supérieure, il savait aussi qu'elle était un morceau de sa substance et de sa chair, le reflet d'une expérience tragique. Rien ici qui ne fût d'abord vécu, souffert, et d'abord exercé sur soi. Cette retraite en action de quatre semaines qu'il propose à son prochain, il l'a vécue, lui, en onze mois, dont les premiers furent une longue et douloureuse hallucination.

On a beaucoup glosé sur les influences dont s'inspira cette méthode. Deux sont évidentes : *L'Imitation de Jésus-Christ* que l'on attribuait alors, non à Thomas a Kempis, mais à Jean Gerson, chancelier de l'université de Paris, et surtout l'*Exercitario* de Garcia de Cisneros**. Mais le second est destiné surtout à une communauté spécifique, celle des bénédictins de Montserrat ; et le premier ne tend pas à une telle efficacité. L'un et l'autre pourtant encadrent la démarche de l'ermite ébouriffé qui s'apprête, inconsciemment peut-être, à devenir le très judicieux *maestro* de Rome.

Oui, déjà Rome… Ce qui frappe, entre mille facettes de cet étrange outil de pouvoir qui contribua tant à faire voir en Loyola un « dictateur des âmes » – entre autres par l'un de ses meilleurs biographes, Léon Marcuse [18] –, c'est la docilité qu'il affiche, la loyauté en tout cas à l'Église visible, dont il ne connaissait

---

   * En espagnol, armée se dit *ejercito*…
  ** Voir plus haut, p. 32.

pas, à Manrèse, toutes les turpitudes. Mais rien de la cynique bacchanale romaine dont il sera le témoin très averti ne l'incitera à remettre en cause la papauté – qui restera pour lui la référence, le pôle intangible autour duquel doit graviter le « service de Dieu dans le vaste monde ».

Étrange pèlerin qu'un pèlerin immobile… Il est vrai qu'à Manrèse, en ces onze mois, il a, comme on dit, « vu du pays » et traversé bien des tempêtes. Mais enfin, Jérusalem est son but : en mars 1523, guéri d'une cruelle maladie qui a mis en lumière l'attachement que lui portent certains habitants de Manrèse, comme les Ferrera et quelques dames « du premier rang », il lui faut quitter les rives du Cardoner, se rendre à Barcelone pour y trouver une voile afin de gagner d'abord l'Italie et obtenir, à Rome, l'agrément et la bénédiction du pape.

Il ne connaît rien de ces pays, ne parle pas l'italien, guère le latin – pour ne rien dire de l'arabe. Il ne sait que deux choses : qu'il partira seul et qu'il s'embarquera *sin blanca*, sans un sou, fût-il obtenu par la mendicité, afin de « n'avoir que Dieu pour refuge ». Il finit par trouver un capitaine qui l'accepte à son bord pour rien, mais à condition qu'il emporte son « biscuit* », sans quoi les hommes d'équipage pourraient craindre qu'il ne quête le leur. Il s'y refuse (« la voilà, ton espérance ! ») mais son confesseur lui enjoint d'accepter. Et non sans avoir abandonné sur un banc de la plage les quelques maravédis, mendiés au fil des jours, qui lui restent, il dit adieu aux amis que lui a valus son bref séjour dans le grand port catalan : Inès Pascual, Isabel Rosell et leurs familles (que nous retrouverons), et embarque pour Gaète le 20 mars 1523.

On passera vite sur les tribulations italiennes, les menaces de la peste, la tentative de viol dont il protège à grands cris deux compagnes de voyage, un séjour à Rome qui – le croira-t-on – ne lui inspire qu'une brève mention de la bénédiction à lui accordée par le pape Adrien VI, le cheminement vers Venise, de village en village, dormant sous les portiques, les ducats mendiés et peu après distribués, une étape à Padoue (où « le Christ m'apparut de la manière qu'il avait accoutumée », note-

---

* Le pain deux fois cuit.

t-il avec un flegme tout neuf), l'entrée dans Venise où l'accoste et l'installe chez lui un riche Espagnol qui, non content d'héberger ce vagabond lumineux, le présente au doge Andrea Gritti. Si surpris qu'ait pu être le maître de la Sérénissime République en voyant paraître ce vagabond, il procura à Inigo le moyen d'embarquer sur le « bateau du gouverneur » qui faisait la navette entre la cité des doges et Chypre, alors colonie vénitienne.

A la veille d'embarquer sur la *Negrona*, le pèlerin tombe malade. On le purge. Il tente de se mettre sur pied. Peut-il partir pour la Terre sainte ? Oui, répond le médecin, « s'il veut s'y faire enterrer ». On le hisse à bord où il retrouve ses esprits, assez en tout cas pour observer que sur ce vaisseau se commettent « certaines horreurs et turpitudes » : il les dénonce si violemment que l'équipage menace de « l'abandonner sur une île »… Il parviendra tout de même à Chypre où attend à quai le bateau des pèlerins ; il n'y apporte de nouveau « que son espérance ». Il la voit récompensée, pendant la traversée, par de nouvelles apparitions, celle notamment d'« une chose ronde et grande, comme en or ».

A Jaffa, tout à son regard intérieur, Inigo ne trouve pas un mot pour commenter le choc culturel qu'il ne peut manquer d'éprouver. Il se contente de signaler que ses compagnons et lui y accostèrent, avant de cheminer à dos d'âne vers Jérusalem. Cette fois, va-t-il nous livrer quelques images, fussent-elles pieuses ? Non. « En découvrant la ville, le Pèlerin eut une grande consolation […] jointe à une allégresse qui paraissait différente d'une allégresse naturelle… »

De nouveau, rien que des mots abstraits, « consolation », « allégresse ». A-t-il des yeux pour voir ces bouleversantes merveilles ? Qu'il se taise sur Rome pour cacher son dégoût ou sur Venise-la-chamarrée, passe encore. Mais dût-il avoir attendu trente ans pour l'évoquer, ses yeux « extérieurs » n'ont-ils rien vu de la Ville ? N'ont-ils rien vu des remparts blonds et crénelés, moins pour la guerre, semble-t-il, que pour encadrer, rythmer la lumière ? Rien vu de l'admirable façade de Sainte-Anne qui, sur les lieux de la croisade assassine, pose le sceau de l'harmonie romane ? Et rien du mont Carmel ?

Ajoutons qu'il est aussi discret sur les exactions des maîtres turcs de la Palestine, pillards et menaçants, insupportables au dire des autres pèlerins avec lesquels il s'abrite d'abord à l'hôpital Saint-Jean plus ou moins assiégé par les janissaires du pacha. Mais pas au point qu'ils ne puissent visiter le Calvaire, Bethléem, Gethsémani, Jéricho…

S'il entend demeurer pour une longue période à Jérusalem, c'est à la fois pour y visiter les Lieux saints et s'en imprégner, et pour « aider les âmes », selon son expression courante – qui a trait évidemment à un apostolat. Mais il ne s'ouvre que de la première intention aux franciscains pour ne pas les alarmer dans leur mission. Un concurrent, un franc-tireur ? C'est déjà trop : les frères lui répondent qu'ils vivent sur le mont Sion dans une telle pénurie qu'on ne songe qu'à renvoyer certains d'entre eux en Europe, avec le groupe des pèlerins.

Inigo en appelle au provincial de l'ordre auquel il présente des lettres d'accréditation de Rome et qui le reçoit avec affabilité, mais repousse sa demande. Beaucoup, fait valoir le franciscain, avaient eu ce désir. Mais tel était mort, tel autre avait été capturé : et alors l'ordre était obligé de racheter ceux qui se faisaient prendre. C'est pourquoi il le prie de se préparer à partir le lendemain avec ses pèlerins. Le pèlerin est opiniâtre :

> « Il répondit à cela qu'il avait son plan bien arrêté et qu'il estimait ne pouvoir pour aucun motif renoncer à le mettre en œuvre […] Même si le provincial n'était pas de cet avis et sauf s'il y était obligé sous peine de péché […] A cela le provincial répondit qu'ils détenaient du Siège apostolique l'autorité de faire quitter les lieux […] [à] qui bon lui semblait et d'excommunier quiconque ne voudrait pas leur obéir ! »

« Excommunié » ! Peste… Inigo ne pouvait que s'incliner. Mais avant de quitter les Lieux saints, il voulut revoir le mont des Oliviers, et surtout

> « la pierre d'où Notre-Seigneur s'éleva vers les cieux et l'on voit aujourd'hui encore les marques de ses pieds […] Alors, sans rien dire à personne ni prendre de guide (ceux qui vont là-bas sans avoir un Turc comme guide courent un grand péril), il se faufila hors du groupe des pèlerins et s'en fut tout seul au mont des Oliviers. Les gardes ne voulurent pas le laisser entrer. Il leur donna le petit canif de l'écritoire qu'il portait sur lui. Après avoir fait son oraison avec une vive consolation, il fut pris du désir d'aller à Bethphagé. Il s'y rendit. Là, il se souvint qu'il n'avait pas bien regardé sur le mont des Oliviers de quel côté était le pied droit et de quel côté le pied gauche. Il

retourna là-haut et je crois qu'il donna ses ciseaux aux gardes pour qu'on le laissât entrer... ».

Là-bas, au couvent des franciscains, on s'affole : et si cet agité avait pris le maquis et jouait déjà les saint Antoine au désert !... On lui dépêche un homme armé d'un gourdin qui fait mine de le rosser, le prend au collet et le ramène à l'hôpital Saint-Jean d'où il repartira s'embarquer avec les autres pèlerins. Il n'a cure de ce traitement et notera plus tard qu'ainsi rabroué il « reçut de Notre-Seigneur une grande consolation : il lui sembla voir le Christ sans cesse au-dessus de lui. Et cela, jusqu'au moment où il arriva au monastère, dura toujours, en grande plénitude [19] ».

Trois semaines en Terre sainte (du 3 au 23 septembre 1523) – on dirait un dépliant touristique – mais c'était en un temps où l'on risquait plus encore que sa peau et où il ne fallait pas beaucoup d'imagination pour relever, au Saint-Sépulcre, les traces de la passion du Christ. Lui, en tout cas, en fit son miel – sans « discerner en esprit », semble-t-il, l'authentique du fabuleux. Comprit-il dès ce temps-là que sa mission n'aurait pas pour cadre cette Jérusalem si férocement tenue par les infidèles ? Il ne semble pas. Douze ans plus tard, flanqué de ses premiers *compañeros*, c'est encore vers les Lieux saints qu'il prétendra orienter la mission de la Compagnie naissante.

Que le trajet de retour ait été encore plus aventureux que l'aller, de Jaffa à Chypre, de la côte des Pouilles à Venise, de Ferrare à Gênes, on n'a pas de mal à le croire : en Méditerranée, la guerre contre les Turcs n'était jamais tout à fait suspendue et, en Italie, les armées françaises menaient, sous François Ier comme sous Charles VIII, un branle incessant. Dans l'hiver glacial, accoutré comme un demi-fou d'une culotte bouffante qui lui laisse les jambes nues, d'un justaucorps de toile lacérée et d'un court mantelet usé jusqu'à la trame, il divague à travers la guerre.

En Lombardie, il est appréhendé par des soldats espagnols qui croient voir en lui un espion des Français. On le traîne, enchaîné, vers le capitaine et il a « comme une représentation du Christ emmené lui aussi, bien que ce ne fût pas une vision comme les autres... ». Doit-il, pour s'éviter quelque torture, s'adresser à ce chef militaire en le traitant de « Sa Seigneurie » (l'ancien combattant de Pampelune sait de quel bois se chauffe un capitaine du roi très-catholique...) ? Eh bien, non ! Ayant reconnu là une « tentation » (discernement des esprits !) il décide de ne pas lui faire « sa révérence » et de ne pas « ôter son chaperon »… L'officier en est à ce point déconcerté qu'il le prend pour un fou et ordonne à ses gens de le jeter dehors.

Il n'en a pas plus tôt fini avec les Espagnols qu'il tombe aux mains des Français. Le lieutenant auquel on le présente lui demande, par routine, de quel pays il vient. Du Guipúzcoa ? Mais il est basque lui aussi, cet officier, des environs de Bayonne ! Les soldats de François Ier reçoivent l'ordre de faire souper Inigo et de le bien traiter… Ainsi notre vagabond mystique aura-t-il traversé, en innocent béni du ciel, le monde des guerriers.

Mais l'instant décisif de cette pérégrination frénétique, ce n'est pas sur les champs de bataille qu'il le vit. On ne parle pas, comme à propos de celle du Cardoner, d'« illumination de Venise » : mais c'est pourtant aux abords de cette frivole cité vouée aux vanités du monde, chez l'ami espagnol qui l'avait recueilli à l'aller, que, méditant sur son voyage et sur ce qu'il devait faire après son refoulement de Terre sainte, il eut, nous apprend l'*Autobiographie*, « inclination à étudier [20] ».

Bien sûr, c'est pour « aider les âmes ». Mais cette brusque soif d'apprendre pour enseigner est, comme la *metanoia* de la *Casa y Solar*, ou les visions de Manrèse, un point d'inflexion de ce destin épique – peut-être le franchissement de frontière décisif de sa biographie et du « projet » jésuite.

L'étude et l'enseignement en seront désormais les leitmotive, plutôt que l'ascèse et les macérations. Le chevalier s'était fait ermite. L'ermite, pèlerin. Le pèlerin n'aura plus de cesse qu'il ne devienne docteur. Et le docteur enverra ses disciples informer le monde et s'informer du monde.

Il a rompu avec la « vaine gloire » des armes, de la galanterie et de la cour. Il s'est donné la discipline, s'est enterré dans une grotte comme une bête, il a chevauché, cheminé en claudiquant, navigué, tremblé entre les mains des infidèles, mendié sur toutes les routes, frissonné sous les porches et les remparts des villes, échappé en faisant l'idiot aux griffes des soldats. Désormais, à quelque épreuve qu'il soumette son corps, et si intenses que puissent être les « motions » de son âme, et dominatrices les exigences de sa foi, et impérieux les élans de sa charité, c'est son intellect qu'il va nourrir, ce vagabond à la culotte bouffante dont la Terre sainte n'a pas voulu.

Objectif : Barcelone. Pour l'héritier des Loyola, la grande cité catalane apparaît d'abord comme un foyer des sciences et des arts. Au surplus, il y a des amis, ces Pascual, ces Ferrer, ces Rosell qui, sans souci de ses allures excentriques, l'ont hébergé, compris, aidé. C'est là d'abord qu'il vivra sa nouvelle mission : étudier.

Barcelone n'était pas, au début du XVIᵉ siècle, le foyer intellectuel qu'imaginait Inigo. Pas d'université jusqu'en 1533, quelques écoles. Mais le mouvement humaniste y comptait un zélateur notoire, Miguel Mai, « érasmien » fervent, et quelques bons latinistes groupés autour du Basque Martin de Ibarra. Au surplus, ce n'était pas de penseurs prestigieux qu'était alors en quête le pèlerin de Palestine, mais d'un maître capable de lui fournir les bases élémentaires, des moyens d'expression : grammaire et latin.

Jérôme Ardevol fut cet homme. Sous l'égide de ce proche collaborateur d'Ibarra, ami des Ferrer et des Rosell, le vagabond impatient de s'instruire se mua, à plus de trente-trois ans, en écolier docile ; en guise de contrat, Inigo assura Ardevol qu'il ne cesserait d'entendre ses leçons tant qu'il « aurait assez de pain et d'eau pour subsister à Barcelone ». (En fait Ardevol ne lui demandait aucune rétribution, et ses hôtes, les Pascual, lui procuraient le strict nécessaire.)

Une étrange épreuve lui était alors réservée, qu'il évoque dans son *Autobiographie* : quand il se mettait à l'étude, tentant d'apprendre par cœur les leçons d'Ardevol, lui venaient de « nouvelles intelligences des choses spirituelles », si « vives » qu'elles le troublaient. Persuadé qu'elles étaient inspirées par le Malin, il s'en ouvrit à son maître. Ainsi les « choses spirituelles » pouvaient-elles combattre sa mission, toute profane, d'acquisition du savoir. On peut voir, en ce déconcertant dilemme, une préfiguration des problèmes que devra résoudre, vingt ans plus tard, le fondateur.

Il a affiné ce « discernement » qui caractérise son génie, cet art, déjà, de distinguer l'essentiel du secondaire, l'urgent du banal, de reconnaître la primauté du « devoir d'état ». Mais tout engagé qu'il fût sur cette voie de sagesse, on le voit encore possédé d'une boulimie de pénitences exhibitionnistes, celles qu'il proscrira énergiquement plus tard. S'il a fini par se munir de chaussures (pour lutter, dit-il cocassement, contre ses « douleurs d'estomac »), n'invente-t-il pas de « faire un trou dans les semelles […] de l'élargir peu à peu de telle sorte qu'au moment où l'hiver arriva, il ne portait plus… que les empeignes » ?

Le pèlerin n'a pas encore dompté en lui le vagabond et ne manque pas, de ce fait, d'attirer sur lui l'attention. Celle, notamment, de quelques hommes qui seront ses premiers disciples, d'autant plus éphémères que de telles procédures auront peut-être contribué à leur adhésion : Calixto de Sá, Lope de Cáceres, Juan de Artéaga et un jeune Français, Jean Raynald, dit « Juanico ». Ils ne seront pas très longtemps fidèles à l'*home del sac* devenu l'homme aux empeignes, et aussi, plus gravement, celui des *Exercices spirituels*. Mais nous les retrouverons, jusqu'en Castille.

Jérôme Ardevol tient le vieil écolier sous sa coupe deux années durant, à l'issue desquelles il le juge en mesure d'aborder à l'université l'étude des « arts » et de la « philosophie ». Où ? Il choisit de diriger son élève sur Alcalá de Henarès qui est, depuis un quart de siècle, le plus brillant foyer culturel de la péninsule – après Salamanque. Et c'est ainsi qu'à trente-cinq ans, nanti de l'avis favorable d'un théologien catalan qui, l'ayant examiné, l'a jugé digne d'une telle entreprise, il part pour la petite cité castillane où naîtra vingt ans plus tard Miguel de Cervantès et où brille déjà d'un éclat tout particulier la gloire d'Érasme.

Revenons à Lucien Febvre qui, à propos du beau livre de Marcel Bataillon, *Érasme et l'Espagne* [21], évoque éloquemment, sans le nommer, le rôle joué par Érasme dans le climat spirituel d'une Castille « toute brûlée d'ardeurs dévorantes, celle des Cisneros, des Valdés et, à l'arrière-plan, des Loyola – l'Espagne des *alumbrados* qui est aussi celle des *conversos* et qui saluait parmi ses pères spirituels, parmi ses maîtres d'oraison, le petit homme égrotant et frileux dont une mauvaise littérature n'a cessé, et ne cesse, de comparer le sourire au sourire de Voltaire [22] ».

Alumbrados, conversos ? Ils vont si souvent hanter cette histoire qu'il convient d'indiquer ce que recouvrent ces vocables. Les *alumbrados* (illuminés) surgissent un peu partout – en Castille surtout – d'un terreau populaire où les attentes de la foi ne trouvent pas leur réponse dans l'enseignement et les comportements d'un clergé déficient et corrompu. Beaucoup d'entre eux poussent l'ardeur mystique jusqu'à nier toute obligation sacramentelle. Des calvinistes, déjà ?

Il s'agit en tout cas d'un mouvement qui fait converger le plan de réforme conventuelle parti notamment des couvents franciscains (impulsé par Cisneros) et une spiritualité spontanéiste animée en milieu laïque par les « béates », qui joueront un rôle actif auprès d'Inigo, et les *dejados*, les abandonnés à la volonté de Dieu (*no hacer nada*, ne rien faire que s'en remettre à son amour) précurseurs du quiétisme.

Quant aux *conversos*, ce sont les « nouveaux chrétiens », juifs convertis, de gré ou de force*, les uns « marranes » dissimulant sous leur adhésion formelle une fidélité patiente (et dangereuse) à leur religion originelle, les autres acquis pour de bon au catholicisme et qui joueront un rôle essentiel dans l'histoire des jésuites et dans celle de l'Espagne. Divers observateurs, dont l'ambassadeur vénitien, estiment que, vers 1530, le tiers de la chrétienté espagnole est d'origine juive [23]. Compte tenu de l'attitude d'un clergé méfiant ou méprisant à leur égard, beaucoup de *conversos* préféraient vivre leur néo-christianisme en marge de son magistère, dans la mouvance des *alumbrados*. D'où une immense fermentation spirituelle entre ces divers courants de marginaux en mouvement, terrain fertile pour les fauteurs de désordres et les inventeurs d'ordres.

Érasmiens, illuminés, convertis, c'est à travers ce bouillonnement d'eaux mêlées, de vagues tournoyantes, qu'Inigo le naïf, le balbutiant, en quête de « philosophie », va naviguer dans la petite cité castillane, où il arrive en mars 1527, en proie à la méfiance, à la traque même des policiers de la foi. Car l'Inquisition** veille, alertée par tant d'audaces et d'invention, braquant surtout ses foudres sur les *conversos*, mais vigilante à l'encontre de tout ce qui pourrait ne pas s'inscrire dans le cadre rigoureux du système romain.

Inigo résume ainsi son séjour d'une quinzaine de mois à Alcalá :

> « Il s'occupait à donner les *Exercices spirituels* et à expliquer le catéchisme et par là se produisit du fruit pour la gloire de Dieu […] Grande affluence se manifestait partout où le Pèlerin

---

* Un décret des souverains catholiques, en 1492, a contraint les juifs et les musulmans au choix entre la conversion ou l'exil.

** Restaurée un demi-siècle plus tôt.

expliquait le catéchisme [...] Ce qui suscitait des rumeurs dans la population... »

Toujours mendiant, prêchant le petit peuple et parfois en butte aux quolibets, voire aux insultes des passants, de prêtres notamment. Il a abandonné sa défroque de vagabond loqueteux pour endosser, imité par ses compagnons*, une longue tunique de *pardillo*, tissu grisâtre dont se vêtaient les gens du petit peuple. Et de nouveau il va nu-pieds. Mais il s'est vu offrir un gîte décent dans un hospice – du pain, un lit, une chandelle. Surtout, il s'est lié à des gens importants, les Navarrais Diego et Miguel de Eguia, celui-ci imprimeur prospère – et qui se trouve être l'éditeur en castillan de l'*Enchiridion* d'Érasme.

Faut-il le voir déjà séduit, en ce milieu, par l'humanisme ? Non. Il est même curieux que cet étudiant assoiffé de savoir, incité par son confesseur, le Portugais Miona, à lire les ouvrages du grand homme de Rotterdam (comme l'avaient fait avant lui les lettrés de Barcelone), s'y refuse. Pourquoi ? Parce que « certaines autorités le désapprouvaient » – écrira son confident Gonçalves da Camara. Ignore-t-il que le primat d'Espagne lui-même, Alonso de Fonseca, se réclame d'Érasme ? Comme il est discipliné, ce vagabond-écolier, comme il est soucieux encore de ne pas défier les règles, surtout celles qu'édicte Rome...

Ce n'est pas comme érasmien que l'étudiant-mendiant va éprouver maints déboires et se trouver en butte à la hargne cléricale, ce n'est même pas comme suspect de luthéranisme que ce prêcheur va frôler le bûcher de l'Inquisition, c'est parce qu'on assimile ses harangues de carrefour aux activités des *alumbrados*. Mais ici, il faut lui donner la parole : son récit est d'une saveur incomparable :

> « Il y avait grande rumeur dans tout ce pays-là au sujet des choses qui se passaient à Alcalá et les gens en parlaient d'une certaine manière, les autres d'une autre... Le bruit parvint jusqu'à Tolède, jusqu'aux Inquisiteurs. Quand ceux-ci arrivèrent à Alcalá, le Pèlerin en fut avisé par leur hôte qui lui dit que tous ces gens les appelaient "les habillés de bure", et je crois même "les illuminés", et qu'on allait faire de lui et de ses compagnons, une boucherie *(hacer carnicería en ellos)*... »

---

* Artéaga, Calixto, Cáceres, « Juanico », venus avec lui de Barcelone.

Une *carnicería*? Bigre… Mais Inigo et ses hommes en gris étaient-ils des *alumbrados*? Dans son *Érasme et l'Espagne*[24], Marcel Bataillon fait observer qu'en tout état de cause, et qu'il ait ou non « mérité ce qualificatif », Loyola « fait alors figure d'illuminé […] et apparaît comme solidaire de la révolution religieuse » qui prend un peu partout des formes menaçantes pour l'institution ecclésiastique.

Il est vrai qu'*alumbrados* et *dejados* avaient longtemps été tolérés, dans la mesure où leur élan et leur spiritualité semblaient liés à la réforme franciscaine dont le cardinal de Cisneros était l'un des promoteurs. Mais vers 1525, le grand inquisiteur Manrique, favorable à l'érasmisme et à diverses formes d'évangélisme spontané, s'était avisé de certains indices de pénétration luthérienne dans la péninsule, par les voies de l'illuminisme anticlérical, et sa méfiance s'était accrue de la constatation que certains des *alumbrados* les plus prestigieux, comme Pedro de Alcaraz, étaient des *conversos*, des « nouveaux chrétiens » d'origine juive. Luthéranisme masqué, judaïsme rampant* : cela faisait beaucoup pour un inquisiteur, fût-il sensible à la noblesse du message d'Érasme. Faire figure d'illuminé prend alors le sens d'une tendance à l'hérésie : d'où la *carnicería* promise…

L'enquête de l'Inquisition mobilise de nombreux témoins, familiers d'Inigo, auditeurs et surtout auditrices – car c'est auprès des femmes que la prédication des « hommes en gris » trouvait le plus profond écho, et c'est par elles, leurs confidences ou leurs éventuels aveux que les gardiens de l'orthodoxie comptaient atteindre et confondre la bande des *alumbrados* par qui éclatait le scandale.

Le licencié Alonso Mejias, délégué par le tribunal épiscopal, fit comparaître un prêtre franciscain, un « béate » disciple d'Inigo, sa concierge et quelques exaltées dont il comptait tirer des témoignages accablants. Il dresse l'oreille quand la concierge signale que parfois deux des hommes en gris couchent dans la chambre d'Inigo, ou que des femmes voilées y viennent de bon matin, ou que les prédicateurs reçoivent des dons en échange de leur enseignement. « Quels dons ? – Des grappes de raisin, ou des morceaux de lard… »

L'inquisiteur aura tout de même plus de grain à moudre en

---

* Nous verrons que l'imputation en ce sens sera très directe.

entendant les auditrices les plus ferventes, une doña Leonor, une doña Maria, une doña Béatrice qui ne peuvent dissimuler la part d'hystérie qui entre dans leur exaltation : l'une est tombée sans connaissance, une autre se roule parfois sur le sol, telle autre a été vue se tordant en convulsions ou tremblant, ou couverte d'une sueur d'angoisse. Don Alonso connaît ces signes, qui ne sont pas propres aux seules auditrices d'Inigo. C'est à l'occasion des prêches du pèlerin basque et de ses compagnons que ces désordres se produisent : mais s'il interroge les témoins sur le fond, il lui faut bien constater que l'enseignement des hommes en gris est conforme à l'orthodoxie.

L'enquête du licencié Mejias achevée, Inigo et ses disciples sont convoqués par le grand vicaire Figueroa qui leur déclare qu'on n'a « trouvé aucune erreur dans leur doctrine ou dans leur genre de vie » mais que, n'étant pas religieux, il n'était pas opportun « qu'ils aillent tous vêtus d'habits semblables ».

> « [Il valait mieux que] deux d'entre eux – il montrait du doigt le Pèlerin et Artéaga – fissent teindre leurs vêtements en noir. Deux autres, Calixto et Cáceres, les feraient teindre en fauve. Quant à Juanico, étant un jeune garçon français, il pouvait rester comme il était. Le Pèlerin répondit : "De quel profit sont ces inquisitions ? A-t-on découvert en nous une hérésie quelconque ? – Non, dit Figueroa, s'ils vous en trouvent une, ils vous brûleront ! – Ils vous brûleront aussi, répliqua le Pèlerin, s'ils en trouvent une en vous-même." »

Et vlan ! On dirait Jeanne d'Arc face à l'évêque Cauchon : et pourquoi pas un bûcher pour l'Inquisiteur ? Superbe, Inigo ! Mais l'enquête allait rebondir, et pour un motif apparemment sérieux qu'il expose ainsi, tranquillement :

> « Une femme mariée, de qualité, éprouvait une dévotion spéciale envers le Pèlerin. Afin de ne pas être reconnue elle venait le voir la tête couverte, comme c'est la coutume à Alcalá de Henarès, dès le petit jour, au matin, à l'hôpital. En entrant, elle se découvrait et gagnait la chambre du Pèlerin… »

Bigre… Le cas paraît pendable, dût-on croire le maigre vagabond au-dessus de tout soupçon : mais ces mêmes inquisiteurs qui ne peuvent tolérer la teinte d'un habit referment rapidement ce dossier croustillant. C'est plus tard que les choses vont se gâter :

« Un alguazil frappe à la porte d'Inigo, l'emmène et le jette en prison. » Certes, il n'est pas sous surveillance étroite et reçoit beaucoup de visites, observe-t-il, faisant « la même chose qu'en liberté ». Mais il a passé dix-sept jours interné, sans avoir reçu notification du motif, quand le vicaire Figueroa vint « l'interroger sur de nombreux sujets, allant jusqu'à lui demander s'il faisait observer le sabbat par ses disciples »...

Le sabbat ? Ainsi, ce n'est plus seulement d'illuminisme ni d'érasmisme qu'est soupçonné l'étudiant-prêcheur, c'est, beaucoup plus grave aux yeux de l'Inquisition – de pratiques judaïsantes... Mais Figueroa dévoile enfin le vrai motif de l'arrestation : deux dames de la ville, la mère et la fille, toutes deux veuves (« la fille était très jeune et attirait beaucoup les regards », précise gentiment Inigo), sont parties à pied pour la Véronique de Jaén* seules et demandant l'aumône ; comportement si extravagant qu'on soupçonne le vagabond aux pieds nus de le leur avoir inspiré. Et par quels maléfices ou envoûtements ?

Inigo n'a pas grand-peine à démontrer qu'il a tenté au contraire de dissuader les deux dévotes de courir les routes, faisant valoir que s'il s'agissait de secourir les pauvres, il n'en manquait pas à Alcalá ; mais il fallait que les dames errantes eussent regagné leurs pénates pour qu'on le libère, non sans une sévère admonestation : il ne devrait plus « parler des choses de la foi avant d'avoir étudié quatre ans encore ».

Toute l'affaire démontre qu'Inigo n'est plus l'ermite halluciné de la grotte catalane, qu'il a surmonté la tentation des gouffres, qu'il a acquis une autorité, qu'il est même doté d'un charisme auquel ne savent résister ni les inquisiteurs ni les dames, qu'il est passé maître en l'art de l'argumentation, enfin qu'il dispose désormais d'amitiés et d'appuis importants. Mais – il le reconnaît quand on l'interroge – il parle et agit « sans bases sérieuses [...] parce qu'il n'a pas assez étudié ».

Venu de Barcelone à Alcalá de Henares avec cette intention, y a-t-il été fidèle ? N'a-t-il pas plutôt catéchisé, endoctriné, diffusé ses *Exercices spirituels* ? Le dérapage est manifeste, et il en a conscience. Mais à qui demander conseil pour se

_____
* Située en Andalousie, à plus de cent lieues d'Alcalá.

reprendre ? Et voilà ce pénitent accusé d'illuminisme – quand ce n'est pas de luthéranisme ou de judaïsme – qui, pour être remis sur la « bonne voie », s'en va tout simplement trouver le primat d'Espagne, Alonso de Fonseca, à Valladolid* :

> « L'Archevêque l'accueillit fort bien et, apprenant qu'il désirait passer à Salamanque, lui annonça qu'il possédait, dans cette ville aussi, des amis et un collège. Il lui offrit tout cela. Et quand le Pèlerin s'en alla, il lui fit remettre quatre écus. »

Est-ce dans la lecture de son cher Érasme qu'Alonso de Fonseca avait puisé un si fin discernement ? Ou parce qu'il devina ou crut deviner en Inigo un érasmisant comme lui ? Le fait est que voilà quatre écus bien placés.

Bref, c'est sous l'invocation secrète de l'humaniste de Rotterdam qu'Inigo de Loyola, obéissant aux prescriptions du tout-puissant primat d'Espagne, fait son entrée dans Salamanque-la-magnifique où l'ont précédé ses quatre premiers compagnons en juillet 1527. Si prestigieux que fussent ces patronages, le séjour du pèlerin dans la plus illustre université ibérique allait être marqué d'une cascade d'avanies, de déboires et de harcèlements qui lui feraient regretter Alcalá, ses dévotes hystériques et ses alguazils expéditifs.

Ne l'imaginons pas déambulant sous les arcades sans pareilles de la plaza Mayor, lorgnant la merveilleuse *Casa de las Conchas*, escaladant, le nez en l'air, les marches innombrables des cathédrales superposées : il n'a de cesse qu'il n'ait trouvé un confesseur. Est-ce le hasard si c'est un dominicain qui s'offre ? Le fait est que les affinités du vagabond en proie à un début de *libido sciendi* le portaient plutôt vers les chartreux ou les franciscains. Mais les frères prêcheurs étaient les maîtres de San Esteban, le couvent le plus majestueux et qui s'offre d'abord au regard du visiteur. Va donc pour le dominicain – dût-il s'en mordre les doigts...

Il n'est pas à Salamanque depuis douze jours que ce confesseur dévoile ses batteries : « Des Pères de la maison voudraient vous parler... Venez déjeuner dimanche. Ils voudront savoir sur vous beaucoup de choses... »

---

* Où Fonseca, archevêque de Tolède, avait été appelé par Charles Quint pour baptiser son fils Philippe.

Flanqué de Calixto, Inigo de Loyola est accueilli, nourri, puis conduit dans une chapelle où l'interrogatoire commence. Quelles ont été leurs études ? Inigo :

> « Peu de choses – Alors, que prêchez-vous ? – Nous ne prê-chons pas, nous parlons familièrement avec quelques personnes des choses de Dieu… – Mais, lesquelles ? – Nous parlons d'une vertu, en la louant ; d'un vice, en le réprouvant…
> – Vous n'êtes pas instruits et vous parlez des vertus et des vices ! Personne ne peut en parler, sinon par savoir acquis ou par l'Esprit-Saint. Ce n'est pas par savoir acquis, ergo, c'est par l'Esprit-Saint. »

Ici, nous indique l'*Autobiographie*, « le Pèlerin se tint un peu sur ses gardes, car cette façon d'argumenter ne lui paraissait pas bonne ». Certes ! Il a vite flairé le piège. Les frères ont ouvert un procès, et qui peut le mener loin : se référer à l'Esprit-Saint, c'est s'avouer *alumbrado*, illuminé, inspiré, possédé peut-être…

> « Après avoir observé un moment de silence, il déclara qu'il n'était pas nécessaire de parler davantage de ces sujets-là. Le Père insista : "Comment ? à l'heure où se répandent tant d'erreurs d'Érasme et de tant d'autres qui ont trompé le monde, vous ne voulez pas rendre compte de ce que vous enseignez ?" »

Nous y voilà ! A Alcalá, on lui demandait s'il observait le sabbat. Ici, on l'interroge sur l'illuminisme, ou sur Érasme. Pourquoi pas sur Luther ? Il lui faudra une vertu solide – ou une prudence extrême… – pour s'arc-bouter sur Rome et ses gens, sur la grande machinerie papiste et ses agents. En atten-dant, il choisit le silence, et signifie clairement aux domini-cains – l'ordre le plus lié à l'Inquisition – qu'on ne tirera plus un mot de lui qui ne lui soit imposé par ses supérieurs. Mais il est en péril extrême, comme il appert des propos de ses hôtes :

> « Eh bien ! vous resterez ici. Nous saurons faire en sorte que vous nous disiez tout. »

En 1527, et en castillan, voilà quelques mots qui étaient de nature à faire frémir un interlocuteur des moines de San Este-ban… Les gestes semblent bien confirmer la menace qu'impli-quent ces mots :

« Immédiatement les moines firent fermer toutes les portes et conférèrent avec les juges... Les deux compagnons restèrent trois jours dans le couvent sans que rien ne leur fût transmis de la part de la justice [...] Leur chambre était presque toujours pleine de moines qui venaient les voir [...] Beaucoup se montraient affectés par leur sort... »

Certes ! ledit sort avait de quoi susciter l'angoisse : la suite semble bien le prouver :

« Au bout de trois jours vint un greffier qui les emmena en prison. On ne les mit pas avec les malfaiteurs, en bas, mais dans un logement du haut, lequel, étant vétuste et inhabité, se trouvait très sale. On les attacha tous les deux à la même chaîne, chacun par un pied et la chaîne était attachée elle-même à un poteau qui se trouvait au milieu du logis [...] Chaque fois que l'un d'eux voulait faire quelque chose, il fallait que l'autre l'accompagnât.

... Quelques jours plus tard il fut convoqué devant quatre juges [...] [dont] le bachelier Frias. Tous avaient déjà vu les *Exercices*. Ils lui posèrent de nombreuses questions non seulement à propos des *Exercices* mais sur la théologie. [...] Ils lui enjoignirent d'expliquer le premier commandement*. [...] Il dit tant de choses sur ce premier commandement qu'ils n'eurent guère envie de lui en demander plus. Quand ils lui avaient parlé des *Exercices* ils avaient beaucoup insisté sur un point : "Quand une pensée est-elle péché véniel et quand péché mortel ?" Ils s'inquiétaient de le voir, n'étant pas instruit, décider sur ce point. Il leur avait répondu : "Si j'ai dit la vérité ou non, c'est votre affaire de le déterminer. Et si ce n'est pas la vérité, condamnez ce que je dis." A la fin, sans rien condamner, ils s'en allèrent [25]... »

On ne se lasse pas de citer ces propos du vieux « général » romain qui, relatant des déboires vécus trente ans plus tôt, a gardé la fraîcheur des émotions de l'aventureux prêcheur de Salamanque, ce ton de fabliau et de procès de Jeanne. Depuis quinze ans, alors, il traite avec les puissants, les papes et les rois ; et le voici qui, devisant avec Gonçalves da Camara, retrouve comme par miracle la spontanéité ancienne :

* « Tu aimeras le Seigneur ton Dieu... »

« Parmi les nombreuses personnes qui vinrent lui parler dans la prison, il se trouva un jour don Francisco de Mendoza[*], maintenant cardinal [qui] accompagné du bachelier Frias, lui demanda familièrement comment il se trouvait dans cette prison et s'il lui pesait d'être captif. Il répondit : [...] est-ce que la prison vous paraît être un si grand mal ? Eh bien moi, je vous assure qu'il n'y a pas à Salamanque d'anneaux de fer et de chaînes en quantité telle que je n'en désire davantage pour l'amour de Dieu. »

Un incident singulier allait muer en admiration la pitié qui se manifestait à son propos. Il advint qu'un jour la prison se vida d'un coup, tous les codétenus ayant profité de l'inattention des gardiens. Tous, sauf Inigo et son ami Calixto...

« Quand au matin, ils furent trouvés devant les portes ouvertes, eux seuls, sans personne d'autre, cela donna beaucoup d'édification à tout le monde et fit beaucoup de rumeur par la ville. Immédiatement on leur donna tout un palais qui était proche de là, pour prison... »

Après vingt-deux jours de détention, ils furent convoqués pour entendre la sentence : ils étaient relaxés et autorisés à enseigner le catéchisme et à parler des choses de Dieu, à condition de ne plus tenter de distinguer les péchés mortels des péchés véniels avant quatre ans d'études sérieuses : comment en effet différencier, sans avoir « potassé » saint Thomas d'Aquin, le goût excessif d'un gosse pour les confitures de l'enlèvement de la supérieure du couvent des clarisses par don Juan Tenorio ?

La réaction de l'étudiant-prêcheur Inigo est très curieuse. Tout autre que lui, échappant aux griffes de cette espèce d'Inquisition, eût fait « ouf ! » et gambadé en sortant du tribunal ecclésiastique. Il l'avait échappé belle... Lui semble se soucier aussi peu du péril auquel il vient d'échapper que, quelques jours plus tôt, de s'évader de sa prison.

Bien plus : il fait grise mine en sortant de San Esteban. Pourquoi ? Parce que son étrange apostolat est mis en cause. On lui « ferme la bouche ». Il « n'accepte pas » la sentence, se contentant de « l'appliquer dans la juridiction de Salamanque ». On

---

[*] Alors âgé d'une vingtaine d'années, Mendoza devint archevêque de Burgos et acquit une grande notoriété comme helléniste et donc humaniste.

voit la restriction mentale, d'autant plus profonde qu'il a déjà
pris la décision de quitter cette ville où on l'a tant malmené,
d'enquêtes en procès et de tracasseries en prisons. On ne saurait
dire que ce maître d'obéissance l'ait de tous temps pratiquée...

Mais il a pris conscience de l'extravagance de sa position. Il
se conduit comme un *alumbrado*, lui, l'errant, l'autodidacte, le
voyant de Manrèse. Tous ses propos spontanés à propos des
choses les plus sacrées, ses fréquentations, les bizarres disciples qui lui font cortège, les très libres relations qu'il entretient avec des femmes qui ne sont ni des Madeleine ni des
Samaritaines mais donnent à jaser, le caractère quasi luthérien
de son acléricalisme, la singularité de sa mise, la rudesse exotique de son accent (basque quand il parle espagnol, espagnol
quand il tente de parler latin), tout donc fait de lui un marginal
– pis ! le chef d'une petite bande de marginaux.

Parvenu à ce moment du récit, l'auteur de l'*Autobiographie*,
se référant peut-être à une période antérieure, suggère, de
façon d'ailleurs allusive, qu'il a songé à entrer dans un ordre
religieux : il avait déjà envisagé en 1521, lors de sa « conversion », d'entrer à la chartreuse de Séville. Sa méditation sur ce
point prend un tour bien singulier :

« Quand l'idée lui venait d'entrer dans un ordre, il pensait
tout de suite à en choisir un corrompu et peu réformé[*], voulant
y entrer pour en souffrir davantage. »

L'étrange personnage... Assez orgueilleux encore pour penser qu'en l'occurrence, tout couvert « d'avanies et d'injures »,
c'est lui qui – avec l'aide de Dieu, précise-t-il – réformerait
l'ordre sans être corrompu avec lui... Mais pourquoi hasarder
un tel parti ? Pourquoi ne pas jeter lui-même des fondations
neuves et, afin d'« étudier » en vue d'« aider les âmes », grouper quelques compagnons animés de la même intention ?

On ne saurait dire que l'idée de fonder une institution nouvelle lui vint alors, au sortir de la prison de Salamanque. Il est
possible que le goût d'un ordre, d'une organisation, de consolidation collective à opposer au désordre où il vit dans l'exaltation, se soit imposé à lui en ces troubles circonstances. Que sa

---

[*] Il n'avait que l'embarras du choix. Songeait-il alors, du fait de sa
périlleuse aventure, aux dominicains ? Les franciscains étaient largement
réformés, et il ne saurait traiter les chartreux de « corrompus ». Il dicte ceci
trente ans plus tard...

faiblesse entre les mains des frères prêcheurs lui ait paru insupportable et qu'il ait songé à dresser force contre force, ne serait-
ce que sur le plan de la doctrine et de la juridiction, ce n'est
encore qu'une hypothèse.

Ce qui est clair en tout cas, c'est que le maître mot qui surgit
de ces convulsions menaçantes, c'est celui d'« études ». Ce
n'est pas seulement parce qu'il se comporte comme un anar-
chiste qu'il a dû, comme le Christ, affronter juges et alguazils.
C'est parce qu'il n'a pas « étudié ». Si assuré qu'il fût, depuis
Manrèse, du lien qui l'attachait à Dieu, et des grâces qu'il en
pouvait attendre, il venait de vérifier que dans ses relations
avec les hommes, et afin de remplir la mission qu'il pensait
avoir reçue, il convenait d'abord d'acquérir la science, et la
logique, et l'art de communiquer.

« Et c'est ainsi qu'il résolut d'aller à Paris pour étudier »,
conclut l'*Autobiographie*.

Ses « disciples » devaient, pensait-il, le rejoindre sans tarder
en France. Mais si le premier point du projet fut bel et bien réalisé, le second connut un échec total : son compagnon de cellule
Calixto de Sá et Lope de Cáceres choisirent de rentrer dans le
siècle, y faisant fortune, l'un aux Indes et l'autre à Ségovie.
Artéaga et Raynald (« Juanico ») entrèrent bien en religion mais
l'un en tant que séculier et l'autre chez les franciscains.

Pourquoi Paris, si lointain, exotique et « babylonien » ? Inigo
se sentait en rupture spirituelle avec l'institution cléricale en
Espagne, laquelle ne pouvait être distinguée de l'universitaire.
S'il lui fallait quitter son pays, Paris s'imposait, plutôt que
Bologne ou Tübingen. La faculté de théologie de Paris semblait dominer de haut la science de l'Occident chrétien, et dispenser (déjà !) la méthode – le *modus parisiensis*.

Depuis le XIIᵉ siècle, cent voix s'étaient élevées, de tous les
lieux de la chrétienté, pour célébrer la gloire scientifique de la
cité d'Abélard et de Gerson – auquel Inigo attribuait la paternité de l'*Imitation*, cette « perle des livres ».

Ainsi Jean de Salisbury écrivait-il à Thomas Becket :

> « A Paris, j'ai observé, ébahi, la diversité des intérêts philoso-
> phiques, telle l'échelle de Jacob dont le sommet touche le
> ciel [...] J'ai été obligé d'avouer qu'"en vérité Dieu est en
> ce lieu et je ne le savais pas" (Genèse 28, 16). Je me suis aussi
> souvenu du vers : "Heureux l'exilé à qui est destiné ce lieu." »

Même ferveur chez Philippe de Harveng qui pense avoir découvert à Paris

> « la Jérusalem vers laquelle convergent tant d'élans passionnés… Là-bas, tant de clercs ont afflué que leur nombre dépasse celui des laïcs. Heureuse ville où l'on étudie les livres sacrés avec zèle et où l'on résout leurs mystères par la grâce que répand l'Esprit-Saint. Tant de maîtres affirmés y vivent, on y connaît si bien les Écritures que cette ville mérite d'être appelée "la cité des sciences"… ».

On peut penser aussi que en choisissant de s'immerger dans une société dont il ignore la langue populaire et les comportements sociaux, Inigo fait le choix, qu'il n'a su opérer ni à Alcalá ni à Salamanque, entre l'acquisition du savoir et la propagation de sa foi. Plus question de haranguer les foules. Qu'entendraient les Parisiens à ses homélies extatiques en basco-latino-espagnol ? Adieu (pour un temps) à l'apostolat, et vive la « connaissance » qu'à Paris il faudra de gré ou de force acquérir.

Au moment où il gagne Paris pour y conquérir le savoir humain, Inigo de Loyola n'est pas un « humaniste », fût-ce « de désir ». Comme le marque très bien Mark Rotsaert, il est d'abord « un homme de son temps et de son pays [qui] a su intégrer une spiritualité médiévale comme le faisaient les humanistes espagnols [26] ». Citons aussi Michel de Certeau :

> « Quand Ignace décide de partir à mille kilomètres de chez lui, jusqu'à l'Université de Paris, il recommence sa vie […] Il ne se contente pas de prophétiser des temps nouveaux ; il y entre effectivement, modestement et audacieusement, par la voie d'une technique. Il expérimente l'outil de son époque, il court ce risque réel qu'impose la nouveauté du présent, mais dont l'avenir est inconnu. Il brise avec son passé pour trouver Dieu là où travaillent ses contemporains. Il partage l'audace de son temps [27]. »

Il faut enfin donner la parole au conteur de soi-même, sans rival :

> « … vingt jours après sa sortie de prison, il s'en alla, tout seul, en emportant quelques livres, sur un petit âne […] A Barcelone, tous ceux qui le connaissaient le dissuadèrent de passer

en France à cause des grandes guerres qui s'y livraient* [...]
On allait même jusqu'à lui dire que l'on embrochait là-bas les
Espagnols [28]... »

Lui, pourtant, n'éprouve « aucune sorte de crainte ». Au
début de janvier 1528, il franchit les Pyrénées et chemine vers
Paris, assuré que c'est dans la cité où Guillaume Budé prépare
la création du Collège de France dont la direction sera d'abord
proposée à Érasme, qu'il pourra, lui, le vagabond au pied nu,
apaiser sa *libido sciendi*, à l'abri des inquisiteurs.

Simple détail ? Observons que s'il claudique sur les chemins
de France, des Pyrénées à la Seine, deux mois durant au cours
de l'hiver**, c'est parce qu'il a choisi, non d'enfourcher le petit
âne que des amis ont offert pour ce long voyage à l'infirme
qu'il est encore, mais de le charger de livres...

---

* Interrompue après Pavie et le traité de Madrid (1526), la guerre a
repris en 1527 entre le roi d'Espagne (qui sera sacré empereur en 1530) et
François Ier, alors allié d'Henry VIII.
** Janvier-février 1528.

CHAPITRE II

Les écoliers de Montmartre

*• Dans le brasier de la Renaissance • « Basteleurs
et badaults » de Paris • Du collège « de pouillerie »
à la tour de Sainte-Barbe • Le fils du berger,
l'héritier des Iassu et le « mouleur d'hommes »
• Le docteur Ignace • Un village escarpé de la banlieue
nord • « Fray Inigo » et François Rabelais •*

Écrire des jésuites qu'ils sont un rameau de l'humanisme
parisien de la Renaissance, c'est s'exposer à quelques quolibets et risquer de se faire traiter de naïf, ou de provocateur.
Quoi de commun entre Lefèvre d'Étaples et Ignace de Loyola,
entre François Xavier et Clément Marot, entre Pierre Favre
et François Rabelais ? Ce puissant mouvement de retour à
l'Antique peut-il avoir pour fruit les *Constitutions* romaines
de 1540 aussi bien que les divagations de Pantagruel ?

La légende est tenace, il est vrai, d'une Compagnie de Jésus
constituée comme une milice de soudards au front bas, un
commando papiste mené par un Loyola militaire à l'assaut
de la Réforme, par ses soins matée, sinon refoulée… Elle est
si tenace et répétitive, cette légende, qu'il est tentant de lui
opposer une hypothèse inverse en découvrant dans le premier
groupe des « iniguistes » une fraternité d'étudiants éclairés par
les grands esprits qui faisaient du Paris de François Ier le foyer
intellectuel de l'Occident, et se formant en « Société de Jésus »
par la fécondation quasi spontanée d'un milieu prodigieusement fertile, en proie à des ferments spirituels et intellectuels
sans précédent.

Une telle proposition n'est pas plus absurde que celle d'un
historien jésuite du début de ce siècle, le P. Fouqueray, alléguant

que la « sainte détermination » des fondateurs de la Compagnie
« fut tout à fait indépendante des événements contemporains »,
bien qu'ils aient su plus tard « se montrer de leur temps et
reconnaître la nécessité des études littéraires et scientifiques »[1].

Mais non, révérend père, non, ce n'est pas « plus tard », c'est
bien dès ces années parisiennes, en pleine exubérance humaniste et renaissante, au plus fort de la résurrection de Platon et
de Marc Aurèle, que les fondateurs reconnurent la « nécessité », voire la priorité des « études littéraires et scientifiques »
sous la conduite de maîtres tels que Mathurin Cordier et Jean
Fernel, disciples d'Érasme et maîtres de Calvin.

Il serait impertinent de chicaner le R. P. Fouqueray sur la
« sainteté » de la détermination qui fut à l'origine de l'entreprise, ou d'ouvrir un débat sur l'importance comparée de
l'énergie primordiale, mais encore incertaine, du visionnaire
venu de sa montagne basque, et des éléments fécondants du
terreau parisien dont l'effervescence avivait alors la fertilité.
Si le grain ne meurt, c'est que la terre est vivifiante.

Il faut bien marquer d'entrée de jeu que les six hommes qui,
autour du fils du seigneur de Loyola, s'unirent par des vœux
solennels dans la petite église campagnarde agrippée au flanc
d'une colline appelée Montmartre, le 15 août 1534, étaient ce
qu'on appelle aujourd'hui des « intellectuels », formés depuis
une dizaine d'années dans le creuset flamboyant de l'humanisme – des humanismes – qu'était le Paris de François Ier où
ils avaient reçu une éducation « avant tout philosophique et
littéraire[2] ». Ce grand rendez-vous de Castillans, Navarrais,
Savoyards, Basques et Portugais dans la capitale intellectuelle
de l'Occident ne fut pas motivé d'abord par une sommation de
la foi, mais par une convocation du savoir.

On ne saurait assimiler bien sûr la conception de la société
qui sera dite « de Jésus » à la création contemporaine, par le
roi François, du Collège des « trois langues » (grec, latin,
hébreu) qui deviendra bientôt le Collège de France. On ne saurait non plus placer l'initiative de Loyola et de ses compagnons dans la mouvance d'Érasme, si obstinément que les
inquisiteurs d'Alcalá et de Salamanque eussent voulu chercher,
dans les démarches du vagabond Inigo, l'inspiration du maître
de Rotterdam.

On ne pourrait réduire la pieuse conjuration de Montmartre à
une sécrétion de l'humanisme parisien, au cours de cette décen-

nie prodigieuse qui va de 1525 – date de la polémique décisive entre Érasme *(De libro arbitrio)* et Luther *(De servo arbitrio)* sur la liberté de l'homme tiraillé entre la nature et la grâce – à 1536, année de la publication de l'*Institution de la religion chrétienne* de Jean Calvin, en passant par la création du Collège de France (1530) et la diffusion de *Pantagruel* (1532).

Mais la Renaissance qui se manifeste alors en France avec d'autant plus d'impétuosité qu'elle est tardive par rapport à l'Italie, à l'Angleterre, à la Rhénanie et aux Pays-Bas, ce mouvement qui incite l'Europe chrétienne à la redécouverte et à la réanimation des cultures préchrétiennes, en tant que sources pour les uns, alternative pour les autres, aussi bien qu'à la mise en question systématique des textes qui fondent l'enseignement de l'Église, encadre et conditionne l'entreprise.

Pourquoi Inigo et ses amis se sont-ils jetés dans un tel brasier ? Pour s'aguerrir, se cuirasser par l'ordalie du feu contre l'« erreur » ? Ou plutôt parce qu'ils ont compris que le « discernement » (vocable ignacien par excellence) ne saurait intervenir qu'à partir de la pluralité ? C'est bien la connaissance qu'ils sont venus chercher à Paris auprès des maîtres dont l'enseignement n'est pas toujours le reflet de ceux de Thomas d'Aquin ou de Jean Gerson.

Les maîtres d'Inigo de Loyola et de ceux qu'il va rassembler autour de lui seront Mathurin Cordier et Jacques-Louis d'Estrebay ou « Strebée », George Buchanan, André de Gouvea, Guillaume Postel, Jean Fernel, qui, dans les domaines des langues anciennes, de la philosophie et des mathématiques, sont alors parmi les propagateurs les plus prestigieux de l'humanisme. Comment ces jeunes gens n'auraient-ils pas été marqués par cet enseignement – comme le furent, à d'autres fins (ou avec d'autres effets), François Rabelais et Jean Calvin ?

Aux périls ainsi courus par les « pères fondateurs » de la Compagnie, le R. P. Fouqueray consacre des lignes savoureuses où s'étale une méfiance, une répulsion même, qui sent son jésuite d'après le *Syllabus* plutôt que celui des origines :

« … à la suite d'Érasme, toute une pléiade d'érudits proclamant que l'étude des lettres antiques rendra l'homme plus conscient de lui-même, plus civilisé et plus humain. Leur doctrine, l''"humanisme", a bientôt conquis tous ceux qu'avaient lassés la routine et le convenu du Moyen Age. Alors un courant se forme qui menace dans ses traditions la vieille Université de Paris ; courant excellent s'il est contenu et dirigé, redoutable au contraire s'il dépasse de justes limites. On aurait pu avoir un humanisme chrétien ; on n'eut, de fait, qu'un humanisme libertin qui, développant avec excès la critique philologique ou philosophique, secoua le joug de l'autorité, prôna la pensée indépendante, interpréta audacieusement l'Écriture et les Pères, ridiculisa les institutions et les dogmes de l'Église [3]. »

Les institutions, certes. Mais les dogmes ? Où le R. P. Fouqueray a-t-il pris cela ? Dans le *De libro arbitrio*, où est défendue contre Luther la liberté de l'homme ? Dans l'*Enchiridion*, portrait du parfait « chevalier chrétien » ?

Beaucoup plus récemment, dans sa monumentale biographie de François Xavier, le jésuite allemand Georg Schurhammer, historien d'un tout autre calibre que le précédent, maltraite à son tour Érasme qui, selon lui, « mina l'autorité de l'Église [4] ».

On ne s'attardera pas à jouer au jeu dérisoire qui consisterait à opposer, à propos d'Érasme, tels jésuites à tels autres. Mais il faut, pour l'honneur de cette Compagnie, citer aussi le R. P. Joseph Leclerc qui, dans un article de la *Nouvelle Revue théologique* (1950), louait Érasme d'avoir servi les « intérêts supérieurs de la chrétienté » en mettant l'accent sur la « tolérance », la « charité », la « réforme des mœurs » et la « foi savoureuse de l'Église ancienne ».

Dans le chaudron intellectuel qu'était le Paris de la Renaissance, Érasme n'était pas seul en cause. Pour mieux dénoncer les menaces que faisait peser sur l'orthodoxie la pratique des langues anciennes, le R. P. Fouqueray cite ces mots de l'un des premiers compagnons d'Inigo, l'impétueux Nicolas Bobadilla : « *Eo tempore incipiebat grassari Parisiis haeresis lutherana [...] qui graecisabant lutheranizabant* » (en ces temps où se propageait à Paris l'hérésie luthérienne, ceux qui s'adonnaient au grec « luthéranisaient »). En quoi ledit Bobadilla exagère, comme il le fit souvent : le premier compagnon de Loyola, Pierre Favre, était un helléniste consommé, au point de se faire, en cette matière, son répétiteur et d'avoir été souvent consulté sur des problèmes de traduction par leur maître commun Juan de Peña.

Reste que dans leur recherche des sources authentiques, leur critique des textes scolastiques, et aussi leur dénonciation des comportements du clergé catholique, humanisme et Réforme allaient souvent de pair, et qu'à force de soutenir le premier, François Ier ne laissait pas de donner des gants au second, incité à le faire par sa sœur Marguerite d'Angoulême, puis de Navarre, comme par sa mère Louise de Savoie, son poète préféré Clément Marot et son imprimeur Robert Estienne – sous le regard indulgent de l'évêque de Paris Étienne Poncher.

Bien plus : un gentilhomme de sa maison, Louis de Berquin, docteur en théologie, d'abord ami et traducteur d'Érasme, s'affiche comme luthérien et diffuse des textes émanant de la Réforme. La Sorbonne fulmine, exige son procès, son supplice. Deux fois le roi le sauve – avant de l'abandonner à l'implacable syndic de la faculté de théologie Noël Beda, auteur de l'*Apologia contra clandestinos lutheranos**, qui, le 17 avril 1529, expédie le malheureux Berquin au bûcher – sur lequel l'avaient précédé depuis un quart de siècle, et pour des raisons voisines, Hémon de la Fosse, Jean Vallière, Jacques Pauvant, Guillaume Joubert, et où le suivrait, entre bien d'autres, Étienne Dolet.

Le climat dans lequel s'inscrit la carrière parisienne de ceux qu'on appelle d'abord les « iniguistes » (1525-1536) dès avant l'« affaire des Placards » (1534), qui donne un caractère violemment antipapiste à la prédication des réformés, est donc marqué par une formidable effervescence, les disputes d'écoles alternant avec le brasillement des bûchers : il n'est bruit que de conflits d'idées, d'affrontements de méthodes, de procès d'opinions, de confrontations doctrinales. Mutations tumultueuses où, dans une cité en pleine expansion démographique, architecturale, marchande, enfiévrée par la guerre quasi permanente que mène le roi de France contre Charles Quint, le Moyen Age s'achève en convulsions, pour céder la place à la société renaissante, moins nouvelle par ses mœurs que par la complexité de son savoir et l'ampleur de ses appétits.

Ceux qui découvrent Paris vers le milieu du règne d'un François Ier à jamais blessé par le désastre de 1525, et dont les sujets ne manquent pas d'imputer les malheurs à son indulgence à l'endroit des hérétiques, pénètrent dans une jungle luxuriante, hérissée de novations et de colères, crépitante d'audaces, de découvertes et d'attentats – où le catholicisme, tout contesté,

---

* Érasme étant le plus notoire.

blessé, vexé qu'il soit, reste par les voies les plus discutables maître du jeu – dont les champions sont le roi, les marchands, le clergé et l'université.

Au dix-septième chapitre de *Gargantua*, Rabelais le rappelle sur un ton acide, inspiré de ses sympathies pour la Réforme :

> « Le peuple de Paris est tant sot, tant badault et tant inepte de nature, qu'un basteleur, un porteur de rogatons [reliques], un mulet avecques ses cymbales, un vielleux au milieu d'un carrefour assemblera plus de gens que ne feroit un bon prescheur évangélicque[*]. »

Nous retrouverons nos personnages entre ces « porteurs de rogatons » et de « cymbales », dans ce Paris de 1530, qui en fin de compte, constate Emmanuel Le Roy Ladurie dans la brève introduction qu'il a donnée au tome II de l'*Histoire de la France urbaine*[5], est avec « ses badaults, ses basteleurs et ses vielleux », une sorte d'« archipel de sociabilité chaleureuse et souvent catholique ».

Ce n'est pas un mulet, on l'a vu, mais un petit âne, et point chargé de reliques ni de rogatons, mais de livres (ô symbole, n'en déplaise au cher Rabelais !), qu'Inigo de Loyola pousse devant lui en pénétrant dans Paris le 2 février 1528 par la porte Saint-Jacques, pratiquée au sud du vieux rempart de Philippe Auguste – en un lieu où, aujourd'hui, la rue Malebranche croise la rue Saint-Jacques.

Par la même voie sont passés trente mois plus tôt deux précurseurs, Pierre Favre et François Xavier, venus l'un de sa Savoie et l'autre de sa Navarre, pour conquérir eux aussi la Toison d'or du savoir et des diplômes universitaires. Avant Inigo, ils ont vu de loin se dresser les remparts un peu ébréchés qui couronnent la montagne Sainte-Geneviève, contourné le moulin des Gobelins, vu se profiler la chartreuse de Vaugirard sur les faubourgs sud de la capitale, aperçu, entre les arbres, la Contrescarpe.

Nous ne connaissons pas l'itinéraire de Loyola, de Barcelone à Paris, à travers une France ennemie de son souverain l'empe-

----

[*] C'est-à-dire favorable à la Réforme.

reur Charles : à peine libéré de sa prison de Madrid, François Ier
a préparé sa revanche. L'âne et le boiteux, traversant au cœur
de l'hiver le Languedoc, l'Auvergne, le Berry et la Beauce, et
les comparant à leurs campagnes basques ou catalanes, ne
purent manquer de constater que le royaume de France était
fort appauvri par la guerre.

Franchi le rempart de la capitale, il s'engage dans la rue
Saint-Jacques, ancienne voie romaine d'Orléans à Lutèce, puis
chemin de Compostelle, qui est devenue l'artère centrale du
Quartier latin déployé de part et d'autre de cet axe. Et le voici,
en quelques pas, au cœur de cette agglomération universitaire
où il passera, compte tenu de quelques escapades vers le nord,
les sept années de sa vie durant lesquelles prendra corps le projet majeur dont il n'a pas encore conscience.

Voici à droite, imposante, l'abbaye de Sainte-Geneviève
flanquée de l'église paroissiale de Saint-Étienne-du-Mont. A
gauche, le formidable couvent des jacobins, comme on appelle
ici les dominicains, et, un peu plus bas, l'ensemble des bâtiments de l'université, l'église Saint-Benoît et l'hôtel de Cluny.
Mais c'est vers la droite qu'il se dirige d'abord, bifurquant
dans la rue Saint-Étienne pour déboucher dans une venelle
médiocre, la rue Saint-Symphorien, plus souvent appelée la
rue des Chiens : c'est là en effet que se dresse le plus austère,
le plus rébarbatif, le plus malodorant, insalubre et inhospitalier
des cinquante collèges parisiens, celui de Montaigu, sur lequel
ce passionné de macérations en tous genres a jeté son dévolu,
après la grotte de Manrèse et la prison d'Alcalá…

Mais ce Paris où plonge l'homme à l'âne chargé de livres, à
quoi ressemble-t-il ?

On lit dans la notice qui accompagne l'admirable plan de
Paris établi en ces années-là par Truschet et Hoyan, connu sous
le nom de « plan de Bâle » et publié en 1550, cette désignation
en forme de triptyque : « Ici est le vray pourtraict naturel de la
ville, cité et *Université* de Paris… » Quant au plan un peu antérieur de Georges Braun, il s'accompagne de ces indications :

> « La rivière de Seine se partant en deux, divise cette cité tant
> célèbre en trois parties : la première desquelles est l'Univer-
> sité ; l'autre, la Cité ; la tierce est dite la Ville. Charles le
> Grand, à la persuasion de Alcuin son précepteur, y fonda
> l'Université, de celle qui était à Rome en l'an de Notre-

Seigneur 796, et l'orna magnifiquement de plusieurs beaux privilèges, prérogatives et immunités. Aussi a-t-elle toujours été comme le domicile des Muses, des disciplines libérales et de toute humanité, la source et fontaine de toutes sciences, la mère et nourrice des hommes doctes et la pépinière de toute doctrine. »

Ainsi est bien marquée la répartition des fonctions et des sociabilités du sud au nord, entre l'Université, où se dispense le savoir, la Cité siège des pouvoirs, et la Ville, lieu du négoce.

L'Université c'est, bien sûr, le Quartier « latin » – l'hégémonie de cette langue* contestée par l'humanisme demeurant assurée en tant que véhicule du savoir et que _lingua franca_ entre les multiples communautés qui s'y coudoient.

Du sommet de la montagne Sainte-Geneviève à la Seine, entre le couvent des bernardins à l'est et celui des augustins à l'ouest, ce quartier dit latin se déploie au XVIe siècle sur une aire légèrement différente de celle qu'il occupe aujourd'hui, non seulement parce que l'axe en est la rue Saint-Jacques et non le boulevard Saint-Michel encore inexistant, mais parce que des trois sous-quartiers dont il se compose – Sainte-Geneviève, Saint-Séverin, Saint-André-des-Arts – seuls les deux premiers sont vraiment voués aux fonctions universitaires. A l'ouest de la Sorbonne, à partir de la rue Hautefeuille, la république du savoir se mue en quartier résidentiel où logent maîtresses royales, notables de robe, grands seigneurs et diplomates étrangers.

Le Quartier latin de la Renaissance, à peine plus vaste que notre Ve arrondissement, c'est donc ce trapèze qui, à partir des hauteurs de ce qui est devenu le Panthéon, dévale vers une rive de la Seine étirée de la rue Pavée (l'actuelle rue Séguier) à la Tournelle, un quadrilatère dont le centre vital est la place Maubert, ce « cloaque » selon Érasme, où l'on manifestait, échangeait, pendait, rouait le chenapan et brûlait l'hérétique.

Deux ponts conduisaient à la Cité puis à la Ville ; le pont Saint-Michel à l'ouest, le Petit-Pont à l'est, gardé par la poterne voûtée du Petit Châtelet ; l'encombrement y était tel que le peuple universitaire sortait plus volontiers vers le sud, du côté

* Ce n'est qu'en 1539 que l'édit de Villers-Cotterêts fera du français la langue officielle.

des collines de Gentilly, ou vers l'ouest, en direction du faubourg de Saint-Germain : encore campagnarde, l'abbaye de Saint-Germain-des-Prés était un centre d'études très vivant, animé par l'ingénieux abbé Guillaume Briçonnet, le futur évêque de Meaux. Au-delà s'étendait le Pré-aux-Clercs, voué à des ébats de toutes sortes.

Du collège du Cardinal-Lemoine à l'est à la porte Saint-Germain à l'ouest, de la porte Saint-Jacques au Petit Châtelet, c'est un formidable labyrinthe de ruelles, de sentines, d'impasses et de courettes infestées d'immondices, hantées de rôdeurs, de pillards et de paillards, souvent marginaux du monde universitaire, laïcs ou non. École, églises, tavernes, collèges, couvents, boutiques, bordels, palais, imprimeries, « pédagogies », c'est un entassement sans nom mais non sans odeur, un conglomérat dévot et suspect, un marché aux sciences où s'entrecroisent lumières et patenôtres, discours et filouteries, Panurges et cordeliers, une foire aux humanités papelarde et tonitruante où le savoir se vend, s'achète, s'échange dans un cliquetis d'arguments, de nasardes et de métaphores, un galimatias glorieux d'où finit par sourdre tout de même ce qu'un homme de ce siècle ingénieux peut connaître pour être un peu plus humain.

Il faut imaginer, au cœur de ce dédale, de cette Babel dont il n'entend guère le latin calamiteux – et moins encore, bien sûr, le français – notre Basque égaré, et qui, tout ébaubi qu'il fût, a bien fini par caser son âne. De Barcelone à Venise et de Jaffa à Rome, il a déjà frayé avec les mondes interlopes... Il s'est installé pour quelques jours, en entamant les 25 écus que lui ont remis ses amis Rosell de Barcelone, dans une auberge « où se trouvaient des Espagnols [6] », avant de courir s'inscrire au collège de Montaigu.

L'Université de Paris, qui groupe alors une douzaine de milliers d'étudiants[*] dont une moitié étrangers, est une république de professeurs composée de quatre facultés – de théologie, de médecine, de droit et « des arts » (que nous dirions aujourd'hui des lettres et sciences). Détail qui en dit long sur l'évolution provoquée par les progrès de l'humanisme : c'est cette dernière qui a le pas sur les trois autres, le recteur étant élu parmi ses maîtres, en l'église Saint-Julien-le-Pauvre, et dès lors obéi par l'ensemble des professeurs et des étudiants comme un sou-

---

[*] Les chiffres donnés par les divers auteurs varient de 5 000 à 30 000.

verain. Sur ce point, il faut lire ce qu'écrivent les bons auteurs :
Thurot, Pasquier, Du Boulay, en termes à peu près identiques :

> « Alors ce jeune homme dont l'unique fortune était souvent les habits qu'il avait sur le corps, devenait non seulement l'arbitre de ses consorts, mais encore un personnage important dans l'État. S'il était appelé au Parlement, il siégeait à côté des barons ; s'il mourait dans l'exercice de ses fonctions, il était enterré à Saint-Denis avec les rois ; si les privilèges du corps avaient été violés, il pouvait suspendre à la fois les exercices scolaires et la prédication, c'est-à-dire jeter l'émeute dans la ville et le trouble dans les consciences [...] Mais ses fonctions n'étaient pas de longue durée : il devait être changé tous les trois mois sans qu'aucune considération de mérite ni prétexte d'intérêt public pût le faire réélire car, comme on voulait avoir en lui un chef et non un maître, on jugeait prudent de ne pas le continuer au pouvoir de peur qu'il n'en prît le goût[*]. »

Les étudiants de la faculté des arts étaient répartis en quatre « nations » selon leur origine : la nation de Normandie pour les « Normands et Manceaux », la nation de Picardie pour les « Germains, Flamands, Anglais et Écossais », enfin la nation de France pour les Parisiens, Méridionaux, Italiens, Espagnols, Portugais et Turcs ou Égyptiens…

Mais les écoliers n'étaient pas seulement différenciés par leur « nation » ; aussi par leur catégorie en quelque sorte sociale, déterminée en tout cas par la contribution qu'ils versaient au principal de l'un ou l'autre des quelque cinquante collèges regroupant la majorité de la population étudiante.

Au sommet de la hiérarchie, riches et enviés, les *caméristes* disposaient d'une chambre à part, souvent d'un pédagogue personnel, et se nourrissaient à leurs frais ; le principal ne leur fournissait que « le local, l'instruction de ses classes et le feu pour la cuisine ».

Plus modestes, les *convicteurs* ou *portionistes* (nos pensionnaires) étaient confiés au principal et au régent de la classe pour être « nourris, morigénés et instruits », alors que les *martinets* (ou externes) n'étaient liés au régent que par une rétribution négociée au début de l'année, et au principal qu'au moment

---

[*] Jules Quicherat précise que l'on élisait pour recteur un professeur « en qui l'âge n'eût pas mis trop de circonspection… » (*op. cit.*, p. 56).

de passer l'examen de bachelier : c'est lui qui leur délivrait, moyennant finance, le certificat de présence aux études. Plus modestes encore étaient les *galoches*, ainsi baptisés en raison des sabots qui les mettaient à l'abri des boues du quartier et qui, « étudiants surannés », ne suivaient guère les cours que par désœuvrement.

Enfin, plus humbles que tous, les *domestiques* car

> « presque tous ceux qui balaient ou écuraient dans les collèges étaient de pauvres garçons qui faisaient ce métier pour l'avantage d'attraper çà et là quelque peu de latin ou de philosophie. Il y avait ceux de la maison, ceux des cartistes, ceux des régents. Nécessairement, ils obéissaient chacun à leur maître [7]... ».

Si la majorité des fondateurs de la Compagnie furent portionistes, Inigo de Loyola, pour sa part, erra – c'était son lot – de l'une à l'autre catégorie, sauf dans celle des glorieux cartistes ; et s'il n'appartint jamais à la dernière, ce n'est qu'il n'ait point essayé, on le verra. Mais on le retrouvera un peu « galoche », plus longtemps « martinet », enfin pour des années « portioniste » aux côtés de Favre et de Xavier.

L'enseignement ? On s'en tiendra à celui des « arts » puisque c'est celui que choisirent, sans se consulter, tous nos héros.

Comme toutes choses en ce temps-là, il était en plein bouleversement, aussi bien pour le fond que dans la forme.

Le fond, c'est, on l'a dit, l'irruption de l'humanisme dans le monde clos de la scolastique. Il faut citer une pittoresque page de Jules Quicherat, assez bon pédagogue pour avoir flairé, trois siècles plus tard, l'état d'esprit de ses devanciers :

> « Quand [...] en vue de s'abreuver à la source pure de l'antiquité [...] les premiers travaux leur furent apportés d'Italie [...] les savants en « *us* », les dignitaires du peuple latin [...] durent constater qu'ils n'entendaient rien au latin. La plupart aimèrent mieux s'en rapporter à leurs diplômes qui témoignaient du contraire. Quelques-uns seulement, par un effort de modestie et de bon sens, arrivèrent au sentiment de leur insuffisance, eurent le courage de désapprendre pour s'instruire de nouveau. C'est par ceux-là que le feu sacré fut allumé sur la docte montagne. En peu de temps, il incendia la jeunesse [8]... »

Certes ! Mais cet incendie, nous le verrons, fut jugé catastrophique par beaucoup de maîtres, dès lors qu'il ne consumait pas le corps des hérétiques : on a déjà cité Noël Beda. On reviendra souvent, et à divers titres, sur le cas de cet éminent « sorbonnagre », de cet effrayant « théologastre », ennemi juré d'Érasme et de tout ce qui paraissait remettre en question l'enseignement médiéval – non seulement sur le fond, mais dans la forme.

La cloche sonnait à quatre heures et la première leçon débutait une heure plus tard. Ce n'est qu'après la messe, dite à sept heures, qu'était distribué un pain tiré du four. De huit à dix heures, la « grande classe » était suivie d'« exercices » jusqu'au dîner servi à onze heures. A la fin du repas étaient lues les admonestations publiques ou annoncées les corrections. Souper à six heures puis nouvelle séance d'interrogations, « salut » à la chapelle et couvre-feu à neuf heures.

Les récréations n'étaient prévues que deux fois par semaine, le mardi et le jeudi après la classe de l'après-midi : les jeunes gens étaient alors conduits au Pré-aux-Clercs ou dans l'île de Notre-Dame, actuelle île Saint-Louis, alors inhabitée et livrée aux jeux et exercices du corps. Les fêtes, très nombreuses, étaient vouées aux cérémonies religieuses. Quant aux vacances, elles étaient souvent appelées vendanges par assimilation avec l'époque où elles intervenaient – de la fin d'août à la fin d'octobre –, liées aux congés des parlements, pour que ces messieurs puissent s'occuper de leurs vignes…

Les classes ?

> « Sauf la chaire du professeur – lit-on dans Du Boulay – elles n'avaient ni bancs ni sièges d'aucune sorte ; elles étaient jonchées de paille pendant l'hiver et d'herbe fraîche pendant l'été. Les élèves devaient se vautrer dans cette litière « pour faire acte d'humilité ». Leur uniforme, consistant en une robe longue serrée à la taille par une courroie, était fait pour ramasser l'ordure, et aussi pour la couvrir [9]… »

Quant au mode de communication du savoir, il consistait à peu près uniquement dans la lecture d'un des rares livres dont disposaient les collèges. Cette procédure unilatérale et monocorde n'était entrecoupée que par des interrogations, toujours orales et, jusque vers 1530, encore marquées par l'esprit de la scolastique. Témoin ce joli « reportage » dû au grand humaniste Luis Vivés, ami d'Érasme, visitant le collège de Sainte-Barbe pourtant tenu pour le plus « avancé » à cette époque :

« Enfant, dis-moi en quel mois mourut Virgile ?
– Au mois de septembre, mon maître.
D. : En quel endroit ?
R. : A Brindes.
D. : Quel jour de septembre ?
R. : Le 9 des calendes.
D. : Drôle, veux-tu me déshonorer devant ces messieurs ? Avance-moi ma férule, retrousse ta manche et tends la main pour avoir dit le 9 au lieu du 10. Fais attention à mieux répondre. Vous allez voir, messieurs, que c'est un enfant qui en sait long. Salluste, au commencement de son *Catilina*, a-t-il écrit *omneis homines*, ou *omnis homines* ?
– L'opinion générale est qu'il a mis *omnis*, mais moi je suis d'avis qu'il a pu écrire *omneis* et qu'il faut orthographier, contre l'habitude des imprimeurs, *omneis* par « ei », et non par un « i » simple. – Comment s'appelait le frère de Rémus et comment avait-il la barbe ?
– Les uns, mon maître, disent qu'il s'appelait Romulus, d'autres Romus, d'où le nom de Roma, mais que par terme d'affection on le nomma du diminutif Romulus. Lorsqu'il allait à la guerre, il n'avait pas de barbe ; mais il en portait une longue en temps de paix. C'est ainsi qu'il est représenté en couleur sur les Tite-Live imprimés à Venise.
– Comment Alexandre se releva-t-il lorsqu'il tomba par terre en touchant pour la première fois le sol de l'Asie ?
– En s'appuyant sur ses mains et en levant la tête [10]… »

On vient d'évoquer les châtiments corporels. Ils avaient perdu quelque peu de leur férocité depuis la fin du Moyen Age. Mais au chapitre xxv des *Essais* écrits au cœur du siècle, Montaigne parlera encore des « cris d'enfants suppliciés et de maîtres enivrés de leur colère ». Au temps même où l'humanisme s'épanouit, les régents montaient en chaire la férule en main. Toute « faute grave » – telle que parler français plutôt que le latin – est punie, au réfectoire, du fouet. Un pédagogue du temps se lamente des « progrès de l'indulgence », et déclare la jeunesse perdue si on renonce à mater son arrogance à force de coups. Et Du Boulay résume ainsi le principe qui prévaut :

« Meurtrir la chair pour mieux graver les choses dans l'esprit et dans le cœur [11]. »

Ce principe barbare n'était pas appliqué partout avec une égale rigueur. Pédagogue légendaire mais encore ignoré de lui-même, Inigo de Loyola peut faire l'expérience tour à tour du modèle le plus implacable au collège de Montaigu et, au collège Sainte-Barbe, d'adaptations relativement modernistes ou humanisantes, qui inspireront sa propre méthode.

Tout semble s'être ligué, l'histoire, la topographie, les personnages, pour dresser face à face, non pas le Montaigu et le Capulet, ici, mais Montaigu et Sainte-Barbe, les deux collèges les plus antithétiques, les plus antinomiques qu'ait pu inventer Epistemon ou Pangloss. Philosophie, théologie, discipline, principes d'éducation et d'hygiène, tout oppose l'un à l'autre, comme la scolastique à l'humanisme, et avec d'autant plus de virulence qu'ils sont voisins, imbriqués l'un dans l'autre, enjambant ici et là la misérable rue aux Chiens…

Sur le collège de Montaigu se sont déversés à peu près tous les quolibets et les sarcasmes que pouvait inventer le siècle de Luther et de Rabelais. Le suave Érasme, qui y avait passé l'année 1495, avait gardé un souvenir horrifié de ce « collège vinaigre ». Dans les *Colloques*, il relate cet échange : « Tu viens de Montaigu, la tête couverte de lauriers ? – Non, de poux… » Rabelais, qui y fut aussi, parle du « collège de pouillerie » et traite son recteur, Pierre Tempête (« *horride tempestas* »), de grand fouetteur d'enfants.

La pédagogie de Montaigu, plus moderne que la discipline, s'incarnait en un personnage, Jan Standonk, arrivé en mendiant de Malines un demi-siècle plus tôt, mort en odeur de quasi-sainteté (il avait la réputation de convertir les hérétiques à l'heure du bûcher), et qui semblait n'avoir pour règle que de faire payer aux adolescents la misère et les épreuves de sa propre jeunesse. Ce « saint » avait entrepris de régénérer la jeunesse par la mortification, et les « pauvres » par de particulières humiliations : le crâne rasé, harnachés d'un froc à capuchon qui les faisait surnommer « capettes », voués au rôle de domestiques à toutes mains, ils devaient tenir les yeux baissés, au bas de la classe, et vivaient dans un enclos à part, sous l'autorité d'un « père » distinct du principal.

Mais pour avilissantes que fussent ces pratiques, il se trouve que les pauvres, de par leur nombre et leur zèle, finirent, aux derniers temps de la vie de Jan Standonk, par atteindre un statut d'égalité – dans la mortification mais aussi dans la connaissance. Quand, peu de temps avant l'arrivée d'Inigo de Loyola, Noël Beda prit en main Montaigu, la maison était presque aussi réputée pour la qualité de son enseignement, notamment en grammaire latine, que pour sa « pouillerie ».

Beda ! On l'a déjà rencontré en procureur, en grand fournisseur de bûchers… Comme si son rôle de syndic de la faculté de théologie ne suffisait pas à inspirer la terreur, il s'était fait nommer principal de Montaigu :

> « Retors au physique (il était bossu et bedonnant) comme au moral, mais dialecticien habile, intègre de mœurs, zélateur d'autant plus intrépide de l'orthodoxie que lui-même a été censuré pour des opinions téméraires, insensible aux attaques, indifférent aux moyens, toujours prêt à montrer les crocs contre ses collègues aussi bien que contre ses ennemis [12]. »

C'est un personnage qu'on dirait sorti d'une très horrifique chronique des temps révolus. Entre mille sarcasmes que suscitait son intolérance, on retenait qu'Érasme, en ses *Colloques*, ne l'appelait jamais que « bêta » – au risque d'attirer les flammes du bûcher où le théologastre rêvait de le hisser, tout en chevauchant la mule qui trimbalait son bedon et sa bosse de la Sorbonne à la rue aux Chiens.

C'est sous la coupe de ce Quasimodo de l'intégrisme scolastique qu'Inigo de Loyola vient se ranger, à la fin de février 1528, alors que se tient au collège de Sens un concile provincial qui, intraitable à l'endroit des luthériens, tend à préserver les acquis de l'« humanisme rénové ».

Pourquoi Inigo se retrouve-t-il dans la pouillerie de Montaigu plutôt que de l'autre côté de la rue, à Sainte-Barbe où étudient depuis plus de deux ans Pierre Favre et François Xavier, avec lesquels il se liera quelques années plus tard ? Il fait lui-même cette réponse : « Il se trouvait fort dépourvu de bases. Il se mit à étudier avec les jeunes gens… » C'est-à-dire avec ces « pauvres » auxquels s'ouvrait le collège de Jan Standonk au prix des humiliations qu'on a vues, « capettes » et « galochards » accroupis dans la paille, au fond de la classe, et sous la férule d'un recteur à la main lourde, lui, le boiteux bientôt quadragénaire…

Nul doute qu'à ce régime il ne fasse de rapides progrès en grammaire latine. Mais de nouvelles épreuves vont perturber ses études. A l'auberge voisine, où il a pu descendre grâce à un pécule qui devrait suffire à sa subsistance jusqu'à la fin de l'année, il a jugé bon de confier ce trésor à l'un des Espagnols qui l'y a précédé. Vingt-cinq écus ! Ils ont vite fondu entre les mains du dépositaire.

Le voici démuni – son état ordinaire – et contraint d'en revenir à la mendicité et de gîter en quelque hospice : ce sera celui de Saint-Jacques, prévu pour héberger les pèlerins de Compostelle. Mais cet asile est situé fort loin de Montaigu, sur la rive droite, en « ville », non loin de la porte Saint-Denis. Près d'une heure de marche*. L'hospice fermant ses portes de la nuit tombée au lever du soleil, Inigo se voit privé des premiers et des derniers cours de Montaigu. Et demander l'aumône prend beaucoup de temps…

> « Ayant mené quelque temps cette vie d'hôpital et de mendicité […] il ne faisait guère de progrès dans ses études […] Voyant que certains étudiants servaient, dans les collèges, de domestiques et avaient le temps d'étudier, il résolut de chercher un maître [13]… »

Était-ce du fait de son accoutrement, de sa dégaine exotique, du baragouin hispano-latin auquel il était réduit, de l'étrangeté abusive de son personnage ? – il ne trouva pas de maître. Sur quoi, un moine espagnol lui conseilla de s'en aller dans les Flandres** pour solliciter l'aide des riches marchands espagnols d'Anvers et de Bruges. Ainsi rapportait-il chaque année du Nord de quoi subsister médiocrement. Il lui arriva même de passer en Angleterre, où il « recueillit plus d'aumônes qu'ailleurs » [14].

C'est alors que survint au Quartier latin une très étrange histoire. Un trio d'étudiants espagnols du collège de Sainte-Barbe – un Basque nommé Amador de Elduayen, et deux Castillans, Juan de Castro et Miguel Peralta – avait acquis un grand prestige auprès de leur maître et de leurs camarades, attirant sur eux l'attention de la nombreuse et vivante communauté espa-

---

* Aujourd'hui, entre trente et quarante minutes, expérience faite ; mais l'état de la chaussée a changé, le Petit Châtelet n'est plus, et je n'ai pas été blessé à Pampelune…

** Alors sous l'autorité de Madrid.

gnole, d'autant plus soucieuse de gloire qu'elle vivait en pays quasi ennemi.

Au début de 1529 pourtant, on observa que ces forts en thème promis à toutes les récompenses avaient changé de vie, s'éloignaient des études, distribuaient leurs vêtements, leurs biens et même leurs livres, étant tombés en dévotion. Pire : on apprit un jour que les trois jeunes gens avaient disparu. La colonie espagnole se mobilisa et sut bientôt qu'ils avaient élu domicile à l'hospice Saint-Jacques.

La foule des écoliers s'y porte en vociférant « en force et l'arme à la main [15] », exigeant qu'on lui rende ses camarades : ceux-ci font répondre qu'ils ont renoncé au monde et choisi de s'adonner à la charité. On enfonce les portes, on se saisit des reclus, on les ramène de force à Sainte-Barbe. Mais, leur demande-t-on, qui se cache derrière ce détournement des esprits et du corps ? Amador avoue : le responsable du scandale est un Espagnol qu'on appelle « le Pèlerin », un nommé Inigo.

Le vieil écolier de Montaigu voit alors « s'ameuter contre lui non seulement ses compatriotes, mais l'université presque entière. Les enfants se sauvent de lui comme d'une bête dangereuse, les gradués lui prodiguent les marques de l'aversion et du mépris ; il est même dénoncé à l'Inquisition par Pedro Ortiz, alors régent à Montaigu [16] ». Écoutons d'ailleurs sa propre version, qui ne diffère point de celle des historiens :

> « De grands murmures s'élevèrent dans Paris, surtout parmi les Espagnols, contre le Pèlerin [...] Gouvea [principal de Sainte-Barbe] disait qu'il avait rendu fou Amador [17]... »

Comment cet homme que nous avons vu assez lucide et maître de lui pour choisir en 1523 à Venise le parti du savoir et, l'ayant pris, s'y vouer totalement au point de gagner une ville étrangère où les tentations apostoliques seraient moins fortes que dans sa patrie et le céderaient au culte de la connaissance, s'est-il ainsi laissé aller à cette opération de séduction spirituelle qui met follement en péril son projet intellectuel ? Il ne se donne pas la peine de s'expliquer. Son « charisme » s'exerce-t-il si fort, si spontanément, qu'il ne peut même pas le contrôler ? Envoûteur malgré lui, conquérant en dépit de sa propre volonté ? Le voici en tout cas qui semble s'être mis dans l'obligation de fuir Paris, après Alcalá et Salamanque...

Alerté par Pedro Ortiz, l'inquisiteur l'a fait mander. Il apprend qu'Inigo est parti pour Rouen, semblant aggraver ainsi son cas du délit de fuite. Ce pèlerin envoûtant n'est décidément qu'un vagabond affolé de macérations, un « illuminé », un *alumbrado* comme l'ont pressenti les frères prêcheurs d'Alcalá…

Mais la vérité éclate soudain, qui relève Inigo dans l'opinion : s'il est parti pour la Normandie, c'est pour secourir ce compatriote qui l'a délesté l'an passé de ses 25 écus et qui s'y meurt ou peu s'en faut. Peut-il le laisser s'en aller ainsi, sans pardon ni assistance ? En trois jours, notre boiteux a gagné l'hôpital rouennais ; ayant soigné le malade, il lui a remis quelques fonds pour retourner en Espagne et donné l'adresse de ses amis de Salamanque, Calixto, Artéaga et Cáceres*… Sitôt de retour à Paris, il apprend que l'inquisiteur le recherche et court à sa rencontre.

Observons tout de suite qu'une telle convocation n'avait pas du tout le même sens à Paris qu'à Salamanque. Ici, l'angoisse « physique » n'est plus de mise. L'inculpé, ou le suspect, ne court que peu de risques du fait d'une institution qui est « molle » par rapport à son homologue d'Espagne (ou des États pontificaux du temps de Paul IV). Ni le pouvoir politique ni la société, en France, ne toléreraient alors une inquisition « dure ».

Mathieu Ory était le prieur du grand couvent des dominicains de la rue Saint-Jacques, que l'on appelait, pour cette raison**, les jacobins. Personnage considérable. Était-il, à cette époque, « inquisiteur » à proprement parler ? André Ravier[18] le met en doute. Mais compte tenu des liens qui attachaient les dominicains à l'Inquisition, il est possible qu'il ait joué le rôle que lui attribue Inigo dans son récit.

Ory ne semble pas, en tout cas, avoir tenté d'intimider l'Envoûteur, qui le priait sans ménagement « d'expédier vite son affaire parce qu'il avait l'intention d'entrer à la Saint-Rémy*** au cours des arts […] de manière à pouvoir mieux s'appliquer à ses études ». Singulier accusé, qui somme le juge (et quel juge ! sur la place Maubert, à trois cents pas de là, le bûcher est vite allumé…) de trancher sans retard, car il a mieux à faire : étudier…

---

* Lequel allait devenir agent secret de François Ier.
** Mais les dominicains sont – par extension – appelés jacobins dans d'autres villes où leur maison n'est pas située rue Saint-Jacques.
*** 1er octobre. Nous sommes alors le 20 septembre.

Le prieur jacobin était de meilleure composition que ses confrères d'Alcalá et de Salamanque. Pourquoi ne pas croire Inigo quand il nous assure que Mathieu Ory « lui dit simplement, ce jour-là, qu'il était vrai qu'on lui avait parlé de ses faits et gestes, etc. » ? Un « etc. » qui sent peu son Inquisition. Et l'accusé de conclure sèchement : « L'Inquisiteur ne le convoqua plus »[19]. Nous verrons que le jacobin trouvera un successeur. Mais n'anticipons pas…

Voici le vagabond devenu depuis dix-huit mois « capette » et « galoche » à Montaigu, enfin absorbé par son projet parisien : les études. Et décidé à leur donner la préséance sur toute autre mission, étant provisoirement libéré des entraves de la mendicité sinon de la prédication et avide avant tout de connaissance. Et c'est cette avidité qui va lui inspirer la décision de traverser la rue aux Chiens et de passer de Montaigu à Sainte-Barbe, du collège des macérations à celui des lumières, comme on eût choisi vingt siècles plus tôt de quitter Sparte pour Athènes. Ce qui, pour un Spartiate, n'allait pas de soi…

D'autant moins qu'Inigo se savait précédé à Sainte-Barbe d'une détestable réputation de fanatique. Il ne pouvait ignorer que la plainte formulée contre lui auprès de l'Inquisition était partie de ce collège où on le rendait plus qu'ailleurs responsable du « débauchage » des étudiants espagnols. L'étonnement ici est double : de ce qu'il ait osé se jeter ainsi dans la gueule du loup (mais avec lui, rien ne peut plus nous surprendre) et que les régents de Sainte-Barbe aient accepté de l'accueillir…

Il faut voir là, en tout cas, un nouvel instant frontière, un moment charnière, dans l'existence d'Inigo et donc dans la vie utérine de la Compagnie, comme la « conversion » de 1521, les illuminations de Manrèse, comme le choix fait à Venise en 1525 « pour l'étude » ; en traversant la rue aux Chiens, en passant de Montaigu à Sainte-Barbe qu'il appelait le « collège des arts », on est tenté de dire que le fils des Loyola choisit, contre le Moyen Age, la Renaissance.

Formule un peu simpliste et trop décorative ? A ce transfert on peut trouver d'autres raisons, et d'abord celle-ci : que si Montaigu s'était imposé à l'étudiant venu de Salamanque comme institut de « rattrapage scolaire », comme usine à fabriquer du latiniste et du grammairien (osera-t-on parler de « boîte à bachot » ?) à un niveau que nous pourrions situer aujourd'hui entre la sixième et la troisième, Sainte-Barbe se recommandait mieux à l'orée d'un cycle plus ambitieux, à la charnière entre les humanités et la philosophie. C'est quelque chose comme l'entrée dans l'enseignement supérieur.

De l'une à l'autre maison, il y avait un décalage qualitatif. Formidable forge scolaire, Montaigu le cédait à son voisin dès lors qu'entraient en jeu la recherche intellectuelle et le débat d'idées. Noël Beda et son compère l'Écossais John Mair (dit « Major ») en eussent-ils convenu ? Probablement pas : la scolastique leur apparaissait comme la fin de toutes choses. Mais si Inigo choisit de « sauter le pas », on peut penser que c'est d'abord parce qu'il avait conscience d'avoir à s'élever dans les degrés de la connaissance.

Retenons pourtant un autre aspect de ce choix : celui dont aura dépendu le sort de millions d'adolescents depuis cinq siècles. En délaissant le « collège des poux » où, du point de vue personnel, il avait éprouvé, n'en doutons pas, matière aux saintes joies de la macération offerte au Seigneur, et en optant pour Sainte-Barbe et l'humanisation de la discipline, Inigo de Loyola prenait une orientation qui n'a pas fini de porter ses fruits. L'affreuse loi qui consistait, on l'a vu, à « meurtrir la chair pour mieux graver dans l'esprit » était répudiée. Pour rigoureuse qu'elle parût à d'innombrables écoliers pendant des siècles, une méthode d'éducation « libérale » avait trouvé sa source dans le rejet de la brutale expérience faite par Inigo derrière les murs du collège où Érasme et Rabelais avaient subi la férule de Standonk et de Beda.

Ne simplifions pas outre mesure : si Sainte-Barbe se distingue de son voisin par le style disciplinaire aussi bien que par les ambitions intellectuelles, ses maîtres, et plus précisément son recteur Diego de Gouvea, ne prétendent pas en faire, contre le « sorbonnagre » Noël Beda, une citadelle de l'humanisme militant, et moins encore de la Réforme. Nous verrons même ce Gouvea, plus circonspect que son neveu André et que plusieurs des professeurs de son collège, s'afficher parfois dans les rangs des conservateurs : à vrai dire, c'était, plutôt qu'un homme de pensée, un remarquable administrateur, un diplomate consommé, nous dirions aujourd'hui un grand *manager* et le meilleur *fund raiser* de son temps.

On ne prétendait pas davantage autour de lui dispenser une éducation conforme aux vœux de Montaigne ; Gouvea était appelé par les étudiants « mangeur de moutarde », ce qui ne doit pas signifier qu'on le tenait pour angélique, et les châtiments corporels n'étaient pas proscrits de son collège. Témoin l'aventure par laquelle s'ouvrit, ou peu s'en faut, la vie « barbiste » de Loyola.

L'auteur de l'*Autobiographie* assure qu'il entra au « collège des arts » avec l'intention « de ne pas chercher à recruter d'autres disciples afin de pouvoir étudier plus commodément [20] ». Il arrive à Sainte-Barbe pourvu d'aumônes qui lui permettent de s'y établir comme « portioniste », c'est-à-dire, on l'a vu, payant pension et partageant une chambre avec trois compagnons. Le régent qui l'installe dans la tourelle d'angle d'où l'on domine la rue aux Chiens ne sait pas qu'il va faire de cette chambre circulaire la cellule originelle de la Société de Jésus : il entend simplement mettre sous bonne garde cet exalté de la prédication.

La chambre de la tour est déjà occupée en effet par trois personnes : deux étudiants avancés, Pierre Favre et Francisco de Iassu y Xavier, et un professeur, Juan de la Peña, chargé de l'enseignement philosophique. Sous la coupe de ce maître, et encadré par ces deux étudiants valeureux, on peut espérer que le séducteur d'Amador se tiendra tranquille. C'est en tout cas le conseil que lui donne Juan de la Peña.

Autant exiger d'un rossignol qu'il cesse de chanter. Si pures de toute arrière-pensée missionnaire qu'aient été ses intentions en franchissant le seuil de Sainte-Barbe, Inigo ne peut tout à fait brider sa nature : et le dimanche, à l'heure où les étudiants sont conviés à des disputes philosophiques, il en rassemble un bon nombre pour les inciter à faire leur salut. Mais il faut ici donner la parole à l'un de ses premiers biographes français, un certain Hercule Rasiel, auteur, en 1736, d'une *Histoire de l'admirable Dom Inigo de Guipúzcoa, fondateur de la monarchie des Iniguistes,* titre pittoresque qui ne doit pas détourner de sa lecture : les sources sont sûres[*] et le ton savoureux.

> « Le professeur de philosophie, Juan de la Peña[**], trouvant fort mauvais qu'Inigo lui débauchât ainsi ses disciples, lui en fit de sanglans reproches, et l'avertit que s'il continuoit à les détour-

[*] La plus voyante est Ribadeneira, l'un des premiers compagnons de Loyola à Rome.
[**] « Jean Pegna » dans le texte.

ner de leurs études, il le feroit châtier sans miséricorde. Mais,
voyant qu'il alloit toujours son chemin et qu'il les infatuoit
tellement de je ne sais quelle Dévotion fanatique, que plusieurs avoient tout-à-fait quitté leur cours de philosophie pour
prendre le froc, il représenta au Docteur Gouvea, principal de
Sainte-Barbe, la nécessité qu'il y avoit de punir exemplaire-
ment un écolier qui causoit de semblables désordres : "Si nous
n'y mettons ordre, il fera de tous nos écoliers autant de Moines
et nous verrons bien-tôt notre Collège désert." Gouvea, déjà
irrité contre Inigo à cause de l'affaire des trois Espagnols,
résolut enfin de le faire châtier publiquement.

On avoit coutume en ce temps-là, pour punir les perturbateurs
des Études, d'assembler tout le collège dans la salle du réfectoire au son de la cloche. Les Régens venoient avec des verges
à la main et frappoient l'un après l'autre le coupable en présence des écoliers. Cette peine qui se nommoit " la Salle" fut
celle qu'on infligea à Inigo. [...] Ses amis lui conseillèrent de
ne point rentrer à Ste Barbe, et même de s'en bannir pour toujours. Mais, au lieu de suivre ce conseil, il résolut de s'aller
présenter lui-même, ravi de trouver une si belle occasion
d'exercer sa patience [...]

Je suis prêt, dit-il, à subir la peine à laquelle vous m'avez
condamné. Les verges de votre collège, celles de l'université,
toutes celles de l'univers, les gibets mêmes ne me font nulle
peur. Au contraire, je ne conçois pas un plus grand délice au
monde que celui de souffrir pour une bonne cause. Je n'appré-
hende qu'une chose : c'est qu'on déshonore par une punition
infâme un écolier de mon âge* ; c'est que ces enfants que j'ai
engendrez à la vie religieuse, ne la quittent en voyant leur Père
spirituel diffamé comme corrupteur de jeunesse. Pensez-y
bien mon cher Monsieur : je m'en décharge la conscience
et j'en charge la vôtre. Faites à présent de moi ce qu'il vous
plaira. Me voilà prêt à tout soufrir.

Gouvea, que le discours fanatique d'Inigo avoit touché, se
jeta à ses pieds et lui demanda pardon d'avoir ajouté foi à de
faux rapports. Après quoi, se relevant, il dit tout haut : "C'est
un Saint, qui souffriroit avec plaisir les plus infâmes supplices" [21]. »

Pour avoir mis en doute la vraisemblance du trait final :
Diego de Gouvea se jetant, devant son collège assemblé, aux
pieds d'un illuminé qui violait obstinément les règles et déran-

---

* Près de quarante ans...

geait la bonne marche de la maison, Jules Quicherat est voué
aux gémonies par de pieux historiens de la Compagnie*. Nous
n'en choisirons pas moins la version qu'il propose du comportement de Gouvea :

> « Tout ce qu'il put dire, c'est qu'Ignace de Loyola était un
> homme de sainte vie qui s'était laissé aller à trop de zèle ; qu'il
> avait obtenu de lui le serment de se comporter désormais avec
> plus de discrétion ; qu'il renouvelait en son nom le même
> engagement devant le collège, et qu'en conséquence, il lui faisait grâce de la peine prononcée contre lui [22]. »

Quels qu'aient été les propos et les gestes de l'un et de l'autre,
on détachera de cette assemblée de « barbistes » à laquelle Inigo
s'était refusé à donner le spectacle de son humiliation les trois
personnages déjà évoqués, auxquels il faut maintenant nous
arrêter : Juan de la Peña, le maître exaspéré, Pierre Favre** et
Francisco Iassu de Azpilcueta y Xavier***.

Du premier qui, passé l'incident de « la salle », semble avoir
entretenu de bons rapports avec Inigo, il n'y a pas tant à dire,
sinon que ce Castillan fut son premier maître de philosophie,
après l'avoir été de Favre et de Xavier. En fait, Juan de la Peña
était surtout l'élève de Juan de Celaya, son prédécesseur dans
la chaire de philosophie, aristotélicien à poigne qu'on appelait
le « docteur résolu »… Et si quelque difficulté se présentait
dans l'interprétation d'Aristote, La Peña avait recours aux
bons offices de Pierre Favre qui savait le grec mieux que lui.
Mais beaucoup plus qu'à ce maître logicien il nous faut nous
intéresser aux deux autres cochambristes d'Inigo, Pierre et
François.

Jusqu'alors, l'auteur des *Exercices spirituels* avait été malheureux dans le recrutement, conscient ou inconscient, de ses
fidèles : du premier groupe d'Alcalá à celui qui s'était formé
au Quartier latin, de Calixto à Amador, il avait enflammé des
velléités ou suscité des curiosités plutôt qu'éveillé des vocations. Cette fois, ce que les uns appelleront le destin et d'autres
la providence, lui ménage de tout autres alliances…

---

* Mais pas par le R. P. Ravier, qui abonde dans son sens (son bon
sens…), *op. cit.*, p. 58.
** Appelé parfois Fabre, ou Lefêvre par des historiens des XVIIe et
XVIIIe siècles. Mais les textes de sa main sont signés Favre.
*** Qu'on n'appellera plus ici que François Xavier.

Pierre Favre était savoyard, né en 1506 au village de Villaret, niché au creux de la vallée du Grand-Bornand, dans une famille de paysans pieux et qui avaient du bien. Son *Mémorial*, merveilleusement publié et préfacé par Michel de Certeau, dit de lui l'essentiel : que, vers l'âge de dix ans, « étant berger », le désir d'étudier l'a pris. « Je pleurais, écrit Pierre, parce que j'avais grande envie d'aller à l'école ; si bien que mes parents furent obligés, contre leur intention, de me faire étudier. » Un oncle chartreux y pourvoit, le confiant à l'humaniste Pierre Veillard, qui réussit à faire du petit pâtre un étudiant digne de Paris.

Au moment où Inigo entre à Sainte-Barbe, Pierre – décrit par tous ceux qui l'ont connu comme la personne la plus aimable, sereine, avenante, équilibrée – est à la veille de passer sa maîtrise ès arts. C'est tout naturellement que Juan de la Peña le charge de veiller sur le Basque incontrôlable. Mais il ne faut pas croire pour autant à un « coup de foudre » entre Pierre et Inigo. Deux années durant, avant et après l'affaire de « la salle », Favre et Loyola n'ont d'échanges qu'intellectuels. Pas question des *Exercices*.

L'arrivant s'en tient enfin à la sage résolution de se consacrer à l'étude. Le mentor – bien qu'il fût son cadet de quinze ans –, tenu par les directives de La Peña qui avait des raisons de se méfier des débordements apostoliques d'Inigo, ne pouvait que centrer les échanges sur les ouvrages d'Aristote, la *Logique* et la *Grammaire* ; au surplus, Favre n'était pas assuré de sa vocation religieuse, rêvant de devenir médecin. Ce n'est qu'en 1531, deux ans après le début de leur cohabitation, que se noua leur dialogue spirituel ; et en 1534, après un long séjour dans ses montagnes, que Favre reçut de Loyola les *Exercices*, quelques mois avant d'être ordonné prêtre – premier d'entre les fondateurs de la Société.

Cette expérience des *Exercices* accomplis par Favre sous la direction de Loyola, comme personne encore n'avait probablement su les « faire », dans un emportement, un abandon total, mérite qu'on s'y arrête un instant : sur ce cursus universitaire presque classique que nous le voyons parcourir, il jette une torche de ferveur dévorante.

Dans une masure isolée du faubourg Saint-Jacques, du côté de ce qui est aujourd'hui le Val-de-Grâce, le licencié savoyard s'enferme en février 1534. L'hiver est terrible : les charrettes traversent la Seine gelée. Des bûches qu'on lui procure pour se chauffer, Pierre fait son lit, afin d'aviver sa peine. Il reste huit jours sans s'alimenter, refusant les gorgées de vin que lui propose Inigo, et passe même plusieurs nuits à genoux dans la neige. Il faut que Loyola, effrayé – lui, l'ermite hirsute de Manrèse –, le contraigne à mettre un terme à ces folies...

Écrit dix ans plus tard, le *Mémorial* de Favre n'évoque pas ces excès. Il décrit très sereinement, très finement, l'évolution des rapports entre Pierre et Inigo :

> « Peña m'ayant ordonné d'enseigner à ce saint homme, je pro-
> fitai d'abord de sa conversation extérieure, puis de ses col-
> loques intimes. Nous vivions ensemble dans la même
> chambre, à la même table et de la même bourse. Il était mon
> maître dans les choses spirituelles et me montrait la voie pour
> grandir dans la connaissance de la volonté de Dieu. Aussi,
> finalement, devînmes-nous un seul et même être [23]... »

Ce n'est pas une si sereine convergence, ou communion, qu'Inigo va vivre avec le quatrième « portioniste » de la tourelle de Sainte-Barbe, François. Le pastoureau savoyard n'est que modestie studieuse et tendre. Le gentilhomme navarrais s'affirme tout en angles, bravades et hauteur de ton : quelques décennies plus tard, quel mousquetaire il aurait fait aux côtés de son compatriote Henri le Béarnais !...

Bonne noblesse au service du petit royaume de Pampelune. Le père, Don Juan de Iassu, dont la famille est en partie originaire de Saint-Jean-Pied-de-Port (où une plaque signalant le fait est apposée sur une maison proche de la mairie), a été trésorier de Jean III d'Albret. La mère est issue d'une famille plus noble encore, les Azpilcueta. Tout destine leur fils, né en 1506 (comme Pierre Favre), à un avenir éclatant ; mais le père de François est mort à la veille de son dixième anniversaire et ses frères, ayant pris parti pour les Français dans les conflits au cours desquels Inigo de Loyola combattait à Pampelune dans les rangs du parti espagnol, ont été condamnés à mort, puis graciés par Charles Quint.

Ces infortunes n'ont pas suffi à ruiner tout à fait les plans des Xavier. En septembre 1525, peu après la mort de sa mère, François part pour Paris où de bonnes études ne peuvent manquer de lui assurer l'attribution d'un important bénéfice ecclésiastique dans le diocèse de Pampelune. Le voilà parisien.

Beau, vigoureux, pétulant, il s'ébroue en tous sens ; éloquent
dans les disputes, ardent aux débats, il est sacré champion de
saut en hauteur de l'île Notre-Dame…

Un vrai luron ? François semble s'être constamment gardé
du commerce des femmes. Si l'on en croit son dernier biographe, le R. P. Schurhammer, ce fut pour des raisons très précises :

> « Ses camarades l'entraînaient dans leurs escapades nocturnes,
> avec un de leurs professeurs. Mais Dieu le protégeait des plus
> graves erreurs. Voyant les hideuses pustules sur le visage de
> certains camarades et d'un maître corrompu – qui en mourut –
> il en éprouva une terreur qui le tint à l'écart des abîmes, et il
> demeura chaste au milieu des périls de la vie universitaire [24]. »

Citons, dans un registre plus savoureux, l'excellent Hercule
Rasiel :

> « Il avait l'esprit vif, l'humeur agréable, l'âme noble, le cœur
> haut, mais il était fier, vain et ambitieux. Il se moqua d'abord
> d'Inigo, de ses maximes, de sa conduite, de ses discours fana-
> tiques ; et loin de l'écouter, il tournait en ridicule la vie de
> gueux qu'il menait et voulait persuader les autres de mener [25]. »

Cet Inigo, ce boiteux grisonnant, mal tenu et sermonneur, ce
« fou de Basque » comme pense tout bon Navarrais, il l'appelait « le nigaud de la rue aux Chiens ».

Faut-il préciser que Loyola n'en avait cure ? Les relations
qui s'établirent entre eux, nul ne les a mieux décrites que Juan
de Polanco, le secrétaire du fondateur, en faisant confidence,
vingt ans plus tard, au jésuite français Edmond Auger :

> « J'ai ouï dire à notre grand mouleur d'hommes* Ignace, que
> la plus rude pâte qu'il ait oncques maniée, c'était au commen-
> cement ce jeune François Xavier […] Il était gaillard et noble
> biscayen** ; ayant assez bien étudié dans la philosophie, il
> faisait assez peu d'état d'Ignace qui pour lors allait vivotant à
> la merci d'autrui […] A peine le rencontrait-il sans se gaudir
> de ses desseins [26]… »

---

* Une formule digne de Montaigne.

** La Biscaye est une des sept provinces du Pays basco-navarrais. Le
mot est employé ici dans un sens global.

« Notre grand mouleur d'hommes Ignace… » Une évidence en 1550. Mais c'est déjà un fait en 1532 – en ces mois où le petit boiteux formidablement « jésuite » déjà, fait le siège du Navarrais assez glorieux pour avoir fait confirmer solennellement en 1531 ses lettres de noblesse. Devenu professeur de philosophie au collège de Beauvais voisin de Sainte-Barbe, Xavier est fier de son titre de maître aussi bien que de sa noblerie d'outre-Pyrénées.

Loyola va jouer en virtuose de cette vanité : il n'a de cesse qu'il n'ait ameuté un auditoire enthousiaste aux leçons de Xavier, qu'il n'ait suscité autour de lui ferveur et louanges. Le manège – un amateur de tauromachie ne peut se retenir d'écrire ici la *faena* – dure deux ans. C'est vers le début de 1533 seulement qu'est portée l'estocade. La légende veut que ce soit sous la forme d'une citation, faite par Inigo à l'adresse de François, du précepte évangélique « que sert à un homme de gagner l'univers s'il vient à perdre son âme ? ». Maints biographes l'ont reprise à leur compte. Schurhammer en questionne l'authenticité, tout en rappelant que François cita souvent ce propos fatidique, et jusqu'à la veille de sa mort [27].

C'est à Alcalá où ils avaient fait leurs études que Diego Laynez et Alfonso Salmeron avaient entendu parler d'Inigo de Loyola. Le premier était né en 1512 à Almazan, en Vieille-Castille, d'une famille de « nouveaux chrétiens », c'est-à-dire de juifs convertis au catholicisme. Le second, né en 1515, venait de Tolède. On n'affirmera pas qu'ils résolurent de gagner Paris pour connaître l'homme des *Exercices*. Ce fut plutôt pour parfaire leur science en philosophie. Mais on les voit en quête du prêcheur basque au Quartier latin pendant l'été 1533. Cédons la parole à l'ingénieux Hercule Rasiel :

> « Le premier boiteux qu'ils rencontrèrent, bien qu'ils ne l'eussent jamais vu, ils le reconnurent sur le portrait qu'on leur en avait fait. Son visage exténué, son air dévot, sa physionomie espagnole ne leur permirent pas de douter qu'il fût celui qu'ils cherchaient [28]… »

Fameuses recrues en tout cas…

Inigo connaissait-il déjà Simon Rodriguez et Nicolas Alonso, dit Bobadilla, du nom de son village natal proche de Palencia ? Dans son historique de la Compagnie, Rodriguez écrit que le quatrième des compagnons du fondateur, après Favre et Xavier, mais avant Laynez et Salmeron, fut « un Portugais qui, pour son indignité, ne mérite même pas d'être cité ». Ce Portugais anonyme et indigne, mais situé à un rang glorieux, c'est lui, Rodriguez de Azevedo, l'un des cinquante jeunes nobles que le roi Jean III avait dotés de bourses pour le collège Sainte-Barbe, où il rencontra tout naturellement les trois premiers « conjurés ».

Bobadilla, en revanche, est fort pauvre, bien qu'il eût acquis puis enseigné quelques rudiments de philosophie à Valladolid. Il est venu à Paris pour suivre l'enseignement du Collège des trois langues. Est-ce là qu'Inigo le rencontre ? Il lui fait valoir que cet enseignement est « dangereux », et le prend sous sa coupe. Irascible, infatigable, rétif, le verbe haut, Nicolas sera pendant plus de trente ans l'enfant terrible des « iniguistes ».

Tels sont les sept pères fondateurs, auxquels allaient bientôt se joindre trois recrues françaises : le Savoyard Claude Le Jay, le Picard Paschase (ou Pasquier) Broët et le Provençal Jean Codure, et plus tard un très jeune Espagnol, Diego Hocés, très vite enlevé par la maladie. Mais avant même d'accomplir le geste décisif, il incombe à plusieurs d'entre eux, et d'abord à Inigo, de compléter les études qui les ont conduits à Paris.

Il est très difficile de savoir quels furent les professeurs d'Inigo, de Pierre et de François au « collège des arts ». On connaît bien les maîtres qui en faisaient la gloire, Mathurin Cordier, Jacques-Louis d'Estrebay, George Buchanan, Gelida et son « domestique » Guillaume Postel, Jean Fernel et André de Gouvea (neveu du principal) qui, soupçonné de sympathies pour le luthéranisme, dut prendre le large avant de diriger à Bordeaux le collège de Guyenne, suscitant l'admiration de l'écolier Michel de Montaigne.

Nul ne peut assurer que l'un ou l'autre de ces humanistes – qui furent loués aussi bien par de pieux catholiques et des érasmisants que par Jean Calvin lui-même – prit une part directe à l'enseignement de nos écoliers de Sainte-Barbe. Mais on sait que, à l'exemple de Pierre Favre, Inigo de Loyola suivit les cours du franciscain Pierre de Cornibus et de François Picart, le premier ouvert à l'humanisme, le second beaucoup moins ; prédicateur populiste, Picart était proche de Noël Beda et « ardent contre les novateurs [29] ».

Il faut revenir sur ces tendances, ces méfiances, ces courants dans lesquels baignèrent les « iniguistes ». Il faut rappeler les réserves manifestées par Loyola à l'endroit d'Érasme et de ce qui, dans l'humanisme, est désinvolture, dédain ou raillerie envers l'Église. Mais tous ses compagnons ne sont pas aussi méfiants. Michel de Certeau relève, chez Pierre Favre, des sympathies pour l'« école de Meaux » groupée autour de l'évêque Guillaume Briçonnet, « novateur » s'il en fut*. Le *Journal d'un bourgeois de Paris* le décrit comme « amateur de nouveautés ». Protecteur de Lefèvre d'Étaples, il l'est aussi, un temps, de Guillaume Farel et de ses amis du collège du Cardinal-Lemoine, violemment dénoncé par Noël Beda comme un repaire de luthériens. Georg Schurhammer cite, sur ce point, le *Journal de Driart* qui écrit en janvier 525 : « ... En ce mois y eust esmeutte au Cardinal-le-Moyne, à cause d'aucuns leuteriens qui y estoient, et pulluloit fort la mauvaise doctrine, de laquelle on estimoit estre fauteur Monseigneur de Meaulx [30]. »

Dans une lettre à son frère Juan, François Xavier rendra hommage en juin 1535 au rôle joué auprès de lui par Inigo de Loyola, attentif à le protéger contre les séductions des réformés, des *malas compañias* des séduisants maîtres du Collège royal des trois langues, qui deviendra le Collège de France, avec lesquels il se sent bien des affinités, les Ramus, les Vatable et les Paradis, les humanistes hellénisants, hébraïsants – malpensants...

Les pères fondateurs vécurent ces années de Quartier latin au cœur de débats fondamentaux et qui ne pouvaient manquer de les poindre, dans un climat spirituellement belliqueux, tragiques, où beaucoup mettaient en jeu leur vie, et au-delà ; mais ce qui est remarquable, c'est que ces hommes qui, à partir du concile de Trente, vingt ans plus tard, seront tenus pour les champions de la Contre-Réforme, ne mentionnent presque jamais le phénomène luthérien dans leurs écrits d'alors (ne parlons pas du calvinisme qui ne surgira qu'au lendemain de leur séjour parisien). Remarquable réserve.

A lire les chroniques du temps, les journaux tels que celui d'« un bourgeois de Paris », il semble que, de la décapitation d'une statue de la Vierge (1528) à l'« affaire des Placards** »

* Sur son compte, lire Lucien Febvre, *Au cœur religieux du XVIe siècle.*
** Affiches dénonçant le « scandale de la messe papale » clouées jusque sur la porte de la Chambre du roi.

(1534) et du bûcher de Berquin à celui d'Étienne Dolet, Paris est un champ de bataille où l'offensive luthérienne menace à tout instant l'hégémonie catholique, de la cour[*] à l'évêché de Paris et à celui de Meaux, de la noblesse au Quartier latin. Quel écho en trouve-t-on chez Inigo et ses amis ? Aucun – sinon de brèves allusions dans la correspondance de François Xavier et des bribes de souvenirs dans les écrits tardifs d'un Rodriguez ou d'un Bobadilla.

Faut-il y voir la marque d'une exceptionnelle ouverture d'esprit ? D'une tendance à la « compréhension » de la Réforme dans sa première phase (telle que la pratique Pierre Favre en incitant tel de ses correspondants à prier pour Luther ou pour Melanchton) ? D'une familiarité d'étudiant avec toutes les formes de fermentation intellectuelle ou spirituelle ? Ou plus profondément d'une vision du monde et de ses pièges qui les faisaient plus proches de tel ou tel réformateur spiritualiste que des puissances ecclésiastiques ?

Un Pierre Favre, un Loyola ne mettent pas un instant en cause la légitimité de l'Église catholique et de son appareil sacramentel ; mais toutes leurs démarches vont dans le sens de la personnalisation active d'une vie spirituelle fondée sur l'affectivité autant que sur l'intellect, sur une pauvreté fondamentale, militante, et sur une quête passionnée de la connaissance. De quoi alerter les gendarmes en robe de bure.

Favre, François et Inigo ne progressent pas de compagnie vers la « maîtrise ès arts » ou doctorat de l'Université de Paris[**] : les deux premiers ont pris sur leur aîné trois années d'avance, et Xavier enseigne depuis l'automne 1530 au collège de Dormans-Beauvais avec l'éclat que l'on sait.

Le *cursus* de la faculté des arts qu'ils suivent tous trois comporte deux phases que l'on désigne d'ordinaire par les termes de baccalauréat et de maîtrise mais que l'on pourrait comparer plutôt à la licence et au doctorat, le second donnant au titulaire le droit d'enseigner à l'université.

C'est en mars 1532, après trois ans et quelques mois d'études

---

[*] Où la maîtresse du roi fait alliance avec sa sœur et son confesseur Pierre Duchatel pour inciter le souverain à la tolérance.

[**] Laynez, Salmeron, Rodriguez et Bobadilla avaient conquis leurs titres en Espagne et au Portugal.

à Sainte-Barbe, qu'Inigo de Loyola, âgé d'un peu plus de quarante et un ans, membre de la *veneranda natio Gallicana* (les Espagnols, comme les autres étudiants méridionaux, sont rattachés, on l'a signalé, à la « nation de France »), se présente en l'abbaye de Sainte-Geneviève devant quatre examinateurs (un par nation) pour y subir l'examen appelé « déterminance » : il s'agissait de *determinare quaestionem*, de soutenir une argumentation.

On imagine, en l'abbaye solennelle, le petit boiteux quadragénaire, mal attifé, raide, tendu face aux quatre docteurs soutenant la discussion en un latin qui, si l'on se reporte à ses textes, devait être aussi approximatif que son castillan bigarré de basque et de français… On ignore quel fut le thème de son argumentation. On sait seulement qu'il fut reçu trentième sur une centaine de candidats, ce qui n'est pas médiocre compte tenu des handicaps qu'il avait dû surmonter – et peut-être de la légende d'illuminé gyrovague qui ne devait pas plaire à tous les juges en capuchon.

Se situe alors un curieux épisode qui donne une indication intéressante sur l'évolution du personnage. Une coutume de l'université parisienne voulait que tout « bachelier » ou « déterminant » fêtât son succès par une sorte de banquet – on disait « prendre la pierre ». Ce qui n'allait pas sans entraîner des frais : il en coûtait un écu au lauréat. Un écu d'or, pour ce gueux d'Inigo ! Une folie : « flamber » en un soir de quoi vivre un trimestre… Mais il y a le respect des traditions, l'esprit de camaraderie, d'adaptation aux réalités du monde.

Le nouveau licencié demande conseil à son maître Juan de la Peña qui l'incite à se conformer aux usages ; ce qu'il fait, après avoir sollicité ses amis de Barcelone et d'Anvers – et non sans s'attirer d'aigres remarques de son entourage espagnol : voilà que ce prêcheur de macérations se mêle de donner des banquets ! Comme il est déjà ce qu'il sera, Loyola, le « général » de Rome, le réaliste…

Il fallait un an encore pour passer de la licence au doctorat ou maîtrise ; et bien d'autres dépenses – taxes plus ou moins légales et « épices » versées à divers notables de l'Université, religieux ou non. Entre deux démarches pour réunir ces fonds, l'étudiant devait multiplier les disputes au sein des collèges sur la logique, la dialectique, la géométrie et l'astronomie

L'épreuve finale en vue de la maîtrise comportait deux examens : l'un privé ou *in cameris*, le *quodlibetarius*, c'est-à-dire portant sur n'importe quoi, « au hasard de la fourchette » de l'examinateur, qui se déroulait dans l'église Saint-Julien-le-Pauvre ; l'autre, public, à Sainte-Geneviève, devant un jury présidé par le chancelier de l'université. Puis, à une date fixée par le recteur, les lauréats étaient réunis revêtus du costume de cérémonie et conduits devant le même chancelier qui leur donnait, avec la « licence », sa bénédiction apostolique.

Inigo de Loyola reçut l'une et l'autre à Sainte-Geneviève, le 13 mars 1533, écrivant à sa bienfaitrice de Barcelone, Inès Pascual :

> « J'ai reçu, ce carême, le titre de maître et j'ai été forcé de dépenser en cette circonstance plus que je ne voulais et pouvais, de sorte que je suis tombé par là dans un grand embarras [...] que Notre-Seigneur vienne à notre secours [31]. »

Notre-Seigneur, en l'occurrence, s'acquitta par les soins de doña Inès.

L'Université n'accordait le titre de maître ès arts et les privilèges afférents, qu'à ceux qui se faisaient agréer par la corporation des maîtres au cours d'une cérémonie solennelle dite *inceptio* (ou « commencement »). Après avoir prêté serment de respecter les droits, statuts et libertés de leur faculté et de leur « nation », les récipiendaires se rendaient en procession à l'école de la rue du Fouarre où ils devaient présenter une argumentation analogue à celle qui leur avait été imposée pour la licence. Ils recevaient enfin le bonnet carré ou *birettum**, insigne de la dignité de « maître ès arts – que Loyola devait désormais porter jusqu'à la mort, ne dédaignant pas d'être, par tous, appelé « maître ».

Du Boulay fait très finement observer que la licence, ou pouvoir d'enseigner, était conférée par le chancelier au nom de l'Église qui, de ce fait, contrôlait le fond de l'enseignement ; la maîtrise n'étant que l'agrégation à un corps constitué d'où dépendait l'administration des écoles devait donc être conférée par ce corps, c'est-à-dire par l'université.

Les archives de la Compagnie conservent à Rome le diplôme qui fut remis au vieux lauréat, un an et deux mois après l'épreuve subie pendant le carême de 1533 :

---

* La « barrette » qui sera un signe distinctif des jésuites.

« …Nous désirant en cette partie rendre témoignage à la
vérité, à tous et chacun à qui il peut appartenir, par le teneur
des présentes, savoir faisons que notre bien-aimé, discrète personne, maître Ignace de Loyola, du diocèse de Pampelune,
maître ès arts, a obtenu en tout bien et tout honneur le grade
de la maîtrise en l'illustre faculté des arts de Paris, à la suite
d'examens rigoureux passés l'an du Seigneur mil cinq cent
trente-quatre après Pâques, conformément aux statuts et coutumes de ladite faculté et avec les solennités observées d'habitude en cette partie. En témoignage de quoi nous avons fait
apposer notre grand sceau à ces présentes. Donné à Paris, en
notre assemblée générale tenue solennellement en l'église des
Mathurins, l'an susdit du Seigneur 1534, le quatorzième jour
de mai. Signé le Roux. »

On aura remarqué, bien sûr, la désignation du récipiendaire :
Ignace de Loyola. C'est la première fois qu'Inigo est ainsi
appelé. Pas la dernière… Pourquoi ? Parce que la *reverenda
natio Gallicana* ou l'université ne reconnaissaient pas pour
suffisamment chrétien ce prénom porté quelques siècles plus
tôt par un abbé hispanique inconnu des instances parisiennes ?
On ne sait si l'intéressé fut consulté ; si, prié de choisir un patron
plus notoire, c'est lui qui jeta son dévolu sur saint Ignace*
d'Antioche, disciple de saint Jean, martyrisé sous Trajan et
Père de l'Église. Voilà désormais le « licencié Inigo » mué en
« maître Ignace ». Les « iniguistes » vont devoir choisir une
autre référence…

Le nouveau maître ès arts pourrait juger ses objectifs parisiens
atteints : il n'est pas d'inquisiteur castillan ou romain qui désormais ne dût tenir compte de sa toge et de son *birettum* magistral,
de ces diplômes parisiens : ils priment encore sur tous les autres.
Mais Ignace sait bien, lui, que s'il a fait de « bonnes études »,
s'il s'est arraché laborieusement à son aridité intellectuelle, s'il a
pu, à Montaigu, apprendre du latin et de la grammaire, et à
Sainte-Barbe s'armer de l'enseignement d'Aristote et d'une
teinture de sciences, il ignore à peu près tout de la théologie qui
est tout de même sa partie. Que sait-il de Duns Scot, de
Guillaume d'Occam, et même de Thomas d'Aquin ?

Il choisit pour maîtres les dominicains de la rue Saint-Jacques,
les « jacobins ». Ce qui ne va pas de soi… Après tout, il n'a

* *Ignis*, le feu.

guère eu à se louer de cet ordre ; d'Alcalá à Salamanque et
à Paris, c'est toujours par la voix des frères prêcheurs que
l'Inquisition s'est manifestée à lui, encore que sous un jour relativement bonasse. La qualité des arguments échangés avec un
Frias, un Figueroa ou un Ory l'a-t-elle frappé ? On peut s'étonner qu'il n'ait pas plutôt choisi de se placer sous la coupe des
franciscains rénovés – il est vrai plus « rénovés » en Castille
qu'à Paris, en dépit de la hauteur de vues de Pierre de Cornibus
– ou des chartreux surtout, avec lesquels Pierre Favre entretenait
des relations fraternelles et qu'il visitait souvent lui-même dans
leur petite abbaye du faubourg Saint-Jacques[*].

Si maître Ignace choisit de frapper à la porte du couvent des
jacobins où il savait qu'il serait sous la férule de « son » inquisiteur Mathieu Ory, c'est probablement parce que l'enseignement inspiré de Thomas d'Aquin – qui y avait, trois siècles
plus tôt, obtenu son diplôme de théologien – y est donné avec
le plus de compétence. Si, pour ses maîtres de Sainte-Barbe
comme de Montaigu, Aristote était le commencement et la fin
de toute science, pour lui, le « docteur angélique » reste en
théologie la référence suprême. C'est donc un enseignement
tout pétri de saint Thomas[**] que reçut pendant dix-huit mois
l'auteur des *Exercices*.

Tacticien hardi, stratège audacieux, franc-tireur déconcertant
en tant de domaines, Ignace n'est pas l'homme des révolutions
idéologiques. Pourquoi chercher au-delà de ce que l'auteur de
la *Somme* a apporté au monde, en s'efforçant de réconcilier
une fois pour toutes la foi et la raison, la science et la religion ?
Nous voilà assez loin de l'illuminisme vibrant, à la frontière
de l'irrationnel, auquel l'auteur des *Exercices* était naguère, en
Castille, soupçonné de s'abandonner.

Tout à fait apaisé, notre docteur à barrette, tout à fait assagi,
et déjà prêt à exercer les grands commandements politico-
spirituels ? Déjà romain, déjà général, déjà maître de mesure
et de casuistique ? Non. Quelques traits suffiront à rappeler
la dimension baroque du personnage, ces explosions, en lui,
d'exhibitionnisme missionnaire qui rappellent l'homme de
Manrèse.

---

[*] C'est l'ordre qu'il admirait le plus, ayant pensé à y entrer jadis, et le
donnant volontiers pour modèle aux siens.

[**] Le seul auteur scolastique respecté par les humanistes.

Nul conteur, hormis le Loyola de l'*Autobiographie*, ne donne plus de saveur à ces *Fioretti* parisiennes que notre Hercule Rasiel. A lui la parole :

> « Un homme de sa connoissance avoit un commerce de galanterie avec une femme qui demeuroit dans un village proche de Paris. Que fait Inigo pour le tirer de ce commerce ? Il va se mettre jusqu'au cou dans un étang presque tout glacé qui étoit sur le chemin par où devoit passer cet homme, il se met à crier : "Où allez-vous malheureux ? N'entendez-vous pas gronder la foudre ? Ne voyez-vous pas le glaive de la Justice Divine prêt à vous frapper ? Hé bien ! poursuit-il d'une voix terrible, allez assouvir votre passion brutale : je souffrirai ici pour vous jusqu'à ce que la Colère du Ciel soit apaisée." Le galant, frappé d'une action si singulière, retourna sur ses pas, et changea de vie... Inigo, fier du succès de cette méthode extravagante, disoit à ceux qui ne l'approuvoient pas, que pour gagner des Ames, il ne feroit nulle difficulté de courir les rues, pieds nuds, la tête chargée de cornes, vêtu des habits les plus ridicules, et même les plus infâmes. »

Cependant, et tout « maître » qu'il fût devenu, Ignace avait repris ses anciennes macérations. Il se retirait, raconte Rasiel, « dans une carrière de Montmartre profonde et obscure où il renouvelait les saintes cruautés qu'il avait exercées sur son corps dans la caverne de Manrèse, dont cette carrière lui retraçait l'image... ». Il fit tant et si bien que, de son aveu même, ses maux d'estomac se ravivèrent* et de façon si peu supportable que ce stoïcien en vint à consulter des médecins – lesquels lui interdirent désormais toute nouvelle macération s'il voulait seulement survivre.

Survivre ? Le projet qui ne cesse de mûrir en son cœur le lui impose. La cohorte de compagnons qu'il a longtemps échoué à former s'offre maintenant à lui. Ses objectifs universitaires sont atteints. Et ses escapades dans les carrières de Montmartre lui ont donné l'occasion de découvrir le lieu où pourra s'accomplir le rite qui, chaque jour davantage, hante son esprit : une chapelle encastrée au flanc de la colline dominant au nord les remparts de Paris. C'est là qu'il a décidé de convoquer ses

---

* Ce que le R. P. Fouqueray signale en une inoubliable formule : « Dieu se plut à visiter son serviteur par une cruelle maladie... » (*op. cit.,* p. 51).

amis. Là que seront prononcés les vœux qui les lieront à
jamais.

Ouvrons le *Mémorial* de Pierre Favre :

> « Le jour de la Sainte-Marie d'août, en cette année 1534, déjà
> unis par une même détermination et formés aux *Exercices* (sauf
> maître François* qui ne les avait pas encore faits mais partageait
> notre projet), nous allâmes à Notre-Dame de Montmartre, près
> de Paris, y faire chacun le vœu de partir pour Jérusalem à la
> date qui nous serait indiquée et de nous placer au retour sous
> l'autorité du Pontife romain ; et aussi de commencer chacun, au
> temps marqué, à "quitter nos parents et nos filets**"…[32] »

C'est sur ce ton si minutieusement évangélique qu'il frise le
pastiche, et tel qu'on pourrait croire que l'auteur a voulu suggérer un parallèle avec le Christ et ses apôtres, que le premier
des compagnons d'Ignace de Loyola évoque la journée fatidique où furent posées les fondations de la Société de Jésus.

La petite chapelle dite alors « de Notre-Dame*** » s'accro-
chait aux pentes de la colline de Montmartre (ou mont des
martyrs) à une demi-heure de marche du rempart Saint-Denis.
Presque une catacombe, une semi-crypte. On se penchait pour
entrer sous la voûte basse, l'autel étant partiellement enterré.
Une autre chapelle était aménagée au-dessus ; mais c'est au
sous-sol qu'on se groupa.

Ignace choisit-il cet ermitage lointain confié aux bénédic-
tines parce qu'il évoquait la vie périlleuse des premiers chrétiens – voire, comme le suggère le texte de Pierre Favre, les
péripéties évangéliques ? A beaucoup d'humilité peut se mêler
beaucoup d'orgueil. Ces hommes prosternés ne vont-ils pas
bientôt choisir de revendiquer le titre de Société de Jésus ?

Ce qui signifiait alors la « chapelle de Notre-Dame », c'est
que la tradition y situait le martyre de saint Denis « l'Aréopa-
gite », Athénien compagnon de saint Paul. Là, pensait-on,
l'apôtre des Gaules avait été décapité avant de descendre de
la colline, portant sa tête en ses mains, jusqu'à la plaine où la
monarchie française allait élever la basilique qui devait attester
le caractère sacré de ses origines.

---

  * Xavier.
 ** Instruments de travail, on le sait, des apôtres.
*** Puis « des Martyrs ».

Indépendamment de ce souvenir fabuleux, on croit entrevoir les raisons qui firent qu'un tel site s'imposa à l'imagination fiévreuse de Loyola : il y retrouvait à la fois la sauvagerie de Manrèse, sa « primitive église », et tout de même l'ordre catholique auquel il tenait à rester lié, ce mélange de spontanéisme et de règle qui enflammait et contrôlait tour à tour son tempérament angoissé. Il conduisait en un lieu différent des hommes différents.

Fidèle à son histoire, à ce qu'elle a d'abord de farouche et de divaguant, et d'autant plus voué à la discipline, il se situa hors du paysage urbain trop marqué par la couronne de France nationaliste et belliqueuse, et choisit de siéger au cœur d'un concile de vagabonds et de martyrs. Sur cette colline campagnarde, en vue de la cité où il vient de conquérir les rudiments de la science, il est à l'intersection de la nature et de la culture, devant un horizon très large, en un lieu à la fois libre et consacré. Et tellement « à part », déjà, ces « déjà jésuites »...

On peut rêver. On peut imaginer les sept compagnons, le boiteux au poil rare et gris, au regard obsédé, et les six étudiants allègres, dans cette aube d'un jour d'été, marchant vers les falaises de gypse creusées au flanc de la colline. Paysage presque campagnard piqueté de cultures maraîchères avec ici une grange, là une auberge, et en amont quelques moulins à vent au milieu des vignes, et plus haut l'abbaye bénédictine qui chapeaute le mont des Martyrs, vers où montent par groupes, peut-être en chantant, les paysans d'alentour. Un 15 août.

Et voici, sur le sentier, la bande venue du Quartier latin. Il y a les grands, les musculeux comme François, les petits, les frêles comme Laynez. Il y a les extravertis comme Bobadilla-soupe-au-lait, et les concentrés comme Salmeron. Il y a même celui qui se croit conduit par une inspiration très personnelle, Simon Rodriguez. Mais ils ont tous en commun une intense familiarité spirituelle avec Ignace de Loyola – bien que tous n'aient pas encore « fait » les *Exercices spirituels*. Ils ont tous en tête le goût des départs, la Terre sainte, la nostalgie du martyre... Ce sont, pour dire le mot, des aventuriers, en quête de quelque chose d'immense. Des hommes de leur temps.

Jérusalem d'abord. La Jérusalem terrestre. Ignace n'a pas oublié les rebuffades et déconvenues d'Inigo, là-bas. Mais leur souci commun est tel d'incarner leur foi, de la vivre en chair et en sang, en vérité, que compte d'abord pour eux l'aire de la passion du Christ. Tel est le premier objectif. Mais on est assez jésuite déjà pour peser, mesurer ses chances. Peut-être la Palestine est-elle inaccessible du fait de la guerre, des épidémies, de l'hégémonie islamique. On peut en tout cas gagner Venise, port d'embarquement, et y attendre un an. S'il s'avère que l'entreprise est vouée à l'échec, alors c'est à Rome qu'on ira « aider les âmes » sous l'autorité du pape.

Cette sous-décision, dans le cadre de la grande, est frappante, et déjà intensément « jésuite ». Le possibilisme… Si exalté que l'on soit par l'immense projet oriental, on en forme un autre, en contrebas, pour que l'échec du premier ne soit pas l'échec tout court. Savoir doser le rêve, et l'espérance, en leurs modalités…

La pauvreté ? On en fait le vœu, bien sûr, et on la veut radicale, évangélique – à dater de la fin des études théologiques que plusieurs n'ont pas achevées, comme Loyola, et en vue desquelles on se donne encore trois ans. On précise même l'interdiction de rien recevoir en échange de la célébration de la messe ou de la confession.

Un point de la discussion, qui fut « longue [33] », resta néanmoins sans réponse : certains d'entre eux voulaient préciser que les objectifs du groupe consistaient à « porter la vérité chez les infidèles » et très précisément en Terre sainte, en écho à l'esprit, sinon aux méthodes, des croisades. D'autres, sans mettre en cause le pèlerinage à Jérusalem, posaient la question de façon plus universelle – dans la perspective, déjà, qui sera celle de la Compagnie dans les siècles à venir, celle du monde*.

Après que Pierre Favre, le seul encore à avoir été ordonné prêtre (trois mois plus tôt), eut dit la messe et donné la communion, les compagnons décident de s'accorder le plaisir d'une partie de campagne et de « casser la croûte » autour d'une source découverte par leur guide. Si maître de lui qu'il se veuille, Ignace ne peut dissimuler sa jubilation. Il la tient, sa cohorte de pieux rebelles, de têtes dures et de têtes folles, d'intellectuels et de constructeurs, de théologiens vagabonds. Donnez-moi sept hommes décidés et je changerai la face du monde.

Qu'un tel moment de grâce et d'exaltation n'ait trouvé aucun

* Sur ces points, voir chapitre III, p. 105.

écho dans l'*Autobiographie* d'Ignace (fût-elle dictée vingt ans après) reste inexplicable. Certes, les confidences faites à Gonçalves signalant que les sept compagnons avaient « délibéré sur ce qu'ils avaient à faire : savoir, aller à Venise et à Jérusalem et dépenser leur vie pour l'utilité des âmes ». Mais un tel résumé rend-il compte de l'originalité de l'entreprise, qui est pour beaucoup dans le style et dans les formes ? Autant réduire le récit de la Passion par saint Jean à un procès-verbal mentionnant Pilate, la croix et le tombeau…

Ainsi cet homme si attentif à la « composition de lieu », au rôle du regard, du visuel, dans les opérations de conscience active, néglige de faire revivre cette scène, ce paysage, ces « riches heures » si spontanément peintes en toutes les mémoires, comme il avait « oublié » d'évoquer Jérusalem surgissant de la Terre sainte à ses yeux, dix ans plus tôt. Voici des énigmes, des ombres encore sur cette figure énigmatique.

Plus naïfs que le fondateur, quelques-uns de ses lointains disciples crurent bon d'apposer en ce lieu une plaque, plus tard arrachée, qu'ils avaient ainsi rédigée :

Societas Jesu
Qui sanctum Ignatium Loyolam
Patrem agnoscit, Lutetiam matrem

(La Société de Jésus qui reconnaît saint Ignace pour père et Lutèce pour mère [34].)

Une touche de gallicanisme en contradiction avec le papisme de Loyola, et qu'on voulut effacer ? Ce n'est là qu'une préfiguration d'innombrables conflits. Mais Paris avait, sur l'ensemble de l'entreprise, jeté une semence plus profonde que celle dont témoignait l'inscription de Montmartre.

La pieuse conjuration du 15 août 1534 mettait-elle un terme aux mésaventures parisiennes d'Ignace, à cette navigation à travers les rapides et les cataractes de la Réforme, de la Sorbonne et des guerres entre collèges et écoles, dans l'odeur insistante des bûchers que rallumait alors l'affaire des Placards, défi manifeste lancé par les réformés de Neuchâtel à François Ier, jusqu'alors partagé entre ses sympathies pour les novateurs (et l'intérêt qu'il trouvait à ménager les princes protestants d'Allemagne ennemis de Charles Quint) et la sauvegarde d'un pouvoir royal appuyé sur le clergé ?

Le chef de file des jureurs du 15 août s'apprêtait alors à quitter la France pour l'Espagne : les médecins l'adjuraient d'y aller restaurer sa santé délabrée, et il avait fini par accepter de s'y rendre. D'autres raisons l'orientaient vers le pays natal, notamment le souci de convaincre les familles de Xavier, de Laynez et de Salmeron de ne pas faire obstacle à leur vocation, le vœu de pauvreté n'étant pas sans conséquences sur les patrimoines familiaux.

A la veille du départ, pourtant, il reçoit avis que l'Inquisition le recherche. Ce qu'on lui reproche, cette fois, ce n'est plus l'exhibitionnisme apostolique manifesté à Alcalá ou dans l'« affaire Amador », c'est au contraire le secret, ce complot souterrain des sept docteurs dans la crypte d'un faubourg écarté. Déjà tous les fantasmes de la légende noire jésuite !

Fidèle à sa méthode, il se présente en hâte devant l'inquisiteur qui n'est plus Mathieu Ory, mais Valentin Liévin – encore un dominicain. Lequel demande que lui soient communiqués les *Exercices*. Le frère prêcheur n'y trouve point malice mais au contraire matière à admirer ; il obtient une copie. Ignace n'est pas homme à se contenter de bonnes paroles en un domaine aussi périlleux. Il se croit en mesure d'exiger un *quitus* solennel, et l'obtient. Le texte n'en a pas été conservé mais le R. P. Fouqueray a retrouvé à Rome une pièce adressée à Loyola en 1537, sans doute sur nouvelle instance :

> « Nous, Frère Thomas Laurent, de l'ordre des Frères Prêcheurs, lecteur en théologie et inquisiteur général de la perversité hérétique et de la foi catholique au royaume de France, faisons savoir et certifions à tous [...] que notre prédécesseur frère Valentin Liévin [...] inquisiteur général pour tout le royaume de France, a dans le temps fait une enquête touchant la vie et la doctrine d'Ignace de Loyola, et que nous qui étions son secrétaire n'avons jamais ouï dire qu'il se trouvât en lui chose déplacée en un homme catholique et chrétien. Nous avons en outre connu ledit Loyola et maître Pierre Le Fèvre[*], ainsi que quelques autres de ses familiers ; et les avons toujours vus mener une vie catholique et vertueuse sans jamais noter en eux rien qui ne convienne à des hommes parfaitement chrétiens. De plus les *Exercices* que donne ledit Ignace nous ont semblé catholiques autant que nous avons pu savoir après examen. »

[*] Favre.

Ignace peut aller en paix. Jusqu'à nouvelle alerte… Il prendra congé en février 1535, sept ans exactement après son arrivée à Paris, non sans avoir donné un nouveau rendez-vous à ses six compagnons, au printemps de 1537 à Venise. Telle est la première étape de la grande aventure.

Mais on ne rendrait pas justice à cette décisive expérience parisienne si l'on ne citait le certificat personnel qu'il avait lui-même décerné à l'université, celle à la fois de Noël Beda et de Lefèvre d'Étaples, de Vatable et de François Picart – et si l'on n'évoquait un tête-à-tête qui, pour n'être qu'infiniment vraisemblable et n'avoir pris d'autre forme que livresque, doit être au moins évoqué : celui qui oppose François Rabelais à Ignace de Loyola.

Le « certificat » prend la forme d'une lettre adressée en 1532 par le cadet des Loyola à son aîné, don Martin de Oñaz, qui hésitait à envoyer son fils faire ses études à Paris. C'est un texte merveilleusement ignacien, où s'entremêlent astucieusement les arguments intellectuels et matériels :

> « En aucun lieu de la chrétienté il ne faut autant de ressources que dans cette Université pour l'entretien, les honoraires des maîtres et autres exigences de la vie d'étudiant mais […] si vous considérez les frais, ils seront pourtant moindres dans cette Université, parce qu'on y profite plus en quatre ans que dans telle autre que je sais en six ans… »

Si extravagant et exotique qu'il y ait paru, et en butte à tant d'avanies, si périlleux qu'aient pu lui sembler nombre d'enseignements qu'on y dispensait ou des idées qu'on y débattait, Paris restera très cher au cœur de Loyola. C'est le *modus parisiensis* qui inspirera, en dépit de tout, sa méthode.

Ouvrez *Pantagruel*, au livre II, chapitre 7, où le fils de Gargantua, roi des Dypsodes, découvre à Paris les merveilles de la bibliothèque Saint-Victor, les multiples ouvrages « sur la braguette du droit » et « le décret de la vaginette ». Il ne s'enchante pas seulement d'y trouver « l'art de péter joliment en société », le traité de Noël Beda « sur l'excellence des tripes »

ou de John Mair[*] sur la fabrication des boudins, « le coquelu-
chon des moines » ou « la connerie des cafards », « la bedaine
des cinq ordres mendiants » ou « la verge chevaline des
abbés » – mais aussi ce titre plus ambigu : « Le faguenat[**] des
Hespaignols, supercoquelicantiqué[***] par Fray Inigo. » Eh !
Nous voilà, semble-t-il, en pays de connaissance…

Rabelais était arrivé à Paris en 1528, en même temps qu'Inigo. Il y avait passé deux ans, s'y libérant de son froc de bénédictin pour revêtir la soutane des séculiers avant de partir pour
Montpellier. Le Quartier latin était petit, on l'a vu. Ancien pensionnaire du collège de Montaigu, François Rabelais ne put
manquer de passer à nouveau par la rue du Fouarre, de longer
la « rue des Chiens », de flâner place Maubert.

Comment n'y aurait-il pas remarqué cet extravagant boiteux
attifé comme un gueux mystique, soliloquant un sabir hispano-
latin quand il ne jugeait pas bon d'attrouper les badauds pour
les inciter aux dévotions extrêmes, et sur lequel couraient d'innombrables racontars où se mêlaient sorcellerie, inquisition,
macérations ? Une cible idéale pour maître Alcofribas Nazier,
pourfendeur de « rogatons et patenôtres », « chats fourrés »,
« clercs crottés » et autres « harnicrochements de confesseurs ». Odeur ou pas, et quoi qu'on pût penser du « faguenat »
dispensé par les gens d'au-delà des Pyrénées (ou d'en deçà !),
frère Inigo s'offrait comme à plaisir aux flèches de cet archer
de la libre-pensée.

Que ce trait contre le « supercoquelicantiqueur Hespaignol »
du collège Sainte-Barbe ait été rajouté dans l'édition de 1534 à
une liste déjà copieuse de pantagruéliques ouvrages n'est pas
pour affaiblir la vraisemblance du « ciblage » contre Inigo. Qui
d'autre portait ce nom dans le Paris de François Ier que celui
dont la légende n'avait fait que croître depuis la « très horrifique » histoire de la disparition des Espagnols de Sainte-Barbe
à l'hôpital Saint-Jacques, et de l'émeute qui s'en était suivie ?

Tenons donc maître Ignace pour un des « fessetés », des
souffre-douleurs de Rabelais. Si même l'Inigo de Pantagruel

---

   [*] Ou Major. Ces deux maîtres de la scholastique sont en exécration à
Rabelais.
   [**] Que l'éditeur Guy Demerson (Le Seuil, 1973) traduit par « puanteur
organique ». Comment parlait-on alors, en espagnol, de l'odeur des Fran-
çais ?
   [***] Du même, cette interprétation : « hyperstructuralisé »…

n'était qu'un homonyme (fort improbable) du nôtre, prenons-le tout de même pour une sorte d'anti-Rabelais, pour l'un des personnages du Paris renaissant d'où émane, au moins en apparence, la leçon – ou la chanson – la moins rabelaisienne qui soit. Point n'est besoin de faire de l'auteur de *Gargantua* une sorte de Luther gai pour le dresser en anti-thèse, en anti-nome de Loyola.

Ses réquisitoires contre les dévots de toutes espèces, gens à rabat, à bure et à muselière ou « grésillons », étaient trop virulents, et sa gaillardise trop provocante pour ne pas être diaboliques aux yeux de « Fray Inigo ». Mais, pour accueillant qu'il fût aux « prescheurs évangéliques », le docteur de Chinon ne s'enfermera pas, lui, dans le carcan du *servo arbitrio* et du « déterminisme mystique » : ses paillards et bonhommes sont libres de faire leur salut.

C'est par là qu'on peut tendre un fil entre eux, qui s'appelle humanisme. Ténu ? Bien sûr si l'on plante face à face l'homme de *Pantagruel* et celui des *Exercices*. Mais point imaginaire si l'on considère entre eux les relais, les truchements, les successifs passages de témoins, les anneaux d'une chaîne très fragile, mais perceptible.

Allergiques à la réforme luthérienne, puis calviniste, les hommes du rendez-vous de Montmartre le sont, parbleu ! Des gens qui, en dépit de ce que leurs démarches comportent de dénonciation implicite des mœurs et pratiques romaines et des comportements du clergé de ce temps-là, se placent d'emblée sous l'autorité directe du pape, n'ont guère à voir avec l'homme de la confession d'Augsbourg ou avec le maître de Genève, dont ils deviendront les antagonistes virulents. Mais un auteur comme le R. P. Bernard-Maître imagine très bien Pierre Favre dialoguant avec Melanchton. Et nous avons vu que leurs textes du temps, autobiographie de l'un, mémorial ou correspondance d'un autre, ne font guère écho à la guerre de religion qui, dans les années 1533-1534, secoue l'Université de Paris.

Avec l'érasmisme, les rapports du groupe fondateur sont extrêmement complexes, surtout s'agissant de Loyola. Nous avons observé ses réticences à l'endroit de l'*Enchiridion*. Mais dans un ouvrage consacré aux influences spirituelles reçues par saint Ignace, Mark Rotsaert relève de nombreuses coïncidences entre textes d'Érasme et fragments de Loyola et soutient que le « christocentrisme d'Érasme prend [...] des accents

ignaciens », que « les *Exercices spirituels* et la traduction espagnole de l'*Enchiridion* ont été écrits dans un climat spirituel
identique. La spiritualité des deux ouvrages résulte de l'emploi
de matériaux communs. C'est l'agencement de ceux-ci qui
cause les différences » [35].

Relevant lui aussi divers points de convergence entre les
ouvrages des deux hommes, le R. P. Olphe-Gaillard conclut
que ce qui sépare Érasme d'Ignace de Loyola, c'est chez
le premier, « l'absence d'une expérience personnelle que le
Pèlerin avait vécue profondément dès sa conversion et dont
toute son œuvre s'est inspirée [36] ». Différence plus existentielle
qu'essentielle ?

Il est vrai qu'en diverses occurrences l'auteur des *Exercices*
refusa de s'inspirer du « Prince des humanistes » et mit ses
compagnons en garde contre son enseignement. Mais il faut
relever aussi qu'il eut pour confesseur, à Barcelone, l'érasmisant Miona qui lui conseilla de lire les ouvrages du Hollandais : s'il se refusa alors de le faire, Inigo resta très fidèle à ce
prêtre portugais qui resta son confesseur et qu'il présentait
toujours en 1536 comme son « père spirituel » ; et rappeler
encore que Loyola fut à Alcalá l'hôte et l'ami de l'éditeur
d'Érasme, Diego de Eguia, qu'il retrouva à Venise et accueillit
dans la Compagnie.

Il n'est pas établi, mais seulement probable, que lors de
son bref séjour à Londres, en 1529, notre Basque rencontra
Thomas More, illustre partisan d'Érasme ; il est avéré, en
revanche, qu'à Bruges il fut le commensal de Luis Vivés, autre
lumière de l'humanisme ; qu'à Paris son ami Martial Mazurier
fut longtemps proche du groupe érasmisant de Meaux ; et que,
si ce n'est pas lui, mais Pierre Favre, qui donna les *Exercices
spirituels* à l'humaniste anglais John Helyar, celui-ci devait
témoigner de sa double allégeance à l'homme de l'*Éloge de la
folie* et à celui des *Exercices*.

Dans *Érasme et l'Espagne* [37], Marcel Bataillon s'interroge
sur les convergences entre les deux pensées et n'exclut nullement que les érasmiens aient tiré profit de la méditation ignacienne, et peut-être Érasme lui-même. En 1535, peu avant sa
mort et alors que les *Exercices spirituels* commençaient à se
répandre dans les cercles religieux – ne serait-ce que par le
truchement des inquisiteurs qui en exigeaient la communication –, le maître de Rotterdam publiait un recueil de *Prières*

nouvelles que n'eût probablement pas désavoué le « maître ès arts » de Sainte-Barbe.

Parler d'érasmisme, chez Ignace et les siens, serait forcer la note. Humanisme, plus simplement ? Henri Bernard-Maître doit être dans le vrai en utilisant à propos des « iniguistes » les formules d'« humanisme chrétien » et d'« évangélisme » – vocable d'où émane d'ailleurs un parfum de Réforme. Il accorde beaucoup d'importance, dans la pensée de Loyola, à un « concile régional » du collège de Sens tenu en février 1528, à l'époque même de son arrivée à Paris, où furent engrangées et authentifiées, contre les avis de Noël Beda, « les acquisitions solides de l'humanisme rénové » dont les « règles d'orthodoxie des *Exercices* paraissent directement inspirées ».

Ignace et ses compagnons, conclut vigoureusement cet historien jésuite, « s'étaient trouvés placés au mieux pour participer aux courants de pensée les plus divers et parfois les plus opposés, de l'humanisme parisien à la Renaissance ». C'est là, insiste-t-il, que s'est formé leur esprit, nourri en ces années décisives d'un enseignement dispensé « dans l'ambiance du collège Sainte-Barbe, pour des disciples de Lefèvre d'Étaples ou de Luis Vivés et des contemporains de Jean Calvin… ».

C'est à la fois en deçà et au-delà de cet accueil fait à l'humanisme renaissant qu'il faut rechercher et évaluer le trésor conquis tout au long de ces années parisiennes par les écoliers de Sainte-Barbe : dans une conception nouvelle de la transmission du savoir, et dans une ouverture sur le monde qui ne se manifestera que plus tard mais qu'a fait entrevoir le débat des sept pères fondateurs, à l'heure des vœux de Montmartre.

On a fait allusion déjà au choc produit sur un écolier de la première partie du XVIe siècle par le régime des bagnes universitaires où il lui fallait acquérir les rudiments du savoir. En ce sens, les épreuves subies par Inigo à Montaigu, comme les bienfaits reçus dans l'ambiance quasi libérale de Sainte-Barbe (mais là encore, l'horreur provoquée par la menace du châtiment corporel), auront servi de leçon au fondateur qui n'a encore aucune prescience de ce qui sera la fonction enseignante de sa compagnie, mais n'est pas homme à oublier ce qu'il a rudement appris.

Au-delà de la part prise par cet apprentissage parisien dans la définition d'une pédagogie nouvelle, ou novatrice, on trouve ici des prodromes d'un humanisme plus ample encore que celui de la Renaissance parisienne, et qu'on peut bien appeler mondialiste – à partir des grands périples de Magellan et de Colomb et des prolongements que sauront leur donner Xavier et Ricci.

Il est peut-être anecdotique que ce soit par l'entremise de leur « principal » Diego de Gouvea que les anciens écoliers de Sainte-Barbe, devenus jésuites, se soient vu ouvrir les portes de l'Asie – quand, devenu le conseiller du roi Jean III de Portugal, le vieil homme conseilla à ce souverain de faire appel aux fondateurs de la Compagnie pour assurer à ses conquêtes l'indispensable « couverture » spirituelle. Visée quelque peu répugnante ? C'est à ses effets surtout que se juge une entreprise. Et celle-ci ne fut pas médiocre.

Nous suivrons[*] François Xavier d'abord en Asie, dans les fourgons des conquistadores portugais, au contact de colons qu'il rabrouait et de populations quasi primitives qui ne relevaient, pensait-il, que d'un paternalisme incertain – puis, à partir de 1548, au Japon, informé de civilisations raffinées, et persuadé alors qu'il lui faut convoquer tout ce que Paris lui a appris en fait de science et de pensée, afin de nouer un dialogue digne de sa mission ; d'où l'appel qu'il lance aux universités d'Europe pour y lever des hommes à la mesure d'un tel projet.

Alors s'amorce, trop tôt interrompu, un échange vertigineux. Tandis que, « par une sorte de choc en retour, les correspondances de François Xavier entretiennent et développent, dans la Compagnie de Jésus naissante, l'esprit primitif de Paris, qui risque d'être rétréci et durci par les préoccupations polémiques d'après le concile de Trente » (H. Bernard-Maître), Ignace de Loyola, le vieux « général » romain, fait appel en 1553 à son ami pour qu'il fasse bénéficier l'Europe des trésors de « connaissance » mis au jour au cœur de l'Asie.

Xavier est mort quand la convocation de Loyola arrive à destination. Mais ses lettres restent, qui témoignent de la fertilité de l'échange anthropologique alors amorcé entre l'humanisme formé à l'école parisienne et les richesses humaines que met en lumière, avant de les saccager, l'élargissement du monde.

---

* Chapitre V.

CHAPITRE III

Papistes et Romains

• *La honte de Rome* • *Le frère de* **Giulia bella** *sur
le trône* • *Ils ne demandent vraiment rien ?*
• *A La Storta « con suo figliolo »* • *Société
ou Compagnie ?* • *Don Ignacio, élu malgré lui*
• *Un général aux cuisines* •

Au commencement, il y a eu les pérégrinations clopinantes
d'un illuminé. Puis, à Paris, la greffe de la Renaissance humaniste sur cette entreprise hagarde, le sceau de la raison apposé
sur le visage du vagabond et de ses compagnons affamés de
Dieu, guettés par l'hystérie collective. A Rome enfin, on va voir
se constituer, à partir de ce noyau incandescent, l'étrange
société d'aventuriers d'autant plus avides de discipline et de
hiérarchie qu'ils émergent d'un vagabondage plus exalté. Pour
mieux conquérir une certaine liberté, ils se ruent à la servitude.
Mais laquelle ?

Rome, au moment où Loyola et ses compagnons s'y enra-
cinent, n'est pas seulement la cité la plus corrompue de l'Occident chrétien, c'est aussi une ville humiliée, blessée, et qui
cuve sa honte en pansant ses plaies purulentes.

Dix ans plus tôt, une tornade humaine l'a ravagée : négligemment lâchés sur la cité papale par Charles Quint, les lans-
quenets allemands du connétable de Bourbon et les hordes
levées par les principicules d'Italie en querelle avec le Saint-
Siège ont mis à sac la Ville éternelle. Plus d'une semaine durant,
le pape Clément VII, barricadé derrière les murailles formidables du château Saint-Ange, tremblant et sanglotant, avait pu
observer la subversion systématique de sa capitale qu'Érasme
regarda « non comme la fin d'une ville mais comme la fin du

monde ». Huit jours de viols et de pillages, de massacres et de profanations, les autels couverts d'immondices et voués aux messes noires, les confessionnaux transformés en bordels, les ânes défilant sur le Pincio drapés d'habits sacerdotaux…

Le pire n'avait pas été, pour le chef de l'Église catholique, que des chefs « chrétiens » aient déclenché cette bourrasque d'insultes et d'impiété, mais plutôt que le peuple de Rome en ait tiré d'emblée la conclusion qu'il s'agissait du châtiment, comparable à celui de Sodome et Gomorrhe, d'une ville qui avait trop longtemps nargué la patience de Dieu.

La papauté en avait été d'autant plus ébranlée que, dans le même temps, Luther arrachait à son magistère le tiers de l'Europe, et que les Turcs investissaient, cimeterre au poing, la chrétienté balkanique et danubienne, tandis que le gonflement vertigineux de la puissance impériale de Charles Quint surclassait la pontificale – ce dont témoignait sinistrement le sac de Rome impuni.

Dix ans après le séisme qui avait brisé Clément VII, le vieil Alessandro Farnese, élu en 1534, régnait sous le nom de Paul III. C'est sous son égide qu'allait naître la Société conçue à Montmartre au moment où il accédait au pontificat.

Étrange parrain pour les routards de Dieu qui avaient pris le risque de se vouer à lui. Moins extravagant, il est vrai, que l'eussent été un Alexandre VI dont le règne n'avait été qu'un long sacrilège, un Jules II aux mains couvertes de sang, un Léon X au cynisme allègre… Mais le frère de Giulia Farnese, maîtresse préférée du pape Borgia, ne se distinguait guère, à première vue, de cette galerie de pontifes qui avaient fait de Savonarole un martyr et de Luther le porte-parole très écouté d'une immense colère.

Nul ne mettait en doute la culture, la finesse, la virtuosité manœuvrière du vieillard chargé d'assumer cet héritage amputé, ce pontificat exsangue et humilié. Mais de tels talents étaient-ils bien de saison au cœur de l'orage ? L'homme que vont aborder les « docteurs de Paris », comme on les appellera d'abord à Rome, incarne en apparence les vices contre lesquels ils se sont mobilisés, comme Luther mais par une voie inverse.

Alessandro Farnese est issu de l'une de ces tribus opulentes et d'autant plus rapaces, les Médicis, les Colonna, les d'Este, les della Rovere*, qui emplissent les conclaves, régentent la

* Les Borgia sont espagnols.

Curie, fournissent en plaisirs les princes de l'Église et dotent en chefs de guerre les troupes pontificales. Après les patriciens de Florence, il échoit aux seigneurs d'Orvieto de tondre la laine – clairsemée – du troupeau romain...

C'est parce qu'il était le frère de *Giulia bella*, rivale de Lucrèce dans les faveurs du pape Borgia, qu'Alessandro Farnese avait reçu à vingt ans le chapeau de cardinal, un âge où la pourpre n'était pas de nature à calmer ses ardeurs : les bâtards lui venaient alors comme les pommes au pommier. L'aîné, Pier Luigi, s'étant fait la main contre la papauté, à l'occasion du sac de Rome, allait s'affirmer comme le ruffian le plus sanguinaire d'un temps qui ne fut pas avare en assassins : sa trace est marquée, de ville en village, par plus de viols et de pillages que celle de César Borgia. Fils, filles, neveux, cousins, clients, Alessandro poussa le népotisme jusqu'au système (on dit d'ailleurs en italien *sistemare*), distribuant dévotement bénéfices, terres et chapeaux rouges aux membres de la tribu d'Orvieto*.

Père abusif, ce Farnese n'était pas pour autant un gentilhomme négligeable. Disciple du grand humaniste Pomponio Leto, familier de Laurent le Magnifique, il avait acquis à l'Université de Pise une grande réputation d'archéologue. Ayant servi six papes en quarante ans, de crise en guerre, de conciles en excommunications, de bûchers en saccages, il s'était signalé comme l'un des esprits les plus avisés de la Curie, et n'avait manqué d'être élu, en 1522, puis en 1523, que d'un souffle ou faute d'une pression de l'empereur.

Plutôt que ses talents, c'est son ancienneté et surtout sa parfaite neutralité entre Charles Quint et François Ier qui lui avaient valu, à soixante-sept ans, de succéder au malheureux Clément. Et rien d'abord n'avait fait espérer qu'il fût le réformateur dont dépendait le salut de l'Église catholique : les premiers cardinaux qu'il désigna furent ses deux neveux, âgés l'un de quatorze et l'autre de dix-sept ans...

Mais quelques mois plus tard, celui que les Romains appelaient « notre bon vieux » prenait une série de décisions qui le font tenir pour l'initiateur de la réforme catholique à laquelle

---

* Un éminent historien de la Compagnie, le R. P. O'Neill, commentant devant nous cette pratique, en avril 1990, concluait avec flegme : « Il y allait de son honneur de père, de chef de famille... »

les « docteurs de Paris » allaient imprimer leur furieux dynamisme. Deux promotions de cardinaux remodelèrent en
quelques mois le Sacré Collège : Jean du Bellay, John Fisher,
Gasparro Contarini, Reginald Pole, Otto von Truchsess, Mar-
cello Cervini étaient alors les meilleures têtes du catholicisme
aux abois.

Paul III ne se contenta pas de rénover la Curie : il désigna une
commission épiscopale chargée de dresser un état de l'Église
et d'en proposer la réforme. Le rapport de ces « sages » est un
document plus terrible que les imprécations de Luther. Qu'on
en juge :

> « ... Très Saint-Père, comme du cheval de Troie, se déver-
> sèrent dans l'Église de Dieu une foule de maux et d'abus qui
> nous conduisirent à nous faire désespérer de son salut. Cette
> situation est connue jusque chez les infidèles et c'est pour cela
> qu'ils tournent en dérision notre religion et que le nom du
> Christ est déshonoré...
> Bienheureux Père, tous les étrangers se scandalisent en entrant
> dans l'église de Saint-Pierre, d'y voir la messe célébrée par cer-
> tains prêtres ignorants et aux vêtements liturgiques immondes
> [...] Cela vaut pour les autres églises. Les courtisanes vont
> dans la ville comme des "matrones" : elles circulent dans les
> coches à mules, escortées en plein jour par des nobles person-
> nages, des familiers de cardinaux, des clercs. En aucune autre
> ville ne se voit un pareil désordre. »

Ce *concilium* d'où semble bannie toute espérance aboutit à
cette exhortation pathétique adressée à Paul III :

> « Tu t'es choisi le nom de Paul... Nous espérons que tu as été
> élu pour restaurer dans nos cœurs et dans nos œuvres le nom
> du Christ oublié par le peuple et par nous les clercs pour guérir
> nos maux [...] pour détourner de nous la colère du Christ et
> la vengeance méritée qui est déjà suspendue au-dessus de nos
> têtes [1]. »

Telle est Rome, tel est l'état d'esprit qui y règne, fait à la
fois de dégoût, d'amertume et d'un vague appétit d'épuration
sinon de rénovation, à l'heure où cheminent vers elle, en petits
groupes et par diverses voies, Ignace de Loyola et ses compagnons.

Mais pourquoi Rome ? Pourquoi ces fous de Dieu vont-ils

s'implanter dans cette cité que menace la « colère du Christ oublié et déshonoré » ? Pourquoi vont-ils se mettre à la merci d'un pontife dont ils connaissent alors mieux les tares – celles dont suintent depuis des décennies le système romain et, à partir de lui, la catholicité tout entière, d'Azpeitia à Venise et de Bruges à Paris – que les très récentes velléités réformatrices ? Et pourquoi ces ascètes vagabonds se sont-ils agrippés à un trône romain vacillant et discrédité, au point d'être à jamais tenus pour les *papistissimi*, ceux qui, au concile de Trente, vont « couper les nerfs » de tant de candidats réformateurs pour mieux assurer l'hégémonie papale ?

On est d'abord tenté d'attribuer l'implantation romaine des fondateurs à un souci primordial de porter le fer dans la tumeur au point le plus atteint, de réformer ou d'opérer la catholicité à partir de son cœur malade, préférant à l'éloquente fuite de Luther le combat de Savonarole sur le site même de Florence. L'explication ne suffit pas. Réformés eux-mêmes, et avec la plus farouche exigence, les bohémiens de Montmartre ne prétendent pas prendre d'assaut les chaires romaines pour y vitupérer la corruption des autres. C'est ailleurs, ou autrement, qu'ils prétendent porter la parole et l'exemple.

Il n'est pas plus judicieux de faire de la Contre-Réforme leur objectif majeur (au moins jusqu'au concile de Trente, dix ans plus tard), de voir dans leur démarche une implantation stratégique dans la citadelle bombardée par les hérétiques de tous bords, s'y barricadant avant de déclencher la contre-attaque. Retenir cette hypothèse serait nourrir étourdiment l'obsédante légende « militaire » dont on croit avoir dévoilé l'artifice.

L'un des textes originels des pères fondateurs signale, il est vrai, qu'ils se proposent non seulement d'évangéliser les Turcs, mais de ramener les luthériens dans l'orthodoxie. Mais là n'est pas leur raison d'être ou d'agir : leur objectif n'est pas d'abord « polémique », leur conduite inspirée par une « réaction », leur préoccupation « centrée sur la Contre-Réforme », soutient un des meilleurs historiens des origines de la Compagnie, Pedro de Leturia.

Dans un très pénétrant article de la *Civiltá Cattolicá*, ce jésuite espagnol combat l'idée que le choix « romain » des pères fondateurs ait pu avoir pour origine un grandiose plan « vaticaniste » surgi tout armé du cerveau militaire du seigneur de Loyola. On peut certes imaginer le lauréat de Sainte-Geneviève contemplant à partir du haut observatoire de l'université de Paris le panorama d'un univers en pleine fermentation, en pleine dilatation, et percevant Rome comme le centre stratégique d'abord de la lutte antiprotestante, puis des conquêtes futures et de la domination d'une chrétienté gigantesque et bientôt rassemblée.

Mais non. Selon cet historien jésuite, qui fonde son argumentation sur les témoignages contemporains de Pierre Favre, de Simon Rodriguez, de Laynez et du minutieux Polanco, et sur l'*Autobiographie* d'Ignace et sa correspondance, la « romanité » de la Compagnie n'est pas la réalisation d'« un idéal premier » mais « un expédient subsidiaire ».

Qu'avaient en tête les sept conjurés parisiens de 1534 ? De réaliser le vœu original d'Inigo de Loyola : « aider les âmes » en Palestine, y convertir les « infidèles » et risquer le martyre auprès du Golgotha. Il leur faudra vite se rendre à l'évidence : Jérusalem est inaccessible, la Terre sainte interdite. Téméraire en 1523, du temps du pèlerinage d'Inigo, ce projet était devenu suicidaire. C'est faute de pouvoir pénétrer ou résider en Terre sainte qu'ils avaient décidé de se soumettre, écrit Pierre Favre, « au jugement et à la volonté du Souverain Pontife, parce que nous savions qu'il possédait une plus grande connaissance de ce qui convient à toute la chrétienté ».

C'est moins une référence, moins un père qu'ils avaient décidé d'élire, qu'un aiguilleur. C'est une compétence qu'ils recherchaient, un périscope, un gardien de phare, celui par lequel ils seraient éclairés sur « la voie du plus grand service » (Polanco). Faute de mieux, faute de pouvoir gagner la Terre sainte, Rome est un pis-aller. Faute de martyre, faute d'épopée, ils se voueront à l'utile, et au quotidien, sous la houlette du Grand Vicaire.

Ce qui rend particulièrement intéressante, pour la suite de l'histoire, cette implantation romaine, c'est qu'elle marque la Compagnie d'un sceau originel, celui du réalisme, sinon de la modernité. Dès leurs premiers pas, Ignace et ses compagnons ont dû tenir compte des réalités, ajuster leur action au « possible », et réorienter en humble service leur passion de l'absolu. Bientôt, vers les Indes orientales et occidentales, ils reprendront leur élan. Mais tout de même, la révision radicale de 1538, l'amarrage romain, imposera à Loyola et à ses proches une sorte de doctrine, une philosophie de l'action – la substitution à un lieu symbolique (Jérusalem) d'un centre opératoire (Rome), le troc d'un « idéal » contre un « expédient » – les termes sont de Pedro de Leturia.

Osera-t-on dire, déjà, que le réquisitoire de Pascal n'est pas loin ?

Et Paul III, en tout cela ? Si déconcertant que puisse paraître l'ancrage romain des conquérants de 1534, l'accueil fait à ces énergumènes de la vertu par le vieux Farnese ne l'est pas moins. On a vu certes qu'il a déclenché déjà une opération réformatrice et fait appel, pour la mener à bien, aux moins conformistes des grands notables du catholicisme humaniste. Mais de là à s'attacher à ces puritains exaltés, lui, le frère de Giulia-la-belle, à ces gueux au verbe incandescent…

Deux raisons à cela. L'Église est en si grand péril que tout concours paraît salutaire à ce pontife politique – comme il n'était pas de bergère lorraine qui n'apparût, au débile Charles VII, bonne à embrigader. Mieux : ce prélat cynique, rompu à tous les trafics de son siècle, ne verra pas arriver sans stupéfaction, bientôt sans émotion, ces éloquents miséreux qui – c'est impossible ! – ne lui demandent rien, que de se mettre à son service. Rien, vraiment rien ? Ce type de démarche a de quoi désarçonner un Farnese comme un Médicis.

« C'était, à cette époque, inimaginable… », fait observer l'historien jésuite Charles O'Neill, qui ajoute : « Parce qu'il avait du cœur, et déjà la réforme dans l'esprit, Paul III en fut bouleversé… »[2].

Les dix compagnons de Paris ne savent pas encore que l'expédition en Terre sainte s'achèvera à Rome, quand ils prennent la route, se donnant rendez-vous dix-huit mois plus tard à Venise, port d'embarquement pour l'Orient. Ignace est bien passé par l'Espagne où, pendant plus de six mois (avril-décembre 1536), il a prêché, enseigné, tenté de réformer les mœurs du Guipúzcoa et visité les familles de ses amis navarrais et castillans. Les neuf autres ont cheminé (de novembre 1536 à janvier 1537) par la Champagne, la Lorraine, la Suisse et le Tyrol. « Ils s'en vont réformer quelques pays », disait-on sur le passage de ces pieux vagabonds à la mine chétive et au langage fulminant.

Arrivé à Venise quelques mois avant ses compagnons, Loyola

y a retrouvé des amis espagnols d'Alcalá, Diego et Esteban de Eguia, recruté un jeune licencié nommé Diego Hocés, prêché le long des canaux, soigné les pauvres et poursuivi ses études de théologie chez les dominicains, réussissant à susciter contre lui une nouvelle cabale de cagots qui n'ont rien trouvé de mieux que de le dénoncer à l'archevêque comme ayant été « brûlé en effigie à Salamanque et à Paris ».

En janvier 1537, Favre, Xavier, Laynez et les autres l'avaient rejoint dans la cité des doges avant d'aller à Rome demander au pape sa bénédiction pour le voyage en Terre sainte. Mais il leur apparut bientôt que la pénétration turque en Méditerranée orientale et jusqu'aux portes de l'Adriatique rendait illusoire le rêve palestinien. Pour longtemps ? A jamais ? En attendant, ils se sont mués en infirmiers, offrant leurs services dans les hôpitaux vénitiens où étaient parqués les incurables, lépreux surtout. Puis ils se sont égaillés quelque temps dans les cités de l'Italie du Nord, de Vienne à Ravenne, de Vérone à Padoue où meurt d'épuisement, premier des disciples d'Ignace, la dernière de ses recrues, Diego Hocés.

Ordonné prêtre à Venise en juin 1537 en même temps que la plupart de ses compagnons, Loyola se résigne à détourner vers Rome l'élan de son équipe. Cette décision capitale est ainsi résumée dans l'*Autobiographie* : « L'année* s'étant écoulée, et comme ils n'avaient pu s'embarquer, ils décidèrent d'aller à Rome… »

Nous sommes en octobre 1537, Ignace a choisi de faire route avec Favre et Laynez. Depuis quelques mois, pendant son séjour à Vicence notamment, il avait eu de nouvelles « visitations surnaturelles du genre de celles qu'il avait l'habitude de recevoir quand il était à Manrèse […] au contraire de ce qu'il avait éprouvé quand il était à Paris [3] ».

On peut à nouveau poser le problème des relations entre un certain type de vie et ces « visions spirituelles ». L'étudiant parisien, doté d'un régime austère mais régulier, n'est visité d'aucune illumination. L'extase est réservée au vagabond qui, « à Vicence [dans] une maison sans porte ni fenêtre, avait à peine de quoi subsister de pain et d'eau [4]… ». Mais l'essentiel n'est pas ici dans les causes, on le sait bien, plutôt dans les effets. Et ceux-ci vont être considérables.

---

* 1537, à Venise.

Flanqué de ses deux compagnons, le maître des *Exercices* est presque en vue de Rome quand il décide de faire halte à quatre lieues de la ville, au lieu-dit La Storta* où s'élève une minuscule chapelle. Il s'y abîme en prière. De ce qui survient alors, il faut citer la version que donne le pèlerin, si sommaire et naïve soit-elle, quitte à la compléter par d'autres apports :

« ... Il éprouva un tel changement dans son âme et il vit si clairement que Dieu le Père le mettait avec le Christ, son Fils, qu'il n'aurait pas le courage de douter de cette chose, à savoir que Dieu le Père le mettait avec son Fils**. »

L'*Autobiographie* est, on le sait, dictée à Gonçalves da Camara. Lequel, familier des fondateurs, a déjà entendu évoquer par tel ou tel d'entre eux cet épisode capital. Tandis que le vieux « général » évoque ce souvenir, il intervient, rappelant que Laynez, témoin de l'affaire***, en dit plus long ! « C'est bien possible, rétorque Ignace, mais je ne m'en souviens guère... » Il serait vain de s'étonner de ce trou de mémoire : le personnage ne cesse de surprendre, et les saints ne sont pas des journalistes. Mais que racontait donc Laynez auquel son maître spirituel s'était confié ?

Que le Père Éternel avait dit à Loyola : « Je vous serai propice à Rome » et, se tournant vers son Fils Jésus debout, tout près de lui et portant la croix sur son épaule : « Je veux que tu prennes celui-ci pour ton serviteur ». Jésus s'était alors adressé à Ignace en ces termes : « Je veux que tu nous serves » [6].

Propice à Rome... C'est-à-dire garant du succès de l'entreprise inventée à Montmartre et modifiée à Venise ? Laynez ne rapportait pas du tout cela, mais que tentant d'expliquer ce « propice », Ignace lui aurait confié : « Peut-être serons-nous crucifiés à Rome. » Ce qui paraît à nous, simples gens, une singulière bouffée d'orgueil, serait la version romaine du projet palestinien de supplice au Golgotha : le sort de saint Pierre substitué à celui du Christ... Nous voilà sur d'étranges cimes...

Ce que le narrateur doit retenir ici, surtout, c'est la confirma-

* Que l'on visite encore. La chapelle, détruite lors d'un bombardement en 1944, est restaurée.
** *Lo metteva con suo Figliolo*, formulation très familière, dans le ton des *Fioretti* [5]. Son « petit », son « fiston », presque...
*** Comme Pierre Favre.

tion suprême du choix ou de l'« expédient » romain. Comme l'écrit Pedro de Leturia, le voyant de La Storta entend exactement les mots qu'il espérait parce qu'ils donnent à son choix réaliste et résigné une dimension mystique, imaginaire et « affective », celle qu'il avait « tant de fois goûtée dans les motions qui l'attiraient vers Jérusalem et vers la Palestine »[7]. La Storta tend à faire de Rome une autre Jérusalem.

Opportunément ?

Le personnage qui va pénétrer dans Rome se manifeste ainsi dans sa vérité contradictoire, ballotté de « motion » en « motion », de vision en sommation, en rêves de martyre christique, follement avide d'imaginaire et d'affectivité, et bien loin encore de l'implacable réalisme auquel on voudra le réduire – parce qu'il aura donné mille arguments de nature à suggérer cette interprétation…

« Crucifiés » ? Pénétrant dans Rome, Loyola fait remarquer à ses deux compagnons qu'il n'y voit que « fenêtres fermées, entendant par là qu'ils auraient à subir beaucoup de contradictions ». De quelle nature ? Du fait de la hiérarchie, de l'Inquisition, des réformés ? Point du tout. Il lâche cette réflexion surprenante, si l'on ne tient pas compte de la réputation qu'avait alors la Ville éternelle : « Il faut que nous nous tenions fermement sur nos gardes et que nous n'engagions pas de conversation avec les femmes, sauf si elles sont de haut rang[8]. » On entend d'ici les ricanements, à double, à triple sens… On reviendra, bien sûr, sur cette formule digne d'inspirer les plus mortels sarcasmes.

Des « contradictions » ils allaient en susciter, comme d'ordinaire. Mais disons tout de suite que ces « fenêtres fermées » allaient vite s'ouvrir, que les Romains, clercs et laïques, notables et gueux, leur seraient en effet « propices », et le Saint-Siège d'une bienveillance quasi miraculeuse.

Il ne leur faudra que quelques jours pour trouver un gîte : une petite maison située au milieu des vignes proches de la Trinité-des-Monts, sur l'actuelle piazza d'Espagne, offerte par un certain Guarzoni. Et deux d'entre eux enseigneront au collège de la Sapience, tandis qu'Ignace qui, tout docteur de Paris qu'il fût, ne pouvait prêcher qu'en espagnol, le fera à Sainte-Marie-de-Montserrat.

L'accueil romain passait leurs espérances et ils bénéficiaient notamment de l'appui déclaré du cardinal Contarini et de don

Pedro Ortiz. Ce dernier, qui avait naguère dénoncé Loyola comme « séducteur » des étudiants espagnols de Sainte-Barbe, était devenu le très puissant ambassadeur de Charles Quint auprès du Saint-Siège. A ce titre, il ne leur ménageait aucune marque d'estime, fût-ce la plus haute : sous la direction d'Ignace, il fit les *Exercices spirituels* au couvent de Monte-Cassino.

Il y eut, c'est vrai, l'« affaire Mainardi ». Mais si difficile qu'il soit pour nous, aujourd'hui, de mesurer la gravité de la menace que fit poser sur les « docteurs parisiens » le conflit suscité par ce personnage, il nous semble bien étrange que le prisonnier d'Alcalá, le fugitif de Salamanque, le souffre-douleur de Montaigu et d'une demi-douzaine d'inquisiteurs, ait vu dans cette « contradiction » avec un prédicateur sulfureux et ses partisans, « la plus terrible persécution de sa vie » ou, comme l'écrit Leturia, « la croix qui l'attendait dans la ville éternelle ».

Un prédicateur piémontais nommé Agostino Mainardi, moine augustin comme Luther, attirait les foules vers l'église dite des Augustins. Favre et Laynez y furent et en sortirent stupéfaits : c'était, par sa bouche, Luther qui s'exprimait, sinon pour ce qui touchait aux mœurs de la papauté, du moins pour ce qui avait trait au rôle de la justification par la Grâce. Ils mirent en garde l'augustin qui se gaussa d'eux, et alors consacrèrent leurs prédications à réfuter ses thèses.

Mainardi avait des « supporters » ardents dont un groupe de notables espagnols qui, en représailles, répandirent le bruit que les « docteurs parisiens » étaient des chenapans, des charlatans, des repris de justice pourchassés d'Alcalá à Paris et à Venise par toutes les polices séculières et ecclésiastiques, enfin des luthériens mal camouflés. Bigre ! Ignace, hors de lui, déchaîna son génie procédurier, exigeant des uns leur témoignage, des autres un jugement écrit, une attestation orale. Il lui faut à tout prix voir Paul III, se justifier, obtenir sa protection. Quelle véhémence dans le débat, pour un saint homme avide de martyre, quelle alacrité dans la plaidoirie !... Déjà général ? Encore sur la brèche de Pampelune ?

Paul III est à Nice où il tente de réconcilier Charles Quint et François Ier. Vaste programme ! Mais le voici qui s'annonce et prie le chef des « iniguistes » de lui faire visite en l'aimable palais de Frascati, sa résidence d'été. Le vagabond à Frascati...

C'est vers un homme heureux que s'avance Ignace. Paul III

vient d'arranger un armistice – éphémère – entre les deux plus
puissants souverains d'Europe, et de marier son petit-fils Ottavio à la fille naturelle de Charles Quint. Tant de prospérités
devraient le mettre en d'heureuses dispositions. Et voici face à
face le Farnese héritier des princes d'Orvieto, dont on ne dirait
pas sans risque qu'il est pape par la grâce de Dieu, et le fils des
seigneurs de Loyola, qui s'est fait gueux et chef de bande pour
exalter la gloire du Tout-Puissant.

C'est la première fois qu'Ignace fait face à un souverain pontife. En 1524, partant pour Jérusalem, il avait reçu la bénédiction papale* parmi un groupe de pèlerins, et Paul III lui-même,
qui depuis quelques mois accueille Favre et Laynez à sa table
pour des discussions théologiques, n'a pas encore ouvert sa
porte à ce personnage farouche, passionnément controversé.

Le vieil homme a-t-il reçu un avis favorable de ses astrologues
qui classent les visiteurs en fonction des signes du zodiaque ? Il
penche vers le petit homme décharné un visage très pâle,
allongé par la barbe que portent les souverains pontifes depuis le
sac de Rome, dit-on, en signe de deuil. Le regard est perçant, le
geste encore vif. Il parle très bas, en un latin raffiné qui contraste
avec celui, sommaire, du maître des *Exercices*. La plaidoirie
d'Ignace, émaillée de souvenirs douloureux où l'Inquisition joue
un rôle majeur (il sait que ce pape humaniste prise peu cette institution, bien qu'il sache en user), semble toucher le pontife.
Mais il ne demande pas de bonnes paroles. Il veut un vrai procès, une sentence écrite, irréfutable. Paul III souhaite lui faire
droit. Mais où sont les témoins, les plaideurs, les experts ?

Que l'on y voie ou non le doigt de Dieu, Ignace devra à un
surprenant concours de circonstances l'acquittement qu'il
exige : trois des hommes qui, à travers l'Europe, l'ont traqué et
innocenté depuis dix ans – l'inquisiteur d'Alcalá, Figueroa,
celui de Paris, Mathieu Ory, et le juge épiscopal de Venise,
Gasparro de Dotti – sont pour l'heure de passage à Rome où
réside, au surplus, Pedro Ortiz. Il ne reste plus qu'à obtenir
leurs témoignages et leurs attestations pour que le plaideur
basque obtienne son certificat de bonnes foi et mœurs...

Simple formalité que ce succès moral et technique ? Non.
Car le « maître ès arts » a fait de cet acte d'apuration de ses
comptes avec l'institution ecclésiastique un préalable aux

* D'Adrien VI.

démarches qui vont faire suite à la délibération de Montmartre, afin de lui donner son sens et sa « ligne », voire son itinéraire. Dès lors que la Palestine s'estompe au loin, les « docteurs parisiens » sont acculés aux choix décisifs. Faut-il se mettre, sur place, aux ordres directs du pape ? Fonder un ordre ? S'égailler, en missionnaires, aux quatre points cardinaux ?

Moins d'un an après leur implantation à Rome, les fondateurs ont noué avec Paul III des liens personnels – bons pour ce qui est d'Ignace, excellents s'agissant de Favre et de Laynez. Ils ne forment encore qu'une petite bande de prêtres réformés que le pouvoir romain considère avec un mélange de curiosité et d'admiration. De vrais pauvres, et qui respirent l'ardeur, le désintéressement, la conviction : dans la Rome de 1538...

En novembre 1538, ils en viennent enfin à faire ce qu'ils appellent leur « oblation » au pape. Paul III leur intime l'ordre de « travailler à Rome » qui sera, dit-il, « leur Jérusalem ». Ils s'étaient résignés à se voir confier cette mission sans éclat apparent. Mais ce n'est pas pour se plier à n'importe quelle tâche : on n'en est pas encore au *perinde ac cadaver* ! Qu'on en juge par cette lettre écrite à Isabel Rosell en décembre 1538 : « Nous sommes importunés (*infestados*)... par quantité de prélats pour faire du fruit sur leurs terres. Attendons de meilleures occasions [9]... »

Orgueilleux, en fin de compte, ces misérables ! Notons en tout cas qu'ils feront meilleur accueil au roi du Portugal ou à l'empereur Charles...

C'est dans leur seconde résidence romaine, offerte par un signor Frangipani et dite la « maison hantée », qu'ils vont tenir, de mars à juin 1539, la délibération capitale d'où sortira, déjà prête à agir, la Société de Jésus. Il faut s'arrêter à ces débats – cent journées ! – dont les minutes [10] ont été conservées, peut-être rédigées (en latin) de la main de Pierre Favre : dans leur désordre, leur intensité, leurs contradictions, dans leur étonnante richesse humaine, on dirait qu'ils furent à la Compagnie et à ses constitutions impérieuses ce que les délibérations des États généraux seront à la première République française.

Un mot éclate, comme en frontispice : « *scindebamur* ! » (nous étions divisés !), suivi de cette première explication : « Nous étions des Français, des Espagnols, des Savoyards, des Cantabrais*... De saints personnages ont divergé, eux aussi,

---

* Du golfe Cantabrique, Navarrais et Basques par extension.

et même se sont opposés… » Ils ne sont d'accord que sur un point : « s'offrir en holocauste pour la gloire de Dieu en qui s'abolirait tout ce qui est nôtre… ».

Premier débat : faut-il rester groupés ? Dès lors qu'on a posé en principe de se mettre à la disposition du pape, n'est-ce pas impliquer que les missions qui pourront être confiées par Rome risquent de faire éclater le groupe de Montmartre, depuis lors élargi ? La décision est claire : la diversité des orientations et des charges ne doit en aucune façon provoquer la dissolution du groupe originel, « chacun prenant charge et intelligence de chacun ».

Le second débat a trait à la nécessité d'une autorité commune, émanant du groupe. Faut-il, aux vœux de pauvreté et de chasteté, ajouter celui d'obéissance ? Il est frappant que, sur ce point précisément, et s'agissant des futurs jésuites, il y eut longtemps « blocage ». L'un objectait que le mot d'obéissance était « odieux au peuple chrétien à cause de nos péchés », un autre que le vœu d'obéissance à l'un des membres du groupe « en éloignerait les recrues »…

Le souci d'éviter l'anarchie, d'assurer la cohésion, de mater l'orgueil de chacun incita pourtant les dix fondateurs à conclure – après quarante jours de délibération… – qu'« il valait mieux* pour le groupe […] qu'on promît obéissance à l'un d'entre nous ». Le lecteur s'étonnera-t-il si on le prévient que l'on reviendra sur le sujet ?

Les débats n'allaient pas s'achever sans qu'éclatât une dispute très vive à partir d'une question alors secondaire en apparence, et qui deviendra centrale dans la vie de la Compagnie : l'éducation. Fallait-il faire le vœu d'« instruire les enfants pendant quarante jours, et chaque jour une heure, sous peine de péché mortel » ? Une voix s'éleva, et violemment, contre cette disposition, celle de Nicolas Bobadilla, qui n'en était ni à son premier ni à son dernier éclat. Il fallut donc abandonner la règle des décisions à l'unanimité – puis rejeter de la même façon le projet de Laynez de créer des « collèges » d'université sur le modèle parisien** : décision négative fondée sur le risque

---

* Ce n'est pas un absolu, c'est un comparatif.

** Et au sens médiéval du mot : établissements fondés assurant les moyens de vivre et l'assistance pédagogique à des étudiants qui suivent les cours de l'université.

que de telles institutions feraient courir à la règle de pauvreté.

Ce qui étonne ici, c'est qu'à l'occasion des discussions sur la cohésion du groupe et le devoir d'obéissance n'ait pas été posée d'emblée, et clairement, la question de la fondation d'un ordre. Le projet mûrit lentement, alternative au grand voyage avorté. Faute du mouvement, faute d'épopée, on va en attendant assurer l'unité, la solidité des structures. Mais comme pour l'implantation du groupe à Rome, il ne s'agira, si l'on se reporte aux textes, que d'un produit de substitution. Faute d'aventure, une structure. En attendant…

Alors Ignace, Favre, Codure se mettent au travail, et rédigent en deux mois (juillet-août 1539) un document à soumettre au pape dont seule l'approbation peut donner vie officielle à l'organisation. Ce sera la *Prima Societatis Jesu instituti summa*. Deux mots retiennent ici l'attention.

Societatis, d'abord. Pourquoi avoir donné à ce vocable pacifique la traduction abusivement militaire de « Compagnie » ? Depuis plus de quatre siècles les membres de celle-ci font suivre leur signature des deux lettres S. J. dont la première se réfère à « société ». Est-ce parce que la majorité des fondateurs pensaient en espagnol et avaient en tête le mot de *compañía* qui n'a pas d'équivalent en latin, qu'on dut adopter *societas*[*] ? Si l'on voulait « faire militaire », le mot *legio* n'aurait-il pas mieux convenu ? Peut-être cette formulation « hermaphrodite », plus civile en latin, plus militaire en espagnol, est-elle déjà un chef-d'œuvre de l'esprit jésuite…

Quant à la référence directe à Jésus, bien qu'elle se fût imposée très tôt à Ignace et eût été confirmée, en son esprit, par la vision de La Storta, elle fit beaucoup pour dresser l'opinion contre l'institution nouvelle et pour donner au mot qui désigne les membres de la Société une connotation propre à susciter jalousie et persiflage. On peut s'étonner que le pape et la Curie, où militaient de nombreux protecteurs d'ordres rivaux, aient laissé les nouveaux venus accaparer le nom du Christ quand leurs prédécesseurs s'étaient rangés sous le vocable de leur fondateur, Benoît, François, Dominique, ou à l'enseigne du lieu de leur fondation, Cîteaux ou le Carmel.

---

[*] C'est en ce sens que le R. P. Kolvenbach, actuel « préposé général », commentait à mon intention ce glissement sémantique, en expert qu'il est, au mois d'avril 1990 à Rome.

De cette *Summa* de 1539 qui servira d'assise à la bulle ponti-ficale de création de l'ordre, et à ses *Constitutions* définitives, on retiendra en attendant trois points essentiels qui ont, plus que les autres, frappé les contemporains, et la plupart des his-toriens : la description, très nuancée, de l'obéissance due au « préposé général », l'exaltation de la pauvreté en tant qu'idéal humain, et la renonciation à toute forme de cérémonial monas-tique, et d'abord à la prière collective.

Les débats de la « maison hantée » avaient tranché en faveur de l'institution d'une autorité suprême remise à un « préposé général ». Mais là encore, il faut s'interroger sur la déviation qui, en le réduisant à l'adjectif, a transformé ce titre assez modeste (plus que celui de « supérieur ») en lui donnant une connotation toute militaire. Être « préposé* » par l'élection, n'est-ce pas être simplement « posé » avant les autres plutôt qu'investi d'un pouvoir absolu ?

Plus intéressant que cette observation nominale est le com-mentaire qui accompagne la définition des fonctions. Il y est écrit que le « préposé » devra exercer l'autorité « en conseil » ; qu'il est tenu d'entendre « l'avis de ses frères » ; et que ses décisions devront être prises « à la majorité des suffrages ». D'où il ressort que le préposé, élu à vie – clause qui donnera lieu à des débats ultérieurs –, dispose du pouvoir exécutif mais que son pouvoir législatif est tempéré par le conseil.

Sur le vœu de pauvreté, la *Summa* est intarissable, non sans formuler une restriction importante. Se référant explicitement à leur expérience, Loyola et ses compagnons écrivent : « Pas de vie plus joyeuse, plus pure [...] que celle qui est le plus à l'abri de cette peste qu'est l'amour de l'argent [...] Que cha-cun et tous ensemble soient heureux de ne recevoir que des aumônes. » Mais afin d'« unir à leur groupe quelques étudiants bien doués et les former [...] ils pourront acquérir au civil des biens stables et des revenus [...] pour l'entretien de ces scolas-tiques ». (On verra quelles affres ces quelques mots ont coûtés à l'auteur des *Exercices spirituels*.)

Non moins remarquables sont les dispositions arrêtées par les rédacteurs de cette ébauche des *Constitutions*, quant aux règles rituelles ou disciplinaires : la prière est dite « par chacun en son particulier ». Ni chœur, ni chant, ni orgues : mieux vaut

---

* *Praepositus* a donné aussi « prévôt » et « prieur ».

s'occuper des pauvres et des malades. Et pas davantage de jeûnes épuisants, de vêtements particuliers, de cilices et autres mortifications corporelles : le service que s'imposent les compagnons d'Ignace est assez dur pour que rien de leur énergie ou de leur santé ne soit dépensé à d'autres fins.

On imagine les critiques que de telles dispositions pouvaient, en ce temps-là, provoquer : cette religion de « chacun en son particulier » ne pouvait manquer de faire crier au protestantisme. Et ce refus des macérations rituelles (imposé par l'homme de Manrèse !) n'était-il pas de nature à soulever les protestations, à faire surgir le fantôme d'Érasme ? *Monachatus non est pietas…* N'était-ce pas une répudiation de longs siècles de monachisme, au bénéfice d'un utilitarisme d'inspiration hardiment laïque : pas de temps à perdre avec vos mômeries de tonsurés…

D'une autre nature mais presque aussi scandaleuse était la répudiation de toute dignité ecclésiastique, évêché ou cardinalat – faute d'un ordre exprès du pape… Tant d'orgueil dans l'humilité était de nature à faire grincer les dents des prébendiers de la Curie…

L'étonnant est que Paul III – mais peut-être est-ce la preuve de la totale appartenance au siècle de ce pontife humaniste – ne trouva d'abord rien à redire à ce texte qui sentait si fort sa Réforme – à ceci près qu'il prenait à contre-pied la justification par la Grâce et investissait hardiment l'homme dans ses œuvres… On assure même qu'en le lisant, le vieux Farnese murmura : « Voici le doigt de Dieu ! »

Loyola tenait donc sa première victoire ? Pas tout à fait. Car, pour que naisse son ordre, il lui fallait la bénédiction du pape, c'est-à-dire l'approbation de la Curie romaine. Ce qui déplaçait le débat, le faisant glisser du face-à-face entre un fou de Dieu assez sage pour tenir compte des hommes et un pontife assez intelligent pour voir beaucoup de sagesse dans la sublime folie de quelques-uns – à des intrigues et marchandages entre vieux canonistes, cours royales, nobles romains et dames de haut lignage.

Côté cardinaux, tout se résumait à un trio : Contarini était pour, Ghinucci souhaitait des amendements, et Giudiccioni fondait son opposition catégorique sur une conviction : que les désordres de l'Église avaient pour origine la multiplication des ordres religieux… Mais si puissant qu'il fût, Giudiccioni dut capituler devant l'intervention d'un souverain, Jean III du Portugal ; les pressions d'un grand féodal, Hercule d'Este ; et les sollicitations d'une personne considérable, Marguerite d'Autriche.

Faut-il, comme l'écrit le R. P. Ravier[11], être « un ennemi de la Compagnie » pour suggérer que Loyola réussit à emporter l'adhésion pontificale « grâce à l'intervention de quelques grandes dames auprès de Paul III, en particulier de Marguerite d'Autriche, bâtarde de Charles Quint et épouse d'Ottavio Farnese, le neveu du pape* » ? Cet excellent historien jésuite croit utile de démentir ce « bruit » en citant Ignace lui-même : « Nous étions en effet en relation avec la maison de Madame** mais son appui n'a pas été sollicité… » (lettre à Bartholomé de Torrès, mai 1556). La maison Farnese attendait-elle qu'on la « sollicitât » pour faire jouer de tels ressorts ? Quand on est la petite-fille du pape et qu'on juge une cause digne d'être défendue, on n'attend pas les sollicitations d'un saint homme pour la servir, au sein de sa propre famille…

La question, bien sûr, n'est pas là. Les Ghinucci et les Giudiccioni ne pouvaient que retarder l'avènement de la Compagnie dès lors que le souverain pontife avait vu en sa création « le doigt de Dieu », et trouvait avantage et sécurité à voir se lever, pour son service, cette ardente légion.

En signant, le 27 septembre 1540, la bulle *Regimini Militantis ecclesiae*, Paul III donnait vie canonique à la Compagnie, ou Société, de Jésus. Peu de retouches avaient été apportées par les bureaucrates et tabellions ecclésiastiques : un léger coup de gomme avait été passé sur le texte répudiant les pratiques de type monastique, et le nombre de « profès » ou membres de plein exercice ayant prononcé tous les vœux était limité à 60 ; mais on pouvait faire confiance à l'ingéniosité de ces pieux militants pour interpréter libéralement, au cas par cas, cette règle***.

Et maintenant la question se posait de la désignation à vie du « préposé général ». Ignace avait l'autorité. Fallait-il la transformer en pouvoir, et à vie ? Il signifia clairement que son élec-

---

* Le R. P. Ravier est trop pudique. Ottavio n'est pas « neveu », mais petit-fils.

** Ainsi appelait-on Marguerite.

*** Supprimée dix ans plus tard par le pape Jules III.

tion n'était pas souhaitable, compte tenu de son passé orageux, notoire en Espagne, et de ses démêlés avec l'Inquisition. Mais si l'officialisation de son autorité n'allait pas de soi, son ascendant était tel sur ses jeunes compagnons, son antériorité si contraignante, sa maîtrise si évidente, son charisme si fort, qu'il semblait plus difficile encore de l'écarter que de l'élire.

L'élection, le 8 avril 1541, revêtit une forme typiquement jésuite, c'est-à-dire fortement personnalisée, dramatique dans le fond, ordonnée dans la forme, logique dans la conclusion : ce n'est pas par hasard que la « Compagnie » s'affiche sous un vocable de théâtre, fera du théâtre l'un de ses modes d'éducation favoris, et se prêtera si bien au génie des dramaturges. Point n'est besoin d'être Schiller ni même Montherlant pour tirer des *sources narratives* de la Compagnie les éléments d'un troisième acte de tragédie.

IGNACE : Jésus ! Je m'exclus moi-même et donne ma voix à celui qui recevra la majorité des votes. Je n'ai désigné personne, mais si chacun le souhaite, je suis prêt à le faire.

XAVIER : Moi, Francisco, j'affirme que celui qui doit être élu est notre ancien chef et notre vrai père, don Ignacio, qui nous a rassemblés avec tant de peine et connaît le mieux chacun d'entre nous, et qu'après sa mort son successeur doit être Pierre Favre[*]…

FAVRE : Je donne mon vote à Ignace et, en cas de mort, ce dont Dieu daigne nous préserver, à maître François Xavier[*].

LAYNEZ : Moi, Diego Laynez, poussé par le zèle pour la gloire de Dieu et le salut de mon âme, je choisis le père Ignace de Loyola comme mon supérieur et supérieur de la Compagnie.

SALMERON : Moi, Alfonso Salmeron, le plus indigne de cette Compagnie, je choisis pour supérieur Ignace de Loyola qui nous a tous engendrés dans le Christ et nourris de lait quand nous étions petits, et qui nous conduira vers les pâturages du paradis…

RODRIGUEZ : Selon la lumière que je puis avoir, Ignace est le seul que nous puissions choisir. Si par malchance ce choix est impossible, Pierre Favre doit être élu[*].

LE JAY : Je désire qu'Ignace, que pendant ces années Dieu nous a donné pour père, soit élu supérieur, et à lui, après Dieu et les Saints, je soumets corps et âme toute ma volonté.

---

[*] Vote par écrit.

BROËT : Moi, Paschase Broët, choisis comme supérieur général le père Ignace.

CODURE : Celui que j'ai toujours connu comme le plus ardent promoteur de la gloire de Dieu et du salut des âmes doit être placé au-dessus des autres parce qu'il s'est mis à la dernière place en servant tout le monde. Je veux dire le père Ignace. Et je voterais de même si j'étais à l'heure de ma mort [12].

Pierre Favre, François Xavier et Rodriguez partis en mission, le premier en Allemagne, les autres vers l'Asie, avaient voté par écrit. On attendit en vain le suffrage de Bobadilla, toujours imprévisible – et qui devait assurer, dans son *Autobiographie* publiée en 1589 seulement, qu'il avait voté pour Loyola.

Ignace protesta, déclarant qu'il était incapable de se gouverner lui-même, il l'était plus encore de gouverner les autres, et que ses péchés anciens comme le piètre état de sa santé lui interdisaient d'assumer une telle tâche. Il suppliait en tout cas ses compagnons de prendre le temps – quelques jours – pour découvrir quelqu'un de plus capable de remplir l'office. On dira certes que le psychologue, le « grand mouleur d'hommes » que nous connaissons, ne pouvait douter qu'il serait élu. Il ne faut pas beaucoup de cynisme pour trouver là quelque chose de machiavélien. Quel meilleur moyen de se montrer indispensable et d'assurer son emprise ?

Quatre jours plus tard, les six compagnons présents confirmèrent leur vote. Nouveau refus de Loyola – qui provoque un vif mouvement d'humeur du plus considérable des électeurs : Diego Laynez* se dressa à son banc et lança à l'adresse de l'élu, sur un ton inaccoutumé chez lui, surtout dans ses relations avec son aîné, que si le « père Ignace » s'obstinait à négliger le choix de compagnons si évidemment inspirés par le Seigneur, lui, Laynez, se retirerait de la Compagnie, refusant d'obéir à un autre que l'élu de Dieu.

Ébranlé, Loyola chercha encore à biaiser en déclarant qu'il s'en remettait à l'avis de son confesseur, le franciscain Fra Theodosio, lequel ne pouvait que lui enjoindre de se plier à l'avis de la majorité du groupe ; mais il lui fallut encore des journées de prière tout au long de la semaine sainte pour se résigner enfin, le 22 avril 1541, à assumer ses responsabilités,

---

* Qui sera le premier successeur d'Ignace.

selon des formes qu'il avait lui-même prévues avant de tenter de s'y soustraire.

Les manifestations d'humilité du nouveau « préposé » ne pouvaient se borner à ces esquives électorales. Écoutons l'avisé Hercule Rasiel décrire les premières initiatives de son généralat :

> « ... Le Général commença sa Charge par les emplois les plus bas. L'office de cuisinier lui parut trop relevé : il prit celui de marmiton. Il alloit chercher de l'eau, il portoit du bois, il allumoit le feu, il écumoit les marmites, il tournoit la broche, il écuroit les poëlons, lavoit la vaisselle et ballioit la cuisine.
>
> Après avoir laissé à ses successeurs un si rare exemple d'humilité, il se mit à faire le Catéchisme aux petits enfants dans l'église de Sainte-Marie de Strada que Pierre Codacio, Officier du Pape et puissant dans Rome, avoit fait donner aux Iniguistes lorsqu'ils n'avaient encore qu'une maison de louage.
>
> ... Quoiqu'Inigo ne fît proprement ses instructions que pour les enfants, suivant l'obligation de son vœu, néanmoins toutes sortes de personnes y venoient, même des hommes et des femmes de qualité, des théologiens et des canonistes. Il expliquoit les Mystères de la Foi peu doctement et en langue italienne qu'il ne faisoit qu'écorcher ; mais il parloit si énergiquement du visage, des yeux et des mains, qu'au rapport des témoins [...] son zèle suppléoit à son peu de doctrine et à la barbarie de ses expressions [13]. »

CHAPITRE IV

« *Perinde ac cadaver* »

• *Faites-vous tout à tous…* • *Pierre Favre et les*
« *hérétiques* » • *Les puces du concile de Trente* •
De la monarchie des iniguistes • « *Sainte*
obéissance » ! • *La plume de Polanco* • *Le don*
des larmes • « *Toujours un pied levé* » • *Une mort*
ordinaire • *Le stigmate de la* « *politique* » •

Dix hommes, pas un de plus*, rassemblés à Rome mais prêts
à s'égailler à travers le monde, de Lisbonne à Goa, de Ratisbonne à Yamaguchi.

Dix hommes liés par des vœux solennels, soumis à l'autorité
désormais institutionnelle et durable de leur inventeur, lui-
même assujetti aux volontés d'un pape dont la dextérité
manœuvrière n'atténue guère l'autoritarisme.

Dix hommes tant bien que mal abrités dans une bicoque
contiguë à l'église délabrée de Santa Maria della Strada**,
mais qui feront bientôt à travers la chrétienté plus de bruit
qu'une croisade ou qu'un schisme…

Tel est, au printemps 1541, l'embryon de la formidable
Compagnie de Jésus, avant que l'éloignement de Favre, de
Xavier et de Rodriguez, puis la mort de Jean Codure en
juillet 1541, la réduisent à l'état d'une poignée de militants.

On visite encore, au pied du Capitole, le bâtiment, désormais
adossé au *Gesù*, qui fut longtemps la chambre des machines de
la Compagnie, la chapelle baroque et les trois *camerette* où

---

* Deux autres ont déjà pris part à diverses démarches : Cáceres et
Hocés. Le premier s'éloigna vite, pour finir agent double de François Ier
et Charles Quint… Le second succomba de fatigue.

** Disparue, elle était proche de l'actuel Gesú.

vécut, travailla et mourut Ignace de Loyola, modelant de jour en jour l'étrange institution dont il préparait en tâtonnant le déploiement sur le monde.

Au fond d'un cagibi est rangée[*], ridicule et sublime, dans le style des personnages du musée Grévin, l'effigie grandeur nature de Loyola. Qui, ami ou ennemi, ne serait touché par cette poupée de cire ? Minuscule (1 m 58), filiforme, le teint bilieux, la barbe pauvre, serré dans une soutane de curé campagnard, le crâne couvert de la barrette de maître ès arts de l'Université de Paris, le regard tendu, notre *padre maestro*, le pauvre petit boiteux d'Azpeitia, semble saisi dans sa marche d'éternel vagabond. Vers quoi ? Sait-il seulement, ce chétif, cet angoissé ruisselant de larmes, qu'il est en train de bâtir un domaine plus ample et durable que celui de son interlocuteur Charles Quint ?

Pour si étroite que fût la communauté groupée autour d'Ignace, sa vocation première la vouait à l'éclatement. Le deuxième chapitre de l'ébauche des *Constitutions*, rédigée en 1539, est clair :

> « Tout ce que Sa Sainteté nous ordonnera pour le bien des âmes ou la propagation de la foi, nous sommes tenus de l'exécuter sans tergiversation ni excuse, immédiatement et autant qu'il est en notre pouvoir, qu'il nous envoie chez les Turcs, aux nouveaux mondes, chez les Luthériens[**] ou chez n'importe quels autres fidèles ou infidèles [...] Ce vœu peut nous disperser en diverses parties du monde. »

La Compagnie n'est pas, à l'origine, enseignante. Elle est missionnaire. Très vite, il est vrai, apparaîtra dans ses statuts la clause relative à l'instruction des enfants. Mais il s'agit d'abord de catéchèse – d'une mission prochaine si l'on peut dire. Mais le projet initial est bien marqué, on s'en souvient, par la Palestine, la marche vers les infidèles, le possible martyre.

Créé par un vagabond, l'ordre est d'essence vagabonde. Ses premiers sanctuaires, Manrèse, Montmartre, La Storta, sont au

---

[*] Écrit en 1990.
[**] Le R. P. Ravier souligne que cette indication est « sinon unique, au moins rarissime dans les textes des premiers pères ».

bord du chemin. La première paroisse romaine est Santa Maria della Strada, ou de la route… Et quand même il aura planté ses collèges au cœur de la civilisation industrielle dominante, il ne cessera de quêter fortune et infortune au grand large, des Philippines au Pérou.

Le coup d'envoi de la grande diaspora jésuite fut un coup d'éclat : le départ pour les Indes de François Xavier. C'est avant même la fondation canonique de l'ordre, avant l'élection d'Ignace, on l'a vu, que le Navarrais prit son élan vers l'Asie extrême, à l'issue d'un imbroglio de nature à donner crédit à l'idée de providence.

Prié par son ancien principal du collège de Sainte-Barbe, Diego de Gouvea, de dépêcher quelques missionnaires dans les nouvelles colonies portugaises des Indes orientales, Loyola lui fit répondre que sa décision ne dépendait que d'un ordre du pape. Le souverain de Lisbonne fit si bien agir auprès du souverain pontife son ambassadeur à Rome, Pedro de Mascarenhas (dont la femme était une amie de Loyola), que le pape réclama l'envoi de six des compagnons de la Strada. « Que me restera-t-il pour le reste du monde ? » s'écria Ignace. On s'accorda sur deux missionnaires : Rodriguez le Portugais, et Bobadilla l'intrépide. Mais celui-ci s'étant blessé, le fondateur fit appel à Xavier :

– *Esta es vuestra empresa !* (C'est une entreprise pour vous !)
– *Pues ! Sus ! Heme aqui !* (Alors, soit, me voici !)

Le ton du *Cid* – au moins celui de Guilhem de Castro : « A moi, compagnon, deux mots… – Parle… »

Dès le lendemain, après avoir reprisé son pantalon et sa soutane, François était en route pour le Portugal. Les deux écoliers de Sainte-Barbe, l'athlète et le boiteux, ne devaient plus se revoir.

A Lisbonne, le roi veut combler de présents le voyageur qui n'accepte que « peu de livres nécessaires aux Indes et une pèlerine pour le cap de Bonne-Espérance ». Et quand le comte de Castañeda insiste pour mettre à sa disposition un serviteur qui lavera ses affaires, comme il convient à la dignité d'un gentilhomme, il rétorque : « C'est cette dignité qui a réduit l'Église de Dieu à son état présent… La vraie dignité consiste à laver son linge et à faire bouillir son pot… » Nous les retrouverons, le Navarrais, son peu de linge et son maigre pot, au bout du monde.

Ce n'est pas à lui, c'est à d'autres compagnons, Broët et Salmeron partant « missionner » en Irlande, que Loyola va adresser ces instructions qui semblent, en quelques phrases, résumer et lui-même et l'époque pionnière de la Compagnie, audace et prudence mêlées, et telles que le roi Henri, conseillé par Machiavel et corrigé par Montaigne, eût pu les adresser à ses ambassadeurs :

« En traitant avec les gens et surtout avec les égaux ou les inférieurs, selon leur dignité, parlez peu, écoutez longuement et volontiers. Que les saluts et adieux soient gais et courtois. Si vous parlez avec des hommes d'influence, considérez d'abord, pour gagner leur affection et les mettre dans votre filet au plus grand service de Dieu, quel est leur caractère, et adaptez-y le vôtre.

Si un homme est passionné et parle avec vivacité, parlez de la même manière, évitant les airs graves et mélancoliques. Avec ceux qui sont de nature circonspecte, réticents et lents dans leur conversation, vous agirez de même car c'est ce qui leur plaît. Avec ceux qui sont tristes ou tentés, vous serez affables, montrant grande joie pour lutter contre leur dépression.

Faites-vous tout à tous [...]

N'ayez pas de mule* ni de cheval [...] Sur le bateau et à l'auberge, visez toujours à la simplicité, vous contentant au mieux avec la moitié ou avec le tiers des dépenses normales [...] N'acceptez aucune rémunération ni aumône [...] Si pour la Gloire de Dieu et le bien des âmes il est bon de risquer vos vies, vous ne devez pas refuser de le faire, mais sans témérité, ni tenter Dieu [...] Et usez de toute votre dextérité pour éviter d'être capturés par les agents du roi [1]... »

Qui s'étonnera que nantis d'un tel bréviaire de comportement – *Le Missionnaire* vaut bien *Le Prince* de l'autre – les jésuites aient fait quelque progrès à travers le monde ? Les Basques passent pour impulsifs, et celui-là n'était certes pas conduit par la seule raison. Mais que de « pieuses fraudes » en ces préceptes, et de dextérité sociale, et de pertinence dans l'abnégation ! On a écrit de gros livres, et parfois de bons, sur le secret de la puissance des jésuites. En quelques phrases le voilà, pour le meilleur et pour le pire.

---

* En fait, les *primi patres* utilisaient souvent le mulet : Braudel a écrit des pages savoureuses sur la « victoire du mulet au xvie siècle ».

Tandis que son premier compagnon de chambre de Sainte-Barbe voguait d'océan en océan, Pierre Favre cheminait tantôt à pied conformément aux prescriptions d'Ignace, tantôt à dos de mulet, de Rome à Worms, de Coïmbra à Ratisbonne, et de Louvain à Cologne. François est immergé dans le monde des « infidèles » de l'Asie. Lui, dans le monde sans cesse croissant des « hérétiques » de l'Europe germanique. Et s'il est vrai qu'après le concile de Trente, textes et initiatives de Loyola, de Laynez et de Canisius feront beaucoup pour accréditer l'image d'une Compagnie transformée en machine de guerre contre le luthéranisme et le calvinisme, il faut nous arrêter un instant sur les idées et le comportement de Favre.

L'homme d'abord. Son charme personnel, son pouvoir de sympathie et de séduction sont universellement reconnus : « Il avait une rare et délicieuse douceur de rapports, que je n'ai trouvée chez personne à ce degré », écrit Simon Rodriguez. Ses comportements, comme sa vie spirituelle, sont marqués par une affectivité débordante qui prend très souvent le pas sur l'intellect – bien que l'homme, d'intelligence très vive, ait un bagage universitaire plus solide qu'aucun de ses compagnons, Laynez excepté. La lucidité qui se manifeste dans son *Mémorial* est un « affinement de la sympathie », écrit Michel de Certeau. Rien ne lui répugne plus que l'affrontement. C'est un homme de convergences, sinon de compromis.

Ce qui frappe, dans son *Mémorial**, c'est l'usage qu'il fait du mot de « réforme ». Il se dit envoyé *para la reformación*, prenant constamment celle-ci dans un sens positif. Car il s'agit moins, selon lui, de réformer les autres que de se réformer soi-même afin de « restaurer les ruines du catholicisme ». Tout au long de ses pérégrinations allemandes (1540-1546), et surtout en Rhénanie où il vécut les mois culminants de sa vie, Favre rencontra peu de luthériens du premier âge, bien qu'il ait prévu de s'entretenir avec Melanchton : il vit surtout des catholiques passés ou passant au protestantisme, non du fait de la contrainte ou de la conquête, mais par une sorte de désintégration, du fait de la corruption généralisée de leur Église.

Le diagnostic qu'il porte sur la décadence catholique n'est pas d'ordre intellectuel. Bien qu'il ait été mêlé aux disputes de

---

* On se réfère tantôt au texte, tantôt au commentaire pénétrant qu'en a fait Michel de Certeau, Paris, Desclée de Brouwer, coll. « Christus », 1960.

Worms et de Ratisbonne, il ne croit pas à de telles démarches pour contenir les progrès de l'« hérésie ». Il ne croit qu'à l'exemple vécu. Il s'agit de revenir aux sources d'un christianisme primitif, et de remonter, au-delà des déficiences morales plus ou moins justifiées par le raisonnement ultérieur, jusqu'au « cœur » de chacun. « Là est le commencement, écrit-il. Si le cœur cesse d'être vraiment catholique, la conduite cesse vite de l'être. »

Il déclare au prieur de Cologne, son ami Kalkbrenner :

> « Je suis peiné que les Puissances de la terre n'aient pas d'autre activité, d'autre souci, d'autre pensée que d'extirper les hérétiques notoires [...] Pourquoi ne revenons-nous pas [...] à la conduite qui fut celle des premiers chrétiens[2] ? »

D'où la méthode qu'il propose dans les relations avec les « hérétiques » récents ou « notoires ». Il ne s'agit pas de les « confondre » par la polémique, mais de les conduire à changer de vie, et ainsi à remettre en question leur adhésion à l'hérésie. Car « le mal n'est pas d'abord et principalement dans l'intelligence, mais dans les pieds et les mains de l'âme et du corps ». C'est en « éveillant les bons sentiments » qu'on provoquera le retour à la « rectitude de la foi »[*]. Naïveté ? Cette vertu évangélique inspire évidemment les conseils donnés par Favre à Diego Laynez, qui s'est enquis auprès de lui de la façon d'en user avec les protestants :

> « Celui qui désire se rendre utile aux hérétiques de ce temps, doit d'abord les aimer tous d'une vraie charité, excluant de son esprit tout ce qui pourrait refroidir son estime à leur égard. Il faut ensuite gagner leur esprit pour qu'ils nous aiment et nous gardent une place dans leur cœur. Nous pouvons y parvenir en causant familièrement avec eux, traitant de nos points communs, évitant toute confrontation[3]... »

C'est ce genre de texte qui, entre bien d'autres, conduit Michel de Certeau à résumer ainsi la méthode de Pierre Favre : ne pas écraser les protestants, mais amener les catholiques à une vie plus fervente et prier pour tous. Mais l'irénisme de Favre

---

[*] Favre avait logé à Mayence chez un prêtre concubin. Son disciple Canisius écrit : « De ce concubinaire, il fit un chartreux. »

ne restera pas très longtemps la ligne de conduite de la Compagnie dans ses rapports avec le protestantisme.

Quand le doux Pierre Favre vient mourir d'épuisement auprès du fondateur, à Rome, le 1er août 1546, six mois après l'ouverture du concile de Trente, la cause de la Réforme l'a emporté dans presque toute l'Allemagne, et c'est à d'autres méthodes que recourront ses successeurs, de Cologne à Munich. Des méthodes qui feront traiter Canisius de « marteau des hérétiques » et vaudront au mot de « jésuite », entre Rhin et Danube, une connotation peu plaisante.

Rien ne permet de dire qu'en dépêchant quelques-uns de ses compagnons au concile de Trente, à la demande du pape, Ignace n'avait pas décidé de faire de la petite cité alpine une autre citadelle de Pampelune, une forteresse contre les progrès de l'hérésie ; ni qu'en donnant ce coup d'arrêt il conférait à « sa » Compagnie un label de pugnacité qui ferait bientôt figure de vocation. Tout, comme si souvent dans l'histoire des « iniguistes », fut produit par l'agencement d'une série de hasards, et c'est de situations ainsi créées que jaillit une dynamique qui devait produire des effets multiples et contradictoires.

Lors de l'ouverture du concile, convoqué en 1545 par Paul III pour manifester la vitalité du catholicisme face à la Réforme, seul Claude Le Jay représentait la Société de Jésus. Encore avait-il été simplement mis à la disposition du cardinal-archevêque d'Augsbourg, Otto von Truchsess, l'un des prélats réformateurs appelés par le pape à la Curie en vue d'une réforme de l'Église.

Mais Paul III réclama directement à Ignace trois de ses disciples, à titre de « théologiens du pape », ce qui ne laisse pas d'étonner, les compagnons de la Strada s'étant fait une réputation d'hommes d'action plutôt que de pensée. Il faut croire que le titre de « docteur de Paris » gardait un vif éclat. Et n'oublions pas que le vieux pape Farnese s'était plu à inviter à sa table Laynez et Favre pour des « entretiens théologiques ».

Laynez, Salmeron et Favre furent désignés : rappelé d'urgence d'Espagne, ce dernier ne put gagner Rome que pour y mourir. Les deux Espagnols retrouvèrent Le Jay à Trente où vint les rejoindre Pierre Canisius, Hollandais germanophone, et de ce fait fort utile en cas d'empoignades avec les luthériens. Ainsi, dans le colloque où devait se jouer l'avenir du catholicisme, les « iniguistes », moins de six ans après la fondation de leur

ordre, occupaient déjà le terrain avec une équipe de quatre
champions – près de la moitié de leur effectif…

Une lettre du « préposé général » leur servait de charte ou de
vademecum. Lisons ce texte étonnant où Ignace dictait le comportement qui devrait être celui de ses compagnons :

> « Je serais lent à parler, et le ferais de manière amicale […]
> J'écouterais tranquillement pour mieux apprécier le point de
> vue des orateurs […]
> En exposant les sujets, je donnerais les raisons contraires pour ne
> pas paraître partial et n'indisposer personne […] Si la réplique
> est tellement évidente qu'on ne peut la taire, je donnerais
> mon opinion avec modestie, en concluant avec déférence dans le
> sens du meilleur jugement […] En chaire*, je ne ferais aucune
> allusion aux différences** entre protestants et catholiques… »

N'étant pas assujettis aux préceptes d'Ignace, certains pères
conciliaires s'y prirent autrement : on raconte qu'un jour le
débat dégénéra si méchamment que l'évêque de la Cava s'en
prit à la barbe de l'évêque de Crète, ce qui lui valut d'être
envoyé en prison.

Diego Laynez, lui, était censé respecter les consignes de
Loyola. On ne saurait dire pourtant qu'il s'en tînt constamment
à l'évangélique douceur préconisée en l'occurrence par le
« préposé ». Le 8 octobre 1546, un certain père Seripando,
dont la science était tenue pour incomparable et l'orthodoxie
impeccable, prononça, dans le but évident de ménager l'adversaire, une défense de la justification par la grâce où nos quatre
docteurs de Paris reconnurent des accents luthériens.

Alors on vit se lever un petit homme à la face blanche, aux
traits aigus, et pour lors désertés par le sourire qui d'ordinaire
les éclairait, son grand diable de nez courbé comme un yatagan
pointé sur le « luthérien », le regard étincelant déjà irradié par le
triomphe : Diego Laynez, « théologien du pape », allait étriller
ledit Seripando avec une telle verve que les pères conciliaires
demandèrent que l'intervention de ce marginal fût inscrite dans
les actes du concile. (« Vous donnerez votre opinion avec une
grande modestie », avait pourtant écrit Ignace…)

---

  * N'étant pas officiellement délégués au concile, les jésuites pouvaient
prêcher en marge des débats.
  ** Bel exemple de litote : différences, et non différends…

De Rome, le *padre maestro* suivait avec passion les rapports qu'on lui faisait sur le concile et les hauts faits de ses délégués. Il avait prêché la modération mais n'était pas homme à s'offusquer de tels triomphes. Rien ne permet de dire qu'il rappela à l'ordre le fulminant Laynez – dont les interventions polémiques allaient tant faire pour réorienter le destin de la Compagnie[*].

Ignace, apparemment insoucieux de l'essentiel, voulait tout savoir sur ses « docteurs », leur vie à Trente, leurs prêches, le traitement qui leur était réservé au concile, leur nourriture et les conditions de logement qui leur étaient faites. Son confident Gonçalves da Camara rapporte que le préposé général s'exclama un jour devant lui : « *Cierto!* j'aimerais savoir combien de puces les piquent chaque nuit ! »

Une épidémie de peste provoqua en 1547 la suspension du concile, après une courte session à Bologne. Les assises reprirent à Trente en 1551. Et c'est alors que se déroula l'une des plus féroces empoignades qui aient jamais opposé jésuites à dominicains – les compétiteurs étant deux champions insurpassables : Diego Laynez, que l'on comparait déjà à Augustin d'Hippone, et Melchior Cano, le plus notoire des frères prêcheurs, et qui s'était fait à Salamanque le pourfendeur sans merci des « iniguistes », réincarnation à ses yeux de la « secte maudite des illuminés ».

L'arrivée à Trente du dominicain à la bouche d'or n'avait-elle pas de quoi faire trembler Laynez et ses acolytes ? Point. Ils jugèrent même opportun de lui demander audience avant l'ouverture des débats, en vue de mettre au net divergences et points d'accord. Accueil glacial de fray Melchior qu'aucun argument jésuite ne semble susceptible de toucher. Venant de ces maudits !...

Après deux heures de débats stériles, face à un monolithe de mépris, le porte-parole de Loyola se rebiffe :

Laynez : « De quel droit vous placez-vous au-dessus du jugement des évêques et du vicaire du Christ, en condamnant cette Compagnie qu'ils ont approuvée ? »

Cano : « Votre Honneur voudrait donc que les chiens[**] n'aboient pas lorsque les bergers sommeillent ? »

---

[*] Voir chapitres VIII et XI.

[**] Il s'appelle Cano. Il est vrai qu'en espagnol, chien se dit *perro*, mais c'est un jeu de mots traditionnel des *dominicanos*.

Laynez : « Qu'ils aboient donc, mais contre les loups et pas contre d'autres chiens. »

Ribadeneira, qui conte l'histoire jusque-là, n'ose pas conduire son récit jusqu'au bout ; mais Nadal, moins timide, rapporte qu'on en vint à un échange de propos injurieux. Au point que, « à une nouvelle insulte de Cano, Laynez répondit par une épithète qui ne se dit pas en société et est bannie des dictionnaires », et quitta la pièce. Dès qu'il fut dans la rue, il se repentit de cette licence, et vint se jeter aux pieds de Cano, son aîné de vingt ans, pour lui demander pardon. Mais le dominicain jugea l'offense si atroce qu'il se refusa toujours à en rapporter la teneur exacte [4]...

Pour le coup, la réprimande de Loyola fut cinglante. A tel point que Laynez-au-tempérament-de-feu en vint à se donner, au figuré comme au propre, la discipline. Il écrit au « général » :

> « ... Je vous demande, Père, de me corriger aussi souvent qu'il sera nécessaire [...] Privez-moi de la direction des autres, arrêtez mes sermons et mes études, envoyez-moi servir à la cuisine et au jardin, et dans la dernière des classes de grammaire, jusqu'à ma mort ! »

Ainsi nous voilà jetés au cœur du sujet : « l'obéissance ».

S'il faut retenir en effet une règle fondamentale des *Constitutions* auxquelles Ignace travailla pendant quinze ans, les laissant inachevées, c'est bien celle qui a trait à la discipline.

Comme le bénédictin se définit aux yeux du monde par l'acharnement au travail intellectuel, le franciscain par l'humilité ou le chartreux par le laconisme, le jésuite se résume volontiers en ce mot : l'obéissance.

Ce thème « loyolesque » entre tous, le fondateur s'acharna à le préciser, l'affinant et le martelant tour à tour, non seulement dans le sixième chapitre des *Constitutions*, mais aussi dans la célèbre *Lettre aux jésuites portugais* du 23 mars 1553, où il écrit :

> « Nous pouvons souffrir qu'en d'autres ordres religieux on nous surpasse en jeûnes, veilles et autres austérités... Mais par la pureté et la perfection de l'obéissance [...] et l'abnégation du jugement, je désire instamment, frères très chers, que se signalent ceux qui, dans cette Compagnie, suivent Dieu... »

Dans l'esprit du bon peuple, ce précepte est symbolisé par la formule : *Perinde ac cadaver* (ainsi qu'un cadavre). Tel serait le comportement imposé au jésuite par la règle : abolition de la volonté, docilité sans faille, « indifférence », anéantissement radical entre les mains du « général » et, à travers lui, du pape romain.

Ces trois mots latins ont fait autant que le titre générique de l'ordre avec son arrogance originelle et sa désinence sournoise et que celui de « casuistique », pour déconsidérer, dans l'esprit public, la Compagnie. On comprend que les avocats et les fidèles de Loyola se dressent sur leurs ergots dès que l'on allègue ou seulement prononce le *perinde*… Il n'est pas d'auteur jésuite qui ne tente d'en exonérer les siens ou de prouver qu'Ignace n'est pas l'inventeur de la formule.

Ainsi le grand théologien allemand Karl Rahner, dans son *Discours d'Ignace de Loyola aux jésuites d'aujourd'hui*, ne prend pas de gants pour dénoncer la formule, qu'il qualifie de « sotte [5] ». Et pour mieux manifester son désaccord, Rahner va plus loin : se couvrant de la signature de Loyola, il se permet d'écrire que les jésuites du Paraguay ont eu grand tort d'obéir aux injonctions vaticanes de dissoudre et d'abandonner leurs missions*…

Certes. Mais il faut tout de même en revenir aux propos du fondateur. Encore à la fin de sa vie, en un temps où ses « angles » semblaient s'arrondir, il dictait à Jean-Philippe Vito ces « instructions sur l'obéissance » qui ne semblent viser qu'à « mortifier » les indociles :

> « … Je ne dois pas m'appartenir, mais être à celui qui m'a créé et à son représentant, pour me laisser mener et gouverner comme une boulette de cire se laisse tirer par un fil […] mettant toute ma ferveur à ce qui m'est ordonné. Je dois me comporter : 1° comme un corps mort qui n'a ni vouloir ni entendement ; 2° comme un petit crucifix qui se laisse déplacer d'un endroit à l'autre sans difficulté ; 3° je dois me considérer et me faire semblable à un bâton dans la main d'un vieillard qui me mettra où il voudra et où je lui servirai davantage ; ainsi dois-je être prêt pour que l'Ordre m'utilise et se serve de moi en tout ce qui me sera ordonné. »

---

* Voir chapitre XIII.

Il est bien vrai que d'autres avant Ignace avaient eu recours à d'aussi lugubres métaphores : c'est dans la règle de saint Benoît qu'on peut lire ce précepte : « Si par hasard on impose à un frère un commandement *trop lourd* ou *impossible*, qu'il reçoive l'ordre de son supérieur avec douceur et obéissance. » Saint Bonaventure affirme d'autre part que François d'Assise « s'est servi de l'exemple d'un cadavre pour enseigner l'obéissance ». Et des siècles avant lui, l'auteur des *Constitutions monastiques* (saint Basile ?) avait choisi pour modèle l'outil « qui se laisse manœuvrer au gré de l'ouvrier ».

On verra que, sur ces points, la règle ou plutôt la « praxis » ignacienne est plus modulée. Il n'en reste pas moins qu'au cœur même du siècle de l'humanisme, en un temps où le christianisme se réinvente en fonction de la renaissance qui est d'abord celle de l'individu, ou mieux, de la personne, de son autonomie et de ses droits, Ignace de Loyola a introduit, au chapitre premier de la sixième partie de ses *Constitutions* – sous le titre flamboyant « *De lo que toca a la obedancia* » (ce qui a trait à l'obéissance), ces formules de fer :

« Toutes les forces doivent s'appliquer à cette vertu qu'est l'obéissance, due d'abord au Pape ensuite au Supérieur de l'Ordre. Pour tout ce à quoi peut s'appliquer l'obéissance dans l'amour, chacun, sur un mot du chef, comme si ce mot sortait de la bouche même du Christ, se tiendra prêt sans aucun retard, renonçant à toute autre occupation même à achever une lettre d'alphabet commencée. Toutes nos pensées et tous nos efforts dans le Seigneur doivent tendre à ce qu'en nous soit toujours plus parfaite la sainte vertu d'obéissance aussi bien dans l'exécution que dans notre volonté et dans notre intelligence, tandis qu'avec persévérance et joie intérieure, nous accomplissons volontiers tout ce dont nous sommes chargés. Tout ordre doit nous convenir. Nous renierons pour notre part toute autre façon de voir et toute autre opinion dans une sorte d'obéissance aveugle, et cela en tout ce qui n'est pas un péché. Chacun doit être convaincu que quiconque vit dans l'obéissance, doit se laisser guider et diriger par la divine Providence, avec l'intermédiaire de ses supérieurs, comme s'il était un cadavre *(perinde ac cadaver)* qu'on peut transporter n'importe où et traiter n'importe comment, tel encore le bâton du vieillard qui sert partout et à tout usage… »

Nous avons vu qu'il serait absurde de rapporter cette rigueur disciplinaire à une origine militaire, à cet Inigo « soldat » ou « guerrier » dont on nous rebat les oreilles – parce qu'il fut blessé, un jour, sur une muraille navarraise. Au surplus, comme le fait très finement observer Alain Guillermou, rien n'était moins discipliné que les armées du XVIe siècle : le sac de Rome avait été la caricature, mais non l'exception, d'une pratique guerrière dominée par l'anarchie que ne maîtrisaient ni les capitaines impériaux ni ceux du roi de France.

Ce qui fonde la discipline hyperbolique dont Ignace a voulu faire la marque distinctive de son ordre, c'est la situation très particulière où il l'a engagé, sa « mondanité », cette totale imbrication dans les affaires publiques et privées, cette « présence au monde » (aux mondes) dont les jésuites sont si fiers, mais qui ne va pas sans d'innombrables tiraillements, sollicitations, dispersions, sans la manifestation de forces centrifuges.

Vingt hommes rassemblés dans un couvent des Hautes-Alpes, voués à l'étude, à la contemplation et au chant choral, exigent-ils de leur prieur une autorité impérieuse ? Mais les mêmes vingt hommes jetés à travers les orages et les tentations de l'univers, de Valparaiso à Gdansk et à Shanghai, confrontés l'un aux origines de la matière dans un laboratoire sibérien et l'autre à la guérilla péruvienne, voilà qui implique un autre type de liens, de contrainte et de décision collective au sein d'un « ordre ».

Mais, dira-t-on, il n'est pas d'organisation totalitaire qui n'ait invoqué de tels arguments. S'agit-il de cela ? Deux exemples fameux inciteraient à l'admettre : celui des fondateurs de la république des Guaranis qui, défenseurs d'une cause assez juste pour avoir été présentée comme telle par Montesquieu, se sont pliés aux injonctions les plus sinistres de l'impérialisme européen, à eux adressées par le truchement de leur ordre et de la papauté* ; et celui de Pierre Teilhard de Chardin, brisant sa carrière et son œuvre enseignante pour se plier aux impératifs du Saint-Office**.

Car il ne faut pas oublier que la « sainte obéissance » jésuite est à double détente ou à deux étages ; et qu'à l'autorité formidable du préposé général se superpose celle, plus formidable

---

 * Voir plus loin, chapitre XIII.
 ** Le sujet sera traité au tome II.

encore, des divers mécanismes de la Curie romaine dont l'hégémonie fut reconnue, on l'a vu, antérieurement à celle du maître interne. Le jésuite en procès n'a pas le choix des juges – mais ceux-ci se conjuguent et se multiplient plus souvent qu'ils ne se combattent. Et c'est presque toujours la contrainte, sinon la répression qui gagne.

Comment, à partir de telles évidences, n'aurait-on pas présenté Ignace de Loyola comme l'un des inventeurs du totalitarisme moderne – entre Savonarole et Calvin, Cromwell et Robespierre ? Il faut alors donner la parole à la défense. Et celle-ci nous dira que la règle d'obéissance jésuite n'est pas aussi dépersonnalisante et broyeuse de la personnalité que le donnent à penser les textes et quelques exemples tristement fameux.

L'historien protestant Van Dyke plaide en ce sens :

> « L'idée qu'Ignace a de son ordre est personnelle, et non mécanique. Des hommes doivent le constituer, et non des formules. Il conçut l'unité de la Compagnie comme spirituelle et pas réglementaire. Il ne tenait pas les règles qu'il avait formulées pour une armure de fer. Il prévoyait des exceptions, et celles qu'il mentionne ont pour but évident de sauver l'esprit aux dépens de la lettre [6]. »

Quand il rédige les *Constitutions*, avant et après l'arrivée de Polanco devenu son secrétaire en 1547, aussi bien que sa « Lettre sur l'obéissance » de 1553, Ignace ne peut oublier sa propre histoire, ses révoltes, ses résistances, ses débats avec l'Inquisition comme avec le Saint-Siège et la Curie. Le grand théoricien de la « vertu d'obéissance » a été un rebelle, et le feu couve toujours sous la cendre. Gaétan Bernoville le décrit en ces années-là comme « une âme tour à tour comblée, saturée de douceur ou sombrant dans la nuit mystique, où elle ne va qu'à tâtons, éblouie, hésitante, convaincue, sanglotante, et puis rassérénée [7] ».

Comment ce virtuose de l'âme, ce psychologue chevronné, ce grand sondeur d'abîmes n'aurait-il pas compris qu'il n'est pas de règle qui ne doive fléchir, sauf à provoquer des explosions, qu'il faut « donner du mou » et prévoir des échappatoires ? Aussi bien la discipline inventée par Loyola est-elle émaillée de claires-voies en vue de s'éviter la disgrâce de n'être plus que l'exécution mécanique d'un ordre imposé, qui n'aurait de correctif, comme à la caserne, que le contrordre.

Il est expressément prévu que le « subordonné », disons plutôt le sujet, s'il désapprouve l'ordre reçu, peut, ou même doit formuler au « supérieur » des « remontrances respectueuses » – mais il est non moins vrai que s'il n'en obtient aucun effet, il lui faut se plier à l'ordre, allant jusqu'à ce qu'on appelle, dans la Compagnie, l'« obéissance de jugement ». Au point que les contrevenants sont tenus pour les *membra putrida* du *corpus societatis*… Effrayant !

Citons tout de même ces observations du praticien qu'est le R. P. André Ravier :

> « L'autorité[*] a des devoirs exigeants et stricts : le devoir d'information totale, le devoir de consultation et de discussion non seulement avec les conseillers habituels, mais avec toute personne compétente dans le domaine de l'affaire à trancher, le devoir de conversation approfondie, spirituelle, qui soit un échange de conscience à conscience – avec le sujet intéressé afin d'ajuster le plus possible l'ordre à son tempérament et à sa force de grâce, le devoir de tenir le plus grand compte, comme d'un signe important de Dieu, de l'avis de la majorité, enfin le devoir de prière et d'élection face à sa conscience et face à Dieu. Ce n'est que s'il respecte ces devoirs que le Supérieur peut décider et commander légitimement. L'exercice de l'autorité prévu par les *Constitutions* est un acte hautement spirituel, autant qu'il est d'une extrême prudence humaine[8]. »

Mais comment se comportait le premier préposé général dans son minuscule *retiro* romain, avec son entourage et avec ses « fils » disséminés de Trente à Kagoshima ? Autour de lui régnait ce que les historiens de la Compagnie qualifient d'« obéissance aveugle », se référant notamment aux souvenirs de Luis Gonçalves da Camara : « Notre Père […] punissait le manque d'obéissance non seulement dans les choses essentielles […] mais en toute autre matière. » Ce confident de tous les instants ajoute : « Notre Père a coutume […] pour tout ce qu'il peut faire avec douceur […] de ne pas faire intervenir l'obéissance ; quand il peut obtenir que quelqu'un fasse telle chose sans qu'elle lui ait été commandée… »

En fait, les conduites de Loyola sont globalement déconcer-

---

[*] Qu'il a lui-même exercée au niveau très élevé de « provincial » de Lyon, puis de « France-Méditerranée ».

tantes. André Ravier énumère [9] toute une série de cas où se manifestent tour à tour son autoritarisme tatillon et un intelligent libéralisme :

« En 1545, il signifie à l'incontrôlable Simon Rodriguez son souhait de le voir à Rome, mais ajoute : "Je m'en remets pour ma part à votre conscience." A son vieux compagnon de juger sur place. » En 1548, Ribadeneira doit étudier la philosophie : qu'il choisisse lui-même « *en su eleccion** » entre l'Espagne et l'Italie. En 1549, il propose trois missions à l'indocile Bobadilla : « *que haga a su plazer*** » parce qu'il sait que l'autre n'en fera qu'à sa tête. Et quand Guzman et Loarte entrent dans la Compagnie, il leur laisse l'option du lieu, ou Rome ou l'Espagne.

En fait, il laisse la décision ultime à l'« élection » d'un sujet dont il connaît l'obéissance, ce qui ne l'empêche pas de donner des ordres *ex virtute obedientiae* à des hommes qu'il sait pourtant dévoués jusqu'au fond de l'âme, et gagnés à ce qu'il appelle l'« indifférence », état où s'abolissent désirs, pulsions, goûts et intérêts personnels.

On a vu que le bon chroniqueur Hercule Rasiel da Silva fait de *Dom Inigo de Guipúzcoa* le « fondateur de la monarchie des Iniguistes ». Pourquoi pas ? Mais élective et, jusqu'à un certain point, constitutionnelle, la Compagnie se renouvelle et fonctionne en tenant compte de mécanismes électoraux, sur des bases très larges. Le conseil et le débat y ont leur place. Ce qui n'empêche qu'aucune institution catholique, le Vatican mis à part, n'est mieux corsetée dans le principe d'autorité personnelle, centralisée.

Ce que fonda Ignace de Loyola, du serment de Montmartre (1534) à la grande délibération romaine de 1539, à l'élection de 1541 et au lent polissement des institutions poursuivi audelà de sa mort par l'autoritaire Laynez, ce n'est pas « la monarchie la plus despotique qui fût jamais [10] » mais c'est une royauté constitutionnelle très musclée et qui l'emporte en discipline sur toutes ses rivales du monde catholique.

Car avec tous les contrepoids et garde-fous inventés pour canaliser, au cours des diverses phases de la prise de décision ou de l'« élection », le pouvoir du préposé général et de ses

---

   * A son gré.
  ** Fais selon ton plaisir.

divers subordonnés (assistants, provinciaux, supérieurs, préfets), et compte tenu de la création très ingénieuse du personnage appelé l'« admoniteur », chargé de mettre en garde le détenteur de l'autorité suprême contre les débordements autocratiques auxquels il pourrait se laisser entraîner*, la Compagnie reste marquée du sceau imprimé à Rome au milieu du XVIᵉ siècle, et qui se résume dans le mot de discipline. Cela, le frêle sexagénaire enfermé à Santa Maria della Strada le voulut, et le vécut. Une fois le *corpus* établi, *Societas* ou compagnie, ce « mouleur d'hommes » fit en sorte que l'efficacité y fût le fruit de l'« ordre ».

On sait, ou l'on croit savoir bien des choses sur la discipline jésuite, mais non peut-être celle-ci. Au début des années quatre-vingt, les dominicains et les jésuites furent conduits à élire presque simultanément leur nouveau supérieur, dont les prérogatives sont, ici et là, plus voisines qu'on ne le croit.

Un trait les distingue pourtant, essentiel : le supérieur général des dominicains, une fois élu, déclara qu'il avait mieux à faire que d'exercer le pouvoir, et s'en retourna à ses chères études. Le nouveau « général » des jésuites, le R. P. Kolvenbach, lui aussi intellectuel de grand renom, linguiste prestigieux, fut-il tenté de l'imiter ? Il n'en avait pas le droit : refusant de se plier à la règle en exerçant le pouvoir, il eût été ce « membre putride » que la Société de Jésus (le Miséricordieux…) retranche de son sein…

Dans la mesure où les « iniguistes » se définissent – surtout à partir du concile de Trente – par la primauté de l'action sur la prédestination, des œuvres accomplies sur l'arbitraire de la grâce, c'est « sur travaux » qu'on est tenté de les juger, sur leurs interventions publiques ou privées, sur leur marche dans le siècle et la marque qu'ils impriment déjà sur lui.

On les a vus « missionner » du Danube au Tage et de l'Atlantique Nord à l'océan Indien. Cette vocation première ne fera que s'amplifier, et on y reviendra souvent. Mais un autre type d'intervention, moins attendu, va très tôt prendre une telle importance qu'il tendra à se confondre avec l'ensemble de

---

* On connaît peu d'exemples d'interventions de l'admoniteur qui aient réorienté l'histoire de la Compagnie.

l'entreprise, comme la prédication avec l'ordre de saint Dominique : l'éducation.

Cette préoccupation n'est pas initiale, on le sait. Nous avons vu Inigo de Loyola catéchiser les enfants et les dames, les badauds d'Alcalá et les écoliers de Sainte-Barbe, puis les malades de Venise et les marchands de la piazza dei Fiori. Mais il ne s'agit là que d'une prédication au premier degré qui n'a guère à voir avec la formation systématique des esprits.

L'origine de cette réorientation n'est pas très repérable. Il semble que l'initiative vînt de Diego Laynez, et nous avons vu que nul ne résistait au jouteur inspiré du concile de Trente. Pas même Loyola. Comment cette société de « docteurs de Paris » avec parchemins et barrettes, ne viserait-elle pas à enseigner ?

Si Loyola se rangea à cet avis, c'est moins peut-être en raison d'une vocation de diffusion du savoir que Laynez voulait voir reconnaître à la Compagnie, que parce qu'il perçut d'emblée que ce travail d'enseignement serait la meilleure « école des cadres » qu'il pût rêver. C'est moins à l'enseignement proprement dit qu'il pense d'abord qu'à la formation des formateurs, des cent, des mille premiers jésuites. Vue profonde, et qui portera ses fruits.

C'est ainsi que la Compagnie qui avait, dès sa période utérine, donné la mesure de son opportunisme supérieur en troquant le martyre à Jérusalem contre l'installation à Rome, en fournit une autre preuve en admettant, une dizaine d'années après sa naissance, que l'exception admise par Loyola devienne la règle, et que les mots de « jésuite » et d'« éducateur » soient synonymes, massivement synonymes.

De ces « collèges » qui surgirent bientôt un peu partout, d'abord pour la formation des jeunes jésuites, puis celle, gratuite, de la jeunesse, ce n'est pas Rome qui fut d'abord pourvue mais, auparavant, Messine, puis Barcelone, Padoue, Lisbonne, Naples, Louvain... Le premier collège romain ne reçut des élèves qu'en 1551, au pied du Capitole, sous la direction d'un prêtre français, Jean Pelletier, supposé détenir le secret du *modus parisiensis* auquel le fondateur était resté très attaché. Mais il faudra des années encore, et combien de démarches, de polémiques, de combats, pour que Paris s'ouvre aux enseignants dépêchés par Rome*.

---

* Voir le chapitre VIII.

Ignace et sa cohorte s'étaient consacrés à des interventions plus classiques, plus « charitables » – indépendamment des prêches, des soins aux malades, des distributions aux pauvres et autres bonnes œuvres longuement méditées depuis les vœux de Montmartre. On en retiendra deux : la tentative de conversion et d'insertion des juifs (faute des lointains musulmans), et la rédemption des dames de « mauvaise vie ».

Hercule Rasiel évoque sans complaisance, de sa plume pittoresque, ces « bonnes œuvres » :

> « Inigo entreprit de convertir les Juifs, & il commença d'abord par les plus gueux qu'il fit nourrir dans la Maison de son Ordre, afin de les engager par là à se faire baptiser. Ensuite, il mit en œuvre les admirables Talens qu'il avoit de mendier & il ramassa de quoi fonder une Maison pour l'Entretien de tous les pauvres Juifs qui embrasseroient à l'avenir la Foi Catholique. A sa persuasion, Paul III prit une Ordonnance[*] portant que ceux de cette Nation qui se convertiroient, conserveroient tous leurs Biens ; que les Enfans qui se feroient Catholiques malgré leurs Parens, en hériteroient comme s'ils étoient restés Juifs ; & que les Biens acquis par usure, dont on ne connoîtroit point de véritable Maître, seroient donnez aux nouveaux Convertis… »

Le commentaire du chroniqueur n'est pas moins intéressant que l'initiative de Loyola :

> « Ces Établissements & ces Ordonnances ont fait passer de tems en tems de la Synagogue dans l'Église Catholique un très petit nombre de Misérables qui mouroient de Faim, quelques enfans débauchés qui vouloient se soustraire à la Puissance Paternelle, & presque jamais des Gens sincèrement persuadez de la Vérité du Christianisme. Mais, quelque suspectes que soient ces sortes de Conversions, l'Église ne laisse pas d'en faire de grands Triomphes, parce qu'elle se contente de l'Extérieur… »

A propos de la rédemption des pécheresses, Rasiel n'est pas moins judicieux :

> « Le Zèle d'Inigo le porta avec la même ardeur à la conversion des Femmes de mauvaise Vie. Rome la Sainte étoit rem-

---

[*] Le bref *Cupientes judeos* de mars 1542.

plie d'un Nombre prodigieux de Prostituées. On recevoit au Couvent des Magdelonnettes celles qui vouloient renoncer à leur infâme Profession ; mais il falloit qu'elles s'engageassent à une éternelle Clôture, & tous les Vœux de cette Maison de Pénitence. La Condition étoit dure pour les Femmes mariées, pour des Filles, & pour de jeunes Veuves, qui auroient bien voulu se retirer de la Corruption mais non pas mener une Vie si austère. »

Le possible, toujours le possible… Et comme il a jugé qu'il était absurde de demander à la fois à des hommes de se ruiner et de changer de religion, de même il décide qu'on cessera d'imposer à des femmes une vertu pénitenciaire :

« Inigo, entrant dans ces différens besoins, & voulant ôter à ces trois sortes de Pécheresses tout Prétexte de continuer leurs Débauches, forma le dessein d'une autre Maison où des Filles séculières & des Femmes mariées fussent admises indifféremment, sans faire aucun Vœu. Il fut le premier qui contribua pour le Bâtiment de cette Maison. A son Exemple, quantité de Seigneurs & de Dames de la plus haute Distinction, fournirent de grosses Sommes en sorte qu'en peu de tems on éleva un grand Édifice où l'on établit cette espèce de Repenties*… Il alloit lui-même chercher les Filles de Joye, pour les y amener, & il ne rougissoit point de paroître dans la Ville au milieu d'une Troupe de ces Créatures. On lui disoit quelquefois qu'il perdoit son tems & que ces Malheureuses étoient trop endurcies au Péché pour le quitter sans retour. "Quand je ne les empêcherois que d'offenser Dieu qu'une nuit, répondoit-il, je croirois ma peine bien employée ; & je ne la regretterois pas, quand même je serois assuré qu'elles retourneroient le lendemain à leur infâme Commerce." »

Le vagabond des années trente, de plus en plus torturé par les maux de foie et d'estomac contractés lors des grandes macérations de jadis, s'aventurait de moins en moins hors de la retraite de Santa Maria della Strada et restait le plus souvent calfeutré dans les trois *camerette* où se concentrait sa vie d'égrotant – une plume à la main.

---

* La maison dite « de Sainte-Marthe », à laquelle fut adjointe celle dite « de Sainte-Catherine » pour les enfants de prostituées.

La plume d'Ignace de Loyola eût-elle été aussi prolifique si, en 1547, n'était venu le rejoindre Juan Alfonso de Polanco ? Encore un Espagnol, et de grande envergure. Originaire de Burgos, d'une opulente famille dont les ascendants étaient selon toute vraisemblance des juifs convertis comme celle de Diego Laynez, et lui aussi formé à l'Université de Paris, mais quelques années après les fondateurs, il avait conquis très jeune une position de grand notable pontifical quand, en 1541, il fit les *Exercices spirituels :* en dépit de pressions et de menaces de sa famille qui le voyait déjà cardinal, il se joignit aux « iniguistes ».

L'œil perçant de Loyola ne tarda pas à deviner en lui le collaborateur idéal, doté d'une culture infiniment plus vaste et souple que la sienne, d'une fidélité admirable et de cette vertu d'obéissance qui précède la directive et sait ensuite s'y couler. A dater de 1547, et jusqu'à la mort du fondateur, neuf ans plus tard, seule la graphie permet de distinguer parmi les textes ce qui est du pur Loyola de l'œuvre devenue commune – correspondance ou mise au point des *Constitutions*, et même des *Exercices spirituels*.

C'est Polanco, après Favre et Salmeron, qui assura la mise au net, en latin, de la version originale (espagnole) des *Exercices spirituels*. On ne saurait pourtant voir en lui le cinquième auteur d'un ouvrage où Roland Barthes a décelé (« de façon géniale », estime l'actuel préposé général de la Compagnie, le R. P. Kolvenbach) quatre textes : *littéral*, d'Ignace au directeur, celui qui donne les *Exercices ; sémantique*, du directeur à l'exercitant ; *allégorique*, de l'exercitant à Dieu ; *anagogique*, de Dieu à l'exercitant [11].

Mais c'est à dater de cette latinisation, achevée en 1548, qu'Ignace considéra son œuvre comme définitive, avec ce qu'elle véhicule de révolutionnaire. C'est encore Roland Barthes qui signale, dans les *Exercices*, un « renversement de la hiérarchie des sens ». Alors que le Moyen Age chrétien avait institué la primauté de l'ouïe, de la parole, du chant (*auditum verbi Dei, id est fidem*), primauté accentuée par Luther pour qui l'oreille seule est l'organe du chrétien alors que les grandes tentations viennent de la vue, l'auteur des *Exercices* met avant tout l'accent sur la « composition du lieu » (*composición viendo al lugar*), sur l'image qui est « la matière constante des *Exercices* ». N'oublions pas qu'il aura été, lui qui goûtait fort la musique, le premier fondateur d'ordre à proscrire le chant choral, le premier aussi à lier son action et son histoire à une plastique, une esthétique visuelle, un style – bon ou mauvais[*].

La correspondance d'Ignace de Loyola, très souvent dictée à partir de 1547 à Polanco, mais parfois rédigée directement par celui-ci et alors relue avec un soin intraitable par le signataire, est un monument : six mille huit cents lettres dont certaines très longues, minutieuses, argumentées, visiblement méditées ou préalablement discutées et parfois surgies directement d'une de ces prières interminables où se plongeait le petit homme au visage bistre.

Papes, rois, cardinaux, grands d'Espagne et d'ailleurs, princesses, confesseurs, chanceliers d'universités – et jusqu'à Charles Quint et Philippe II –, il n'est guère de notable de son temps, à l'intérieur du monde catholique mais de l'Atlantique au Japon, avec lequel Loyola n'ait pas échangé conseils, préceptes, revendications ou arguments. Et que l'on ne croie pas à de ces billets hâtifs répandus aux quatre vents par un patron pressé de toutes parts. Sur la rédaction de sa correspondance, le fondateur nous a laissé de très curieuses indications dans une lettre de 1542 à Pierre Favre :

> « La lettre principale, je l'écris une fois. J'y raconte les choses édifiantes et ensuite, examinant et corrigeant, tenant compte que tous la verront, je me remets à l'écrire ou je la fais écrire une autre fois, car ce que l'on écrit doit être beaucoup plus mûri que ce que l'on dit… Moi, je m'astreins à écrire deux fois une lettre principale pour qu'un certain ordre y règne […] car l'écrit demeure ; toujours il peut témoigner et il ne se laisse point corriger ou expliquer avec autant de facilité que la parole. »

On a cité, on citera encore telle ou telle lettre d'Ignace de Loyola, à propos d'occurrences précises. De cette masse en quoi se manifeste l'indescriptible *imperium* exercé par le reclus de la Strada sur tant et tant d'hommes et de terres, de puissants et de misérables, on voudrait extraire un exemple type de gouvernement par la plume, d'une plume dont l'art est absent, l'éloquence pauvre, le style rocailleux mais d'où émane encore

---

[*] *A contrario*, on relèvera plus loin la part prise, dans la spiritualité d'Ignace vieillissant, par les *loquelas*, paroles ou musiques « célestes ». Ajoutons que les franciscains sont très liés à l'histoire de la peinture. Et que Fra Angelico était dominicain…

quelque chose de ce charisme murmuré qui fonda un empire.

On choisira de citer ces « règles de notre Père Maître Ignace » recopiées par un jésuite inconnu, récipiendaire, à une date indéterminée, de ce message peut-être plus stoïcien que chrétien :

> « ... Ne fixe jamais ton regard sur les défauts d'autrui, mais sois toujours prêt à les excuser ; au contraire sois prompt à t'accuser. Plus encore, souhaite être connu de tous, aussi bien au-dedans qu'au-dehors.
>
> ... Ne parle pas, ne réponds pas, ne médite pas, ne circule pas, enfin ne fais jamais rien que tu ne te sois d'abord demandé : cela plaît-il à Dieu, cela est-il un exemple qui édifiera le prochain ?
>
> ... Garde partout la liberté de l'esprit et, devant qui que ce soit, ne fais acception de personne ; mais, dans les circonstances les plus opposées, demeure toujours dans une égale liberté d'esprit ; qu'aucune espèce d'obstacle ne te la fasse perdre. Ne manque jamais à ce point.
>
> ... Ne sois pas indifféremment avec tous facile de relations ni familier ; mais considère vers qui vont de préférence la poussée ou l'impulsion de l'esprit. N'oublie pas néanmoins de regarder le genre et la nature des mouvements qui t'inclinent davantage vers tel ou tel.
>
> ... Exerce-toi continuellement, dans tes actes, dans ton esprit ; désire passer pour sot et insensé aux yeux des hommes pour être reconnu fidèle et sage par ton Seigneur Jésus-Christ ; ainsi, dans le mépris de tout le reste, tu le gagneras. Amen [12]. »

Littérature utilitaire, d'inspiration plurielle et à visée collective ? Certes. Comme la correspondance de Voltaire, ou *Les Provinciales, Ad majorem Dei gloriam* pour l'un, et pour les autres *Écrasons l'infâme* ou *Mes Pères...* De Loyola pourtant, nous disposons de textes d'une autre nature, et qui semblent ne tendre à rien d'autre qu'au dialogue intime, à la recherche du discernement le plus secret.

Alors que, peu de mois avant sa mort, le petit homme dictait en claudiquant ses souvenirs « du Pèlerin » auxquels on s'est souvent référé, son confident Luis Gonçalves da Camara raconte qu'Ignace lui « montra une très grande liasse de manuscrits » dont il lui lut « une bonne partie », et qui avaient trait aux « visions qu'il avait eues en confirmation de quelque clause adoptée dans la *Constitution* [...] Je désirais voir de plus près tous les papiers qu'il m'avait montrés [...] et je le priai de me les laisser un peu de temps. Mais il ne voulut pas »[13].

Qu'étaient donc ces papiers que le fondateur se refusait de communiquer à celui même auquel il venait de relater hardiment sa vie ? On sait aujourd'hui que, de cette « très grande liasse de manuscrits » en partie brûlée, il ne reste qu'une cinquantaine de pages où l'on peut voir une sorte de journal intime, de note confidentielle relative aux années 1544-1545, époque où Loyola s'efforçait – douloureusement – de mettre au net les *Constitutions* de son ordre.

Le mot « journal », même si on lui accole l'adjectif « spirituel » comme l'ont fait ceux qui l'ont publié (partiellement) en 1892[*], est d'ailleurs impropre. Il paraît plus judicieux, comme le suggère le dernier préfacier, le R. P. Giuliani, de retenir la formule inscrite par une main anonyme sur la page de garde de l'autographe : « *interna mentis sensa* » (quelque chose comme « mouvements de l'âme »)[**]. Car il ne s'agit pas d'une relation d'événements intimes ou même de réflexions, d'impressions, de notations, mais de la « trame fragile et presque insaisissable qui tente, par des mots, de fixer les mouvements que l'Esprit de Dieu imprime dans une âme, la trace de son passage, mystérieuse et déconcertante comme le vent… » (Maurice Giuliani).

Ces fragments de « journal » font écho aux violents débats intimes qui agitent Ignace à propos notamment des formes de pauvreté à imposer aux membres de la Société, dussent-ils s'adonner à d'intenses activités « mondaines » impliquant dépenses et mouvements de fonds, telles que l'enseignement dans les collèges.

Déchiffré à grand-peine par ses premiers éditeurs, puis commentateurs, cette confidence-oraison n'est pas intelligible à qui n'a pas idée de ce que sont, pour Loyola, une « motion » – mouvement ou pulsion de l'âme – et plus encore une *loquela* : ce vocable qu'aucun exégète ne s'est hasardé à traduire, qu'Ignace lui-même définit comme une « musique céleste », semble être la réplique, dans le domaine des sons, de ce qu'est la « vision » dans celui des images. Faut-il parler d'un phéno-

---

[*] Le R. P. de la Torre.

[**] Une récente édition (Desclée de Brouwer) est intitulée *Journal des motions intérieures*.

mène purement intérieur, ou intériorisé, comme nous l'avons
fait (citant Inigo) à propos des « visions » de Manrèse ? Il faut
tout de même noter qu'ici Loyola parle parfois de « *loquelas*
intérieures » – ce qui suppose qu'il en connut d'autres[*].

Ce texte troublant n'est pas seulement une extase murmurée
et transcrite ; c'est aussi le récit de transes où s'inscrit en fili-
grane l'élaboration des *Constitutions* : question de la pauvreté,
relative ou totale (*tener, tener poco, non tener nada…*), part
donnée aux missions lointaines, interdiction des dignités
(*contra ambitum*). C'est aussi bien aux conflits intérieurs qui
l'agitent qu'aux angoisses qu'il tente de dominer et aux visitations visuelles et sonores reçues par le petit homme qu'il faut
attribuer ces flots de larmes dont il est submergé, don aveu-
glant qui l'épuise, le transporte et le révèle à lui-même.

Voici de brefs fragments de ce document sans rival, dans le
texte proposé par le R. P. Giuliani :

> « Jeudi 22 mai, Ascension[**]. – Avant la messe, dans ma
> chambre, et à la chapelle, beaucoup de larmes. Dans la plus
> grande partie de la messe, sans larmes et *loquela* intense.
> Cependant, des doutes me venaient à propos du goût ou de la
> suavité de la *loquela*, craignant qu'elle ne soit de l'esprit mau-
> vais puisqu'alors cessait la visite spirituelle des larmes. Allant
> un peu plus avant, il me semblait que je prenais trop de plaisir
> dans le ton de la *loquela*, quant à sa sonorité, sans faire autant
> attention à la signification des mots et de la *loquela*. Et là-
> dessus, beaucoup de larmes. A plusieurs reprises il me semblait
> que quelque chose m'était enseigné sur la conduite à tenir,
> attendant toujours d'être davantage instruit pour l'avenir.
> Vendredi [23 mai]. – Larmes.
> Samedi [24 mai]. – Sans larmes.
> Mercredi 28 mai. – Avant la messe et après, larmes.
> Vendredi 30 mai. – Sans larmes.
> Mercredi 4 juin. – Nombreuses et continuelles… »

Et puis, comme si cette comptabilité de « motions », de
« larmes » et de *loquelas* l'agaçait, dévorait son temps sans
qu'il puisse s'en libérer, il invente un système d'abréviation :
« o » pour office, « c » pour chambre, « é » ou « y » pour *ygle-*

---

[*] Peut-être peut-on dire qu'il s'agit de deux dimensions du même phénomène, plutôt que de deux phénomènes.
[**] 1544.

sia (l'église), « a » pour *antes* (avant la messe), « l » pour *lagrimas* (larmes), « d » pour *despuès* (après la messe). Mais aussi trois points au-dessus de l'« a » s'il a des larmes pendant les trois oraisons, ou deux ou un seul s'il n'a reçu que deux ou une seule grâce...

> « ald Lundi 1er décembre. – Avant, o. c. y. et pendant beaucoup, et ensuite le soir.
> äld Mardi. – Avant, o. é. ; et pendant grande abondance, et aussi après.
> a Mercredi. – Avant, o.
> äld Jeudi. – Avant, o. é. ; et pendant, beaucoup, et après. »

Cette sténographie mystique s'achève sur cette notation comme suspendue :

> « OCY. *En misa mucha, abundancia y continuadas. Despuès*[*]. »

Tel était ce « général » qui, de son P. C. de la Strada, manipulait des mondes. Imagine-t-on en de telles transes César ou Bonaparte ? On parlera naturellement d'hystérie. On peut se contenter, comme l'a fait pour nous le Pr F. Lhermitte, de déceler en de tels états une angoisse que l'acharnement même à réglementer, à diriger, à conquérir, révèle ou confirme.

Le *padre maestro*, étudiant avec une méfiance qu'il s'est appliquée à lui-même le cas d'un jésuite français, le R. P. Onfroy, qui se disait visité par des visions, le met en garde contre des pratiques ruineuses pour la santé et altérant de ce fait « l'estimative et la cogitative ». Réflexion « matérialiste », suggère son biographe Léon Marcuse. Ou simplement rationnelle et moderne ?

Ainsi, les *Constitutions* majestueuses qui font, en arrière-plan, la trame de cette longue transe spirituelle ; ainsi cette discipline impérieuse, visant à l'« indifférence », qui devient la marque de la Société ; ainsi le déploiement de la Compagnie, du concile de Trente au Japon et des Indes orientales aux occidentales, tout ce puissant appareil serait la réponse active à cette manière d'agonie où les supplices extrêmes, croix ou stigmates, seraient remplacés par ce ruissellement exquis et douloureux qui mettra le fondateur au bord de la cécité, et ces

---

[*] « Pendant la messe beaucoup, abondantes et continues. Après. »

loquelas qui pourraient (qui sait ?) être l'intrusion de quelque
« esprit mauvais »…

Le voilà en d'étranges épreuves, notre laborieux et tout-puissant « général ».

Il vieillit, dans d'incessantes et souvent intolérables souffrances corporelles. Lithiase biliaire, ulcère à l'estomac. Il doit
très souvent s'allonger, sort de moins en moins des *camerette*.
L'un de ses biographes écrit que « ce moine régnant crée
autour de lui un désert[14] ». Où a-t-il vu cela ? Autour du *padre
maestro*, Polanco, Nadal, Gonçalves da Camara, Ribadeneira,
Madrid, des Freux, Ponce Cogordan, souvent Laynez, et entre
deux missions Salmeron, Broët ou Bobadilla, inlassables, intarissables, lourds des échos du monde, montent une garde foisonnante. Constamment renouvelée ? Certes ! La légion d'hommes
qu'il a suscitée doit, selon son précepte, « garder toujours un
pied levé ».

Lui-même, entre deux ruissellements de larmes, vit-il dans
une croissante béatitude ? Non. Entre l'échec de la mission
dépêchée en Irlande, l'enlisement de sa tentative de ressusciter
en Éthiopie le royaume du « prêtre Jean », les grincements que
provoque au Portugal Simon Rodriguez et les incartades imputables ici et là à ce cabochard de Bobadilla, les résistances
opposées aux pères qui tentent d'implanter la Compagnie en
France, les tiraillements avec l'empereur, la brusque altération
des rapports entre la papauté et la Compagnie qu'a provoquée
l'élection, sous le nom de Paul IV, du cardinal Caraffa, fort
ennemi des Espagnols, on ne saurait dire que les derniers
temps du fondateur sont devenus sereins.

Est-ce le climat de victoire qui pourtant l'enveloppe ? Est-ce
l'âge, la vénération sans abaissement dont il est entouré ? Est-ce l'approche de la mort espérée ? Le furieux de Manrèse ne
semble plus fermé à tout bonheur terrestre.

« Un Espagnol petit de taille, un peu boiteux, et qui a les
yeux joyeux. » Tel le dépeint alors un visiteur de Padoue.
Joyeux, ses yeux brûlés ? Il ne permettait en tout cas à personne de le dévisager – se l'interdisant à lui-même vis-à-vis
des autres : c'était même, dans la Compagnie, une règle qu'il
rappela plusieurs fois à son confident Gonçalves da Camara,
en lui dictant l'*Autobiographie*. Quand Gonçalves, déambulant

à ses côtés, glisse un œil vers le pèlerin, il entend un sec : « La règle* ! »

Regardons-le, nous qui ne sommes tenus par aucune discipline, aventuré hors de la Strada pour s'en aller rendre visite à Marguerite d'Autriche, la fille naturelle de Charles Quint, ou à quelques pauvres du Trastevere : abrité sous un chapeau plat fixé au cou par un ruban sombre, les yeux mi-clos, le côté droit de son mantelet noir passé sous le bras gauche, au bras droit un bâton grossier lui servant de canne, trottinant sur le pavé disjoint des bords du Tibre, regardons passer « sa fragilité » qui remue les mondes.

Mais comment résister au plaisir, à la joie de citer ici l'admirable portrait qu'a tracé de lui André Suarès :

> « … Le voici au Prado, dans le portrait peint par Morales** […] Sans âge à la vérité […] Rien ne reste du vieil homme que l'air patricien, une sorte de lumière voilée où veille le feu déjà dédaigné du commandement. Pas la moindre trace de hauteur ou de suffisance, ni de dureté, ni de complaisance. La simplicité parfaite de la grande âme absorbée. Il est vêtu de noir, d'un ton mat et sourd que rien n'altère, si ce n'est un petit col blanc, ouvert en deux petites pointes aiguës, d'un goût irréprochable. Une face étroite, un grand nez, un grand front chauve aux tempes escarpées en talus droits. La chair a fondu ; la maigreur du gastralgique. Une petite moustache qui rejoint une barbe rare et courte, les deux faisant ombre à la bouche et au menton. Les lèvres d'un très riche dessin, la supérieure assez fine, l'autre dense et pleine de suc, feu et parole, d'une courbe presque tendre. Mais tout le cède aux yeux profonds, exténués, et d'une douceur morbide. Ils sont très grands, et non pas éteints, lumineux sous la cendre. Il a une très grande oreille de musicien, logée loin de la joue, dans l'ombre.
> Tout dans cette tête émaciée est une lumière voilée, une flamme profonde au plus secret du sépulcre, qui est la vie de ce monde. La gloire, la conquête même n'ont plus de sens pour ce visage. […] Il est souverain ici même où il impose partout sa volonté ; mais il ne fait aucun cas, face à face, de sa souveraineté. Que lui importe la vie ? que lui importe le monde ? Il a la bienheureuse douleur et le bonheur indicible de n'y être plus [15]. »

---

* C'est d'ailleurs une constante du code de politesse de l'époque, dont Érasme se fait l'écho.

** Après la mort de son modèle.

A partir de 1550, Ignace de Loyola n'est plus qu'en état de survie. On l'a alors donné pour agonisant – et il en a éprouvé une telle allégresse qu'il s'interdisait de penser trop souvent à la mort, lit-on dans l'*Autobiographie*, « de peur d'en obtenir trop de consolations ».

Au début de 1556, sa faiblesse devient telle qu'il cesse pendant plus d'un mois de célébrer la messe (qu'il dit pourtant dans une des deux chambres contiguës à la sienne). Son vieil ami d'Alcalá, Diego de Eguia, tenu au courant par son médecin, assure qu'« il ne vit plus que par miracle ». Le 2 juillet, on le transporte dans la ferme du collège romain, au milieu des vignes : l'air y est pur. Mais, le 27, on le ramène à la Strada. Il a surmonté tellement d'alertes que personne ne mesure la gravité de son état : c'est lui, le stoïcien, qui fait appeler le R. P. Torrès, médecin et membre de la Compagnie.

Le 30, il demande à Polanco de prévenir le pape qu'il est « tout à fait à la fin » et qu'il « demande à Sa Sainteté de lui donner sa bénédiction ainsi qu'à maître Laynez également en danger ». Polanco lui fait observer que le médecin n'a relevé aucun signe d'aggravation et qu'avant de courir au palais pontifical il lui faut rédiger un courrier urgent pour la Compagnie. Ignace insiste : « Il s'en faut de bien peu que je rende le dernier souffle, mais je m'en remets à vous entièrement. » Étrangement, Polanco continue d'expédier la correspondance[*].

Au cours de la nuit, le frère infirmier l'entendra murmurer : « Mon Dieu… Mon Dieu… » Au petit matin, Polanco, Madrid et des Freux le trouvent expirant, avant de pouvoir lui faire administrer l'extrême-onction et de joindre Paul IV qui manifestera à propos du défunt une affliction aussi vive que l'antipathie qu'il avait témoignée au vivant.

Ce que le judicieux Polanco résume ainsi : « Il quitta ce monde d'une manière tout ordinaire. »

Le monde, il l'avait marqué de son signe. Au point de s'y être cloué, voué, et d'en rester en quelque sorte sécularisé ? *Ad majorem Dei gloriam…*, non pas *maximam*, « la plus grande » ; mais *majorem*, « une plus grande ». Mot d'ordre moins mys-

---

[*] Comportement typiquement jésuite : sois tout à ce que tu fais.

tique que politique, tenant compte du possible. « Mon ami, fais ton habit avec l'étoffe que tu as. » Le souci de l'accroissement de la gloire de Dieu ouvre tant de portes, tant de pistes, et conduit à de tels détours...

Prisonnier de la terre du fait d'un génie de psychologue et de politique qui le vouait à elle en dépit de tout ? Prisonnier de son génie du pouvoir, de la virtuosité qu'il déploya dans le domaine de ce que Dominique Bertrand appelle[*] la « socio-doxie », science de la société humaine, du gouvernement des hommes ?

Et le voilà à jamais frappé du stigmate de la « politique », de ce que le maniement de la chose publique et des rapports de pouvoirs comporte de trouble et de visqueux, de pesant, d'aléatoire.

Le courtisan d'Arevalo s'était fait l'hirsute voyant de la grotte. Le fol errant d'Italie se mua en architecte d'une organisation planétaire. Là s'est bloquée l'image. Le petit boiteux inondé de larmes reste dans l'imagination des hommes comme le modèle absolu de l'ingénieur social. Planté dans la terre cruelle.

« Faites-vous tout à tous », dit-il à ses missionnaires. On verra où conduisent cette ouverture, cette flexibilité et cette malléabilité, fussent-elles inspirées par l'abnégation la plus dure.

Ce n'est pourtant pas un mot d'ordre opportuniste et lénifiant qu'il laisse pour testament à ses disciples : « *Ite et inflammate* – allez et incendiez ! »

---

[*] Dans un livre magistral significativement intitulé *La Politique de saint Ignace*.

CHAPITRE V

Dialogue à Yamaguchi*

- *Un Navarrais les mains nues au Japon*
- *« ... m'enfuyant des Indes » • Un peuple doué*
de raison • Où est le Tenjiku ? • D'un daymïo l'autre*
- *En quel sabir parlait-il ? • L'aigreur des bonzes*
- *Les ruines de Miyako... • Soie ou coton ?*
- *Une mission révolutionnaire • Où l'apôtre est fait par*
son apostolat • Prophète de l'inculturation... •*

Ce jour-là, le 22e du 7e mois de la 18e année de l'ère de Ten-bun**, une jonque chinoise entra dans le petit port de Kago-shima, au sud de Kyushu, la plus méridionale des îles de l'archipel nippon.

Piètre embarcation, à vrai dire : 250 tonneaux, 15 mètres de long, deux mâts de bambou. Quant au patron, seul maître à bord après Dieu, c'était un certain Avan que ses clients portugais appelaient très simplement *o Ladrao*, le voleur, les mieux intentionnés traduisant le pirate.

Hormis cette particularité (en était-ce bien une ?), rien n'aurait pu attirer sur la petite jonque l'attention des gardes japonais déambulant sabre au flanc sur le quai de Kagoshima, n'était l'étrange cargaison amenée en ces lieux peu fréquentés par la jonque du Pirate rescapée de cinq ou six tempêtes, des détroits de Malacca (où elle avait été armée) aux côtes de la « Cochinchine » et à la mer de Chine : trois religieux espa-

---

* Ce chapitre doit beaucoup à la monumentale biographie du R. P. Georg Schurhammer (déjà citée à propos du séjour à Paris de François Xavier), et à l'excellente édition de la correspondance du missionnaire navarrais publiée en 1987 par Hugues Didier (Paris, Desclée de Brouwer).

** 15 août 1549.

gnols*, François Xavier, Cosme de Torres, Juan Fernandez, le Japonais Anjirô qui, converti au catholicisme à Goa, y avait pris le nom de Paulo de Santa Fé, deux autres Japonais baptisés Antonio et Joane, le Chinois Manuel, lui aussi converti, et un Indien Malabar nommé Amador.

François Xavier, nous l'avons quitté neuf ans plus tôt à Lisbonne, chargé par Loyola à la demande de Jean III, roi du Portugal et protecteur éminent de la Compagnie, d'évangéliser l'Asie (« *Esta es vuestra empresa… – Heme aqui !* »). Alors, tandis que ses compagnons achèvent de bâtir la Compagnie, font d'Ignace leur chef institutionnel, polémiquent à Trente et fondent leurs premiers collèges, le voilà transformé en « Hollandais volant » de la foi, ballotté sur les mers, du cap de Bonne-Espérance au Mozambique et de la côte des Pirates à Goa et aux Moluques.

Revêtu du titre – quelque peu mirifique en l'occurrence – de « nonce apostolique », envoyé spécial du pape pour l'Asie mais serré dans une soutane rapiécée, il a, neuf années durant, sillonné l'Asie du Sud-Est, « traitant les océans comme d'autres le lac de Genève », écrit André Bellessort, convertissant à tour de bras les foules illettrées des Indes ou de Malaisie (« il y a des soirs où j'en ai mal au bras », écrira-t-il), prêchant en un sabir fait de son bizarre portugais et de l'un ou l'autre des innombrables idiomes pratiqués d'une province indienne à une île de l'Insulinde, voué à une solitude trop souvent rompue par la compromettante protection des hommes d'armes du roi Jean. Le baptême à l'ombre des épées…

Pendant plus de sept ans, sa mission, telle que nous pouvons la déchiffrer à travers sa correspondance et les récits des premiers biographes ou chroniqueurs – Frois, Lucena, Cancilotto –, a été marquée d'abord par une incroyable insensibilité à la nature, à ces mondes prodigieux où l'a jeté sa mission, aux immensités offertes à l'Europe par Vasco de Gama (de tout cet univers, écrit l'un de ses biographes, « il n'a regardé que les étoiles »), et une égale méconnaissance des peuples dont il a entrepris de faire le salut. Ignorance ou désintérêt ?

Il était parti pour l'Asie comme vers un désert surpeuplé, une de ces étendues que les cartographes du temps signalaient ainsi : « *Hic sunt leones* » (ici sont les bêtes féroces), n'empor-

---

* Mais qui se disent à l'occasion portugais.

tant avec lui, a-t-on dit, « que son bréviaire et son crucifix ».
Assertion d'ailleurs contestée par Henri Bernard-Maître, qui
relève que le « nonce » avait reçu du roi Jean des livres « pour
la valeur de cent cruzados », ce qui, pour l'époque, était considérable. Mais ce qui est clair, c'est qu'il ne s'en était guère
servi, n'utilisant aux Indes que la grammaire de Barros et un
« recueil d'histoires édifiantes » de Marulus. Il faisait ainsi
litière de son passé d'intellectuel humaniste « maître ès arts »
de l'Université parisienne, ne se préoccupant guère de reconnaître ce que la civilisation indienne et le brahmanisme rece-
laient de grandeur sous la misère des apparences.

Et s'il lance en janvier 1549 un appel à ses anciens maîtres
de la Sorbonne pour qu'ils viennent participer à l'action missionnaire, s'il somme ses compagnons de Rome de convaincre
Pierre de Cornibus ou François Picart d'abandonner leurs
chaires prestigieuses de Paris pour s'engager à ses côtés dans
la conquête spirituelle de l'Asie, c'est à la fois dans une intention de pénitence (que ces glorieux universitaires prennent leur
part de sacrifice !) et dans l'esprit d'un conquistador en soutane qui ne pense qu'à convertir, comme on mitraille ou on
déboise.

Des Indiens, des innombrables peuples indiens, de Goa à
Cochin, de Travancore à Ceylan, il ne semble rien remarquer,
que leur dénuement matériel, leur ignorance, leur désarroi fondamental. Ni leur spiritualité, ni leur affectivité, ni ce qu'ils
ne peuvent manquer de refléter d'antiques cultures hantées par
la métaphysique ne semblent le toucher. Ces foules indistincte-
ment brunes, là faites de pêcheurs de perles, les Paravers, ici
de paysans ou de misérables artisans de Ceylan, émeuvent
sa charité mais ne parlent pas à son intelligence. Il ne voit
qu'idolâtrie, privation de Dieu, exploitation cynique par une
chrétienté hypocrite.

Au surplus, l'Inde du Sud de ce temps-là se prête particulièrement mal à ce qu'on pourrait appeler le système jésuite :
pas de pouvoir sur lequel s'appuyer, quitte à le combattre.
Une poussière de principautés, une nébuleuse de roitelets semi-
colonisés et une colonisation portugaise réduite à des comptoirs, un pouvoir insaisissable ou qui n'est repérable que par
ses abus… Que ne fait-on face ici à un Charles Quint ou à un
Cortés !

Et que dire des méthodes auxquelles recourt le saint homme ?

Pendant plus de sept années, il n'a semblé soucieux que de « faire du fruit », cette formule qu'il tient de Loyola où s'exprime si crûment le sens de l'efficacité, du succès, qui jette sur la spiritualité ignacienne une si trouble lueur de victoire à tout prix, d'agressivité de chef d'entreprise américain ou de militant léniniste. « Faire du fruit »… Pendant longtemps, il n'a pensé qu'à « vaincre la gentilité », cette « engeance qu'on appelle brahmanes ». Face à cette « plus perverse gent du monde » il ne pense à user que de la contrainte, de la division, de la séparation des groupes des convertis d'avec la masse des « idolâtres » : on croirait parfois lire (dans la lettre du 15 janvier 1544 datée de Cochin par exemple) un stratège de l'apartheid, un colonel de paras imbu des principes de la « guerre psychologique ».

C'est pendant longtemps sans révolte apparente qu'il opère, dans un système de rapports ainsi résumés en un trait digne de Chateaubriand par un témoin du temps qui, décrivant le supplice de la bastonnade, précise : « on comptait les coups avec les grains du chapelet ».

Nous ne connaissons pas tous les cheminements de la conscience de François Xavier ni quand, précisément, l'horrible ambiguïté de la situation lui est apparue. Mais nous avons plusieurs lettres où éclate son indignation quand il comprend qu'il sert de caution respectée à la formidable entreprise de rapine qu'est la colonisation portugaise de ce temps et, plus profondément, l'incompatibilité absolue entre la leçon évangélique et la conquête européenne.

Entre des dizaines de textes qui éclairent cette découverte bouleversante, il faut lire deux lettres adressées au roi Jean III, protecteur fidèle de la Compagnie ignacienne, celui-là même qui, à Lisbonne, a mis à sa disposition les moyens de sa mission. Dans la première, datée du 19 avril 1549, la colère gronde. Et la menace :

> « … L'expérience m'a enseigné que Votre Altesse n'exerce pas uniquement sa puissance dans l'Inde pour y accroître la foi du Christ : elle exerce aussi sa puissance pour saisir et pour posséder les richesses temporelles de l'Inde […] Que Votre Majesté fasse un compte exact et bien complet de tous les fruits et de tous les biens temporels qu'elle recueille aux Indes par le bienfait de Dieu […] Que Notre-Seigneur fasse sentir à Votre Altesse, à l'intérieur de son âme, sa très sainte volonté et qu'il lui donne sa grâce pour l'accomplir, de la façon dont

Votre Altesse se réjouira de l'avoir faite, à l'heure de sa mort, quand V. A. sera en train de rendre compte à Dieu de toute sa vie passée ; et cette heure viendra plus tôt que le pense Votre Altesse. Ses royaumes et ses possessions ont une fin [...] Ce sera une chose inouïe et encore jamais arrivée à Votre Altesse que de s'en voir dépossédée... »

Et le lendemain, le prêtre scandalisé insiste encore, lugubrement :

« Votre Altesse [doit agir] de manière à pouvoir aborder en toute confiance le jugement de Dieu [...] Qu'Elle ne laisse [n'attende pas] jusqu'à l'heure de sa mort car les souffrances de la mort sont si grandes qu'elles ne laissent pas la moindre place pour penser à tout ce que nous réservons maintenant pour ce moment-là... »

La sommation pouvait-elle être plus brutale ?

S'il a su prendre ainsi conscience de l'incompatibilité entre le message évangélique et l'entreprise coloniale, il ne s'est pas pour autant persuadé, au cours de ces dix années de conversions massives, du caractère terrifiant de la conviction qui sous-tend cette stratégie. Une conviction que l'on peut résumer ainsi : si grossière que soit la procédure, si dédaigneuse qu'elle paraisse du libre arbitre et de la personnalité humaine, elle est inévitable et en tout cas préférable à tout autre comportement, puisqu'elle seule arrache à la damnation ces multitudes privées jusqu'alors des secours de l'Église.

Ce personnage dont tout proclame le courage et la vertu dans l'accomplissement de sa mission et face aux pouvoirs dont il dépend, et dont nous allons voir se déployer en maints domaines une lucidité en avance sur son temps, reste en proie à cette certitude horrible que, de millénaire en millénaire, son Dieu supposé bon a peuplé la terre d'êtres, ses créatures, presque toutes vouées aux flammes de l'enfer – en attendant qu'un François Xavier ose braver tous les caps de toutes les tempêtes pour venir, en les baptisant à tour de bras, leur éviter la damnation massive, irrémédiable...

Cette conviction barbare restera la sienne jusqu'au bout, comme en témoignent les lettres qu'il écrira encore pendant son séjour au Japon. Le capitaine Avan, *o Ladro*, le Pirate, étant mort à Kagoshima quelques mois après l'y avoir mené à bon port, il commente ce trépas en assurant que le disparu a été « bon » pour lui, en fin de compte, mais que, ne s'étant pas fait baptiser, « il est ce soir en enfer » ; et il y a pire encore, cette réponse faite à des convertis japonais qui lui demandaient en pleurant si leurs pauvres parents, morts avant sa venue, ne pouvaient maintenant être arrachés à l'enfer : « Jamais ! » répond le saint homme.

On dira que c'étaient là les certitudes du temps, que la théologie n'avait pas su encore dénoncer le système d'exclusion formulé (à partir de saint Paul ?) par saint Augustin, en suggérant le cheminement profond d'un salut préchristique – et qu'il faudra encore quatre siècles à Karl Rahner, à Schillebeekx, à Domenico Grasso,[*] pour innocenter Dieu d'avoir damné tous ceux auxquels n'a pu parvenir le message évangélique !

Mais de telles proscriptions sont particulièrement étranges, et choquantes de la part d'un homme auquel l'un de ses premiers biographes, le R. P. Lucena, attribue une prière « pour la conversion des infidèles » (infidèles à quoi ? pour être infidèle il faut qu'une fidélité vous ait été offerte, et qu'elle ait été rompue…) d'une ambiguïté révolutionnaire :

> « Dieu éternel, créateur de toutes choses, souviens-toi que c'est toi seul qui as créé les âmes des infidèles, que tu as faites à ton image et à ta ressemblance. Voici, Seigneur, que pour ton opprobre, les enfers en sont remplis. Souviens-toi, Seigneur, que ton fils Jésus-Christ a souffert pour elles en versant si libéralement son sang[**]… »

Un jour de janvier 1549, il a osé tirer les leçons de son indignation et, n'en pouvant plus, il a écrit au roi du Portugal ces mots qui scellent son destin et vont changer celui de millions d'hommes – comme si Colomb, s'apercevant de sa méprise en vue des îles Caraïbes, avait rebroussé chemin pour gagner le véritable Orient…

---

[*] Qui eurent tout de même au XVIIIᵉ siècle un précurseur nommé Bergier.

[**] Cette prière où tout est dit est-elle en fait du père Joao de Lucena, le biographe de Xavier (Lisbonne, 1600), plutôt que du nonce ? M. Hugues Didier, qui a publié et annoté sa correspondance, se pose la question. Non sans ajouter pertinemment que, « de toute façon, ce texte est bien plus de Xavier que l'*Épître aux Hébreux* de saint Paul… ».

« ... Moi, Seigneur, je sais ce qui se passe ici. Je n'ai donc aucun espoir que les ordres et prescriptions que Votre Altesse doit envoyer en faveur de la chrétienté soient obéis dans l'Inde. C'est pour cela que je pars au Japon, presque en m'enfuyant, pour ne pas perdre plus de temps que je n'en ai perdu [1] ... »

« ... En m'enfuyant... » Pourquoi cette « fuite » au Japon ? Pourquoi cette espèce de désespérance ? Pourquoi ce refus, et d'abord cet aveu du « temps perdu », arrachés à l'apôtre, salué d'un continent à l'autre comme un saint, un héros planétaire auréolé d'une gloire attestée par cent témoignages, et crédité de « miracles » qui ne furent pas tous forgés au long des siècles par de pieux biographes ? Ainsi notre Navarrais semble-t-il soudain avoir honte de « saint François Xavier », comme, quatre siècles plus tard, un Oppenheimer ou un Sakharov horrifiés par ce qu'impliquent leurs découvertes...

D'abord, il y a le dégoût que lui inspire désormais, on l'a vu, l'entreprise coloniale, ou plutôt cette nauséabonde imbrication entre sa mission évangélique et les manifestations les plus cyniques de l'impérialisme européen, qu'il prenne la forme de pillage organisé, de la cupidité la plus nue ou même, comme à Ceylan, de la protection accordée par le proconsul portugais au roi Buvanekha qui moleste ses sujets chrétiens parce qu'ils ont cru pouvoir espérer de leur conversion qu'elle leur vaudrait quelques droits et la protection du colonisateur « chrétien ». Car il y a cette question lancinante à laquelle il n'apporte pas de réponse – la poser lui ayant paru impie : pourquoi ces pauvres populations se convertissaient-elles à la religion mystérieuse apportée par ces étrangers incompréhensibles ?

Espoir de s'attirer les bonnes grâces ou au moins la protection des vainqueurs ? (espoir, on vient de le voir, souvent déçu). Séduction exercée par le dévouement éclatant, parfois héroïque, de prédicateurs qui savaient se faire infirmiers ou assistants sociaux ? Ou commodité ? Dans un film sur une vallée de la Chine méridionale présenté naguère par la télévision française[*], un paysan expliquait ainsi sa conversion au protestantisme : « Les sorciers nous coûtent trop cher. Avec le pasteur chrétien, nous sommes débarrassés de ce type de problèmes... » Trop cynique ?

* FR 3, 18 août 1990.

Dans les lettres que François écrit, à partir de 1548, à ses compagnons de Rome et au roi du Portugal, se dessine peu à peu le désaveu d'une relation unilatérale entre le bénisseur et un troupeau passif arraché à la géhenne par un rituel indistinct, le rôle de distributeur automatique de tickets pour le ciel. Il en est venu au refus d'un mécanisme dont les fins sacrées ne rachètent pas ce qu'il a de discriminatoire, pour ne pas dire de méprisant. L'orgueil de la foi... Ce qu'il attend enfin, c'est l'intervention – la double intervention – de l'intelligence humaine dans sa mission.

Et si l'on a choisi de distinguer, dans l'épopée apostolique de cet Ulysse de la chrétienté, l'épisode japonais – deux années sur douze de son Odyssée –, c'est parce qu'il est celui de la remise en cause d'une mission longtemps empoisonnée par l'esprit de croisade, de guerre sainte et d'exclusion massive, pour s'ouvrir sur son contraire : la découverte d'une humanité dont il ne s'agit plus de nier la civilisation mais de la découvrir par l'échange actif et la réciprocité. C'est déjà l'amorce de la conception anthropologique qui fera la vraie gloire des jésuites, de Ricci et Nobili en Chine et en Inde, aux pionniers d'Amérique latine et à Pierre Charles en Afrique.

Le manifeste de ce bouleversement radical de la mission de François Xavier, c'est la lettre écrite le 20 janvier 1548 à ses « compagnons vivant à Rome », et d'abord à celui qu'il appelle « mon vrai père dans les entrailles du Christ », Ignace de Loyola – cette lettre où l'esprit de connaissance se substitue enfin à l'esprit de conquête et où surgit, au sens le plus fort du mot, un nouvel homme :

> « ... En cette ville de Malacca, des marchands portugais [...] m'ont fourni d'amples informations sur de grandes îles récemment découvertes[*] qui s'appellent "îles du Japon[**]". A leur avis, on y ferait beaucoup de fruit et on y accroîtrait beaucoup plus notre sainte Foi qu'en aucune partie de l'Inde parce que ce sont des gens extraordinairement désireux d'apprendre à la différence des Gentils de l'Inde. »

---

[*] Premiers voyageurs occidentaux, les Portugais ont abordé aux îles Ryu-Kyu en 1543. Leurs successeurs, des Espagnols, baptisèrent l'archipel *Islas platerias* (îles d'argent).

[**] Dans d'autres lettres, il écrit « Jappam ».

Apparaît alors dans la lettre de François Xavier le personnage d'Anjirô, venu se confesser à lui de « certains péchés commis pendant sa jeunesse* » et dont il dit que « si tous les Japonais sont aussi curieux de savoir que cet Anjirô, ce sont, me semble-t-il, les gens les plus curieux d'esprit de tous les pays qu'on a découverts ». Et le missionnaire de préciser sa description par un trait décisif :

> « J'ai demandé à Anjirô si, au cas où j'irais dans son pays avec lui, les gens du Japon se feraient Chrétiens. Il m'a répondu que les gens de son pays ne se feraient pas chrétiens tout de suite. Il m'a dit qu'ils me poseraient d'abord beaucoup de questions, qu'ils verraient ce que je leur répondrais, et surtout si je vis conformément à ce que je dis. Si je faisais bien ces deux choses, parler bien et répondre de façon satisfaisante à leurs questions, ainsi que vivre en sorte qu'ils ne trouvent pas matière à reproche, il ne faudrait que la moitié d'une année après avoir eu cette expérience de moi pour que le roi, les gens nobles et les autres personnes capables de discernement se fassent chrétiens. Il m'a dit en effet que ce sont des gens qui ne sont gouvernés que par la raison [2]. »

Et voilà le grand mot lâché, point d'orgue de ce texte fondamental où tout est dit : de l'esprit critique à l'expérimentation, de l'esprit de dialogue à la volonté d'échange, de l'esprit d'examen au souci d'égalité et de vérité, voici brossée en quelques lignes la philosophie qui désormais animera le jésuite navarrais.

Faut-il fonder une révision si déchirante du sens de sa mission sur les dires d'Anjirô, cet errant japonais en quête de pardon, de gîte et de réinsertion, et qui fabule pour se faire bien voir ? Xavier prend soin de recouper ses dires par ceux du capitaine portugais Jorge Alvarez, celui qui, après avoir abordé dans plusieurs ports de l'archipel, a recueilli Anjirô en fuite : mais oui, les Japonais sont étonnamment curieux, fort raisonnables, très courageux et conscients de leur culture et de leur personnalité, soutient aussi Alvarez. Écoutons-le :

> « Ils sont orgueilleux et susceptibles. Pas cupides, généreux, hospitaliers aux étrangers. Curieux, interrogeant sans cesse. Ils

---

* Ce « péché de jeunesse » est un meurtre récent.

haïssent le vol qu'ils punissent de mort. Ignorant l'ivresse, ils sont discrets et parlent bas, méprisant les étrangers qui élèvent la voix. C'est un peuple religieux [3]. »

Tel est le point de départ de l'enquête en vue d'une éventuelle mission japonaise que va mener pendant plus d'un an le nonce aux pieds nus, tandis que ses relations avec les autorités portugaises ne cessent de s'aigrir : il exige bientôt du roi qu'il « punisse enfin un gouverneur ». Sa rencontre avec Anjirô et Alvarez a réorienté la passion, l'énergie et l'imagination de l'aventurier sublime vers ces « nouvelles îles » où l'attendent des hommes doués de raison…

Alors, d'une lettre à l'autre, que son correspondant soit le « général » des jésuites ou le roi du Portugal, François laisse percer des intentions qui mûrissent bientôt en un projet, de plus en plus précis, et obsédant : « D'ici un an ou dix-huit mois » il fera une « pérégrination » dans l'archipel mystérieux. Et après un an d'études et de préparation, il fait connaître enfin à Ignace de Loyola qu'il a « pris sa décision », fondée sur les « informations nombreuses » qu'il a recueillies, de se rendre dans cette « île située près de la Chine [où] les gens sont très curieux d'esprit ».

Se référant de nouveau aux informations d'Anjirô, qu'il appelle désormais Paulo de Santa Fé (Paul de Sainte-Foi), et de ses compatriotes Antonio et Joane, également catéchumènes à Goa, François dévoile à son chef un plan dont on saisit d'emblée ce qu'il a de neuf par rapport à ce qu'a été jusqu'alors sa mission de convertisseur de masses illettrées à l'ombre des armes du conquérant :

> « Je pars avec le dessein de me rendre d'abord là où réside le roi et ensuite dans les universités où ils font leurs études […] Quant à la loi qu'on y observe, elle a été apportée, m'a dit Paul, d'un pays qui s'appelle Tenjiku* qui se trouve, selon Paul, au-delà de la Chine et du Tartan** […] Une fois au Japon, j'écrirai à Votre Charité […] sur ce qu'on enseigne dans cette grande université de Tenjiku […] Quand j'aurai vu

---

    * Que d'autres écrivent Chenjico, et, en chinois, Chen-Djou-Kouo.
    ** François Xavier est aussi désorienté qu'un demi-siècle plus tôt Christophe Colomb. Le Tenjiku n'est pas au-delà de la Chine et du « Tartan » mais en deçà, pour lui, alors. C'est l'Inde du Nord, où est né le bouddhisme.

les Écritures du Japon et que j'aurai discuté avec les gens des
Universités [...] je ne manquerai pas d'écrire à l'Université de
Paris pour que par elle toutes les autres universités d'Europe
soient informées [4]. »

Tout est changé : il s'agit là d'une véritable mission culturelle,
de ce qu'on appellerait aujourd'hui des « échanges universitaires ». Comme l'« intellectuel » parisien, soudain, est ressuscité en ce prêtre errant à la soutane élimée ! On croirait lire une
lettre de Champollion partant, en 1828, savant « européen », à
la tête de son « expédition littéraire », pour l'Égypte. Informations, connaissance. Et cette façon d'écrire, avec une majuscule, les « Écritures du Japon » ! Dans une lettre à son ami
Simon Rodriguez, il va même jusqu'à parler des livres de ces
savants japonais « qu'ils disent venir de Dieu ». Stupéfiant,
après ce qu'il a dit des brahmanes...
     Bientôt, le « nonce apostolique en Asie » va plus loin et entre
à fond dans le jeu de la réciprocité et de l'équivalence des
cultures, contre l'européocentrisme, à propos de l'alphabet
japonais. On lit dans une lettre du 14 janvier 1549 à Loyola :

> « Ils écrivent très différemment de nous, du haut vers le bas.
> J'ai demandé à Paul pourquoi ils n'écrivaient pas à notre
> façon, il m'a répondu : pourquoi n'écririons-nous pas de leur
> façon ? Et il m'a donné comme raison que de même que
> l'homme a la tête en l'air et les pieds en bas, de même quand il
> écrit, l'homme doit [le faire] de haut en bas... »

Dirait-on pas le Diderot savamment naïf du *Supplément au
voyage de Bougainville* ? Et pourquoi en effet reviendrait-il à
ces peuples récemment « découverts » de se plier à nos usages,
surtout quand ils ont de si judicieuses raisons d'agir autrement ?
Les pères de la Strada durent cacher assez mal leur stupéfaction : notre Xavier serait-il déjà asiatisé ? Leurs successeurs
en verront d'autres, avec Ricci et Nobili. Mais la rupture est
déjà là.
     L'ancien professeur de philosophie au collège de Beauvais
était-il préparé à une telle ouverture – fût-elle tardive et très
précisément orientée – par ses études humanistes de Paris ?
L'exploration de la culture ancienne, cet immense voyage à
travers les siècles passés, le vouait-elle à la connaissance des
espaces géographiques ?

Henri Bernard-Maître fait valoir qu'un étudiant, lauréat du collège Sainte-Barbe, sous l'égide d'un personnage doté de multiples antennes planétaires comme le Portugais Diego de Gouvea, familier du souverain de Lisbonne, ne put manquer d'être au courant des expéditions de Jacques Cartier ou de Verrazano en Amérique ; que les rêves orientalistes de Guillaume Postel ne purent manquer de le séduire ; que les enseignements de Guillaume Budé, dût-il s'en détourner, n'avaient pu manquer de faire espérer en une transposition ou expansion de l'humanisme en universalisme. La passion de la connaissance ne devait-elle pas se développer dans l'espace aussi bien qu'à travers le temps ?

S'il est vrai qu'une conjonction historique s'opéra ici ou là entre l'humanisme érasmien et la multiplication des mondes par les grands navigateurs, il est difficile de discerner entre eux une relation de cause à effet, un déploiement combiné. Dans un article publié en 1953 dans un bulletin de l'Association Guillaume-Budé, l'indianiste Jean Filliozat soutenait que

> « l'humanisme de la Renaissance ne prédisposait pas à la découverte spirituelle de l'Orient. Il n'ouvrait pas sur l'humanité entière. Il était gréco-romain, pas universel. Si elles ouvraient des perspectives infinies sur les trésors antiques retrouvés [...] les humanités étaient des études pour juger pleinement l'homme, mais ne préparaient pas à l'étude de tous les hommes... ».

On peut objecter que l'aventure de Guillaume Postel, fougueux orientaliste couvé dans le giron jésuite de Rome, permettait dès l'origine de penser les mondes. Et toute l'entreprise jésuite en Asie consistera précisément, comme le fait François Xavier « deuxième manière », celui qui conçoit et prépare le voyage au Japon, ce pays où les hommes sont mus « par la raison », à jeter un pont entre cet homme de la Renaissance défini par Érasme, et ces hommes différents « qui écrivent de haut en bas » et qui ont, pour ce faire, de si bonnes « raisons »...

C'est en quête de raison, en quête d'un homme vraiment homme, dans sa plénitude, un être de dialogue de questions et de réponses, c'est en vue d'une rencontre à l'échelle de l'humanité, que François Xavier, le chasseur d'infidèles, le collecteur d'âmes indiennes, va affronter les mers d'Extrême-Asie. Au terme du voyage, bien sûr, il y a toujours l'évangélisation.

Mais désormais, à partir de la connaissance et de l'échange intellectuel.

On peut certes ironiser sur l'état de cette « connaissance » qu'il a alors du Japon. Elle se ramène à trois idées. Primo, que cette « île à côté de la Chine » est peuplée par des hommes raisonnables et curieux de tout. Secundo, qu'un roi à la tête d'un pouvoir central la gouverne. Tertio, que des universités comparables à celles d'Europe y dispensent un enseignement venu du Tenjiku. Naïvetés ? Mais qui en sait alors beaucoup plus long sur ces « grandes îles récemment découvertes » que les Espagnols appellent *Islas platerias* (ou argentées) ?

Tout ce qu'il sait, il le tient d'un fugitif de Kiushu, presque illettré mais tout de même mêlé à la vie économique et sociale de la province la plus méridionale du Japon, et par là au contact du commerce chinois. Anjirô ne connaît par les caractères chinois et ignore à peu près tout de ce qui n'est pas sa province de Satzuma, au sud de Kiushu : imaginons un naturel du Roussillon décrivant, au XVIe siècle, le royaume de France et son gouvernement à l'usage de bonzes nippons… Quant au capitaine Jorge Alvarez, l'autre informateur de Xavier, il n'a visité que les ports du sud-ouest japonais, Kagoshima, Hirado et le naissant Nagasaki, très loin des cités « impériales » et des centres intellectuels.

Ce Japon « idéal », à la rencontre duquel Xavier va partir, diffère assez fort de celui que les historiens modernes du XVIe siècle nippon nous décrivent. Sur les trois données essentielles qu'il a tirées des confidences d'Anjirô et d'Alvarez, seule la première sera vérifiée, et avec beaucoup de nuances : le caractère rationnel du peuple japonais, allié à son courage, à sa curiosité pour le monde extérieur, et la courtoisie de son hospitalité. Alors que, s'agissant de ce « roi » auquel le missionnaire veut d'entrée de jeu demander audience pour obtenir licence d'enseigner l'Évangile à son peuple, et à propos des universités qu'il rêve de visiter, il lui faudra très vite déchanter.

Mais avant d'en venir à l'état et à la répartition des pouvoirs dans le Japon de l'époque postféodale, il faut observer que, refermée la parenthèse mélancolique de la collaboration avec le colonialisme en Inde et dans l'Asie du Sud-Est, François Xavier va retrouver la méthode jésuite créée et définie dix ans plus tôt sur le théâtre européen par le fondateur : celle de la coopération avec les princes. Coopération qui se fonde certes

sur la légitimité de César* mais aussi sur la nécessité de rendre
à Dieu son dû. Le pouvoir dont Ignace se juge le détenteur, en
symbiose avec la papauté, il ne trouve nullement indigne de
l'associer à celui des Habsbourg ou des Bourbon : mais toujours dans un esprit d'égalité et de liberté réciproque. On agit
« avec » tel ou tel souverain, non « pour » ou « sous » lui.
Coopération mais non inféodation ni service.

Tels en tout cas sont les principes. Nous verrons – nous
avons vu déjà – que ce type de relation peut dérailler, qu'il
peut glisser dans un cas vers la dépendance, la compromission,
la sous-traitance, comme pour le père Antonio Araoz à la cour
d'Espagne, ou déraper vers le conflit plus ou moins ouvert –
comme au XVIIIe siècle au Paraguay**. Rien ne se passera de
tel au Japon. Non parce que François Xavier se montrera trop
conciliant ou trop obséquieux, lâche ou insolent : tout simplement parce qu'il n'y a pas de roi.

Au milieu du XVIe siècle, c'est-à-dire avant les tentatives
d'unification de l'empire opérées par Oda Nobunaga puis par
Hideyoshi et Ieyasu, dans cette situation de vacance entre la
féodalité et l'État, le Japon est, du point de vue politique aussi
bien que géographique, un archipel. Le pouvoir, très affaibli
et dès longtemps divisé au sommet, n'est exercé que par une
multitude de seigneurs locaux comparables aux princes de
l'Italie ou de l'Allemagne contemporaines, qui ne se reconnaissent plus guère de lien de vassalité par rapport à l'autorité
centrale.

Au sommet, deux principes de pouvoir : l'un symbolique,
dynastique, dépositaire de la souveraineté, du « mandat du
ciel », c'est traditionnellement le *tenno*, que l'on traduira très
approximativement par « empereur ». Mais le véritable pouvoir est celui qu'est supposé exercer le *shogun* ou « comman-
dant en chef », mélange de maire du palais et de connétable, et
qui s'érigera plus tard en maître absolu, notamment sous les
Tokugawa, véritable dynastie fondée par Ieyasu au début du
XVIIe siècle.

Au temps où François Xavier s'apprête à aborder l'archipel,
le *tenno* n'est plus que le détenteur fantomatique d'une autorité

---

* Si la question de cette légitimité ne se pose pas. Quand elle se
posera, nous verrons que la Compagnie pourra aller très loin…

** Voir chapitre XIII.

perdue. La famille régnante, les Fujiwara, est ruinée par la montée en puissance des pouvoirs locaux qui confisquent les impôts, et réduite à travailler pour survivre. On voit, écrit E. O. Reischauer,

> « un empereur réduit à des activités de calligraphie et obligé de recopier de sa main, pour une modeste rétribution, quelques poèmes [...] qu'un client lui a commandés [...] A trois reprises au cours du XVIe siècle, la famille impériale aux abois doit renoncer à organiser la transmission des pouvoirs faute de moyens pour payer les funérailles de l'empereur défunt et le couronnement de son successeur [5] ! ».

Il faut vraiment que le peuple japonais soit attaché au principe dynastique, mais aussi, disons-le, à la vertu du travail, pour que le système impérial ait survécu à une telle détresse... Imagine-t-on qu'un Valois ou un Bourbon eût préservé, en telle occurrence, son prestige ?

Chose étrange, cette déliquescence des *tenno* ne profita pas, à cette époque, au système parallèle, les *shoguns*. Plus la dynastie Fujiwara glissait dans la pénurie, plus les maîtres du pouvoir militaire, les Ashikaga, laissaient s'effriter une puissance proverbiale au bénéfice des autorités périphériques. Comme dans certains cas de noyade, *tenno* et *shogun*, qui, chose aussi étrange, partageaient la même capitale, Miyako (la future Kyoto), semblaient s'agripper les uns aux autres dans une débâcle conjuguée. Ce sera l'une des découvertes les plus stupéfiantes faites par les visiteurs de 1550 et l'une des causes de ce que l'on peut appeler leur échec, ou plutôt leur déconvenue : une stratégie axée sur la relation au pouvoir, comment ne serait-elle pas vouée au pire si elle perd son point d'appui ?

Ces années-là sont donc celles de l'apogée des forces centrifuges, celles qui s'incarnent dans les seigneurs locaux, les *daimyo*, dont les liens de vassalité à l'égard du *shogun* s'amenuisent. C'est d'ailleurs à partir de l'une de ces cellules locales que la réunification de l'empire s'amorcera, sous la férule de Nobunaga, *daimyo* de la province centrale de Nagoya. Relevons dès maintenant que, faute d'interlocuteur impérial, François Xavier s'adaptera très intelligemment à ce fractionnement du pouvoir et trouvera, d'un *daimyo* à l'autre, le type de « rapports à César » qu'il avait prémédité de nouer avec le roi.

Mais on a vu qu'il ne s'était pas contenté, pour structurer sa mission, de se fixer des objectifs politiques. Il visait ces « universités » éclairées par les principes venus du Tenjiku, pour y confronter les leçons de sa foi à celles que devaient receler ces « Livres » que les Japonais croyaient « venir de Dieu ». Il est de fait que de grands monastères bouddhistes, d'inspiration zen, dominent alors la vie spirituelle et culturelle, donnant leur essor à des arts graphiques qui vont faire la gloire du Japon – en attendant que le confucianisme chinois ne vienne servir de modèle de comportement et corriger la règle suprême de la tradition nobiliaire et militaire japonaise : le *bushido* ou code du chevalier.

Découvrant ce chaos politico-militaire et l'avachissement des autorités centrales, un observateur étranger, notamment un Espagnol relevant du pouvoir le plus fortement organisé de ce temps-là, eût volontiers porté un diagnostic pessimiste sur le Japon du milieu du XVIe siècle. Où est le roi ? Où est l'armée ? Où même est la religion ?

Mais nous avons vu que des visiteurs furtifs comme le capitaine Jorge Alvarez avaient su percevoir la vitalité profonde, la volonté d'accomplissement, l'appétit d'échanges qui fermentaient sous ces désordres. C'est bien ce qui ressort de l'évocation globale de cette époque que fait l'historien américain Reischauer :

> « Durant les années sombres de l'anarchie politique, les Japonais ont développé leur artisanat au point d'égaler et parfois d'éclipser les maîtres de l'industrie chinoise [et] réussi à se doter d'un solide système commercial. Grâce au dynamisme de leurs "chevaliers-marchands", ils sont devenus les maîtres des mers de l'Asie orientale [...] Paradoxalement, les Japonais sortent grandis de leur longue période d'anarchie féodale et peuvent désormais traiter en égaux avec les marchands européens et même avec les Chinois [6]. »

Ce n'est donc pas vers un Japon en décadence que s'embarque François Xavier. Si différente qu'elle puisse être du royaume de ses rêves – et le prodigieux intérêt de son périple viendra précisément de la confrontation entre ceux-ci et la réalité –, c'est vers une nation qui, dans sa diversité, dans son apparente incohérence, frémit d'ardeur à s'affirmer, et considère qu'une telle affirmation ne peut se fonder que sur la connaissance. Celle, hier, du « Tenjiku ». Et demain ?

Le voyage, pourtant, n'avait pas très bien débuté. Il avait même failli ne pas commencer du tout. François Xavier pouvait bien écrire à Ignace ou à Jean III qu'il allait s'embarquer, il lui fallait trouver d'abord une embarcation. Qui se souciait alors de prendre la mer, sans profit assuré, vers ces « grandes îles du Nord » à travers des océans tempétueux infestés de pirates, et dont l'accueil était incertain – bien que des hommes comme Jorge Alvarez en eussent fait, à d'autres que Xavier, des relations favorables ?

Qui allait donc prendre à son bord, fût-ce à Malacca, ces aventuriers d'un nouveau type, dont peu de « fruit » était à attendre ? Chacun se récusait. Alors, le gouverneur de Malacca, don Pedro da Silva, prit les grands moyens. Il connaissait (comme pensionnaire de la prison maritime ?) ce marchand chinois nommé Avan, que tout le monde – on l'a dit – appelait « le Pirate ». Il le somma de mettre le cap sur le Japon. L'autre ne voulait pas naviguer plus loin que la Chine et laissait entendre que même si l'objectif officiel était le lointain archipel, il pourrait bien, à Canton, mettre un terme au trop périlleux voyage… Foi de pirate !

Le capitaine-gouverneur prit la mouche et en fit une affaire de prestige : si Avan n'embarquait pas le missionnaire et si, l'ayant pris à son bord et convoyé, il ne rapportait pas à Malacca une lettre du saint homme attestant qu'il avait bien débarqué dans un port japonais, le Pirate ne reverrait ni sa femme ni ses enfants [7].

C'est ainsi, par un mélange de chantage et de prise d'otages, que débuta l'évangélisation du Japon – *ad majorem Dei gloriam**.

Après neuf ans de mission à travers l'Asie des moussons et dans l'ombre du colonisateur portugais, qui est alors cet homme dont un proconsul du roi Jean prend si grand soin ? Le « nonce apostolique pour l'Asie » a quarante-trois ans. Il ne lui en reste que trois à vivre, mais cet athlète navarrais, ancien champion de saut du Pré-aux-Clercs, est encore un personnage des plus avenants et d'un « charme » attesté par tous ceux qui l'ont approché, comme le mirobolant explorateur Mendès Pinto, qui sillonna les mers de l'Extrême-Asie dans son sillage.

---

* Les biographes qui rapportent le trait sans commentaire (!) ne précisent pas si le missionnaire fut mis au courant de ce chantage…

« Sa taille, écrit le R. P. Bouhours qui ne semble pas aveuglé ici par la dévotion, est un peu au-dessus de la médiocre, sa constitution robuste, son air également agréable et majestueux. Il a le coloris beau, le front large, le nez bien proportionné, les yeux bleus mais vifs et perçants, les cheveux et la barbe d'un châtain obscur. Ses travaux continuels le firent blanchir de bonne heure et il était presque tout blanc la dernière année de sa vie [8]. »

Il a quitté les Indes auréolé d'une sorte de gloire : en neuf années de prédication, d'enseignement, de soins aux malades, de négociations avec les autorités, de voyages de Goa à Malacca et de la côte des Pêcheurs à l'« île du Maure », au nord des Moluques, il s'est fait une légende fondée sur sa personnalité envoûtante, proprement charismatique, et une charité si active et si manifeste que ses compagnons n'auront aucun mal à persuader de sa sainteté leurs hôtes japonais.

Mais pour affronter le grand rendez-vous, François Xavier ne dispose que de son rayonnement personnel. Il ne dispose d'aucune information sérieuse et n'a que des idées très vagues, on l'a vu, de la langue japonaise : il ne la parlera jamais, sinon pour ânonner quelques prêches faits de traductions approximatives, apprises par cœur et débitées dans la perplexité ou l'hilarité générales… Et l'on sait que, à deux épisodes près, nulle arme, nulle autorité dotée de force contraignante ne vient se mêler ici à son action. Ce qui est peut-être son meilleur atout : au-devant de ce peuple intensément militaire et qui, fier entre tous, n'eût pas supporté d'être contraint, il vient les mains nues…

Mais pas tout à fait vides. Il a embarqué sur la jonque du Pirate trente barils de poivre que lui a remis en guise de passeport le gouverneur de Malacca : les Japonais en sont friands et nul cadeau ne saurait mieux les amadouer. Sans parler d'une horloge et de quelques images pieuses… Et il n'est pas vraiment seul. Il a persuadé Anjirô et les deux autres catéchumènes japonais de Goa, Antonio et Joane, de l'accompagner ; nous verrons que cette présence, au moins dans les premiers temps, sera d'une extrême utilité. Quant à ses deux autres compagnons, le père Cosme de Torres et le frère Juan Fernandez Oviedo, ils se sont portés volontaires pour s'associer à cette aventure où le premier voit surtout des promesses spirituelles mais dont le second paraît avoir entrevu dès l'origine les dimensions culturelles.

Le R. P. Cosme de Torres était un jésuite de Valence. Les jugements des historiens à propos de ses dons intellectuels et de son bagage culturel divergent. Admettons, avec la majorité bienveillante, qu'il était un « lettré ». Les lettres qu'il écrivit de Yamaguchi après le départ de Xavier, en 1552, préviennent en sa faveur : elles sont d'un disciple diligent. Lui non plus n'apprit jamais le japonais. Mais François Xavier lui donna constamment les preuves d'une confiance dont rien ne fait penser qu'elle fut accordée sans discernement.

Juan Fernandez Oviedo, de Cordoue, avait tenu, par humilité, à rester « frère coadjuteur », la catégorie la plus modeste de la Compagnie. Mais ses dons pour les langues firent de lui le véritable interprète du groupe à partir du moment où Anjirô le quitta[*]. Presque tous les témoignages donnent à penser qu'il en vint à comprendre ses interlocuteurs et à se faire entendre d'eux – qui reconnaissaient à son japonais un charme exotique dit *muxaree*[9]. Les longs débats avec les bonzes de Yamaguchi, dont il fut le greffier et auxquels nous ferons écho[**], ne sauraient avoir été rapportés que par un homme ayant acquis un bon usage de la langue et de la culture autochtones.

Mais le maillon essentiel de la chaîne entre François Xavier et le Japon fut tout de même Anjirô, l'inquiétant, le trouble Anjirô qui, fugitif poursuivi pour meurtre, s'était réfugié sur un vaisseau portugais en partance pour les Indes, en 1547, et qui devait finir pirate lui aussi égorgé par des pirates sur les côtes chinoises… D'autant plus déconcertant, cet Anjirô, qu'il n'était pas un aventurier démuni, un *rônin* errant, comme l'écrit un historien, mais avait une famille stable, des enfants et deux « domestiques ». Drôle de pistolet ! Mais François Xavier, qui lui devait beaucoup, ne mit jamais en doute la sincérité foncière de son repentir ni de sa conversion, dût-il constater à l'occasion que les informations à lui données par Anjirô s'avéraient hasardeuses. Qu'importe : c'était à cet aventurier qu'il devait l'essentiel, l'amour qu'il ressentit d'emblée pour le Japon.

Nous en savons beaucoup moins sur les autres compagnons

* Voir page 183.
** Voir p. 193-198.

de François Xavier, qui ne les décrit guère, dans une lettre à
Jean III, que sous l'angle spirituel et sans jamais les nommer –
on sait par ailleurs qu'ils avaient été baptisés Antonio et Joane.

> « Les trois hommes du Japon sont d'excellents chrétiens […]
> catéchisés au collège Sainte-Foi de Goa. Ils savent tous trois
> lire et écrire, sont tous trois dévots. Ils ont fait tous trois les
> Exercices spirituels avec beaucoup de recueillement. […] se
> confessant et communiant souvent et, partant, mus par un
> grand désir de faire de leurs compatriotes des Chrétiens… »

Aucun des trois n'est membre de la Compagnie mais leur
chef de file les traite comme s'ils l'étaient. Xavier fait, dès le
départ, grand cas de leurs avis, rapportant par exemple que,
selon eux, les « prêtres des Japonais seraient scandalisés s'ils
[nous] voyaient manger de la viande ou du poisson » et
concluant qu'on s'en priverait donc.

Le « nonce apostolique » retient sans sourciller cette information puisée à la même source : que, dans les monastères japonais, on fait un « Exercice* » de méditation – ce qui est pousser
très loin une assimilation audacieuse pour un jésuite ! Et d'évoquer à l'intention de ses compagnons de Rome l'« enfer », le
« purgatoire », le « diable » tels que, selon Anjirô, les concep-
tualise le bouddhisme zen – dont la description, bien étrange,
semble affectée d'un opportun « christianocentrisme »…

Bref, François Xavier, qui vient de passer près de neuf
années dans le sous-continent indien et alentour en ignorant
tout de l'immense civilisation qui a donné au monde le bouddhisme, s'apprête à aborder au Japon dans un esprit radicalement différent, empli de révérence et d'admiration pour la
culture de ses hôtes, persuadé que ce peuple passionnément
avide de connaissances n'est pas moins propre à communiquer
de grandes richesses humaines, culturelles, spirituelles. Il ne
part pas en vue de conquérir mais d'échanger, à la rencontre
d'une nation pour laquelle il éprouve, d'avance, le plus grand
respect.

Et il n'y a pas seulement, entre le Xavier des Indes et le
François du Japon, cette immense mutation qui le fait passer de
la pitié au respect, ou de l'esprit de croisade vis-à-vis d'« infi-

---

* Avec une majuscule…

dèles » indistincts à l'espoir de dialogue avec une autre culture dont il a déjà perçu la fertilité ; il y a aussi cette différence fondamentale qu'il débarque dans l'archipel, désarmé, libre de tout l'environnement colonial, impérial, militaire et cupide, qui a corrompu aux Indes son message, et l'a forcé à « presque s'enfuir ». Ici, hormis deux interventions que l'on rapportera, il n'est plus un rouage de l'énorme machine à exploiter et à broyer les civilisations : il est un homme, au sein d'un groupe minuscule, qui n'est porteur que d'une parole.

Si pur que soit son cœur, François constatera pourtant que si les puissants lui font si bon accueil, c'est aussi parce qu'ils ont constaté que les navigateurs européens – marchands, entre autres choses, d'armes à feu – accostaient d'autant plus volontiers aux rivages de Kyushu ou de Hondo que des prêtres chrétiens y avaient reçu un accueil bienveillant… Dans une lettre écrite à don Pedro da Silva, l'organisateur de son voyage, le « nonce » jésuite n'oubliera pas de mentionner quelques mois plus tard que si « l'on fait du fruit dans les âmes », c'est aussi parce que d'autres font du fruit en d'autres domaines… Il n'est guère d'entreprise humaine si noble que l'intérêt n'y vienne porter ombrage. Mais faut-il pourtant en conclure que cet ombrage-là déshonore ?

L'importance primordiale du rôle d'Anjirô dans cette rencontre entre nos Argonautes et le Japon s'accrut du fait que le destin, sous la forme des vents du Pacifique (mais peut-être fut-il forcé par une secrète entente entre le Japonais et le Pirate ?), poussa la barque d'Avan, non vers un port de Hondo, l'île centrale où Xavier voulait aborder pour piquer droit sur Miyako, la capitale royale, mais vers Kyushu et la ville natale d'Anjirô, Kagoshima – d'où l'accueil très « familial » fait aux voyageurs.

Mais pourquoi ne pas le citer ? Le récit qu'il fait à l'intention de ses compagnons de Goa dans une immense lettre écrite le 15 novembre 1549, près de trois mois après l'accostage de la jonque du Pirate, avec ses contradictions, ses répétitions, ses digressions, est très beau, d'une évidente sincérité, enrichi de mille détails collectés au cours de ces premières semaines de découvertes, d'émerveillements, de déceptions aussi, car il arrive que le Japon réel ne ressemble pas à celui que lui a dépeint Paulo de Santa Fé, ni même à celui qu'il voit et décrit – semblant ignorer que ces aimables Japonais appellent entre eux les arrivants *nambandjin* (barbares du Sud) :

« … Le jour de Notre-Dame d'août 1549 [...] nous arrivâmes
à Kagoshima qui est le pays de Paul de Sainte-Foi [où] tout le
monde nous accueillit avec beaucoup d'amour, ses parents
aussi bien que les gens qui ne l'étaient pas [...] Le capitaine
du pays* et le maire de l'endroit** ainsi que tout le peuple car
tout le monde s'émerveille de voir des prêtres venus du pays
des Portugais : ils ne sont aucunement choqués de ce que Paul
se soit fait chrétien, bien au contraire [et admirent] qu'il ait été
dans l'Inde et y ait vu des choses que les gens d'ici n'ont
jamais vues… »

Cet appétit de connaissances des Japonais ! Mais s'ils s'en-
chantent de cette ouverture d'esprit, les voyageurs s'étonnent
aussi que personne ne semble tenir rigueur à Anjirô-Paulo
du crime pour lequel il s'est enfui aux Indes trente mois plus
tôt ; bien au contraire, les autorités le traitent « avec de grands
honneurs ». Tant mieux… Et les voici reçus dans la maison
d'Anjirô-Paulo où on leur fait fête et où, bientôt, la mère et
la sœur du converti suivront son exemple.
Suite de la lettre de François :

« … Du Japon je vous informe de ce que nous avons pu comprendre. D'abord, les gens avec lesquels nous avons conversé
jusqu'à présent sont les meilleurs de ceux qu'on ait jusqu'à présent découverts. Il me semble que, parmi les gens infidèles***,
on n'en trouvera point qui aient l'avantage sur les Japonais.
C'est un peuple d'une fréquentation très agréable, bons et bien
intentionnés et qui, d'une façon tout à fait merveilleuse, mettent l'honneur au-dessus de toutes choses****. Aucun des pays
chrétiens n'a cela : ils traitent avec autant d'honneur un gentilhomme très pauvre que s'il était riche [...] Ils estiment donc
plus l'honneur que les richesses. Ce sont des gens très courtois
[...] Ils apprécient les armes et ont grande confiance en elles :
dès l'âge de quatorze ans, ils portent déjà un sabre et un poignard [...] Ils ne supportent aucun affront ni aucune parole dite
avec mépris [...] Sobres dans le manger, ils sont portés à la boisson [...] Ils ne jouent jamais [...] Je n'ai jamais vu de gens aussi
irréprochables en matière de vol [...] Une partie considérable du
peuple sait lire et écrire [...] Ils n'ont qu'une seule femme… »

* Le chef militaire, *iodaï*.
** Le gouverneur civil, *bugio*.
*** Encore ce mot !
**** De quoi enchanter plus qu'un autre un Espagnol…

Cette jolie description, que plus d'un ethnologue compétent aurait pu signer, ne serait pas complète si Xavier n'y évoquait les rapports du peuple à la religion :

> « Ils éprouvent un grand plaisir à entendre parler des choses de Dieu, surtout quand ils les comprennent* […] Ils n'adorent point des idoles ayant des figures d'animaux** [mais] beaucoup adorent le soleil et la lune. La plupart d'entre eux croient en des hommes d'autrefois, lesquels, d'après ce que je suis parvenu à comprendre, étaient des hommes qui vivaient comme des philosophes*** […] Ils se plaisent à entendre des choses conformes à la raison […] Rendez-vous Grâce au Seigneur : cette île du Japon offre de bonnes dispositions pour accroître notre Sainte Foi. Si nous savions en parler la langue, je n'hésite pas à croire que beaucoup se feraient chrétiens [10]… »

François Xavier, bon psychosociologue, est un piètre reporter : à travers lui, on ne « voit » pas le Japon. C'est en recourant à d'autres témoins, directs ou non, à ses premiers biographes, que l'on voit s'agiter ce monde qui ne pouvait manquer de déconcerter, et quelles que fussent sa « courtoisie » et la chaleur de son accueil, nos Ibériques frais débarqués de leur jonque. Furent-ils si peu ébahis par ce monde d'un exotisme puissamment stylé et coloré ? Par l'habitat si fragile et gracieux, par les kimonos, les chignons des hommes comme des femmes, les faces sculptées, les gestes brusques, la démarche dynamique, tout en contradictions avec l'Inde brune et dormante ?

Quelques notations d'ordre alimentaire, pourtant, chez le sobre Xavier :

> « Les gens d'ici ne tuent ni ne mangent aucune chose qu'ils élèvent ; parfois ils mangent du poisson avec leur riz et leur blé, en petite quantité. Il y a beaucoup d'herbes dont ils se nourrissent, et quelques fruits […] Ils jouissent d'une santé étonnamment bonne et il y a beaucoup de vieux. On voit bien, chez les Japonais, que peu de choses suffisent à entretenir la nature, bien qu'il n'y ait rien qui la contente [11]. »

---

* Ce qui n'allait pas de soi : la doctrine chrétienne expliquée en mauvais japonais à des bouddhistes mâtinés de shintoïsme…

** Ce qui horrifiait François chez les Hindous.

*** Sakyamuni ou Bouddha.

François Xavier n'aurait pas été jésuite s'il n'avait posé d'emblée la question du rapport aux pouvoirs – et l'on a vu qu'il l'avait fait dès les premières lignes écrites sur le Japon, nation qu'il croit dotée d'un « roi », d'un clergé et de « grandes universités ». Les choses étaient moins simples et, du point de vue politique, le pouvoir réel terriblement fractionné était aux mains de féodalités provinciales, autonomes par rapport au *tenno* de Miyako et même au *shogun* : les *daimyo*.

Kagoshima était la capitale du Satzuma, province méridionale de Kyushu – pays alors pauvre et dont la principale production était les hommes d'armes. André Bellessort la compare à Sparte, ce qui donne à penser qu'il y avait une Athènes dans ce Japon-là, et que le Satzuma occupait une position forte dans l'empire. Non. Le *daimyo* de la province était un seigneur de second plan – tout-puissant néanmoins sur ces terres.

C'était alors un jeune homme de vingt-six ans, Shimazu Takahisa, tenu pour un pieux bouddhiste, membre de la secte rigoriste dite Shingon, et protecteur du grand temple zen de Fukusho-ji à Kagoshima. Il résidait de préférence dans la petite villa fortifiée d'Ijuin, berceau de sa famille. C'est là qu'il accueillit d'abord Anjirô, déjà reçu avec honneur, comme nous l'avons vu, par les autorités militaires et civiles du port, nonobstant son passé et sa conversion : le *daimyo*, fidèle à la réputation faite à ses compatriotes par Anjirô, était avide de tout apprendre sur l'Inde, sur ces étrangers qui venaient d'aborder au Satzuma, et sur la religion qu'ils prêcheraient.

Cette première entrevue, si l'on en croit le récit qu'en fit Anjirô-Paulo à ses compagnons espagnols, augurait bien de la suite : fort intéressé par les indications fournies par le converti (étaient-elles aussi fantaisistes que celles qu'avait entendues Xavier de la même bouche, à Goa ?) Takahisa se déclara fort ému à la vue d'un tableau confié par don Pedro da Silva aux missionnaires embarquant à Malacca, qui représentait la Vierge et l'Enfant, l'un des dons destinés à amadouer le « roi du Japon ». Ne s'agissait-il pas de la déesse de la miséricorde, Kannou ? Le *daimyo* se prosterna devant l'effigie, invitant les courtisans à l'imiter, tandis que sa mère pressait Anjirô de questions sur cette religion qui produisait de si belles images, et le priait de lui remettre un exposé écrit de ses dogmes fondamentaux – ce que s'empressa de faire le visiteur.

Un mois plus tard, c'est François Xavier qui était reçu en

grande pompe à Ijuin par le *daimyo* Takahisa. Son récit est
d'une belle sobriété :

> « Le jour de la Saint-Michel* nous nous sommes entretenus
> avec le duc** de ce pays ; il nous fit beaucoup d'honneur et dit
> de conserver soigneusement les livres où est écrite la Loi des
> Chrétiens ajoutant que si la Loi de Jésus-Christ était vraie et
> bonne, le démon en serait très fâché. Peu de jours après, il
> donna permission à ses vassaux de devenir tous Chrétiens s'ils
> le voulaient... »

Et d'ajouter en bon praticien :

> « Cet hiver, nous nous occuperons à rédiger une explication
> sur les articles de la Foi en langue du Japon [...] Paul, notre
> très cher Frère, traduira avec fidélité dans sa langue tout ce qui
> est nécessaire au salut de leurs âmes [12]... »

Ce qui fut fait : un ample exposé de la doctrine chrétienne,
en deux volumes, le premier relatif à l'Ancien Testament, le
second au Nouveau, fut rédigé d'octobre à décembre 1549 par
Xavier et Torres, et traduit (comment ?) par Anjirô. Le fruit de
ses travaux improvisés ne semble pas avoir eu d'effet plus
direct sur les populations japonaises que les prédications ânon-
nées, sur des textes appris par cœur, auxquelles s'adonnèrent
quelque temps le nonce apostolique puis, avec un peu plus de
succès, Juan Fernandez – on en reparlera.

On a vu François Xavier enclin à l'admiration pour cette
religion originaire du Tenjiku, qui a un « Livre », lequel, selon
ses fidèles, « vient de Dieu ». Rien là de méprisant ni d'ironique, bien au contraire. Il y a certes ceux qui adorent le
soleil***... Mais quand il parle de cette croyance « en des
hommes d'autrefois qui vivaient comme des philosophes » –
et en qui l'on peut voir Bouddha mais aussi Confucius (bien
que maître Kong n'ait acquis une influence au Japon que sous
les Tokugawa, à partir du XVIIᵉ siècle) –, on voit bien qu'elle
lui inspire un véritable respect.

Toute religion pèche d'abord par ses desservants. Si bien dis-

---

    * Le 29 septembre 1549.
   ** Assimilation recevable avec les féodaux européens.
  *** Les shintoïstes.

posé qu'il fût au départ, le missionnaire navarrais va très vite entrelarder ses réflexions plutôt bienveillantes sur la religion japonaise de pointes de plus en plus acides, souvent féroces, contre les « bonzes* », les desservants des diverses sectes zen dont la plus importante est, dans le Satzuma, celle qu'on appelle Shingon dont Anjirô avait été l'adepte et à laquelle appartenait toujours le *daimyo* Takahisa.

Il ne les écrasera jamais du même mépris que les brahmanes de l'Inde (« cette engeance ») mais il ne prend guère soin de vérifier si les accusations contre les bonzes, dont il se fait l'écho complaisant, sont tout à fait fondées. Dès sa première lettre à ses compagnons, celle du 5 novembre 1549, il dénonce tour à tour ceux qui « habillés de gris à la façon des moines**, entièrement rasés, tête et menton, vivent conjointement avec des nonnes du même ordre qu'eux, qui, quand elles sont enceintes, prennent une drogue pour avorter – ce pour quoi le peuple les tient en piètre estime… ».

Mais c'est sur un ton plus vif encore qu'il évoque ceux des bonzes qui

> « dans leurs monastères ont beaucoup de jeunes garçons fils de gentilshommes, auxquels ils apprennent à lire et à écrire et avec lesquels ils commettent des turpitudes […] ce qu'ils ne nient pas. La chose est connue de tous. Ceux qui ne sont pas bonzes prennent un grand plaisir à nous entendre blâmer ce péché abominable […] mais eux, ils nous trouvent drôles, ils s'en moquent et n'éprouvent aucune honte en nous entendant les blâmer [13]… ».

Les historiens du temps relèvent eux aussi que les pratiques pédérastiques étaient courantes dans les monastères bouddhistes, surtout zen, où elles semblaient aussi intégrées à l'éducation que dans l'Athènes du temps d'Alcibiade. Il est vrai que si un missionnaire bouddhiste avait enquêté à la même époque sur les couvents européens, il aurait découvert d'autres « turpitudes » – comme l'avait fait Inigo de Loyola dans la région de Barcelone.

Alors quoi, « tous pourris » ? Comme le clergé romain vu par

---

* Il écrit « *bonzos* ».
** D'autres, dits *hokke*, étaient vêtus d'une robe blanche recouverte d'une tunique noire.

Luther quarante ans plus tôt ? Non. L'envoyé du pape a découvert au moins un juste à Sodome :

> « J'ai souvent des entretiens avec un bonze que tout le monde respecte en raison de sa science, de sa vie, de sa dignité et de son grand âge. Il s'appelle Ninxit[*], ce qui signifie "au cœur de la vérité". Il est parmi eux comme un évêque. Au cours de nos nombreuses conversations[**] je l'ai senti plein de doutes et incapable de savoir déterminer si notre âme est immortelle [...] Il m'a dit maintes fois que oui et d'autres fois que non. Je crains qu'il en soit de même chez les autres clercs[***]. Ce Ninxit est devenu tellement mon ami que c'est merveille. Tout le monde, aussi bien les laïcs que les bonzes, prend grand plaisir en notre compagnie : ils s'étonnent que nous soyons venus de pays aussi éloignés que le Portugal du Japon [...] et seulement pour parler des choses de Dieu... »

Que nous voilà loin de ces séances d'aspersion des foules indiennes « couverties » à tour de bras – d'un bras fatigué ! On aime à imaginer ce dialogue entre le vieillard japonais débordant de questions et de doutes, et le jésuite venu de si loin pour « seulement parler des choses de Dieu » – entourés tous deux d'un cénacle qui s'émerveille de ce tournoi, accroupi en contrebas sur le plancher du monastère de Fukusho-ji.

Mais Xavier est réaliste ; il constate que les bonzes « très nombreux » sont aussi « très obéis » et « estimés » en dépit de leurs « péchés » à cause de la « grande abstinence qu'ils gardent », et aussi parce qu'ils savent « raconter des fables relatives à ce qu'ils croient ». Et il conclut lucidement sur ce sujet :

> « Étant donné que nous avons sur ce point des opinions très opposées sur la façon de sentir Dieu et la manière que doivent suivre les gens pour être sauvés, il ne sera pas étonnant que nous soyons persécutés par eux, et plus qu'en paroles... »

Avec combien de Ninxit pouvait-il s'entretenir ? Il y a ce lancinant problème de la langue. Anjirô-Paulo est de plus en plus absorbé par les siens – il a déjà converti sa mère, sa femme et

---

   [*] C'est la graphie de Xavier. Son nom était Ninjitsu.
  [**] Avec Anjirô comme interprète vraisemblablement.
 [***] Sur les cinq principales sectes bouddhistes japonaises, quatre professaient l'immortalité de l'âme.

sa fille – et Juan Fernandez s'acharne à assimiler les caractères mais ne pourra pas servir d'interprète avant un an. Voici pourtant que se présentent les premiers convertis, et d'abord ce Bernardo qui fera, deux ans plus tard en Europe, figure de saint.

L'épanouissement du personnage de Bernardo justifierait à lui seul l'immense périple de François Xavier : tout ce qu'on dit de cet homme est digne de son maître spirituel. Fils d'un samouraï destitué et peut-être réduit au rôle de *rônin*, ce mixte de chevalier errant et de bandit dont Kurosawa a fait un mythe cinématographique, Bernardo était souffreteux, plus ou moins infirme, si laid qu'il effrayait les enfants. On ne sait s'il fut le premier Japonais converti au catholicisme par le missionnaire navarrais, mais il s'affirma le plus fidèle de ses disciples. Accueilli en Europe en 1552, il émut tous ceux qu'il rencontra, à commencer par Ignace, avant de mourir à Coïmbra en 1557.

On l'imagine blotti aux côtés de Xavier, quand le nonce en soutane rapiécée s'asseyait, deux fois par jour, devant l'une des colonnes de l'entrée du monastère de Fukusho-ji, et tentait de réciter le catéchisme ou plutôt l'abrégé de doctrine qu'il avait recomposé à la hâte depuis son débarquement au Japon dans la traduction improvisée par le semi-illettré qu'était Anjirô-Paulo.

Ignorant le portugais, Bernardo ne pouvait lui servir d'interprète : mais il était trop accoutumé aux quolibets que lui valait sa piteuse dégaine pour ne pas être sensible à ceux que suscitaient les étranges discours de son maître, ces mystères chrétiens débités en un sabir dérisoire. Qu'était donc ce baragouineur exalté, au regard de feu et à la langue fourchue : un fou, un magicien, un débile mental ?

Ce n'est pas pour s'épargner les railleries populaires que François décida, après un an de mission dans le Satzuma, de poursuivre sa route vers le nord. Après tout, le « fruit » recueilli au pays d'Anjirô n'était pas si négligeable : une centaine de conversions obtenues ici, non plus par la soumission à un ordre étranger, mais par une sorte de persuasion, de raisonnable séduction. Compte tenu du rude caractère des gens du Satzuma, le « nouveau Xavier », celui qui avait choisi de respecter les convictions de « l'autre », pouvait ne pas désespérer de l'entreprise.

S'il prenait le large, non sans esprit de retour, laissant Anjirô

sur place pour continuer et approfondir sa prédication, c'est
d'abord parce qu'il s'était toujours fixé pour objectif de gagner
la capitale de l'empire, Miyako, afin d'y rencontrer le « roi » –
alors le *tenno* Go-nara –, espérant convertir avec lui, d'un
coup, son peuple. C'est aussi parce que les liens d'abord noués
avec le *daimyo* Takahisa s'étaient distendus puis rompus sous
la pression des bonzes, de ceux notamment de la secte Shingon. Écoutons les explications que le nonce jésuite donne à ses
compagnons romains :

> « Les bonzes dirent au seigneur du pays […] que s'il donnait
> son consentement à ce que ses vassaux puissent adopter la loi
> de Dieu, le pays serait perdu et leurs pagodes détruites et pro-
> fanées […] La loi de Dieu est en effet contraire, disaient-ils, à
> leurs Lois, et les gens qui adopteraient la Loi de Dieu per-
> draient leur dévotion pour les Saints qui avaient fondé leurs
> Lois. Les bonzes obtinrent donc du duc, Seigneur du pays,
> qu'il édictât l'interdiction de se faire chrétien sous peine de
> mort [14]… »

Les bonzes shingon ont donc fini par faire prévaloir leur
volonté de monopole et d'exclusion sur l'esprit d'accueil
originel du *daimyo* et la bienveillante curiosité du vénérable
Ninjitsu. Seulement (si l'on peut dire) pour des raisons religieuses ou du fait du souci qu'ils partagent avec le *daimyo* de
maintenir des pouvoirs établis dont les intérêts se rejoignent ?
C'est aussi parce que Takahisa était déçu de n'avoir pas vu
affluer, à la suite des missionnaires, les marchands portugais,
comme ils le faisaient chez son rival du Nord, le *daimyo* de
Hirado[*].

C'est là précisément que François Xavier choisit de faire sa
seconde halte, où il devait retrouver les Portugais – sinon leur
appareil militaire, du moins leur dynamisme commercial.
Comme quoi l'épuration de sa mission n'était pas encore tout à
fait accomplie. Plus ou moins chassé du Satzuma, voulut-il
ainsi trouver une sorte de refuge à courte distance d'un navire
portugais ancré au large de Hirado ? Il y vit en tout cas une
sorte de relais de poste, expédiant à Goa et en recevant
quelques correspondances, en attendant de lire celle de Rome.

Le passage du grand rapport que Xavier adressera en janvier

---

[*] Île située à l'extrême ouest de Kiushu.

1552 à ses compagnons d'Europe à propos de son séjour à Hirado est d'une naïveté qui, pour le coup, passe les bornes. On serait tenté même de le taxer d'hypocrisie quand il écrit que les conversions y furent plus rapides qu'à Kagoshima « par la lecture du livre que nous avons traduit en japonais et grâce à d'autres causeries que nous y avons faites ». Et la présence des Portugais en ces lieux ? Et la révérence qu'inspiraient les canons de leurs navires – en l'occurrence celui du capitaine Pereira ? Et la cupidité qu'éveillaient là leurs cargaisons, le souci de complaire à ces puissants ? Voilà un saint homme qui, n'oubliant jamais de « faire du fruit dans les âmes », ne démêle pas encore très bien comment, des moyens, on passe aux fins…

Le R. P. Bouhours, lui, dit tout cela avec une simplicité désarmante :

> « Les Portugais firent tout ce qu'ils purent pour recevoir honorablement le Père Xavier. On déchargea toute l'artillerie à son arrivée, on déploya toutes les banderoles, on fit sonner toutes les trompettes et enfin tous les navires jetèrent des cris d'allégresse à la vue de l'homme de Dieu. Il fut conduit avec la même pompe au palais du roi ; et cette magnificence ne servit pas peu à le faire considérer d'une cour païenne […] Les Portugais firent entendre au roi combien celui qu'ils lui présentaient était puissant auprès de leur maître […] Toute la populace courut entendre les bonzes d'Europe […] et en moins de vingt jours il baptisa plus d'infidèles [à Hirado] qu'il n'avait fait en toute une année à Kagoshima. »

Voilà qui est parler clair, du ton d'un sujet du Roi-Soleil. Et voilà qui marque bien le risque que courut alors le Navarrais de retomber dans les errements indiens. Mais s'il lui arrive de s'exprimer avec une naïveté qui frise l'hypocrisie, son discernement dans l'action reste très sûr. Si bien reçu qu'il fût par le maître des lieux, François comprit vite que Hirado ne devait être pour lui qu'une brève étape : la présence portugaise apportait certes un réconfort, mais elle était une entrave au type de mission qu'il inventait de jour en jour. Après moins de deux mois, il décida donc de gagner un centre beaucoup plus important, Yamaguchi, sur lequel régnait l'un des plus prestigieux seigneurs de l'empire, Yoshikata.

Laissant sur place son compagnon Cosme de Torres chargé

de prendre soin de la petite chrétienté qu'il venait de susciter
par les moyens que l'on a vus, il emmena avec lui Juan Fernandez qui désormais pouvait s'exprimer en un japonais
approximatif, en tout cas suivre une conversation en cette
langue, Bernardo et un autre converti, Matteo. A la fin de janvier 1551, après une traversée de Hakata à Shimonoseki, ils
cheminèrent trois semaines durant jusqu'à Yamaguchi, par un
froid terrible, dans une neige épaisse, à la rencontre du puissant Yoshikata, dernier intermédiaire, pensait le missionnaire,
entre lui et le « roi » du Japon.

Ici, il faut lui laisser la parole, tant le récit qu'il propose à
ses compagnons de Rome, le 29 janvier 1552, sonne juste et
reflète le style et l'esprit de cette entreprise, dès lors qu'elle
s'est libérée du poids des armes, des trompettes et des bande-
roles de la puissance européenne.

> « [Yamaguchi[*]] est une ville de plus de 10 000 habitants, dont
> les maisons sont toutes en bois. Il y avait en cette ville un
> grand nombre de gentilshommes et d'autres gens qui dési-
> raient beaucoup savoir quelle était la Loi que nous prêchions.
> C'est pourquoi nous décidâmes de prêcher pendant de longs
> jours dans les rues, et chaque jour deux fois : nous lisions le
> livre que nous transportions et nous donnions des causeries en
> conformité avec le livre que nous lisions. Nombreux étaient
> les gens qui se pressaient à nos prédications[**]. On nous faisait
> appeler dans les maisons de grands gentilshommes pour nous
> demander quelle est donc la Loi que nous prêchions et on nous
> disait que, si elle était meilleure que la leur, ils l'adopteraient.
> Beaucoup montraient leur joie d'entendre énoncer la Loi de
> Dieu, d'autres la raillaient, d'autres encore la trouvaient
> déplaisante.
> Quand nous parcourions les rues, les enfants et d'autres gens
> nous poursuivaient en se moquant de nous et disaient : "Voilà
> ceux qui disent que nous devons adorer Dieu pour être sauvés
> et que personne ne peut nous sauver sinon le Créateur de
> toutes choses." D'autres disaient : "Ce sont eux qui interdisent
> le péché de sodomie", car celui-ci est très répandu parmi eux.
> C'est de la sorte qu'ils énonçaient les autres commandements
> de notre Loi et cela pour se moquer de nous. »

---

  * François Xavier écrit « Yamanguchi ».
 ** « Nos » ? Seul Fernandez pouvait être entendu des auditeurs.

Mais la mission de François, fût-elle libérée des arguments frappants de l'impérialisme, ne saurait aller sans recours aux puissants du lieu :

> « Nous fûmes appelés par le duc de Yamaguchi car il se trouvait dans la ville même [...] Comme il nous demandait d'où nous étions et pourquoi nous étions venus au Japon, nous lui répondîmes que nous y étions envoyés pour prêcher la Loi de Dieu, vu que personne ne peut être sauvé s'il n'adore pas Dieu et s'il ne croit pas en Jésus-Christ, Sauveur de tous les gens. Il nous demanda alors de lui expliquer la Loi de Dieu et c'est ainsi que nous lui lûmes une grande partie du livre. Il fut très attentif pendant tout le temps où nous lui avons lu sans doute plus d'une heure, puis il nous congédia. »

François ne précise pas ici ce qui est pourtant à son honneur : que, s'il fut « congédié », c'est surtout parce qu'il fit reproche au *daimyo* tout-puissant de sa vie dissolue et de ses innombrables concubines. Bref, il suscita la colère du prince et s'attendait, selon Fernandez, à être tué...

Cela n'augurait pas bien du « fruit » qui serait fait ici. Le missionnaire rapporte cependant que, lorsqu'ils racontaient, dans les rues, la vie du Christ, « les gens pleuraient au récit de la Passion ». Mais il ne se fait pas d'illusions excessives :

> « Peu nombreux étaient ceux qui se faisaient chrétiens. Vu le peu de fruit qu'on produisait, nous décidâmes de nous en aller dans une ville, la plus importante de tout le Japon, qui a pour nom [...] Miyako » [15].

Parmi les raisons qui provoquèrent l'échec de cette première mission à Yamaguchi, il y a celle-ci, que donne le R. P. Bouhours : faisant valoir que cette ville est l'une des plus riches du Japon, du fait des mines d'argent qui sont alentour, il ajoute de son ton de grand prédicateur : « Comme les vices accompagnent toujours les richesses, c'était une ville toute corrompue et pleine de débauches les plus monstrueuses [...] Cette étrange corruption des mœurs fit à François horreur et pitié tout ensemble [16]... »

Les voici donc, après ce demi-échec à Yamaguchi, partis pour Miyako, la moderne Kyoto.

« Nous restâmes deux mois en chemin ; nous eûmes à affronter bien des dangers [...] en raison des nombreuses guerres qu'il y avait dans les localités que nous traversions. Je ne parle point des grands froids qui sévissent en cette contrée de Miyako et des nombreux bandits qu'il y eut en chemin... »

Mais, pour une fois, on lui coupera la parole afin de le faire mieux paraître dans toute sa fraîcheur humaine, surgissant des souvenirs de son pauvre compagnon Bernardo. Trois ans après la mort de François, le fils du samouraï était accueilli à Rome au Collège romain, villa Balbino, et, au cours d'une soirée, évoqua devant Polanco, Frusio et Palmio la marche de son maître (et la sienne) vers Miyako. De cette évocation qu'il entendit raconter par Palmio, Edmond Auger, alors élève en ce collège, se fit l'écho délectable :

« Ce que son prosélyte Bernard le Japonien, qui est encore avec nous, nous découvrait un après-dîner de sa gaieté et gentillesse, surpasse l'humeur de tout autre homme de la sorte. Il n'avait qu'une sienne robe de toile noire sur soi avec un petit bonnet de tête que portent les Siamois, aussi de toile, pieds et jambes nus, son petit paquet [fait] de sa Bible, de son bréviaire, d'un surplis sur le dos, et en courant à travers les neiges, les forêts toutes gelées, à guise d'un laquais[*] pour ne perdre la compagnie de certains barbares à cheval[**], il sautait parfois, il s'égayait et jetait une pomme en l'air, une pomme qu'il tenait en sa main puis la reprenait, le visage tout arrosé de larmes joyeuses, avec des propos très profonds de la bonté et miséricorde de Dieu qui l'avait choisi pour semer sa doctrine céleste en des provinces si lointaines et comme arrachées au monde[17]... »

Ne dirait-on pas un portrait de l'autre François, celui d'Assise, tracé par un émule de Joinville ?
Et revenons au récit de Xavier :

« Nous arrivâmes à Miyako et nous y restâmes quelques jours. Nous cherchâmes à parler au roi pour lui demander la permission de prêcher la Loi de Dieu dans son royaume. Mais nous ne pûmes pas lui parler. Comme par la suite nous eûmes

---

  [*] Comme l'eût fait un laquais.
 [**] Quelques samouraïs cheminant vers Miyako.

l'information qu'il n'est pas obéi par les siens, nous cessâmes d'insister pour lui demander la permission de prêcher dans son royaume. »

Une terrible déception marque donc leur arrivée dans la capitale de l'empire : le « roi » n'est plus, provisoirement, qu'un mythe. Depuis ses premiers entretiens, aux Indes, avec Anjirô et Alvarez, il n'a pas manqué d'apprendre au contact des *daimyo*, des moines et des lettrés que le Japon n'a pas de roi à l'européenne, mais deux principes de souveraineté, et que l'héritier de la dynastie, le *tenno* (on disait alors plus souvent le *vô* ou *daïri**) nommé Go-nara, n'était plus qu'un mendiant couronné – sans que le *shogun* Ashikaga en fût pour autant renforcé. Un pan essentiel du système missionnaire jésuite s'effondre : pas d'interlocuteur central, ni pape, ni empereur. Il faudra donc continuer de traiter avec les pouvoirs périphériques féodaux, les *daimyo*...

Mais le trône impérial n'est pas seul en ruine : la capitale même est dans un état lamentable. Écoutons le voyageur :

« Cette ville de Miyako est fort grande ; elle est à présent, en raison des guerres, très démolie. Bien des gens disent qu'elle avait anciennement plus de cent quatre-vingt mille maisons, et il me semble que ça doit être vrai tant son emplacement est vaste. Elle est à présent bien démolie et bien brûlée, bien qu'elle me semble avoir encore plus de cent mille maisons [...] Ce pays n'était pas suffisamment en paix pour qu'on y manifestât la Loi de Dieu... »

Curieuse maxime. Mais le jésuite n'aime ni le désordre, ni les ruines, ni la vacance du pouvoir. Le rationalisme qui inspire, ou conforte, sa spiritualité, et a conduit François vers ce peuple « guidé par la raison », vacille ici, et avoue son désarroi. A ce type d'énergie, il faut un point d'appui. L'effusion lyrique dans laquelle s'est déroulée la longue marche vers Miyako s'affaisse en un dépit douloureux : ainsi Caillé découvrant la fabuleuse Tombouctou, rien qu'un amas de cases informes...

Pas question d'être reçu par le *tenno*, soit que l'empereur se refuse à révéler son abaissement à des yeux étrangers, soit que

---

* Qu'on appelle aujourd'hui, en Occident, *mikado*.

les bonzes alentour aient voulu préserver de cette souillure
ce qui restait de la majesté impériale ; et pas davantage par le
shogun Yoshiteru Ashikaga, guère moins dévalué, on l'a vu, et
qu'il tentera pourtant d'aller débusquer jusqu'à Sakamoto, à
deux jours de marche de la capitale.

Voyage triplement pénible. Parce que Xavier et ses compagnons se voient refuser toute audience. Parce qu'ils sont
victimes de ce qu'un chroniqueur portugais appelle « *muitas
injurias* » (beaucoup d'injures) et d'autres, des « persécutions »
(voire, selon le R. P. Bouhours, d'une tentative de lapidation),
et sont constamment harcelés par des nuées d'enfants imitant
les incantations des missionnaires, criant par dérision « *Deos,
Deos* », enfin parce qu'ils voient se barricader devant eux les
portes des plus prestigieux monastères, notamment celui de
Hiei-zan qui, mieux que tout autre, méritait d'être considéré
comme l'une de ces « grandes universités » vers lesquelles
marchait, depuis Goa, le nonce aux pieds nus.

Le grand rêve où il vivait, depuis les premiers entretiens
avec Anjirô et Alvarez trois ans plus tôt, s'effondrait, ou plutôt
s'effritait. Mais non la science nouvelle qu'il avait acquise,
celle des rapports humains, celle du respect de l'autre et de
la réciprocité, celle de l'échange avec les « infidèles », les
« idolâtres ». Comment, ayant saisi cela, ne comprendrait-il
pas qu'il est lui aussi, aux yeux de ses hôtes souvent inhospita-
liers, un « barbare », le propagateur d'un message attentatoire à
leur croyance, et au surplus indéchiffrable ?

Ainsi décide-t-il de repartir pour Yamaguchi. Non qu'il y eût
remporté de grands succès ni obtenu des promesses, mais il
savait y trouver un interlocuteur valable. Il avait certes irrité
le *daimyo* Yoshikata par ses sermons moralisateurs, il avait été
par lui éconduit ; mais non sans avoir été écouté, interrogé –
non sans avoir éveillé un intérêt manifeste. C'est avec cet
homme qu'il fallait donc reprendre le dialogue et l'entreprise,
sur nouveaux frais.

L'expression ne vient pas tout à fait par hasard sous la
plume, on va le voir. En ce sens, le deuxième séjour de François
Xavier à Yamaguchi est un épisode aussi capital dans l'histoire
de la propagation du christianisme en Asie que sa découverte
de la grandeur de la civilisation bouddhiste dite « de Tenjiku »,
à travers les entretiens de Goa avec Anjirô. Alors, il avait compris que convertir, c'est d'abord découvrir et respecter l'autre.

Maintenant, il va réaliser que convertir, c'est aussi se convertir, en tout cas s'adapter, se modeler, se plier aux formes d'une autre culture : tout Ricci*, tout Nobili sont déjà dans ce séjour prodigieux chez le *daimyo* Yoshikata.

Car, cette fois-ci, il n'arrive ni les mains vides, ni vêtu comme un mendiant. Il a pris soin de repasser par Hirado où il a laissé les présents que lui avaient remis à cet effet le vice-roi des Indes et le gouverneur de Malacca, « une petite horloge sonnante, un instrument de musique très harmonieux et d'autres ouvrages de l'art dont la rareté faisait tout le prix », écrit le père Bouhours qui ajoute mieux encore : « Il se fit faire un habit neuf, et même assez propre, des aumônes que les Portugais lui firent. » Sur quoi le bon père propose en guise de commentaire cette profonde maxime qui, en moins de trente mots, résume cinq siècles d'histoire des jésuites : « Un homme apostolique doit se faire tout à tous** et, pour gagner les gens du monde, doit quelquefois s'accommoder un peu à leurs faiblesses [18]. »

Débat capital, bien sûr, qui marquera pendant des décennies l'action missionnaire et que l'on a parfois résumé en la formule « soie ou coton ? ». L'affaire « soie ou coton » se développera près de trente ans plus tard, au temps où le R. P. Cabral, devenu supérieur de la mission jésuite au Japon, passant outre aux requêtes des néophytes issus de la classe dirigeante, leur imposa, par fidélité à la vertu de pauvreté, de se vêtir de coton. Sur quoi les susceptibilités se cristallisèrent :

> « Au Japon, l'usage de la soie n'était pas un luxe, écrit Henri Bernard-Maître, mais une exigence de bonne tenue. Seuls les vagabonds portaient des habits de coton ; il ne convenait pas, pensaient les chrétiens, que les missionnaires, par leur costume, semblassent s'assimiler à eux et discréditer ainsi la foi qu'ils venaient annoncer à un peuple particulièrement susceptible. »

L'affaire provoqua des tensions dont les échos parvinrent jusqu'à Rome, en 1579. Un inspecteur de la mission fut dépêché, le père Valignano, intelligent Napolitain qui devait s'affirmer comme le trait d'union historique entre Xavier et Ricci. Après trois années d'enquête et de réflexion, il se décida,

---

* Voir chapitre IX.
** La formule de Loyola, empruntée à saint Paul.

contre Cabral, pour le port de la soie, suscitant un surcroît
de controverses, de Goa au Saint-Siège : mais il l'emporta, se
référant notamment à son prédécesseur de Navarre tel qu'il
s'était comporté à Yamaguchi.

Écoutons Xavier, drapé de soie, et reçu cette fois par le *daimyo* en tant qu'ambassadeur non seulement du pape, mais du
vice-roi des Indes :

> « A Yamaguchi nous donnâmes au duc des lettres du Gouverneur et de l'Évêque[*] que nous transportions, en même temps
> qu'un présent qu'il lui avait envoyé en signe d'amitié. Le duc
> se réjouit beaucoup de ce présent aussi bien que de la lettre.
> Il nous offrit bien des choses, mais nous n'avons voulu en
> accepter aucune quoiqu'il nous donnât beaucoup d'or et beaucoup d'argent. »

En fait, le présent remis par le nonce-ambassadeur était multiple. On a déjà rapporté l'estimation du R. P. Bouhours. Selon
le *Yoshitaka-ki*, annuaire du *daimyo*, François offrait « une
boîte désignant en douze intervalles réguliers le jour et la nuit
d'une manière exacte », c'est-à-dire une horloge pour quoi
les Japonais n'ont alors pas de mot, « un instrument à treize
cordes donnant cinq périodes de douze sons » (une cithare ?),
« une surface aplanie où, sans le moindre terni, se réfléchit le
visage, tous objets de merveilleux genre… »[**].

Comment ce puissant seigneur ne serait-il pas prévenu en
faveur de visiteurs si généreux, et magnifiques ? L'usage des
« richesses d'iniquité » en vue d'une bonne fin est recommandé
par l'Évangile, et la robe du Christ semble avoir été plus belle
(sans couture…) que celle des apôtres. Bref, le temps est venu
de « faire du fruit » de ces semailles :

> « Nous lui demandâmes alors, écrit Xavier, s'il voulait bien
> nous accorder une faveur, car nous n'en voulions pas d'autre
> de sa part, à savoir qu'il nous donnât la permission de prêcher
> la Loi de Dieu sur ses terres, ainsi que celle de l'adopter pour
> ceux qui le voudraient. C'est avec beaucoup d'amour qu'il
> nous donna cette permission et […] donna l'ordre de faire afficher en son nom dans les rues de la ville un texte par lequel il

---

[*] Le vice-roi et l'évêque de Goa.
[**] Cité dans G. Schurhammer, *op. cit.*, t. IV, p. 217.

donnait la permission de l'adopter, à ceux qui le voudraient. De plus, et en même temps, il nous donna un monastère comme collège, afin que nous y résidions. Lorsque nous fûmes dans ce monastère, de nombreuses personnes vinrent nous y entendre prêcher la Loi de Dieu, prédication que nous faisions d'ordinaire deux fois par jour. A la fin de la prédication il y avait une disputation* qui durait beaucoup. »

C'est alors que s'ouvre le grand dialogue auquel aspire le nonce aux pieds nus, depuis qu'il a formé son projet japonais, deux ans plus tôt à Goa. Le grand dialogue des cultures et des croyances… Sur ce point, il est intarissable et admirable :

« Nous étions occupés continuellement à répondre aux questions ou à prêcher. Nombreux étaient les prêtres japonais, les nonnes et les gentilshommes, ainsi que beaucoup d'autres gens qui venaient […] Je fis un grand effort pour savoir si, à une certaine époque, on avait eu au Japon quelque connaissance de Dieu et du Christ. D'après ce que disent leurs Écritures** et ce que dit le peuple lui-même, j'établis que jamais ils n'avaient eu cette connaissance […] Ils nous posèrent tant de questions et nous, nous leur donnâmes tant de réponses, qu'ils reconnaissaient que les Lois des saints** auxquels ils avaient cru, sont fausses et que la Loi de Dieu est vraie. »

Comment se lasser de citer cette correspondance du missionnaire anthropologue – où passent les interrogations fondamentales de l'humanité, l'écho de tous les grands débats spirituels qui ont empli l'histoire de la pensée et des croyances ?

François Xavier est-il tout à fait conscient de la puissance des objections dont il se fait honnêtement l'écho ? Convenons que ces « idolâtres » sont bien dignes de la réputation de sagacité que le Navarrais embarquant à Goa leur avait faite deux ans plus tôt.

« Les Japonais ne possèdent […] aucune des connaissances de la création du monde, soleil, lune, étoiles, ciel, terre et mer, ainsi que de toutes les autres choses. Il leur semble que tout

---

* Débat public. Élément essentiel de la pédagogie jésuite, dit aussi « concertation ».

** Remarquable attribution de ce vocable à des « idolâtres »…

cela n'a point eu de commencement. Ce qui les impression-
nait le plus, ce fut de nous entendre dire que les âmes ont un
Créateur…

Puisque, dans le récit de leurs saints, on ne mentionne pas ce
Créateur, il ne pouvait y avoir de Créateur de toutes choses.
De plus, disaient-ils, si toutes les choses du monde avaient un
commencement, les gens de la Chine l'auraient su. C'est en
effet de Chine que leur sont venues les Lois qu'ils possèdent.
Ils considèrent que les Chinois sont très renseignés aussi bien
sur les choses de l'autre monde que sur le gouvernement de
l'État.

Ils nous demandèrent bien des choses au sujet de ce Principe
qui a créé toutes les choses, c'est-à-dire s'il est bon ou mauvais et s'il y a un Principe de toutes les choses bonnes et de
toutes celles qui sont mauvaises. Nous leur dîmes qu'il y a un
seul Principe et que celui-ci est bon, exempt de la participation du moindre mal. Il leur sembla que cela ne peut pas être,
parce qu'ils estiment qu'il y a des démons, que ceux-ci sont
mauvais et ennemis du genre humain et que, si Dieu est bon, il
n'aurait point créé de si mauvaises choses.

Ce à quoi nous répondîmes que Dieu les avait créés bons mais
qu'eux, ils s'étaient rendus mauvais, que pour cette raison Dieu
les avait châtiés et que leur châtiment n'aurait pas de fin. A
cela, ils disaient que Dieu n'est point miséricordieux puisqu'il
châtie cruellement. Ils disaient en outre que s'il est vrai
(comme nous le disions) que Dieu a créé le genre humain, pour
quelle raison permet-il que les démons, qui sont si mauvais,
nous tentent. Car s'il a créé le genre humain pour que celui-ci
le serve (comme nous le disions), et s'il était bon, Dieu n'aurait
pas créé les hommes avec tant de faiblesses et autant d'inclination pour les péchés ; il les aurait créés sans aucun mal. Donc,
disaient-ils, ce Principe ne peut pas être bon, car il a fait l'enfer,
chose aussi mauvaise que possible, et il n'a pas pitié de ceux
qui s'en vont là-bas, puisque c'est pour toujours qu'ils doivent
y rester (selon ce que nous leur avions dit).

… Il leur a paru très, très mal de la part de Dieu qu'il n'y ait
point de rédemption pour les hommes qui vont en enfer ; ils
disaient que leurs Lois sont davantage fondées sur la pitié que
ne l'est la Loi de Dieu […] Ils éprouvaient de grands doutes à
propos de la suprême bonté de Dieu et ils disaient qu'il n'est
pas miséricordieux puisqu'il ne s'est pas manifesté plus tôt à
eux, avant que nous vinssions là-bas. S'il est vrai (comme
nous le disions) que tous ceux qui n'adorent pas Dieu vont en
enfer, Dieu, disaient-ils, n'a pas eu pitié de leurs ancêtres car il

les a laissés en enfer, sans leur donner la moindre connaissance de lui-même… »

Dieu, que ces Japonais du temps de la décadence avaient d'esprit ! Presque autant que les Persans de Montesquieu – et à domicile… Ce qu'on admire chez le pieux missionnaire, c'est l'honnêteté qu'il met à citer ses contradicteurs plutôt que la force des arguments qu'il leur assène, et qui semblent si souvent se retourner contre lui. Tel celui-ci qu'on pourrait trouver sous la plume de Voltaire en lutte contre « l'infâme » :

« Nous leur apportâmes la raison grâce à laquelle nous leur prouvâmes que la Loi de Dieu est la première de toutes, en leur disant ceci : avant que les Lois de la Chine ne parvinssent au Japon, les Japonais savaient que tuer, voler, porter de faux témoignages et agir contre les dix commandements était mal ; ils éprouvaient déjà des remords de conscience en signe du mal commis, car s'éloigner du mal et faire le bien étaient des choses inscrites dans les cœurs des hommes. Ainsi, les gens connaissaient donc les commandements de Dieu sans que personne d'autre ne les leur eût enseignés, si ce n'est le Créateur de tous les gens.

… S'ils avaient quelques doutes à ce sujet, ils pouvaient faire cette expérience : prendre un homme qui a grandi dans les bois, n'a aucune connaissance des Lois venues de Chine et ne sait ni lire ni écrire. Qu'ils demandent donc à cet homme qui a grandi dans la brousse, si tuer, voler ou agir contre les dix commandements* est un péché ou non, si c'est un bien ou non de les observer. Par la réponse que celui-ci donnerait, aussi barbare qu'il puisse être et bien que personne ne l'ait instruit, ils verraient clairement que cet homme connaît la Loi de Dieu. Qui donc lui a enseigné le bien et le mal, si ce n'est Dieu qui l'a créé ? Et s'il existe chez les barbares une telle connaissance, qu'en sera-t-il chez les gens doués de sagesse ? Ainsi donc, avant même qu'il existât une Loi écrite, la Loi de Dieu était inscrite dans le cœur des hommes. Ce raisonnement leur plut tellement à eux tous qu'ils en furent très satisfaits. Les avoir tirés de ce doute les aida beaucoup à devenir chrétiens. »

Fallait-il que François eût de charme, de force dans la conviction et de feu dans le discours, pour qu'un tel « raisonnement »

---

* La formulation est, en l'occurrence, abusive.

n'eût pas tourné à sa déconfiture… Mais s'il l'emporte souvent dans les « disputations », c'est par la vertu d'autres arguments qui avaient peu à voir avec la miséricorde divine, ni la révélation…

> « Ils ne savaient pas que le monde est rond[*] et ils ne connaissaient point le cours du soleil ; ils ont posé des questions sur ces choses et sur d'autres, telles que comètes, éclairs, pluie, neige, et d'autres semblables. Nous leur répondîmes et nous leur donnâmes des explications, ce dont ils furent très contents et très satisfaits, nous considérant comme des hommes doctes, ce qui ne les aida pas peu à accorder un grand crédit à nos paroles [19]… »

Cette fois encore, nous sommes portés d'un coup au cœur du système jésuite, et le candide François Xavier s'affirme le précurseur de Clavius, de Ricci et de Schal : si ses paroles obtiennent du « crédit », c'est par des voies très humaines qui sont celles de la science. Ce n'est pas (pas seulement) parce qu'il croit plus (ou mieux) qu'il convainc ses interlocuteurs, c'est parce qu'il sait plus (ou mieux). Ce n'est pas la force de ses arguments religieux ou métaphysiques qui l'impose, c'est l'alliance avec une science que ses compagnons et lui-même ont reconnue, saluée, valorisée. Voici l'ancien professeur du collège de Beauvais jouant de nouveau le rôle de pionnier.

Ce « nonce apostolique » qui avait choisi de tout quitter, de laisser en place son attirail livresque, ne gardant – mais est-ce bien vrai ? – que sa croix et son bréviaire, le voici qui joue les Pic de la Mirandole, et qui fait miroiter aux yeux des Japonais ébahis tous les acquis de la science européenne. Ainsi est-il passé en deux ans du système de la conversion de masse au dialogue avec l'autre, et du rejet culturel à la diffusion scientifique. Double révolution.

Si nourri soit le débat, et riche en prolongements sinon en convergences, il pose un problème fondamental de formulation. D'abord parce que, dans l'équipe de Xavier, seul Juan Fernandez est (approximativement) bilingue, à l'exclusion du

---

[*] « Le monde est rond. » Le procès de Galilée ne se déroulera qu'en 1633 mais déjà Copernic (1543) a posé les bases du système – que Rome combat officiellement. Bien que le débat porte moins sur la rotondité du « monde » que sur ce qui est au centre, la formule de Xavier démontre que, sur ce point aussi, les jésuites sont en avance sur la Curie.

chef de file d'une part, et de Bernardo d'autre part. Eussent-ils été tous trois aptes à manier indifféremment le japonais et le portugais, ils n'auraient tout de même pas aboli tous les obstacles car « peu de langages se prêtent moins que le japonais à la discussion des textes théologiques. Les termes adéquats manquent […] et il est peu vraisemblable qu'aucun étranger ait jamais atteint une maîtrise de la langue ouvrant la voie à de telles dissertations [20] ».

Il y a pire encore : si les équivalences linguistiques manquent, que dire de la difficulté de nommer Dieu ? Dans les premiers temps, à Kagoshima, Xavier et ses compagnons avaient suivi l'avis d'Anjirô et recouru au vocable de « Dainichi » dont usaient les moines zen pour nommer le principe vital. Dainichi était représenté avec trois têtes, et une autre divinité nommée « Cogi » lui était associée comme si elles ne faisaient qu'une. Comment n'auraient-ils pas vu là quelque ressemblance avec la trinité chrétienne ?

Mais d'autres firent valoir que les shintoïstes désignaient par Dainichi le « grand soleil » : était-il convenable de faire emprunt aux croyances les plus entachées de paganisme ? Alors on pensa à « Hotoké », l'une des manifestations de Bouddha. Mais on constata que si la signification de « principe » y était bien, les autres attributs du Dieu des chrétiens ne s'y retrouvaient point.

François Xavier décida alors d'en revenir à la formulation européenne, et de parler de « Deus » ou « Deos ». Mal lui en prit car la phonétique japonaise transformait le mot en « Deusu », et le nonce aux pieds nus devait découvrir, comme il l'écrivit à ses compagnons romains, que, de « Deusu », ses auditeurs faisaient volontiers « Dauso » qui, dans leur langue, signifie « grand mensonge » [21]…

Bien sûr, ces dérapages linguistiques étaient manipulés et aggravés par les bonzes. Le temps était bien passé où, à Kagoshima ou à Hirado, les gens des monastères manifestaient aux arrivants plus de curiosité que d'hostilité. Les progrès réalisés ici et là par les missionnaires européens, du fait de la bienveillance de deux ou trois daimyo séduits par leurs thèses et la personnalité de Xavier, plutôt que du fait de leur prédication, ne pouvaient qu'exciter la jalousie des religieux du terroir et les emplir d'une inquiétude très naturelle. Car, écrit François qui, pour une fois, ne craint pas de sous-estimer ses adversaires en prenant la question « par le bas »,

« s'ils ne prêchaient pas, ils n'auraient plus de quoi manger ni
de quoi se vêtir. A mesure que le temps passait, les aumônes
de leurs dévots se firent plus rares et eux, ils en vinrent à souffrir du besoin et du discrédit [...] Nombreux sont ceux qui se
font laïcs et qui révèlent les turpitudes de ceux qui vivent dans
les monastères. C'est à cause de cela que les bonzes et que les
bonzesses de Yamaguchi perdent graduellement beaucoup de
leur crédit. Les Chrétiens m'ont dit que sur les cent monastères de moines et de nonnes que comptait l'endroit, beaucoup
seraient déserts d'ici peu d'années en raison de manque d'aumônes ».

Les missionnaires ont attenté au crédit des bonzes et opéré
à Yamaguchi plus de conversions que dans tout le reste du
Japon. Mais la victoire du christianisme sur l'« idolâtrie » n'en
est pas pour autant acquise. François Xavier devra bientôt
constater que ses pieuses entreprises dépendent des pouvoirs
des princes et de leurs vicissitudes – qu'il vienne les mains
nues ou chargées de présents, désarmé ou flanqué par tel ou
tel représentant de la puissance portugaise, vêtu de coton ou
drapé dans la soie...
C'est sous la protection de l'autorité locale que la petite
troupe des missionnaires s'affaire, non sans « fruit », en des
disputations, prédications et contestations avec les bonzes
de Yamaguchi. Mais le nonce et ses compagnons échoueront à
convertir les féodaux les plus influents – ce qui était leur projet
fondamental : le *daimyo*, parce que Xavier lui a signifié que,
converti, il lui faudrait renoncer à ses innombrables liaisons*,
son ministre de la cour, parce qu'il estimait qu'ayant beaucoup
donné à Shaka et à Amida, les « divinités » bouddhistes, il risquait fort, en devenant chrétien, de perdre les avantages d'un
tel investissement...
De tels calculs – mais après tout, qu'est-ce que le pari de
Pascal ? – ne faisaient pas obstacle à toutes les conversions.
Beaucoup étaient dues à la faveur du prince. Beaucoup aussi au
charisme du nonce aux pieds nus, qui n'allait pas sans quelque
appareil légendaire ou « miraculeux » : lors de son procès en
canonisation, quelques années plus tard, le R. P. Quadros (qui
avait visité le Japon quatre ans après lui) écrivit à ses supérieurs

---

* Sur les confesseurs jésuites d'Henri IV et de Louis XIV, voir chapitre XII.

que ce qui avait émerveillé les Japonais c'est que, à la différence des autres qui ne pouvaient riposter « qu'à un seul idolâtre à la fois, le père Xavier, en une seule réponse, décidait de dix ou douze questions, comme s'il eût répondu à chacun en particulier ». On ne peut douter en tout cas que le missionnaire navarrais eût exercé un ascendant exceptionnel sur ses innombrables auditeurs de Yamaguchi.

Comment n'en être pas conscient ? Si détaché qu'il fût de toute « vaine gloire », François Xavier connaissait la sienne, et la goûtait dans la mesure où elle tendait à « une plus grande gloire de Dieu ». Écoutons-le se confier à ses amis :

> « Quoique je sois déjà tout blanc, je suis plus vigoureux et plus robuste que jamais[*]. Car les fatigues que l'on prend pour cultiver une nation raisonnable, qui aime la vérité et désire son propre salut, donnent bien de la joie. Je n'en ai, de toute ma vie, goûté tant qu'à Yamaguchi [22]. »

Cette joie, il lui faut pourtant l'abréger. A la fin du quatrième mois de ce fructueux séjour à Yamaguchi, il reçoit avis en effet du *yakata*[**] du Bungo, nommé Yoshishigé, qu'un vaisseau portugais vient d'accoster à Funai[***], capitale de cette province située au nord-est de Kiushu. Bien mieux : ce navire est commandé par Duarte de Gama, l'un des fils du grand Vasco (et ami de longue date de Xavier rencontré à Goa), qui a joint un message pour Xavier à celui du Japonais. Il lui faut prendre la route pour le Bungo, sachant en outre que le *yakata* Yoshishigé est un allié puissant, fort lié aux Portugais, et dont il pourra « tirer grand fruit », qu'il saura peut-être même convertir…

Organisé par Duarte de Gama à partir de son vaisseau, l'accueil réservé au nonce Xavier, venu à pied de Yamaguchi en cinq jours de marche[****], fut fastueux, comme naguère à Hirado : oriflammes et tambours, trompettes, tapis déployés : il s'agissait pour le capitaine de manifester, aux yeux des hôtes japonais, que le saint prêtre portait avec lui la puissance et la gloire, et tout l'empire d'au-delà des mers. Que le missionnaire

---

    [*] Dix-huit mois avant sa mort.
    [**] Titre militaire ; délégué direct du *shogun*, à la différence du *daimyo* dont le pouvoir est autonome.
    [***] Aujourd'hui Oita.
    [****] Du 15 au 20 septembre 1551.

en fut choqué, nous n'en avons pas de preuve – sinon qu'il refusa d'enfourcher un cheval pour gagner, depuis le port, le palais de Funai. Mais ce que nous savons, c'est que le jeune *yakata* de Bungo (il avait vingt-deux ans) fut si remué par l'apparition du visiteur qu'il lui donna, d'emblée ou presque, l'espoir d'une conversion prochaine. En fait, la prédiction de Xavier semble avoir eu des effets plus limités. Retenons ici la version du R. P. Bouhours :

> « Le plus grand soin de père François à l'égard du prince fut de lui donner l'horreur du vice infâme que les bonzes lui avaient enseigné [...] [Bientôt] Yoshishigé éloigna de sa chambre et de son palais un jeune garçon fort beau qui était son favori [23]. »

François Xavier est-il en passe de poser ainsi à Funai les bases de ce qui pourrait devenir la meilleure tête de pont de sa mission ? Eh non... La sainte vertu d'obéissance et les furieuses péripéties de la politique japonaise l'en détourneront. Alors qu'il s'interroge sur le point de savoir si les convictions religieuses du jeune *yakata* de Bungo seront plus rétives à ses envoûtements que ne l'ont été ses mœurs[*], le nonce reçoit avis de son ami Duarte de Gama d'abord que Goa, et par-delà Rome, le rappellent d'urgence, ensuite que son vaisseau doit appareiller avant deux semaines. Il lui faut donc regagner l'Inde, sinon Rome, non sans esprit de retour.

Mais le déchirement qu'il en éprouve sera vite aggravé par les nouvelles qu'on lui porte de Yamaguchi : une révolte a éclaté, Yoshikata n'y a pas survécu et les missionnaires eux-mêmes n'ont échappé que de justesse aux fureurs de la foule animée par les bonzes.

Dirigée par le plus important de ses vassaux, Sue Takafusa, la rébellion avait pris de court le *daimyo* et l'avait contraint de chercher refuge dans le monastère de Hosen-ji ; mais, constatant que ses fidèles se dispersaient, que le flot des ennemis grossissait, il s'enfuit dans les montagnes de l'Ouest, tentant de gagner Kiushu par mer. Encerclé avec son fils âgé de six ans et quelques bonzes fidèles, il décida d'en finir et, après avoir poignardé l'enfant, fit le *seppuku*[**].

---

[*] Yoshishigé devait se convertir plus tard au christianisme.
[**] Qu'on appelle en Europe, Dieu sait pourquoi, hara-kiri.

Bien qu'il soit douteux que la révolte ait été provoquée par la bienveillance du *daimyo* à l'égard des prêtres étrangers, la vie de Torres et de Fernandez était si évidemment menacée par les rebelles qu'une grande dame de la cour leur procura l'abri d'un monastère, puis les hébergea chez elle – avant que le successeur du malheureux Yoshikata leur assure sa très officielle protection. Xavier et ses compagnons avaient perdu en Yoshikata un véritable ami, mais leur cause ne devait pas en souffrir.

La sécurité de Torres et de Fernandez assurée, le temps était venu pour le nonce aux pieds nus d'embarquer ; il avait décidé d'emmener avec lui quatre des convertis japonais, Bernardo, Matteo, Joane et Antonio, les deux premiers pour qu'ils approfondissent en Europe leur connaissance du christianisme, les deux autres pour enseigner à Goa les rudiments de japonais aux futurs missionnaires. Quant au seigneur de Bungo, il dépêchait à la suite du nonce un ambassadeur auprès du roi du Portugal, chargé de convaincre celui-ci qu'il ne cesserait d'offrir sa protection à tous ceux qui aborderaient au Japon au nom de François Xavier.

Et le 19 novembre 1551, vingt-sept mois et quatre jours après avoir accosté à Kagoshima à bord de la jonque du « Pirate », François Xavier vit s'éloigner les côtes du Japon, persuadé qu'il y reviendrait sous peu, à moins de pouvoir aborder cette fois aux rivages plus hermétiques de la Chine où il situait la source de cette civilisation japonaise qui venait de le transformer : convertisseur de masses mué en partenaire spirituel.

Il ne pouvait quitter le cher Japon sans adresser à ses frères de Goa et de Rome une sorte de méthode, de règle ; il est prématuré alors de parler de testament car c'est à son intention à lui, en tant que responsable de la Compagnie pour l'Asie, en tant qu'intellectuel, en tant que chrétien, aussi bien qu'à celle des autres, qu'il formule les principes et les conseils qui reflètent l'esprit de sa mission, et le bouleversement qu'elle a provoqué en lui.

Le 29 janvier 1552, revenu à Cochin, il rédige à l'intention de ses amis romains la fameuse lettre déjà citée à plusieurs reprises[*], qui est en quelque sorte son traité d'ethnographie japonaise, mais aussi la charte de son action future :

---

 * L'une des quatre dont l'autographe a été conservé.

« ... En ce pays du Japon, il existe une très grande université nommée Kwantô ; c'est là que viennent en grand nombre les bonzes pour apprendre les doctrines de leurs sectes. Celles-ci, comme je l'ai dit plus haut, vinrent de Chine et sont écrites selon l'écriture de la Chine [...] La Chine est un pays très vaste, pacifique et exempt de guerre [...] où il y a beaucoup de justice. D'après ce qu'écrivent les Portugais qui s'y trouvent, il y règne plus de justice qu'en aucun pays de la Chrétienté*.

Les gens de Chine que j'ai vus jusqu'à présent, tant au Japon qu'en d'autres contrées, sont des intelligences pénétrantes, de grands esprits, bien plus que les Japonais, et ce sont des hommes très adonnés à l'étude. Le pays est très bien pourvu en toute espèce de choses, très peuplé, plein de grandes villes aux maisons de pierre bien ouvragées et, tout le monde le dit, c'est un pays très riche en soies de toute sorte. Je sais, par des renseignements qui m'ont été donnés par des Chinois, qu'il y a en Chine un grand nombre de gens qui suivent des Lois diverses, d'après les informations que j'ai reçues d'eux, il semble que ce doivent être des Maures ou des Juifs**. Ils ne peuvent pas me dire s'il y a là-bas des Chrétiens***.

Je pense que cette année 1552 je partirai pour l'endroit où réside le roi de Chine. C'est en effet un pays où on peut accroître beaucoup la Loi de Notre-Seigneur Jésus-Christ ; et si là-bas les gens l'acceptaient, cela aiderait beaucoup ceux du Japon à perdre la confiance mise par eux dans les sectes auxquelles ils croient.

... A présent, s'il plaît à Dieu notre Seigneur, des Pères de la Compagnie partiront chaque année pour le Japon, on fondera une maison de la Compagnie à Yamaguchi, et ils apprendront la langue ; en outre, ils prendront connaissance de ce que chaque secte possède comme récit ; de la sorte, lorsque des personnes en qui on puisse mettre une grande confiance arriveront de là-bas afin de se rendre dans ces universités, ils trouveront à Yamaguchi des Pères et des Frères de la Compagnie qui sauront très bien parler la langue et qui seront au courant des erreurs de leurs sectes. »

Trois mois plus tard, le 9 avril 1552, c'est au général de la Compagnie qu'écrit le nonce aux pieds nus, pour orienter le

---

    * Écrit par un chrétien, à des chrétiens.
    ** Les premiers y constituaient une minorité importante, les seconds modeste.
    *** Des nestoriens y ont fait souche au VIIe siècle.

choix qu'il doit faire de « pères qui vont aller dans les universités du Japon ». On dirait un inspecteur de l'instruction publique désignant, à l'intention de son ministre, les professeurs et les instituteurs :

> « Il est nécessaire qu'ils possèdent du savoir pour répondre aux nombreuses questions posées par les Japonais. Il serait bon qu'ils soient de bons maîtres ès arts et on ne perdrait pas à ce qu'ils soient dialecticiens [...] Qu'ils sachent quelque chose de la sphère céleste car les Japonais ont un plaisir extrême à connaître les mouvements du ciel, les éclipses du soleil, la décroissance et la croissance de la lune, à savoir comment sont produits l'eau et la pluie, la neige et la grêle ainsi que les tonnerres, les éclairs, les comètes et autres choses de la nature. [...] Il est très profitable de leur expliquer ces choses pour gagner la bienveillance du peuple... »

On pourrait certes ne retenir de ce message prophétique que les quinze derniers mots, pour y trouver l'aveu de l'arrière-pensée qui aurait orienté la stratégie jésuite dont Ricci et ses compagnons de Chine seront les héros. Du miel pour les mouches, des tours de cartes pour les gogos à piéger... Mais tout ce qui précède et tout ce qui suit indique que Xavier et les siens se situent, consciemment ou non, au-delà de cette tactique pittoresque, ou plutôt que la tactique s'est muée en stratégie, la stratégie en idéologie, et que cette idéologie n'est autre que l'humanisme chrétien. Ces éclairs et ces tonnerres, ces pluies et ces « *mouvements du ciel* », ce ne sont pas des attrape-nigauds, des machines à séduire les naïfs, c'est, dans leur esprit, l'œuvre de Dieu qu'il s'agit d'éclairer par un regard commun.

Que cette espérance inspirât désormais l'ancien pêcheur de convertis de Travancore – dût sa conscience n'en être pas encore tout à fait avertie –, on en trouve une autre preuve dans une initiative mise en lumière dans un excellent article publié par Henri Bernard-Maître, « *Saint François Xavier orientaliste* ».

Les derniers mois de sa vie, et avant même que ne parte vers lui, sur une caravelle portugaise, le message d'Ignace de Loyola qui le rappelle en Europe[*], il prépare fiévreusement à Cochin,

---

[*] Non, semble-t-il, parce que l'on craint à Rome que son évolution intellectuelle par rapport au « paganisme » le mène trop loin, ni parce que le « général » voulait rappeler près de lui un successeur possible, mais simple-

puis à Goa, sa « campagne de Chine », cette conquête spirituelle qu'il préjuge immense, et espère décisive pour l'avenir de la chrétienté en Asie. Et parmi les livres qu'il considère « *néces-saire d'emporter en Chine* », lui qui naguère, partant pour l'Inde, ne jugeait utiles « *que son bréviaire et sa croix* », il y en a un qu'a identifié le R. P. Bernard-Maître, et qui en dit long : *Suma de doctrina christiana en que se contiene todo lo princi-pal y necessario que el hombre christiano deve saber y obra*[*].

L'auteur, un chanoine de Séville nommé Constantino Ponce de la Fuente, avait été condamné en 1543 pour « luthéranisme » par l'Inquisition qui lui faisait grief de « silences troublants » à propos de l'obéissance au pape, de l'intercession de la Vierge, grief aussi de l'insistance qu'il mettait à prôner la vie intérieure plutôt que les exigences rituelles.

Autant de raisons d'éveiller la suspicion des champions de la Contre-Réforme et d'une Église espagnole effrayée par les *alumbrados* et autres mystiques populaires. Mais, s'agissant de l'Asie, ce type de dissonances ne risquait guère de déconcerter.

En se donnant pour référence cet ouvrage à certains égards sulfureux, écrit le R. P. Bernard-Maître,

> « Xavier montrait quelle conscience il avait prise des besoins de ceux qui viendraient au christianisme d'un milieu où régnait l'influence du bouddhisme ; il témoignait par là d'une largeur d'esprit que ne devaient pas partager tous les continua-teurs de son apostolat ».

François Xavier apôtre du Japon ? On est tenté de proposer une formule qui n'est inverse qu'en apparence, et de parler du Japon inventeur de François Xavier. C'est de cette rencontre entre un homme généreux et une grande culture que procède le mode d'opérer qui a depuis lors inspiré la Compagnie – à par-

---

ment parce que la Compagnie avait « besoin de lui ». *Perinde ac cadaver.*

Et pour le cas où, interprétant intelligemment la règle d'obéissance, Xavier aurait fait valoir que l'immensité de sa tâche en Asie primait toute autre utilité, Ignace lui signifiait ceci : « S'il vous semble que là-bas votre présence soit importante pour le gouvernement, vous pourrez aussi bien gouverner du Portugal que du Japon ou de Chine, et même beaucoup mieux. Nombre de fois vous avez dû accepter de plus longues absences… »

[*] Somme de doctrine chrétienne qui contient tout ce qu'il importe à un chrétien de savoir et de faire.

tir de modèles illustres comme celui d'Alexandre adoptant les coutumes des Perses à la stupéfaction de ses lieutenants – et que les pères jésuites appellent l'« inculturation ».

Mais ne vaut-il pas mieux parler d'« acculturation », dans la mesure où il n'y a pas seulement immersion dans la culture de l'autre, mais dialogue, échanges et symbiose culturelle, déjà à partir de François Xavier, dès avant Ricci ou Nobili ?

Au surplus, « acculturation » marque mieux les limites propres à ce type d'entreprise, si noble soit-elle. Convergence plutôt que fusion. Parfois même choc et conflit : à la fin du XVIIe siècle, le Japon compte 300 000 chrétiens. Mais la tête de chaque jésuite sera mise à prix pour 500 pièces d'argent…

CHAPITRE VI

Pas de femmes !

*• « Tout en elles est piège pour les hommes... »
• Le doux visage de Madeleine • Pour la petite infante
de Castille • L'âme a-t-elle un sexe ? • La divine et
le ruffian • Les services de « Madama » • « Dieu
me garde, Roser ! » • L'unique jésuitesse, en grand
secret... • Un jésuitisme hermaphrodite •*

Tous les grands ordres religieux, bénédictins, dominicains, chartreux, franciscains, ont leur réplique féminine, parfois plus rayonnante que l'institution originelle. Tous, sauf les jésuites.

En dépit de vingt tentatives de transplantation, dont certaines manquèrent de peu d'aboutir, l'ordre qui par la ferme simplicité de sa règle, la souplesse de sa pratique et l'intelligence de « l'autre » qu'il professe, était le plus apte en apparence à faire école et à susciter adaptations ou copies, n'a pas de branche féminine. A une fameuse exception près – et dénoncée comme telle –, il n'y a pas eu à proprement parler, il n'y a pas de « jésuitesses ». Pourquoi ?

On a incriminé la misogynie des fondateurs, d'Ignace en particulier. Il ne faut pas solliciter beaucoup certains textes pour y trouver ce type d'explication d'un refus qui a traversé les siècles, durement inscrit dans les *Constitutions* en un veto irréversible... Les préjugés antiféministes qui se manifestent dans tel ou tel propos de Loyola semblent aller bien au-delà de la tradition chrétienne[*] – qui, elle-même, exclut du sacerdoce la moitié du genre humain.

« Une flamme qui consume, ou une fumée qui noircit » :

[*] Catholique.

ainsi le père fondateur décrivait-il, à la fin de sa vie, le commerce – fût-il dévot – avec les femmes. Quelques années plus tôt, on l'avait entendu dire : « De la tête aux pieds, tout en elles est un piège pour les hommes. » Ou encore : « Elles recommencent sans cesse à se convertir quand la chair ou la lassitude leur en donne l'envie. » Et il y a plus grave : ce parallèle établi entre la Femme et le Diable dans les *Exercices spirituels*, texte de référence s'il en est :

> « Douzième règle. L'ennemi* se conduit comme une femme dans sa façon d'être débile de force et fort d'insolence. En effet, de même qu'il est propre à la femme, quand elle se querelle avec un homme, de perdre courage, prenant la fuite quand l'homme lui tient résolument tête ; et, au contraire, si l'homme commence à fuir en perdant courage, la colère, l'esprit de vengeance, la férocité de la femme est tout accrue et devient sans mesure. »

Sinistre ? Oui. Même pour l'époque. Mais nous verrons que l'histoire des rapports entre le *padre maestro* et les femmes, pas plus que la « praxis » de la Compagnie, ne se résume à ces propos barbares. L'admirable *Ignace de Loyola et les Femmes de son temps*, du R. P. Hugo Rahner [1], fondé sur l'ample correspondance entretenue par le pèlerin, puis le « général », avec les plus grandes dames et les plus humbles pénitentes de son époque, met en lumière un dialogue d'une richesse, d'une diversité et d'une subtilité surprenantes.

De ces échanges il ressort que si le fondateur de la Compagnie de Jésus met un véritable acharnement à ne pas assumer les responsabilités impliquées par des liens institutionnels avec l'univers féminin, ce n'est pas seulement parce que ce grand psychologue se perd dans les contradictions où, pense-t-il, se complaisent ses pénitentes et autres interlocutrices, c'est aussi parce que la fascination qu'il exerce sur l'autre sexe ne va jamais sans que surgissent des exigences possessives, la revendication de « droits » à ses yeux prématurés ou infondés (ce qu'on appelle familièrement le « grappin ») qui lui semblent attenter à la totale liberté d'action de ses « voltigeurs » ou « francs-tireurs », par définition masculins.

Stratégie de l'esquive, sinon de la fuite, qui donnerait par-

---

* Le Diable, bien sûr.

fois à sourire si elle ne répondait à ce que le père Rahner appelle « un combat spirituel vraiment dramatique ». D'où les formules saisissantes qui émaillent la « supplique » adressée par Ignace à Paul III en vue d'obtenir du souverain pontife qu'il rejette tout projet de fondation d'un ordre féminin situé dans la mouvance, ou modelé à l'image des jésuites : nous devons en effet, argue Loyola, « rester libres », « le ceinturon bouclé », « le pied levé ».

N'est-ce pas pourtant le même homme qui vient de consacrer tant d'années à établir les règles d'une discipline incitant certes à garder « le ceinturon bouclé » et « le pied levé », mais pas toujours à préserver partout et pour tout une parfaite liberté de mouvement ?

De tels propos semblent bien impliquer une hiérarchie des valeurs – ce qui est compréhensible – et des sexes – ce qui l'est moins. Si le jésuite doit rester « sans entrave », est-ce pour « courir aux besoins essentiels » de la gloire d'un Dieu devant lequel la femme ne saurait prétendre qu'à un statut marginal ou supplétif, dût-on simultanément afficher la plus voyante dévotion à Notre-Dame ? Le fameux « aider les âmes » du pèlerin, de l'ermite, de l'étudiant, du « général » comporte-t-il quelque ségrégation ? Les âmes ont-elles un sexe – et l'un moins digne que l'autre d'être « aidé » ? Aidé par l'action commune, par sa propre action ?

Quand il parlait de femmes, le dernier fils de Beltran de Loyola, le señorito d'Azpeitia, le courtisan d'Arevalo, l'écuyer de Pampelune, savait de quoi il retourne. François Xavier confiait à l'un de ses derniers compagnons qu'il n'avait jamais connu de femme, et il dut en être de même pour Pierre Favre (lequel avait fait tout de même des projets de mariage) et pour plusieurs autres compagnons du fondateur. Mais il suffit, nous l'avons vu, d'ouvrir l'*Autobiographie* pour savoir qu'Inigo s'était « adonné aux vanités du monde ».

Il n'avait pas sept ans lors de la mort de sa mère, doña Marina. Sa nourrice Maria Garin, qui l'appelait « Txikiye* », ne dut rien lui cacher de l'origine des deux frères bâtards qui grandissaient à ses côtés, et très vite, entre élevage des bêtes et repas sous les arbres, Inigo dut en apprendre long sur les rapports des sexes.

---

* Le petit.

Une femme allait d'ailleurs apparaître dans sa vie, très tôt après la mort de sa mère : l'épouse de son frère aîné, Madeleine ; et il est peu de dire que sa belle-sœur allait jouer un rôle majeur dans son existence, tant dans le domaine affectif que spirituel – qu'il est souvent difficile de distinguer chez les Espagnols, fussent-ils originaires du Guipúzcoa.

Madeleine de Araoz, suivante d'Isabelle la Catholique, s'était si bien attiré les bonnes grâces de la reine que celle-ci lui fit présent pour son mariage d'une Vierge très belle dont elle orna la chapelle de la demeure familiale – et qui, selon Pedro de Leturia, le meilleur des historiens des « enfances » d'Inigo [2], fut le premier objet de ferveur du cadet des Loyola. C'est ainsi qu'on glisse presque sans transition, et par-delà la conversion de 1521, vers l'autre versant de l'influence exercée par Madeleine sur Inigo.

L'histoire est belle, et même troublante : saint Ignace raconta un jour à un novice belge qu'une image de la Sainte Vierge devant laquelle il avait coutume de réciter les heures diurnes du petit office lui rappelait tellement par sa beauté sa belle-sœur Madeleine que cela le troublait dans ses prières et que, pour en finir, il avait collé une bande de papier sur la figure de l'image [3].

Nous voilà donc en possession d'une des clés de l'énigme. Comment ce fou de Dieu pardonnerait-il à ces trop beaux visages de le distraire dans son dialogue avec le Créateur ? Ignace n'a rien à voir pourtant avec Paphnuce, l'ermite d'Alexandrie affolé par Thaïs, parce que le feu et la pratique des passions l'ont dès longtemps immunisé et que le face-à-face avec la trop belle effigie n'intervient qu'après de multiples orages et de très cruelles leçons.

On peut penser qu'en quittant Azpeitia pour Arevalo, à seize ans, Inigo emportait l'image et la voix et la lumière de cette sœur-et-mère au visage trop doux. Mais il n'est pas douteux qu'à la cour du *contado mayor* de Castille, don Juan Velasquez, les « vanités du siècle » auxquelles s'adonna le petit secrétaire aux boucles blondes n'avaient pas toutes trait aux arts, aux armes et aux lois.

A quelle date apparaît dans la vie – ou plus sagement dans les « pensées » – du *txikiye* d'Azpeitia la petite infante de Castille Catherine, dernière fille de Jeanne la Folle et sœur de Charles Quint, emmurée avec sa mère dans la forteresse de

Tordesillas ? D'une des visites faites à la reine démente par son père Ferdinand d'Aragon accompagné de Juan Velasquez et d'une suite où devait figurer Inigo ? Ou d'une ambassade du futur Charles Quint auprès de sa mère pour lui demander la délivrance de sa sœur alors âgée de treize ans, ambassade que flanque le duc de Najera suivi des gentilshommes de sa maison, dont Loyola* ?

Un jeune courtisan de ce temps-là se devait de rêver, jusqu'à l'extase, à une princesse lointaine – entre deux aventures plus réelles. Et nous savons à ce propos que le cadet des Loyola n'en manqua pas, jusqu'à être poursuivi pour ce qu'il appela plus tard « un crime très énorme » et qui dut avoir trait à quelque enlèvement nocturne. Mais que dire alors du blessé gisant dans la douleur devant sa fenêtre d'Azpeitia, et rêvant « trois ou quatre heures de suite [...] aux exploits à accomplir au service de cette dame » et aux moyens de « parvenir au lieu de son séjour » [4] ? D'autant qu'en ces mois de l'automne 1521 les *communeros* révoltés assiègent la forteresse royale de Tordesillas où sont barricadées Jeanne et Catherine.

Comment le blessé ne rêverait-il pas de se jeter dans cette mêlée ? Et comment ensuite ne ferait-il pas le lien entre le destin de la princesse et le sien ? Car si les troupes royales ont fini par briser le siège de Tordesillas et délivrer la reine et l'infante, c'est parce qu'ils avaient abandonné à leur sort les défenseurs de Pampelune assiégés de leur côté par les Franco-Navarrais. En un sens, la liberté de Catherine a été payée par la blessure et la souffrance d'Inigo.

Tout le romantisme héroïque du temps est là, une fable dans le ton de l'Arioste, et il y a matière à s'étonner que le gisant n'en ait pas été envoûté au point de se vouer à ce rêve poignant** et d'en devenir le poète, comme le fera bientôt un autre infirme de guerre, Miguel de Cervantès.

De cette épopée d'amour courtois et endolori, de cet *Amadis* du Guipúzcoa qui ne pouvait manquer de s'ébaucher dans le cœur et sous la plume du gentilhomme étendu, c'est l'autre femme qui va le détourner : c'est Madeleine encore, la belle-sœur-au-doux-visage, qui pour distraire Inigo met entre ses

---

* Qui a alors dix-huit ou vingt ans selon le cas.
** Mais nous retrouverons Catherine, devenue reine, servant à son tour la cause d'Inigo.

mains les deux seuls livres qui se trouvent dans cette demeure de nobles terriens à peu près incultes. Et s'ils y sont, c'est parce qu'elle les y a apportés… Ces deux livres, nous le savons, ce sont une *Vie du Christ* et le *Florilège des saints* où le gisant a puisé dans les hauts faits de François d'Assise, et de Dominique-le-Castillan ou d'Ignace d'Antioche l'inspiration décisive.

Et c'est peu après qu'eut lieu la « visitation » ainsi racontée dans l'*Autobiographie* :

> « Il vit clairement une image de Notre-Dame avec le Saint Enfant Jésus […] extraordinaire motion intérieure [qui lui donna] un tel écœurement de toute sa vie passée et spécialement des choses de la chair, qu'il lui sembla qu'on avait ôté de son âme toutes les sortes d'images qui s'y trouvaient peintes*. Ainsi, depuis cette heure-là jusqu'en août 1553 où ceci est écrit, il n'eut jamais le plus petit consentement pour les choses de la chair [5]. »

Telle est la force de conviction du personnage que l'on tiendra pour acquis, à dater de cette « motion » d'Azpeitia, que la relation d'Inigo avec les femmes prend une tout autre signification – dût-il éprouver quelque trouble devant l'image d'une madone trop charmante ou songer à égorger un « nouveau chrétien » maure parce qu'il a mis en doute la virginité de Marie.

Ce n'est pourtant pas parce qu'il s'est terré, hirsute, au fond d'une grotte, puis blotti dans un couloir d'hôpital que l'illuminé de Manrèse rompt toute attache avec les femmes. Mais celles qui vont faire alors irruption dans sa vie ont peu à voir avec les dames de la maison de Loyola, les douairières et les « menines » d'Arevalo, ou l'infante de Tordesillas. Ce sont pour la plupart des personnes simples, pauvresses ou bourgeoises, « béates » ou dévotes ordinaires, émues par le dénuement et saisies par le charisme du vagabond des bords du Cardoner.

Entre tant de rencontres, il suffira ici d'évoquer la première, celle d'Inès Pascual, veuve d'un commerçant de Barcelone. Cheminant de Montserrat à Manrèse un certain jour de 1522**, elle rencontra un maigre pèlerin aux cheveux roux, boiteux, dont la « modestie » et la « dignité » la frappèrent au point que

---

* L'allusion est éloquente, située entre deux évocations de la « chair ».
** Cf. le récit des p. 11-12.

« le dévisageant de plus près […] elle se sentit portée à la piété et à la dévotion » [6].

En ces quelques mots, tout est dit : la pitié est une route sûre vers la piété, pour celles qui ont rencontré le frêle vagabond de Catalogne, pour celles qui croiseront l'« homme gris » d'Alcalá, le mendiant-infirmier de Venise, et même, sous sa barrette, le petit « général » de Rome. Un air de distinction mélancolique, une fermeté très virile, une fragilité intraitable, et ce feu qui couve en lui et puis déborde : à ce type de charisme, quelle femme de cœur et d'esprit résisterait, en ce siècle où l'intelligence des autres se greffe, en les multipliant, sur les interrogations de la foi ?

On ne s'attachera pas à énumérer les autres dames, de toutes origines, qui dès lors font le siège du petit homme, l'une pour lui offrir l'hospitalité, l'autre (une vieille « béate » qu'avait consultée le roi Ferdinand) pour lui annoncer que le Christ lui apparaîtrait un jour, cette autre encore pour tirer gloire de sa visite ou l'obliger par quelque aumône. Ce qu'Inigo résume ainsi sobrement : « Dès cette époque, beaucoup de dames distinguées avaient beaucoup d'admiration pour lui. » Il lui arriva même de parler de la « dévotion » que manifestaient à son égard « de nombreuses dames de premier rang » ou « dirigeantes » [7]. C'est le temps où surgissent par mille voies celles qu'on appelle, non sans malignité, les *iniguas* ou les *iniguistas* – que le pèlerin de Jérusalem retrouvera à son retour à Barcelone, toujours exaltées.

Exaltation qui prendra, à Alcalá, des formes plus redoutables, celles qui se lient à l'effusion mystique (érotico-mystique ?), à une sorte d'offrande, d'abandon : ne parle-t-on pas des *dejadas*, les « données » ? On a évoqué ces troubles histoires[*] dévoilées de façon plus ou moins tendancieuse au cours des trois procès canoniques qu'intente l'Inquisition à l'homme en bure grise. On a cité quelques fragments des confessions exhibitionnistes de ces « orantes », de ces « béates » que l'extrême dévotion ne conduit pas toujours à la vertu. Certaines, osant appeler les choses par leur nom, se qualifient d'« hystériques ». Car tel est, traversé par Inigo, ce « petit monde de la vie ordinaire, mêlé de péché et de piété », écrit joliment le R. P. Rahner. Si « ordinaire » que celà, mon Père ?

---

[*] Voir chapitre Ier, p. 49-50.

C'est l'époque où, selon le récit du pèlerin, venait le visiter dans sa chambre, « dès le petit jour, une femme mariée de qualité [qui] éprouvait [pour lui] une dévotion spéciale », l'époque aussi où il est accusé d'avoir envoûté deux veuves, une mère et sa fille (celle-ci assez belle pour « attirer beaucoup de regards », dit-il), parties en pèlerinage à pied pour la lointaine Andalousie... Comment, après cela, le prêcheur vagabond au verbe incandescent n'aurait-il pas été la cible de campagnes impitoyables ? Et fallait-il être inquisiteur pour renifler, en cet exalté au milieu d'un chœur de pâmées, une odeur de roussi ?

Inigo de Loyola est peut-être le seul être au monde qui s'en fut jamais à Paris pour y fuir les femmes. Voici au moins une ville où il ne pourra dialoguer qu'en latin... On dira certes que d'autres, à Montaigu comme à Sainte-Barbe, n'ont pas eu besoin de citer Ovide dans le texte et de cesser de parler « biscayen » pour contracter le « mal napolitain[*] », tel le « maître dévoyé » de François Xavier – qui préservera sa vertu en considérant moins les livres sacrés que les horribles pustules marquant le visage du pécheur... Le fait est que, dans la biographie d'Ignace, la « Babylone » parisienne est peut-être la seule étape où il n'est jamais question de l'autre sexe.

La question féminine resurgit lors du séjour de quelques mois que le « maître Ignace » fait parmi les siens à Azpeitia, en 1535. On va le voir se mêler de régenter les mœurs dans le style de Calvin, et c'est naturellement aux affaires de sexe qu'il en a. Ouvrons l'*Autobiographie* :

> « Les jeunes filles, dans ce pays, vont toujours la tête découverte, elles ne la couvrent qu'à partir du jour où elles se marient. Mais il y en a beaucoup qui deviennent concubines de prêtres [...] et qui leur sont fidèles comme si elles étaient leurs épouses. Et c'est une chose à ce point courante que les concubines n'ont pas la moindre vergogne à dire qu'elles se sont couvert la tête pour un tel[8]... »

Maître Ignace raconte paisiblement qu'il persuada le gouverneur de « faire une loi d'après laquelle toute femme qui se couvrirait la tête pour quelqu'un sans être son épouse serait punie par la justice ». Étrange, tout de même ce réformateur

---

[*] Que les Napolitains, et beaucoup d'autres, appellent le « mal français ».

qui, entre le prêtre concubin et la dame qui se « couvre la tête », choisit de poursuivre celle-ci plutôt que celui-là !

On n'a pas oublié qu'en 1538, entrant dans Rome-aux-mille-lupanars, cette ville « encrassée des souillures de la prostitution », dit Ribadeneira, il glisse à ses deux compagnons Laynez et Favre qu'il faut se tenir fermement sur ses gardes et qu'il ne faut point « engager de conversation avec les femmes, sauf si elles sont de haut rang », ce qui en dit long, mais autrement peut-être que peuvent le penser les dégourdis : tant il est vrai que diffèrent les rapports qui s'établissent entre sexes dans l'un ou l'autre cas, aussi bien que les « rendements » qu'en peuvent attendre les « iniguistes » – *ad majorem Dei Gloriam*.

Certes, les préoccupations du fondateur ne le conduisent pas à la seule recherche de relations avec les grands – et les grandes. La création, très tôt, d'établissements comme Sainte-Marthe et Sainte-Catherine* en témoigne. Mais ces hommages rendus à la charité évangélique ne vont pas sans que se nouent d'autres types de rapports, en fonction de ce qu'on appellera un cercle vertueux, l'aide aux pauvres entraînant le plus souvent un recours aux riches. Chaque « repentir » de fille implique quelque visite aux marquises.

Que cette fréquentation ait fait horreur au vagabond de naguère n'apparaît pas davantage à Rome qu'autrefois à Barcelone. Ne doutons pas de sa réserve ni, à l'occasion, de sa franchise, qui se manifestent l'une et l'autre dans la correspondance. Mais considérons d'abord la liste des « bienfaitrices » et, tenant compte du fait qu'on recueille plus d'écus chez les princes que chez les savetiers, admirons la maîtrise de ce « mendiant du royaume de Dieu », qui se disait aussi « courtisan pour le Ciel ».

Voici Jeanne d'Aragon, épouse du duc de Colonna, et Marguerite d'Autriche, appelée « Madama » par les Romains, bâtarde de Charles Quint ; et la fille du pape régnant Constance, comtesse de Santa Fiore. Et voici encore Vittoria Colonna, marquise de Pescara, et la comtesse Carpi, et la comtesse Orsini, et la comtesse Salviati. Et l'épouse de l'ambassadeur impérial Juan de Vega, et enfin, et surtout peut-être, et nous reviendrons longuement sur ce personnage, l'infante Juana, ou Jeanne, fille légitime de Charles Quint – celle qui sera, comme par hasard, l'unique « jésuitesse »…

---

* Voir chapitre IV, p. 144-145.

L'une offre sa maison et l'autre son influence, celle-ci ses terres, cette autre quelques centaines de ducats. Et comment apprécier l'appui apporté par dame Eleonor de Mascarenhas, qui a rencontré jadis Inigo en Castille, peut-être à Arevalo ou à Valladolid, du temps qu'elle était la gouvernante de l'infant Philippe, et qui est devenue l'épouse de Juan de Vega, l'ambassadeur à Rome du roi d'Espagne, par la grâce duquel la Compagnie se verra ouvrir tant et tant de portes – et fermer quelques autres.

Mais un bienfait ne va jamais sans contrepartie. De deux sortes. L'une est la jalousie que de telles faveurs suscitent alentour, ne serait-ce que parmi les ordres concurrents. L'autre est l'exigence de rétribution, en tout cas d'« échange », de donnant-donnant qui s'ensuit. Il n'est si grande dame qui ne recèle, en son tréfonds, une courtisane : que donnes-tu, saint homme, en échange ? Commerce redoutable où s'écaillera le vernis de gloire de la Compagnie.

La jalousie frappe la première, et les histoires qui en sont la manifestation courent très vite. Le fondateur lui-même raconte que, quelque temps après l'installation des « docteurs de Paris » à Rome, « maître François Xavier confessait une dame et il la visitait de temps en temps pour s'entretenir avec elle de choses spirituelles. Dans la suite elle fut trouvée enceinte, mais le Seigneur voulut qu'on découvrît celui qui avait commis la faute [9] ».

En 1547, les dominicains jugent bon de prendre les choses en main. Après fray Melchior Cano, ennemi juré de la Compagnie qui dénonçait en chaire « ces hommes qui prennent plaisir aux entretiens familiers avec les femmes et vont chez elles sous prétexte de les convertir », un certain fra Théophile porta plainte devant l'Inquisition – contrôlée par son ordre – contre « des prêtres qui se font appeler "de la Compagnie de Jésus" et qu'on appelle aussi "réformés, illuminés ou ignaciens" et qui ont infligé aux dames Jeanne et Constance Conti une honte publique en répandant par leur babillage les secrets de leur confession » [10]. Il faudra que maître Ignace déploie tous ses talents de négociateur auprès des illustres Conti pour que la plainte soit retirée.

Tracas encore à propos de son couvent de Sainte-Marthe créé, on l'a vu, pour recueillir les « filles repenties », notamment pour ces *onorate cortegiane*, ces « honorables courtisanes » qui souvent sont des épouses bien nanties mais en quête d'autres sensations, comme la *Belle de nuit* de Kessel, ou qui arrondissent leurs ressources en dispensant publiquement leurs faveurs aux nobles romains, laïcs ou autres.

Cette fois, ce sont les franciscains qui se dévouent pour porter le fer dans la plaie du prochain. Fra Barbaran n'alerte pas l'Inquisition, lui, mais le pape, pour le mettre en garde contre le projet des jésuites de « bannir de Rome toutes les femmes adultères » (vaste programme…), ce qui est une interprétation très libre et peu charitable de l'entreprise ignacienne. Faut-il croire Loyola quand il rapporte qu'à entendre ce fra Barbaran « tous les jésuites entre Perpignan et Séville méritent le bûcher [11] » ?

Le bûcher ! Ce n'était pas ce que réclamait le censeur qui succéda à fra Barbaran – un certain Matteo di San Cassiano, haut fonctionnaire pontifical et amant d'une *onorata cortegiana* – laquelle, soudain prise de remords ou fatiguée de ce personnage, était venue se réfugier à Sainte-Marthe. Ivre de fureur, ledit Matteo en vint à affirmer devant Paul III que ce couvent n'était que le « sérail des jésuites ». Réaction classique d'amant frustré, qui trouva peu de crédit auprès du pape mais ne pouvait manquer de susciter une de ces contre-attaques dont Ignace était friand – enquête, témoignages, procès, acquittement…

De là à penser que moins il se mêle des affaires de femmes mieux se porte l'homme de Dieu ; que la chasteté, que le célibat en tout cas, n'a pas été pour rien prescrit aux ermites, aux religieux, aux prêtres, qu'il est le signe d'une plus haute sagesse et que « plus ou moins la femme est toujours Dalila », il n'y a pas loin. Des « orantes » d'Avila aux belles pécheresses de Rome, pour ne pas parler des couventines à histoires de Barcelone* ou des princesses abusives de Valladolid, que de risques, de pièges, d'envoûtements et de babillages coûteux – en échange, il est vrai, de pas mal de services et de dons…

Face à cette vague de soupçons va se mettre en place une stratégie de protection antiféministe dont on confie volontiers la présentation à Hercule Rasiel – le style d'époque de notre mémorialiste fait ici merveille :

---

* Qui lui ont valu d'être rossé par leurs amants pour avoir voulu les remettre sur le droit chemin…

« … Voyant qu'on étoit pas trop édifié dans le Monde des fréquens tête-à-tête qu'avoient ses Compagnons avec les Femmes qu'ils dirigeoient et craignant avec raison qu'un commerce dangereux ne fût funeste à leur Chasteté et ne donnât lieu à quelque Avanture scandaleuse dont on pourroit prendre Occasion de décrier la Compagnie, […] Loyola ne se donna point de repos qu'il n'eut trouvé un Moyen efficace de prévenir un tel malheur. Il fit donc un Règlement portant que quand quelqu'un iroit voir des Femmes dans leurs Maisons, soit pour les y confesser, soit pour quelqu'autre cause, il mèneroit avec lui un Compagnon qui seroit présent pendant tout le tems que dureroit la Confession ou l'Entretien ; et que si la situation du Lieu le permettoit, on placeroit le Compagnon dans un endroit d'où il pût voir tout ce qui se paseroit sans rien ouïr néanmoins de ce qui doit être secret. Que si la Disposition du Lieu ne le permettoit point, il falloit en ce cas que la Chambre fût bien éclairée et que la Porte en fût toujours ouverte*… »

Le fondateur est même plus explicite sur certains points, recommandant la « réserve » dans les rapports avec les femmes « Même si elles ont l'air saintes ou le sont réellement, et surtout si elles sont jeunes ou belles, ou de basse condition ou même de mauvaise réputation ». Et dans une directive adressée en juillet 1553 à tous les confesseurs jésuites sur la manière de confesser les femmes, il incite les pères à « expédier rapidement les femmes, surtout si elles sont dévotes [12] »… Mais il désapprouve le préfet vénitien qui prétend interdire à tout prêtre âgé de moins de trente-six ans de confesser les femmes.

On le trouvera d'ailleurs plutôt compréhensif à propos de l'usage des fards – où bon nombre de ses compagnons veulent voir la marque de Satan : pour lui, tout est dans l'intention, et, dès lors que l'épouse ne tend qu'à mieux plaire à son mari, on se gardera de voir en cette pratique une profonde malice, plutôt une « imperfection » contre laquelle il convient de mettre en garde la pénitente.

Et c'est à propos de cette question qu'Ignace de Loyola, premier préposé général de la Société de Jésus, émet cet aphorisme qui pourrait être placé en exergue d'une histoire ou description globale de la Compagnie, aux côtés d'*Ad majorem Dei gloriam* et de *Perinde ac cadaver* :

---

* Règles communes à tous les ordres religieux.

« En ces choses, il ne faut jamais vouloir établir une règle si rigide qu'il n'y ait place pour des exceptions. » Voilà lancé, avec préavis d'un siècle, le défi à Blaise Pascal.

« Règles » et « exceptions » vont rythmer, en alternance, l'histoire des relations entre les femmes et la Compagnie, et plus précisément celles, épistolaires et autres, qu'entretient le *padre maestro* avec quelques-unes des personnes les plus remarquables d'un siècle qui, de Marguerite de Navarre à Catherine de Médicis, n'en aura pas été avare.

Le premier de ces dialogues, émouvant entre tous, nous renvoie de la façon la plus romanesque aux origines de notre récit. C'est celui qui noue l'expansion de la Compagnie à la couronne du Portugal. Son héroïne est la reine Catherine, épouse de Jean III – cette même Catherine qui, petite infante de Castille emmurée à Tordesillas aux côtés de la reine folle, sa mère, a fait rêver si fort et si longtemps l'estropié de Pampelune, Inigo, cadet des Loyola.

Tenter de faire revivre ici une histoire dans le ton du *Soulier de satin* (le frère de Rodrigue est jésuite, et fort éloquent...) serait choisir les nobles voies de la fiction. A vrai dire, qui ne rêverait d'un roman par lettres où, de Lisbonne à Rome, sur le ton de la religieuse portugaise, la reine Catherine tenterait de raviver la flamme de l'ancien chevalier devenu général du plus agissant des ordres religieux, et le plus réservé à l'endroit des choses du sexe ?

Ce sujet digne d'inspirer un grand écrivain, on ne l'abordera que sous l'angle des réalités, qui furent immenses si l'on pense au service que rendit à l'ordre naissant la cour du Portugal en lui ouvrant les portes de l'Asie et en lui procurant les moyens d'y parvenir et de s'y maintenir – dût-elle provoquer les réactions, qu'on a dites, de François Xavier.

Est-il utile de préciser que la reine ne put rien connaître des sentiments que lui avait portés le fondateur, bien que le texte de l'*Autobiographie* soit éloquent sur ce point, déchiffrable en tout cas par les contemporains de Loyola, et qu'il ait circulé sous le titre *Hechos del Padre Ignacio* (Actes du père Ignace) peu après sa mort, et bien que son auteur Luis Gonçalves da Camara, portugais, soit revenu à Lisbonne avant la mort tardive de Catherine (1578) ? Si le texte fut mis sous les yeux de la vieille souveraine, ce ne put être en tout cas que bien après la disparition du *padre maestro*, bien après les services rendus par elle à sa Compagnie.

C'est en 1524 que la fille de Jeanne la Folle avait épousé, à dix-sept ans, Jean de Portugal – au temps où, à Manrèse, Inigo, manquant de sombrer d'abord dans la folie suicidaire, entrait dans l'aventure de la sainteté. La fondation et les objectifs de l'ordre furent révélés très tôt à la jeune reine (1540) par le truchement d'abord de Simon Rodriguez le Portugais, puis par François Xavier.

On a évoqué déjà la naissance du projet indien, le choix imprévu du gentilhomme navarrais, l'accueil enthousiaste que lui firent les souverains portugais. Beaucoup plus clairement que la Compagnie ne dut son approbation canonique à l'intercession de quelques grandes dames romaines (notamment à celles qui appartiennent à la famille du pape), la plus grande aventure missionnaire des jésuites trouve sa source dans cette cour où régnait, flagellée par les malheurs liés à une folie héréditaire et aux vices inhérents à une consanguinité tragique, celle qui avait peuplé les rêves du gisant d'Azpeitia.

De l'étroitesse de ces liens entre les souverains du Tage et les pères fondateurs, et de ce que le R. P. Hugo Rahner appelle « l'inébranlable inclination de la reine pour la Compagnie de Jésus [13] », on possède divers témoignages, dont la lettre écrite par Ignace à « Madame en notre Seigneur » à propos d'une affaire de reliques demandées par la souveraine et obtenues du pape par l'entremise du préposé général. Annonçant à Catherine le succès de sa démarche, Loyola ajoute :

> « … Je n'offrirai pas encore une fois ma personne et tous les membres de cette toute petite Compagnie au service continuel de Vos Altesses en Notre-Seigneur car voici bien des années que nous nous considérons avec raison et que Vos Altesses nous considèrent, je le crois, comme leur appartenant complètement en Notre-Seigneur*… »

Compte tenu du ton d'époque, du style de cour et de ce qu'on pourrait appeler le « gongorisme ecclésiastique », il y a là une sorte d'oblation que les pères n'auraient certainement

---

* En outre, la tante d'Ignace, Maria de Velasquez, qui l'avait accueilli à Arevalo, était dame d'honneur de la reine.

pas faite à l'empereur, et moins encore au roi de France, pour les raisons que nous verrons. De tels serments d'allégeance sont-ils tout à fait compatibles avec la fameuse liberté des hommes au « pied levé » et au « ceinturon bouclé », revendiquée à l'exclusion du service des femmes – de femmes moins considérables que Catherine de Portugal ?

C'est un autre type de relations que le fondateur va nouer avec une personne à peine moins illustre que la reine du Tage : Jeanne, ou Juana d'Aragon, celle que l'Europe renaissante, après l'Arioste, appelait la *diva signoria*, dont Raphaël a fixé à jamais la beauté immatérielle, et qui fut un instrument majeur de la politique italienne de Charles Quint, parfois contre le pape, toujours contre François Ier – tant il est vrai que notre *padre maestro* ne s'en tenait pas à la fréquentation des miséreux du quartier de la Strada.

La divine Jeanne, à l'incitation de l'empereur, avait épousé le plus puissant seigneur de l'Italie méridionale, Ascanio Colonna, duc de Tagliocazzo, frère de la grande poétesse Vittoria Colonna, amie très chère de Michel-Ange et à un moindre degré d'Ignace de Loyola. Mariage déplorable, si utile qu'il fût au « parti espagnol ». Ascanio était une brute rapace qui avait pris part au sac de Rome : et tandis que la *diva signoria* s'entourait à Ischia de poètes et de philosophes, le duc dilapidait sa dot dans les bas-fonds de Naples, avec des gitons.

Ce n'est pourtant pas l'inconduite d'Ascanio qui alerta les jésuites et fixa leur attention sur les désordres du Mezzogiorno – mais plus encore la faveur accordée par la duchesse à l'humaniste Juan de Valdés, reçu avec honneurs à Ischia et devenu l'oracle de la petite cour de doña Juana. Fâcheux errements, jugés assez graves par Ignace pour qu'il dépêche vers la belle-sœur de son amie Vittoria Colonna deux de ses compagnons, avec la mission de faire pièce à l'enseignement de Valdés et, accessoirement, de réconcilier la divine et le brutal. Peine perdue, en tout cas sur le second point.

La Compagnie en échec ? Après des années de patience, et alors que le naufrage du ménage Colonna était devenu la fable de l'Europe, le vagabond, qui n'avait plus quitté Rome ou ses environs immédiats depuis douze ans et s'était trouvé vingt mois plus tôt aux portes de la mort, entreprit à dos de mule, flanqué de Polanco, le long voyage vers le sud pour opérer ce que ni le pape ni l'empereur n'avaient réussi à obtenir : la réconciliation, au moins formelle, des époux ennemis.

Qu'il nous est difficile, aujourd'hui, de comprendre cette conduite, le soin prodigieux mis par le petit homme épuisé à cette affaire de ménage entre la diva espagnole (quelque peu décatie pour l'époque : elle a alors quarante-cinq ans) et le ruffian napolitain ! Il est vrai qu'une institution – le mariage – et une stratégie – celle de Charles Quint – sont en jeu. Le préposé général, « pied levé », « ceinturon bouclé », part donc pour sa croisade matrimoniale.

La dame a perdu, avec ses charmes, sa belle humeur. Elle ne fait pas bonne figure à Ignace qu'elle admire pourtant, et dont les soins l'émeuvent ; mais il n'est pas question de retomber dans les pattes d'Ascanio dont elle craint, dit-elle, « les voies de fait », et qui s'efforce maintenant de croquer la dot de leurs filles, non sans négocier avec le roi de France un renversement des alliances contre Charles Quint. Le visiteur devra regagner Rome, perché sur sa mule, sans avoir fléchi la solitaire.

Alors Ignace prend une fois de plus la plume et, sur la petite table de la Strada, écrit à Juana une longue missive que l'on peut tenir pour une sorte de code du mariage selon le fondateur – un code qui fait déjà penser à Napoléon...

Loyola ne trouve pas moins de vingt-six raisons en faveur, sinon de la réconciliation des époux, en tout cas de la reprise de la vie commune (une seule aurait suffi si la cause était bonne...). N'en citer que six ou sept est déjà en dire long sur l'idée que le fils des seigneurs d'Azpeitia se faisait des devoirs conjugaux et de la hiérarchie entre les sexes :

> « Madame,
> Le moyen le meilleur que je vois, tout bien examiné, est que vous vous disposiez d'un cœur courageux et confiant dans le Seigneur à retourner chez le Seigneur Ascagne[*], vous remettant entièrement en son pouvoir, sans chercher de nouvelles sûretés ni faire d'autres pactes, mais dans la liberté, comme une femme qui se trouve et doit se trouver en pouvoir de son mari. Les raisons qui me dictent cet avis sont les suivantes :
> La première. Si la concorde doit se réaliser entièrement et parfaitement, il n'y a pas d'autre voie que de gagner à fond l'amour et le cœur du Seigneur Ascagne. Ceci ne s'obtiendra pas à coups de pactes ou en cherchant des sûretés comme on

[*] Ascanio.

fait entre ennemis, mais bien en lui montrant l'amour, l'humilité, la confiance qu'on doit à un mari […].

La deuxième […] A dire vrai, si une des deux parties ne plie
pas et ne s'humilie pas, la paix ne pourra se faire, les plaies du
cœur demeureront ouvertes. Mais si l'un des deux doit plier et
s'humilier, comme il est raisonnable que ce soit la femme qui,
plus que le mari, se signale dans l'humilité, combien elle a
moins d'excuses devant Dieu et devant les hommes si son
manque d'humilité empêche l'union qui doit régner entre eux
de se réaliser !

La troisième. Cette démarche serait aussi une preuve de force
et de grandeur d'âme considérables, dignes de votre sang et de
votre cœur généreux. Vous montreriez par là que vous ne crai-
gnez pas même le danger de mort que certains redouteraient*.
C'est l'ordinaire pierre de touche des grands cœurs […].

La quatrième. Plus difficile sera cette manière d'agir, plus
héroïque elle sera. Vous vous y vaincriez vous-même et vous
soumettriez certaines passions que vous pourriez nourrir et
que vous nourrissez peut-être encore contre le Seigneur
Ascagne. Il serait par conséquent très méritoire devant Dieu
notre Seigneur de le faire […].

[…]

La sixième. Ce serait plus conforme aux lois sous lesquelles sa
divine Majesté a placé le saint mariage, comme l'Écriture
nous le déclare en tant de passages quand elle dit que le chef
de la femme est le mari, que les femmes doivent être soumises
à leur mari, et quand elle donne en exemple Sara qui appelait
son mari son seigneur.

[…]

La dixième. De même, ce serait une grande charité pour lui, non
seulement que vous le déchargiez des soucis domestiques en
dirigeant sa maison, comme il le désirait, mais aussi que vous lui
procuriez la paix, la joie et une heureuse vieillesse. Il n'en est
pas loin puisqu'il a déjà soixante ans. Il pourrait ainsi achever sa
vie dans l'union, entouré de l'amour de sa femme et de ses fils.

[…]

La seizième. S'il convient de faire entrer en ligne de compte,
comme il est juste, votre réputation et votre honneur, je suis
sûr que vous les assureriez plus remarquablement par cette
voie. L'honneur est de lui-même la récompense que mérite la
vertu. Dès lors, dans la mesure où […] votre cas est public et
connu dans le monde, dans cette même mesure la renommée

---

* C'est le cas de Juana, et il sait qu'elle a de bonnes raisons de craindre…

de votre grandeur d'âme s'étendra davantage. Vous en serez
plus glorieuse au ciel et sur la terre.
[...]
La dix-huitième. Si vous voulez bien tenir compte de l'utilité
temporelle que vous en retirerez, il est certain que le moyen
proposé est celui qui convient. Le Seigneur Ascagne devient,
pour ainsi dire, votre butin de guerre et votre esclave. Il paiera
les dettes et subviendra à l'avenir à vos dépenses. Vous serez
maîtresse et intendante de tous les biens [14]... »

Ce texte extraordinaire où tout est dit et allégué, de l'« humilité » imposée à la femme à l'« héroïsme » qu'on peut attendre
d'un grand cœur (fût-il féminin), et du culte de l'« honneur »,
juste récompense de la « vertu » (surtout espagnole), à l'« utilité
temporelle » qui ne saurait être négligée, semble un concentré
de la stratégie jésuitique, d'autant plus saisissante qu'elle s'ap-
plique à un objet plus dérisoire en apparence.
Ignace et tout le réalisme de son génie ne surent pas l'emporter. Il s'en faut : quelques mois plus tard, Ascanio rédigeait
un testament déshéritant son fils Marc-Antoine sous prétexte
qu'il avait, entre autres crimes, « entretenu avec l'épouse du
testataire des relations impures... ». Voilà donc ce qui s'appelle
une médiation avortée – et de nature à aigrir les préjugés du
médiateur à l'endroit de toutes les enchanteresses : quand un
couple se rompt, n'est-ce pas que la femme n'a pas su, en
temps utile, s'humilier ?...

Avec « Madama », comme les Romains appelaient Marguerite d'Autriche, bâtarde de Charles Quint[*], le *padre maestro*
passa vite des questions d'alcôve aux affaires d'État, et les
plus considérables.
Non que la vie conjugale de « Madama » ait été beaucoup
plus sereine que celle de la *diva signoria* : après avoir épousé à
quatorze ans cette canaille d'Alessandro de Médicis dont la
débarrassa la dague de Lorenzaccio, elle était devenue après
une année de veuvage la femme du petit-fils du pape, Ottavio
Farnese, son cadet, gamin vicieux qui lui fit une vie aussi
infernale que le Florentin avant lui.
Pour éviter le pire entre son petit-fils et la fille de l'empereur

* Et d'une servante flamande.

– il y allait certes d'autre chose que de l'harmonie d'un couple ! –, Paul III fit appel à ses amis jésuites. Jean Codure, puis Diego Laynez, puis Ignace de Loyola lui-même devinrent les « directeurs » de Marguerite, inaugurant ainsi la tradition fameuse des jésuites confesseurs de rois*.

Le rôle joué par celle que Loyola appelait « *nuestra Madama* » dans la fondation et l'expansion de la Compagnie de Jésus a parfois été amplifié à l'excès. On a soutenu que, plus que toute autre, c'est son intervention auprès du pape Paul III – grand-père de son mari Ottavio Farnese – qui, en dépit de l'opposition des cardinaux Ghinucci et Giudiccioni, avait arraché l'approbation canonique du souverain pontife, ce qui ferait d'elle une sorte de cofondatrice de la Compagnie. Ignace a vivement combattu cette thèse, on l'a vu, affirmant que cet appui n'avait pas été « sollicité** ». Ce qui ne signifie pas qu'il n'ait pas été spontanément accordé…

D'autres ont voulu voir en Marguerite la « première élève accomplie des jésuites », ce qui suffirait à faire d'elle un personnage clé. Et il est vrai que, compte tenu des liens noués avec Ignace et ses compagnons par la fille de l'empereur, l'évolution de la personnalité de Marguerite, la hauteur de ses vues dans le maniement du pouvoir notamment au gouvernement des Pays-Bas, enfin les services rendus à la Compagnie font de cette princesse le prototype ou le modèle de ce que la « direction » jésuitique peut accomplir dans le traitement des affaires publiques.

Tout près de la piazza Navona, sur le corso Rinascimento, s'élève un élégant édifice, un peu froid, qu'on appelle le « palais Madame » et qui est aujourd'hui le Sénat de la République italienne : c'est là que le *padre maestro* venait à pas rapides confesser Marguerite d'Autriche, et que, certain jour de 1545, il baptisa le survivant des fils jumeaux de la princesse. C'est là que furent réunis les fonds pour plusieurs des entreprises de la Compagnie, et notamment pour la maison de Sainte-Marthe et les catéchumènes juifs – auxquels la fille de l'empereur tint parfois à servir de marraine.

Entre tant de services rendus à ses amis jésuites par « *nuestra Madama* » et indépendamment des dons qu'elle leur prodi-

---

* Voir chapitre XII.
** Voir chapitre III, p. 122.

gua, il faut en retenir au moins deux : dans les années quarante, l'atténuation de l'antipathie que portait son père, l'empereur, à l'ordre des « docteurs de Paris » ; dans les années soixante, l'élan donné à la Compagnie dans les Flandres, du temps qu'elle en fut régente.

La méfiance de Charles Quint à l'endroit d'Ignace et des siens n'a jamais été bien expliquée. Voyait-il en eux des propagateurs secrets ou ambigus de l'influence française ? Des ennemis des dominicains et des franciscains, en qui il avait mis sa confiance ? Des complices souterrains du luthéranisme ? Ou simplement, comme le fera longtemps la monarchie française, un système de contre-pouvoir incompatible avec ses conceptions absolutistes ?

Le fait est que, face à la redoutable méfiance qu'il éprouvait pour tout ce qui pouvait lui porter ombrage, l'influence de sa fille Marguerite – qui ne pâtit jamais à ses yeux des conditions de sa naissance et témoigna toujours à son égard d'une fidélité sans faille – s'exerça patiemment en faveur de l'ordre auquel elle vouait un attachement passionné. Elle put notamment faire valoir auprès de l'empereur à quel point ses « directeurs de conscience » jésuites contribuaient à la survie, chaotique mais souhaitée par lui, de son mariage avec Ottavio Farnese.

Quant à la régence qu'elle exerça de main de maître dans les Flandres pour le compte de son demi-frère Philippe II de 1559 à 1567, on peut dire qu'elle ouvrit autant de perspectives à la Compagnie dans cette région clé que les souverains portugais lui en avaient ménagé en Asie. L'Université de Louvain, entre autres, devait revêtir une importance capitale dans le grand débat ouvert dans l'Europe rhénane entre les deux réformes.

C'est une personne de moindre stature qui allait provoquer la cristallisation de la doctrine de la Compagnie à l'égard d'une participation féminine à l'œuvre entreprise, et plus précisément d'une « filiale » de l'ordre.

On n'a peut-être pas oublié le nom de cette Isabel Roser*, dame de Barcelone qui avait été l'hôtesse, la fervente disciple, la bienfaitrice d'Inigo**. Famille opulente : le mari d'Isabel,

---

* On a écrit Rosell, plus catalan, ou Rosés, ou Rozés (voir chapitre I).
** Voir, chapitre I, les épisodes de Manrèse et de Barcelone.

devenu aveugle, était un riche commerçant. L'illuminé de Manrèse avait fait la connaissance de la señora Roser avant son départ pour Jérusalem. Mais c'est à son retour à Barcelone qu'il devint surtout son obligé, recevant d'elle de quoi payer ses études. Pendant le long séjour d'Inigo à Paris, c'est encore elle qui prit en charge ses mensualités (et souvent celles de François Xavier), au point que le « maître ès arts » devait lui écrire en 1533 : « J'ai plus d'obligations envers vous qu'envers personne au monde. »

Dès lors, une correspondance très suivie s'échange entre Inigo (devenu Ignace, et passé de Paris à Venise, puis à Rome) et la bonne dame de Barcelone, si bien informée par son protégé des heurs et malheurs de l'entreprise qu'elle est en droit de s'en croire un élément moteur ou participant. Telle lettre du fondateur à sa bienfaitrice peut apparaître comme une sorte de rapport fait à un collaborateur éloigné, un représentant ou un associé. Ainsi l'immense missive adressée de Rome à la señora Roser le 19 décembre 1538 : il n'est pas de détail des épreuves, procès, persécutions, progrès du groupe qui va quelques mois plus tard devenir la *Societas Jesu*, que ne relate patiemment le *padre maestro* à l'intention de sa correspondante. Comment doña Isabel, qui se voit constamment rappeler les bienfaits dont elle a comblé Ignace, n'aurait-elle pas conçu l'idée que cette immense aventure était aussi la sienne ?

Moins de six mois après l'élection de Loyola comme préposé général de la toute nouvelle Compagnie, Isabel devenait veuve. Elle songea à prendre le voile au monastère franciscain de Sainte-Claire, aux côtés de son amie Teresa Rejadella, autre confidente de Loyola. Mais la situation dans les couvents de Catalogne était si trouble qu'elle y renonça. Et l'année suivante, après avoir reçu la visite, on allait presque dire l'ambassade de compagnons, amis ou alliés du *padre maestro* des jésuites, et notamment d'Antonio Araoz, cousin de Madeleine (la très chère belle-sœur d'Ignace), Isabel forma l'audacieux projet de se joindre à la cohorte de Santa Maria della Strada et de se mettre ainsi sous l'obédience de son maître spirituel.

Ignace perçoit immédiatement le danger : et il écrit à l'entreprenante veuve pour lui demander si de pareils projets lui sont soufflés par « un bon ou mauvais esprit »… La señora Roser n'en est pas découragée pour autant : et le 6 novembre 1542, elle adresse à son « très cher père messire Ignace » une lettre où certains rappels et certaines prières sont comme des sommations :

> « … J'espère en Dieu notre Seigneur que vous vous souviendrez que nous sommes tous votre prochain*… Pour l'amour de Dieu, aidez-nous plutôt que de faire obstacle et souvenez-vous de Barcelone**… [Je suis] décidée à aller à Rome pour vous y voir avant de mourir [15]. »

Et cinq mois plus tard, elle accoste à Ostie, en grand arroi de compagnes, de servantes et de bagages.

Ses retrouvailles avec le « général » sont ainsi rapportées lors du procès en béatification de Loyola :

« Lorsque le père Ignace vit Isabel, il fut extrêmement surpris, se prit la tête entre les mains et dit : "Dieu me garde, Roser. Te voilà ici ? Qui t'y a menée ?" »

Et elle de répondre : « Dieu et vous, mon Père ! » [16].

« Dieu me garde, Roser… ! » Ce pourrait être le titre du roman qui s'écrit alors, où le pittoresque le plus échevelé côtoie sans cesse la tragédie spirituelle.

Et d'abord, que faire de la bienfaitrice dont les revendications et les protestations de dévouement – ou de dépit – font plus de bruit bientôt que les prières ?

Une idée : pourquoi ne pas la consacrer à ces œuvres pour les filles repenties, ou en passe de l'être, ou en risque d'avoir à le faire plus tard, que sont les maisons de Sainte-Marthe et de Sainte-Catherine ? Traitée en supérieure de couvent, doña Isabel ne se fait pas trop prier pour se dévouer à cette tâche à laquelle sont associées, de plus loin, deux illustres partenaires, Vittoria Colonna et Marguerite d'Autriche.

Mais la dame de Barcelone, compte tenu des services rendus, vise plus haut : être la première femme admise dans la Compagnie et liée par le vœu d'obéissance au cher « messire Ignace ». Être, en somme, la première « jésuitesse » comme il fut le premier jésuite. Pour couper court à cette ambition qui lui paraît absurde, les tergiversations de notre maître manœuvrier relèvent du grand art. Pendant près de deux ans il fait la sourde oreille – peut-être moins hostile au principe qu'incertain des conséquences : n'entend-il pas dire qu'à Barcelone on

---

* Eh oui, même les femmes…
** C'est-à-dire des dons que vous y avez reçus.

tient pour acquise la victoire de Roser, qui fait bien des jalouses…

Le « général » refusant de l'entendre, elle s'adresse directement au pape, lui demandant « d'ordonner à maître Ignace qu'il reçoive en ses mains ce vœu solennel » afin qu'elle puisse « appartenir à la Congrégation ». Le vieux Paul III se laisse fléchir. Et le jour de Noël 1543, Isabel Roser et ses deux « suivantes* » prononcent devant Ignace des vœux qui les lient à la Compagnie, ouvrant ainsi la voie à la fondation d'un ordre de jésuitesses.

Mais le *padre maestro* cesse vite de se comporter comme un bâton dans la main du pape. Il se ressaisit et reprend l'initiative, d'autant que la bonne dame, fière de son titre de gloire, a fait venir de Catalogne deux de ses neveux afin de les bien marier : la Compagnie de Jésus transformée en agence matrimoniale ? Pire : les neveux s'indignant maintenant des dons faits aux pères par la tante à héritage – et celle-ci commence à faire des comptes, à réclamer son dû…

Dès lors, le « général » ne pense plus qu'à bouter les intruses à neveux hors de la Compagnie. Il saisit l'occasion d'une visite revendicatrice d'Isabel qui, lors d'une scène moliéresque, énumère les dons faits aux jésuites : dentelles, serviettes, paillasses – « il y en a pour 465 écus ! » –, pour riposter que, si l'on commençait à faire les comptes, la dame aurait des surprises… Un vrai notaire basque. La bienfaitrice tente de retourner l'argument : et si j'offrais 200 ducats de plus ? Messire Ignace, inimitable : « 200 ducats ne changeraient rien à la décision que j'ai prise pour une plus grande gloire de Dieu ! »

Quelle décision ? Le 1er octobre 1546 est remise à dame Isabel la lettre du préposé général, en forme de sentence :

> « Selon ma conscience, il ne convient pas à la Compagnie de se charger de manière spéciale de femmes engagées par le vœu d'obéissance, comme je l'ai expliqué amplement à Sa Sainteté il y a six mois [… Je dois donc] abandonner le soin de vous avoir comme fille spirituelle en mon obéissance. Mais vous serez la bonne et pieuse mère que vous avez été si longtemps pour moi […] Je vous remets, dans la mesure de mon pouvoir […] au jugement très prudent, à la direction et à la décision de Sa Sainteté… »

* Françoise Cruyllas et Lucrèce de Bradine.

Il est peu de dire que la bonne dame ne se résigna pas d'emblée, laissant son neveu Ferrer clamer que « les jésuites sont de mauvais garnements » et qu'Ignace est « un hypocrite et un brigand [qui] a voulu voler la fortune de ma tante » : un primitif de la « légende noire » des jésuites, et qui trouvera beaucoup d'imitateurs…

Isabel Roser était une honnête personne. Sitôt que son prurit de « jésuitisme » la quitta – comme celui qui prendra tel bourgeois de faire le gentilhomme –, elle pria le *padre maestro* de lui pardonner ses démarches abusives, reprit avec lui les plus confiantes relations épistolaires, entra paisiblement au couvent des franciscaines de Barcelone vers lequel l'avait orientée Ignace, et y fit une pieuse fin.

Mais l'algarade comportait des leçons. Ignace est homme à les tirer, et en temps utile. Moins de dix-huit mois après la prononciation des vœux d'Isabel Roser et de ses deux compagnes, il adresse à Paul III, en mai 1547, une supplique en vue de libérer à tout jamais la Compagnie de la charge de femmes qui voudraient se mettre sous son obédience.

> « Très Saint Père,
> Les humbles solliciteurs de Votre Sainteté, le Préposé Général et les prêtres de la Compagnie de Jésus […] sont pressés par diverses cités et diverses contrées d'accepter les vœux et la charge de moniales et de femmes désireuses de servir dévotement Dieu.
> Très Saint Père, les susdits solliciteurs ayant remarqué qu'il y avait là un grand obstacle pour les fonctions et les ministères primordiaux et essentiels auxquels, pour le service de Dieu, les oblige leur vocation, d'après la disposition fondamentale de Votre Sainteté, cette charge ne faisant que commencer, ils pensent qu'elle pourra être un grand obstacle et qu'un obstacle de début pourrait ensuite devenir plus considérable.
> Pour cette raison, les susdits solliciteurs de Votre Sainteté vous supplient humblement en ces termes : après considération de ce qui précède, pour pouvoir avancer ensuite plus librement selon le propos de leur vocation et la disposition qui approuve l'institution de cette Compagnie, qu'il soit décidé et ordonné à jamais que, dorénavant, les solliciteurs susmentionnés ne soient nullement tenus d'accepter des monastères ni des maisons de moniales ou de Sœurs ni d'autres femmes vivant en commun sous leur obéissance ni d'autres désireuses de servir le Seigneur des vertus ; que ces mêmes solliciteurs soient dis-

pensés et libérés de la charge de recevoir sous leur obéissance, comme il est dit plus haut, lesdites femmes ; qu'ils doivent être et soient perpétuellement exemptés et libérés d'une telle charge... »

Tel est le texte de référence dont la bulle pontificale *Licet debitum* ainsi provoquée, puis le passage des *Constitutions* qui traite du même problème au chapitre VI, ne sont que des paraphrases. Tout est dit là, qui va bien au-delà du refus de création d'une branche féminine de l'ordre, et formule une sorte de réplique inversée du *perinde ac cadaver :* ce n'est pas l'obéissance qui est ici posée en principe, c'est au contraire le refus d'exercer une autorité, en l'occurrence celle qui viserait quelque communauté de femmes que ce soit.

Si peu encourageante qu'ait pu être l'« affaire Roser » – on s'en tient ici à celle-là, mais il y en eut d'autres –, on peut juger sinistre cette exclusion qui élève autour du principe de charité, et pour quels motifs ! de bien étranges barrières...

Mais nous savons bien qu'aux yeux d'Ignace de Loyola il ne faut « établir de règle si rigide qu'il n'y ait de place pour des exceptions ». C'est bien ce que nous allons voir – sans nous étonner outre mesure que cette « exception » ait visé une très grande dame, plus haute, plus puissante que toute autre et par qui, en même temps que celle de Dieu, pouvait être exaltée la gloire de la Compagnie.

L'infante Jeanne était la seconde fille de Charles Quint et d'Isabelle de Portugal. La mort de sa mère, alors qu'elle n'avait que quatre ans, lui avait donné pour éducatrice maternelle cette Eleonor de Mascarenhas que l'on retrouve en plusieurs étapes de la vie d'Ignace de Loyola et de la Compagnie de Jésus, et qui ne pouvait que la prévenir en faveur du nouvel ordre. Un mariage éphémère avec un fantomatique prince portugais la laisse à vingt ans veuve, mère d'un infant maladif, avant que l'empereur son père, au moment de se retirer au monastère de Yuste pour y mourir, la charge en 1554 – alors que son mariage avec Marie Tudor retient en Angleterre son frère Philippe II – d'assurer la régence d'Espagne.

Ce presque règne de cinq années, la fille de Charles Quint devait en assumer la charge avec une autorité vraiment souve-

raine, mais dans un climat bien étrange. Dans une lettre adressée en 1556 à Ignace de Loyola, un bon observateur de la cour
castillane signalait que « le palais de la régente a plutôt l'air d'un
couvent ». On imagine l'imperceptible sourire sur les lèvres
du fondateur, bien informé, et pour cause, des raisons de cette
singularité : en dépit de tous les interdits, décisions, suppliques
et veto, en dépit des *Constitutions*, de la bulle papale *Licet
debitum*, en dépit de la dame Roser et de ses abus, en dépit des
préjugés d'Ignace, de ses intentions les plus profondes, de son
énergie proverbiale, en dépit de tout, et peut-être en dépit de
Dieu même, la régente était devenue membre de la Compagnie
de Jésus… La seule « jésuitesse » indiscutable de l'histoire.

Ce n'est pas sous son nom prestigieux ni avec son titre souverain que la régente était entrée dans la Compagnie, bien sûr,
mais sous celui, viril et tout à fait banal, de Mateo Sanchez.
L'abondante correspondance qu'entretinrent les pères fondateurs à propos du projet puis du statut de Jeanne d'Espagne ne
mentionne jamais que ce nom obscur, qui pourrait être aussi
bien celui d'un porteur d'eau de Tolède ou d'un éleveur de tau-
reaux de Jerez[*]. Mais masculin, bien entendu…

La fille de l'empereur avait d'abord songé, après son veuvage,
à se retirer chez les franciscaines. Elle avait même prononcé
ses « vœux simples » en ce sens. Est-ce l'influence d'Eleonor
de Mascarenhas, ou celle de François de Borgia, le futur « général » déjà acquis à la Compagnie, ou du très influent R. P. Araoz,
parent d'Ignace ? Le fait est que sitôt investie de ses pouvoirs
de régente, pendant l'été 1554, elle signifie à ses interlocuteurs
jésuites de Valladolid son intention de prononcer les vœux
d'obéissance : elle dont le pouvoir n'avait alors de limites que
les frontières de l'Espagne…

Ce que put être l'émoi du vieil Ignace quand il apprit la décision de la régente, on l'imagine aisément « *Madre de Dios !* » Il
organise aussitôt à Rome une « consulte » où devront opiner ses
meilleurs conseillers : Polanco, Nadal, Camara… Une volonté
plus forte que la sienne !

Hugo Rahner est-il fondé à écrire qu'il était « simplement
impossible de rejeter la demande catégorique de Son Altesse
espagnole [17] » ? On peut imaginer tout un système d'objections,

* Après la mort d'Ignace, le pseudonyme de la princesse sera transformé en « Montoya » sans prénom.

à la lumière de ce que nous savons du frêle et indomptable « général », et par exemple qu'il n'était pas sage, du point de vue des choses du siècle (point étrangères, nous le savons, à ses préoccupations), de ligoter par les vœux de pauvreté et de chasteté qu'implique l'appartenance à la Compagnie cette veuve de vingt ans, partie prenante d'une politique matrimoniale aussi importante pour l'équilibre de l'Europe et du monde que celle des Habsbourg.

La décision prise en octobre 1554 par la « consulte » des pères est un beau morceau d'équilibre politico-spirituel :

> « … Considérant d'une part nos Constitutions qui interdisent une admission de ce genre et le privilège mentionné dans nos bulles que nous ne pouvons être forcés à prendre une telle charge ; sachant d'autre part que trois personnes[*] de ce genre[**] furent admises au commencement et ayant pris connaissance de la bulle précédemment citée, nous avons décidé ce qui suit : Cette personne peut être admise et il convient de le faire de la manière dont sont reçus les scolastiques de la Compagnie, à titre d'essai, en lui déclarant que pendant deux ans (et plus si le Supérieur le juge bon) on demeure ordinairement en probation. […]
>
> En outre, il a paru bon de déclarer à cette personne que ces vœux sont en vigueur et ont force aussi longtemps que le supérieur veut maintenir dans la Compagnie celui qui les a faits, et pas davantage. […]
>
> De même encore les Pères susnommés ont jugé que cette personne, quelle qu'elle soit, puisqu'elle jouit du privilège si spécial, elle seule, d'être admise dans la Compagnie, doit garder son admission sous le sceau du secret comme en confession. Si le fait venait à se savoir, il ne pourrait constituer un précédent, pour qu'une autre personne de ce genre[***] cause une gêne à la Compagnie en sollicitant son admission. Pour le reste cette personne n'aura à changer ni d'habit ni de maison, ni à manifester aucunement ce qu'il lui suffit de garder entre son âme et Dieu notre Seigneur. La Compagnie ou un de ses membres aura l'obligation de s'occuper de son âme, autant qu'il le faudra pour le service de Dieu et sa consolation personnelle, pour la gloire de Dieu notre Seigneur. »

[*] Isabel Roser et ses deux suivantes.
[**] Pour ne pas dire sexe…
[***] Même observation.

De l'art de la litote, de la limite et de la ligature… De l'art d'introduire, de part et d'autre, une subtile liberté au centre même du plus implacable système d'obéissance et de discipline. Ainsi le *padre maestro*, ayant consulté les siens, veut bien admettre au sein de cette Compagnie virile la plus grande et puissante dame du temps, maîtresse absolue de la dominatrice Espagne du Siècle d'Or, mais simplement « à titre d'essai » pour une période de deux ans, et sous le sceau du secret absolu « comme en confession » – ce qui signifie beaucoup.

Et surtout, surtout, le père Ignace veut bien que la régente s'engage à corps perdu par les vœux les plus stricts (adieu la stratégie matrimoniale des Habsbourg !). Mais lui, en revanche, reste libre. Lui, il se réserve le droit discrétionnaire de rejeter l'illustre adhérente avant ou après ses vœux définitifs. Elle n'est dans la Compagnie qu'autant que le préposé général veut bien l'y « maintenir »… *Perinde ac cadaver :* elle, pas lui !

Loyola est encore trop lié à l'ordre féodal espagnol pour ne pas corriger par quelques gracieusetés de cour ce que ce verdict a de fulminant. Quatre mois plus tard, il adresse à la régente « jésuite » en période de probation ces fort aimables lignes :

> « J'ai appris par une lettre du Père François de Borgia[*] combien Votre Altesse serait heureuse que nous trouvions une formule qui permît de réaliser les pieux et saints désirs d'une personne. Bien que se présentent dans cette affaire des difficultés assez grandes, tout a été subordonné à la volonté que nous devons avoir et que nous avons de servir Votre Altesse en notre Seigneur. [...] Je n'ajouterai rien sinon que je supplie humblement Votre Altesse de nous considérer comme étant tout à fait siens… »

Eût-il mieux fait d'écrire « de se considérer comme tout à fait nôtre » ? Non. Car pour si puissante que fût déjà cette Compagnie capable de n'agréer que de façon très conditionnelle la régente d'Espagne, les rapports de force subsistaient. La dame de Valladolid avait le pas sur le petit homme noir de Rome. La couronne d'Espagne pesait encore plus lourd que l'ordre, comme naguère la cour de France défiée par les templiers, et plus tard face aux mêmes jésuites.

---

[*] Lui-même duc de Gandie et futur « général » de l'ordre, longtemps jésuite secret comme la régente (dont il est le confesseur).

La régente Jeanne multiplia certes les gestes et les interventions en faveur de la Compagnie, soit qu'elle la défendît contre les attaques des dominicains ou de la noblesse exaspérée par tant de faveurs et dénonçant « le régime jésuite de Valladolid » ou « l'empire des Ignaciens », soit qu'elle favorisât leur implantation dans les Flandres ou en Catalogne : le R. P. Rahner, observant qu'Ignace a décidément « pris au sérieux la vocation de la fille de l'empereur », met en lumière « cette manière si caractéristique qu'a le saint d'exiger beaucoup des femmes qu'il a acquises au royaume de Dieu, chacune selon sa situation » [18].

D'où ces courriers qui partent de Rome pour la Castille où il n'est question que de suppliques, de services requis (ou reçus mais qui, dès lors, en appellent d'autres). Et cela se sait, et provoque murmures, jalousies, médisances, calomnies – qui visent jusqu'aux relations qu'entretient Jeanne avec ses confesseurs.

Citons encore une fois Hugo Rahner, si pertinent :

« Peut-être le papotage de la cour n'avait-il pas entièrement tort de nommer la maison de la reine une entreprise jésuitique et de qualifier son palais de monastère » – mais il se trouva plus tard un jésuite pour déplorer, en revanche, que « le collège de Valladolid [fût] plutôt une chancellerie d'État qu'une maison religieuse ».

Jeux croisés du politique et du religieux, confusion (ou imbrication) redoutable. Cour au pouvoir des soutanes, soutanes au service du pouvoir : les mécanismes sont lourdement mis en place, et pour longtemps. Nous les retrouverons.

Cette extravagante aventure de la jésuitesse couronnée devait tout de même servir de leçon à Loyola et à ses compagnons, dans la mesure où elle rappelait la suprématie implicite – ou explicite – du pouvoir régalien. S'il ne leur en avait fallu qu'une preuve, ils l'avaient trouvée dans cette lettre presque anodine écrite par la régente à son « général » en février 1556, afin de le dissuader de rappeler à Rome les pères Araoz et Borgia dont elle ne voulait pas se séparer :

« … Pour que ces deux pères ne puissent se déplacer sans mon autorisation, vous voudrez bien me donner pouvoir sur eux afin que je puisse les commander au nom de l'obéissance. Vous me ferez ainsi un très grand plaisir. »

De cette « prière » extraordinaire, quand on pense aux vœux prononcés, aux conditions posées, aux rapports théoriques entre l'unique jésuitesse et le fondateur qui peut à tout instant l'exclure, chaque mot devrait être retenu et soupesé, pour bien vérifier les rapports terrestres entre Dieu et César – celui-ci eût-il fait sa soumission solennelle à celui-là... « Me donner pouvoir sur eux », « les commander au nom de l'obéissance », « vous me ferez plaisir »... Ce dernier mot surtout, foudroyant d'inconscience... On a souvent tenté d'imaginer les réactions d'Ignace : ici, elles sont proprement inimaginables...

« Mateo Sanchez », qui se fit plus tard appeler « Montoya », de son vrai nom Jeanne d'Espagne, fille de Charles Quint, sœur de Philippe II, devait mourir à trente-huit ans sans jamais avoir remis en question ses vœux de chasteté, en dépit des innombrables projets matrimoniaux formés à son sujet – dont le plus étrange fut de l'unir à son neveu don Carlos, le délirant héros de Schiller et de Verdi...

Quant à la pauvreté, Jeanne lui avait manifesté un attachement très personnel en fondant à Madrid le couvent des Descalzadas (déchaussées) qui furent recrutées, faute de jésuitesses, chez les clarisses. Elle y résidait souvent, comme Thérèse d'Avila, tolérant que l'austérité très réelle y fût tempérée par un goût pour la bonne peinture que les visiteurs peuvent aujourd'hui apprécier comme elles le firent – pensant qu'il est moins difficile de supporter le jeûne, et les pieds nus, sous le regard d'un Zurbarán.

Son « dévot père Ignace » était mort depuis des années quand elle disparut. On ne connaît pas le bilan que le fondateur avait établi de cette éclatante entorse faite à ses *Constitutions*. Mais il y a bien des raisons de penser que, pas plus que les incongruités d'Isabel Roser, l'idée que « Mateo Sanchez » se faisait de la discipline n'était de nature à le faire revenir sur l'interdit prononcé contre l'institution d'un ordre de ce « genre ».

Et pourtant, le « pas de femmes » des pères fondateurs ne cessera, d'un siècle à l'autre, de soulever des objections et des tentations de transgression. Chaque génération verra se lever une candidate à l'élection, une héroïne avide des âpres lauriers du petit boiteux d'Azpeitia, impatiente de rappeler qu'au regard du Créateur il n'est pas de sexe plus que de race et que, flamme, fumée ou pas, la femme n'est pas indigne de contribuer à l'accroissement de la gloire de Dieu.

De cette incessante postulation féminine à la vie jésuite, en dépit de tous les déboires, de toutes les avanies, veto et rejets, témoigne un propos recueilli par l'auteur, au printemps 1990, de la bouche du R. P. Kolvenbach. Le préposé général de la Compagnie rappelait que, tout au long de sa mission de provincial au Proche-Orient, il n'avait cessé de subir la pression des « dames du Saint-Cœur* » (que les jeunes jésuites appellent drôlement, jouant sur l'assonance, les *five o'clock ladies*...) qui, d'ailleurs animées d'un dévouement admirable**, prétendaient être considérées comme auxiliaires de la Compagnie de Jésus, et qu'il s'était vu contraint de leur opposer les interdits des *Constitutions*.

Débat permanent depuis Isabel Roser, et dont la plus fameuse amazone fut l'Anglaise Maria Ward, fondatrice en 1609 de l'Institut Beatae Mariae Virginis, à Saint-Omer. Adoptant la plupart des règles de la Compagnie (présence au monde hors du cloître, refus de tout signe distinctif dans le vêtement, abandon du chant choral), miss Ward sut mieux encore conférer à l'enseignement qu'elle dispensait une qualité comparable à celle dont on crédite les pères. Mais elle prétendit trop hardiment imposer le parallèle sinon l'assimilation avec l'ordre ignacien : dès 1631, les jésuites obtenaient une bulle papale qui mettait bon ordre à cette outrecuidance...

Sous l'égide de directeurs jésuites aux noms inespérés – le père Médaille, le père Extasse – se forma au milieu du XVIIe siècle, en Auvergne, une congrégation dite des « sœurs de Saint-Joseph*** » qui prétendit, elle aussi, se situer dans la mouvance de la Compagnie romaine dont la vitalité était liée en ce pays au prestigieux collège de Billom, près de Clermont-Ferrand – sous le regard sarcastique d'un voisin nommé Blaise Pascal. Ce jésuitisme hermaphrodite – impulsion masculine, dévouement féminin – devait rayonner sourdement mais avec une constance très efficace jusqu'aux États-Unis, au point de faire concurrence, quantitativement en

---

* Ne pas confondre avec le « Sacré-Cœur ».
** Manifesté notamment en Orient et en Afrique.
*** Précédée, dans le même esprit, par les ursulines d'Anne de Xainctonge.

tout cas, à l'ordre masculin : vers 1980, on évaluait l'effectif des sœurs de Saint-Joseph à 25 000, à peu près autant que de jésuites[19].

Si la cohorte de Loyola a trouvé un « double » féminin, c'est tout de même chez les « dames du Sacré-Cœur » qu'il faut le chercher – pour ce qui concerne la France en tout cas, et aussi la sociologie de l'éducation. Avec des variantes régionales originales (comme à Lyon, les dames dites « de Chevreul »), c'est dans ces pensionnats que se reflète le plus fidèlement une certaine *ratio studiorum* très intelligemment adaptée au début du XIXe siècle* par Madeleine-Sophie Barat, que l'on se gardera de comparer à Ignace de Loyola mais qui, sur le plan intellectuel, eût été digne de rivaliser avec un Favre ou un Laynez.

Bien que la République française les ait privées de leur maison mère, l'hôtel de Biron** (voisin comme il se doit de l'église Saint-François-Xavier), les dames du Sacré-Cœur proposent, à l'intention des filles de familles aisées de la société catholique française, le mode d'éducation le plus fidèlement calqué sur celui qu'ont inventé au XVIe siècle, à partir du *modus parisiensis*, les disciples du calligraphe d'Azpeitia : équilibre des connaissances, mesure de la pensée, clarté de l'exposition, aisance du comportement, pudeur de la dévotion…

Autant de Fénelon que de Loyola dans cet art d'éduquer les filles ? Si le petit homme de la Strada s'est trouvé plus ou moins dépossédé de son quasi-monopole d'enseignement par quelque concurrent, on est en droit de dire que, s'il s'agit des femmes, il ne l'a pas volé…

---

* Pendant la période où la Compagnie, supprimée en 1773, se perpétuait dans une semi-clandestinité en France sous les vocables de « congrégation du Sacré-Cœur » ou des « pères de la Foi », et la férule des RR. PP. de Clorivière et Varin ; cf. tome II, chapitre I.

** Pour en faire un peu plus tard le musée Rodin, où le général de Gaulle pensa un temps s'installer en tant que chef de l'État, y renonçant en raison du traitement infligé en ces lieux aux dames du Sacré-Cœur par la IIIe République…

CHAPITRE VII

Juifs et jésuites
au siècle d'Or

• Le décret de 1492 • « Limpieza de sangre »
• L'Inquisition à l'œuvre • Ignace, le « lignage juif »
du Christ et l'« error nacional » • Sur les origines
de Diego Laynez • Les indignés de Tolède
• Les capitulations de 1593 et de 1608
• « Jésuiterie et juiverie » •

Le monde espagnol du XVIᵉ siècle d'où émane la Compagnie de Jésus, si forte qu'ait été la greffe intellectuelle parisienne, et contraignant l'enracinement romain, est, du point de vue religieux, un écheveau tragique.

Une date fatidique en marque l'horizon historique : 1492, celle du décret par lequel les « rois catholiques* » imposaient aux juifs et aux « Maures » le dilemme fameux : *bautismo o expulsión* » – le baptême ou l'expulsion. Une telle mesure eût bouleversé bien des sociétés du temps, mais aucune comme elle fit de l'espagnole, profondément sémitisée depuis des siècles du fait de l'imprégnation judéo-arabe qui avait provoqué, du VIIIᵉ siècle à la reconquête de Grenade, la grandiose prospérité des royaumes andalous.

Quoi qu'on pense de la thèse soutenue par l'historien jésuite espagnol Eusebio Rey, selon lequel « l'acte chirurgical de 1492 fut l'ultime traitement possible contre l'imminent péril juif, après l'échec de tous les remèdes de type médicinal [1] », il est de fait que la situation de l'Espagne n'était, sur ce point, comparable à aucune autre.

---

* Appellation un peu anachronique, la bulle papale leur accordant ce titre datant de 1496.

Il ne s'agissait pas d'une agression, d'une pesée extérieure, d'une tentative de pénétration : celle-ci était réalisée. Marcel Bataillon estime que, dès la fin du XIVe siècle, l'Église d'Espagne était peuplée de *conversos* qui, au moment où les franciscains donnaient impulsion à une profonde réforme catholique, contribuèrent puissamment à remodeler le visage du christianisme espagnol*.

Le décret de 1492 prétendait couper court à cette insémination : il ne laissa pas de l'intensifier. L'incorporation soudaine de quelque 50 000 convertis** ne pouvait qu'intérioriser le problème, au lieu de le résoudre.

Incorporation, jusqu'à quel point ? Que les *conversos* et leurs descendants aient embrassé et professé le catholicisme avec une entière sincérité est « une question insoluble comme toutes les questions de sincérité », écrit Lucien Febvre. Mais il suggère que ces convertis pouvaient avoir, « par-delà le Moyen Age, par-delà les origines chrétiennes, gardé quelque tendance à rejoindre la tradition des psaumes et du prophétisme hébraïque […] Persistante au fond de leurs esprits et de leurs cœurs, l'inspiration religieuse et morale des prophètes ne se prolongeait-elle point chez eux en inquiétude messianique [2] ? ».

Cette question posée, qui est déjà une réponse, l'auteur d'*Au cœur religieux du XVIe siècle* va plus loin en suggérant une comparaison systématique, et qui ne manquerait pas d'être instructive, des « textes capitaux du judaïsme [qui circulaient] dans l'Espagne médiévale – la prière des dix-huit bénédictions ou les treize articles de Moïse Maïmonide – avec les sentiments, les opinions, les façons d'être des chrétiens novateurs d'Espagne, au seuil du XVIe siècle [3] ».

Le fait est que la greffe juive sur le christianisme espagnol avait si bien pris et restait si forte un quart de siècle après le décret des « rois catholiques », qu'Érasme, personnage peu enclin au fanatisme et à l'exclusion, y trouva prétexte à refuser l'invitation en Espagne à lui adressée en 1517 par le cardinal de Cisneros, qu'il admirait : lui qui se mouvait si aisément dans l'Europe rhénane en proie à la pénétration luthérienne, répugnait à fouler ces terres trop sémitisées à son gré. C'est-à-

---

* Les *conversos* venus de l'islam étaient plus nombreux que ceux venus du judaïsme.

** Approximation proposée par L. Lœb dans la *Revue des études juives*, 1887.

dire, dans son esprit que ne pouvait effleurer le racisme, dominées par l'irrationnel.

On a déjà évoqué* le rôle joué par les « nouveaux chrétiens » dans le mouvement illuministe qui, à partir de la réforme franciscaine amorcée en 1512, bouleversa le monde catholique espagnol, avant que l'érasmisme ne lui confère une rationalité éphémère. Nul n'aura donné plus d'élan à l'illuminisme que fray Melchior, issu d'une famille de *conversos* et dont l'éloquence galvanisa tout un monde de prêcheurs et de béates auquel on a trouvé mêlé Inigo de Loyola. Comment s'étonner que ce « nouveau chrétien » quasi prophétique ait surtout cherché, et trouvé, des adeptes chez ses pareils ?

La part importante prise par les *conversos* dans un mouvement tel que celui des illuminés, anarchisant, irréductible à la hiérarchie et au rituel, est très compréhensible : le génie prophétique y contribue, du point de vue positif comme du point de vue négatif, et aussi la méfiance naturelle que devaient éprouver les convertis pour les rudes convertisseurs en soutane.

Eusebio Rey met l'accent sur une forme inverse de présence et d'action des « nouveaux chrétiens » : celle qui s'exerce à l'intérieur des ordres religieux et de la hiérarchie, et jusque dans l'Inquisition. Des auteurs comme Marcel Bataillon et Americo Castro signalent l'ardeur et l'intransigeance des *conversos* en ce domaine. On peut y voir la manifestation d'un extrémisme traditionnel chez les néophytes.

Mais, selon le R. P. Rey, il y a une autre explication à cet « entrisme » des convertis, et elle est d'origine sociale. En pénétrant dans les ordres religieux et la hiérarchie catholique, les nouveaux venus y trouvaient, écrit-il, « un mode de vie qui constituait un moyen de défense contre les humiliations infligées par une société excessivement sensible à la question de la pureté du sang ».

Car ce problème de la *limpieza de sangre* n'avait évidemment pas été résolu par le décret des « rois catholiques » qui, transférant le débat du domaine religieux au plan racial, avait provoqué la mise en place d'une stratégie minutieuse de « purification ». Le coup de hache de 1492 prétendant unifier religion et société avait en fait divisé les Espagnols en deux

* Voir chapitre I, p. 46.

castes* : celle des « purs » et celle des « impurs », distinguées
par un *Statut de la pureté du sang* publié en 1547 par Mgr Martinez Siliceo, archevêque de Tolède.

L'opération devait être conduite en trois temps : « différenciation », « isolement » (par la mise en quarantaine des
« impurs »), « élimination » (par le bannissement ou la mort).
D'où le terrible filtrage opéré sous la direction de Siliceo et de
l'Inquisition, la transformation de la vie sociale de l'Espagne
en une permanente chasse aux faux convertis (les *marranes*[4]),
en un procès incessant, dans un climat de soupçon généralisé.

Tel était le poison qui rongeait la très glorieuse et puissante
Espagne du siècle d'Or, comme toutes les sociétés qui prétendent fonder l'ordre sur la discrimination des « espèces » et l'inégalité des « essences ». Qui donc oserait se dresser contre
cette loi du sang et proclamer, en en tirant les conséquences,
que sous le regard de Dieu il n'est pas de race des seigneurs ni
de peuple maudit ? Et que s'il est un peuple élu…

Inigo de Loyola, fils de Beltran le hobereau basque, courtisan
d'Arevalo, écuyer du duc de Najera, combattant de Pampelune,
n'avait remis en question aucun de ces préjugés de « caste » qui
infestaient la société de son temps. On a retrouvé naguère
la trace de l'un de ses frères jusqu'alors inconnu qui, installé
à Murcie, en pleine Andalousie « sémitisée », y proclamait à
cor et à cri que, comme tous les natifs du Guipúzcoa, il était
« descendant de vieux chrétiens *limpios de mala raza***… ».
Mieux. On a évoqué Inigo***, de nombreux mois après sa
« conversion » comparaissant devant un inquisiteur d'Alcalá,
et confronté à ce problème : comme Juan Rodriguez de Figueroa lui demande si ses disciples et lui observent le sabbat, il
rétorque sèchement : « Le samedi, j'exhorte mes auditeurs à
une dévotion spéciale à la Vierge. Quant aux autres règles du
samedi, je les ignore, ma terre d'origine ne connaissant pas les
juifs. » Propos où passe, deux ans après la « conversion »
d'Inigo et des mois après le voyage à Jérusalem, comme un
souffle de l'antijudaïsme ambiant, y compris dans cet extrême

----

* On préfère en Espagne parler ici de « caste » plutôt que de race. Ce
qui ne change rien au fond du problème…

** « Purs de la sale race. »

*** Voir chapitre i, p. 49-50.

Nord-Ouest de la péninsule où la présence juive est plus faible qu'ailleurs.

Nulle ? Évidemment pas. De Bilbao à Bayonne[*] où les juifs étaient nombreux au XVIIe siècle, de petites colonies israélites se mêlaient à l'activité commerciale. Les Loyola leur furent-ils liés par mariage ou autrement ? Dans son *Historia critica de San Ignacio*[5], Pey Ordeix formule l'hypothèse d'un Loyola juif. Un autre biographe, l'Allemand Georg Lomer, se contente de le décrire comme « demi-juif ». Suggestions hasardeuses et qui ne sauraient donner la clé de ce qui sera l'attitude du fondateur de la Compagnie à propos du peuple d'Israël.

Si nous l'avons vu sensible et sur la défensive à ce sujet au temps d'Alcalá, nous ne le trouverons plus qu'ouvert et accueillant aux *hebreos*, constamment dressé pour faire pièce aux manifestations ou tentatives d'exclusion de l'Église espagnole à l'encontre des juifs, et impatient de rappeler les origines juives du christianisme.

On ne peut manquer de citer ici deux ou trois anecdotes classiques dont l'authenticité est assurée par la personnalité du conteur, Pedro de Ribadeneira[6], proche s'il en fut du fondateur, lui-même issu d'une noblesse espagnole où la sémitophilie était alors peu courante, et que nous retrouverons mêlé à la bataille à propos de l'admission des « convertis » dans la Compagnie.

> « Un jour que nous déjeunions en grande compagnie, le *padre maestro* déclara qu'il tiendrait pour une grâce spéciale de Notre-Seigneur et de la glorieuse Vierge Marie de descendre d'un lignage juif qui le ferait entrer dans la parenté du Christ et de sa Mère. Et cela était dit avec tant d'émotion que les larmes ruisselèrent sur son visage au point de frapper tout le monde. Mais l'un des assistants, Pedro de Sarate, Biscayen ami de Loyola et chevalier de Jérusalem, s'écria : "Juif ! Je méprise ce nom[**]…" A quoi Ignace répliqua : "Fort bien, don Pedro, discutons. Et quand vous aurez entendu mes raisons, vous souhaiterez, vous aussi, être descendant de juifs !" »

---

[*] Une branche de la famille Mendès France y prit racine et y prospéra longtemps.

[**] Dans un autre récit, il est rapporté que Sarate, ayant dit, « cracha solennellement par terre ».

De longues années plus tard, comme on disait devant le R. P. Mercurian, troisième successeur de Loyola, qu'une ascendance juive attirait quelque « infamie » sur une famille, le préposé général s'interposa : « Rien n'est plus opposé à la pensée du père Ignace qui a toujours répété devant nous qu'il aurait été reconnaissant à Dieu de le faire venir de ce lignage. »

On aurait tort de voir dans ces propos du fondateur l'expression d'un pieux sentimentalisme dénué de conséquences. Loyola n'était pas homme à garder pour lui et ses proches l'expression de telles convictions. Il ne se fit jamais faute de faire connaître son sentiment sur l'« injustice » des mesures prises à l'encontre des juifs par les responsables du décret de 1492 et les cours de Valladolid et de Lisbonne. Surtout, il prit deux types d'initiatives : la fondation d'un organisme en vue de favoriser la « conversion » des juifs, et l'admission systématique dans la Compagnie de toutes sortes de « nouveaux chrétiens » quelles que puissent être les réactions de tel ou tel de ses compagnons, de tel ou tel pape (comme l'antisémite Paul IV) et de la cour ou de la hiérarchie catholique espagnoles.

Le thème de la « conversion » des juifs au christianisme n'est pas de ceux que l'on peut aborder légèrement. Aussi bien n'est-il pas question de trancher ici la question de savoir si, aux yeux des juifs, il y a injure ou mépris à vouloir faire d'eux, premiers des enfants d'Abraham, les membres d'une Église qu'ils tiennent pour hérétique et encline au polythéisme – et d'où leur sont venues beaucoup de souffrances.

Il se trouve de nombreux chrétiens pour constater avec surprise, ou déception, que tel d'entre eux, qui a témoigné une sympathie vive et agissante au peuple d'Israël – tel l'abbé Grégoire –, est dénoncé par leurs interlocuteurs juifs pour avoir travaillé à des conversions jugées agressives ou injurieuses. Exemple typique de décalage culturel entre deux modes d'appartenance, l'une fondée sur l'Alliance, l'autre sur la volonté. L'une qui exclut l'idée de conversion et cultive la fidélité. L'autre qui ne vit que dans la diffusion de la « bonne parole » et se glorifie de son prosélytisme.

Si l'on interprète de façon positive l'attitude et les initiatives de Loyola (comme plus tard de Grégoire) en vue de convertir les juifs, c'est qu'à l'opposé du grand autodafé de 1492 elles se fondent sur une vision grandiose, sinon tout à fait juste, de la continuité judéo-chrétienne, de l'enracinement du christianisme dans le judaïsme. Ce n'est évidemment pas une apostasie qui est proposée aux juifs par Loyola ou Grégoire, mais une nouvelle étape à parcourir sur une route ouverte et fléchée par le message abrahamique.

Quoi qu'on pense de la démarche, en son principe et en ses modalités, il est clair que, chez le petit reclus de Santa Maria della Strada, elle se fonde sur l'amour. On a évoqué[*] l'accueil fait à quelques juifs romains au collège créé à leur intention, le caractère quelque peu triomphaliste des cérémonies que de grands personnages honoraient de leur présence, les textes enfin inspirés à Paul III par Ignace en vue de faciliter la réadaptation sociale et économique des « nouveaux chrétiens » dans la communauté dominante. Toutes ces initiatives sont évidemment à mettre au compte du fondateur qui dut parfois bousculer les siens pour parvenir à ses fins.

Visée contestable ? Conquête dérisoire ? C'est dans un autre domaine qu'il faut apprécier la judéophilie de Loyola, celui de l'admission dans la Compagnie des « nouveaux chrétiens ». L'homme qui avait jugé « injuste » la procédure des « rois catholiques », qui déclarait que toute discrimination fondée sur l'origine relevait de l'*humor español* et de l'*humor del corte e del Rey de España* (on peut traduire ici *humor* par « tempérament » ou « singularité »), ou de l'*error nacional*, et qui regrettait de n'être pas né juif, pose comme règle fondamentale d'admission dans la Compagnie qu'aucun obstacle relatif à l'origine des postulants ne serait dressé. Les *Constitutions* prévoient que la question doit être posée, mais de façon purement informative, pour une meilleure « direction » de l'impétrant.

Le fondateur connaissait-il, dès le temps de Montmartre, l'ascendance juive de Diego Laynez, qui sera son successeur immédiat ? S'interrogea-t-il, quelques années plus tard, sur les origines de celui qui allait devenir un autre lui-même, Juan de Polanco ? Il est évident en tout cas qu'il n'avait rien à apprendre, sur ce point, à propos de Juan de Avila, de Francisco de Toledo, de Juan Bautista Romano ou de bien d'autres dont les noms, faisant référence au lieu de naissance ou au baptême, dévoilaient la récente adhésion au christianisme.

La position du fondateur, en ce domaine, semble aujourd'hui

---

[*] Voir chapitre III.

banale. Mais on a assez dit dans quel climat elle fut prise, pour faire comprendre son originalité et ce qu'elle eut parfois d'héroïque, venant d'un homme totalement voué à la sauvegarde puis à l'expansion de « sa » Compagnie, si attaché de ce fait à ménager les « grands » et les pouvoirs, et qui pouvait mesurer les risques qu'une telle attitude lui faisait courir face à la hiérarchie ecclésiastique et aux cours castillane et portugaise

Le plus féroce censeur de la « judéophilie » de Loyola fut le cardinal-archevêque de Tolède, Martinez Siliceo, l'homme du statut de pureté de sang. Des années durant, ce tout-puissant prélat, primat d'Espagne, fit pression sur Loyola pour que les « nouveaux chrétiens » fussent exclus de la Compagnie, lui faisant miroiter maints avantages, dont la fondation d'un grand collège jésuite à Alcalá, pour le cas où le fondateur se conformerait aux règles du « statut » de Tolède. En vain.

Sans plus d'effet furent les pressions exercées par la cour d'Espagne. On en a un bon exemple dans une démarche faite par le plus puissant personnage du royaume après le roi, don Ruy Gomez da Silva, comte d'Éboli[*]. La réponse que lui fit tenir le fondateur est présentée par Eusebio Rey comme le « testament où saint Ignace exprime son irrévocable volonté » en cette matière controversée :

> « … On m'affirme que votre Seigneurie est mécontente que nous acceptions tant de "nouveaux chrétiens" dans notre Compagnie. Celle-ci ne peut ni ne doit exclure personne […] Elle ne saurait refuser aucun talent, ni aucun homme de qualité, qu'il soit "vieux chrétien" ou noble chevalier ou autre, si son comportement religieux est utile et conforme au bien universel… »

On ne saurait dire avec plus de douceur à un favori de Philippe II qu'un bon chrétien ne regarde pas aux origines des personnes, mais seulement aux mérites des gens, quels qu'ils soient, d'où qu'ils viennent.

Mais plus encore qu'à celle du terrible archevêque de Tolède ou de la cour de Valladolid, Ignace dut faire front à une campagne contre l'admission des *conversos* menée par un homme qui le touchait de près : Antonio Araoz, son cousin (ou plutôt

---

[*] Dont la femme, si l'on en croit Schiller et Verdi, fut la maîtresse de Philippe II et envoya à la mort l'infant don Carlos, qu'elle aimait.

celui de sa chère belle-sœur Madeleine), enragé dénonciateur de juifs. Typique produit de l'antisémitisme biscayen, Araoz provoqua au sein de la Compagnie ce que Ribadeneira appelle de *grandes turbulencias*, multipliant les critiques à l'adresse des deux plus notoires collaborateurs de Loyola considérés comme d'ascendance juive, Laynez et Polanco.

Devenu le premier provincial d'Espagne, il eut beau multiplier les démarches et les avertissements et faire valoir qu'à la cour son considérable crédit personnel en était fort atteint, il ne s'attira d'Ignace que des rebuffades. Ou ce type de réponse de Polanco :

> « Si par suite de l'attitude de la Cour et du roi, vous ne jugez pas possible d'admettre les convertis en Espagne, envoyez-les ici, pourvu que ce soient de bons sujets : à Rome, nous ne nous inquiétons pas de la généalogie d'un homme, seulement de ses qualités [7]... »

L'accueil fait aux juifs, passés ou présents, ne dressait pas seulement contre Ignace les pouvoirs et les hiérarchies espagnols, fussent-ils ceux qu'il avait lui-même institués. A Rome même, il ne fut pas toujours suivi sur ce point. S'il est vrai que la papauté sut le plus souvent manifester à l'égard des communautés juives un élémentaire souci d'humanité et recueillit, à Rome comme en Avignon, les exilés et les bannis, il faut tout de même rappeler qu'Alexandre VI, né Borgia, donc espagnol, ne trouva rien de mieux que de saluer comme un exploit le décret de proscription de 1492 en décorant ses auteurs, Isabelle et Ferdinand[*], de l'épithète de « très catholiques »...

Et il n'était pas espagnol, mais napolitain et furieusement anti-espagnol au contraire, ce Paul IV qui ne trouvait pas d'injure plus cruelle à adresser à ses ennemis de la péninsule ibérique, que de les traiter de « ramassis de Maures et de juifs ». En tête des innombrables griefs qu'il nourrissait à l'encontre de Loyola, on peut ranger l'exaspération que suscitait, chez un antisémite comme lui, la reconnaissance, par l'autre, de la grandeur juive. Et il fallait encore que ce philosémite fût espagnol !

Le fondateur savait comment en user avec le pape, fût-il aussi brutal et rancunier que ce Caraffa dont le Sacré Collège

---

[*] Qui venaient aussi de reconquérir Grenade sur les Maures.

avait fait un successeur de Pierre. Ce qu'il ne pouvait pas, c'était changer de fond en comble les mentalités dans son propre pays. Et c'est sur ce plan, celui de l'*humor español*, de l'*error nacional*, qu'il allait pâtir le plus cruellement en bravant préjugés et grandes peurs.

A Cordoue, les « nouveaux chrétiens » étaient très nombreux. Sur la ville régnait une puissante famille, celle du comte de Priego. La comtesse, ayant fait de multiples dons à la Compagnie, se crut autorisée à exiger que ses protégés refusassent désormais d'admettre les *conversos* dont l'« ignominie » retombait sur eux. Araoz, provincial de la Compagnie, ne se le fit pas dire deux fois et formula l'interdiction demandée – que le préposé général, sitôt informé, leva incontinent.

Mais il n'était plus là pour mesurer, quelque vingt ans plus tard, les pertes provoquées par la rectitude de sa conduite. Le supérieur du collège de Cordoue écrivait alors au deuxième successeur d'Ignace, François de Borgia, que si son institution groupait plus de six cents étudiants tous nobles, aucun d'eux ne manifestait la moindre intention de se faire jésuite :

> « Ceux qui ont la vocation entrent au monastère dominicain de San Pablo qui, disent-ils, est un couvent de *caballeros*, tandis que dans notre collège, seuls les juifs se font jésuites. Les préjugés sont si forts sur ce point que lorsqu'un audacieux se joint à nous, on le regarde comme s'il avait reçu le san-benito[*][8]. »

Au-dessus de la porte de l'une des trois pièces banales où vit à Rome, au 5, borgo Santo Spirito, dans l'ombre du Vatican, le préposé général des jésuites[**], est accroché le tout petit portrait d'un homme au visage saisissant : sous la barrette de « docteur » et le front pâle, brillent des yeux de flamme et pointe un nez très fort, aquilin, dominant une bouche impérieuse. Un air d'ardeur méditative et d'ambition concentrée.

Ce n'est pas là l'effigie du fondateur mais – hommage significatif – celle de son successeur, Diego Laynez, celui qui, au

---

[*] Le san-benito était une tunique jaune, frappée par-devant et par-derrière d'une croix de Saint-André, dont étaient revêtus les faux convertis, convaincus de leur crime par l'Inquisition.

[**] En 1990, le R. P. Kolvenbach.

cours de neuf années terribles (1556-1565), eut à démontrer que la mort de Loyola n'était pas celle de la Compagnie.

Nous l'avons entrevu déjà, sillonnant la France et l'Italie, épaulant Ignace, prêchant les Vénitiens, endoctrinant les Romains, et intervenant avec une fougue savante au concile de Trente. Tout en lui évoque saint Paul, celui qui, par l'intensité, l'audace, le don de communication et l'art de captiver, fait du message évangélique une règle, et de cette règle une loi, parfois plus contraignante que le fondateur ne l'avait semble-t-il conçue. Militant, chef de militants, grand homme en tout cas, digne de son chef de file et que Loyola, s'il aima plus tendrement ses premiers condisciples Favre et Xavier, tenait à coup sûr pour le plus grand des siens.

Que l'Église catholique qui a canonisé son prédécesseur, son compagnon François, et béatifié Pierre Favre, ne l'ait pas jugé digne de telles distinctions, est-il dû seulement, comme le suggère James Brodrick [9], au fait que Laynez ne put manquer d'« intriguer pour cela au ciel comme il l'avait si bien fait sur la terre, vainement d'ailleurs, pour passer inaperçu aux yeux des hommes… » ? On craint que la cause de cet oubli soit surtout le fait que Diego Laynez était d'origine juive. Il y a certes des exceptions, à commencer par les apôtres. Mais eux n'étaient pas, de surcroît, jésuites…

La question de l'origine du premier successeur d'Ignace de` Loyola est l'une de celles qui ont donné lieu aux polémiques les plus vives entre les historiens de la Compagnie. On en a assez dit sur les passions qui agitaient l'Espagne du siècle d'Or pour comprendre que les doutes sur la *limpieza de sangre* du successeur direct du fondateur de l'ordre le plus lié à la papauté étaient de nature à faire se lever les tempêtes.

L'origine juive de cette famille n'est plus mise en doute par les historiens dignes de ce nom, qui ne divergent que sur l'importance attribuée à cette donnée. L'un de ses derniers biographes, le jésuite espagnol Feliciano Cereceda [10], croyait encore bon, voici près d'un demi-siècle, de parler de sa *quasi cierta* (presque certaine) *ascendencia semita*. Vaine hypocrisie[*].

L'attestation la plus claire de cette ascendance peut être trouvée par n'importe quel historien, jésuite ou non, dans le dossier Laynez des *Monumenta historica* de Rome [11], où une lettre

---

* On est encore dans la période « dure » du franquisme.

du père Rodriguez, qui fut le censeur de la vie du second
« Père Général », parle, à propos des ascendants de Laynez, de
« l'ignominie qui pourrait en rejaillir sur le Père Général et sur
la Compagnie ».

Les parents de Diego, Juan Laynez et Isabel Gomez de
León, étaient des notables d'Almazan, petite ville proche de
Soria, en Vieille-Castille, aux abords de l'Aragon. Nobles, ou
seulement bourgeois aisés ? On en a discuté, certains voyant
dans leur appartenance à la noblesse une preuve de la *limpieza
de sangre* des Laynez – ce qui est absurde : comme l'écrit
Cereceda lui-même, un tel argument est sans valeur, s'agissant
d'une époque « où les mélanges de sang juif et de sang bleu
étaient devenus une véritable invasion ». Il ajoute que, d'après
le *Tizón de la nobleza española* du cardinal de Mendoza, « il
n'existe guère en Espagne de maison noble qui soit pure de
telle ascendance » [12].

Pas plus qu'un blason, si glorieux fût-il, la pratique de la
religion catholique ne permettait d'effacer ses origines : il est
de fait que, chez les Laynez, on affichait une dévotion très édi-
fiante, que Diego comptait parmi ses frères et sœurs trois
prêtres et une couventine, et que son comportement à Alcalà
ou à Paris serait inexplicable sans une très forte éducation
religieuse. Autant de traits qui permettent de saisir l'extraordinaire complexité du problème judéo-catholique dans l'Espagne
du XVIᵉ siècle, des décennies après le décret des « rois catholiques ».

Certains ont bien pu tenter ce que Cereceda appelle la
« réhabilitation » de Laynez en ce domaine. Et notamment, en
1908, le R. P. Palacin, l'un de ceux qui tirent argument de
l'anoblissement de nos gens d'Almazan et de leur apparente-
ment avec quelques « grands d'Espagne » pour démontrer leur
qualité de « vieux chrétiens ». D'après les meilleures sources,
et d'abord le R. P. Antonio Astrain, auteur de l'histoire officielle des jésuites en Espagne, la « conversion » des ascendants
de Diego Laynez remontait à quatre générations.

Le silence gardé sur ce point par Pedro de Ribadeneira, qui
fut un familier du second « général » comme du premier, et
écrivit la première biographie de l'un et de l'autre, déconcerte.
C'est à peine s'il effleura la question des origines de Laynez en
faisant allusion à son *nariz larga y aquilina* (grand nez aquilin). Cette discrétion a été alléguée par ceux qui contestent la

judéité du délégué du pape au concile de Trente. Dans ce silence, un historien connu, l'Italien Tacchi Venturi, voit surtout une preuve de la « pudeur » espagnole en la matière, et en fait grief à Ribadeneira, en tant qu'historien.

Critique mal reçue par les historiens espagnols : ainsi Eusebio Rey prend-il la mouche, voyant là un trait d'« hispanophobie » ; au nom de quelle règle historique, écrit-il, « devrait-on reprocher à un auteur de ne pas signaler que le trisaïeul de Laynez était un juif converti » ? Le R. P. Rey ne va pas jusqu'à dire qu'il s'agit d'un détail, mais presque...

C'est prendre les gens pour des sots ; comme si le fait que le second général des jésuites, le continuateur de Loyola, était d'origine juive ne méritait pas d'être signalé ! Comme s'il n'était pas à l'honneur de la Compagnie d'avoir surmonté les pressions d'un antisémitisme dominant, et même régnant, pour élire le meilleur des siens, indépendamment de ses origines...

Car s'il est une preuve de la judéité de Laynez, c'est bien la colère que son élection à la tête de la Compagnie souleva à la cour d'Espagne comme à l'archevêché de Tolède. Le fait est signalé par maints chroniqueurs et par le dernier biographe de Philippe II, Thomas Walsh – qui rappelle d'ailleurs que le roi, comme son père, l'empereur, employait à la cour et dans les grands offices bon nombre de « nouveaux chrétiens ».

Il n'est de vérité que pour celui qui veut la connaître. L'origine de Laynez était connue de tous, ou pouvait l'être. Et pourtant sa révélation dans un texte destiné au grand public, près d'un demi-siècle après sa mort, devait provoquer un énorme scandale, et susciter dans l'Église d'Espagne des remous qui contraignirent les supérieurs romains de la Compagnie à une lamentable capitulation, révélant à quel point c'est la main de fer de Loyola qui avait, en ce domaine, contraint son ordre à la vertu.

En 1614, puis en 1622, parurent à Anvers les deux premiers volumes de l'*Histoire des jésuites* dont la rédaction avait été confiée vingt ans plus tôt au R. P. Orlandini puis, à la mort de celui-ci, reprise et complétée par un professeur d'histoire au Collège romain, le R. P. Paolo Sacchini, qui en est l'auteur reconnu. Une telle entreprise n'allait pas sans risque, tant l'histoire de la fondation et de l'expansion de la Compagnie fait surgir de controverses et de « secrets ». Parmi ceux-ci, évidemment, celui des origines du successeur et du plus influent collaborateur de Loyola.

Paolo Sacchini avait publié les informations telles qu'il les avait recueillies de la bouche de compagnons du second préposé général (il n'était entré dans la Compagnie que cinq ans après la mort de Laynez, en 1570), et notamment de Ribadeneira, qui était en paroles moins avare de ces informations que par écrit – ayant d'ailleurs hérité de Loyola une très sereine approche de la question judéo-chrétienne. Sûr de ses sources et peu au fait, en bon Toscan, de l'*humor español*, Sacchini ne put lire sans stupéfaction les dénonciations furibardes que son livre déclencha en Espagne, notamment en Andalousie et à Tolède (la cité du cardinal Siliceo)... Ainsi cette protestation collective :

> « La Province de Tolède, réunie en congrégation, demande à l'unanimité à notre Révérend Père Général* de faire effacer ce qui est dit sur l'origine du Père Laynez dans le second volume de l'Histoire de la Compagnie. Nous demandons le retrait d'une si grande tache sur la mémoire d'un tel Père.
>
> Notre province exige qu'il n'en soit plus question dans la seconde édition, et que dans la première, le Père Général fasse immédiatement supprimer la page renfermant cette folle souillure, qui atteint toute la Compagnie, et qu'on la remplace par une autre attestant la pureté et la noblesse du lignage du Père. Nous ajoutons quelques raisons qui peuvent inciter sa paternité à consentir à cette requête. Primo : ce que l'Histoire prétend de la naissance de ce grand homme est d'abord faux, comme l'affirment des témoins de la plus parfaite probité qui ont examiné la question. Secundo : même si cela se trouvait vérifié, marquer de pareille infamie en général et l'un des fondateurs de la Compagnie ne servirait à rien mais causerait le plus grand dommage, et serait un péché certain. Tertio : cette vile imputation n'affecte pas seulement le Père Laynez, mais retombe sur toute sa parenté... Entre autres le marquis d'Almazan, qui ne rougit pas de compter le Père dans sa famille, en est profondément offensé... »

Comme quoi on peut être jésuite, et mal connaître ou mal comprendre Ignace de Loyola...

La réponse de Paolo Sacchini est belle. Sur le premier point de la protestation des « bons » pères tolédans, il n'a pas de mal

---

* C'est alors Mutius Vitelleschi, Italien, cinquième successeur de Loyola.

à produire les preuves historiques de la judéité originelle de Laynez – celles notamment que l'on a citées ci-dessus. Sur le second et le troisième point, il se révèle un modèle d'honnêteté – ou mieux, d'intelligence historique :

> « … Dans le cas de Laynez, cette information est indispensable pour comprendre les critiques acerbes d'Araoz et de Bobadilla. L'histoire doit respecter les faits et ne pas s'offrir le luxe de satisfaire les préjugés ; elle doit refléter le bien et le mal, mêlés comme dans la vie elle-même ; un historien qui cache un fait sujet à controverse, rend le reste suspect et ruine l'autorité de son œuvre. Et un Jésuite historien peut encore moins se le permettre que d'autres, vu l'étonnante collection de fantaisies publiées au sujet de son ordre. »

La conclusion de Sacchini est à la hauteur de ses scrupules professionnels :

> « … Nous sommes fiers de notre Laynez, dont la soi-disant tache n'est une ignominie que pour des esprits vulgaires et remplis de préjugés.
> C'est notre devoir de faire la guerre à de tels préjugés et de les détruire. Est-ce encore une ignominie de ne rencontrer Notre-Seigneur qu'à la fin du jour ? Quelle souillure reste donc chez un homme qui est devenu le temple de Dieu, le fils de Dieu, un héritier de Dieu, et un cohéritier du Christ ?
> Devons-nous rougir de penser comme l'apôtre des Gentils ? C'est lui qui défend à l'olivier sauvage de s'enorgueillir contre les rameaux brisés de l'olivier franc sur lequel, sans aucun mérite de leur part, les rameaux étrangers ont été greffés. Comment un homme qui aime le Christ peut-il s'offenser de voir revenir vers Lui sa propre race ?
> … Mais je n'ai pas à plaider la cause des "Nouveaux Chrétiens". Je veux seulement rendre clair que je ne me repens nullement de ce que j'ai écrit sur Laynez. Chrétien, son origine juive ne le marqua pas d'ignominie mais lui conféra une noblesse car il n'était pas, lui, un rameau sauvage comme chacun de nous, mais une branche tombée de l'olivier, et doucement replacée sur le tronc paternel [13]. »

L'exemplaire leçon administrée ainsi par le père italien Paolo Sacchini n'a pas empêché une certaine école historique de jésuites espagnols – hormis l'excellent Antonio Astrain –

d'entretenir un flou artistique autour de la « question Laynez » et plus généralement des relations judéo-catholiques dans l'Espagne du siècle d'Or.

Il faut voir de quel ton le R. P. Feliciano Cereceda s'efforce de banaliser « le comportement douloureux* » des auteurs de la protestation des jésuites tolédans de 1622, qu'il assimile au « dégoût » exprimé par la cour de Philippe II lors de l'élection du second préposé général de la Compagnie. Pour lui, il s'agit d'excès relevant d'une « psychose collective antijuive régnant alors en Espagne » et qui « peut aujourd'hui nous paraître hypertrophiée »…

Se référant à Lope de Vega, Cervantès et Quevedo, ce prêtre trouve apparemment tout naturel d'assimiler les traits d'antisémitisme émaillant des œuvres littéraires qui relèvent de l'imagination et n'ont aucun compte à rendre aux enseignements de l'Église, à la proclamation solennelle émanant d'un ordre fondé par l'homme qui n'avait cessé de rappeler la judéité originelle du christianisme.

Le R. P. Cereceda va même plus loin car, ayant évoqué ces diverses manifestations d'antisémitisme dont on n'aurait pas de mal à trouver des exemples dans l'Europe de ce temps-là (ne serait-ce qu'en France qui n'accueillit que 3 000 des 150 000 juifs chassés d'Espagne à la fin du XVe siècle), il trouve bon de citer ce propos de l'historien (non jésuite) Gabriel Maura, auteur de *Vida y reinado de Carlos II* [14] :

> « Ce qu'on a appelé d'un barbarisme importé d'autres idiomes, le problème raciste, n'a jamais existé en Espagne […] car il s'agissait de groupes d'émigrés qui, convertis et assimilés, n'aspiraient qu'à acquérir des titres de noblesse qui leur étaient vendus à des prix d'ailleurs exorbitants [15]… »

Ayant ainsi fait balayer par un historien laïc l'imputation de racisme qu'appelle le texte de 1622, Cereceda doit reconnaître que l'archevêque Siliceo modifia les données du problème en fondant son « Institut de la pureté du sang » – formule qui préfigure les textes les plus meurtriers du Français Vacher de Lapouge ou de l'Anglais Stewart Chamberlain, pour ne pas évoquer d'autres ombres… Ce type d'éloquence et d'initia-

---

* « *La actitud dolorida* ».

tives trouvait d'ailleurs son écho à l'autre extrémité de l'Europe du XVIe siècle, dans les sermons du fameux prédicateur jésuite polonais Skarza, responsable de pogroms qui ensanglantèrent alors le pays sur lequel venait de régner un prince français, le futur Henri III. Et faut-il évoquer ici certains textes de Luther ?

Le comportement de la Compagnie de Jésus en matière de relations judéo-chrétiennes ne peut se résumer à cette alternance entre l'enseignement originel, profondément judéophile, d'Ignace de Loyola, et sa trahison par quelques prêtres racistes de Tolède empoisonnés par l'enseignement du cardinal Siliceo.

Cette opération tolédane ne resta pas cantonnée à son pays d'origine, et porta d'autres fruits. Bien qu'il connût parfaitement la vérité – il avait personnellement demandé à Sacchini de faire toute la clarté sur la question des origines de Laynez –, le sixième « général » de la Compagnie, l'Italien Mutius Vitelleschi, s'abaissa, pour apaiser les indignés de Tolède et tenir compte des « difficultés raciales et des animosités qui troublaient alors l'Espagne [16] », jusqu'à faire supprimer de cet ouvrage officiel toute référence aux origines du premier successeur de Loyola... Par de tels traits, il arrive à la Compagnie de justifier sa légende noire.

Faiblesse transitoire ? Geste politique d'apaisement local ? Non. S'agissant de l'attitude globale de la Compagnie de Jésus à propos du judaïsme, il y a beaucoup plus grave : le triste épisode à rebondissements qui aboutit, en conclusion des travaux de la cinquième congrégation de la Compagnie, à l'adoption du décret de « pureté du sang », en 1593.

On dira certes que de tels textes étaient dans l'« esprit du temps », qu'il faut être privé de tout sens historique pour en juger avec ou d'après les normes du XXe siècle, et que d'ailleurs les autres ordres et religions (dont la réformée) ne s'exprimaient pas autrement. Mais ce qui condamne l'attitude des pères en 1593, c'est que précisément le fondateur avait bravé l'« esprit du temps » et l'*error nacional* pour ouvrir la brèche et tracer la voie. Loyola leur avait bravement, lucidement dit une vérité en avance sur son temps, et ces hommes, nonobstant le vœu d'obéissance et le trait de lumière qui leur avait été communiqué, trahissaient l'un et l'autre...

« Pendant plus d'un demi-siècle, écrit Eusebio Rey, la

Compagnie de Jésus avait résisté à la psychose nationale espagnole, mais à la fin, le mythe de la *limpieza de sangre* prévalut en son sein comme auparavant chez les autres ordres religieux. » Cet honnête aveu proféré, le jésuite espagnol ne résiste pas à la tentation d'écrire que c'est du Portugal que vint – ou revint – vers l'Espagne le virus d'exclusion : en 1573 en effet, la cour de Lisbonne manda au pape Grégoire XIII qu'elle entendait parler avec la plus grande inquiétude de l'élection probable à la tête de la Compagnie du R. P. Polanco, « nouveau chrétien ou favorable à cette cause » et que, si la promotion des « hommes de cette race » se réalisait ainsi, elle conduirait à la destruction de la Compagnie [17]…

Menace, chantage, ou pronostic ?

Ainsi passait-on de l'« affaire Laynez » à l'« affaire Polanco ».

Le secrétaire, le double – peut-on dire ici le « nègre » ? – d'Ignace de Loyola est en effet le second des « grands juifs » de la Compagnie, encore que la question de ses origines soit moins clairement élucidée que celle de l'ascendance de Laynez, et à plus forte raison de Juan de Avila ou de Francisco de Toledo, convertis de la première génération. Les Polanco, famille de Burgos dès longtemps catholique, passaient en tout cas pour descendre de « nouveaux chrétiens », et le moins que l'on puisse dire est que l'homme qui écrivit tant de lettres au nom du père fondateur ne fit rien pour atténuer ses opinions en faveur de l'admission des convertis dans la Compagnie.

L'hypothèse de l'accession de Polanco au généralat, après François de Borgia, qui n'avait pas cédé d'un pouce sur ce terrain et avait riposté d'un ton de grand d'Espagne aux pressions que continuait d'exercer la cour en ce domaine, ne pouvait donc que jeter l'alarme chez tous les adversaires, portugais ou espagnols, des nouveaux chrétiens.

C'est ainsi que, sur un rapport du R. P. Alonso Sanchez qui dénonçait le « travail de sape » effectué au sein de la Compagnie par les convertis, et avait reçu à cet effet l'appui déclaré de l'Inquisition et du roi Philippe II, fut proposé à la cinquième congrégation générale du 23 décembre 1593 un « décret 52 » qui, seulement combattu par les pères de Acosta et Arias, *procurador* de Castille, proclamait l'exclusion de la Compagnie de *« los descendientes de judíos y moros »* (descendants de juifs et musulmans).

Certains des participants à la congrégation ayant réclamé

que le préposé général* pût prononcer des exceptions à cette exclusion, ils furent mis en minorité. C'est ainsi qu'en 1593, écrit Eusebio Rey, « la Compagnie de Jésus, ou pour mieux dire la Compagnie espagnole et portugaise [...] était finalement soumise à un statut de *limpieza* rigoureux et ne souffrant nulle exception ». La défaite d'Ignace de Loyola, des mains de ses « fils », était totale.

Elle l'eût été si ne s'était élevée contre cette trahison la voix de Pedro de Ribadeneira qui, timide à propos des origines de Diego Laynez, sut en l'occurrence appeler les plus hautes instances de la Compagnie à la pudeur et à la fidélité. Le vieux compagnon de Loyola adressa au « général » Aquaviva un mémoire en douze points sur « les raisons de ne pas changer la règle d'admission dans la Compagnie », qui a la simplicité, la force, la claire obstination des meilleurs textes de Loyola – et fait penser à Péguy.

> « La première raison est qu'une telle initiative est contraire à nos Constitutions [...].
> La seconde raison est qu'elle est infidèle au sentiment et à l'esprit du Père Ignace [...].
> Les troisième, quatrième et cinquième raisons sont qu'elle contredit nos pères généraux Laynez, Borgia et Aquaviva lui-même**.
> La sixième raison est que contrairement à ce qui est allégué, les gens de cette origine n'ont causé nul tort à la Compagnie.
> La septième raison est que cette initiative est contraire à l'honneur de la Compagnie et de toute la nation espagnole... »

On fera grâce au lecteur des cinq autres arguments de Ribadeneira : ceux-ci, le dernier surtout, ne suffisent-ils pas ? Ainsi l'homme qui, en cette fin de siècle, pouvait se dire le compagnon le plus intime et constant des pères fondateurs déclarait le « décret 52 » contraire à la fois aux règles, à l'esprit des fondateurs et à l'honneur. A quoi le R. P. Aquaviva, qui n'avait pu sans honte enregistrer ce décret, ni lire sans remords le mémoire de Ribadeneira, ajoutait dans une lettre à ses collègues de Tolède que leur texte était contraire à la « charité fraternelle ».

---

* Alors l'Italien Claudio Aquaviva.
** Auquel est adressé le mémoire.

La réaction contre le décret d'exclusion de 1593 se dessina au fur et à mesure que se manifestaient ses effets négatifs. Maints observateurs, aragonais notamment, signalaient en effet que « nombre de bonnes vocations » se perdaient du fait de l'interdit. Mais quand Ribadeneira, alors octogénaire, en réclama l'abrogation à Aquaviva, celui-ci – que l'on vit, en d'autres occurrences, mieux inspiré – répondit : « Plutôt que de l'abroger, il conviendrait, avec une prudence chrétienne, de la modérer... »

Ce que fit, en 1608[*], le « décret 28 » qui, maintenant l'exclusion globale des *moros e judios qui son considerados como infames* », donnait latitude à ceux qui étaient « de famille honnête » ou jouissaient « d'une honorable réputation » de faire la preuve d'une ascendance chrétienne à la cinquième génération, à condition que les choses se passent « *con prudencia y exactitud*[18] »...

Pour si sournois ou hypocrite que soit ce texte (le fondateur aurait-il pu le lire avec moins de dégoût que celui de 1593 ?), il contribua à normaliser la situation en entrouvrant la Compagnie aux convertis. Nombreux étaient en effet ceux qui pouvaient attester que leurs ancêtres s'étaient convertis à l'époque du décret des « rois catholiques ».

La question des rapports judéo-jésuites n'en resta pas moins pendante en Espagne de longues années encore, tout en perdant de son acuité. Selon Eusebio Rey, « le problème religieux s'était mué en problème de caste [...], forme hypertrophiée du sens de l'honneur espagnol au temps de Philippe IV[**].

Une affaire de folklore, en somme, une curiosité d'époque ? Il faut tout de même rappeler que les membres de la Compagnie de Jésus n'étaient et ne sont pas un groupe banal de *caballeros* et de courtisans, de marchands et de hallebardiers, mais des hommes appelés à une mission surnaturelle par un homme dont la grandeur consiste précisément à avoir perçu ce que l'*humor español* avait sur ce point de condamnable, et d'en avoir dénoncé avec une audace stupéfiante pour l'époque ce que le R. P. Rey appelle le « caractère antiévangélique ». Au point que l'on peut résumer ainsi ce chapitre de l'histoire de la

* Quatorze ans avant la protestation des jésuites tolédans contre le livre de Sacchini.

** Modèle fameux de Vélasquez, il fut le beau-père de Louis XIV.

La campagne de France

Entre tant de batailles livrées par les jésuites pour exister, s'affirmer, dominer ou seulement survivre, pourquoi choisir celle qui, de 1540 à 1565, les opposa à l'Université de Paris ? Pourquoi celle-ci, plutôt que les furieuses empoignades des « iniguistes » avec Agostino Mainardi et ses partisans espagnols à Rome, ou les polémiques avec Melchior Cano à Salamanque, ou les disputes avec le cardinal Ghinucci et ses acolytes de la Curie, ou encore telle bataille sur le Tage ou sur le Rhin, ou au concile de Trente ?

Parce que dans ce débat d'un quart de siècle, prélude à celui qui, des Valois à la Ve République, n'a cessé d'animer les rapports entre le pouvoir de Paris et l'Église catholique, se manifestent à cru toutes les contradictions, toutes les convulsions d'où vont émerger aussi bien la Compagnie de Jésus que l'État français et qui ont trait aux relations entre le roi et les parlements, entre la révolution calviniste et la réforme catholique, entre gallicanisme et ultramontanisme, entre enseignement public et éducation privée d'inspiration romaine.

En ce sens, la société conçue à Montmartre par Loyola et le pouvoir monarchique français vont lentement s'accoucher l'un à l'autre, par contradiction, partenaires d'un jeu de pouvoirs très complexe où la couronne, la Sorbonne, la Compagnie, les parlements, le pape et l'empereur s'entrebattent, se contredisent, s'allient et aboutissent, dans un premier temps, à l'étrange compromis de 1565. Un compromis qui se présente comme une préfiguration de l'édit de Nantes – les jésuites n'étant d'abord que tolérés et actifs, mais circonscrits, comme le seront bientôt les huguenots par la grâce et la perspicacité du roi Henri.

Rien ne serait plus sot que d'assimiler ce débat entre les premiers jésuites et l'Université de Paris aux affrontements du XXᵉ siècle entre écoles publique et privée. Ni les thèmes ni les enjeux ne sont les mêmes, moins encore les contenus des enseignements proposés, et les modes de transmission du savoir. Quant à la « gratuité », elle est alors du côté des soutanes, jouant un rôle important dans le débat. Mieux vaut donc tenter de discerner dans ces convulsions du temps des Valois, des Farnese et de Santa Maria della Strada la triple affirmation du parlementarisme contre l'absolutisme monarchique, du gallicanisme contre les empiétements romains, et même du nationalisme naissant contre un certain universalisme chrétien.

Nous allons voir se déployer en effet, à partir des premières tentatives de pénétration des « iniguistes » appuyés par Henri II et ses successeurs, l'indomptable résistance au « bon plaisir » royal. Résistance conduite par les corporations enseignantes et par les institutions parlementaires, qui affrontent aussi bien la couronne que la dynamique ultramontaine, au nom de privilèges anciens mais aussi d'un patriotisme qui s'affirme contre les « agents de l'étranger », et n'est pas loin de voir, dans ces papistes à dominante espagnole, une manière de « cinquième colonne ». Langage anachronique ? Bien sûr, mais pertinent.

Cette résistance parlementaire à la pénétration jésuite se manifestera avec un acharnement qui doit peu aux influences luthérienne et calviniste au sein de l'université et des parlements : on le verra bien quand il s'agira de redéfinir tel ou tel point sensible de la doctrine catholique, l'immaculée conception de Marie par exemple. Alors les, ou le jésuite* assez audacieux pour en débattre et en contester, non le bien-fondé, mais la valeur d'article de foi, sera en butte à l'intégrisme de ces corps qui ne prétendent nullement, dans leur majorité, favoriser la Réforme.

* Maldonat.

Les temps sont passés où, vers 1530, de Sainte-Barbe à Saint-Germain-des-Prés, le calvinisme couvait dans tel propos d'André de Gouvea, explosait dans tel sermon de Nicolas Cop. L'université s'est rassemblée sur l'orthodoxie – dût le Collège royal maintenir les dissonances. Pour un temps, Beda l'emporte sur Briçonnet*.

La campagne de France des jésuites n'est pas d'abord, à Paris du moins, une affaire de dogme. C'est plus tard, et en province, en Auvergne, en Champagne, dans les Alpes, en Aquitaine, et surtout à partir de l'explosion des guerres de religion (1572), qu'elle prendra l'allure d'une croisade de la Contre-Réforme. Au milieu du siècle, à Paris, les « iniguistes » ne viennent pas en combattants, mais en étudiants, puis en enseignants d'« humanités ».

La lutte qu'ils mènent un quart de siècle durant n'a pas trait à des articles de doctrine, mais à un statut : droit de vivre en communauté selon une règle, puis droit d'enseigner. D'ailleurs, ces postulants très impatients et très privilégiés ne livrent pas un combat contre « la France » ou un « front gallican » uni : ils sont aux côtés du roi contre les parlements ou l'université et plus généralement contre les pouvoirs et institutions extérieurs à la cour – élus, enseignants, gens de robe et de plume, évêques monopolistes, chancellerie, et jusqu'au chancelier lui-même.

En ce sens, ils agissent comme des révulsifs ou des révélateurs, faisant émerger ou s'exacerber des conflits latents entre couronne et parlement, entre privilèges locaux et pouvoir d'État, entre la Cour et la Ville. Ces « prêtres réformés » voués à la pauvreté et à l'étude, mais plongés dans le siècle au nom de l'universalisme catholique, posent à la communauté française, par leur seule irruption, maints problèmes de société et de pouvoir. Ils mettent notamment en lumière, en lui opposant leur réformisme respectueux des pouvoirs établis, le caractère fondamentalement révolutionnaire des deux « réformes » luthérienne et surtout calviniste.

Qu'on ait continué d'appeler « réforme » ce soulèvement de tout l'homme contre l'ordre ancien et l'interprétation romaine du christianisme reste en effet l'un des mystères du vocabulaire historique… Où et quand parler mieux de « révolution » ?

On est d'autant plus tenté de situer plutôt l'idée de « réforme »

* Voir chapitre II.

du côté des docteurs de Montmartre, face aux révolutionnaires de Genève qui vont manifester lors du colloque de Poissy (1561) leur radicalisme intrépide, que le flambeau de l'humanisme (avec lequel se confond par définition l'esprit de réorientation de toute société bloquée, de toute institution ossifiée dans le formalisme et le fidéisme), est, vers 1540, tombé des mains des luthériens et des calvinistes.

Alors qu'à la fin du premier quart du XVIe siècle une sorte de convergence, sur le thème du livre (avec ou sans majuscule), s'est opérée entre l'homme de Wittenberg et les grands intellectuels renaissants – Rabelais n'est-il pas du côté des « bons prescheurs évangéliques » ? –, les violences luthériennes et l'autoritarisme calviniste ont effrayé Érasme et, à sa suite, la majorité des humanistes, tandis que, de Postel à Maldonat, un humanisme catholique se dessine enfin, qui s'exprime (timidement) au début du concile de Trente, avant d'être récupéré par l'institution et la « prudence » romaines.

L'épanouissement de la Compagnie de Loyola s'opère précisément en cet instant charnière au cours duquel les « iniguistes », mieux équipés, soudés et dévoués que les autres, se présentent, à Paris ou à Rome, comme les instruments d'une authentique réforme catholique dont les foyers devaient être ces collèges qui émanent d'eux, soudain, comme un vol de colombes du porche de San Marco, porteurs d'un enseignement qu'on peut – alors ! – qualifier de libre…

Mais, proclamée et maintenue par le fondateur, l'inféodation à la machinerie vaticane naissante, aux chats fourrés de la Curie, à la stratégie multidimensionnelle de tous les Paul et tous les Pie et tous les Jules, fera glisser les beaux aventuriers de 1550 dans l'ambiguïté légendaire dont ils ne s'évaderont pendant des siècles que pour des « coups » sublimes ou des dérapages douloureux – et un vrai travail éducatif.

Que Paris ait pris une place centrale, presque obsessionnelle, dans les préoccupations apostoliques et « stratégiques » du petit reclus de Santa Maria della Strada, on peut le trouver à la fois tout naturel et très surprenant.

Surprenant parce que, ayant choisi Rome pour base et recevant de la péninsule Ibérique l'essentiel de l'aide politique et financière dont il a besoin, Loyola pourrait être tenu pour un pion du jeu impérial contre lequel se bande alors toute l'énergie française. On le verra en diverses circonstances : l'intensité de la pression exercée par Charles Quint, puis Philippe II, sur la France des Valois, la pénétration se faisait par mille canaux, matrimoniaux ou religieux, font voir en tout ce qui vient des terres d'empire une menace de l'ennemi héréditaire – et réciproquement. D'où le malentendu séculaire qui conduira tant de Français à voir dans les « hommes noirs » venus de Rome (ou d'Espagne, via Rome) les espions de la maison d'Autriche…

Mais le regard que porte Ignace sur Paris (où il a acquis son prénom et groupé ses premiers disciples) est tout autre, et mille témoignages en font foi. Pour lui, la capitale des Valois est restée celle du savoir, de l'instruction rationnelle, de tout ce qu'un homme peut apprendre ou recevoir qui ne vienne de Dieu. Paris, pour lui, est la part de l'homme, indépendamment de la grâce.

Il faudrait n'être pas jésuite – mais l'était-il déjà ? – pour ne pas attacher un prix immense à cette contribution de l'homme à l'œuvre de Dieu. Du pays Basque à Manrèse et à La Storta, il croit avoir entendu la voix du Seigneur. Mais après les échecs d'Alcalá et de Salamanque, c'est à Paris qu'il a écouté la voix des hommes. Et c'est à Rome qu'il a voulu faire la synthèse – dans laquelle le « siècle » prend la forme et le style qu'on lui donne à Paris.

Montaigu et le rugissant Pierre Tempête, Sainte-Barbe et les leçons de Strébée-le-Sage, Sainte-Geneviève, Saint-Julien-le-Pauvre et Saint-Séverin, les durs débats et les beaux diplômes, le bonnet carré, la toge et jusqu'au nom d'Ignace, le couvent des jacobins, Montmartre et enfin ce *modus parisiensis* qui lui a permis, à lui, l'écolier quadragénaire rétif au latin, de devenir un « maître ès arts » salué comme tel par la terre entière : c'est là bien sûr qu'il faut, comme il dit, « faire du fruit » et parfaire la cohorte qui, sous sa houlette, va ramener (ou amener) à Dieu tous les peuples du monde.

Mais où en est-il, alors, ce fameux *modus parisiensis* si rayonnant dans le souvenir de maître Ignace ? On peut prendre ici l'avis sans indulgence d'un Irlandais, bon historien de la Compagnie naissante, le R. P. James Brodrick :

« … Pour qui possède la moindre connaissance de la vie académique de Paris au XVIe siècle, il peut paraître étrange que les jésuites, qui ne manquent pas de sagesse mondaine, aient tant

désiré bénéficier de ses apports. L'université, jadis la gloire de
la chrétienté et la gardienne de sa culture, avait dégénéré sous
les coups de bien des désastres dont la Peste noire[*], en une
simple fabrique de logique, et même de mauvaise logique. Les
jésuites le savaient aussi bien que personne ; beaucoup d'entre
eux n'étaient-ils pas passés par le vieux moulin couvert de
poussière, à commencer par saint Ignace et ses neuf premiers
compagnons ?

… Pourquoi donc saint Ignace gardait-il une sorte de culte
pour Paris ? Pourquoi persistait-il à le tenir pour le lieu idéal
des études pour les plus brillants de ses jeunes disciples ? Les
universités vraiment vivantes se trouvaient alors dans son
propre pays, à Salamanque et à Alcalá où un trio de brillants
dominicains, Vitoria, Cano et Soto, avaient ressuscité la gloire
de la scolastique, si longtemps enterrée ! Ignace le savait car il
avait fréquenté leurs salles de lecture si pleines et si affairées :
ce sont précisément cette affluence et ces programmes anar-
chiques d'Espagne qui lui firent préférer Paris.

… Si les maîtres avaient moins à y apprendre, au moins l'en-
seignaient-ils à des groupes raisonnablement constitués, et
selon un système ordonné. Ce système de Paris, la division des
étudiants en classes de difficultés croissantes, un horaire bien
choisi, voilà ce qui l'attirait ; et les jésuites jeunes et pleins de
vie seraient de taille à tirer de leurs propres ressources la chair
et le sang capables d'animer ce squelette [1]… »

C'est donc moins un savoir – aussi riche à Bologne, Salamanque ou Louvain – que les jésuites dépêchés à Paris par
Ignace de Loyola viendront chercher au Quartier latin, qu'une
méthode – ce *modus parisiensis* qui survit à tous les déboires,
à toutes les épidémies, à tous les Beda, à tous les rejets cléri-
caux ou gallicans, cet art de grouper en « collèges » (lire
ensemble) les énergies enseignantes et les appétits de connaissances. La réponse qu'ils attendent ne doit pas faire écho à un
« qu'apprendre ? », mais à un « comment enseigner ? ». Encore
faut-il que les instituts de la montagne Sainte-Geneviève
veuillent bien s'ouvrir aux arrivants.

Le premier « feu rouge » auquel ils vont se heurter est la
méfiance qu'éprouvent les Français pour ces prêtres emba-
taillonnés soumis à des règles inventées en terres étrangères,
moines bruns ou noirs, capucins ou chartreux, mendiant au

_____
[*] En 1347.

nom d'on ne sait trop quoi, d'apparence trop sainte pour ne pas cacher quelque chose, paillardise ou gloutonnerie, ou complot politique. Si personnel et inventif qu'il soit, Rabelais reflète un état d'esprit qu'Érasme exprimait sur un ton doctoral, « *mona-chatus non est pietas* », formule que le bon peuple, sur les marchés, au bord des routes, voire sur le parvis des églises, eût volontiers traduit par quelque gaudriole à propos de ce que peut cacher un froc...

Dans un beau livre sur *Les Universités d'Europe au Moyen Age*, Hubert Rashdall évoque les avanies subies par les dominicains au temps où le plus glorieux d'entre eux, Thomas d'Aquin, enseignait à Paris :

> « ... Sitôt qu'on apercevait un moine, des grappes humaines faisaient pleuvoir sur lui des ordures et de la paille [...] Sur les têtes encapuchonnées s'abattaient de la boue et des pierres [...] On tira même des flèches sur un couvent qui dut être gardé nuit et jour par les troupes du roi [...] Les religieux qui, au cours de l'hiver 1255, tentèrent de mendier leur pain au Quartier latin passèrent des heures très pénibles [2]... »

On dira certes que les « iniguistes » ne se paraient d'aucun signe distinctif, que sans froc ni capuchon ils allaient vêtus comme les autres prêtres. Mais ils mendiaient eux aussi, faisant concurrence à une corporation établie et assez bien considérée qui tenait ses assises en la cour des Miracles – en attendant de porter atteinte à celle des enseignants et docteurs de Sorbonne. Des gêneurs, voilà le fait, et venus en corps constitué, de l'étranger. Voilà beaucoup de singularités, qui prendront vite figure de vices.

Certes, un premier groupe d'une dizaine de pionniers, envoyé par Loyola au printemps 1540 dès avant la reconnaissance canonique de la Compagnie par Paul III, peut prendre pied à Paris sous la direction de Diego de Eguia, ami personnel du fondateur, et se faire admettre comme « portionnistes », au très modeste collège dit « du Trésorier* ». Ils seront rejoints à l'automne par quelques recrues de choix, le Catalan Jérôme Domenech, les Provençaux Ponce Cogordan et Jean Pelletier, les Espagnols Estrada, Oviedo, Viola, et trois personnages très

---

* Fondé au XIIIe siècle par un clerc de Normandie, pour les écoliers les plus pauvres, et installé près du couvent des jacobins.

chers à Loyola, son neveu Emiliano, son cousin Antonio Araoz et son protégé et futur biographe Pedro de Ribadeneira. Ces précurseurs vont bientôt pouvoir s'installer dans un collège plus prestigieux, celui des Lombards, rue de la Harpe, où l'un des maîtres les plus notoires de l'université, Guillaume Postel, enseigne, comme au Collège de France, l'hébreu et les mathématiques. La « tête de pont » parisienne est-elle conquise ?

Il ne faut pas plus de deux ans aux « iniguistes » pour mesurer l'ampleur des handicaps qu'il leur faudra combler. Une nouvelle guerre éclate en juillet 1542 entre François Ier et Charles Quint ; le roi de France expulse illico de son pays les « sujets ennemis » sans qu'aucune exception ne soit faite, pour une fois, en faveur des universitaires. Espagnols et Flamands n'ont qu'une semaine pour évacuer la France et gagner les frontières de l'empire – sous peine de mort. Louvain fera aux exilés un accueil qui portera ses fruits et se muera en transplantation jusqu'à ce que la fin du conflit (1544) permette à la majorité de regagner Paris. L'alerte a été chaude, l'avertissement significatif : désormais, la guerre[*] sera l'une des causes périodiques du harcèlement auquel seront soumis en France les hommes de Loyola.

La réanimation de ce qui n'est encore qu'une colonie d'étudiants s'opère donc sous les auspices du parrain prestigieux qu'est Guillaume Postel. Nous avons rencontré ce singulier personnage, d'abord à Sainte-Barbe, simple « domestique » du grand humaniste et professeur John Buchanan, puis enseignant lui-même l'hébreu à quelques jésuites au collège des Lombards. Ses leçons du Collège de France[**] lui valaient une telle célébrité que Marguerite de Valois, sœur du roi et fort bon écrivain, l'appelait « la merveille du monde ». Les avanies subies par ses élèves jésuites inspirent à Postel une sympathie qui le conduit à intercéder en leur faveur auprès de l'épiscopat :

> « … Les rigueurs de la guerre ont interdit à nos frères, sous prétexte d'une nationalité étrangère, le séjour de Paris qu'ils habitaient. Il faudra donc restaurer ce qu'ils y avaient établi avec tant d'intelligence et de succès ; car, avec eux, ont disparu ces nombreuses réunions de fidèles qui, selon l'usage de

[*] Qui, entre Habsbourg et Valois, puis Bourbon, n'est coupée que de trêves.
[**] Fondé en 1530.

la primitive Église, les suivaient à la Table sainte. Daigne le Tout-Puissant les réunir de nouveau avec ceux qui les avaient formés ! J'espère que nous jouirons bientôt de ce spectacle s'ils peuvent remettre les pieds dans leur demeure [...] Je vous prie et vous conjure d'aider nos frères proscrits... »

Guillaume Postel ira plus loin, jusqu'à demander et obtenir après un séjour au noviciat de Rome, son admission dans la Compagnie de Jésus qui, pour une fois, fit preuve d'imprudence. Car avec toute sa science et son génie, et sa générosité, Postel était un extravagant. D'un long et périlleux voyage en Orient – Syrie, Asie Mineure – où il s'était épuisé en quête de manuscrits précieux, ce grand hébraïsant avait ramené le projet d'une monarchie universelle dont serait investi le roi de France, descendant de Japhet, troisième fils de Noé : idée peu faite pour séduire ses frères « iniguistes » qui, reconnaissant déjà l'autorité de deux maîtres tout-puissants, n'étaient pas disposés à s'en donner un troisième, et peu portés à confier aux Valois le destin du monde.

Postel avait aussi prédit la régénérescence de l'humanité par un messie du sexe féminin. Indigné, le parlement le condamna (1567) à être mis « au prieuré de Saint-Martin-des-Champs pour y être nourri et entretenu comme les autres religieux ». Il y vécut jusqu'à sa mort, visité par le roi Charles IX qui l'appelait « mon philosophe ». Chez les jésuites, cet irrégulier de nature ne pouvait faire très long feu, le *perinde ac cadaver* n'étant pas de son goût. On le lui fit comprendre.

« Il fut renvoyé [de la Compagnie] pour ce qu'enflé de soi-mesme, il faisait du prophète et bastissait nouvelles opinions », écrit le premier historien de la Compagnie en France, le père Carayon. Postel était trop honnête homme pour tenir rigueur à ses supérieurs d'avoir rejeté ses « nouvelles opinions » : il garda jusqu'à sa mort des liens très fraternels avec la Compagnie.

La convergence avec cet humaniste flamboyant n'avait pas abouti ; celle qui allait s'opérer avec un grand prélat porterait de tout autres fruits, quitte à lancer le groupe « iniguiste » dans de coûteuses tribulations politico-judiciaires.

Guillaume du Prat était le fils[*] du chancelier Antoine du

* Bâtard ?

Prat, fait cardinal après son veuvage. Il avait été élu, à vingt-trois ans, évêque de Clermont par le chapitre des chanoines de cette ville, édifié par la « grande honnesteté de sa vie » et un savoir qui portait notamment sur les langues orientales et la théologie. Le nouvel évêque dut bientôt constater que son diocèse était « infesté d'hérésie », dont la petite ville d'Issoire était le foyer. Quelle barrière dresser contre la contagion luthérienne ? Cet intellectuel, très jeune de surcroît, perçut que l'éducation seule pouvait fournir le « contrepoison ». Et, en quête de guérisseurs, il décida de fonder à Paris un collège destiné à former des apôtres de la réforme catholique en Auvergne.

Sur ces entrefaites s'ouvrit à Trente le concile convoqué par Paul III. François Ier prié par le Saint-Siège de désigner quatre représentants éminents de l'Église de France, choisit parmi eux le jeune évêque de Clermont[*], tandis qu'à Rome Ignace de Loyola désignait comme « avocats du pape » Laynez et Salmeron qu'avait précédés à Trente Claude Le Jay, assistant du très puissant cardinal-archevêque d'Augsbourg, Othon von Truchsess.

Entre du Prat et Le Jay, une entente immédiate s'établit. Quelques semaines après la rencontre, Le Jay mandait à Loyola :

> « Je l'ai informé sur la Compagnie. Je lui ai montré la bulle d'institution, une note sur notre manière de fonder des collèges, les lettres écrites des Indes[**], la dernière circulaire où sont relatées les bonnes œuvres que Dieu a daigné opérer par le ministère de ses serviteurs. Il espère que Notre-Seigneur emploiera la Compagnie au soulagement de la sainte Église, spécialement en France où elle pourra faire le plus grand bien [...] Il m'a chargé d'envoyer à Votre Révérence une copie des statuts de son collège, afin qu'elle y voie ses intentions et qu'elle veuille bien lui dire ce qu'elle en pense... »

A quoi du Prat avait répondu en proposant à Le Jay de mettre à la disposition de la Compagnie son hôtel parisien « de Clermont », rue de la Harpe. La rencontre de Laynez et de Salmeron au concile, un voyage en Italie au cours duquel il fut visiter à Padoue l'un des premiers collèges fondés par la Compagnie confortèrent la décision de l'évêque. Au cours d'un

---

[*] Né en 1507, il avait alors trente-huit ans.
[**] Par François Xavier.

séjour à Paris après la première session du concile, il prit des dispositions en vue du transfert de la colonie « iniguiste » du collège des Lombards en sa résidence de la rue de la Harpe où le « collège de Clermont » devait connaître, après bien des péripéties, une prospérité fameuse.

Le mot de « péripéties » est faible. Ouvrons une fois encore le petit livre d'Hercule Rasiel, qui ramasse bien, en peu de lignes, quelques-unes des données du problème :

> « ... Pendant que la Compagnie s'établissait partout, qu'elle venait même d'entrer dans les Royaumes de Fez & de Maroc, dans celui de Congo et dans le Brezil, la France, qui l'avoit vu naître, la trouvait si pernicieuse à l'État & à l'Église que, dès les premières Démarches qu'elle fit pour s'y établir, tous les Ordres du Royaume s'opposèrent à sa Réception [3]. »

« Tous les ordres du Royaume... » : la formule est un peu sommaire. Nous avons vu et nous verrons que tant dans la noblesse de cour que dans le haut Clergé, et même chez certains hommes de robe, la Compagnie allait trouver des alliés et des protecteurs. Mais la bataille qu'on a appelée « la guerre de cent ans des jésuites » allait les opposer à la presque totalité du corps enseignant et du parlement de Paris. Pourquoi ?

On a déjà esquissé quelques traits de l'argumentation des opposants à l'implantation en France de la Compagnie, et surtout au développement de leur activité enseignante. Il faut y revenir plus en détail, en essayant de s'en tenir au permanent, quitte à négliger quelques arguments contingents ou éphémères.

Il ne faut pas sous-estimer ce qu'on pourrait appeler l'esprit de monopole dont les composantes sont avant tout religieuses. Car il est bien difficile, à cette époque, de qualifier qui ou quoi que ce soit de « laïque ». Qui ne se prévaut alors de quelque tonsure actuelle ou négligée, d'Érasme à Rabelais et à Postel ? D'essence religieuse, étroitement contrôlée par les clercs, l'université règne sans partage sur la diffusion du savoir. Il n'a pas fallu moins que le pouvoir royal de François Ier pour imposer peu à peu, contre la Sorbonne, le « Collège des trois langues ». Quelle institution se laisserait dépouiller sans réagir d'une exclusivité aussi porteuse de prestige que de revenus ?

Il s'agit bien, en effet, de revenus. Discutant, au printemps 1990, à Rome, de cette bataille du XVIᵉ siècle entre l'Université de Paris et la Compagnie, je m'attirai cette réplique de l'historien de la Compagnie qu'est le R. P. O'Neill :

> « Mais, cher monsieur, c'était d'abord une affaire de gros sous ! C'est le principe de gratuité qui a mis en fureur les messieurs de Sorbonne ! Connaissez-vous un prestataire de services payants qui accepte que, dans la rue voisine, on propose sans bourse délier ce que lui vend, et à ce qu'il estime un juste prix ? Eh oui, les intrus venaient "casser le marché". On leur fera bien voir que ce ne sont pas des choses qui se font… »

Retenons l'argument – non sans observer que quatre siècles plus tard les fronts se sont, sur ce plan, inversés…

Si encore ces dispensateurs de mots gratuits n'étaient pas venus de Rome ! Mais c'est très ostensiblement que les « iniguistes » se réclamaient du pape, prétendaient même tirer argument de privilèges à eux accordés par des bulles de Rome pour enseigner à Paris… Quand le gallicanisme de l'université, mais aussi de l'Église de France, trouva-t-il meilleure occasion de se manifester ?

D'autant qu'il ne s'agissait pas de sentiments, de tendances, de folklore. Le gallicanisme se fondait sur un texte très précis, la « pragmatique sanction » de Bourges (1438) dont le concordat passé entre Léon X et François Iᵉʳ en 1516 avait atténué la rigueur, mais qui faisait encore barrage à l'influence romaine sur la vie ecclésiastique en France, autonome par rapport à la papauté, et fondée sur un système largement électif.

Des papistes enragés, allant jusqu'à proclamer leur allégeance à l'homme du Vatican, prétendaient venir répandre à Paris cette semence suspecte ! Il ne suffisait pas qu'à Trente, et en partie du fait des « avocats du pape » jésuites Laynez et Salmeron, ces *papistissimi*, Paul III eût réussi à assurer la prépondérance de son autorité sur celle du concile. Voici que les mêmes « hommes noirs » prétendaient faire prévaloir à Paris leur science et leur savoir-faire sur ceux dont son université tirait depuis des siècles une si juste gloire !…

D'autant qu'alors la France affirme sa vitalité culturelle, sa spécificité linguistique – par rapport au temps où l'Université parisienne n'était après tout que le haut lieu de la latinité scolastique. En 1539, par l'ordonnance de Villers-Cotterêts,

François Ier, prince des lettres, a proclamé que le français serait désormais la langue de ses sujets et, par voie de conséquence, l'essence de la nation. En publiant dix ans plus tard *Défense et Illustration de la langue française*, Joachim du Bellay mettra le sceau de la beauté sur une grande opération politique. On ne s'étonnera pas de retrouver son nom mêlé à la stratégie gallicane contre les intrus.

Cette France qui s'affirme et se distingue alors si fièrement croit avoir lieu de s'émouvoir de l'invasion de ces gens venus d'outre-monts, Alpes ou Pyrénées, avant ou après les guerres contre Charles Quint. En témoigne la lettre que Pierre Duchatel, évêque de Mâcon, prié par Ignace de Loyola d'intervenir en faveur de l'admission de la Compagnie en France, écrivait au nonce apostolique de Paris : « Comment irais-je soutenir un nouvel institut dont le fondateur est un certain Ignace, un Espagnol, un ennemi de la France [4]... »

On retrouvera de plus en plus souvent ce type d'argument, très nouveau pour l'époque, et qui montre l'avènement d'un nationalisme inconnu deux ou trois siècles plus tôt, des auditeurs parisiens de Thomas d'Aquin ou d'Albert le Grand, et même quelques décennies auparavant, des élèves de John Mayr ou de Buchanan.

Il ne faut pas négliger enfin, bien que décroissante, l'influence des amis du calvinisme. Avant le concile on pouvait certes faire valoir que les partisans de l'homme de Genève avaient en France des adversaires beaucoup plus ardents et opiniâtres que les « iniguistes » : on a lu à ce propos des lettres plutôt lénifiantes de Pierre Favre et de Loyola. Mais à partir de l'entrée en lice de Diego Laynez à Trente puis au colloque de Poissy[*], les réformés n'auront de cesse qu'ils n'aient ameuté tous leurs sympathisants contre ces papistes étrangers.

Si l'influence du protestantisme dans l'intelligentsia parisienne n'est plus tout à fait celle qu'il exerçait vers 1530 (alors que se développe en province la grande expansion huguenote que le massacre de la Saint-Barthélemy ne pourra briser, mais que l'édit de Nantes aura pour objet de cantonner), elle reste vive. L'alliance entre « gens du livre » – évangélistes, traducteurs de la Bible en langues modernes, hellénisants, hébraïsants – n'a perdu que peu de sa fertilité du premier tiers du

---

[*] En 1561. Voir plus loin, p. 281.

siècle. Comme les vieux ménages, les vieilles alliances survivent par la communauté d'ennemis : les jésuites, désormais.

Les raisons abondent ainsi pour que les gens d'Ignace soient
accueillis par l'Université de Paris à coups d'escopette.
A demi moines, aux deux tiers Espagnols, aux trois quarts
étrangers, ils se présentent en candidats éducateurs, en concurrents de la diffusion du savoir. L'étonnant est que leur
démarche ait suscité des réactions extrêmement diverses, des
contradictions à l'intérieur de chaque catégorie de l'un ou
l'autre camp. Il est temps d'en recenser les forces et d'en
signaler les champions, à la veille du grand tournoi.

Au sommet, trois seigneurs formidables : le roi, le pape et le
parlement. Le second n'exerce qu'une poussée extérieure ou
mythique. Mais que son influence s'exerce *a contrario* et de
façon plus ou moins fantasmatique ne la rend pas pour autant
négligeable. S'agissant de jésuites, le pape est partie prenante,
ne l'oublions pas, surtout si le roi de France joue son jeu.

Que François Ier ait eu le moindre penchant pour les
« iniguistes », on peut en douter. Mais il sort de scène (1546)
très tôt après l'ouverture du grand débat qui va longtemps
se dérouler autour d'Henri II. Pendant treize ans, le fils de
François Ier s'affirmera comme le protecteur et l'ami des
jésuites, imité en cela par ses fils François II, Charles IX
et Henri II. Mais après sa mort (1559) et surtout à partir
de 1560, Catherine de Médicis, à l'instar du chancelier Michel
de L'Hospital, nuancera la protection accordée par la couronne
aux jésuites, soucieuse de ne pas défier le parti protestant
et surtout de ne pas favoriser le parti « espagnol », celui des
Guise.

Dans l'ensemble pourtant, les Valois auront favorisé l'introduction en France de la Compagnie, la mettant en quelque
sorte dans leur « clientèle » contre l'université et le parlement.
Tout au long du débat, nous retrouverons les signes de leur
bienveillance à l'endroit des hommes de Loyola, alors même
qu'ils seront, sous Henri II, puis sous Henri III, en conflit militaire ou politique avec la papauté, alors même qu'ils chercheront une entente avec les calvinistes.

Le Saint-Siège est occupé, au cours de la « campagne de
France », par cinq titulaires : Paul III (jusqu'en 1549), Jules III
(1550-1555), l'éphémère Marcel II, Paul IV (1555-1559) et
Pie IV (1559-1565). L'avant-dernier mis à part – on a dit son

peu de goût pour la Compagnie* –, les souverains pontifes ont, directement ou par nonce interposé, soutenu l'effort de pénétration « tous azimuts » d'un ordre qu'ils savaient dévoué à leur cause jusqu'à l'abnégation. Il advint que ce soutien prit des formes abusives, ou provocantes. Mais dans l'ensemble, l'action de Rome se conjugua avec celle des Valois en faveur de la réussite de l'opération.

Face à la stratégie jésuite, la forteresse parisienne est formée de trois fortins : le parlement, l'université (et plus précisément la faculté de théologie) et l'évêché de Paris. Mieux encore que la parlementaire, c'est l'institution universitaire, la plus menacée, qui tiendra tête à l'invasion des intrus soutenus par le pouvoir royal et une partie du haut clergé.

Peut-on parler au singulier du parlement ? La France comptait alors treize de ces conseils qui relevaient, en apparence, du judiciaire plutôt que du législatif. Mais la tradition et leur caractère électif en faisaient en quelque sorte les gardiens des lois du royaume, et leur conféraient un rôle proprement politique, sinon d'opposition, du moins de contrôle. Aucune décision ou ordonnance royale ne pouvait entrer en vigueur sans avoir été enregistrée par l'un d'eux, leur refus pouvant alors prendre la forme de « remontrances ». S'il était fort rare que de telles positions fussent prises par les douze parlements de province, celui de Paris ne manquait pas une occasion de faire pièce à l'arbitraire royal – malin plaisir opposé au « bon plaisir ».

Le moins que l'on puisse dire est que la tentative de pénétration jésuite fournit aux parlementaires une belle occasion d'en remontrer au souverain, de faire sonner à son oreille les arguments du gallicanisme, du patriotisme, du légalisme, du parisianisme, parfois même de l'obscurantisme. Et nous verrons, par le truchement de certains de ses avocats, s'amorcer ce qu'on appellera plus tard le laïcisme.

On a cité là les protagonistes collectifs de la campagne de France des jésuites. Si l'on en vient aux personnalités, il faut isoler, du côté des impétrants, deux membres de la Compagnie, Paschase** Broët et Ponce Cogordan, et leurs deux alliés les plus efficaces, Guillaume du Prat, évêque de Clermont, et

---

* Bien qu'il fût accusé d'être un « jésuite secret »... Voir plus loin, p. 290.
** Ou Pasquier.

Charles de Guise, cardinal de Lorraine ; et du côté des opposants, entre cent prêcheurs robins et docteurs de Sorbonne,
l'évêque de Paris Eustache du Bellay. C'est à celui-ci qu'on
s'arrêtera d'abord.

Eustache était le cousin de Joachim, l'auteur de *Défense et
Illustration de la langue française*, et le neveu du cardinal
Jean, protecteur de Rabelais. Toute la Renaissance en peu de
mots. Bel esprit exempt de fanatisme et de rancune, il mit tous
ses talents à barrer la route aux jésuites pour deux raisons
majeures : qu'ils étaient les protégés de Charles de Guise, éma-
nation du parti que du Bellay tenait non sans quelque raison
pour hostile à l'humanisme, et qu'ils se prévalaient de privilèges et d'exemptions romaines attentatoires à ses prérogatives
d'évêque de la capitale. Pour donner belle apparence à cette
opposition, il devait la formuler ainsi :

> « Je connais les sentiments des théologiens sur cette Société ;
> ils regardent son existence comme illicite. Quant à moi, je
> n'accorderai jamais à ses membres la faculté de confesser ou
> de prêcher tant qu'ils ne seront pas, comme les autres prêtres,
> soumis à mon pouvoir et à ma juridiction [...] Si ces nouveaux
> clercs réclament le droit d'établir des maisons, qu'ils aillent
> en bâtir aux frontières de la chrétienté, ils seront mieux au
> contact des Turcs qu'ils prétendent évangéliser... »

Pour spécieux que fût le dernier argument, du Bellay s'opiniâtrera sur tous ces points, inlassable, retors, capable de manœuvres subtiles et d'alliances de toutes natures contre les
Guise et les jésuites. Sa capitulation finale elle-même sera si
nuancée qu'elle pourra faire figure de manœuvre d'enveloppe-
ment. Ainsi le fondateur de la Compagnie de Jésus avait-il
trouvé à Paris un adversaire digne de lui, et qui l'empêcha de
célébrer, de son vivant, l'implantation tant désirée.

Les militants et les protecteurs de l'entreprise, on va les voir
se définir dans l'action, du naïf Broët à l'ingénieux Cogordan,
du bienveillant du Prat au somptueux Charles de Guise – qui,
prince de l'Église dès son adolescence, devint à vingt-cinq ans
le plus influent des conseillers d'Henri II et l'interlocuteur
d'Ignace de Loyola : le recevant à Rome à l'occasion de l'élection du pape Jules III, le fondateur l'avait persuadé de se faire
en France son champion.

Le grand débat s'ouvre quand les jésuites, qui n'ont encore été, du collège du Trésorier à celui des Lombards, qu'une petite colonie d'étudiants enfouis dans leurs grimoires, voient mettre à leur disposition l'hôtel de Clermont par Guillaume du Prat. La faveur déclarée de ce puissant prélat change d'un coup leur statut, éveille jalousies et méfiances.

Mais ce sont surtout les « lettres patentes » à eux accordées en janvier 1551 par Henri II, à l'instigation de Charles de Guise dont la naissance, l'arrogance et le pouvoir qu'il exerce sur le roi font un personnage éminemment controversé, qui provoquent la grande levée de boucliers. Comment ces textes qui accordent soudain aux jésuites le droit de posséder et d'enseigner n'auraient-ils pas alerté le parlement de Paris ? S'opposant fermement à l'enregistrement des lettres patentes, le procureur allégua le « préjudice [ainsi] porté à l'État et à l'ordre hiérarchique[*] » ; et se référant aux avis de la faculté de théologie, il fit valoir que l'ordonnance royale était contraire « aux libertés et immunités gallicanes ».

Ainsi commence l'immense chicane d'un quart de siècle dont la matière peut se décomposer en trois questions : les jésuites ont-ils le droit de posséder une « maison » à Paris ? Peuvent-ils y vivre « selon leurs propres règles et statuts » ? Sont-ils habilités à y enseigner ? Questions qui devaient trouver leurs réponses dans l'attribution (ou le refus) du droit d'« établissement » ou de « naturalisation ».

Pour une fois maladroits, les disciples d'Ignace avaient fort mal engagé le fer en se réclamant des bulles de Paul III, qui dotaient la Compagnie de l'institution canonique et lui accordaient privilèges et exemptions : à quoi ecclésiastiques et parlementaires parisiens objectaient avec raison que « le pape [pouvait] faire cela en ses États mais non en France ». Des bulles du pape à Paris !…

Pour livrer la « bataille de France », Ignace de Loyola dépêcha à Paris, en 1552, Paschase Broët, l'un de ses premiers compagnons, français de surcroît. Choix malheureux. Non que Broët fût indigne ou médiocre. Mais ce paysan picard se prit les pieds dans tous les tapis de la cour des Valois et se laissa berner par les robins et les abbés de cour – moins jésuite

_____
[*] On dirait plutôt à l'ordre des « fonctions »

qu'aucun d'eux. Moyennant quoi ses rapports de mission à Ignace fleurent bon l'honnête homme :

> « J'ai présenté à ces Messieurs du Parlement nos Bulles et la nouvelle injonction du roi : la plupart y sont extrêmement hostiles, surtout ceux de grande influence. Ils m'ont dit qu'il y a déjà bien trop d'ordres religieux pour qu'il soit question d'en fonder d'autres et qu'en tout cas, cela était contraire aux saints Conciles [...] L'un d'eux ajoute même que la Compagnie dite de Jésus avait été fondée par le diable en personne.
> ... Pourquoi, me dit l'un, ne pas entrer chez les Franciscains, les Chartreux ou un autre ordre reconnu ? Je lui ai répondu que notre genre de vie était tout différent. Et lui de me rétorquer en colère : "Vous faites donc des miracles et vous croyez supérieurs aux autres ?" Un autre se mit dans une colère terrible, nous accusant d'être superstitieux et bouffis d'orgueil [...] manifestant une telle rage que rien n'aurait pu servir à quelque chose [...] Humainement parlant, au point où en sont les choses, nous ne gardons aucun espoir de réussir, mais je fais confiance à Dieu qui nous exaucera, maintenant ou plus tard, selon son bon plaisir [5]... »

Il est de fait qu'« humainement parlant » les affaires des « iniguistes » se présentaient fort mal : sans aller jusqu'à adresser une « remontrance » au roi, le parlement remit la cause entre les mains de la faculté de théologie, qu'il savait fort hostile aux demandeurs, et de l'évêque du Bellay, qui ne l'était pas moins. De dispute en argutie théologique, le malheureux Broët s'entendait reprocher tantôt son papisme, tantôt ce titre de « jésuite » qui était censé porter atteinte à la dignité des autres ordres, tantôt l'atteinte qu'il infligeait aux privilèges des curés ou des évêques.

La sentence prononcée par Eustache du Bellay, formulée en onze points dont chacun ressemblait à une excommunication, sembla de nature à abattre à jamais les espérances de la Compagnie en France. Qu'on en juge.

Après avoir repris le grief fait si souvent à la Compagnie « de prendre le nom de Société de Jésus qui appartient à l'Église universelle », l'évêque de Paris reprochait aux demandeurs « de faire tort aux Ordres mendiants et aux hôpitaux par leur vœu de pauvreté qui les oblige à vivre d'aumônes ». Mais il les accusait plus encore d'exempter de ce vœu de pauvreté la gestion de leurs collèges, ne voyant pas « à quel titre cette restriction était faite, puisque les étudiants pour lesquels on admettrait des fondations ne seraient pas encore de la Compagnie, n'en ayant pas fait les vœux et pouvant être congédiés par les supérieurs ».

Eustache du Bellay s'indignait d'autre part des empiétements de ces nouveaux venus « sur la juridiction des curés, dans la prédication et l'administration des sacrements [et] des évêques, dès lors qu'ils se mêlaient d'excommunier, de dispenser les enfants illégitimes, de consacrer les églises, de bénir les vases sacrés et les ornements d'autel », voire « sur les droits du pape même », car, affirmait-il, « nonobstant leur vœu d'aller en mission chez les infidèles et les hérétiques, si le Souverain Pontife les y envoyait, ils croyaient qu'il était permis à leur supérieur de les rappeler quand il le jugerait à propos ».

Qu'attendre d'ailleurs d'un ordre qui « ne se tenait obligé à aucun office public, soit grand-messe, soit heures canoniales dites en commun, s'étant exemptés par là des pratiques mêmes dont les laïcs ne se dispensent pas, puisqu'ils assistent les jours de fête à la grand-messe et aux vêpres ? D'un ordre aussi qui croyait avoir permission de nommer des professeurs en théologie, contredisant les privilèges des universités » ?

Et comme pour rappeler sa qualité d'évêque de Paris, ville qui passe pour la plus spirituelle du monde, du Bellay concluait ainsi :

> « On prétend de l'érection dudit Ordre et Compagnie qu'ils iront prescher les Turcs et infidèles [...] Il faudroit establir lesdites maisons et sociétez ès-lieux prochains desdits infidèles, ainsi qu'anciennement a été fait des chevaliers de Rhodes, qui ont été mis sur les frontières de la chrétienté et non au milieu d'icelle ; aussi y auroit-il beaucoup de temps perdu et consommé d'aller de Paris à Constantinople et autres [lieux] de Turquie [6]. »

Pour cruel que soit le prononcé de Mgr du Bellay, c'est pourtant la faculté de théologie de la Sorbonne qui sembla s'être réservé le soin de porter l'estocade, le 1er décembre 1554, par le truchement d'un texte fulminant, rédigé en latin par le dominicain Jean Benoit :

> « Cette société – y était-il dit – semble blesser l'honneur de l'état monastique. Elle exclut l'exercice pénible, pieux et très

nécessaire des vertus, des abstinences, des cérémonies et de l'austérité. Elle donne même l'occasion d'abandonner très librement les Ordres religieux. Elle prive injustement les seigneurs tant ecclésiastiques que temporels de leurs droits, apporte du trouble dans l'une et l'autre police, cause plusieurs procès, débats, contentions, jalousies, et différents schismes ou divisions. Toutes ces choses et bien d'autres ayant été mûrement examinées et considérées, cette Société paraît dangereuse en matière de Foi, perturbatrice de la paix de l'Église, destructive de la profession monastique, et plutôt propre à détruire qu'à édifier. »

Moyennant quoi Paschase Broët et ses compagnons étaient cités à comparaître devant l'« official du diocèse » – comme Inigo jadis devant l'inquisiteur Ory. Une odeur de bûcher ? De soufre, en tout cas… Témoin cet arrêt :

« … Le sieur Broët soi-disant supérieur de ladite société, interrogé par nous sur la foi du serment, ayant reconnu que lui-même et les frères de ladite société, logés dans la maison du seigneur-évêque de Clermont, dans la rue de la Harpe, se réunissent à certains jours au monastère de Saint-Germain-des-Prés* pour y entendre la messe et recevoir la communion. Nous, official de Paris, avons défendu et défendons au même soi-disant supérieur, et en sa personne aux prétendus frères de la même Société, sous peine d'excommunication *latae sententiae*, de tenir de telles réunions […] entre eux, sous quelque prétexte que ce soit, directement ou indirectement […] S'ils contreviennent aux susdites défenses et inhibitions, il sera recouru au secours du bras séculier à cette fin d'appréhender au corps lesdits soi-disant supérieur et frères… »

Broët signifia qu'il ferait appel au souverain pontife – ce qui ne pouvait manquer d'aggraver son cas. Le filet se resserrait. Le « débarquement » en France de la Compagnie allait-il ressembler à la liquidation de l'ordre des Templiers ?

Pris au piège parisien, le stratège Loyola multiplia les parades et contre-attaques périphériques, sollicitant partout les attestations d'orthodoxie et les certificats de bonne conduite – il en obtint de l'Inquisition elle-même… – et convoquant à

---

* Dite « exempte », c'est-à-dire échappant à l'autorité diocésaine, elle était aux mains des bénédictins.

Rome une manière de concertation entre quatre avocats de la Compagnie et quatre théologiens de Paris – parmi lesquels le dominicain Jean Benoit, rédacteur de la fulminante condamnation de la faculté de théologie.

De ce concile en miniature sortit un mémoire rectificatif, approuvé par Benoit lui-même qui, à son retour à Paris, le soumit à la faculté de théologie. Celle-ci refusa de se rétracter. Les docteurs parisiens convinrent que le mémoire de Rome prouvait bien « l'intégrité des jésuites » mais non « l'invalidité du décret »… C'est ainsi que le fondateur des jésuites mourut en 1556 avant d'avoir vu « son » ordre reconnu et accueilli par les maîtres de Paris[*].

L'odeur de bûcher tendait à se dissiper. Mais les pionniers de la Compagnie de France, tolérés en toute maussaderie par Eustache du Bellay, semblaient voués à une semi-clandestinité, à une survie d'assiégés en butte aux tracasseries d'un clergé mécontent, quand intervint, pour dynamiser leur cause, un personnage qui allait substituer, à la patience candide de Paschase Broët, une véhémence conquérante : Ponce Cogordan, natif de la Drôme, plus entreprenant, éloquent et rusé qu'un vicaire de Daudet.

L'ingénieuse pétulance de ce Provençal eût peut-être levé les derniers obstacles à la reconnaissance plénière de la Compagnie si la mort d'Henri II, tué en 1559 lors d'un tournoi, n'avait privé les jésuites d'un allié déterminé et d'autant plus libre d'agir en leur faveur que la paix de Cateau-Cambrésis avait fait de lui l'allié de Philippe II contre le protestantisme. Néanmoins ses deux successeurs, l'adolescent François II et, un an plus tard, l'enfant Charles IX régnant lui aussi sous la coupe de leur mère Catherine de Médicis, allaient maintenir à l'égard de la Compagnie une immuable bienveillance.

Dans une « lettre de jussion » (ou de volonté) du 20 février 1561, Charles IX signifiait aux conseillers du Parlement qu'

> « il voulait et entendait qu'ils eussent, incontinent et sans délai, à faire droit sur les lettres patentes contenant la réception de la Compagnie de Jésus, quand Sa Majesté a connu la

[*] Mais trois mois plus tôt avait été inauguré à Billom, en Auvergne, le premier collège français de la Compagnie.

grande fascherie desdits religieux et trouvé que ladite Société ne peut que porter un grand profit à la religion et utilité à la chrestienté et au bien de son royaume ».

Le roi ajoutait même, sur un ton où la « jussion » le cédait à la menace :

« Au cas que vous continuiez en vos difficultés en cest endroict, nous vous mandons que, sans procéder là-dessus à aucun arrest ou jugement, vous nous mandiez l'occasion d'icelles difficultés, pour estre sur ce par nous pourveu. »

Un tel texte n'avait pu être rédigé que sous l'autorité de la régente. Mais Catherine avait un souci majeur en tête : apaiser les tensions, en tout cas éviter la confrontation armée entre catholiques et protestants. Et pour ce faire, nul moyen ne lui paraissait pervers.

Chose étrange, c'est de cette stratégie d'apaisement inspirée à la dame de Florence par le pacifique chancelier de L'Hospital et si vivement dénoncée par les historiens catholiques (et alors par les jésuites) qu'allait sortir sous sa première forme, et comme par accident, la reconnaissance de la Société de Jésus et son « droit d'établissement ».

Guillaume du Prat, évêque de Clermont, était mort en 1560, léguant son immense fortune à la Compagnie. Bonne aubaine ? En apparence. Mais qui s'avisera coûteuse à la réputation des hommes en noir – désormais tenus en tous lieux pour les champions de la captation d'héritage ! Aubaine d'autant plus ambiguë qu'ils ne pouvaient entrer en possession du legs tant que leur « naturalisation » n'était pas officielle. D'où un redoublement de plaidoiries, sommations, papiers timbrés et autres procédures. De quoi mettre l'intrépide Cogordan lui-même à bout :

« Toutes ces misères ont vraiment atteint la limite – écrit-il à Laynez qui vient d'être élu successeur de Loyola. Depuis deux ou trois mois, je dois me rendre au Louvre à l'aube et y demeurer tout le jour, accablé par mon âge, mon asthme et toutes mes infirmités. Je pense qu'il me faudra sous peu retourner à la Cour*. Que Dieu m'accorde bientôt d'arriver à

---

* A Saint-Germain.

la Cour du ciel [...] Chacun veut nous dérober cet argent*, et nous avons à poursuivre cinq ou six procès [...] Nuit et jour je rédige des réponses à tous ces plaignants [...] Voudriez-vous, pour l'amour de Dieu, me retirer de Paris et m'envoyer n'importe où [...] J'ai travaillé au Portugal et en Italie pour le salut de mon âme et de celle des autres, je vous promets cette fois d'en faire le double, avec l'assistance de Dieu [7]... »

C'est tout de même en France que le combat se livre, et sur le plan le plus élevé. Le parti des « politiques** », la régente Catherine et le chancelier de L'Hospital en tête – avant tout préoccupés de prévenir l'explosion de la guerre civile –, décident de réunir à Poissy les représentants des deux camps, catholique et protestant, sous forme d'un « concile de l'Église gallicane ». Ont-ils suffisamment tenu compte du fait que le pape Pie IV ne pouvait manquer de ressentir cette initiative comme une injure, et d'autant plus cuisante qu'il se préparait à convoquer à nouveau le concile de Trente, interrompu en 1547 par la peste ?

Le colloque de Poissy s'ouvrit le 31 juillet 1561 sous la présidence de l'enfant-roi Charles IX et de la régente. Les chefs du parti catholique s'étant opposés à la présence de Jean Calvin, c'est Théodore de Bèze, son plus prestigieux collaborateur, qui animait le parti protestant sous la protection du cardinal Odet de Châtillon (frère de l'amiral de Coligny et qui devait se tourner, lui aussi, vers la réforme).

Plus de la moitié des évêques catholiques avaient décliné l'invitation de la régente et du chancelier. Mais le pape, plus subtil en sa fureur, avait fini par se résigner à cette assemblée qui attentait à son prestige et avait eu l'intelligence diplomatique de tenter de la « récupérer », en y dépêchant un observateur de très haut rang, le cardinal Hippolyte d'Este, apparenté aux Valois. Lequel se fit accompagner du nouveau « général » des jésuites, Diego Laynez, encore auréolé de ses succès au concile de Trente.

La Compagnie était donc présente, et au niveau le plus élevé,

---

* L'héritage de Du Prat.

** Que définit ainsi Tavannes dans ses *Mémoires* : « Ce nom a été inventé par ceux qui préfèrent le repos du royaume ou de leur particulier au salut de leur âme et à la religion, qui aiment mieux que le royaume demeure en paix, sans Dieu, qu'en guerre pour lui. »

dans cette arène bouillonnante où allait, de façon inattendue, se jouer son avenir. Ainsi le destin convoquait-il les protagonistes, comme au théâtre.

Le débat de Poissy se réduisit à deux interventions majeures : le réquisitoire de Théodore de Bèze qui contesta toute autorité de décision aux princes de l'Église romaine, ce qui allait de soi mais fut formulé sur un ton d'une telle hauteur, et si cassant, que l'amiral de Coligny lui-même en fut choqué ; et la réplique du cardinal de Lorraine qui, non moins naturellement, et rudement, plaida pour l'autorité pontificale. On ne saurait parler d'un « succès » de l'un ou de l'autre : le dialogue ne se noua jamais, les deux plaideurs se situant dans des univers antinomiques.

Mais l'intervention de Théodore de Bèze eut l'effet foudroyant qu'un bon dialecticien eût pu prévoir : à cet archange exterminateur, la troupe catholique, si dispersée qu'elle fût, ressentit presque charnellement le besoin d'opposer une force, un bouclier. Donnons ici la parole à Étienne Pasquier, le gallican par excellence, que nous retrouverons bientôt dans un tout autre rôle, et qui exprime bien le point de vue d'un catholique « libéral[*] », soudain épouvanté par la véhémence révolutionnaire du grand prêcheur calviniste :

> « Dans ce désarroi général, il parut nécessaire de faire appel aux hommes qui se présentaient comme les champions du Saint-Siège, contre les calvinistes qui font profession expresse de le terrasser [8]. »

Ainsi les réflexes gallicans le cédèrent-ils à une réaction de défense frontale catholique. L'assemblée des évêques, choquée par les manœuvres du chancelier et de la régente, dénoncées par certains comme défaitistes ou destructives, sentit le besoin de s'appuyer sur un élément solide : et c'est alors qu'entre deux séances du colloque, le maître manœuvrier qu'était Diego Laynez l'appela à statuer sur l'admission en France de la Compagnie de Jésus.

Plus habile encore : ses représentants suggérèrent que l'on fît appel, pour « rapporter » la question, à… Eustache du Bellay lui-même. Comment obtenir mieux l'effacement des textes

_____

[*] Anachronique mais utile…

antérieurs que de la main de leur auteur ? L'ambiance ne pouvait manquer de l'ébranler ou de le retourner : il y trouverait un prétexte à réviser des positions dont il n'avait pu manquer de mesurer l'excès. C'était aussi tabler sur la vanité du prélat que ne laissait pas de flatter la confiance à lui témoignée par ses anciennes victimes...

Sainte fourberie. Ignace était mort cinq ans plus tôt, mais son esprit planait sur la petite cohorte des hommes en noir groupés autour de Laynez, son dauphin. Tout le génie du fondateur s'exprimait là : audace du projet, modération sur les moyens, utilisation des circonstances, pénétration psychologique...

La reddition d'Eustache du Bellay ne se fit pas sans condition. Conciliant sur le fond, l'établissement des jésuites en France, il resta intransigeant à propos des formes sémantiques :

> « L'Assemblée, suivant le renvoi de la cour de Parlement de Paris, a reçu et reçoit, a approuvé et approuve ladite Société et Compagnie, par forme de Société et de collège, et non de religion* nouvellement instituée, à la charge qu'ils seront tenus de prendre autre titre que de Société de Jésus ou de Jésuites, et que, sur icelle Société et Collège, l'évêque diocésain aura toute superintendance et jurisdiction, et correction de chasser et ôter de ladite Compagnie les forfaiteurs et malvivants ; n'entreprendront les Frères d'icelle Compagnie, et ne feront en spirituel ni en temporel aucunes choses au préjudice des évêques, chapitres, curés, paroisses et universités, ni autres religions ; ainsi seront tenus de se conformer entièrement à la disposition du droit commun, sans qu'ils ayent droit de jurisdiction aucune, et renonçant au préalable, et par exprès, à tous privilèges portés par leurs bulles [9]... »

Ainsi la Compagnie était-elle, sur un mode restrictif et renfrogné, « reçue et approuvée » – mais non en tant qu'ordre et moins encore que « jésuite », précisément : il lui faudra pendant quelque temps s'intituler « Société du collège de Clermont », jusqu'à ce que le roi Charles IX, en 1565, eût déclaré par lettre patente qu'elle avait droit de recouvrer et de proclamer son appellation originelle.

L'acte d'admission de la Compagnie fut signé le 15 septembre 1561, par Mes Nicolas Breton et Guillaume Blanchy, greffiers

---

* Le mot est alors employé dans le sens d'« ordre ».

de l'assemblée, « sous les seings et scel » du cardinal de Tournon, primat des Gaules, et d'Eustache du Bellay, évêque de Paris[10]. Victoire étroite ? Certes. Du Bellay tient à l'œil les « forfaiteurs et malvivants », et rappelle qu'il a sur les nouveaux venus « superintendance et jurisdiction ». Mais si l'on garde en mémoire les tourments, lamentations et pronostics de Broët et de Cogordan, cette « approbation » prend tout son prix.

Faut-il avoir l'esprit abusivement porté à l'ironie pour poser la question qui donne à l'opération une saveur et une signification particulières : le succès des jésuites était-il l'œuvre de Théodore de Bèze, autrement dit de Calvin ? Sans leur intervention à Poissy, les deux courants catholiques, gallican et ultramontain, auraient-ils convergé un instant au bénéfice de la Compagnie ? On peut dire que si les hommes de Genève ne furent pas les introducteurs des jésuites en France, la décision fut bien provoquée par eux.

Théodore de Bèze et ses amis firent même mieux : non contents du succès judiciaire remporté par les jésuites en tant que compagnie, ils offrirent au « général » Diego Laynez l'occasion d'un triomphe personnel. Lors d'une des dernières conférences du colloque, le successeur d'Ignace, s'adressant au nom du pape à Catherine de Médicis, adjura solennellement la régente de s'interdire désormais toute concession aux réformés. Bien qu'il se fût, dans son exode, reconnu « étranger à ce pays » et, par là, « malvenu à se mêler de ce qui s'y passe », Laynez parla sur un ton d'une audace comparable à celle des grands « prédicants » calvinistes :

> « ... Si la crainte des hommes ou le désir de leur complaire vous fait oublier la crainte de Dieu, sa loi et sa bonté, je tremble qu'avec le royaume des cieux vous ne perdiez encore celui de la terre. Mais non. Le Seigneur vous donnera à vous et à votre fils la grâce de persévérer. Il ne permettra pas que cette illustre noblesse, que ce royaume très chrétien, autrefois la règle et le modèle des autres, abandonne la religion catholique qui fut toujours la sienne, et subisse honteusement le joug de l'erreur que veulent lui imposer des sectes modernes*... »

---

* Cette intervention solennelle – et à beaucoup d'égards incongrue – est passée sous silence par le meilleur historien de l'époque, La Popelinière, favorable aux réformés.

Cette sommation eut pour premier effet d'éloigner Catherine de Médicis des dernières conférences du colloque, comme le souhaitaient les chefs du parti catholique. Victoire à court terme. Mais la hardiesse de Laynez ne pouvait, par sa violence impérative, qu'indisposer ceux des gallicans qui s'étaient peu ou prou résignés à faire de la Compagnie l'antidote du calvinisme conquérant. Si l'homme venu de Rome prétendait régenter la régente aussi rudement que l'homme de Genève…

Comme l'outrecuidance de Théodore de Bèze à Poissy avait contribué à provoquer l'admission des jésuites, celle de Diego Laynez fit beaucoup pour maintenir en alerte les ennemis de tout poil des nouveaux « approuvés ». Des siècles durant, c'est la feinte des jésuites qui nourrira la polémique contre la Compagnie ; pour lors, c'est plutôt la véhémence de leur « général » face à la couronne de France qui va les desservir.

Ce serait sous-estimer la fermeté des tenants du gallicanisme et l'acharnement des universitaires à maintenir leurs privilèges, que de les supposer abattus par l'intronisation officielle des jésuites, arrachée dans le tumulte de Poissy – puis consolidée par l'enregistrement du parlement et l'octroi à la Compagnie des « lettres de scolarité » que la Sorbonne elle-même dut concéder.

La « Société du collège de Clermont » tenait ses parchemins. Désormais autorisée à faire de sa « maison d'études » un centre d'enseignement, elle raffermit et amplifia ses assises matérielles en troquant l'hôtel de la rue de la Harpe, désormais trop exigu (et bien qu'il serve encore à la désigner), contre les vastes bâtiments de la « cour de Langres », situés rue Saint-Jacques, entre la Sorbonne et le couvent des jacobins. En bon stratège, Diego Laynez vint s'assurer en personne qu'une source y coulait : en cas de siège… Par de tels traits s'affirment la puissance et la gloire !

Les cours furent inaugurés le 22 février 1564. Leur rayonnement fut assuré d'emblée par un jeune maître venu de Salamanque, Juan Maldonado, dit Maldonat, Castillan à l'éloquence dorée et au savoir immense, que d'aucuns comparèrent bientôt à Thomas d'Aquin. Ces leçons n'étaient pas seulement brillantes, elles étaient gratuites. Les auditeurs affluèrent donc, au détriment des cours payants de la Sorbonne voisine. Ce que signale du Boulay, historiographe de l'Université parisienne : « Les classes des jésuites surabondent d'élèves, celles de l'Université sont désertes [11]. »

Tant de prospérités frisaient l'impertinence. Elles furent mal reçues par les concurrents, aussi mal que les injonctions de Laynez à la couronne. L'université multiplia les démarches pour annuler la sentence de Poissy et les lettres de scolarité, et choisit de se réclamer de l'autorité du jurisconsulte le plus célèbre du temps, Charles du Moulin, au demeurant connu pour ses attaches protestantes. On ne lui avait pas demandé une consultation sereine. Il fournit un réquisitoire signé modestement « le jurisconsulte de France et de Germanie » :

> « Les Jésuites ont été établis contre les anciens canons qui défendent de fonder de nouvelles religions.
> … Il y a déjà trop de maisons religieuses en France ; si l'on permet aux Jésuites d'en fonder une, ils en fonderont bientôt d'autres dans tout le royaume, à la charge du peuple, au détriment des églises.
> … Comme ces religieux sont la plupart ou Italiens ou Espagnols, ils découvriront aux étrangers les secrets de l'État [12]… »

Peut-être insatisfaite des avis du jurisconsulte glorieux, l'université appela à la rescousse Jean Benoit, ce dominicain d'abord si hostile à la Compagnie, et qui, invité à Rome dix ans plus tôt, avait alors semblé subjugué par les arguments d'Ignace de Loyola. Ayant pris le temps de se ressaisir, il décréta que les jésuites, s'ils voulaient enseigner, devraient « rendre ce service aux lieux où l'on manque de maîtres [plutôt que] de pervertir le bel ordre d'études qui règne à Paris, en y substituant le désordre et la confusion ».

Jean Prévost, recteur de l'université, ne se le fit pas dire deux fois. Les messieurs de Clermont reçurent le 20 octobre 1564 sommation de cesser leurs cours. Du coup, les voici de nouveau humbles, et fort accommodants :

> « Notre dessein – écrivent-ils – n'est pas de nous soustraire à l'autorité de ceux qui en sont revêtus. Nous promettons à M. le recteur, et aux autres dignitaires, toute l'obéissance qui leur est due. Nous nous engageons aussi à observer, en choses licites et honnêtes, les statuts de l'Université […] Nous nous acquitterons, envers M. le Recteur et envers l'Université, de tous les devoirs et témoignages de soumission qui peuvent compatir avec notre Institut […] Nous conjurons votre sagesse de ne pas permettre que ceux qui se sont écartés de la foi

catholique se réjouissent plus longtemps de nos disputes, et en tirent avantage [...] et de nous laisser nous enrôler pour cette guerre sainte, comme les soldats du dernier rang, qui désirent vous avoir pour capitaines et pour chefs [13]. »

Peine perdue que ces courbettes : on les voit trop triomphants dans les faits pour qu'ils puissent jouer les modestes dans les mots. Et les voilà une fois de plus cités à comparaître devant l'assemblée de l'université, qui a découvert un nouvel argument :

« Êtes-vous – leur dit-on – séculiers, ou réguliers ?
– Nous sommes en France tels que le Parlement nous a nommés, c'est-à-dire la Société du collège que l'on appelle de Clermont.
– Qu'êtes-vous réellement, moines ou séculiers !
– Il n'appartient pas au tribunal devant lequel nous comparaissons ici de nous faire cette question. Nous ne sommes pas tenus de répondre. Nous sommes tels que le Parlement nous a nommés (*tales quales nos nominavit curia**). »

Ce n'étaient là qu'escarmouches. Le grand, le vrai procès entre les jésuites et la Sorbonne allait s'ouvrir, sur trois thèmes majeurs. L'Université de Paris pouvait-elle admettre en son sein, ou sur ses marges, un institut qui prétendait ne faire allégeance qu'à Rome, et jouir de privilèges dispensés par le Saint-Siège ? Pouvait-elle tolérer que de nouveaux venus dispensassent à ses portes un enseignement gratuit ? Pouvait-elle s'incorporer un enseignement dispensé par des maîtres étrangers ?

Disons tout de suite qu'il y avait quelque chose de déconcertant à voir l'Université parisienne se dresser contre cette dernière pratique, elle qui s'enorgueillissait d'avoir compté parmi ses maîtres l'Allemand Albert le Grand et l'Italien Thomas d'Aquin. Les temps, il est vrai, avaient changé. Et alors que le nationalisme pointait son museau, les « iniguistes » ne faisaient rien pour ménager les susceptibilités quand leur étoile était Juan Maldonado et leur recteur Edmund Hay, Écossais qui ne parlait pas français.

Chose curieuse, en cette affaire où ils faisaient figure de

---

* *Tales quales* restera l'un des innombrables sobriquets dont les jésuites furent affublés – au moins tant que l'on put s'amuser de quoi que ce soit en latin...

gibier, ce sont les messieurs de Clermont qui intentèrent le procès, faisant requête au parlement d'interdire à l'université de « ne les molester ni perturber ». Notons qu'en bons disciples de Loyola ils ne s'engagèrent pas dans l'aventure sans avoir sollicité et obtenu la bienveillante protection des puissants, et d'abord du roi très-chrétien.

Mais l'affaire était chaude : les bons pères allaient devoir soutenir huit procès à la fois – l'université ayant convoqué pour alliés tous les organismes qui avaient à redire de leurs activités, des évêques aux curés et à ceux qui prétendaient faire annuler le legs de Mgr du Prat à la Compagnie.

Pour leur défense, les jésuites avaient fait appel à deux avocats alors notoires, Le Tourneur et Versoris – dont les minutes du procès ne font d'ailleurs pas éclater le talent. Le parlement qui semblait n'avoir que l'embarras du choix, la robe lui étant pour l'essentiel acquise, jeta curieusement son dévolu sur un jeune maître de trente-quatre ans qui, bien que Parisien, avait été formé à Toulouse où enseignait l'illustre Cujas : il s'appelait Étienne Pasquier et allait, en quelques heures de plaidoirie, conquérir la gloire attachée au titre de plus grand pourfendeur des « iniguistes ».

L'homme avait du talent, de multiples talents. Gustave Lanson en fait « le parfait exemple de cette classe parlementaire qui a fait honneur à l'ancienne France [14] ». Il loue même ses « mœurs graves », ce qui est s'aventurer. Mais parce qu'il avait donné, dans le style imité de l'antique, un *Art d'aimer* assez libre et publié des gaillardises, faut-il, comme la plupart des historiens jésuites, dénoncer en Pasquier un auteur « graveleux » ou, comme l'*Encyclopédie du XXe siècle*, le décrire tour à tour comme « obscène » et « impie » ? Non. Et que ne pardonnerait-on à un auteur qui a écrit : « Ma faute est double : l'une d'avoir failli, et l'autre de ne m'en pouvoir repentir. »

La plaidoirie d'Étienne Pasquier contre les jésuites passe pour l'un des chefs-d'œuvre de l'éloquence satirique en France. Traduite en sept langues, elle fit de l'antijésuitisme un article d'exportation de la culture française au XVIe siècle. Lue aujourd'hui* par qui a fréquenté Pascal ou Michelet, la pièce

---

* Pasquier a tenu à la republier dans ses *Œuvres complètes*.

fait assez petite figure ; et qui a connaissance du dossier se sent incliné à douter de l'honnêteté intellectuelle de l'auteur du *Catéchisme des jésuites*, s'il ne reconnaît tous les droits à un plaideur de profession.

L'avocat de l'université, qui ne s'était jusqu'alors signalé ni par un gallicanisme particulièrement ardent ni par aucune opinion tranchée, avait construit une plaidoirie en deux parties. L'une descriptive, qui prétendait brosser un portrait de la Compagnie. L'autre polémique, qui reprenait et avivait les arguments utilisés depuis un quart de siècle, de Melchior Cano à Jean Benoit, contre les « iniguistes ». Disons que si le second volet ne manque pas de verve (ni de vérité…), le premier n'est qu'un long contresens que la charité incite à croire involontaire.

Pasquier pensait connaître la Compagnie de Jésus « de l'intérieur » pour avoir rencontré Paschase Broët à Melun quelques années plus tôt, et avoir pendant quatre heures pris des notes sous la dictée du premier « provincial » en France, notes dont il avait nourri sa « description ». Curieux auditeur. Fondant toute la règle de l'ordre sur la différenciation entre « grande » et « petite observance », Pasquier montre les jésuites du second type libres de s'enrichir, de se marier, d'être accablés de pouvoirs et couverts d'honneurs.

De ce très original portrait de l'ordre d'Ignace, il concluait que « cette secte née en Espagne, élevée à Paris, exercée à Venise, persécutée à Rome [est] à l'église comme le lierre qui sur une vieille paroi fait montre extérieurement de la soutenir et la mine intérieurement ». D'où la commisération avec laquelle il parle de ces papes qui s'étaient laissé prendre à la « renardise et finesse » de « ces saints frères, mélange de demi-maures espagnols et de chattemites italiens »…

Pasquier n'aurait pas été le bon avocat d'une institution fondamentalement gallicane s'il n'avait mis l'accent sur la nécessité pour le royaume de France d'interdire au pape « de ne rien entreprendre ni contre la majesté de nos rois, ni contre l'autorité des arrêts de cette cour, ni pareillement au préjudice de tous nos diocésains dedans leurs fins et limites ». Et d'ajouter, dans un demi-sourire : « En sommes-nous pour cela moins catholiques ? Au contraire, nos rois ont été de toute ancienneté intitulés très chrestiens, et réputés dedans Rome Fils aînés de notre Saint-Père. »

Alors viennent en rafales les arguments déjà classiques contre le papisme des demandeurs, leur dangereuse conception de la pauvreté, le secret dont s'entourent leurs démarches, le caractère sophistiqué de l'argumentation de leurs rhéteurs.

La pauvreté selon les jésuites… Comment se fait-il qu'en en ayant fait le vœu ils soient devenus les héritiers de Mgr du Prat et que, grâce aux biens ainsi acquis, ils se donnent les gants de dispenser un enseignement gratuit au détriment de l'université ?

Et quels étranges critères de recrutement ! Donnant du personnage et des thèmes de Guillaume Postel la description la plus sarcastique, sinon caricaturale, Pasquier en attribuait les extravagances à la Compagnie, où l'orientaliste n'avait fait, on l'a dit, qu'une apparition assez brève.

L'une des imputations les plus virulentes de Pasquier a naturellement trait à l'« obéissance aveugle » des membres de la société « à leur général, toujours choisi par le roi d'Espagne », et de ce fait promis à se trouver en état de guerre permanente avec les Français. « En les accueillant, s'écriait-il, ce royaume nourrirait en son sein des ennemis ! »

Il n'est pas jusqu'à Maldonat que Pasquier ne rudoyât, lui imputant à crime le plus classique des procédés d'argumentation : ce philosophe n'avait-il pas osé en l'une de ses leçons « prouver Dieu par raisons naturelles [et] en une autre, énumérer les raisons contraires » ? Moyennant quoi, demandait l'avocat, « où y a-t-il plus d'impiété ou de transcendance, en la première ou en la seconde leçon ? ». Rien de plus typique, soutenait-il, des « gens de cette secte » qui, « selon les circonstances, ménagent leurs dits et leurs dédits » et qui font profession d'ambiguïté, « hermaphrodites bigarrés de réguliers et de séculiers »…

Commentant la plaidoirie de Pasquier, le R. P. Alexandre Brou fait valoir qu'elle est en quelque sorte la préfiguration du grand discours laïc : que les prêtres enseignent la religion, les autres les sciences profanes – discours qui renaîtra sous cent formes diverses. James Brodrick écrit de son côté que l'une des trouvailles les plus savoureuses de l'avocat est d'avoir inventé (ou fait apparaître) le « jésuite secret », thème qui fera fortune. Ce qui déconcerte pourtant, c'est l'exemple choisi, celui de Paul IV qui fut l'ennemi d'Ignace, harcela ses successeurs et, de tous les pontifes, paraît celui dont l'appartenance à la Compagnie est la plus invraisemblable. Quels beaux effets oratoires Étienne Pasquier eût-il déployés, et à bon escient, s'il avait connu la situation de la princesse Jeanne, fille de Charles Quint, dont l'histoire a été contée plus haut !

Cette vivacité polémique n'impressionna pas outre mesure les juges du parlement auprès desquels Le Tourneur et Versoris s'attachèrent surtout à faire valoir les vertus éducatives des pères, déjà reconnues par l'opinion. Chargé de conclure, le procureur général du Mesnil, blâmant l'aigreur des avocats des deux parties, rejeta la plainte initiale des jésuites. Mais la cour, présidée par Christophe de Thou, décida en fin de compte[*] d'« appointer la cause », c'est-à-dire de laisser les choses en l'état : les messieurs de Clermont ne seraient pas incorporés à l'université mais restaient libres d'enseigner en « la cour de Langres ».

Renvoyées dos à dos, les deux parties en conçurent et en exprimèrent la plus vive aigreur : Étienne Pasquier y vit « un coup fourré ; car les jésuites ne furent pas incorporés à l'université, comme ils le requéraient ; mais étant en possession de faire lectures publiques, ils y furent continuez ». L'avocat donna en outre à sa plaidoirie une suite féroce, le *Catéchisme des jésuites*, dont s'inspirera, entre autres, Michelet[**].

Les pères, d'abord peu conscients des avantages d'un arrêt qui les avait mis, selon l'expression de l'un de leurs historiens, le père Richeôme, « doucement en possession [et donnait] loisir à ceux qui s'estoient faicts parties sans mauvaise intention, de [les] cognoistre par leurs actions pour les aymer et prendre fruict de leur industrie », se plaignirent hautement de la continuation des brimades dont ils étaient victimes, et des tentatives toujours faites par la Sorbonne pour les intimider en leur interdisant notamment l'enseignement de la théologie :

« Nos adversaires – écrit à Rome le nouveau provincial de France, Olivier Manare – n'avaient pas renoncé à leurs mauvais desseins, mais attendaient que les huguenots fussent maîtres de la ville. Mis au courant de ces circonstances, nos amis jugèrent alors que nous devions continuer les cours, ce que nous fîmes avec empressement, et les élèves y vinrent peut-être encore plus nombreux qu'auparavant. Il serait trop long d'énumérer tout ce que nous eûmes alors à souffrir : les libelles français ou latins publiés contre nous, les assauts livrés

* Le 5 avril 1565. Cité par Fouqueray, *op. cit.*, p. 407.
* Ce qu'on verra en tome II, chapitre III.

au collège qu'on voulait envahir, les fenêtres brisées à coups de pierres, les ordures qu'on nous jetait dans la rue, les comédies où nous étions tournés en dérision. Béni soit Dieu qui a tout permis [15] ! »

Menacés d'une interdiction d'enseigner par des huissiers de l'université, les messieurs de Clermont virent se dresser, pour leur défense et la poursuite des cours, la presque totalité des écoliers dont le nombre était alors évalué à douze cents. Le grand tumulte qui en résulta épouvanta aussi bien les pères que la Sorbonne : ceux-là coururent se plaindre à la reine mère et au Saint-Siège, et celle-ci pensa faire intervenir le prince de Condé, l'un des chefs du parti protestant. Le pape en appela tour à tour au cardinal de Bourbon, frère du précédent, et à Charles IX, en lui dépêchant l'un des diplomates les plus habiles qu'ait jamais formés une Compagnie qui ne passe pas pour en avoir manqué : Antonio Possevino, dit Possevin.

Le roi, « jésuitophile enragé », n'en demandait pas tant. Les mises en garde de Michel de L'Hospital, choqué par l'intervention du pape, ne purent l'emporter à ses yeux sur les arguments de Possevin, fondés sur la réussite éducative des messieurs de Clermont : dernier d'une longue série de gestes témoignant de la constante bienveillance à l'endroit des jésuites de souverains par ailleurs gallicans, les lettres patentes du 1er juillet 1565 autorisaient les pères, non seulement à poursuivre leur activité au collège de Langres, mais à « ouvrir des maisons » partout en France, y tenir des pensionnats, le tout sous leur nom de « jésuites », et mettaient en apparence un terme à cette guerre de vingt-cinq ans. En apparence…

Ainsi « mis en possession », les messieurs de la cour de Langres allaient déployer leurs ailes – tout moqués et contestés et houspillés qu'ils fussent. Leur communauté parisienne, dirigée par le R. P. Edmund Hay, comptait à cette époque trente-cinq clercs dont douze prêtres, une cinquantaine de pensionnaires étrangers (anglais, écossais, flamands) et quelques bénédictins soucieux de parfaire leurs connaissances. La gloire de la maison tint d'abord à la diffusion des « arts et sciences profanes », les « humanités » – pressions et menaces de la Sorbonne ayant pour un temps réussi à faire interdire à leurs concurrents jésuites tout enseignement religieux. Mais les cours du père Maldonat, pour n'être pas définis comme théologiques, ne négligeaient pas, on le pense, la matière...

Si le nouveau Thomas d'Aquin était l'illustration du collège de Clermont – tous les mémorialistes du temps saluent sa science autant que son éloquence –, on s'attroupait aussi aux cours de Perpinien et de Marianna, dont certaine leçon sur la justification du tyrannicide devait causer quelques ennuis à la Compagnie après l'assassinat d'Henri III et celui d'Henri IV... L'affluence à la cour de Langres préfigura celle qu'attireront les homélies de Bourdaloue : on parla certain jour de trois mille auditeurs, dont plusieurs centaines autour de la chaire du seul Maldonat.

Fouqueray cite la lettre d'un certain Languet, calviniste fasciné : « Les Jésuites font tomber peu à peu les Sorbonistes dans le mépris. Le collège de Clermont est le plus florissant de la ville. Ses professeurs surpassent tous les autres en réputation... »

On trouve dans un *Ordo* des collèges de la fin du XVIe siècle le règlement de Clermont au temps de la gloire de Maldonat et de Perpinien. Ce n'est plus le dressage brutal subi par Inigo de Loyola à Montaigu quarante ans plus tôt, ni même le système un peu plus flexible de Sainte-Barbe. Mais ce n'est pas encore l'éducation aimable inventée par le très judicieux père de Michel de Montaigne :

« Le signal du lever à 4 heures pour les plus robustes*. Un quart d'heure pour s'habiller**, puis trois quarts d'heure consacrés à la prière. A cinq heures, messe, sauf pour les professeurs qui s'adonnent à l'étude et n'y assistent qu'à 7 heures. Ensuite, déjeune qui veut. »

A 8 heures était donné le signal des classes qui duraient jusqu'à 10 heures, suivies d'un quart d'heure d'examen. Puis dîner suivi d'une heure de récréation.

A 13 h 30, maître Maldonat commençait son cours. A 3 heures venaient les leçons ordinaires. Celles de philosophie duraient jusqu'à 5 heures, les autres jusqu'à 5 h 30.

« ... Les répétitions sont suivies d'un quart d'heure d'exercice corporel, précédant le souper. La portion ordinaire de viande y est, précise l'*Ordo*, de six onces. Les jours d'abstinence on

---

* A quoi les reconnaissait-on ?
** Et se laver ?

sert à chacun trois œufs ou, s'ils sont frits, 5 pour 2 personnes.
Du poisson quand l'acheteur en trouve de bon et à bon
compte. Le dessert consiste en fromage ou en fruits suivant la
saison. Pour la boisson, du vin mélangé d'un tiers d'eau, celle-
ci servie à discrétion. Les jours de fête, la table peut être un
peu plus abondante et délicate [...] Après le souper, récréation
jusqu'à 8 heures, récitation des litanies, prières, examen de
conscience. Vers 9 heures, coucher. »

Ainsi vivait-on, ainsi travaillait-on au collège de la cour de
Langres[*]. Ainsi vécurent et travaillèrent, avec ou sans joie,
mais non sans « fruit » – pour recourir à un mot cher à Loyola
–, quelques écoliers nommés René Descartes, Pierre Corneille[**], Jean-Baptiste Poquelin et François-Marie Arouet qui,
devenu Voltaire et n'ayant guère ménagé ses anciens maîtres,
écrivait au soir de sa vie :

« Pendant les sept années que j'ai vécues dans la maison des
jésuites, qu'ai-je vu chez eux ? La vie la plus laborieuse, la plus
frugale, la plus réglée, toutes les heures partagées entre les soins
qu'ils nous donnent et l'exercice de leur profession austère... »

Quelques mots au moins sur cette *ratio studiorum*[***], sur
cette pédagogie fameuse et par là contestée, mais qui fut probablement l'argument qui permit à la Compagnie d'arracher la
décision des juges de 1565, si prévenus qu'ils fussent.

Ce qui la caractérise, c'est d'abord un « humanisme » à vue
certes chrétienne, mais obstinément attaché à l'Antiquité et à
ses vertus, et qui tend à faire de Virgile et de Cicéron des maîtres
de beauté et d'harmonie, et même, du premier, une sorte de
« demi-Père de l'Église », un précurseur de l'Évangile. Témoin
ce précepte, extrait du catéchisme d'un jésuite provençal de la
fin du XVIe siècle :

« Énée, capitaine troyen, sauve Antoine[****] son père.
Apprends de ce gentil, toi qui te dis chrétien,
Vers tes progéniteurs comme il te convient faire. »

* Qui deviendra en 1682 le collège Louis-le-Grand, puis le lycée
homonyme.
** Descartes fut élève des pères à La Flèche, Corneille à Rouen.
*** Codifiée en 1598 par Claudio Aquaviva, cinquième préposé général
de la Compagnie.
**** Anchise, rectifie un élève des pères...

Cet enseignement donne le « bon païen » non comme modèle
définitif, mais comme point de départ pour atteindre aux vertus
dites chrétiennes. C'est là, écrit le R. P. de Dainville, le « levier
capital pour comprendre l'âme de l'humanisme dévot, qui est
né de l'humanisme tout court. En plaçant aux côtés de l'élève
le païen vertueux, on voulait, par un saisissant *a fortiori*, aider
sa volonté à vaincre les résistances que la nature risque
d'opposer à la grâce. Cette pédagogie est une pédagogie de
l'admiration [16] ». Que Corneille en soit issu n'est pas surprenant.

A ce propos, on a souvent mis l'accent sur la place accordée
au théâtre dans cette formation. Beaucoup de collèges jésuites,
dès le début du XVIIe siècle, organisèrent des représentations de
pièces qui n'étaient certes pas toutes des chefs-d'œuvre, mais
étaient censées donner aux jeunes gens une culture, un comportement, une diction, une confiance en soi, un art du monde.

Un observateur sans indulgence, le marquis d'Argens, commentant au XVIIIe siècle cette pratique dans ses *Lettres juives**,
soutient que ces représentations théâtrales brillantes, et applau-
dies par tout Paris accouru à Louis-le-Grand, ne sont que de
cyniques opérations publicitaires dénuées de valeur éducative et
servant la gloire de la Compagnie en permettant d'éviter d'approfondir, avec les jeunes gens, les questions philosophiques
embarrassantes. Des juges moins prévenus, bons spécialistes de
l'éducation, n'en tiennent pas moins cette méthode pour forma-
trice, quitte à déplorer que l'enseignement de la philosophie,
dans ces collèges, fût à ce point fermé au cartésianisme.

Trois autres traits caractérisent cette éducation. D'abord l'importance donnée à la rhétorique, valeur ou technique de maîtrise
sociale, et projet esthétique qui définit en quelque sorte cette éducation**. Ensuite, la perméabilité des collèges aux leçons et pressions de la société : car si le jésuite habite le monde, son disciple
y est voué. Enfin, la reconnaissance du rôle du corps dans la
formation de l'individu. Autant de sujets d'études autonomes***

---

* Ainsi intitulées parce que, à l'exemple de Montesquieu et des Persans,
d'Argens fait dialoguer, à propos de la société française des Lumières, deux
juifs, Isaac et Aaron.
** Sur ce point, l'auteur de référence est Marc Fumaroli, auteur de
*L'Age de l'éloquence. Rhétorique et « res literaria » au seuil de l'époque
classique*, Genève, 1980.
*** Très judicieusement mis en lumière dans les ouvrages de François de
Dainville.

CHAPITRE IX

Li Mateou, l'horloge et le maître du ciel

• « La Chine est peuplée par de nombreux savants... » • Une écriture à peindre • Sous l'habit des bonzes • Les caprices de Wang P'an • Si tu dis vrai sur la science, on te croira sur la religion... • Le « sage d'Occident » et Kiou Taïsou • Vêtu de soie écarlate, en grand lettré confucéen • De Nan Ch'ang à Pékin, dans la gloire • Les eunuques de l'empereur Wan-li • Confucianisme et christianisme • Inhumé aux abords de la Cité interdite... •

Comme on voit, au plafond de la chapelle Sixtine, le Dieu bénévolent de Michel-Ange tendre à travers le ciel une main qui suscite l'homme, incertain de son être et déjà vigoureux, ainsi le François Xavier qui agonise aux abords de la Chine méridionale sur l'îlot de Sancian*, en décembre 1552, désigne-t-il, sinon son successeur, au moins sa mission et la voie qu'il lui faudra suivre.

Huit mois plus tôt, annonçant à son maître Ignace de Loyola sa décision de gagner la Chine « qui se trouve près du Japon » et « d'où l'on peut aller à Jérusalem », il lui a dévoilé ainsi son projet :

« La Chine est un pays immensément grand, peuplé de gens très intelligents et par de nombreux savants [...] Ils sont si adonnés au savoir que le plus instruit est le plus noble [...] Si Dieu le veut, nous écrirons en détail les affaires de la

_____
* Aujourd'hui Sang Ch'un.

Chine, comment nous avons été reçus, quelles sont les prédis-
positions offertes par ce pays pour que s'y accroisse notre
sainte foi [1]. »

Hormis ce dernier trait – qui est, bien sûr, fondamental –
c'est le plan de travail d'une expédition scientifique, d'une
enquête ethnologique ou d'un grand reportage : l'accent est
mis sur le savoir, l'intelligence, la connaissance, comme condition des progrès de la foi. Notons même ceci : que le missionnaire navarrais n'en est plus du tout à l'esprit de conquête ou
de moisson d'âmes de son époque indienne, mais pose la question, où s'exprime son respect de l'Autre, à propos des « pré-
dispositions offertes par ce pays... »

Quand la main du précurseur retombe, exténuée, la mission
est ainsi tracée : aller chez ce peuple de « savants » afin
« d'écrire en détail les affaires de la Chine ». L'homme suscité
par ces mots, comme celui de la Sixtine par le geste de l'Éternel, ne naîtra que quelques mois après la rédaction de la lettre-
programme de Sancian, quelques semaines avant la mort de
Xavier : il s'appelle Matteo Ricci. Rarement flèche fut si fidèle
à l'arc qui la décocha.

Cette fidélité, Ricci s'en fait gloire lorsqu'il écrit, dans son
Histoire de l'expédition chrétienne au royaume de la Chine,
qu'il ne saurait l'entreprendre sans en rapporter le mérite « à
celui qui le premier l'a entreprise et qui est par sa mort et le
dépôt de son corps comme allé prendre possession de cette
conquête [2]... ».

Oui, mais s'il était beau, ayant pressenti la grandeur de l'entreprise, de frapper aux portes de la Chine, il était plus admirable d'y pénétrer. Et plus louable encore d'y demeurer, en cette
fin du XVIe siècle où l'Europe entière se répétait le mot prononcé en 1579 par le franciscain Alfaro : « Avec ou sans soldats,
vouloir aller en Chine, c'est essayer de saisir la lune. »

On parle volontiers de la xénophobie chinoise, et s'agissant
de la Chine méridionale à l'époque des Ming, du Kuang-tung
notamment, le mot n'est pas excessif. Il serait plutôt trop
faible. Mais il convient, avant de tenter de résumer cet état
d'esprit des gens de l'empire du Milieu par un vocable plus
approprié, plus majestueux surtout que celui, dérisoire, de
« xénophobie », d'évoquer brièvement le climat politico-militaire qui régnait aux abords maritimes de l'empire en cette fin

d'un siècle martelé par les plus audacieuses entreprises d'un Occident épique, vorace et exorbité.

La forteresse chinoise est, depuis près d'un siècle, battue par des vagues formidables. Depuis Albuquerque (1511), la mer de Chine et les archipels alentour, des Moluques au Japon, sont sillonnés de navires porteurs de menaces et de convoitises d'autant plus virulentes qu'une implacable rivalité les avive.

Les Portugais ont ouvert la voie. Mais les Castillans ne sauraient tolérer leur hégémonie. Entre ceux qu'on appelle « les croisés du poivre et les hadjis de la cannelle », la concurrence commerciale s'envenime vite en conflits territoriaux – comme en Amérique méridionale. Et pas plus qu'entre Mexico et les Açores, l'unification des deux royaumes ibériques sous la couronne de Philippe II, en 1580, ne met un terme aux querelles. Les Portugais tiennent Goa et Malacca. Les Espagnols, Manille – où un affreux massacre va bientôt rappeler aux hommes d'Asie que la conquête des marchés n'est jamais innocente, et fait prévoir d'autres types d'actions.

De telles entreprises ne sont pas pour calmer les ardeurs des pirates japonais[*] en mer de Chine, d'autant qu'à la fin du siècle l'archipel nippon se dote de maîtres de plus en plus entreprenants, tel Hideyoshi qui, en 1595, portera la guerre en Corée, visant la Chine. A l'ouest, la Grande Muraille contient certes les Tartares et Mongols de tous poils. Mais à l'est, les vents sont mauvais : les plages du grand empire ne sont pas faites pour arrêter les « Barbares ».

Elles le sont d'autant moins que la dynastie des Ming, en place depuis plus de deux siècles, donne tous les signes de l'essoufflement. Sa décadence semble aussi irréversible que la monstrueuse obésité de l'empereur Wan-li, condamné à une immobilité qui, d'année en année, se fait plus significative : en attendant l'effondrement qui se produira un demi-siècle plus tard sous la poussée des Mandchous, l'empire des Ming vit corseté dans la méfiance, fasciné par l'essaim des Barbares qui bourdonne alentour. A leur avidité qu'opposer d'autre que des verrous tirés ?

Non que l'empire fût tout à fait et de tout temps hermétique. Des communautés non chinoises vivotaient ici et là, musulmans ou juifs, uniment appelés *Huei-Huei*. Les premiers, nom-

---

[*] Que l'on dit tels mais qui sont souvent chinois.

breux (« ces Sarrazins sont partout », écrira Ricci), venus de
Perse, de l'Inde ou dans les fourgons de la dynastie tartare. Les
seconds, les *Huei-Huei* « qui refusent la violence », vivaient
en très petites communautés autour de quelques synagogues,
notamment dans la région de Nankin, ne souffrant apparemment aucune brimade dès lors qu'ils se soumettaient aux lois.

Il y avait même des chrétiens, presque tous Syriens « nestoriens », c'est-à-dire disciples de Nestorius qui, faisant du dogme
de la double nature du Christ, une opposition entre l'humaine
et la divine, avait été condamné par le concile d'Éphèse, en 431.
Bannis, ses partisans s'étaient alors enfuis vers l'Orient, qui
vers la Perse, qui au-delà : ces derniers avaient été accueillis
en Chine sous les Han, et avaient pu y bâtir des églises à partir
du VIIᵉ siècle, sous les Tang. Une stèle découverte en 1925 à
Sin Ngan Fou confirme que, sous cette dynastie, le nestoria-
nisme était vivace dans l'empire. Étant pour la plupart marchands, les nestoriens s'étaient établis surtout le long de la
route de la soie : Marco Polo croisa certains d'entre eux du
côté de Kachgar.

Mais des îlots minuscules ne mettent pas en cause la puissante homogénéité de la citadelle chinoise, pas plus que ne le
faisaient les quelques audacieux qui, par les steppes de l'Asie
centrale ou venant de la mer, avaient pris pied, pour un temps,
dans l'empire du Milieu.

Depuis Marco Polo, à la fin du XIIIᵉ siècle, des marchands et
des religieux avaient franchi la muraille ou abordé sur la côte
méridionale. Un ambassadeur portugais nommé Pires avait été
reçu à Canton en 1517, mais vite éconduit. Un demi-siècle plus
tôt, des émissaires de Lisbonne avaient tenté de mieux faire
et de prendre pied à Canton : ils s'étaient retrouvés en prison.

Les ecclésiastiques n'avaient guère été plus heureux. Qu'ils
viennent de Goa ou de la Nouvelle-Espagne (Mexique), ou des
Philippines, qu'ils soient portugais, espagnols ou italiens,
qu'ils relèvent de l'ordre de saint François ou de celui de saint
Dominique, puis de celui de saint Ignace, leur carrière chinoise
était vite interrompue. Il faut tout de même signaler que le
dominicain Gaspard de la Cruz avait, en 1554, recueilli quelques
informations sur l'empire, avant le jésuite portugais Nunez
Barreto, mais surtout que l'augustinien de Rada, venu de
Manille, avait pu, à la faveur d'incidents provoqués par un
corsaire nommé Limahong, séjourner un mois au Fu-kien et

« en rapporter une bibliothèque chinoise d'une centaine de volumes à l'aide desquels il [avait] rédigé un rapport sur la Chine [3] ».

Le pionnier le plus intéressant n'en fut pas moins un jésuite, Francisco Perez, qui, vers 1565, avait fait tenir aux autorités de Canton une supplique qu'il put leur présenter de vive voix :

> « Je suis un maître en savoir, et vais par le monde en enseignant la religion de Dieu [...] Et comme j'ai appris que le Royaume de Chine est très grand et qu'il contient beaucoup de Maîtres et de savants, je viens demander à vos Seigneuries de me donner une patente et l'autorisation de pouvoir m'entretenir avec eux pour nous communiquer mutuellement nos enseignements ; en outre, je demande la permission d'habiter à terre, dans une petite maison, aussi longtemps qu'on le jugerait bon [...] d'ailleurs je suis déjà âgé (cinquante-sept ans à la chinoise), éprouvé par la maladie, et les grands froids me causeraient sur mer une nouvelle infirmité : en cela vous me feriez une charité [4]. »

Les mandarins cantonais lui ayant demandé en quelle faculté il était maître, il répondit par l'interprète qu'il était maître dans les choses de Dieu et sur la manière dont les hommes devaient se sauver... Cela leur parut si bien qu'ils ordonnèrent aussitôt à l'un des serviteurs de donner au père

> « une pièce de damas rose transparent pour la mettre autour du cou, comme signe qu'il était Maître et homme de Dieu [...] Puis ils demandèrent s'il apportait des livres ; il répondit qu'il avait seulement avec lui le Bréviaire ; tous le regardèrent. L'un d'eux demanda s'il savait la langue chinoise. Comme il répondit que non, le mandarin lui dit que pour ce motif il ne pourrait circuler en Chine parce qu'il aurait besoin d'interprète, mais, s'il la savait, il pourrait très bien le faire ».

Voilà qui n'augurait pas mal des démarches à venir : où voir là de la xénophobie, le moindre fanatisme ? Une seule condition était mise à l'évangélisation : parler le chinois. Ce dont Ricci s'avisera avant d'être mis en situation de franchir la porte ainsi entrouverte par Perez[*].

---

[*] Qui mourra vingt ans plus tard en Inde sans avoir pu bénéficier de l'hospitalité offerte.

Déjà quelques fissures apparaissaient dans la barricade d'interdits élevée par Pékin. D'abord les Portugais avaient reçu l'autorisation de prendre part à la foire de Canton chaque printemps : ils proposaient des marchandises si intéressantes ! Puis ils avaient obtenu, en échange de services rendus aux autorités cantonaises dans leur lutte contre les pirates sino-japonais, de s'installer en permanence sur une minuscule presqu'île (« une îlette », écrira Ricci) au lieu-dit Amacao, du nom de la déesse Ama (*cao* signifie détroit). On simplifia en Macao, petit comptoir qui servira de tremplin à l'expansion européenne en Chine.

Longtemps néanmoins, l'« îlette » sembla coupée de la Chine par un fossé infranchissable. Les Chinois qui y vivaient faisaient figure de déracinés, réduits aux seuls rôles d'interprètes et d'intermédiaires, et méprisés par les continentaux. Dire de quelqu'un qu'il était « de Macao » était la pire insulte : il ne pouvait être qu'un agent japonais ou un espion européen.

Les franciscains de Manille furent les premiers à y résider, suivis du jésuite Sanchez. C'est en 1578 que des jésuites s'y installèrent fermement en la « maison Saint-Martin », sous l'impulsion d'Alessandro Valignano qui, y séjournant près d'une année (1578-1579), vit d'emblée l'extraordinaire intérêt de ce belvédère sur la Chine continentale et le parti qu'on pouvait tirer, à condition d'en faire avant tout une académie linguistique et un institut d'ethnographie… Car pour ce qui était d'évangéliser l'empire du Milieu, chacun répétait alors qu'« il serait plus facile de blanchir un nègre » *(lavare Aethiopem)*…

On ne saurait tenter de décrire la pénétration du christianisme en Chine sans signaler le rôle charnière joué par le géant napolitain qu'était Alessandro Valignano dans le passage de relais entre François Xavier et Matteo Ricci. C'est à partir de la correspondance du missionnaire navarrais et des observations recueillies, on l'a dit, par Francisco Perez, que le père Valignano, « visiteur » de la Compagnie de Jésus pour l'Asie, traça les grandes lignes de la mission, en choisit les thèmes et les acteurs. Il avait compris au cours de son séjour à Macao que les deux conditions fondamentales en étaient une très solide armature linguistique, c'est-à-dire la maîtrise non seulement du dialecte cantonais méridional, mais du mandarin, langue du pouvoir, et une assimilation profonde à la civilisation.

Mais on ne saurait mieux faire ici que de donner la parole à Ricci :

> « Alexandre Valignanus, visiteur de toutes les Indes, s'était embarqué pour aller voir celle de delà le Gange ; et, étant finalement porté au port d'Amacao […] et ayant considéré plus diligemment l'affaire de la Chine, il ralluma les zélés désirs et l'ardeur éteinte de ce voyage (…) De par la grandeur de l'empire, noblesse de ce peuple, grande et longue paix de plusieurs siècles, prudence des magistrats et administration de la République, il estimait, non en vain, que les Chinois, ingénieux et adonnés aux études de tous bons arts et sciences, pourraient bien enfin être persuadés de laisser vivre en leur royaume quelques personnages excellents en vertu et en lettres, et principalement tels qui savaient maintenant parler le langage naturel du pays et avaient connaissances de leurs lettres ; et non cela seulement, mais encore il avait bon espoir qu'il arriverait un jour que les statuts de notre très sainte foi peut-être seraient agréables à ce peuple, vu que non seulement ils ne troublent pas l'administration politique de la république mais au contraire qu'ils servent aussi de beaucoup à son établissement [5]… »

Du rôle que le jésuite napolitain réservait à la Chine dans la propagation de la foi chrétienne en Asie, on a le témoignage dans sa biographie de François Xavier : trois chapitres y sont consacrés à l'empire du Milieu – qui furent ensuite imprimés à part sous forme de brochure –, dithyrambe fort éloigné de l'information ethnologique mais où l'on voit que les pionniers de la Compagnie sont plus éloignés encore que Marco Polo du mépris ou de l'ironie qui aurait marqué les relations originelles entre Européens et Chinois.

On y reviendra à propos des premiers écrits de Matteo Ricci rédigés à Macao : bien loin d'apparaître arriérée et vermoulue, la Chine de la fin des Ming est vue – disons plutôt entrevue – par ces postulants au voyage comme un univers d'ordre et de paix, un gigantesque empire de la raison ; c'est cette terre promise que Matteo Ricci se donnera pour tâche de conquérir, doté des seules forces de l'esprit.

C'était un Italien de la côte adriatique, né dans la petite cité de Macerata, près d'Ancône, enclave des États pontificaux, le 6 octobre 1552, deux mois avant la mort de François Xavier.

Famille aisée – le père était pharmacien – et de forte tradition catholique : Notre-Dame de Lorette est voisine et le pèlerinage entretient alentour une ardente dévotion à laquelle contribua pour sa part Ignace de Loyola.

Matteo n'a pas dix ans quand les jésuites ouvrent leur collège de Macerata ; il y fait ses études secondaires, avant de gagner Rome dont la majesté blessée le bouleverse : il restera à jamais marqué par les vestiges de la culture gréco-romaine, la synthèse opérée en cette fin de siècle entre la spiritualité catholique et la civilisation redécouverte par la Renaissance. Est-ce du fait de l'enseignement reçu des pères de Macerata, ou parce qu'il voit en eux les meilleurs garants de cette convergence qui résume sa vie ? A dix-neuf ans, il entre au noviciat des jésuites romains, non sans avoir glissé dans son paquetage un exemplaire des *Mirabilia urbis romae* (Merveilles de la cité romaine), ce bréviaire d'humanisme.

Au Collège romain, dont Montaigne disait alors qu'il était le « meilleur séminaire de la chrétienté », il a comme professeur Claudio Aquaviva qui sera « son » général, le quatrième successeur de Loyola. Il dira plus tard que c'est « là qu'il est né ». Sa correspondance témoigne du souci fondamental qui fut alors le sien de porter assistance à ses condisciples non italiens quelque peu égarés en ces lieux : déjà la passion de « l'autre ».

Deux maîtres de génie inspirent cet enseignement et resteront ses références : le mathématicien allemand Christophorus Clavius, dont le nom reviendra souvent dans ce récit, et le théologien italien Robert Bellarmin, avocat par excellence d'un christianisme de la lumière, de la tolérance et de la joie (« mon saint », écrira Goethe). Quel « gourou » pouvait mieux inspirer celui qui, nourri de l'humanisme romain, allait partir à la rencontre de la sagesse confucéenne ?

Cette école de la bienveillance pluraliste n'était pas pour autant un gymnase pour hédonistes en quête d'un apostolat parfumé : sitôt que l'occasion s'offre – la visite à Rome du procureur des missions d'Orient en quête de volontaires pour l'Asie – Ricci présente sa candidature et, se refusant même à la douceur d'une visite familiale à Macerata, quitte en hâte Rome pour le Portugal où le collège de Coïmbra forme des missionnaires pour l'Extrême-Orient : nous sommes en mai 1577, et il a vingt-cinq ans.

A Coïmbra, alors que s'achève le règne de don Sebastiao qui

s'en ira bientôt fracasser ses rêves et la puissance portugaise au Maroc, il entend les leçons de l'un des augures de la pensée jésuite, Luis Molina, et rencontre trois de ses futurs compagnons d'Asie, Rodolfo Aquaviva, Francesco Pasio et Michele Ruggieri dont il sera le lieutenant : c'est en leur compagnie que Matteo Ricci et dix autres jésuites embarquent le 29 mars 1578 pour Goa. Six mois sur les océans, en passant par le cap de Bonne-Espérance et le Mozambique, guettés par le scorbut, le typhus et les tempêtes, enfermés dans des « cabines » où l'on ne peut se tenir ni debout ni couché, et qui ressemblent déjà à des cercueils…

Matteo Ricci passera plus de trois ans (1578-1582) en Inde, de Goa à Cochin et de nouveau Goa. Il y enseigne le grec, puis la grammaire, tout en achevant ses études théologiques avant d'y être ordonné prêtre. On serait tenté d'écrire qu'il est, comme François Xavier, « passé à côté » du monde indien, tant ce prodigieux dévorateur de la civilisation chinoise semble n'avoir frayé avec celle de l'Inde que par nécessité. Mais le fait est qu'à la requête de l'un de ses supérieurs, le père Maffei, chargé d'écrire une *Histoire des Indes portugaises*, il enquêta et rédigea maintes notices sur les mœurs des Malabars ou les conversions le long de la côte de la Pêcherie – et mieux encore sur la brève mission de son ami Rodolfo Aquaviva auprès d'Akbar, le « Grand Moghol ».

Mais rien justement ne dit mieux la qualité intellectuelle du futur maître des lettres de Pékin que la prudence critique avec laquelle il manipule ces données où le merveilleux incertain se mêle à l'apologétique la plus aventureuse, dans le style de ce temps. Témoin cette lettre qu'il adresse à Maffei, son employeur.

> « Votre Révérence sait sans doute toutes choses mieux que moi. Mais je suis sur place et observe les choses avec mes yeux […] Mieux vaut ne rien dire sur les rois de l'Inde que se prononcer à l'aventure […] Étant donné le désir que j'ai de voir vos écrits vraiment parfaits, je voudrais que Votre Révérence ne décidât rien sans notre avis […] Si elle y consent, je dresserai une carte et une description de toutes ces contrées […] Je puis vous certifier que grâce aux plans dessinés et aux éclipses, les relations que je rédigerai seront bien plus exactes que celles qui courent imprimées jusqu'à présent […] Que Votre Révérence sache bien que les commentaires et les autres

lettres de l'Inde ou du Japon sont pleines d'erreurs mani-
festes… »

Rien que pour avoir écrit une telle lettre, Matteo Ricci justifiait son long séjour en Inde, où il aura su au moins aiguiser
son sens de l'observation et son esprit critique.

Mais l'Inde est déjà derrière lui, et la Chine l'appelle : son
compagnon de voyage Michele Ruggieri, qui n'a passé que
moins d'un an en Inde et vit depuis trente mois à Macao, a
réclamé la présence à ses côtés de cet excellent mathématicien.
Le père Valignano, qui réside au Japon, a approuvé l'idée et,
au mois d'avril 1582, Ricci s'embarque pour Malacca, puis
Macao où il aborde, malade, le 7 août. Il ne quittera plus que
pour de brèves missions en Inde cet empire où, près de trente
ans plus tard, sa tombe sera creusée près de la Cité impériale.

Dans cette triste masure qui est encore la « maison Saint-
Martin » dont Valignano a décidé de faire le foyer de son expérience de dialogue avec la Chine, Matteo Ricci trouve un
Ruggieri découragé, taraudé par son isolement (il s'entend mal
avec les pères portugais qui sont ses deux compagnons), fatigué par les embûches de la langue chinoise qu'il ne parle
qu'avec peine, excédé par les obstacles mis par l'administration
impériale à son installation sur le continent où il ne peut faire,
à Canton, que de furtives apparitions. D'où ce cri d'alarme
lancé par Ricci à Valignano : « Ces trois années à Macao ont
été pour le père Ruggieri un demi-martyre [6]… »

Mais alors que le nouveau venu se jette avec emportement
dans l'étude du chinois et, à la demande d'Alessandro Valignano
(débarqué du Japon à Macao, en route pour Goa), s'attaque à
la rédaction d'une ample description de la Chine destinée à
être insérée dans le livre que le père visiteur prépare sur François
Xavier, une étrange dépêche parvient en décembre à Macao,
signée du vice-roi du Kuang-tung résidant à Shiu-hing[*] : ayant
appris que Matteo Ricci avait apporté avec lui de Goa une horloge en vue d'en faire présent à quelque notabilité de l'empire,
il demandait au père Ruggieri de l'apporter, lui faisant du
même coup tenir des « lettres patentes » l'autorisant à s'installer dans sa ville et à y bâtir deux maisons, une sacrée et une
privée… Ruggieri saisit la balle au bond et, flanqué de Pasio et

* Qu'il transcrit « Sciauquin ».

d'un frère portugais nommé Mendes, il débarque au début de
décembre à Shiu-hing, laissant à Ricci le soin de garder la maison Saint-Martin en potassant ses cours de chinois et en rédigeant son mémoire sur la Chine.

Il faudra vite déchanter. Quelques semaines après l'installation du jésuite à Shiu-hing, le vice-roi a été démis de ses fonctions. Est-ce pour avoir admis ces deux « bonzes étrangers »
sur le sol chinois ? Ses ennemis ont dû, en tout cas, user de cet
argument contre lui. Le fait est que l'expulsion des nouveaux
venus est décrétée : et les voici penauds, réintégrant la maison
de Macao.

Manifestation de sectarisme, d'intolérance, de fanatisme
bien chinois ? Essayons d'imaginer la réception qu'aurait reçue
du gouverneur du roi très-chrétien Louis XIV à Marseille, un
bonze bouddhiste venu lui demander de prêcher sa sainte religion ! Ou simplement un jésuite animé des mêmes ambitions à
Amsterdam ! Un pasteur luthérien à Padoue !...

Bref, la première tentative d'implantation permanente de la
Compagnie sur le continent chinois n'a pas duré plus de quatre
mois. Mais elle aura ouvert des voies, et donné à Michele Ruggieri l'occasion de s'affirmer le pionnier en Chine de cette
« inculturation » dont François Xavier avait donné au Japon le
premier exemple – « la soie plutôt que le coton ! » – et dont
Valignano prétendait faire la règle d'or de l'action des jésuites
en Asie.

Un mois en effet après le début de son bref séjour à Shiu-
hing, Ruggieri avait dépêché à Macao son compagnon Mendes,
chargé de décrire les heureux débuts de l'entreprise. C'est
avec stupéfaction que Ricci et ses compagnons de la maison
Saint-Martin avaient vu débarquer le messager : le Portugais
avait troqué son vêtement européen contre la longue robe
chinoise... L'explication de cette surprenante mutation était
donnée dans une lettre où Ruggieri décrit ses premiers contacts
à son adjoint resté à Macao. Le visiteur avait donné d'abord au
vice-roi les raisons de sa présence :

> « ... Ayant appris dans son pays combien les Chinois étaient
> bons, d'humeur douce et pacifique, avec beaucoup de rites et
> de coutumes excellentes, tant de sciences, de si nombreux
> livres raisonnables et des abîmes de bonne vie [...] il avait
> désiré y venir pour l'apprendre et connaître les grandeurs de

ce royaume en vivant au milieu d'une si bonne nation. Tel était
le motif pour lequel il avait quitté son pays et était venu ici, en
mettant trois ans pour le chemin, passant par tant de mers et de
périls ; mais comme il ne pouvait le faire à Macao, il demandait la permission de demeurer à l'intérieur afin d'y vivre et
d'y mourir. Ce que le Vice-roi avait jugé très honorable pour
les Chinois, estimant en outre qu'accueillir de telles personnes
les rendait civilisées et raisonnables, de sauvages et bestiales
qu'elles étaient [7]. »

Puis Ruggieri et Pasio avaient rendu visite au général com-
mandant les troupes de Kuang-tung et s'étaient entretenus du
genre de vie qu'ils devraient mener :

> « Comme nous parlions de notre costume, il nous dessina lui-
> même un bonnet, en disant que le Vice-roi et tous [les manda-
> rins] désiraient que nous portions le costume de leurs "padres"
> de Pékin [...] qui sont très respectés et estimés. »

Se faire assimiler aux bonzes bouddhistes ? Ruggieri crut
d'emblée que c'était le meilleur moyen d'obtenir un statut
social dans cet empire où il rêvait de s'implanter. Imité par ses
compagnons, il se fit donc raser la tête et le visage, et revêtit le
long vêtement brun croisé sur la poitrine des religieux bouddhistes, « pour se faire tout à tous, *ut Christo Sinas lucriface-
rem** ».

Et c'est ainsi que, dès avant le retour de son chef de file à
Macao, Matteo Ricci reçut de lui une leçon d'« inculturation »
qui allait définitivement orienter l'ensemble de ses rapports
avec la civilisation chinoise – quitte à apporter à ces règles de
conduite des retouches, puis une révision fondamentale.

Il n'avait attendu ni le retour de Mendes, ni celui de Ruggieri
et de Pasio, pour pousser hardiment son initiation à la culture de
la Chine. Aidé de deux métis portugais dotés de quelques
connaissances linguistiques, Manuel et Antonio, il s'était lancé
dans l'apprentissage du chinois dont il décrit les écueils dans
une lettre à son ancien professeur de Rome, le R. P. Fornari :

> « Je me suis appliqué à la langue chinoise et j'assure à Votre
> Révérence que c'est autre chose que le grec ou l'allemand [...]
> La langue parlée est sujette à tant d'équivoques que beaucoup

---

* « Afin de faire du profit pour le Christ en Chine. »

de sons signifient plus de mille choses et parfois il n'y a d'autre différence entre l'une et l'autre que de prononcer le son avec la voix plus élevée ou plus basse en quatre espèces de tons. C'est pourquoi, parfois, quand ils parlent entre eux, ils écrivent pour se faire comprendre ce qu'ils veulent dire, car les choses sont différentes par l'écriture l'une de l'autre.

Quant aux caractères, c'est une chose à laquelle on ne peut croire si on ne l'a pas vu ou expérimenté comme je l'ai fait. Il y a autant de lettres que de paroles ou de choses, de telle sorte qu'elles dépassent soixante mille*.

Leur manière d'écrire est plutôt une manière de peindre et c'est pourquoi ils écrivent avec un pinceau comme nos peintres. Il en découle cette utilité que toutes les nations qui ont cette écriture peuvent se comprendre au moyen des lettres et des livres bien que leurs langues soient très différentes [8]. »

Mais son apport de ces années-là ne se limite pas à ces acquisitions linguistiques : il porte plus encore sur la mission dont l'a chargé Valignano, de réunir, critiquer et exploiter les informations réunies en vue des chapitres « chinois » de sa biographie de saint François Xavier. Parfois publié séparément sous le titre *Traité des merveilles de la Chine*, sous la signature d'Alessandro Valignano, responsable de la rédaction globale, c'est en quelque sorte un « état de la question chinoise » et le reflet d'un « état d'esprit » des candidats missionnaires, tel que l'ont établi trois jésuites italiens** en 1582 avant leur pénétration durable dans l'empire du Milieu, à la fin de cette même année.

Vision idyllique avant les vérifications critiques ? Certes. Mais ce tableau aux couleurs de l'espoir révèle non seulement par son titre, mais par son contenu qu'un homme comme Ricci, si plein d'admiration qu'il fût pour la culture gréco-latine et sa variante catholique, entreprit sa mission dans un esprit de respect et d'estime pour la civilisation d'Asie, assuré que « rien au monde n'était plus grand » que cet empire encore verrouillé.

La description de la Chine rédigée en 1582 par Ricci – avec l'aide de Ruggieri – à l'intention de Valignano s'ouvre par une proclamation sans ambages :

---

* Il reviendra plus tard sur cette exagération : avec dix mille signes, on est un grand lettré…

** Car il faut tenir compte aussi de la collaboration de Ruggieri.

« La Chine est la chose la plus importante et la plus riche de
tout l'Orient dont elle surpasse tous les autres royaumes. Elle
ressemble beaucoup en certains points à la richesse et la perfection de notre Europe, et en beaucoup elle emporte sur elle [9]… »

La démonstration de nos pionniers de la sinologie se subdi-
vise en « sept points d'excellence » et « cinq désordres ». On
ne saurait être plus jésuite dans la méthode d'exposé. D'abord,
l'excellence :

« 1) C'est l'état le plus vaste qui soit soumis à un seul roi…
(Ah ! cette couronne centralisatrice dont les pères ont si fort la
nostalgie en Inde et au Japon…)
2) C'est la nation la plus peuplée […] avec plus de 60 millions
d'habitants payant l'impôt […]
3) Il n'y a pas de royaume plus fertile et mieux approvisionné.
Bien que les Chinois soient plus gros mangeurs que les Européens, il y a de quoi les satisfaire tous […] à très bon marché
[…]
4) La richesse publique n'est égalée par celle d'aucun autre
royaume, les mines d'argent et d'or sont en abondance […] les
revenus de l'empereur sont plus grands pour lui seul que pour
tous les rois et seigneurs d'Europe, et peut-être d'Afrique
réunis […]
5) Aucune région ne semble l'égaler pour la fraîcheur et la
paix, à tel point qu'on dirait une chose peinte plutôt qu'un produit de la nature […]
6) Les habitants sont les plus industrieux du monde, même les
aveugles et les boiteux gagnent leur vie, aussi voit-on peu de
mendiants […]
7) C'est parmi les pays découverts le plus pacifique et le
mieux gouverné [10]… »

Ce point surtout retient l'attention de nos jésuites, qui en rapportent le mérite au fait que les emplois et le pouvoir sont liés à
l'instruction : d'où le nombre et la qualité des écoles et des universités, le fait que les Chinois « possèdent plus de livres que
nous en Europe, tous imprimés, et qui traitent de toutes les
Sciences, astronomie, mathématiques, médecine et autres… ».
Mais quoi ? Serait-ce le paradis sur terre ?
Non certes, répondent Valignano, Ricci et Ruggieri,

« parce qu'il leur manque le principal qui est la connaissance de Dieu et de sa sainte religion. C'est pourquoi l'ordre et la prudence qu'ils gardent dans leur manière de gouverner ne suffisent pas pour empêcher beaucoup de désordres très graves. Ce sont :

1) les nombreuses injustices et tyrannies que commettent les mandarins […]

2) la défiance pour la carrière des armes, qui entraîne la couardise […]

3) l'éloignement pour tout ce qui est étranger, qui fait que la populace est, de ce point de vue, la fin du monde […]

4) le pullulement des brigands et des pirates, bien que les escadres surveillant les côtes puissent faire encore plus de mal qu'eux […]

5) Des vices énormes, comme celui contre nature ou les excès de gourmandise, au point qu'étant si bien doués pour la prudence et la discrétion dans le gouvernement, ils sont si grossiers et aveugles par rapport à la connaissance de Dieu, le bien de leurs âmes et les choses de l'autre monde [11]… »

(Que la pédérastie et la gourmandise rendent inaptes à la métaphysique est une assertion contre laquelle semblent s'inscrire maints traits de l'histoire de la philosophie universelle…)

De ce texte savoureux et qui fait bien augurer de la grande entreprise que méditent les pères de Macao, il ressort clairement que l'admiration qu'ils vouent à l'empire (dont le seul Ruggieri a une minime expérience) ne se fonde ni sur l'antiquité ni sur l'étrangeté, ni sur la morale, ni sur la richesse supposée de cette nation, mais sur l'organisation de la cité, l'harmonie sociale, le maintien de la paix *(pax sinica)*, sur cette observation qu'il leur faudra plus tard corriger* mais qui sera leur hypothèse de départ : qu'on y voit réalisé ce que Platon n'a pu que concevoir, la « république des philosophes ». Quel point de vue, quel préjugé plus humaniste anima jamais entreprise « missionnaire » ?

On aimerait croire que ce sont ces exemplaires dispositions d'esprit qui valurent alors à Ruggieri et à Ricci de bénéficier du plus déconcertant des retournements de situation. Comment

---

* Notamment dans sa correspondance et dans l'*Histoire de l'expédition chrétienne au royaume de la Chine*, écrite vingt-cinq ans plus tard.

ne s'ouvrirait pas à vous un pays auquel on adresse une telle déclaration d'amour ? Matteo Ricci préférera l'attribuer à « la dextre du Tout-Puissant [12] ». Bon. Mérites ou miracle, le fait est qu'il y eut matière à s'étonner quand, peu de semaines après le triste retour des missionnaires déconfits, les pères de Macao virent débarquer chez eux un simple garde du palais de ce même vice-roi qui venait de les chasser, porteur d'une autorisation de s'installer à Shiu-hing…

Voilà qui ne semblait guère relever de cet admirable ordre philosophique dont l'opuscule des pères faisait crédit à la Chine. Une petite « magouille » de hallebardier en quête d'un pourboire ? C'est ainsi que va commencer l'immense « expédition chrétienne » au royaume de la Chine ! Mais nous avons vu qu'un chantage avait été à l'origine de celle de François Xavier au Japon…

Bref, et cette fois-ci Matteo Ricci emboîtant le pas à Michele Ruggieri, les voilà partis pour Shiu-hing, et reçus d'emblée le 10 septembre 1583, non par le vice-roi, mais par le gouverneur Wang P'an. A genoux dans leur robe de bonze, ils le supplient de leur accorder, « hommes religieux venus des dernières parties de l'Occident par un chemin de trois ou quatre années, attirés par la renommée de l'Empire, d'y bâtir deux petites maisons dont l'une pour prier Dieu jusqu'à leur mort [13] ».

Le haut personnage répondit aux suppliants qu'« il ne doutait pas de leur prud'homie » et que « leur première vue l'émouvait à les prendre sous sa protection ». Ce qui fut fait. Un champ fut mis à leur disposition au bord de la rivière qui arrosait la ville, où s'élevait depuis peu une tour dite « fleurie » : c'est là qu'ils bâtirent leur minuscule maison et l'église qu'ils baptisèrent « Temple de la Fleur des Saints ». Ils avaient pris pied en Chine et la grande entreprise s'amorçait. Vers quel désastre ? Quel triomphe ?

Au moment où il s'engage dans la grande aventure, Matteo Ricci vient d'avoir trente ans. Grand, maigre, mais de constitution robuste, il a surmonté en Inde puis au début de son séjour à Macao de pénibles affections de type colonial – qui désormais le laisseront en paix. C'est un bourreau de travail, et qui s'acharne dans l'allégresse, animé par une véritable boulimie de connaissances, et doté d'une mémoire que l'on dirait monstrueuse si elle n'était dopée, musclée par des méthodes sur lesquelles on reviendra.

Tous les témoins ou interlocuteurs le diront : il émane de lui – qui, au cours des premiers mois à Shiu-hing, n'est inscrit que comme « serviteur » de Ruggieri – une intense dignité, une aura de simple grandeur, ce que les sages de Rome appelaient *auctoritas*. Les sages semblent l'avoir désigné pour représenter auprès de l'empire du Milieu le monde d'Occident remodelé par le christianisme mais rappelé par la Renaissance à ses origines intellectuelles et esthétiques.

Matteo Ricci est par excellence un homme de culture – *uomo di cultura*, dit-on chez lui –, un « polymathe » versé en toutes choses, mathématique et littérature, philosophie et poésie, mécanique et astronomie : on n'est pas en vain l'élève de Clavius, de Bellarmin et de Molina. Théologien ? Il le niera. D'autres lui accorderont cette qualité. Et l'on verra entre ses mains aussi bien les sciences exactes que la morale et la logique se transformer en armes de l'apologétique.

Fut-il dès l'origine dévoré par un « désir d'Orient », par une furieuse attente de la Chine telle que la vécut, en ses derniers mois, François Xavier ? Non, semble-t-il. On parlera plutôt d'un immense appétit de connaissances et d'échanges, d'une tension inlassable vers l'autre, sinon indien (on l'a vu plus déconcerté qu'attiré par ce premier périple), du moins chinois – et dès lors envoûté, exalté. Mais on note que, dans les deux cas, c'est par une sorte de compendium de vulgarisation qu'il aura commencé. Savoir d'abord : toutes ses démarches ont pour origine et pour objectif la connaissance – dont l'apostolat semble n'être que le couronnement.

Les voici en Chine. Les voici aux prises, les mains nues, avec le plus grand empire du monde, tout bardé d'interdits. Les voici, Michele Ruggieri qui y a fait déjà quelques incursions, et Matteo Ricci qui n'en connaît encore que les masures périphériques de Macao, sur cette terre promise et si longtemps refusée…

Le nouveau venu a revêtu, comme son maître, la robe, « longue jusqu'aux talons et à manches fort larges », il s'est rasé le visage et la tête comme les bonzes. Devant le gouverneur Wang P'an, ils ont tous deux fait le *kotow*, triple prosternation, le front frappant le sol... Quand le même gouverneur les a menés jusqu'au pré où ils pourront construire leur maison, et qu'ils lui ont demandé un surcroît d'espace pour édifier leur église, il s'est étonné qu'on puisse adorer Dieu autrement que le font les Chinois, mais a conclu benoîtement à l'adresse de ses mandarins : « Nous bâtirons le temple et ils y mettront les images de dieux qu'ils voudront [14]. »

Chose curieuse, Ricci ne nous donne, en son *Histoire*, aucune description ni évaluation de l'importance de Shiu-hing, capitale du Kuang-tung. De lui, nous apprenons seulement que la ville était arrosée par une « grande rivière* » et que le vice-roi y levait l'impôt sur onze villes. Mais rien sur l'ampleur de la population, son commerce ou ses mœurs : timides débuts pour un maître de l'anthropologie !...

Une notation très intéressante toutefois, à propos de l'accueil qui leur est fait :

> « Les gens n'ayant jamais vu d'étrangers, nous provoquons dérision et émerveillement [...] Quand nous passons par les rues, il faut le faire en hâte pour éviter que la route ne soit obstruée par la multitude de curieux. On nous donne mille surnoms dont le plus ordinaire est celui de "diables étrangers". Mais les personnes distinguées nous honorent beaucoup et viennent avec une grande politesse à notre maison et à notre chapelle. »

Une anecdote pourtant nous donne à réfléchir sur le « naturel vicieux » des gens du Kuang-tung, province méridionale « nombrée ignominieusement par les autres au rang des barbares », qui, fort méfiants à l'endroit des étrangers tout proches, se sont persuadés que les Portugais (ou leurs esclaves cafres ?) « dérobent les enfants pour les manger ». Le père Ruggieri étant reparti pour Macao afin d'y recueillir des aumônes pour achever la maison, des gamins du voisinage prirent pour habitude de cribler de pierres l'ermitage des pères. Un serviteur de Ricci se saisit du plus effronté d'entre eux et l'enferma. Une foule s'assembla aussitôt pour dénoncer le rapt d'enfant, et peut-être pire... Voici Matteo Ricci convoqué par le juge, accusé d'être non seulement barbare, mais anthropophage...

Sera-t-il battu en public, en guise de « question » – usage fort

* Si-kiang.

courant en ce pays – et dès lors déshonoré, la mission perdue aux yeux de tous ? Sa pratique du chinois n'est pas encore très assurée : l'effroi aidant, il s'embrouille et perd la face... Mais l'un des serviteurs a eu l'idée de présenter au tribunal, en guise de pièces à conviction, les pierres dont les gamins lapidaient la maison. Et trois vieillards travaillant aux champs alentour viennent témoigner en faveur de l'accusé auquel il ne restera plus qu'à supplier le juge, front dans la poussière, de ne pas infliger aux calomniateurs plus de trente coups de bâton...

La doctrine chrétienne, peut-il déjà s'enhardir à la prêcher ? Sur l'autel de la petite église, ils ont posé un charmant portrait de Marie, l'Enfant Jésus dans les bras : l'image enchante les visiteurs. Mais n'est-elle pas trompeuse ? Ceux-ci s'en vont clamant que « ces barbares en robe longue ont pour Dieu une femme ». Il faudra substituer à la trop aimable effigie celle du Christ ; mais non sans perte, on le verra... En attendant Matteo Ricci s'attaque à la transcription du décalogue et d'un abrégé du catéchisme « en langue mandarine » : jusqu'ici, les textes chrétiens n'avaient été traduits qu'en caractères latins. Il y met si grande diligence qu'il peut, en moins d'un an, en proposer la lecture au bienveillant gouverneur Wang P'an, fin lettré, qui se dit fort séduit.

Le premier converti, pourtant, ne sera pas issu de ce monde des lettres auquel Ricci liera son destin et celui du christianisme dans l'empire. Mais donnons-lui la parole, le propos est touchant :

> « ... L'orgueil des Chinois ne s'était encore tant abaissé qu'ils semblassent pouvoir recevoir une religion étrangère qu'aucun de leurs concitoyens n'avait jamais embrassée. Le premier donc qui au royaume de la Chine fit profession de la foi chrétienne était du moindre ordre du peuple [...]
> Celui-là, travaillé d'une maladie incurable et dont les médecins ne pouvaient rien espérer, ayant été par ses propres parents jeté hors de la maison, était couché par terre en un lieu public, parce que ses parents à peine se pouvaient nourrir eux-mêmes. Nos pères ayant entendu ceci, le vont trouver et lui demandent s'il voulait recevoir une loi, laquelle, étant déjà le corps désespéré, guiderait son âme au port salutaire de la félicité éternelle. A ceci donc il répondit courageusement et joyeusement que cette loi lui était tout agréable, laquelle faisait faire aux siens de telles œuvres de miséricorde. Les Pères

donc lui font par leurs serviteurs dresser une cabane rustique mais toutefois nette où ils lui fournissaient toute la dépense nécessaire, et ensemble lui enseignaient les points principaux de la foi chrétienne ; et, aussitôt qu'il sembla être assez instruit, il reçut le premier baptême au royaume de la Chine et, afin qu'il ne perdît l'innocence qu'il avait reçue comme étant les prémices du royaume chinois offertes à Dieu, peu de jours après, comme à bon droit on peut espérer, il s'envola au ciel !... »

L'histoire, avec sa tonalité franciscaine, n'est-elle pas assez belle ainsi ? Non. Car s'y ajoute ce trait qui l'orne de couleurs plus locales :

> « ... Afin que d'aventure ses serviteurs ne perdissent quelque partie du mérite par la louange d'une œuvre si pieuse, le Seigneur permit aussi que cette action fût attaquée par les traits des médisants. Quelques-uns donc inventèrent que ces étrangers, par la physionomie du visage de cet homme, avaient connu qu'il avait une pierre fort précieuse cachée dans la tête et que pour cela ils avaient fait tant de bien au vivant, afin que le corps du défunt fût en leur puissance pour en tirer cette pierre de grand prix » [15].

Mais déjà s'est noué, à partir des relations personnelles entre Ricci et Wang P'an, un échange fondé sur le commun amour des livres : tous les visiteurs de la maison se font montrer les ouvrages de droit canon « aux couvertures dorées », jugeant qu'une si belle vêture ne pouvait recouvrir qu'une science noble. Car, souligne Ricci, « les Chinois sont de vrais dévoreurs de livres », ce pourquoi « les points principaux de notre foi se peuvent plus proprement déclarer par écrit que par paroles » [16]. Toute une stratégie s'ébauche ainsi entre « gens du livre » – mais c'est sur un terrain différent que Matteo Ricci fera sa première percée conceptuelle : celui de la cartographie.

> « Dans la salle de la maison pendait attachée une description cosmographique en caractères européens. Les lettrés chinois la regardaient avec plaisir et, quand ils eurent entendu que le plan de tout le monde était vu et lu en cette description, ils prirent grand désir de la pouvoir lire en lettres chinoises. Car les Chinois qui n'avaient quasi nul commerce avec les peuples étrangers, étaient grossièrement ignorants des parties du monde. Leurs propres tables cosmographiques portaient le

titre de description universelle de tout le monde [mais] réduisaient l'étendue de toute la terre en leurs quinze provinces ; et en la mer dépeinte à l'entour ils mettaient quelques petites îles, ajoutant les noms des royaumes qu'ils avaient quelquefois ouï nommer, tous lesquels royaumes assemblés en un à peine égalaient la moindre province de l'empire chinois, qui est la cause pour laquelle ils n'ont pas fait de difficulté d'orner leur empire du nom de tout l'univers, l'appelant Thien hia, c'est-à-dire tout ce qui est sous le ciel.

Quand donc ils entendirent et virent que leur Chine était confinée en un coin de l'Orient, ils admirèrent comme chose à eux inouïe cette description de l'univers, et désirèrent en pouvoir lire l'écriture pour juger de la vérité d'icelle. Le gouverneur donc conseilla au Père Matthieu Ricci de faire avec l'aide de son truchement que cette table parlât chinois [...].

[Ricci] appliqua son esprit à cette description qui n'était pas malséante à son dessein de prêcher l'Évangile, sachant bien qu'on ne s'est pas toujours servi d'un même moyen ou entremise de même nation pour, selon la disposition divine, attirer quelque peuple à la foi de Jésus-Christ. En vérité, par cette amorce, plusieurs entre les Chinois ont été amenés dans la nasse de l'Église*...

Je n'oublierai pas aussi ce qu'il inventa pour gagner la bonne grâce des Chinois. Les Chinois croient bien que le ciel est rond mais toutefois ils estiment que la terre est carrée, au milieu de laquelle ils se font assurément accroire que leur Empire est situé. Par quoi ils portaient impatiemment que leur Chine fût par les géographes rejetée en un coin de l'extrémité d'Orient. Et, pour autant qu'ils n'étaient pas encore assez capables d'entendre les démonstrations des mathématiques par lesquelles on prouverait facilement que la terre avec la mer fait un globe et qu'au globe, par la nature de la figure circulaire, ne se trouve ni commencement ni fin, il changea un peu notre projet et, rejetant le premier méridien des îles Fortunées aux marges de la description géographique à droite et à gauche, il fit que le royaume de la Chine se voyait au milieu de la description, à leur grand plaisir et contentement. On n'eût pu en ce temps-là trouver une invention plus propre pour disposer ce peuple à recevoir les mystères de notre religion [17]... »

* « Si tu dis vrai sur ce point, nous te croirons sur ta religion », lui disaient ses amis lettrés.

A l'évocation toute innocente de ce chef-d'œuvre de la stratégie jésuite (n'est-ce pas ce qu'on appelle la « pieuse fraude » ?) Ricci joint une observation très pénétrante : que cette carte, montrant l'immensité des étendues de terres et de mers séparant la Chine de l'Europe, eut pour effet d'atténuer la crainte qu'ils pouvaient avoir d'hypothétiques envahisseurs, et de renforcer par là même les chances de gagner les Chinois au christianisme « car nous n'y sommes empêchés par rien tant que par ces ombrages de soupçon ».

Le prestige de Matteo Ricci – dont la mission se personnalise chaque jour, du fait à la fois du rayonnement de sa personnalité et des absences de plus en plus nombreuses de Michele Ruggieri – ne se fonde pas seulement sur les livres et les cartes et ses progrès en chinois mandarin, mais sur ce qu'il appelle ses *cosette* (les bricoles) : avec l'aide d'un industrieux frère « canarin » (Indien de Goa), il s'occupe à fabriquer sphères métalliques, cadrans solaires, prismes et horloges, à partir de celle qu'il avait acheminée en 1583 et dont le gouverneur Wang P'an avait dit qu'« aucun cadeau ne pourrait plaire davantage à l'empereur ». Rien, on le sait, ne fit plus pour sa légende, jusqu'à lui donner l'image, pour les uns, d'un magicien de l'horlogerie, pour d'autres, de prince des astrologues, pour les derniers, de génial alchimiste…

Mais si sa gloire s'enflait dans le cadre encore restreint du Kuang-tung, les progrès de l'évangélisation étaient maigres : quarante conversions en trois ans, y compris celle du vieux père du gouverneur (dont la bienveillance allait d'ailleurs s'effilochant pour des raisons qui tenaient peu, semble-t-il, à cette entrée paternelle dans « la nasse de l'Église »). Pourquoi si peu de fruit ? On se retiendra pour l'instant de relever les incompatibilités fondamentales entre vision chrétienne et pensée chinoise, qui faisaient obstacle au projet des pères[*]. On citera plutôt une lettre de Ricci à son ancien recteur du Collège romain, le R. P. Maselli, qui dresse un bilan mélancolique de trois années de mission dans l'empire, et met l'accent sur un handicap essentiel : le statut des bonzes bouddhistes qu'ils ont adopté.

> « Jusqu'à présent, nous n'avons fait chrétien aucun notable à l'exception du père du gouverneur […] Nous espérons que

[*] Voir plus loin, p. 355.

dans des régions où l'on tient plus grand compte du salut [de l'âme] comme au Che-Kiang, il y aura un mouvement chez les grands. Mais ce ne sera qu'au prix de beaucoup de fatigues et de sueurs… »

Renonciation ? La tentation fut brève. Mais l'explication n'en est pas moins éloquente :

> « Les bonzes sont si vils et si mal considérés que, malgré tout l'honneur qui nous est rendu, nous sommes jusqu'à présent l'opprobre de tous et les injures qui nous sont faites sont telles que nous ne pouvons pas les écrire par correspondance… »

Le doigt est bien mis sur la plaie : c'est moins en tant que chrétiens qu'ils sont[*] en butte à tant d'avanies, qu'en tant que bonzes, porteurs d'une robe qui signale non la vertu mais un mode de vie méprisé par le peuple, fait de vagabondage, de petits larcins et de paillardise, tels que les maîtres de la Réforme, en Europe, décrivent depuis bientôt un siècle les porteurs de froc.

Un autre témoignage est instructif : celui de Valignano qui, à l'occasion d'une courte visite faite à Shiu-hing, décrit ainsi l'existence de Ricci :

> « Il ne pouvait jamais s'asseoir devant les mandarins et, durant les audiences, devait rester à genoux. Il était suspecté comme espion des Portugais de Macao. Sa résidence était considérée comme une pagode où les mandarins donnaient leurs banquets […] En dépit de ce qu'il endurait et le peu d'espoir en ces débuts, jamais il ne m'écrivit qu'il voulait s'en retourner et que c'était perdre son temps que de rester en Chine ainsi que le disaient beaucoup de gens. »

Il lui faudra bien pourtant lâcher prise et prendre congé de Shiu-hing : un jour, c'est le conseil des anciens qui accuse les jésuites d'avoir, pour construire leur pagode, reçu 5 000 écus des Portugais « afin de provoquer une sédition parmi le peuple ». Une autre fois, on avise le vice-roi que si les étrangers ont bâti leur temple au bord de l'eau, c'est pour pouvoir entretenir de plus rapides communications avec Macao d'où les Portugais espionnent l'empire. Enfin, le vice-roi lui-même se démasque : récem-

---

[*] Ricci a été rejoint par un père portugais, le R. P. d'Almeida.

ment nommé au Kuang-tung, il a jeté son dévolu, pour en faire sa résidence, sur la maison construite par les « sacrificateurs d'Occident ». Il offre à Ricci 60 écus pour déguerpir, et le plus loin possible, hors de sa province ou plutôt hors de la Chine.

Ricci refuse l'indemnité pour ne pas, en l'acceptant, sembler donner son accord à une injustice, et s'enfuit à Canton. Rejoint par une jonque du vice-roi, il se voit intimer l'ordre de regagner Shiu-hing où, à l'issue d'une scène pathétique, il finit par accepter les écus du mandarin en échange du droit de pouvoir résider au nord de la province, à Siu-show.

Ainsi prennent fin par un affrontement où, tout prosterné qu'il fût, il a fait prévaloir son droit, ces six années (1583-1589) d'ingrate initiation à la Chine, en sa province la plus revêche, la plus rustre et la moins éclairée. Il a mis à l'épreuve son chinois, révisé pour une seconde édition plus critique* le *Traité des merveilles de la Chine*, mesuré l'erreur commise par son maître Ruggieri en choisissant le mode de vie et le statut de moine bouddhiste. Il s'est acquis une sorte de gloire en tant qu'horloger, cartographe et manipulateur de mécaniques, ses *cosette*… Il a noué une première alliance avec le monde des lettrés et compris que la civilisation chinoise est celle du livre, de l'écrit, des caractères.

Ses premiers admirateurs chinois l'avaient paré d'un noble surnom en tant que moine bouddhiste : « Si-Taï » (Sage d'Occident), qui l'a fait entrer dans la communauté chinoise. Mais c'est dans la culture populaire qu'il va pénétrer, sous le nom « Li Mateou » (simple sinisation de Ricci Matteo, la valeur *r* n'existant pas en chinois où les noms n'excèdent pas trois syllabes). Bientôt, il cessera d'être « Si-Taï » ; « Li Mateou » restera…

On ne retrouvera pas, étape par étape, la « longue marche » de « Li Mateou », de Shiu-hing à Pékin, ces douze années de pérégrinations du Kuang-tung boueux et querelleur à la cité impériale de l'empereur Wan-li, ces longues années où se forge sa légende de grand lettré d'Occident, tandis que s'affine sa propre perception du monde chinois. Mais on ne saurait négliger les rencontres capitales qu'il fait, d'abord à Siu-show,

* En 1584.

puis à Nan Ch'ang et à Nankin, ni les découvertes et les convergences qui en découlent, fondant moins le christianisme chinois, resté à l'état de nébuleuse, que la sinologie.

Les six années (1589-1595) que passa Ricci dans le Nord du Kuang-tung auraient été les plus sombres de sa vie s'il n'y avait rencontré le premier des amis véritables que lui proposa la Chine, et celui peut-être qui eut l'influence la plus déterminante sur ses orientations, ses conceptions, et surtout ses décisions.

Kiou Taïsou[*] était le fils d'un mandarin célèbre pour ses triomphes dans les concours, ses livres et son intégrité en tant que président du Tribunal de Nankin. Peu soucieux de rééditer de tels exploits que ses talents l'autorisaient à accomplir, Taïsou s'était quelque temps « jeté dans le précipice de divers vices[18] » puis, fatigué, s'était fait un personnage de bel esprit, pique-assiette et touche-à-tout, le typique « intermédiaire » de la tradition chinoise, celui sans l'entremise duquel rien ne se fait, habile à « procurer » (quoi ? écrit Ricci), et qui fait penser à quelques seigneurs du temps de la Fronde ou de Molière, libertins érudits acharnés à dissimuler leur génie sous un masque de frivolité cynique.

Aux yeux de Ricci empêtré dans ses relations avec les pesants mandarins d'autorité et les bonzes jaloux, Kiou Taïsou dévoila d'un coup une Chine brillante, agile, ouverte, curieuse du monde et tout entière vouée au culte du savoir. Était-il plus représentatif du monde chinois que le rapace vice-roi de Shiuhing ? On ne saurait le dire ; mais il s'offrit soudain comme un frère (cousin ?) en esprit, tel que Matteo Ricci eût pu en rencontrer alors à Florence, à Salamanque ou à Paris, avide de dispute intellectuelle avec Montaigne ou Bellarmin.

La première visite du lettré libertin au jésuite eut un mobile surprenant, mais qui nous ramène à l'atmosphère d'une certaine Renaissance. Kiou Taïsou, passionné d'alchimie, avait eu vent de la réputation des pères « capables de transformer le cinabre en argent », et se proclamait disciple du grand magicien… On sait qu'il était peu de moyens que négligeât Ricci pour attirer une âme « dans la nasse ». Mais la magie, tout de même !…

Taïsou s'étant présenté avec le superbe cérémonial usité pour demander à un maître qu'il vous prenne pour disciple, le

---

* Dont le nom est transcrit aussi Ch'ü Taïsou, ou Qu'Rukui.

jésuite ne put refuser ni les trois prosternations rituelles, ni le banquet d'apparat dans ses appartements, ni les pièces de soie ou autres objets précieux. Mais, contraint de mettre les choses au net, il le fit en des termes qui, loin de décourager le fastueux postulant, le lui attachèrent à jamais.

Dans un premier temps, c'est le Chinois qui parut bénéficier de ces échanges :

> « ... Ravi par la nouveauté, il semblait ne pouvoir en aucune sorte se saouler et contenter d'apprendre : d'abord l'arithmétique, la "Sphère" du Père Clavius et le premier livre des Éléments d'Euclide. Jour et nuit, rapporte Ricci, il répétait ce qui lui avait été enseigné, ou "ornait ses commentaires de figures si belles qu'elles ne cédaient en rien à ceux de notre Europe", construisant lui-même "fort élégamment et artistement" en bois, en cuivre et même en argent toutes sortes d'instruments, des sextants, des sphères, des astrolabes, des quarts de cercle et des "boîtes d'aimant" [19]. »

Puis il voulut se faire expliquer la doctrine chrétienne. Li Mateou touchait-il au but ?

> « Il exigea qu'on chômât pour le reste et, durant trois ou quatre journées, il lui exposa l'ensemble du catéchisme. Le disciple chinois écoutait attentivement, en prenant des notes ; puis il mit par écrit ses difficultés avec des espaces vides afin que le père pût inscrire à côté la réponse. C'étaient, à la surprise de Ricci, les plus grandes difficultés et les nœuds confus que l'on traite en théologie, et le lettré ne fut pas moins surpris de voir tous les nœuds déliés [...] Comme on lui expliquait les exemples des saints qui ont tout abandonné pour Dieu : "Cela n'est point pénible ni difficile, riposta-t-il, surtout pour des gens qui espèrent le bonheur dans l'autre vie comme votre religion le promet ; jusqu'ici nous autres Chinois, nous ne nous sommes pas exercés à de telles pratiques parce qu'aucune religion ne nous a mis en assurance sur une telle récompense !" [20]. »

Quelque « révélation » que reçût Kiou Taïsou (qui se convertira dix ans plus tard, sous le nom d'Ignace), son « maître » ne tira pas un moindre profit de ces échanges. Des dialogues de Siu-show, entre le porte-parole de l'Occident humaniste et chrétien de la Renaissance et celui d'une Chine soudain ouverte au monde, ce sont les propos du second qui, pour la suite de notre histoire, pesèrent le plus lourd.

Le texte d'une lettre écrite à son collègue Duarte de Sanda nous informe sur ce que Matteo Ricci savait alors de la religion (il écrit prudemment « sagesse ») des Chinois de son temps.

> « Le peuple de la Chine [...] tout en étant par ailleurs très ingénieux, doué de hautes et extraordinaires capacités, a toujours vécu dans l'ignorance de la foi, en se laissant entraîner à des erreurs variées, suivant diverses sectes [...].
>
> La première est celle de Confucius, philosophe notable [...] homme des plus éminents et incorruptibles [...] Sa doctrine veut que les hommes suivent la lumière de la nature comme leur guide, qu'ils s'efforcent soigneusement d'acquérir les vertus et qu'ils s'appliquent à gouverner d'une manière ordonnée leurs familles et leur communauté. Tout cela, certes, mériterait d'être loué, si Confucius avait fait mention du Dieu tout-puissant et de la vie à venir [...] Malgré cela, on doit avouer qu'aucune autre doctrine, parmi les Chinois, n'approche autant de la vérité que la sienne.
>
> La seconde secte est celle de Saca* [...] Les "Seng", qui sont nos bonzes, ont quelque soupçon de la vie à venir, de la récompense pour les gens de bien et de la punition des méchants ; néanmoins toutes leurs affirmations sont mêlées d'erreurs.
>
> En troisième lieu, les Taos imitent un certain homme** qui doit être adoré, pensent-ils, pour sa sainteté. Les prêtres de ces deux dernières sectes mènent une vie très basse et très servile. »

Ce dernier trait manifeste le dégoût que ressentait Li Mateou à l'endroit de la condition de bonze à laquelle il s'était assujetti depuis douze ans – et par contrecoup du bouddhisme. Nul ne sait s'il s'en fût écarté sans l'intervention de Kiou Taïsou. Mais ce dernier n'eut pas de mal à le convaincre de l'absurdité, non de la prédication du Bouddha, mais du choix qui l'avait réduit à une situation humiliée, à un déclassement qui obscurcissait à jamais, dans le regard des Chinois, et son personnage et la doctrine qu'il était venu leur offrir. Sous une telle livrée, que pouvait-il espérer ?

---

* Sakyamuni, ou Bouddha.
** Lao Tseu.

Lui, Kiou Taïsou, lettré, fils de lettré, pouvait lui ouvrir toutes les portes de ce monde-là. Nul intermédiaire ne pouvait être plus disponible et efficace que lui, sur la noble voie de la connaissance et de ceux qui, en Chine, en détenaient les clés. Le disciple se faisait éclaireur.

Il aurait fallu être moins imbu du souci d'efficacité *ad majorem Dei gloriam* que l'était Matteo Ricci pour ne pas ouvrir les yeux devant ces évidences : vers un monde gouverné par la raison, comment ne pas emprunter la voie des raisonnables et des savants ? Il aurait fallu avoir eu un autre guide que Ruggieri pour ne pas avoir appris que « tout en Chine relève de la subordination qu'ils observent suivant leurs grades, et cela jusqu'au roi ». Et il aurait fallu être moins informé que ce disciple de Valignano de la très brève histoire de l'évangélisation du Japon, pour ne pas connaître le choix fait à Yamaguchi par François Xavier : le chemin de la soie…

Avant d'examiner les fondements et les éventuelles justifications intellectuelles et « statiques » de ce retournement de mode de vie, du bouddhique au confucéen, qui allait naturellement impliquer une adaptation spirituelle, on s'intéressera aux apparences, qui ne sont jamais innocentes – et en Chine moins qu'ailleurs.

Du grand dialogue avec Kiou Taïsou, disciple mué en maître, émergeait un nouveau Matteo Ricci. Ainsi qu'on voit, au 1er acte de *Faust*, un vieux savant se muer en fringant gentilhomme, un froc jeté aux orties fit du moine humilié du Kuang-tung un seigneur de la Renaissance intellectuelle.

Un autre homme. Ce même Ricci que l'on a vu serré dans sa longue robe brune, rasé du crâne au menton, agenouillé devant le moindre mandarin de village, le front dans la poussière des tribunaux, le voici revêtu d'

> « un habit de soie rouge sombre bordée de soie bleu très clair aux revers, aux franges du bas, aux poignets et au col sur un peu plus d'une demi-palme de largeur. Les manches sont très larges et très ouvertes, à peu près de la même manière qu'à Venise. La ceinture est de la même couleur rouge, bordée elle aussi de bleu, cousue au vêtement et divisée en deux rubans jusqu'à terre, comme la portent les veuves en Italie. Les chaussures sont de soie brodée ; la coiffure est de forme extraordinaire, pas très différente de celle des prêtres espagnols mais un peu plus haute, pointue comme la mitre des évêques

et pourvue de deux espèces d'ailes en équilibre qui tombent à
terre dès qu'on se livre à des mouvements immodérés, elle est
couverte de voile noir et s'appelle *sutumpo*. Lorsqu'il se rend
en visite, il est porté en palanquin, accompagné d'un écrivain
et de deux ou trois serviteurs [...].

Il s'est laissé pousser les cheveux jusqu'aux oreilles, non pas
épars comme jadis les Français, mais à la guise des femmes
entortillés dans des escoffions de reth au bout desquels sort par
un trou un flocon de poil, le tout est couvert d'un chapeau [...]
Au bout d'un an, la barbe lui aura poussé jusqu'à la ceinture, ce
qui est une grande merveille pour les Chinois qui n'ont jamais
plus de quatre, huit ou dix malheureux poils au menton [21]... ».

La gloire !... Mais quoi ? Que faites-vous, révérend père Li
Mateou, du vœu de pauvreté[*], de l'humilité à laquelle s'achar-
nait maître Ignace, tout maître ès arts qu'il fût déjà ? Sa
réponse est d'une touchante malice :

> « Il est vrai qu'il n'est pas de notre profession d'aller recher-
> cher des honneurs [mais] dans ce pays où la religion de Notre-
> Seigneur est ignorée et où le renom de cette sainte loi dépend
> tellement du crédit et de la réputation de ses prédicateurs, il
> est nécessaire que nous nous accommodions pour l'extérieur
> aux coutumes et à la manière de procéder des Chinois [...] Cet
> honneur et ce crédit dont nous commençons à jouir ne nuiront
> pas à notre âme ; durant douze années entières, Notre-Seigneur
> nous a fait premièrement passer par tant d'humiliations,
> d'abaissements, d'affronts, et par de si grandes persécutions
> que cela suffit bien pour commencer à établir de bons fon-
> dements de vertu ; en tout temps, nous avons été traités et
> considérés comme le rebut du monde. C'est pourquoi Notre-
> Seigneur nous ayant accordé de persévérer au milieu de tant
> de travaux, j'espère qu'il nous donnera aussi la grâce de ne
> pas nous enorgueillir au milieu de ces honneurs. D'autant plus
> que, devant encore progresser, nous ne manquerons point
> de rencontres où nous aurons beaucoup à souffrir pour Notre-
> Seigneur [22]... »

L'habit faisant – ou défaisant – le moine, notre Li Mateou ne
se contentera pas de se vêtir de soie ; il va entrer dans ces voies

---

[*] Consulté en 1592 par le truchement de son adjoint Cattaneo, le tout-
puissant Valignano avait autorisé expressément Ricci à procéder à cette
audacieuse mutation, en 1595, douze ans après son entrée en Chine.

qu'induit son vêtement, bientôt son genre de vie. Vêtu et vivant en lettré confucéen à partir de 1595, il va se comporter comme tel, puis penser comme tel, sinon croire ce que croit l'un ou l'autre de ces maîtres de la sagesse.

Il ne s'est pas fait confucéen pour porter un beau costume et les ongles longs. Il manifeste d'abord son ralliement de la façon la moins contestable : en publiant son premier livre en chinois, un *Traité de l'amitié* (1595) qui lui permet non seulement de prendre rang parmi les lettrés, mais mieux encore parmi ceux que l'on respecte entre tous, les moralistes. Ainsi a-t-il payé noblement son écot en vue de l'admission dans le cercle des Sages – et de la façon la moins aventureuse car, s'il est un point sur lequel le prêtre d'Occident et les maîtres confucéens peuvent s'entendre, c'est bien la morale. Les malentendus et les incompatibilités se manifesteront sur d'autres terrains.

Le coup de barre donné par Ricci à l'initiative de son ami Kiou Taïsou modifie radicalement ses perspectives, ses méthodes, sa stratégie. Il était en Chine. Il se fait chinois. Il était en butte à toutes les vexations, sinon à des persécutions. Il va vivre désormais parmi les détenteurs du pouvoir. En ces quelques mois, il refait le parcours, mais amplifié, on dirait presque caricaturé, qu'a accompli en vingt ans Ignace de Loyola, de La Storta aux allées du pouvoir pontifical. Un double condensé du jésuitisme ? Le raccourci est tentant. Mais une étude des motivations plus attentive permettra de nuancer les formules…

Le haro qu'il jette sur le bouddhisme mérite une explication. Il y a bien des aspects dans ce rejet, qui prend souvent, dans la correspondance et l'*Histoire* de Ricci, une forme rageuse, presque méprisante, et peu conforme à la générosité de ce grand esprit. On a vu que l'expérience qu'il a vécue sous la robe de bonze n'était pas pour lui donner haute idée de cette religion. Mais n'a-t-on pas dit[*] que, dans l'Europe de la même époque, le froc n'attirait pas l'estime de tous, avant même les railleries d'Érasme et les anathèmes de Luther ? Un capucin errant entre Vaugirard et Saint-Germain-des-Prés recevait plus de cailloux que d'oboles. Ce mépris, ces avanies ne disqualifiaient pas le catholicisme aux yeux de tous.

Avant de porter sur le bouddhisme chinois la condamnation

---

[*] Voir chapitre II.

qu'il a souvent formulée, quitte à la nuancer plus généreusement à la fin de sa vie, Ricci semble avoir fait peu de cas des multiples témoignages en faveur du bouddhisme dont il aurait pu tenir compte en abordant le monde chinois.

N'attribuait-il aucun crédit aux récits de Marco Polo qui, anecdotique ou superficiel en bien des domaines, évoque si joliment « Saga moni » (Sakyamuni, ou Bouddha) dans la *Description du monde*, sachant apprécier la qualité morale de ce « saint à qui il ne manque que le baptême », digne d'avoir été un « compagnon de Jésus »[23]? Et n'avait-il pas lu l'ébouriffant Guillaume Postel, jésuite éphémère mais humaniste assez audacieux pour avoir salué dans le bouddhisme « la plus merveilleuse religion du monde »?

On peut surtout s'étonner que lui, le fidèle Ricci, instruit par le fidèle Valignano, n'ait pas hérité de l'intérêt porté par François Xavier – si mal informé à l'origine par Anjirô – à la secte bouddhiste dite Shingon (qu'il écrit Xingoufou) et à son aspiration à la vertu, voire à l'immortalité de l'âme. Le nonce aux pieds nus avait certes, avant Ricci, dénoncé la médiocrité et les turpitudes des bonzes (ou les complots qu'ils tramaient contre lui). Mais sa démarche vers le bouddhisme est tout de même empreinte de plus d'estime et de respect que celle de Ricci.

Ce sont, semble-t-il, avant son humiliante expérience de la vie monastique dans le Kuang-tung, les correctifs apportés par Valignano aux idées que François Xavier se faisait du bouddhisme, notamment lors de sa rédaction de la biographie du saint, qui achevèrent de pervertir les relations entre Matteo Ricci et la religion venue du Nord de l'Inde. Il est vrai qu'au Japon le *shogun* Ieyasu allait, lui, jusqu'à la confondre avec celle de Rome au point de proscrire par le même édit « le christianisme, la secte Hiden et le Foujioufouzé, trois branches d'une même secte adorant toutes trois le dieu Godzou-Kirisaitan-Teidzou-Boutzou... »[24].

Comment Ricci, déjà empêtré dans un aventureux rapprochement entre Pythagore et Bouddha, n'aurait-il pas été détourné du bouddhisme par son maître Valignano (qui rapprochait l'amidisme bouddhiste de l'enseignement de Luther « puisque le démon a donné à tous deux leur doctrine même, sans y rien changer que le nom de la personne en qui ils croient et espèrent... »)?

Cette étrange assimilation de la douce doctrine d'Amida, intercesseur universel, à la thèse protestante du « salut par la foi », ne pouvait inciter Ricci à rechercher dans le bouddhisme l'« âme de vérité », ce que les théologiens commençaient timidement à appeler une « préparation providentielle » au christianisme.

Ce que trouvèrent donc les premiers jésuites en Chine, ce ne fut pas un bouddhisme adapté à la culture nationale, mais une religiosité composite qui avait amalgamé de siècle en siècle des traits empruntés à des sources très différentes :

> « Le syncrétisme populaire, écrit Henri Bernard-Maître, n'était ni le confucianisme, ni le taoïsme, ni le bouddhisme, mais une religion très malléable et très souple où les variations étaient considérables de région à région et de famille à famille ; c'était un pêle-mêle de vieilles divinités indigènes, de grandes figures d'origine indienne, de héros historiques divinisés à une époque récente, et de personnages taoïstes. Faute d'une autorité apte à codifier le développement de ce folklore, la doctrine et la mythologie s'étaient constituées sans coordination, associant idées et personnages qui frappaient l'imagination de la foule en divers temps, non sans contradictions et doubles emplois [25]. »

Comment s'étonner que Ruggieri et Ricci eussent été découragés par cet amalgame confus, si éloigné de l'Olympe de leur chère Antiquité gréco-romaine ? D'où ce commentaire un peu dégoûté de Ricci (septembre 1584), deux ans après son arrivée au Kuang-tung : « Il n'y a pas de religion, et le peu de culte qui s'y trouve est si compliqué que ses religieux mêmes ne savent pas l'expliquer. »

Mais le confucianisme vers lequel le missionnaire de Macerata se retourne à partir de 1592, et dont il arbore glorieusement les signes trois ans plus tard, quel est-il ? Si le peuple chinois avait adopté en guise de religion un syncrétisme abracadabrant, que dire de celui dont se réclame désormais Matteo Ricci devenu Li Mateou ? Trois bons spécialistes, entre autres, se sont posé la question. Jacques Gernet dans *Chine et Christianisme* [26], Étiemble dans *L'Europe chinoise* [27], et le philosophe australien Paul Rule, dans *Kong-Tsu ou Confucius : l'interprétation jésuite du confucianisme* : tous trois concluent à la vanité des efforts de Li Mateou pour faire converger confucianisme et christianisme dans ce qu'il a appelé *La Vraie Doctrine du maître du ciel.*

Mais reprenons son chemin, qui le fait passer en dix ans de la curiosité à l'égard du confucianisme, système de sagesse et morale sociale où se font entendre les échos d'Épictète et de Sénèque, à une sympathie puis à une admiration qui le conduisent à y rechercher passionnément les traces d'une spiritualité, voire d'une métaphysique en consonance avec le christianisme.

> « Que cette alliance avec le confucianisme, puis cette assimilation ait été une tactique à l'origine, peut difficilement être nié, écrit Paul Rule. C'est pour un avantage extérieur que Ricci a pris position, mais ce n'est pas resté une tactique. La succession des lettres montre que son jugement favorable est devenu progressivement un lien intellectuel sincère, né de la conviction que cette démarche correspondait à une nécessité et que l'option confucéenne était son destin. »

Son destin, certes. Mais le recours à ce mot dit bien le caractère aventureux de l'entreprise. Concilier le confucianisme au sein duquel il agissait, et le christianisme pour lequel il vivait, fut son vœu. Et si la Chine n'avait pas besoin d'être convertie, mais révélée à elle-même ? Et si cet immense fonds moral émanant du sage immémorial, de ce maître Kong en qui se retrouvent Socrate, Platon, Épictète, était une préfiguration du judéo-christianisme, une doctrine protochrétienne, *naturaliter christiana*, selon le mot de saint Augustin ?

N'oublions pas que Matteo Ricci, formé à Rome au cœur de la Renaissance, dans la mouvance de Bellarmin et de François de Sales, est un humaniste qui voit en l'Évangile un épanouissement surnaturel du génie et des vertus naturels de l'Antiquité. Retrouver en cette Chine qu'il a reçu pour mission d'ouvrir à l'enseignement du Christ sur terre d'élection de la sagesse et de la morale des Anciens, en Confucius la préfiguration de l'immense héritage qui a nourri l'enseignement chrétien, était grisant…

Dans un exposé présenté lors du colloque international de sinologie de Chantilly, en septembre 1974, Jean Sainsaulieu, tirant argument de passages de la correspondance de Ricci assimilant Confucius tantôt à Platon, tantôt à Aristote, et assurant que « maints passages sur Dieu, l'âme et les saints favori-

sent l'enseignement de notre foi », soutenait cette thèse audacieuse :

> « Les jésuites sinisés se sont retrouvés dans leur peau de
> maîtres ès arts et d'escholiers de l'Université de Paris, l'âge
> d'or* de la Compagnie. Leur aventure confucéenne était pour
> eux un pèlerinage aux sources, par-delà les démarquages du
> clergé séculier ou régulier qu'on leur a imposés en Europe. La
> Chine les rendait à eux-mêmes. »

C'est beaucoup dire, mais c'est peut-être suggérer l'essentiel
des intentions de Ricci. Est-ce dans cet esprit de fidélité profonde à une pensée qui, dans son humanisme unanimiste, ne
peut tout de même pas être attribuée à Loyola, qu'il a recherché un syncrétisme, une « accommodation », une « rencontre », comme le suggère Paul Rule, ou mieux peut-être une
convergence entre lumière naturelle et révélation ? J. Sainsaulieu paraît bien audacieux de rattacher une telle démarche à
celle des pères fondateurs de la Compagnie, si exaltés d'orthodoxie. Mais il serait moins téméraire d'assimiler la tentative de
Li Mateou à celle de ses contemporains qui, dans la Rome que
visite Montaigne, s'efforcent de baptiser les stoïciens et d'en
faire les grands Pères de l'Église.

Ainsi saint Jérôme avait-il rangé Sénèque dans une liste de
« saints », et saint Cyrille invoquait-il Plotin… « Elle a trop de
vertus pour n'être pas chrétienne », dira Polyeucte de Pauline.
Alors, pourquoi ne pas traiter de même le très vertueux Confucius, en tenant compte des décalages culturels ?

On voit bien la raison des démarches de Ricci. Mais il ne
s'agit pas de décalage, il s'agit d'abîme. Et c'est ici qu'il faut
donner la parole aux procureurs, à ceux qui, admirant fort Matteo Ricci, sa générosité, l'audace de son implication dans le
monde chinois, son rôle proprement pionnier dans le grand
dialogue des civilisations, dénoncent l'absurdité de sa tentative
d'« accommodation », ou de recherche en paternité…

Le précepte fondamental de Confucius, « respecter le ciel »,
avait de quoi séduire le lettré Li Mateou et ses disciples, fasci-
nés par l'idée d'une « religion naturelle », idée aussi fertile
en Chine qu'en Europe, qu'elle y ait été vivifiée ou non par

---

* Utérin, tout de même…

un message biblique venu d'une prédication ancienne. Le R. P. Bernard-Maître cite [28] une lettre dans laquelle Ricci parle de l'« adoration » que réservaient les Anciens chinois à une divinité suprême qu'ils appellent « maître du ciel » (Tien-zhou), et soutient que les « livres canoniques » du confucianisme ne le cèdent à aucun de « nos philosophes naturels » : si bien que « nous pouvons espérer que beaucoup de ces anciens [sages] se sont sauvés en observant la loi naturelle avec le secours que Dieu, dans sa bonté, leur a donné… ». (Observons au passage à quel point l'esprit philosophique a progressé, sur ce point, depuis le temps où, moins d'un demi-siècle auparavant, François Xavier croyait vouer à l'enfer tous ceux qui n'avaient pas entendu la parole du Christ…)

Touché par l'émouvant effort du jésuite en direction de maître Kong, Étiemble ne peut manquer de relever pourtant ce que cette démarche a de désespéré : « … Confucius déclare expressément que l'homme qui ne connaît rien ou presque de la vie, serait impertinent de prétendre parler […] de ce qui advient de lui au moment de la mort ». Il rappelle que, selon Confucius, « le Ciel ne parle pas », et conclut sur ce point :

> « Ricci veut bien admirer Confucius et le confucianisme, à condition de considérer que cette doctrine modeste, imparfaite, manque de Dieu, d'âme immortelle et de tout dogme quel qu'il soit. Il oublie simplement ceci : alourdi d'une âme immortelle, embarrassé de dogmes et de mystères, astreint à croire en un Dieu créateur, le philosophe Confucius serait tout ce qu'on veut, sauf un confucéen. Ce serait peut-être un humaniste chrétien [29]. »

Ce que Jacques Gernet formule plus raidement encore : « Voulant assimiler le Ciel et le Souverain d'En haut des Chinois, avec le Dieu de la Bible, les jésuites tentèrent d'unir des notions inconciliables. » Ce souverain d'En haut (Shangdi) n'était pas

> « un dieu unique et tout-puissant créateur du ciel et de la terre, mais évoquait l'idée de soumission au destin, de respect religieux des rites, de sérieux et de sincérité dans la conduite ; [il] était indissociable d'un contexte ritualiste et polythéiste dont l'esprit était radicalement différent de celui du judaïsme [30] ».

Le même Gernet signale que les lettrés chinois étaient indignés de voir diviniser « Yesu, un criminel d'un royaume d'Occident de l'époque des Han ». Il relève aussi que ces lettrés étaient « choqués par un égalitarisme opposé à la hiérarchie (des souverains, des parents) essentielle dans le confucianisme mais estimaient qu'une fois débarrassés de leurs idées fausses, comme la croyance à un Dieu créateur, les missionnaires auraient pu faire d'assez bons confucéens » [31].

Et même quand il tente de retrouver Dieu non plus dans le *Shangdi*, mais dans le *Tien-zhou* (maître du ciel), comme il le fait dans son traité le plus théorique, *Le Vrai Sens de la doctrine du maître du ciel*, ou comme le font d'autres, en celui de *Li*, principe organisateur, Matteo Ricci ne peut évidemment accoucher un christianisme, fût-il bâtard, d'une société et d'une pensée imperméables à la distinction entre l'esprit et la matière, entre l'âme et le corps, entre l'éternité et le néant, et rigoureusement rétive à l'idée du péché.

Mais pour bien marquer la grandeur de la tentative de Matteo Ricci, point si sotte qu'elle n'ait mobilisé pour de longs débats d'aussi grands esprits que Malebranche et Leibniz[*] et suscité d'innombrables rapprochements à ce Spinoza « qui fait son Dieu de l'univers », on ne se retiendra pas de citer le parallèle établi par Henri Bernard-Maître entre le mouvement déclenché en Chine par le jésuite de Macerata et celui, antithétique, dont Montaigne était alors, dans l'Europe chrétienne, le promoteur le plus diligent : tandis que l'auteur des *Essais* tendait à laïciser la morale en la confondant avec une pénétrante analyse du cœur humain, Ricci proposait à l'inverse de donner pour guide à l'homme (chinois comme européen) non plus seulement une « conscience naturelle » du devoir, mais la référence à un au-delà qui s'impose rigoureusement à la croyance.

Observons ceci : que, dans l'esprit de Li Mateou et de ses compagnons, il ne s'agit pas ici seulement (si l'on peut dire) de religion, mais aussi de politique – laquelle se ramenait en fin de compte au religieux : car, en travaillant à cette accommodation entre christianisme et confucianisme, les missionnaires s'efforçaient aussi (ou surtout ?) d'inscrire leur mission dans un ordre où tout aboutissait au Souverain et venait de lui. Plus

---

[*] *Discours sur la théologie naturelle des Chinois*, Paris, L'Herne, 1987.

complètement serait atténué le hiatus entre les deux visions du monde et les deux types de comportement, plus serait aplanie la route qui conduirait vers l'empereur les ambassadeurs chrétiens.

En bons jésuites, en bons disciples d'Ignace de Loyola, et à l'exemple de François Xavier, ils pensaient que l'avenir de leur religion dépendait, sur le plan local, d'une décision du détenteur du pouvoir. Témoin cette lettre de Michele Ruggieri, écrite à Macao dès 1581, avant même l'arrivée de Ricci :

> « … Toute l'affaire est qu'il vienne au Roi le désir et l'envie d'appeler auprès de lui les pères, car je ne doute pas qu'il leur donnerait licence de prêcher et d'enseigner leur doctrine [32]. »

Ainsi, dès l'origine, Matteo Ricci avait-il été instruit que sa longue marche d'évangélisateur de la Chine serait d'abord une très longue démarche vers l'empereur. Ni Ruggieri ni lui n'avait alors prévu que cette progression passerait par une « conversion » à une forme hybride de confucianisme. C'est la fâcheuse tournure donnée à leur mission par l'enfouissement dans la condition monastique, puis l'illuminante rencontre avec Kiou Taïsou qui en avaient décidé ainsi.

Rien en tout cas n'était plus propice à dynamiser cette expédition vers la Cité interdite de Pékin que la transmutation quasi alchimique du jésuite de Macerata, devenu bonze au Kuangtung, en un grand lettré confucéen auteur d'un traité sur l'*Amitié*. Désormais, le sage vêtu de soie s'avancera sur un tapis rouge – qui est en Chine, chacun le sait, la couleur de la beauté et de la grandeur.

C'est dans la mouvance d'un des dieux de la Chine auquel il sera désormais assimilé, qu'il accomplit vers Nan Ch'ang, au printemps 1595, le premier des « bonds en avant » qui le mèneront jusqu'aux marches du trône : ce « dieu », c'est Si-yé, vice-roi à la retraite, rappelé par l'empereur aux plus hautes responsabilités à Pékin où plane la menace d'une invasion japonaise. Le mandarin prestigieux, ayant entendu louer la sagesse de Ricci, l'avait invité à l'accompagner vers le nord, où il lui confierait son fils rendu fou par un échec aux examens triennaux… Mission bien digne du « grand sage d'Occident ».

Et voici notre néo-mandarin embarqué dans une noble navigation sur le fleuve Kan-kiang à bord de la jonque somptueuse de l'illustre Si-yé, auquel il demande naturellement de l'aider à pénétrer jusqu'à Pékin. A quoi le ministre de l'empereur riposte : « Pékin c'est impossible. Je vous offre Nankin. » Mais en attendant de pouvoir préparer l'installation de son nouvel ami dans la capitale du Sud, le grand mandarin lui conseille de s'établir à Nan Ch'ang, au Kiang-si, ville de lettrés qui serait pour lui le cadre idéal où se perfectionner dans son nouvel état de maître confucéen, en vue de faire à Pékin une figure digne de lui.

A son grand étonnement, Ricci dut vite constater en arrivant à Nan Ch'ang que nombre de lettrés avaient entendu parler de lui – ne serait-ce que par une fille de Kiou Taïsou qui y avait épousé un petit cousin de l'empereur : un étranger, disait-on, doté d'une science et d'une vertu inimaginables, venait d'arriver du Kuang-tung… Il n'est installé (très modestement dans un faubourg) que depuis quelques semaines quand le vice-roi le fait convoquer par ses gardes. Que lui veut-on ?

« Je me rendis donc à l'audience, nullement rassuré sur ce qui arriverait. […] Quand j'entrai dans la salle, le Vice-roi était assis ; il se leva, me salua avec les mains et m'empêcha de m'agenouiller, ce qui était une insigne faveur […] Je lui donnai des explications sur la morale et la doctrine que nous professions, ainsi que sur les mathématiques et la construction des cadrans solaires. Il entremêla tout cela d'éloges qui me couvraient de confusion : "Il suffit de voir votre visage et votre personne pour deviner que vous êtes un homme de bien… Tous savent que vous êtes en Chine seulement pour vous occuper du salut des hommes et que vous connaissez tous les livres chinois." J'étais hors de moi, croyant assister à un miracle, en voyant un événement qui dépassait de si loin toutes mes espérances […].

Sur ces entrefaites, arriva le médecin pour la visite quotidienne : il parla de mes cadrans solaires, de la mnémotechnie, du prisme triangulaire, etc. Le Vice-roi désira voir le prisme et, après avoir contemplé les jeux irisés de la lumière, il l'envoya montrer à ses femmes. Il désira un cadran solaire et un astrolabe. Il voulut aussi que je rédigeasse une notice sur la mnémotechnie visuelle pour ses trois fils que les convenances empêchaient de sortir du palais. Enfin, il dit par manière de conclusion : "Pourquoi donc ne restez-vous pas dans notre très noble cité ?" »

C'est ainsi que Li Mateou fut fait citoyen du Kiang-si. Dès lors, ses amis se multiplièrent comme par miracle. On vantait « la bonne odeur du lettré d'Occident ». On se bousculait tant à sa porte, « les livrets de visites grossissaient de telle façon », écrit-il, « que je n'avais pas le temps de manger mon repas avant midi et que je ne pouvais réciter mon bréviaire qu'à la nuit tombée... ».

Ici, c'est moins le mathématicien, le géographe, l'horloger ou l'« alchimiste » qui fait fureur, que le moraliste. La mode règne, dans cette ville de lettrés, des « académies », des petits cénacles où dissertent des « prêcheurs de vertu ». Li Mateou va se révéler un virtuose en cet exercice. L'élève de Bellarmin déploie les charmes vertueux et discrets de l'humanisme chrétien. Écoutons-le évoquer sans fausse modestie ces instants d'harmonie :

> « Je parle du matin au soir [...] Quoique je n'explique point à présent tous les mystères de notre sainte foi, toutefois je progresse en jetant les premiers fondements : il y a un Dieu créateur du ciel et de la terre, l'âme est immortelle [...] toutes choses qui leur sont absolument inconnues et qui n'ont pas été crues d'eux jusqu'à présent*. Plusieurs, entendant cette doctrine, éprouvent tant de contentement qu'ils fondent en larmes, comme si c'était moi qui l'avais découverte. En ces débuts, il semble préférable de commencer par les explications qui se fondent sur la raison. »

Certes !...
Ses propos, d'une académie à l'autre, ont tant de succès que ses admirateurs les font imprimer, à son insu d'abord, dans un opuscule qui, écrit-il,

> « m'a valu à moi-même et à notre Europe plus de crédit que tout ce que nous avions fait jusqu'alors, car les autres objets nous obtenaient la réputation d'hommes experts à fabriquer des instruments et des outils mécaniques, mais par ce traité nous avons gagné un renom de lettré, ami de l'esprit et de la vertu... ».

Son admirateur le plus notoire est Kien-ngan, celui qu'on appelle à Nan Ch'ang le « roi » parce qu'il est membre de la

* Ce sont des confucéens.

famille de l'empereur, et porte une sorte de couronne royale. Dès la première entrevue, ils furent comme un ami retrouve son ami et jouit de ses sages conversations ; et ils s'entretinrent de « l'autre vie ». Cette familiarité ne fit que croître ; Kienngan propose à Ricci de l'abriter sous son toit et il ne se passe guère de semaine sans qu'ils n'échangent des présents. Sa haute position interdit au « roi » de se donner le titre de « disciple » du jésuite : il se proclame son « compagnon ». « Il n'est pas loin du royaume de Dieu, écrit Ricci, et si je n'étais venu que pour lui, tous mes travaux me paraîtraient bien payés. »

L'écho de cette gloire ne peut manquer d'atteindre, à Pékin, son ami Kiou Taïsou qui, on l'a vu, n'a de cesse qu'elle n'éclabousse l'empire. Aussi le disciple, fier des succès de son maître, lui écrit-il en 1596 :

> « Le *Pimpu* [mandarin militaire à Nankin] fait grand cas de Votre Révérence [...] et l'année passée il insista vivement pour que je vous emmène avec moi jusqu'à Pékin [...] mais alors je n'étais point libre de retourner au Sud [...] D'autres mandarins, eux aussi conseillers de la cour de Pékin, très érudits [...] souhaitent vous inviter [...] Prévenez-moi si vous pouvez accepter. »

Accepter ? Li Mateou a-t-il jamais souhaité plus passionnément quoi que ce soit ? D'autant que les mobiles qui le poussent vers Pékin se multiplient. Au cours d'une visite à Macao, en 1597, le « visiteur » Valignano a décidé de promouvoir Matteo Ricci supérieur de la mission de Chine, qu'il incarne depuis la retraite de Ruggieri et à laquelle il confère désormais un surprenant éclat personnel. En même temps qu'il s'est vu signifier sa promotion, Ricci a reçu, en vue d'une visite à Pékin que ses supérieurs le pressent d'accomplir au plus vite, une caisse de présents pour l'empereur : une madone et un Christ venus d'Espagne, deux horloges en bronze, une grande mappemonde, des « régales* » et deux « verres trigonaux ».

Mais ce n'est pas le cher Kiou Taïsou, c'est un autre de ses admirateurs qui va prendre par la main l'homme à la robe de soie. Wang Tchong Minh**, président du « Tribunal des rites » qui lui avait demandé naguère, au Kuang-tung, de l'accompa-

---

* Instruments de musique faits de lamelles de bois frappées.
** Que d'autres écrivent Wang-tso.

gner à Pékin pour réformer le calendrier officiel de l'empire, passe par Nan Ch'ang sur la route de Pékin où, dit-on, il pourrait être appelé à la fonction de *kolao*, Premier ministre de l'empereur.

Le très prestigieux voyageur, que Ricci appellera toujours « le président », lui offre tout de go de l'emmener dans la capitale pour l'anniversaire de l'empereur que l'on va célébrer le 17 septembre 1598 : toutes les portes soudain semblent s'ouvrir devant celui qui, dix ans plus tôt, tête rasée et grelottant dans sa robe couleur de boue, frappait de son front la terre de Shiu-hing pour supplier un roitelet du Sud de lui épargner une méprisante expulsion de Macao...

De Nan Ch'ang à Nankin, de Nankin à Pékin, le voyage, qui dure de sept à huit semaines, se déroule à bord d'une jonque confortable, le plus souvent par canaux, ou par le Yang-tsékiang et le Grand Canal, sous la protection du « président ». L'arrivée dans la capitale inspire au jésuite voyageur une page à la Marco Polo :

> « Cette ville royale est située à l'extrémité du royaume vers le septentrion et n'est éloignée de ces grands murs fameux, élevés contre les Tartares, que de cent milles. En grandeur, disposition des rues, masses de bâtiments et munitions, elle est à la vérité inférieure à Nanquin ; mais elle la surpasse réciproquement en multitude d'habitants et nombre de magistrats et soldats.
> Vers le midi, elle est ceinte de deux murailles hautes et fortes dont la largeur est telle que douze chevaux y peuvent aisément courir de front ensemble [...] En hauteur, ils surpassent de beaucoup ceux de nos villes d'Europe [...] Vers le septentrion elle n'est environnée que d'une muraille. Il y a des troupes de soldats qui de nuit font d'aussi bonne garde sur ces remparts que si tout était enflammé de guerre. De jour, il y a des eunuques qui font garde à la porte ou disent le faire ; car en effet ils exigent les impôts, ce qui n'a pas accoutumé se faire en autres villes.
> Il y a en la ville de Pequin peu de rues pavées de briques ou de cailloux, d'où l'on peut douter en quel temps le marcher est plus fâcheux. Car en hiver la boue, en été la poussière, l'un et l'autre très importuns, lassent également ceux qui marchent par la ville. Et d'autant qu'il ne pleut pas souvent en cette province, toute la terre se résout en poussière, laquelle venant à être enlevée du moindre vent, il n'y a aucun lieu dans les maisons où elle ne passe et gâte tout. [...] si bien qu'il n'y a per-

sonne, de quelle qualité que ce soit, qui marche à pied ou à cheval, sans voile, lequel va pendant du bonnet à la poitrine et couvrant la face fait de telle sorte qu'on peut aisément voir, sans que la poussière puisse passer à travers.

Ce voile apporte aussi une autre commodité en cette ville que vous n'êtes connu que quand il vous plaît. D'où provient qu'étant exempt d'une infinité de salutations, chacun marchant avec telle suite et parade qu'il veut, reçoit moins de fâcherie et de dépens; car les Chinois, n'estimant pas être chose assez magnifique de marcher à cheval et les dépens étant grands en cette ville pour se faire porter en litière, on peut sans infamie retrancher la pompe [33]... »

Mais l'ingénieux ethnologue ne fera, cette fois, qu'un bref séjour dans la capitale. Le « président » l'installe certes aux abords de sa maison, et le présente entre autres à un eunuque très influent. Celui-ci a entendu dire que le visiteur est capable de changer l'argent vif (ou cinabre) en argent fin. Quand démontrera-t-il ses talents ? Rien ne pourrait être plus agréable à l'empereur... « Voilà, observe mélancoliquement Li Mateou, comme aucune richesse ne peut saouler l'avarice humaine, encore qu'elles soient quasi infinies, telles que celles du roi de la Chine... » Et quand l'hôte jésuite avoue qu'en dépit de la légende il n'est pas alchimiste, il voit l'eunuque se rembrunir...

Mais ce n'est pas là ce qui fait échouer cette première ambassade à Pékin du grand lettré d'Occident. C'est la conjoncture politique. En effet, rapporte Matteo Ricci,

> « On entendait tous les jours des nouvelles du royaume de Coria* qui portaient que plusieurs milliers d'hommes étaient morts en bataille et que les Japons avaient du tout résolu d'entrer au royaume de la Chine. Et, pour autant que les Chinois ne font aucune ou presque nulle distinction des étrangers, qu'ils comprennent tous d'un même nom, croyant que ce soient les mêmes ou à peu près semblables, à cette occasion ils prenaient les nôtres pour des Japons [34]. »

C'est pourquoi le « président », son protecteur avéré, jugea vite imprudent de s'embarrasser d'un personnage aussi compromettant, si prestigieux fussent-ils l'un et l'autre. Li Mateou est poliment prié de reprendre la route du Sud où, la menace

---

* La Corée, bien sûr.

de guerre s'estompant, il risquerait moins de faire figure de
« Japon ». Et c'est ainsi que, flanqué de son lieutenant Cat-
taneo, l'homme à la robe de soie dut battre en retraite vers
Nankin.

Le voici de retour dans la capitale du Sud, que Pékin a
récemment détrônée en tant que cité impériale, mais que les
Chinois tiennent toujours pour

> « la plus grande et la plus belle cité du monde, tant pour la
> splendeur des édifices publics, des temples, des tours et d'in-
> nombrables ponts sur le Yang-tsê que pour la fertilité de sa
> campagne, le climat favorable, la noblesse du génie, la civilité
> des manières, l'élégance de la langue, et finalement pour la
> multitude d'habitants ».

Comment mieux mesurer la stature qu'a prise le « grand
Sage d'Occident » dans la société chinoise qu'à l'intérêt qu'il
éveille dans cette cité illustre où pullulent les lettrés, où il n'est
si grand mandarin qui ne se connaisse de rival en gloire ? C'est
à l'un d'eux, Li Zhi, philosophe réputé par l'indépendance
de son esprit, qu'on empruntera la plus belle description du
jésuite italien devenu, en cet extrême crépuscule du XVIᵉ siècle
à Nankin, celui vers lequel se tournent tous les regards :

> « J'ai bien reçu vos questions au sujet de Li Xitaï[*], écrit-il
> dans une lettre à un ami. Xitaï est un homme des régions
> du grand Occident qui a parcouru plus de 100 000 li pour
> venir en Chine. Il est arrivé d'abord en Inde du Sud où il a
> appris l'existence du bouddhisme, après un voyage de plus de
> 40 000 li. C'est seulement en arrivant dans les mers du Sud, à
> Canton, qu'il a appris que notre royaume des grands Ming
> avait eu d'abord Yao et Shun, puis le duc de Zhou et Confu-
> cius[**]. Il a résidé ensuite environ vingt ans à Zhao-Qing[***] et
> il n'y a aucun de nos livres qu'il n'ait lu. Il demanda à un
> homme d'âge de fixer pour lui les sons et les sens des carac-
> tères d'écriture ; il demanda à quelqu'un qui était expert
> dans la philosophie des quatre Livres de lui en expliquer le
> sens général ; il demanda à quelqu'un qui était savant dans

* C'est le premier nom de lettré attribué à Ricci avant Li Mateou. Voir
ci-dessus p. 320.
** Les « saints patrons » (Gernet) du confucianisme.
*** En fait douze ans, on l'a vu.

les commentaires des six Classiques de lui fournir les éclair-
cissements nécessaires. Maintenant, il est parfaitement capable
de parler notre langue, d'écrire nos caractères d'écriture et de
se conformer à nos usages de bienséance.
C'est un homme tout à fait remarquable. Extrêmement raffiné
en lui-même, il est des plus simples dans son extérieur. Dans
une assemblée bruyante et confuse de plusieurs dizaines de
personnes, où les répliques partent de tous côtés, les disputes
auxquelles il assiste ne peuvent le troubler en rien. Parmi
toutes les personnes que j'ai vues, il n'a pas son pareil. [En
effet], les gens pèchent ou par excès de rigidité ou par excès
de complaisance, ou ils font étalage de leur intelligence ou ils
ont l'esprit étroit. Tous lui sont inférieurs. Mais je ne sais trop
ce qu'il est venu faire ici. Cela fait déjà trois fois que je l'ai
rencontré et je ne sais toujours pas ce qu'il est venu faire ici.
Je pense que s'il voulait substituer ses propres enseignements
à ceux du duc de Zhou et de Confucius, cela serait par trop
stupide. Ce ne doit donc pas être cela [35]. »

« Trop stupide » de la part de cet homme « qui n'a pas son
pareil » de substituer ses enseignements à celui de Confucius ?
Le noble Li Zhi n'est pas si mal inspiré de poser ainsi la question : car il s'agit moins de « substituer », on l'a vu, que d'épanouir, de greffer, de révéler – ce qui est à coup sûr moins
« stupide » mais peut-être aussi téméraire…
   Ce qui est clair, c'est que Li Mateou (ou Li Xitaï), en ce
milieu débordant d'orgueil culturel (et national, si l'on peut
recourir à une telle terminologie), produit sur tous l'impression
la plus profonde. Sa haute taille, son maigre et long visage au
regard perçant, sa barbe immense qui ruisselle sur le splendide
costume rouge, l'élégance de son chinois parlé ou écrit, sa
connaissance des « quatre livres », fondements du confucianisme, l'élévation de ses traités de morale, l'éclat de ses discours, son extrême courtoisie, ses talents mathématiques, tout
concourt à faire de lui le *Jiren*, l'« homme extraordinaire » que
salue Li Zhi.
   Il n'est pas homme, ce jésuite absolu, à négliger de tels
atouts. Citons de lui, revue par Trigault, cette réflexion placée
en tête du chapitre de son *Histoire* qui a trait au séjour à
Nankin :

   « Dieu ne s'est pas toujours servi d'un même moyen, en la
   suite de tant de siècles, pour attirer les hommes à soi. Ainsi, il

ne faut pas s'étonner si les nôtres ont offert cette amorce pour attirer les poissons en la nasse [36]... »

Mais pourquoi, formulant une si glorieuse maxime, avoir employé le singulier entre tant de moyens assemblés en vue de ses pieux objectifs : cette « amorce » ? Comme pour répondre à la question, Li Mateou précise qu'il n'a « avec aucune autre chose tant rempli d'étonnement toute la troupe des philosophes chinois qu'avec la nouveauté des sciences d'Europe [...] principalement les mathématiques ».

Il était, il est vrai, mieux assuré de provoquer l'étonnement sur ce terrain que sur bien d'autres. Le sachant peu porté au mépris, et même volontiers enclin à l'admiration, on constate à le lire qu'en cette fin de la dynastie Ming la science chinoise, qui avait si longtemps précédé celle d'Europe, était tombée dans un bien étrange sommeil : visitant le « collège des mathématiques » de Nankin, il résume ainsi son impression : « grands bâtiments, petite science ». L'un des maîtres de ce collège ne lui a-t-il pas fait valoir que, si la lune est pâle, c'est du fait du dépit que lui procure l'éclat du soleil ?...

Il a pourtant visité, sur une montagne proche de la ville, une station astronomique splendidement équipée, telle qu'il n'en a point admiré en Europe : sphères, cadrans, lunettes, dioptres, astrolabes. Mais qui sait encore utiliser ces machines qui, lui dit-on, datent de deux cent cinquante années, et semblent venir de loin ?

Il a beau jeu, l'élève de Clavius, de faire briller en de tels lieux, *ad majorem Dei gloriam*, une science d'Europe que Copernic, Kepler et Galilée sont en train de porter aux sommets – sans l'approbation, mais non plus l'opposition, de la Compagnie de Jésus.

Pékin, tout de même, Pékin siège du pouvoir, capitale de ce « roi » que les conceptions très monarchiques de Loyola, les traditions de la Compagnie et l'ordre exprès de Valignano lui enjoignent de circonvenir, Pékin donc reste son objectif. Au milieu des fastes, des honneurs, des débats de Nankin, c'est vers la Cité interdite qu'il tend son énergie, il parle même, crûment, d'un « second assaut »... De Macao, les cadeaux destinés au souverain affluent – horloges, tableaux, miroirs, sabliers, panaches de plumes, et une copie du *Theatrum mundi* d'Ortelius[*], tout ce qu'il appelle drôlement « l'huile pour frotter les roues des affaires ».

Tandis que Kiou Taïsou s'ingénie à convaincre les autorités de Nankin de délivrer à Li Mateou les passeports pour Pékin, un adjoint, le jeune père espagnol Diego de Pantoja, arrive de Macao pour lui servir de compagnon de route[**], et apprend à jouer de l'épinette pour mieux séduire les courtisans. Se présente enfin un eunuque impérial nommé Lé Pusi, qui met sa barque à leur disposition pour gagner la capitale : et c'est ainsi que, le 18 mai de l'an 1600, Li Mateou entame sur le canal impérial, à bord d'une jonque couronnée par « un[***] » gigantesque horloge de bronze (qui marque les heures en caractères chinois), dont un « oiseau de soleil » figure l'aiguille, la navigation qui va le porter au terme de son voyage de près de vingt ans à travers l'empire du Milieu. Une dernière épreuve allait lui être imposée, qui achèverait de faire de l'« expédition chrétienne » un voyage initiatique.

Sur la route de Pékin s'élève T'ien-Tsin. Et à l'entrée de T'ien-Tsin se dressait un personnage terrifiant, l'eunuque Matang, « péager » de la capitale, si féroce dans l'arnaque fiscale que le peuple exaspéré avait, quelques mois plus tôt, mis le feu à son palais et tenté de l'égorger. Apprenant que le célèbre Li Mateou se proposait de pénétrer dans T'ien-Tsin et de là dans Pékin, il lui signifia qu'il voulait voir les cadeaux destinés à l'empereur. Le chef des bateliers prévient aussitôt Ricci : « N'espérez pas pouvoir lui échapper. Car, en ce temps, les eunuques règnent… et les plus grands magistrats ne peuvent résister à leurs injures ! »

On comprendrait mal la suite de l'histoire si l'on ne disait ici un mot de cette étrange corporation des eunuques, et du pouvoir qu'ils exerçaient – tout à fait conforme à la sinistre description du batelier.

Face à la caste des lettrés qui traditionnellement monopolise les charges publiques acquises par l'examen mais constam-

---

[*] *Théâtre du monde*, atlas de soixante-dix cartes par ce cosmographe flamand en 1570, réédité en 1595.

[**] Dernier des compagnons de route de Ricci, après Ruggieri, Almeida, de Petris et Cattaneo, tous épuisés ou morts, ou retirés à Macao.

[***] Dans la version Trigault de l'histoire rédigée dans le français de la fin du XVIe siècle, horloge est un mot masculin.

ment soumises au réexamen, à de multiples contrôles, et où les rétrogradations et révocations répondent aux promotions, faisant apparemment de l'empire une méritocratie platonicienne, se dresse en effet son antithèse grimaçante, celle des eunuques, dénoncée par les historiens du temps des Ming comme « le chancre de la Chine », et d'abord de l'institution impériale qui en est le centre et le sommet.

Si le harem de l'empereur, dominé par la reine mère, forme le premier cercle du pouvoir, il est enveloppé lui-même par l'essaim « protecteur » des eunuques, en posture de manipuler, d'intriguer, d'arbitrer les compétitions entre favorites.

Banalité dont les cours d'Europe, encombrées de favoris, eussent été bien en peine de s'étonner ? Non. Car il s'agissait, avec les eunuques, de personnes dont l'ascendant pouvait surprendre : les eunuques étaient d'autant plus méprisés à l'origine que la société chinoise a pour référence fondamentale la famille, c'est-à-dire la paternité, et que la castration n'était pas seulement, en Chine, une procédure (radicale...) de sécurité des gynécées, ou un expédient à visée artistique comme en Italie, mais un châtiment prévu par le droit criminel.

Peu à peu, cependant, les eunuques sortirent du harem pour devenir secrétaires, rédigeant les édits (en violation de la loi ancienne qui écartait de cette charge les hommes ayant subi un supplice), dès lors tenus pour néfastes. « On les chargea des coups d'État », écrit drôlement Henri Bernard-Maître. Leur patronage devint indispensable à toute candidature officielle ; c'est par eux qu'on obtint, moyennant des pots-de-vin énormes, les promotions. Les empereurs Ming leur attribuèrent, en dépit des principes, des titres de noblesse permettant à ceux qui n'avaient pas d'enfants antérieurs à la castration d'adopter des descendants à qui léguer leurs biens et leurs dignités. C'était, conformément aux traditions chinoises qui font d'un vieillard sans enfant un fantôme errant et affamé, leur assurer les soins traditionnels dans leur vieillesse et leur donner le pouvoir de créer des clans durables.

Ils étaient eux aussi soumis à un « concours », désignant parmi leur foule, évaluée à plus de dix mille individus, les quelque deux mille qui pouvaient exercer leur emploi : mais les deux seuls critères des « examinateurs » étaient la beauté et la facilité de parole des impétrants...

Un mépris aussi manifeste des principes confucéens qui

liaient l'exercice du pouvoir au mérite et à la raison vérifiée, n'allait pas sans la résistance de ceux qu'ils brimaient : le règne de Wan-li – qui nous intéresse ici – ne fut qu'une longue lutte acharnée, sans merci, entre le pouvoir essentiellement pékinois des eunuques et celui, périphérique, des lettrés. Certains mandarins disposaient d'une autorité reconnue dans la capitale ; certains eunuques exerçaient leur pouvoir dans des provinces éloignées – surtout comme collecteurs d'impôts[*]. Mais on peut dire que plus on se rapprochait de Pékin, plus le rapport de forces basculait en faveur des castrats[**].

D'où la violence du conflit qui opposa Li Mateou à Ma-tang : car celui-ci voit s'avancer non seulement un rival (l'empereur a recueilli les échos des talents de ce personnage fabuleux, venu de si loin : quoi de plus tentant pour un potentat qui s'ennuie ?) mais aussi l'homme qui a choisi de se faire lettré, de se joindre à la caste détestée, qui renforce le camp ennemi… Bref, il n'est pas de vexation, d'avanie, que le « grand lettré d'Occident » ne puisse attendre de Ma-tang – qui brisera bientôt la carrière du grand mandarin Wang Tchong Minh.

L'eunuque exige d'abord que les présents destinés au roi soient portés dans son palais. Ricci s'y oppose. Ma-tang tente de l'amadouer en donnant en son honneur un festin à la Trimalcion. En vain. Alors, il le convoque pour écouter l'avis de l'empereur

> « en même équipage qu'ont accoutumé les criminels, avec un habit de coton et le bonnet de vulgaire qui est rond. [Puis] il ordonna d'entendre à genoux, selon la coutume des commandements du roi ; puis lui commanda encore en présence de tous d'écrire de sa main propre les présents qu'il avait apportés au roi, desquels se mettant en possession il les fit porter dans son palais […]. S'étant emparé des biens, Ma-tang va s'assurer des visiteurs. Il les fit enfermer dans un temple des idoles, […] et fit irruption flanqué de deux cents hommes qui étaient autant de brigands […]. Puis ouvrant tous les coffres et les caisses, il regarda tout à loisir rendant cette injure plus insupportable par sa fureur […].
> A chaque chose que l'eunuque furieux n'avait pas encore vue,

---

[*] H. Bernard-Maître met quelque part en parallèle les mandarins et les pharisiens de la tradition juive ; comparaison que l'on a envie de compléter en leur opposant le couple publicains eunuques…

[**] Tous les eunuques n'étaient pas châtrés, semble-t-il.

il se plaignait que tout cela lui avait été soustrait et prenait tout ce qui lui était agréable et le gardait à part. Mais enfin, voyant qu'on ne trouvait rien de tout ce qu'il s'était imaginé, se trouvant encore plus confus de honte que rempli de furie, il prit sujet d'accroître son injustice d'où il la devait diminuer. Mais de tout ce qu'il avait vu, rien ne le mit tant en colère que la vue du Sauveur Jésus-Christ pendant en croix ; il les accusait que ce spectre était sans doute fait pour faire mourir le roi par enchantements [37]… »

Des mois durant, les « sorciers » étrangers restent enfermés dans le temple-prison. Et lorsqu'ils réussissent à envoyer aux nouvelles l'un d'eux, le frère Sébastien, c'est pour recevoir cette réponse : « L'affaire est désespérée. Ma-tang vous a accusés de sortilège. Retournez au plus vite à Canton au risque de perdre tous vos bagages. Réduisez en poudre tous vos crucifix ! »

Ricci en conclut qu'il ne restait « aucune espérance du secours des hommes ni de sa propre industrie, par quoi il divertit toutes ses pensées en Dieu, se préparant avec grande constance et allégresse, à souffrir la mort pour une cause qui attirait sur lui la persécution de Ma-tang ».

Dieu va les entendre : par le truchement inespéré de l'empereur Wan-li qui, certain jour, du fond de son palais s'écrie : « Où est cette cloche* qu'on disait sonner d'elle-même et qu'on m'avait par je ne sais quelle requête donné avis que des étrangers m'avaient apportée** ? » L'auguste requête aplanit d'un coup tous les obstacles : et voici Ma-tang contraint de relâcher ses prisonniers, de restituer les cadeaux et bagages y compris les livres de mathématiques supposés interdits et, de ce fait, par lui confisqués. Et, les canaux étant gelés, il dut leur « bailler des chevaux et portefaix jusqu'à Pékin aux dépens du public »…

Mais qui est donc ce Wan-li, dont tout dépend, et d'abord l'avenir de Li Mateou et l'évangélisation de la Chine ? Tout ce qu'on a pu en écrire est fort problématique étant donné qu'en quarante-sept ans de règne nul ne le vit que ses femmes et ses

---

* Il s'agit évidemment de l'horloge sonnante…
** Version Trigault, bien sûr…

eunuques, dont beaucoup eurent à payer d'une mort ignominieuse l'agacement que valait à leur maître l'excès même de leur pouvoir...

Wan-li était son « nom de règne ». Il s'était appelé Chen-song avant de monter sur le trône, en 1573, à l'âge de dix ans. Tout le désignait pour être un bon souverain, ne serait-ce que les douze principes honorables affichés sur son ordre dans la salle pourpre de la Cité interdite :

> « Obéir aux avertissements du ciel, ne donner les charges qu'aux Sages, n'avoir que de bons ministres, écarter les flatteurs et les mignons, récompenser et punir selon la justice, équilibrer le budget, se bien conduire, être sobre dans le boire et le manger, bien régir son cœur, agir d'après sa conscience, accepter volontiers les avis sincères, se modérer dans l'usage des biens... »

Hélas ! Vingt ans plus tard, Wan-li avait si bien appliqué ces préceptes qu'un juge incorruptible nommé Lao-jen ne put se retenir de lui reprocher ses excès, « ivrognerie, luxure, rapacité, colère » – sans être d'ailleurs voué au pal. En fait, perdu dans son palais immense, au milieu d'une centaine de femmes et de milliers d'eunuques, dans une oisiveté totale, il était devenu, ce glouton, d'une obésité si monstrueuse que, « obstruée par les débordements de chairs, sa voix n'était pas audible à deux pas[*]... ».

Apparemment sans réaction face à la menace d'invasion japonaise en 1595, et apparemment insouciant de la montée des ambitions mandchoues qui devaient bientôt mettre un terme à la dynastie, il semble ne s'être intéressé qu'aux intrigues du palais, aux querelles de succession entre ses fils légitimes et naturels, et – passionnément – à la céramique et autres objets rares et curieux. On assure qu'en une seule année il se fit livrer par ses artisans « 27 000 tasses à thé, 6 500 coupes pour le vin, 6 000 cruches et 700 vases pour poissons rouges ».

Il faut admettre que ce goût extravagant pour le rare et l'inattendu allait jouer un rôle considérable dans la suite de notre histoire : l'empereur obèse n'eût-il pas eu l'esprit curieux, peut-être n'eût-il pris aucun intérêt à Li Mateou, à ses horloges et à

---

[*] Portrait établi d'après les notations (de seconde main) des pères Pantoja, Bartoli, Weeger et Bernard-Maître.

ses prismes, à ses images et à ses astrolabes, à son personnage enfin. Observons d'ailleurs qu'enfoui dans une terrifiante oisiveté, et surpris par les présents qu'il reçut des visiteurs d'Occident, il ne crut jamais bon, en dix ans, d'admettre au pied du trône le grand lettré à la barbe de fleuve…

La supplique que lui adressa Ricci était pourtant belle :

« Votre serviteur venu du grand Occident s'adresse à vous avec respect pour vous offrir des objets de son pays […] Malgré la distance, la renommée m'a fait connaître les belles institutions dont la cour impériale a doté tous ses peuples. J'ai désiré avoir part à tous ces avantages, et demeurer toute ma vie au nombre de vos sujets : espérant d'ailleurs n'être pas tout à fait inutile […] J'acquis une assez grande connaissance de la doctrine et des anciens sages de la Chine, je lus et j'appris de mémoire quelque chose des livres classiques et des autres ouvrages, et j'en compris un peu le sens […] L'extrême bienveillance avec laquelle la glorieuse dynastie actuelle invite et traite tous les étrangers, m'a inspiré la confiance de venir droit au palais impérial. J'apporte des objets qui sont venus avec moi de mon pays […] Ils ne sont pas de grande valeur mais, venant de l'Extrême Occident, ils paraîtront rares et curieux […].

Dès mon enfance, j'ai aspiré à cultiver la vertu. N'ayant jamais été marié, je suis exempt de tout embarras[*] et n'attends aucune faveur. En vous offrant de saintes images, tout mon désir est qu'elles servent à demander pour vous une vie longue, une prospérité sans mélange, la protection du Ciel sur le royaume et la tranquillité du peuple. Je supplie humblement l'Empereur d'avoir compassion de moi qui suis venu me mettre sincèrement sous sa loi.

Autrefois dans sa patrie, votre serviteur a été promu aux grades ; déjà il avait obtenu des appointements et des dignités. Il connaît parfaitement la sphère céleste, la géographie, la géométrie et le calcul. A l'aide d'instruments, il observe les astres et fait usage du *gnomon* ; ses méthodes sont entièrement conformes à celles des anciens Chinois. Si l'Empereur ne rejette pas un homme ignorant et incapable, s'il me permet d'exercer mon faible talent, mon plus vif désir est de l'employer au service d'un si grand prince. Toutefois je n'oserais rien promettre, vu mon peu de capacité.

Votre serviteur attend vos ordres. »

---

[*] Écrit à l'adresse d'un homme qu'assiègent cent épouses et quelques « embarras ».

Combien de jours ou de semaines fallut-il pour que la supplique et les présents parviennent, d'eunuque en eunuque, jusqu'à l'empereur ? On ne le sait. Mais on a l'idée, par le récit
que firent quelques-uns d'entre eux à Ricci, de ce que fut la
réaction du souverain à la vue des pieuses peintures qui lui
étaient offertes :

> « En voyant les tableaux, le Roi resta stupéfait et dit : "Voilà
> un Bouddha vivant !" (tous les autres dieux qu'ils adorent sont
> des dieux morts). Ce nom est resté jusqu'à aujourd'hui à nos
> images et ils [nous] appellent "ceux qui présentèrent le Dieu
> vivant". Mais le Roi avait si peur de ce Dieu vivant qu'il
> envoya les tableaux de la Madone à sa mère qui était très
> dévote des idoles* laquelle eut aussi peur d'une telle impres-
> sion de vie ; aussi les envoya-t-elle mettre dans son trésor où
> ils se trouvent jusqu'à présent, et beaucoup de mandarins vont
> les voir par faveur des eunuques qui ont la garde de ce
> trésor [38]... »

S'il fut à coup sûr frappé par ces images, on ne sait pas trop
si ce fut en bien ou en mal. Ce qui est certain, c'est qu'il éloigna de lui, avec épouvante, un reliquaire : rien n'est plus répugnant, au regard d'un Chinois, prince ou roturier, que des
ossements. Ce qui est encore plus clair, c'est qu'il fut enchanté,
subjugué par « le » grand horloge de Ricci : et comme aucune
salle du palais n'était assez haute pour y aménager la « course
des poids » de l'appareil, il fit construire spécialement une
petite tour de bois dans le jardin attenant à son appartement
privé, passant des heures en compagnie des « cloches qui
sonnent d'elles-mêmes » : rien ne fit tant pour « assurer la
position » de Li Mateou, écrit l'un de ses compagnons, le
R. P. Diaz, que l'horloge, non seulement parce que Wan-li était
charmé du cadeau mais parce que, de longs mois durant, il
s'avéra que seul le donateur était capable d'en assurer le fonctionnement régulier.

S'il se refusa à recevoir les missionnaires, Wan-li était si fasciné par eux qu'il leur dépêcha son meilleur peintre pour qu'il
exécute leurs portraits. Quand il les vit en effigie, il s'exclama :
« Mais ce sont des musulmans ! » *(Huei-Huei)*, à quoi l'eunuque présent objecta que ces barbares mangeaient du porc...

---

* C'est-à-dire fervente bouddhiste.

Toujours par le truchement des eunuques, l'empereur s'enquit auprès des pères du mode de vie des souverains d'Europe. Rien ne le fit plus rire que d'apprendre qu'au Louvre ou à l'Escurial ils habitaient des maisons à étages : quoi de plus dangereux et incommode ?...

Si bien disposé qu'il fût à l'endroit de Ricci – n'avait-il pas réprimandé Ma-tang pour les avanies infligées au missionnaire ? –, l'empereur demanda à l'un de ses mandarins de lui faire rapport sur le barbare horloger, et la conduite à tenir à son égard. Rapport qui en dit long sur la fragilité de la position du « grand lettré d'Occident » :

> « Li Mateou semble être un mendiant. Il se dit originaire du Ta Si Yang : d'après le code des Lois, il y a bien un pays du nom de Si Yang So-li, mais personne n'a entendu parler de Ta Si Yang. Ce pays n'a aucune liaison avec nous et ne reconnaît pas nos lois.
> Cet homme n'est venu à la capitale qu'après vingt ans de séjour en Chine, et il a voulu donner ses présents au Roi par l'intermédiaire de l'eunuque Ma-tang, contrairement à la loi chinoise, car celle-ci ordonne que les étrangers avertissent d'abord le Vice-roi de la province par laquelle ils entrent, et le Vice-roi en réfère ensuite au Roi avant de les laisser aller plus avant. D'ailleurs, comme ce sont des étrangers peu au courant de nos rites, on doit le leur pardonner. Ils n'apportent en tribut au Roi que des objets curieux, aucunement comparables avec les présents rares et précieux qui sont ordinairement offerts par les envoyés des pays étrangers : par exemple les portraits du seigneur du Ciel et de sa mère ! Ils ont apporté aussi des ossements d'Immortels : comme si un qui est monté au Ciel n'emporte pas ses os ! Han Yu dans une occasion semblable (à propos de la dent de Bouddha) a dit qu'il ne fallait pas laisser introduire dans le palais de pareilles nouveautés de peur de s'attirer des malheurs.
> Nous jugeons donc qu'il ne faut pas recevoir ces présents, ni permettre à Li Mateou de demeurer à Pékin, mais qu'il faut le renvoyer à Canton d'où les mandarins l'embarqueront pour son pays s'ils le jugent bon. Que, de la part du Roi, on donne à Ricci un chapeau et une ceinture – et qu'on lui rembourse le prix de ses présents selon qu'on les aura estimés [39]... »

L'intrigue qui s'ensuivit, entre eunuques et mandarins, mandarins de cour et Tribunal des rites, entre tous ceux-ci et la reine mère, est indescriptible. Il en ressortit que l'empereur ne tolérait pas le départ de Ricci et de Pantoja – ne serait-ce que parce qu'ils pourraient désormais divulguer chez les Barbares le secret de la Chine, et qu'ils étaient seuls en mesure de faire fonctionner « les cloches qui sonnent toutes seules ». Dès que l'auguste désir fut clairement connu, Li Mateou se vit non seulement admis, mais fêté, choyé, reçu en tête à tête par le _kolao_ (Premier ministre), et promu grand, entre tous les lettrés de la capitale. Il est désormais le « client de l'empereur », un client qui entend faire de cette situation privilégiée un tremplin pour remplir sa mission qui est, répond-il sans équivoque à un questionnaire du Tribunal des rites, de « prêcher la loi de Dieu ».

Mais il y a tant de façons de « prêcher la loi de Dieu », dût-on soutenir qu'il n'y a qu'un Dieu, et qu'une Loi. Et qui mieux que Ricci, en près de vingt ans de vie chinoise, a démontré que l'apostolat peut prendre bien des formes – qu'on imite le François de la période indienne en « faisant du chrétien » en masse, ou que l'on s'inspire du Xavier de l'époque japonaise en cherchant moins à convertir qu'à convaincre, en se préoccupant moins de baptêmes en série que de convergences sur le fond.

Li Mateou a dès longtemps choisi sa voie, qualitative plutôt que quantitative ; rationnelle plus que fidéiste ; comparative plus que conquérante : « On fait plus de fruit avec des conversations qu'avec des sermons… » Plutôt que d'arracher un peuple à ses croyances, ne peut-on démontrer que ses croyances le conduisent à une foi plus impérieuse, sa culture et sa sagesse, à une Sagesse plus inspirée – et que par la vertu on peut aller à la charité ?

Mais ce qui fait l'originalité de la « méthode Ricci », par rapport aux orientations données en ce sens par ses inspirateurs François Xavier et Valignano (adaptation, immersion, inculturation), c'est le rôle qu'il attribue dans son approche à la science et à la technique. « Si tu dis la vérité sur la géographie, on te croira sur le reste », lui avaient déclaré ses premiers amis du Kuang-tung dès 1585[*].

Ricci n'oublie jamais que c'est la science surtout, la science occidentale qui peut frapper les Chinois, réhabiliter la civilisa-

---

[*] Voir ci-dessus, p. 317.

tion des « diables étrangers » et par là suggérer, qui sait, l'idée de se convertir [40]…

Et Jonathan Spence : « Le but recherché par Ricci était d'entraîner les Chinois dans ses travaux scientifiques afin qu'ils devinssent plus réceptifs à la foi chrétienne […] On peut dire avec certitude que ses espoirs d'amener d'importants lettrés chinois à la foi chrétienne par le biais de discussions scientifiques élevées se montrèrent justifiés [41]… »

Le bagage scientifique du jésuite de Macerata était, pour l'époque, exceptionnel. On a indiqué* qu'il avait été à Rome l'élève de Clavius, l'« Euclide moderne », devenu l'ami de Galilée (sans pour autant se rallier à ses points de vue) et avec lequel il ne cessera jamais de correspondre. Bon mathématicien, géographe averti, Ricci était un astronome assez informé pour reconnaître qu'en ce domaine ses amis chinois n'avaient pas tout à apprendre de lui.

Trois exemples frappants de cette efficacité apologétique de la science. S'il est vrai que son premier ami, Kiou Taïsou**, ne vint pas à lui pour des raisons proprement scientifiques mais intéressé par sa réputation d'alchimiste, il fut convaincu par Ricci d'étudier la *Sphère* de Clavius, et travailla à la traduire avant sa conversion au christianisme***. Même démarche de la part du plus célèbre et influent des convertis chinois, Siu Kuang-chi (Xù Guang-qi), devenu « Paul » : à ceci près que de leur travail commun sortit la meilleure traduction d'Euclide en chinois. Et c'est encore par ce biais euclidien que le grand mandarin Li Zhizao, collaborateur de Ricci pour la rédaction d'un ouvrage de mathématiques, se tourna vers le christianisme aux derniers temps de la vie de Li Mateou.

Jonathan Spence rappelle opportunément qu'en ces domaines « la Chine avait un long et riche passé, même si les jésuites en ont rarement parlé ». Mais il est non moins vrai que ce passé avait été en quelque sorte assassiné par l'empereur Qinshi qui, à la fin du IIIe siècle avant notre ère, fit détruire tous les livres de science ; et ce que les grands lettrés chinois attendaient de Ricci était qu'il leur donnât les moyens de ressusciter ce savoir aboli.

---

* Voir ci-dessus, p. 304.
** Qu'Rukui, selon la transcription moderne.
*** Voir plus haut, p. 322.

L'un des domaines où ce projet est le plus prometteur est l'astronomie. Ricci le comprit si bien qu'il écrivait en 1605 à ses supérieurs d'Europe une lettre les pressant de lui envoyer un « bon astronome » qui pourrait l'aider à traduire « nos tables en chinois » et à entreprendre la « correction de leur calendrier, ce qui nous donnerait une grande réputation, nous ouvrant davantage l'accès de la Chine ». Nul plan ne fut réalisé avec plus d'éclat, dût-il l'être non par Ricci, mais par ses successeurs, les RR. PP. Schall et Verbiest. De tous les apports scientifiques de la Compagnie à l'empire, c'est celui qui sera le plus durable.

Mais il est une autre science qui fit beaucoup pour le prestige de Li Mateou : celle de la mémoire. Que Ricci eût en ce domaine des dons exceptionnels ne fait pas de doute : il assure qu'ayant parcouru quatre ou cinq cents idéogrammes chinois pris au hasard il peut en réciter la liste à l'envers, et ses amis ont rapporté qu'il pouvait réciter des volumes entiers d'auteurs classiques après les avoir lus une seule fois. Mais les circonstances l'avaient contraint à exercer encore ces facultés extraordinaires – ne serait-ce que parce qu'il ne pouvait transporter avec lui les livres qui faisaient la matière de ses divers enseignements.

C'est ainsi que, réactualisant des méthodes anciennes et médiévales enseignées au collège de Rome en classe de rhétorique, il construisit son *Palais de mémoire*, technique de mémorisation consistant à situer idées, mots et personnages dans un cadre spatial, ou architectural. Rien de plus fidèle au thème essentiellement ignacien de la « composition de lieu », exaltation de l'image et des formes dans la mémoire comme dans la spiritualité.

De ce traité de mnémotechnique qu'il rédigea à l'intention de ses amis et élèves chinois, le *Tifa*, Li Mateou écrit notamment :

> « Une fois que vos emplacements sont bien en ordre, vous pouvez franchir la porte [...] Tournez à droite et avancez. De même que le poisson nage en bancs ordonnés, tout est en place dans le cerveau et toutes les images sont prêtes à faire apparaître ce dont nous souhaitons nous souvenir [42]... »

Certes... Encore faut-il avoir bien en tête la technique, les images, toutes les ruses qu'implique le processus : ce que les élèves chinois de Li Mateou lui objectèrent souvent. D'autant que certaines des images choisies par Ricci pour illustrer son manuel et sa technique, comme celle du Christ naviguant sur la mer de Galilée ou conversant avec les disciples d'Emmaüs, avaient moins de force parlante pour un jeune confucéen que pour un collégien de Macerata. Reste que la méthode de Ricci lui valut prestige et audience, et contribua à faire de lui la prodigieuse bibliothèque vivante qui fut, pendant un quart de siècle, un foyer majeur de l'activité scientifique en Chine.

Mais enfin, Matteo Ricci de Macerata n'a-t-il pénétré en Chine que pour y vanter et promouvoir la science de l'Occident comme un Pic de la Mirandole qui aurait su conquérir les grades du mandarinat ? Si séduisante que soit sa démarche d'humaniste respectueux de la culture de l'autre et soucieux de substituer à la « conquête » une manière de synthèse spirituelle (pourquoi convertir si l'on converge ?), elle n'est pas sa fin ultime. Il est venu à Pékin, prêt à y mourir, pour y annoncer l'Évangile. S'il l'a si souvent proclamé, rappelé, ressassé à l'adresse de ses amis chinois, il semble l'avoir si majestueusement oublié parfois que la question vaut d'être posée. D'autant que la réponse qu'elle appelle a été fournie par Li Mateou lui-même.

A son vieil ami le R. P. Costa qui, en 1599, lui a écrit qu'on est déçu à Rome de la rareté des conversions annoncées par la mission de Chine, Ricci riposte :

> « Nous ne songeons qu'à cela et de jour et de nuit. C'est dans cette intention que nous sommes ici, ayant quitté notre patrie et nos amis très chers, habillés et chaussés à la chinoise, ne parlant, ne mangeant, ne buvant, ne logeant qu'à la chinoise, mais Dieu ne veut pas que l'on voie encore d'aussi grands fruits de nos travaux. Et pourtant, je crois que le résultat de nos œuvres supporte la comparaison avec celui d'autres missions qui, apparemment, opèrent des merveilles, et même il peut leur être préféré : car, en ce moment, nous ne sommes pas en Chine pour récolter ni même semer, mais seulement pour en défricher la forêt [...] La tactique plus suspecte qui puisse se pratiquer en Chine, ce serait de grouper autour de nous un grand nombre de chrétiens. Depuis que la Chine est la Chine, on n'a point souvenir qu'un étranger y ait acquis une situation comparable à la nôtre [...] Nous résidons ici

avec notre religion tenue en grande estime par tous, et
quelques-uns nous tiennent pour les plus grands saints qui
vécurent jamais en Chine, venus par miracle des extrémités du
monde. Et les Chinois ne sont pas si dépourvus d'intelligence
que personne d'entre eux ne comprenne fort bien notre intention dernière… »

Il est vrai… Et non moins vrai que les « proies » de Matteo
Ricci, apôtre, ne furent pas médiocres. On a évoqué les trois
savants qui, par la grâce d'Euclide, se tournèrent vers le christianisme. Il faut s'arrêter au cas de ce « Paul », le grand mandarin
Siu (ou Ciù, ou Xù, ou Zhu) Kuang-chi, que les missionnaires
appelaient « notre Paul » – tant il fut, accédant au plus haut
grade de l'État (celui de *kolao*), après sa conversion, l'illustration de la chrétienté chinoise et son soutien majeur pendant
plus de trente ans.

Originaire d'une famille de lettrés de la vallée du Yang-tsé,
il avait voué sa jeunesse à un long pèlerinage intellectuel à
travers les divers courants du confucianisme et les multiples
sectes bouddhistes. Reçu aux examens les plus prestigieux, il
avait rencontré Ricci à Nankin en 1600, frappé par l'idée d'un
Dieu unique et créateur, mais non conquis. Dans l'*Histoire*
de Ricci et Trigault, il est raconté que c'est un songe, au cours
duquel lui apparut un temple divisé en trois chapelles, qui lui
révéla l'essence du christianisme, auquel il se rallia en 1603 –
sans qu'en ait été troublée ou freinée son éclatante carrière :
ce qui incite à reposer la question de la xénophobie ou du
« fanatisme » chinois.

Essayons d'imaginer la carrière, à Versailles, d'un Colbert
préalablement converti au confucianisme… Essai qui nous
conduira à tenter de mesurer l'ampleur du bouleversement
opéré dans un esprit chinois par la prédication chrétienne, et
ce que le mot de « conversion » porte alors en lui de secousses,
de séismes. Pour s'en convaincre, il suffit de citer quelques
commentaires de lettrés contemporains qui, ayant tenté de
s'informer de la teneur du message des missionnaires, s'en
disaient effarés…

« On fait peu de cas à la Chine des choses du salut », notait
mélancoliquement Ricci, du temps qu'il vivait encore en moine
dans le Kuang-tung. Ce qui surprend, c'est qu'il ait nuancé ce
point de vue en se rapprochant du confucianisme, plus éloigné

encore que le bouddhisme de l'idée de « salut » personnel de type chrétien.

On a déjà évoqué, citant Étiemble, Gernet et bien d'autres, les incompatibilités apparemment irréductibles qui opposent les deux visions du monde, les deux conceptions du « ciel », les deux imaginaires, les deux types de relation à la matière – monisme et dualisme.

Il faut revenir sur la répulsion éprouvée par les Chinois à l'égard de la rédemption par la souffrance, exprimée notamment par l'horreur quasi générale que leur inspire l'image du Christ. Si détestable (et détesté) que fût l'eunuque Ma-tang, il est clair qu'il se comporte en Chinois banal quand il dénonce l'offrande d'un crucifix à l'empereur comme une opération de magie noire. Autant l'image de la Vierge à l'Enfant paraît à tous exquise (« ils ont pour Dieu une femme… »), autant celle de « l'homme cloué », ce « criminel de l'époque des Han » leur paraît digne d'exécration.

Mais au-delà de toutes les contradictions métaphysiques ou symboliques, l'obstacle majeur qui, telle une autre grande muraille, défendait la société chinoise contre la pénétration ou la greffe chrétienne, était peut-être d'ordre politique – dans la mesure où la religion était, en cet empire, affaire d'État*. Un culte, un Dieu même n'a droit de cité que par décret de l'empereur. En ceci, Ricci avait vu très juste. Mais il se trouve que le « rendez à César… », si sage qu'il fût en Occident, était le principe le plus intolérable aux Chinois.

Lisons un texte choisi et traduit par Jacques Gernet, qui dit tout :

> « Ils admettent dans leur royaume deux souverains. L'un est le souverain politique, l'autre le souverain doctrinal. Le premier a en main le gouvernement d'un seul royaume, l'autre un pouvoir qui s'étend à tous les royaumes du monde. Le premier règne par droit de succession et transmet sa charge à ses descendants. Cependant il dépend du souverain doctrinal auquel il doit fournir des présents et des tributs. Pour le souverain doctrinal, on choisit un homme habile dans la doctrine du Maître du Ciel en cas de succession. Cela revient à avoir deux soleils dans un même ciel, deux maîtres dans un même royaume.

---

* Ce qui était encore largement le cas en Europe (« *Cujus regio, ejus religio* ») mais de façon moins massive.

Serait-ce à dire que [...] notre empereur lui-même devrait se
soumettre à ce souverain doctrinal et lui envoyer des tributs ?
Quelle audace chez ces Barbares calamiteux qui voudraient
troubler l'unité (politique et morale) de la Chine en y introdui-
sant la coutume barbare des deux souverains [43]... »

Plus direct encore, Huang Chen ne discute même pas les
textes. Pour les réfuter, il lui suffit de constater leur origine
étrangère :

> « Ricci a beau avoir vécu vingt ans en Chine, son Shang-ti* est
> né d'une femme barbare. Ils opposent leur grand pays d'Occi-
> dent à notre incomparable Chine, comme s'il pouvait y avoir
> deux empires dans le monde. »

C'était, commente Sainsaulieu, parler comme un empereur.
Dans *La Vraie Doctrine du maître du ciel*, Ricci a tenté bravement de surmonter ces contradictions (de celles qu'au temps
de Mao on qualifiait d'« antagonistes »), en donnant les fondements cosmiques du confucianisme et en jouant sur les convergences morales et le thème de la « sainteté », plus ou moins
réduit au respect d'une éthique. Mais même en matière de
morale, où Li Mateou a mis en lumière tant de similitudes, et
si riches, les divergences sont essentielles : alors que le confucianisme ne vise qu'au perfectionnement de soi-même, le
christianisme rapporte le même effort au « maître du ciel ».
C'est pourquoi, écrit Gernet, « la charité chrétienne et la vertu
chinoise d'humanité *(ren)*, confondues par les missionnaires,
ne peuvent avoir le même contenu [44] ».

Il reste que Matteo Ricci, dit Li Mateou, poussa si héroïquement sa tentative d'« accommodation » entre les deux univers
mentaux et spirituels, qu'il fut tenu par la plupart des lettrés de
l'empire pour un sage, et respecté comme tel ; et que si réservé
qu'il fût sur le principe des conversions accélérées, il suscita**
par son exemple et ses ouvrages, du Kuang-tung à Pékin, une
communauté chrétienne de deux mille personnes environ dont
l'adhésion à la religion d'Occident ne devait rien à l'intimi-
dation, au grégarisme ou au conformisme.

---

* Seigneur d'En haut.
** Avec le concours de son « rival » puis successeur Longobardi.

Au début de l'an 1610, à Pékin, le grand sage d'Occident est au sommet de la gloire. L'empereur vient de décréter que sa « description du monde » sera imprimée au palais. Il a obtenu de Rome l'envoi de l'astronome qu'il réclamait : c'est le R. P. Sabattino de Ursis dont les travaux fascinent les lettrés de la capitale. Il participe aux délibérations du jury du concours de doctorat qui doit choisir trois cents lauréats parmi cinq mille candidats, et rédige son « Commentaire » (qui, traduit en latin par Trigault, deviendra l'*Histoire* à laquelle on s'est souvent référé), donne des leçons de mathématiques à plusieurs personnages proches du palais impérial, débat devant des publics de lettrés fameux de philosophie et de science, et reçoit, à la résidence jésuite qu'il a fait édifier cinq ans plus tôt, des hôtes innombrables.

La mort d'Alessandro Valignano, son maître, l'a vivement affecté, mais, au printemps, il enregistre la conversion au christianisme de son disciple le plus prestigieux après « Paul Ciù », le grand mandarin Li Che-tsao. Est-ce avec le sentiment qu'il a atteint ainsi ses plus téméraires objectifs ? Ses compagnons recueillent cette confidence : « Ce qui pourrait arriver de plus heureux pour la Chine désormais, ce serait ma mort... »

Il vieillit. Sujet à de fréquentes et cruelles migraines, il se fatigue, et ressent avec une peine croissante les séquelles d'une blessure reçue à la jambe gauche lors de l'agression contre l'une de ses résidences au Kuang-tung, vingt ans plus tôt. Sa barbe a blanchi. Elle n'en est que plus majestueuse, et sa prestance reste magnifique. Qu'il fasse à la Cité interdite l'une des quatre visites annuelles prescrites – il s'y prosterne toujours devant un trône vide... – ou reçoive ses illustres amis Ciù devenu Paul, ou Li devenu Léon, ou qu'il préside à une expérience de physique au « collège des mathématiques », il semble toujours le maître des lieux. Son chinois s'est encore affiné et les boutons de nacre, sur sa tunique de soie, brillent de mille feux. Il est Li Mateou, et aussi Li Sitaï, le « sage d'Occident ».

Au début de mai 1610, tout de même, il doit s'aliter, atteint par ce que l'on croit être une congestion pulmonaire. Les médecins les plus fameux de la capitale accourent. En vain : « La force du mal, alors, le fit entrer en rêverie. » On l'entendit

murmurer : « Je vous laisse une porte ouverte à de grands
mérites, mais non sans beaucoup de périls et de travaux... »
Puis il cita avec grand éloge un jésuite fameux mais qu'il
n'avait jamais rencontré, le père Coton, confesseur du roi
Henri IV, et « s'endormit très doucement au Seigneur, en sa
cinquante-huitième année » [45].

Dès le lendemain, son adjoint Diego de Pantoja adressait à
l'empereur, qui n'avait jamais « ordonné sépulture à aucun
étranger », une supplique en vue de faire accorder « un peu de
terre pour couvrir en ce grand royaume [cet homme] qui s'y
était adonné aux vertus que vos livres enseignent ».

Les compagnons de Ricci savaient qu'aucun honneur plus
grand ne pouvait lui être accordé par Wan-li. Ils ne l'obtien-
dront qu'à l'issue d'une négociation pour laquelle semble
avoir été forgé le mot de « chinoiserie » : l'histoire de ces
démarches, des suppliques adressées, renvoyées, soumises,
remises, transmises de mandarins en eunuques et de jésuites
en reine mère, a des allures de conte philosophique voltairien
ou d'opéra bouffe de Chabrier – non sans que s'y manifeste à
plusieurs reprises une forme raffinée et profonde de l'hospitalité chinoise.

La requête des pères relative à la dépouille du père Ricci
avait inspiré une supplique fort émouvante du président du
Tribunal des rites à l'empereur : « Qui n'aurait compassion du
corps mort d'un étranger venu des régions les plus reculées ?
[...] Je supplie Votre Majesté que soit recherché quelque
temple désert et inhabité pour sa sépulture... » Wan-li l'annota
d'un seul mot de sa main : « *Xi* » (« qu'il en soit fait ainsi »).
Ainsi requis, le gouverneur de Pékin découvrit dans la péri-
phérie un temple décoré du titre de « Discipline de Bonté » que
s'était attribué un eunuque du palais, entre-temps condamné
à mort. La solution semblait ingénieuse : c'était compter sans
la fureur de la reine mère, « petite vieille très adonnée aux
idoles » et qui souffrait mal que, pour inhumer un jésuite, on
les brisât, les jetât et les brûlât... Mais si respectueux qu'il fût
de sa mère, l'empereur obèse fit entendre, dans un souffle, que
sa volonté ne saurait être remise en cause.

C'est ainsi qu'après avoir attendu un an dans son cercueil de
bois « enduit de luisant bitume », le corps de Li Mateou fut
enfin inhumé le 1er novembre 1611 au « cimetière » de Chala,
« avec la pompe ordinaire des Chinois, qui par sa parade

ressemble plutôt à un triomphe qu'à un deuil » [46] sous une pierre surmontée de cette inscription en quatre caractères : *Mo y lien wén* (« à celui venu du Grand Occident, réputé juste, ayant fait imprimer des livres renommés »).

Était-ce là, posthume, la victoire véritable de Ricci ? Le couronnement de la longue marche du jésuite ? Cet enfouissement en terre chinoise, non loin de la Cité interdite et du fait d'une décision souveraine, pouvait-il être tenu pour une reconnaissance officielle du christianisme en Chine ? Les pères de la Compagnie le proclamèrent aussitôt. Avec trop d'éclat, provoquant les ripostes indignées de bon nombre de lettrés : un geste de compassion ne devait pas être interprété comme une concession.

Au moment de faire le bilan de l'épopée spirituelle (politicospirituelle ?) de Li Mateou, on est tenté d'observer d'abord, avec Jean Sainsaulieu, que le sort du grand lettré d'Occident fait penser à celui de Confucius lui-même qui, si admiré qu'il fût, était tenu à distance par les puissants. Il ne fallait pas, écrit-il, « vouloir être plus confucéen que Confucius ni prétendre être reconnu parce qu'on le mérite ». Mais ajoute-t-il, « après sa mort, l'assimilation se fait entre jésuites et lettrés ; les missionnaires ont acquis une sorte de citoyenneté chinoise en devenant disciples de maître Kong… ».

Il n'est pas douteux que Matteo Ricci et ses compagnons ouvrirent de nouvelles perspectives intellectuelles dans l'empire ; sur les plans de l'esprit critique, de la connaissance du monde – à la fois géographique et historique – et de la logique scientifique, révélant à leurs hôtes ce que M. Demiéville appelle « une culture quasi martienne ». Mais le grain semé a-t-il germé ?

En conclusion de sa thèse, l'universitaire australien déjà cité, Paul Rule, met en doute l'influence exercée sur la Chine des Ming par ces ambassadeurs de la Renaissance européenne que furent en l'occurrence les jésuites. A force de se siniser, Ricci et ses compagnons auraient en somme été « absorbés » par le formidable univers chinois, plutôt qu'ils ne l'auraient transformé. M. Rule se retient à peine de dire que le millier de pères jésuites envoyés « à la Chine » entre 1580 et 1760, de Ruggieri au père Amyot, y auraient fait moins de « fruit » qu'ils n'auraient appauvri l'Europe en la privant de leur génie. L'expédition scientifique la plus ambitieuse des temps modernes aurait, en fin de compte, labouré le ciel.

Il est bien possible que tous les cadrans solaires, horloges et formules mathématiques de Li Mateou, que toutes ses tentatives de retrouver le ciel chrétien dans le *tien* chinois, que tous ses efforts d'assimilation entre morale européenne et vertu confucianiste, que l'abnégation qu'il mit à se faire plus lettré qu'un mandarin et plus chinois qu'un fils du ciel, que ces vingt-huit années d'intégration épique à l'univers chinois, n'aient conduit qu'à l'incorporation de quelques poignées de poussière de plus dans le terreau du cimetière de Chala. Greffe qui n'est guère mesurable...

Mais ce qui n'est pas contestable, c'est l'immense lumière projetée vers l'Europe par les démarches du « grand lettré d'Occident ». C'est que ces vingt-huit années de tentatives, de bégaiements, de recherches et de communion ont au moins suscité cette *Histoire* de Ricci et Trigault, laquelle, venue à nous dans la langue montaigneuse du sieur Riquebourg, est la plus belle et loyale introduction à la Chine dont aient disposé les hommes jusqu'à l'épanouissement de la sinologie contemporaine.

Apôtre, réformateur, pionnier de la méthode expérimentale, inventeur de synthèses impossibles, Matteo Ricci peut être mis en question sur tous les plans, sauf sur celui-ci : qu'après Marco Polo, mais en ethnologue, déjà il a dévoilé la Chine au monde.

Il n'est pas dans notre propos de traiter ici de la « querelle des rites* » qui, au XVIIIe siècle, sous le regard de l'Europe fascinée, dressa contre les jésuites disciples de Ricci, appliqués à accommoder les pratiques du catholicisme gestuel et vestimentaire à un certain cérémonial confucéen, une Curie romaine toujours en quête d'un peu plus d'aveuglement et ameutée contre ce laxisme par les franciscains et les dominicains indignés**, querelle qui s'acheva par la condamnation de la Compagnie de Loyola.

Conduite suicidaire pour le christianisme en Asie ? On l'a

---

* A propos de laquelle on renverra tout simplement au maître-livre d'Étiemble publié sous ce titre dans la collection « Archives ».
** Et par Blaise Pascal... (voir le chapitre XI).

souvent écrit. C'est faire bien grand cas des chances de succès de l'« accommodation » héroïquement tentée par Li Mateou entre le ciel métaphysique et tragique des chrétiens et le *tien* harmonieux et rassurant de Confucius*.

---

* Citons encore une fois l'impeccable Gernet : « Lors de la querelle des rites, aux environs de 1700, l'Europe a débattu passionnément de la question de savoir si les cérémonies chinoises étaient superstitieuses et incompatibles avec la foi chrétienne ou purement civiles et politiques et compatibles avec elle. C'était restreindre abusivement à un détail qui n'avait de sens qu'à l'intérieur des cadres mentaux de l'Occident une question d'ordre très général : celle de savoir si le christianisme pouvait être concilié avec un système mental et socio-politique fondamentalement différent de celui dans lequel le christianisme s'était développé et dont il était, qu'on le veuille ou non, inséparable. C'est une question que laissent entière les conversions individuelles... »

CHAPITRE X

Un Avignonnais dans la rizière

*• Papes et juifs en Avignon • La « côte de fer » de
Cochinchine • Qui a inventé le* quôc-ngu *?
• Missionnaires et commerçants • Chassé de Huê,
accueilli au Tonkin • Le poudrier du* chua Trinh
Trang *• Grand tintamarre des concubines
• La tête du catéchiste supplicié • Contre le* padroado
*portugais • Alexandre de Rhodes à la cour
de France • L'ingratitude de Rome... •*

Ce que Zhou Enlai, Premier ministre de l'empereur Mao,
pensait de Matteo Ricci et des jésuites néo-confucéens du
temps des Ming, on ne se hasardera pas ici à le dire. Mais l'auteur de ce livre peut certifier qu'il l'entendit, à sa table du
Palais du Peuple de Pékin, rendre aux Jésuites un bel éloge
indirect. A trois visiteurs européens que nous étions[*], étonnés,
il confiait en effet que la Chine souffrait de n'avoir pas bénéficié de la transcription alphabétique de son écriture, comme
celle qui avait permis à ses « amis » du Viêt-nam de s'ouvrir
plus vite et mieux qu'elle à la civilisation occidentale.

L'homme d'État chinois ne citait pas le nom de l'auteur de
cette révolution linguistique. Il revenait au Vietnamien Cu Huy
Can, non moins marxiste que M. Zhou, et ancien ministre de la
Culture de Hô Chi Minh, de le faire lors d'un entretien avec
l'auteur à Paris, en novembre 1990 :

« C'est au R. P. Alexandre de Rhodes que nous devons la
transcription du vietnamien en caractères romains, que nous

[*] Joris Ivens, Marceline Loridan et moi-même.

appelons *quôc-ngu* ou langue nationale ; c'est pourquoi ce jésuite venu jadis de l'Europe impérialiste est considéré chez nous comme l'un des artisans de notre culture*. »

Simple habileté diplomatique ? Le souvenir de ce missionnaire a des raisons de survivre au Viêt-nam à celle de son maître et inspirateur Matteo Ricci en Chine. Car, s'il n'en fut pas l'inventeur mais plutôt le puissant vulgarisateur, la vitalité et la souplesse de la langue nationale vietnamienne témoignent, aujourd'hui comme hier, de la fertilité typiquement jésuite de son génie de l'adaptation.

Celui qui se fit appeler Alexandre de Rhodes naquit le 15 mars 1591** en Avignon, capitale de ces « États du pape », qui, pour être passés sous l'allégeance française, gardaient la marque pontificale à laquelle notre homme se référa souvent. Pour une bonne raison entre mille : Avignon était, surtout depuis le règne de Clément VI, une cité accueillante aux juifs – et la famille d'Alexandre était d'origine juive.

C'étaient des « marranes*** » de Calatayud, foyer de culture juive**** en Aragon, qui avaient dû fuir les rigueurs de l'Inquisition après l'édit de proscription de 1492. Plus encore que le nom de la ville, le patronyme désignait éloquemment les origines familiales : *rueda*, (petite roue), qui se traduit *rode* en provençal. La *rueda*, la *rode*, c'est tout simplement la rouelle, le disque écarlate que les juifs devaient coudre sur leur vêtement au Moyen Age, comme plus tard l'étoile jaune sous l'occupation nazie.

On ne pouvait revendiquer plus clairement son origine : le grand-père d'Alexandre, par ailleurs prénommé très chrétiennement Bernardin, avait fait graver sur sa pierre tombale le nom de Rueda, transformé en Rode par le père (qui s'octroya une noble particule), et orné d'un élégant *h* par le frère aîné du

---

* Ce qui n'empêcha pas le pouvoir communiste, au lendemain de sa mise en place à Saïgon en avril 1975, de débaptiser la rue Alexandre-de-Rhodes…

** Centenaire de la naissance d'Inigo de Loyola.

*** Sur l'origine et la signification de ce mot, voir plus haut, chapitre VII.

**** La désinence semble claire. Certains préfèrent y voir le Ayub maure. Mais nous savons que les imbrications furent nombreuses entre ceux-ci et ceux-là.

futur missionnaire : on ne pouvait faire plus oriental, ou méditerranéen, ou cosmopolite, sans pour autant prétendre camou-
fler ses origines. Beaucoup de familles juives converties de gré
ou de force au catholicisme adoptaient le nom d'une ville
ou d'un site : ainsi la grand-mère s'appelait-elle Jeanne de
Tolède. Quel beau nom de savant ou d'humaniste, en tout cas,
qu'Alexandre de Rhodes ! Rien qu'à le prononcer on fait ruis-
seler des siècles de philosophie et de mathématiques, ou surgir
des continents, des trirèmes et des légions…

Bref, un Avignonnais de la fin du XVIᵉ siècle, et né dans un
milieu de négociants éclairés enrichis dans le commerce de la
soie, dont de nombreux actes juridiques conservés aux archives
de Vaucluse rappellent les activités commerciales et qui
par mariage s'allièrent, de siècle en siècle, aux plus prestigieuses familles du Comtat et de la haute Provence, les Laurens, les Lauris, les Brantes et les Dejean de La Batie [1]. Enfin,
par sa mère née Michaelis, Alexandre était à demi italien.
On ne pouvait rêver ascendance plus richement universaliste
– de l'Aragon à la Provence, de la papauté périphérique à
l'Italie, avec ce patronyme fleurant la culture grecque et les
merveilles de l'Antiquité, et ce métier familial, la soie, qui
ouvrait les portes de l'Asie.

Alexandre ne choisit pas d'emprunter cette route fameuse et
les caravanes marchandes pour conquérir l'Orient dont il eut
très tôt le désir. Ses études achevées au collège des jésuites
d'Avignon, fondé en 1565 sous la férule d'un des plus grands
politiques de la Compagnie, le père Possevin (né Possevino),
et où il eut pour maître l'excellent géographe Bonvalot, il
décida de gagner Rome et d'y entrer au noviciat des pères. La
gloire de la Société de Jésus était à son zénith et cette Asie
dont il rêvait semblait désormais l'apanage des « iniguistes » ;
le nom de François Xavier emplissait la chrétienté, celui de
Ricci commençait d'agiter les passions et, du Japon, parve-
naient les échos de persécutions et de martyres bien propres à
exalter les ardeurs d'un adolescent de ce siècle audacieux.

Au collège de philosophie de Rome, il connut Adam Schall,
le mathématicien allemand qui allait être à Pékin l'un des plus
glorieux disciples de Ricci – et qui, pour l'heure, sous l'égide
de Clavius, suivait avec un mélange d'admiration et de
méfiance les travaux de Galilée. D'emblée, le novice d'Avignon se rangea parmi les *indipetae* (qui vivent dans l'attente

des Indes), vocable qui englobait ceux qui, comme lui, aspiraient à « missionner » en Extrême-Orient : de toute façon, Goa était l'étape obligée, le « point d'éclatement », comme on dirait aujourd'hui, des uns et des autres.

Son noviciat terminé au printemps 1613, il prie le « général » de la Compagnie, Mutius Vittelleschi, de le désigner pour le Japon. C'est le pape Paul V qui lui signifie que son vœu est agréé, non sans accompagner cette annonce de « caresses singulières », précise le voyageur : celles que le souverain pontife jugeait dues aux prochains martyrs ?

Il lui faudra près de quatre ans pour atteindre Macao, en mai 1623 ; entre-temps, il aura fait ses adieux aux siens, à Milan puis en Avignon (où l'un de ses frères s'est fait jésuite lui aussi), appris le portugais à Lisbonne (troisième des douze langues qu'il parlera à la fin de sa vie…), et affronté bon nombre de tempêtes entre le Portugal et Goa. Cet intrépide arpenteur de mondes découvrira en l'occurrence une faiblesse et un ingénieux remède :

> « Très tourmenté d'une incommodité d'estomac fort ordinaire à ceux qui vont sur la mer […] je fus instruit d'un beau secret : prendre un de ces poissons qui ont été dévorés et qu'on trouve dans le ventre des autres poissons, le bien rôtir, y mettre un peu de poivre et le prendre en entrant dans le navire. L'estomac a alors tant de vigueur qu'il ne craint plus d'être ébranlé. »

Morale de l'histoire :

> « Que cela serve à mon lecteur et particulièrement à ceux qui veulent travailler avec nous au-delà du grand Océan, lequel ils pourront passer sans mal de cœur [2]. »

Goa, où il avait dû séjourner plus de deux ans, Malacca, où il prend un premier contact avec le monde musulman et où il constate que les luthériens hollandais viennent de se saisir d'un bastion proche et formidable qui deviendra Batavia (puis Djakarta), Macao… Il parcourt peu à peu les étapes classiques du missionnaire d'Extrême-Asie. Le Japon ? La règle de fer des shoguns en interdit l'entrée. Contraint de prolonger son séjour à Macao, il y rédige des « lettres annuelles » qui révèlent une immédiate familiarité avec les êtres et les choses de l'Asie

orientale. S'y manifeste aussi la nature joviale de ce missionnaire dont un lointain successeur au Viêt-nam, le père Cadière,
lui-même provençal, a décrit

> « l'humeur toujours égale, le besoin de sacrifice, la modestie,
> la foi et la naïveté non exempte de finesse d'un Méridional des
> bords du Rhône – où l'esprit est plus vif, le cœur plus chaud,
> le caractère plus gai – qui gardera jusqu'à la fin de sa vie son
> enthousiasme, son exubérance en même temps que la fraî-
> cheur et la vivacité de sentiments de ses vingt ans [3] ».

Du Japon interdit il lui faut se détourner, pour changer
de cap : ses supérieurs le dirigent vers le sud, vers le Dai-Viêt
dont le nom lui est peut-être encore inconnu, si curieux et
avide de tout savoir qu'il fût ; car peu de terres de l'énorme
Asie entrouverte sont alors si peu familières aux étrangers –
commerçants, amiraux ou missionnaires. Du fait de l'humeur
des habitants et de leurs maîtres ? Moins qu'en raison des
particularités de la géographie et des règles de la navigation :
entre les détroits de Malacca et la baie de Hong Kong, bien peu
songent à faire le détour le long de cette « côte de fer » dont
la dénomination dit bien le caractère inhospitalier et périlleux.
Paul Mus fait état d'un document trouvé dans les archives
de Batavia, qui en dit long : il s'agit d'une pièce signée du
mandarin chargé, par le souverain du pays qu'on appelait alors
la Cochinchine, des rapports avec les étrangers ; ce n'était
pas un fonctionnaire du ministère des Affaires étrangères
(qui d'ailleurs n'existait pas…), ni un général, ni un amiral, ni
un commerçant, mais le directeur général du Service des
épaves…
Le Dai-Viêt (grand pays), que l'on avait appelé et qu'on
appellera de nouveau Viêt-nam (pays du Sud), émancipé de la
tutelle chinoise depuis 1428, avait été tout de même abordé
dès 1516 par un navire portugais, accostant en baie de Tourane
(la moderne Da Nang) cinq ans après le débarquement d'Albuquerque à Malacca. Dès lors, les Portugais organisèrent une
navette entre Macao et la Cochinchine vers où cinglaient
chaque année deux ou trois navires. Partis au début de l'hiver,
les négociants ne passaient en Cochinchine que le temps indispensable à leurs transactions, ne laissant aucun représentant
européen sur place, mais des courtiers chinois ou japonais qui
faisaient, pendant leur séjour, fonction d'interprètes.

Cette activité commerciale, d'ailleurs modeste, n'avait guère induit, comme ailleurs, d'action apostolique. Était-ce parce qu'en 1533 un édit de proscription du christianisme, visant un certain I Ni Khu*, avait entraîné l'exécution du premier chrétien, converti par l'un ou l'autre des franciscains, dominicains ou augustins qui s'étaient hasardés sur la « côte de fer » sans s'y établir ?

Si l'implantation au Dai-Viêt s'impose en quelque sorte à l'interventionnisme commercial et spirituel des Européens au début du XVIIe siècle, c'est que, au nord de l'immense champ d'influence extrême-oriental, le Japon, sous la férule jalouse des shoguns, s'est fermé violemment, non sans qu'aient été exterminées les chrétientés fondées un demi-siècle plus tôt par François Xavier et Valignano. Le facteur japonais joue d'ailleurs de deux façons : rejet de l'Occident hors de l'archipel, attirance exercée sur lui par les colonies nippones christianisées qui prospèrent en divers comptoirs de l'Asie du Sud-Est, de Canton à Malacca en passant par Faifo – le meilleur port du Dai-Viêt, au sud de la baie de Tourane. Restés catholiques loin de la fureur de leurs shoguns, ces Japonais s'avéraient de très actifs négociants, et des truchements culturels pour des missionnaires initiés depuis des décennies à leur langue, du temps où l'archipel faisait figure de terre promise de l'évangélisation en Asie.

La reconversion vers le sud du commerce portugais et de l'action missionnaire, longtemps liée au *padroado* (ou patronage) des gens de Lisbonne, est due aussi à des facteurs plus politiques, ou stratégiques. Libérés de l'écrasante suzeraineté chinoise – qui, pendant huit siècles, puis entre 1406 et 1428, avait pris la forme d'une occupation brutale –, les maîtres de Hanoi ne rêvaient que d'affermir cette indépendance encore fragile : s'appuyer sur quelques puissances lointaines pouvait permettre de faire pièce à la prépondérance continentale de Pékin. Donnons la parole à Paul Mus :

> « Lors des premiers contacts avec la poussée commerciale et
> religieuse de l'Occident – les armes comme instruments d'une
> politique d'empiétement n'étant venues que plus tard – la
> culture vietnamienne [...] a pu se demander si une grande reli-

* En qui l'on rêverait de reconnaître Inigo (de Loyola) si celui-ci n'était encore qu'un écolier parisien.

gion mondiale [...], venant de plus loin encore dans l'Ouest
que le bouddhisme, n'impliquait pas une révision de la centralisation chinoise. Comme le bouddhisme avant elle, ne pro-
mettait-elle pas d'assigner au Vietnam plus de place dans son
univers que l'impérialisme chinois traditionnel, en bordure de
l'Empire du Milieu ? Indication de haute importance quant aux
modalités initiales de la christianisation au moins partielle du
Vietnam [4]... »

Ainsi, la double pénétration commerciale et religieuse qui
devait provoquer deux siècles plus tard la colonisation du Viêt-
nam et de ses voisins indochinois, put-elle être considérée
d'abord par les nouveaux souverains de Hanoi et de Huê
comme un contrepoids à la pesée chinoise. De même, en 1946,
Hô Chi Minh, pris en tenaille entre les néo-colonisateurs français et les forces de Chiang Kai-shek, confiera-t-il à ses compagnons du Viêt-minh qu'il préférait « manger la crotte des
Français pendant dix ans que celle des Chinois pendant un
nouveau millénaire »... Ce qu'on appellera, non sans anachro-
nisme, le nationalisme vietnamien du XVIIe siècle, a pu fugiti-
vement favoriser ou tolérer, en tout cas accueillir, la poussée
mercantile des Portugais et celle, pastorale, des jésuites pour
un temps associés.

Mais il faut tout de suite préciser que ce « nationalisme » est
alors éclaté. Anticipant sur les divisions ultérieures qui donne-
ront lieu à de si fameux conflits au XXe siècle, le Dai-Viêt (ou
Viêt-nam) est déjà double, sinon triple : sa partie septentrio-
nale, le Tonkin – lequel n'est pas tout à fait uni, la province
jouxtant le Yunnan chinois, au nord-ouest, étant restée aux
mains de la dynastie usurpatrice des Mac qui avaient régné au
XVIe siècle – tente inlassablement (sept guerres !) de restaurer
son autorité vers le sud, la Cochinchine, qui s'est proclamée
indépendante sous la dynastie des Nguyên.

Cette Cochinchine n'est pas le territoire ainsi désigné sous
la colonisation, du 13e parallèle à la pointe de Ca-mau, extrême
sud de la péninsule, mais la partie centrale du Viêt-nam, du
13e au 18e parallèle environ. Le vrai Sud, c'est alors ce qu'on
appelle sur les cartes le Champa, bien que ses habitants originels, les Chams*, aient été exterminés, partie par les Vietna-

---

* Prononcer *tiam*.

miens, partie par les Khmers qui dominent alors cette région et la peupleront longtemps encore.

La Cochinchine du XVIIᵉ siècle, c'est ce qu'au temps de la colonisation on appellera l'Annam, situé entre le « mur de Dong-Hoi » au nord et le cap Varela au sud : sa capitale (parfois nommée Sin-Hoa ou Ké-Huê) sera bientôt Huê, et son centre économique la baie de Tourane. Les divisions politiques n'empêchent pas que l'on parle du nord au sud le même langage dérivé du chinois, en utilisant les mêmes caractères (simplifiés), ce qu'on appelle le *nom*. Ici et là on pratique une même religion syncrétique, mêlant des éléments du confucianisme et du taoïsme au bouddhisme *mahayana* (ou « de grand véhicule ») alors renaissant. Le tout assez friable et trop « chinois » pour ne pas inciter ce peuple assez peu religieux et surtout attaché au culte des Ancêtres à admettre une inspiration venue d'ailleurs.

En somme, sinophobie, divisions politiques et incertitudes religieuses, tout concourt à offrir un champ relativement libre aux intervenants.

Est-ce assez pour dire avec Henri Bernard-Maître que le peuple vietnamien manifesta d'emblée sa « sympathie à l'égard de l'évangile et de ses prédicateurs [5] » ? Au XVIᵉ siècle, un précurseur dominicain, Gasparro de la Cruz, avait converti des notables ; mais ce missionnaire ignorant la langue du pays, le réflexe de rejet avait vite joué. Seule la seconde vague d'évangélisation, menée au siècle suivant par les jésuites, sera fondatrice.

C'est en 1615 que la Compagnie, expulsée du Japon, dépêcha deux des siens vers Tourane, l'Italien Francesco Buzomi et le Portugais Diego Carvalho. Un an plus tard, les deux précurseurs se déclaraient responsables de trois cents néophytes et demandaient du renfort à Macao, qui leur envoya les pères Barreto et de Pina. Quand ceux-ci arrivèrent à Faifo, ils constatèrent que le père Buzomi avait réussi « à gagner le cœur du gouverneur de la province de Quin-Hon qui était fort chéri du roi », et lui avait offert « une maison fort commode en laquelle il l'avait fait conduire en pompe, monté sur le plus beau de ses éléphants » [6].

Parfait. Mais si quelques notables étaient séduits, la plupart des petites gens considéraient avec méfiance ou effroi ces bonzes étrangers au comportement bizarre : les villageois les prenaient pour des sorciers et leur auraient fait un mauvais parti si le mandarin provincial ne les avait pris sous sa protection. Ce qui marque cette première période, c'est l'ambiguïté des signes et l'extrême incertitude quant à l'avenir. Tant que les missionnaires ne parleront pas la langue du pays…

En décembre 1624 pourtant, le second successeur de Valignano en tant que « visiteur » de la Compagnie pour l'Asie, le Portugais Gabriel de Mattos, met, de Macao, le cap sur Faifo, flanqué de cinq pères jésuites, pour exploiter les premiers succès de Buzomi. Du groupe des six émerge un grand jeune homme de trente-trois ans, à la barbe généreuse et aux manières avenantes, Alexandre Rhodes (il avait entre-temps – humilité chrétienne – supprimé la particule que la postérité lui restituera).

Ce qui fit très vite du missionnaire avignonnais le personnage le plus en vue du groupe, ce fut son étonnante aptitude à parler une langue réputée incommunicable aux Européens. Quand il avait entendu pour la première fois parler les Vietnamiens, Rhodes, raconte-t-il, « avait cru entendre gazouiller les oiseaux ». Six mois après, il prêchait « en la langue de la Cochinchine ». En trois semaines, un petit garçon du pays, si doué qu'il comprenait incontinent tout ce que le missionnaire voulait dire, lui en avait enseigné « tous les divers tons et la façon de prononcer tous les mots »[7].

Si la mission faisait de rapides progrès, c'était tout de même sous la direction de Francesco Buzomi qui fut, selon Rhodes, « le vrai apôtre de la Cochinchine [et] s'y est entièrement consumé ». Il ne devait la quitter que pour aller mourir à Macao, vingt ans après. Buzomi n'était pas un phénomène linguistique comme Alexandre le Provençal, mais c'est à lui, associé à son jeune confrère Francesco de Pina et à un nommé Borri, que le Viêt-nam doit la fructueuse transcription en alphabet romain de l'écriture jusqu'alors utilisée au Viêt-nam, le *nom*, sorte de « démotique » chinois. Transcription à laquelle le nom d'Alexandre de Rhodes restera attaché parce qu'il en sera le premier utilisateur et l'incomparable propagateur.

Les conversions allaient bon train à partir de Faifo et jusqu'à Tourane et Huê, la capitale, où une dame de la cour, cousine du roi, se fit baptiser, donnant une impulsion au mouvement et grand espoir (ou illusion ?) aux bons pères. Sous le nom de Marie-Madeleine, cette princesse se fit « le refuge de tous les pères » et, transformant en chapelle une aile de son palais, déploya un prosélytisme si ardent qu'il ne pouvait manquer de susciter des réactions.

Tout dépendait, bien sûr, du vieux roi Sai Vuong. Assez indifférent, semble-t-il, en matière de religion, mais tout de même détenteur du « mandat du ciel » confucéen, et par là méfiant à l'endroit de ces prêtres qui proposaient au peuple un autre maître d'en haut, il était surtout préoccupé de la prospérité de son petit royaume.

Il n'avait pas fallu au vieux souverain beaucoup de perspicacité ni une propension abusive à l'interprétation matérialiste de l'histoire, pour constater que la présence des religieux était liée à celle des marchands portugais : les premiers n'abordaient-ils pas à Faifo dans les bagages des seconds ? La fréquentation de la baie de Tourane par les commerçants n'était-elle pas intensifiée par la prolifération des prêcheurs d'évangile ? Les navires venus de Macao chargés de porcelaines chinoises, de papier, de thé, de pièces ou de barres d'argent, d'armes, de soufre et de salpêtre, de plomb, de cuivre, d'étoffes (en particulier de drap) fabriquées en Europe ou aux Indes par des Européens, et qui repartaient lestés de soies, d'ébénisterie, d'aromates, de cannelle, de poivre, de musc, de sucre et naturellement de riz achetés au Viêt-nam, n'étaient-ils pas plus nombreux depuis le débarquement des premiers jésuites ?

Allons ! tout ce trafic valait bien quelques messes…

Mais il se trouve que, l'année suivante, la flottille portugaise passa au large de Faifo. Fureur de Sai Vuong qui, appâté par les bonnes affaires faites en 1624, venait de donner des autorisations de séjour à sept missionnaires. Ne s'étaient-ils pas joués de lui ? Dès lors, les récriminations de leurs adversaires lui parurent plus fondées.

Tout clergé se dresse contre une cléricature nouvelle. Comme au Japon face à Xavier, comme en Chine face à Ricci, les bonzes dénonçaient ces hommes noirs qui tentaient de détourner le peuple du culte des Ancêtres. Ils faisaient même valoir auprès des paysans que les nouveaux venus attiraient sur leurs champs sécheresse et insectes fâcheux – crimes dont les premiers chrétiens avaient d'ailleurs été accusés. La contradiction entre le message évangélique et la pluviosité serait-elle si évidente ?

Trois fois en quinze ans, le roi Sai Vuong, déçu par les acti-

vités des marchands portugais et dès lors attentif aux griefs des
bonzes et des courtisans, décida de bannir les jésuites – du
moins de les cantonner à Faifo. Et chaque fois, les bons pères
réussirent à parer le coup. Alexandre de Rhodes rapporte que
chaque fois que le roi prenait de telles décisions « quelques-
uns des pères se retiraient et demeuraient cachés parmi les
chrétiens ; les autres allaient faire un petit voyage à Macao et
revenaient bientôt avec des présents qui apaisaient la mauvaise
humeur du roi, et par ce moyen faisaient aisément révoquer
l'édit de leur bannissement ». Un autre chroniqueur de la Compagnie écrit plus joliment :

> « Comme la Cochinchine tirait de grands avantages du com-
> merce des Portugais, la divine Providence se servait de cette
> voie pour y faire toujours entrer quelqu'un des pères ; et quand
> on se plaignait, les Portugais disaient qu'ils n'avaient pas cou-
> tume de s'embarquer sans eux. »

Et pourtant, Alexandre l'Avignonnais dut bel et bien quitter
la Cochinchine dès 1626, après moins de deux ans de séjour
au royaume du vieux Sai Vuong. Expulsé par celui-ci ? Ou
rappelé par ses supérieurs de Macao en vue d'une tâche plus
ambitieuse ? L'historien religieux Henri Chappoulie suggère
que c'est parce qu'il était « trop bouillant », sans préciser s'il
était jugé ainsi par sa hiérarchie ou par la cour de Huê. Il était
en tout cas celui qui, jésuite de la plus pure tradition « ric-
cienne », plaidait pour une plus grande tolérance à propos du
culte des Ancêtres, estimant que la plupart des cérémonies traditionnelles en l'honneur des morts étaient « fort innocentes »
et n'attentaient point « à la sainteté de la religion ». En ceci
encore, précurseur dont la Compagnie suivra l'exemple.

Quelques mois avant que notre missionnaire provençal se fût
éloigné de la « côte de fer » pour rejoindre Macao, un autre
jésuite, Giuliano Baldinotti, s'y était embarqué pour le Tonkin,
en février 1626, à bord du navire portugais qui, une seule fois
par an, y abordait. Trafic beaucoup plus modeste encore
qu'entre Macao et Faifo, mais qui allait s'intensifier.

Accueillant les voyageurs à Hanoi, le *chua* (que l'on hésite à
traduire par roi, sans trouver de vocable approprié*) Trinh

---

* La souveraineté s'incarnait en deux personnages, le *bua*, dont le rôle
était symbolique, et le *chua*, détenteur du pouvoir (cf. le *tenno* et le *shogun*
au Japon ?).

Trang fut « frappé du respect que le capitaine du vaisseau portugais, habillé de soie et d'or, témoignait à ce religieux tout de noir vêtu. Il en conclut que Baldinotti devait être un bien grand personnage, et s'en persuada mieux encore quand il put s'entretenir avec le jésuite italien de questions mathématiques relatives à la sphère ». Matteo Ricci était mort, mais pas Adam Schall, ni les autres disciples de Clavius. L'« école de Rome » portait encore de beaux fruits…

Tant de science, tout de même, alliée à tant d'humilité, éveille la méfiance du souverain. Ne s'agissait-il pas d'un espion transporté par les Portugais pour le service de leur ami, le roi de Cochinchine, son grand rival contre lequel il mobilisait ses forces : la guerre éclaterait peu après ? Aussi fit-il jurer à Baldinotti qu'il ne remettrait jamais les pieds à Huê, et resterait fidèle à ses hôtes tonkinois.

Mais le jésuite italien, s'estimant incapable d'apprendre le vietnamien*, pensa qu'il n'était pas en mesure de faire fructifier lui-même ces dispositions favorables. Il regagna Macao en incitant ses supérieurs à dépêcher à Hanoi un missionnaire capable de dialoguer avec Trinh Trang, et de « récolter » de ce fait « ce qu'il avait semé ». C'est ainsi que Rhodes fut désigné pour le Tonkin – où pourrait le servir la méfiance témoignée à son égard par la cour rivale de Huê…

Le 19 mars 1627, Alexandre de Rhodes débarquait au port de Cua Bang (qu'il baptisa aussitôt Saint-Joseph), dans la province de Thien-Hoa, flanqué d'un coadjuteur, Pedro Marquez, fils d'une Japonaise et chargé pour cela de la colonie nippone du Tonkin. Une foule de curieux se pressait sur le quai, impatiente de voir la cargaison du navire. Notre Provençal saisit cette occasion de haranguer dans leur langue les badauds et, du haut du bastingage, débita incontinent un sermon où il était question d'« une autre marchandise qu'il donnait pour rien et qui était la vraie loi et le chemin du bonheur ». Moyennant quoi, affirma-t-il (mais il s'agit d'un Méridional !), il n'avait pas encore débarqué que « deux personnes fort sages lui signifiaient leur intention de demander le baptême »[8]. Bigre ! Voilà un trait dont Ricci, quarante ans plus tôt au Kuang-tung, eût aimé pouvoir se targuer…

Il se trouve que le *chua* Trinh Trang, la guerre ayant éclaté

---

* On peut penser qu'il parlait chinois avec Trinh Trang.

contre son voisin du Sud, campait alors à Cua Bang, au sud du delta du fleuve Rouge, à la tête de cent mille hommes embarqués sur quatre cents bateaux. Fort intrigué par les arrivants, et en espérant peut-être quelques révélations sur son adversaire, il prit le temps de recevoir sur place les Portugais et leurs deux compagnons religieux.

Rhodes, tout imprégné des leçons de Ricci, fit don au souverain d'une « horloge à roue avec un poudrier* ». Mais le *chua* est trop occupé par sa guerre contre le roi de Cochinchine pour y prêter grande attention. Pourtant, à son retour de guerre – qu'il a perdue –, Trinh Trang veut revoir le jésuite à l'horloge, qu'il reçoit de fort bonne grâce :

> « … Je lui présentai un beau livre de mathématiques, fort bien doré, imprimé en lettres chinoises ; cela me donna sujet de lui faire un discours du ciel et des astres, d'où il me fut aisé de passer au Seigneur du ciel. Le roi m'écouta deux heures durant, encore qu'il fût fort las du chemin, et témoigna d'être si satisfait d'avoir ouï parler de notre sainte foi […] qu'il m'invita à manger avec lui, à la mode du pays […] Il me faisait mettre auprès de lui, et avait la bonté de me servir des meilleures viandes qu'il avait… »

Le *chua*, bien sûr, veut être instruit de l'usage de l'horloge et du « poudrier ». Rhodes fait l'article :

> « Le roi avait toujours l'œil au poudrier, et quand il le vit quasi tout passé, il observa : "Le voilà coulé et votre horloge ne sonne point !" Comme il dit cela, l'heure sonne comme j'avais dit. Le roi en fut ravi, et me dit que si je voulais demeurer avec lui un couple d'ans, il en serait bien aise…
> Non pas deux ans seulement, lui dis-je, mais toute ma vie, Sire : je me tiendrai heureux de pouvoir servir un si grand prince. Dès lors il me fit assigner une galère pour m'amener avec lui ; j'y allais, recevant tous les jours mille témoignages de sa bonté. »

De cette bonté, le *chua* va donner une preuve singulière : la galère royale croise une cinquantaine de « rebelles » qu'on traîne vers la mort. Le jésuite supplie de pouvoir les exhorter à

* Sablier.

recevoir le baptême avant de mourir. Trinh Trang accepte. L'un d'eux s'avance :

> « Je le baptisai, aussitôt après on lui trancha la tête ; j'espère que son âme alla droit au ciel.
> J'accourus incontinent vers les autres, mais aucun ne restait en vie : ce sont les secrets impénétrables de la Providence »[9].

La capitale du Tonkin fit sur notre Provençal une forte impression. Les rues, raconte-t-il, étaient assez larges pour que douze cavaliers y puissent défiler de front. Faut-il le croire quand il évalue la population à un million d'âmes ? En tout cas, Trinh Trang fit construire pour Rhodes et son compagnon, près du palais, une belle maison de bois flanquée de deux églises où le jésuite polyglotte prêchait – en vietnamien – jusqu'à six fois par jour.

Le palais du *chua* qu'on appelait, comme à Pékin, la « Cité interdite », était une ville fort belle et fort spacieuse, rapporte un jésuite qui fut disciple de Rhodes,

> « quoiqu'il n'y ait rien d'extraordinaire pour l'architecture ni pour la sculpture, ni à l'égard des tapisseries et des ameublements. Néanmoins le nombre des soldats qui sont en faction, les officiers, les emplois [...] ont assurément quelque chose de surprenant. Les salles y sont fort spacieuses, les galeries couvertes et à perte de vue, avec de grandes cours pour la commodité des courtisans et des officiers du palais, au-dedans duquel est l'appartement de quantité de femmes qui y sont gardées fort soigneusement comme dans un sérail [...] et où chacune a sa petite maison et son jardin comme parmi nous les pères chartreux*. Les eunuques ont aussi leur département dans ce circuit, de même que les gens de cour dont le nombre est presque infini[10] ».

La cour fut l'un des premiers « terrains de chasse » du prédicateur virtuose. Écoutons-le décrire sa stratégie pastorale :

> « Ils étaient tous ravis quand je leur faisais voir la conformité de notre religion avec la raison, et admiraient surtout les dix commandements de Dieu, trouvant qu'il ne se pouvait rien

---

* On conviendra que la comparaison ne manque pas de piquant...

dire de plus raisonnable et de plus digne d'être proposé par le souverain monarque du monde. La méthode que je tenais était de proposer l'immortalité de l'âme et l'autre vie ; de là je passais à prouver la divinité, puis la providence. Ainsi, de degré en degré, nous venions aux mystères les plus difficiles [11]. »

Encore la *raison*, alléguée comme par Xavier ou Ricci, en tant que référence suprême... Rhodes confie d'ailleurs son étonnement de voir ses auditeurs si merveilleusement « souples à la raison », et il faut convenir en effet qu'il fallait « quelque souplesse » à la raison d'un notable vietnamien du XVIIᵉ siècle pour trouver tout à fait raisonnable le supplice de Dieu et le système de la Trinité...

N'importe ; des personnages du plus haut rang se convertissent bientôt à la religion prêchée par l'homme d'Avignon, à commencer par la sœur du *chua*, baptisée sous le nom de Catherine, qui entraîna à sa suite plusieurs personnalités de la cour et notamment sa mère.

Catherine était poétesse. Elle mit, raconte Alexandre, un zèle extrême à composer « en beaux vers toute l'histoire du catéchisme, commençant depuis la création du monde jusqu'à la venue, la vie, la passion, la résurrection et l'ascension de Notre-Seigneur [12] ». Elle en fit tant qu'elle entraîna même des bonzes à se rallier à la religion nouvelle « bien qu'ils fussent ainsi privés de leur gagne-pain », observe sobrement le jésuite.

S'agissant du peuple, Rhodes usait d'autres armes : ayant constaté le goût des Vietnamiens pour les spectacles et la musique, la crainte (et l'amour) des « génies » dans laquelle ils vivaient, il multipliait les manifestations où se mêlaient jeux, chants, danses, saynètes, prenant pour prétextes les cérémonies religieuses, et en faisant de vraies fêtes de conjuration et de célébration naturelle – dont les vieux messieurs du Saint-Office auraient pu contester l'orthodoxie.

Il fit si bien que, dès la fin de 1627, il avait baptisé à Hanoi 1 200 personnes, puis 2 000 en 1628, et 3 500 en 1629... Ce sont en tout cas les chiffres qu'il donne dans son *Histoire du royaume du Tonkin*. « Je ne suis pas porté à l'exagération », écrit-il en une autre occurrence. Comme en ce qui concerne la population de Hanoi, on peut se demander si, tout de même... Mais, de toute évidence, une forte propension se manifestait parmi les Vietnamiens à adopter le christianisme. De là à l'adapter...

Alexandre de Rhodes ne pouvait veiller sur tant de néophytes dont le zèle était parfois envahissant : certains faisaient jusqu'à quinze jours de marche pour venir se confesser et entendre la messe. Il choisit donc pour le seconder quelques pieux jeunes gens dont il fit des catéchistes. Le premier qui se présenta était un bonze qui avait tout quitté, temple et « grands émoluments », pour être baptisé sous le nom de François, et vivre avec les pères : « ce que nous lui accordâmes volontiers, raconte Rhodes, tant pour avoir en lui un témoin considérable de notre vie privée, que pour le rendre plus savant des points du caté-chisme... ». Le jésuite d'Avignon ne cessera de se féliciter des services rendus par ces catéchistes – dotés de rudiments de médecine, ils furent les ancêtres des « médecins aux pieds nus » – et leur attribuera « les grands progrès faits par cette Église ».

De tels succès ne pouvaient aller sans vives ou violentes réactions, venant aussi bien des femmes exclues du fait de la condamnation par les pères de la polygamie, que des religieux menacés de perdre leurs « grands émoluments » comme les eunuques leur emprise sur le roi, des courtisans jaloux et des nationalistes les plus ombrageux. Rhodes se défendait en éblouissant le souverain de sa science mathématique ou astro-nomique, ou de ses machines. Mais sur Trinh Trang, les pres-sions s'accentuaient.

Les concubines royales, effrayées à l'idée que leur seigneur devînt chrétien et monogame, « firent tant de bruit que le royaume en fut ému ». Elles s'allièrent à la police pour persua-der le roi que les missionnaires correspondaient secrètement avec ses ennemis de Huê, qui venaient de l'humilier, et avec la dynastie rivale des Mac qui exerçait son pouvoir sur le nord-ouest du pays, entre le delta et le Yunnan. Les mêmes syco-phantes accusaient les pères d'user d'« une eau de mort qui allait dépeupler le royaume et faire le jeu de ses ennemis », argument qui tirait sa force de la pratique du baptême des mourants et notamment des enfants agonisants, à laquelle Rhodes se livrait avec une certaine absence de discernement. Qui peut dire les rapports de la cause à l'effet.

Les bonzes, d'autre part, allaient répétant qu'en s'attaquant aux pagodes, en détruisant les idoles, les jésuites attiraient sur le royaume la vengeance du ciel. A quoi Rhodes put riposter qu'il n'avait « jamais enseigné aux chrétiens de briser les idoles*. Il leur avait toujours expressément défendu de leur faire aucune injure et recommandé étroitement de vivre en paix avec tout le monde ».

Trinh Trang tenait bon. Mais ses femmes finirent par le persuader que le jésuite trop éloquent était « un sorcier dont le souffle pouvait tuer ». Vint un temps où toutes les mathématiques du monde et tout le charme provençal ne pesèrent plus très lourd contre de tels arguments.

Et voilà Rhodes « tout ébahi de constater que le roi ne (l')appelait plus à sa conversation et à sa table même comme il avait auparavant accoutumé, (le) faisant asseoir auprès de lui et (le) servant de sa main ». Maintenant, quand par hasard Trinh Trang le recevait, « c'était de loin, de sorte que, comme il était un peu sourd, il fallait qu'un eunuque lui rapportât mes paroles qu'il déguisait à sa fantaisie ; et je ne savais point alors d'où provenait ce changement » [13].

Une éclipse de lune qui lui permet de manifester avec éclat une science sans rivale sous ces latitudes va-t-elle rétablir son crédit ? Eh non !… Les sorciers font valoir à grands cris que le baptême n'est qu'un arrêt de mort, que les hommes noirs tuent ainsi les meilleurs soldats du royaume.

Trinh Trang finit par céder et promulgua l'édit suivant :

> « Nous, roi de Tonkin, encore que nous soyons assez informés que les prêtres européens qui sont en notre cour n'ont point enseigné au peuple jusqu'à maintenant de mauvaise et pernicieuse doctrine, toutefois ne sachant point ce qu'ils feront à l'avenir ou ce qu'ils machinent à présent, nous défendons désormais sous peine de la vie à tous nos sujets de les aller trouver ou d'embrasser la loi qu'ils prêchent [14] »

Rhodes tenta de tergiverser, d'interpréter « libéralement » l'édit. Ses églises fermées, il courait les quartiers et la campagne, prêchant ici et là. Mais la chance n'était plus de son côté : aucun bateau ne vint de Macao en ce mois-là. Trinh Trang dépité y vit le doigt du destin. Plus de galère, plus de jésuite…

Quand la saison du commerce fut passée, et avec elle la chance de voir revenir les Portugais, un eunuque de la cour

---

* Plus tolérant en cela que Ricci.

vint remettre au missionnaire vingt écus d'or et des étoffes précieuses, avec l'ordre d'embarquer dans la jonque qui devait le conduire en Cochinchine*. Rhodes pria qu'on lui permît d'« aller faire la révérence au roi ». Peine perdue. Trinh Trang lui avait interdit sa porte. Il dut s'embarquer, tandis que les chrétiens en larmes avançaient jusque dans l'eau pour entendre le discours qu'il leur adressa encore de l'embarcation.

Mais ni le roi, ni les concubines, ni les bonzes, ni les eunuques n'en avaient encore fini avec le jésuite polyglotte : tandis qu'il faisait voile vers la baie de Tourane, Rhodes parla si bien qu'il convertit le capitaine et vingt-quatre de ses hommes, et se fit débarquer dans la dernière baie avant la frontière de Cochinchine, et de là gagna l'anse de Ca Chua, autrement dit « port de la reine » – où venait précisément d'accoster un navire portugais, le *Nao* ; et c'est en cet équipage qu'il regagna Hanoi. Dès lors qu'il revenait en telle compagnie, n'était-il pas de nouveau *persona grata* ?

Trinh Trang parut d'emblée se rendre à ces raisons : commerce d'abord. Et l'ingénieux Alexandre put reprendre sa prédication. Mais sitôt les affaires commerciales réglées, le *chua* qui avait, pressé par ses femmes, de nouveau refusé de le recevoir, exigea des Portugais qu'ils embarquassent l'homme à la longue barbe. Épices, étoffes et armes ou pas, Alexandre de Rhodes ne reverrait plus Trinh Trang ni son royaume… C'était en 1630, au début de mai.

L'exilé rapporte tout ceci du ton le plus serein et sans en tirer argument contre quiconque, surtout pas contre le *chua* qu'il aimait, et dont il ne cessa jamais de se croire aimé. Au surplus, il quittait le Tonkin avec le sentiment d'y avoir « fait du fruit », pour parler le langage ignacien. Six mille sept cents baptêmes en trois années de prédication ? C'est le chiffre qu'il propose. On peut lui en donner acte, non sans rappeler que son rayonnement, son charme méridional, son extraordinaire talent linguistique avaient personnalisé ses succès au point que, lui parti, le christianisme tonkinois risquait fort de s'étioler…

En fait, ce pronostic ne fut pas vérifié. Non seulement les catéchistes formés par Rhodes maintinrent le rythme de conver-

---

* Étrange décision que de fournir à ses ennemis de Huê un allié d'une telle valeur… Était-il convaincu par les sorciers et les bonzes que Rhodes portait la mort avec lui ?

sions qu'il avait imposé, mais ses successeurs, le R. P. d'Amaral, et surtout Geronimo Majorica, l'accélérèrent encore : en 1640, les jésuites du Tonkin se disaient responsables de cent mille convertis, et y avaient bâti cent vingt églises. Mouvement qui cessait de refléter le génie personnel de l'homme d'Avignon – mais qui allait, une fois de plus, bouleverser sa destinée.

Écarté de Cochinchine, chassé du Tonkin, l'éloquent Alexandre se vit pendant près de dix ans confiné à Macao, dans une retraite mélancolique, sous la coupe d'un vieux supérieur portugais qui détestait ses talents et sa personnalité rayonnante. Ainsi fut-il voué à un rôle obscur d'aumônier des autochtones de la petite ville : on l'appelait « le père aux Chinois ». Mais lui ne pensait qu'au Viêt-nam.

Et le Viêt-nam allait, en 1639, se rappeler à lui et à la « maison » des pères de Macao, et aux messieurs de Rome. Au vieux roi de Cochinchine Sai Vuong avait succédé en 1635 son fils Thuong Vuong, animé de sentiments voisins de ceux du disparu, c'est-à-dire jaugeant les jésuites et leurs prédications à l'activité commerciale qu'ils induisaient. Mais un acteur nouveau était intervenu dans le jeu : la puissance hollandaise, à partir de Batavia. En tant que luthériens et en tant que concurrents commerciaux, les Bataves ne cessaient de dénoncer auprès du roi le double jeu des jésuites – avant-garde, selon eux, de la conquête militaire portugaise. D'où une altération croissante des rapports entre la cour de Huê et les missionnaires dont Thuong Vuong finit par prononcer le bannissement en 1639.

Le coup était si dur, les perspectives si sombres, que ses supérieurs se souvinrent enfin que nul n'égalait le père de Rhodes en matière de « vietnamerie », et n'avait autant d'atouts que lui pour rouvrir le pays du Sud à la prédication chrétienne à laquelle Francesco Buzomi avait donné une si vive impulsion. Le fait d'avoir été banni par le *chua* du Tonkin n'était-il pas susceptible d'intéresser ses rivaux de Cochinchine en faveur du polyglotte ? La Compagnie devait lui donner une nouvelle chance.

Chance qui s'avéra, de prime abord, difficile à saisir : refoulé de Faifo après un bref séjour en 1640, contraint de regagner Macao puis d'hiverner à Manille, Rhodes perdit plus de vingt mois, ballotté sur des mers qu'il tenait pour hostiles, avant de reprendre pied, au mois de janvier 1642, en baie de Tourane d'où il gagna Huê – y recevant un accueil cordial de Thuong Vuong.

Au roi, et dans son meilleur vietnamien, Alexandre présenta « quelques nouveaux horloges marqués en lettres chinoises ». Le présent plut à tel point que le prince retint le missionnaire à la cour « quand les Portugais retournèrent à leurs marchandises ». Il passait des jours entiers avec Rhodes qui lui expliquait « quelques secrets de la mathématique ».

Puis soudain, le souverain se lassa, et signifia au trop savant jésuite qu'il devait prendre le large et regagner Faifo. De la « mathématique » au catéchisme, pourquoi pas ? Alexandre de Rhodes se retrouva derechef missionnaire et sillonna la Cochinchine, du « mur de Dong-Hoi » au Champa, convertissant avec une telle rage qu'il provoqua une nouvelle levée de boucliers des bonzes. Fine mouche, il jugea bon, en novembre 1643, de faire retraite à Macao. Prudence ou tactique ? Ses amis négociants portugais lui avaient fait valoir que son absence ranimerait le désir du roi de s'entretenir avec lui, ou sa crainte de le voir « passer à l'ennemi » tonkinois ; après quelques mois passés en Chine, Thuong Vuong serait impatient de le revoir les bras chargés de nouveaux cadeaux, machines savantes ou porcelaines rares.

Ce qui fut fait : quand il revint de Macao quatre mois plus tard, Rhodes fut accueilli par le roi « avec de grandes caresses » et ses présents furent reçus avec plaisir, au point que, le lendemain, Thuong Vuong tint à aller visiter le père dans la barque où il avait élu domicile, comme c'est la coutume dans cette région du Centre-Annam. Ravi de se faire ainsi plus vietnamien chaque jour, le jésuite provençal s'est décrit dans ses souvenirs, calfeutré dans la jonque à toit bombé, « plus content que si j'eusse été dans une maison dorée, en compagnie de neuf jeunes hommes qui y vivaient comme des anges [15] ».

Des anges que d'autres regardaient comme des diables. Les campagnes des bonzes, des eunuques et des concubines avaient repris avec d'autant plus d'ardeur que la faveur du missionnaire s'affirmait. Les conjurés susurrèrent au prince que sa tante convertie, Marie, fort liée à Alexandre de Rhodes, lui témoignait une bienveillance très affichée parce qu'elle voulait profiter de la science de ce « fort savant mathématicien » pour qu'il lui trouve « quelque sépulture si commode que la couronne vienne à ses descendants, au préjudice de toute la maison royale ». Le genre de rumeurs qui éveillent la méfiance des rois…

Au surplus, Rhodes, qui eût mieux fait ici de s'inspirer de l'exemple de Ricci, baptisait avec outrance : ne parle-t-on pas de deux cents nouveaux chrétiens en une seule nuit ? De quoi pousser à bout les bonzes et leurs fidèles. Si bien qu'à partir de 1644 le climat commença de se gâter autour de lui. Il suffisait d'un personnage capable de rassembler ces diverses tendances hostiles pour en faire un ouragan. Ce fut le gouverneur Ong Hebo.

Brandissant un ordre venu du clan des concubines royales, ce mandarin nationaliste, maître des provinces du Sud, soumit la résidence des jésuites à une perquisition. S'y trouvait seul un catéchiste nommé André, qui avait prononcé l'année précédente des vœux solennels : le gouverneur lui opposa l'édit de 1626 interdisant aux citoyens de Cochinchine de renier leur religion originelle et, le catéchiste refusant d'abjurer, fit prononcer contre lui un arrêt de mort. Accourus, Alexandre de Rhodes et les marchands portugais eurent beau supplier, puis menacer, Ong Hebo fut inflexible : André serait exécuté « pour apprendre à tous l'obéissance qu'ils devaient au roi ».

Le supplice du catéchiste se déroula aux abords de la petite ville de Quang-nam. On lui avait passé autour du cou, selon la coutume, une cangue de bois (que Rhodes appelle « une échelle »). A force de supplications, le Provençal avait obtenu d'accompagner le condamné : mais il pouvait à peine le suivre, raconte-t-il, tant André marchait vite, comme impatient de mourir pour sa foi.

La scène de la décapitation du catéchiste de Quang-nam est un « classique » de l'évangélisation chrétienne en Asie. Elle est notamment le sujet d'un surprenant chromo peint à la fin du siècle par un petit maître romain : casques de centurions, toges, plumets, rien n'y manque – avec un André qui ressemble à Polyeucte et un Rhodes mué en sosie du jeune Loyola…

Quant au récit qu'en fait Alexandre de Rhodes, dans *Voyages et Missions*, il est d'un baroquisme sauvage qui étonne, venant de cet homme de culture et de sagesse, et que le trait final porte au paroxysme :

> « Les soldats l'environnèrent ; ils m'avaient mis hors de leur cercle, mais le capitaine me permit d'entrer et de me tenir

auprès de lui. Il était ainsi à genoux en terre, les yeux élevés au ciel, la bouche ouverte et prononçant le nom de Jésus.

Un soldat venant par-derrière le perça de sa lance, laquelle sortait par-devant au moins de deux palmes ; lors le bon André me regarde fort aimablement, comme me disant adieu ; je lui dis de regarder le ciel, où il allait entrer, et où notre Seigneur Jésus-Christ l'attendait. Il leva les yeux en haut, et ne les détourna plus. Le même soldat ayant retiré sa lance, l'enfonça une seconde fois, et donna un coup redoublé, comme lui cherchant le cœur.

Cela ne fit pas seulement branler ce pauvre innocent, ce qui me sembla du tout admirable. Enfin, un autre soldat voyant que trois coups de lance ne l'avaient point abattu en terre, lui donna de son cimeterre contre le cou, mais n'ayant rien fait, il assena un autre coup qui lui coupa tellement le gosier que la tête tomba sur le côté droit, ne tenant plus qu'à un peu de peau.

J'entendis fort distinctement qu'en même temps que la tête fut séparée du cou, le sacré nom de Jésus qui ne pouvait plus sortir par sa bouche, sortit par sa plaie, et à même temps que l'âme vola au ciel, le corps tomba en terre… mais je gardai la tête pour moi, et Dieu m'a fait la grâce de la porter à Rome [16]… »

La persécution s'aggrava. Le gouverneur de Quin Hon ordonna aux chrétiens de se déclarer. Sachant ce qu'ils risquaient, cinq cents se présentèrent aussitôt. Le mandarin en choisit trente-six pour être exécutés. Mais comprenant que le roi y verrait une provocation à l'encontre des commerçants portugais, il commua la peine en flagellation de cinq d'entre eux : tous s'étant portés volontaires, le juge, raconte le missionnaire d'Avignon, « ne savait s'il devait se mettre en colère ou s'il devait rire, s'il devait les contenter tous en les faisant tous souffrir, ou bien s'il les devait tous punir en les congédiant tous sans en tourmenter aucun [17] ».

A bout d'arguments, il en fit brièvement fustiger quelques-uns, pour l'exemple.

A la Noël 1644, c'est Alexandre de Rhodes lui-même qui fut arrêté. Il passa quelques jours en prison, fut remis en liberté à condition qu'il se calfeutre dans sa barque où « les magistrats le faisaient souvent visiter par leurs gardes ». Mais il s'esquivait la nuit pour aller sermonner ses paroissiens. Au bout de deux mois, Ong Hebo lui signifia l'ordre de quitter le pays ;

mais le roi intervint pour surseoir à l'arrêt du gouverneur, de peur de provoquer la colère des marchands.

Clémence de courte durée, peut-être parce que les Portugais se faisaient rares ; cinq mois plus tard, Thuong Vuong prit en son conseil la décision fatidique : Alexandre de Rhodes, condamné à mort, aurait « la tête tranchée dès le même jour ». Voilà qui n'eût pas manqué de créer quelque tension entre Huê et Macao, et de raréfier les produits portugais sur le marché de Faifo… Une femme, en tout cas, épouse de l'un des plus proches conseillers du roi, convertie au christianisme et qui avait « gardé au cœur quelque amour » pour le jésuite, parvint à fléchir le roi :

> « Bien, fit-il. Puisque l'on me parle en faveur de ce prêtre portugais*, je suis content de retirer ma parole et de lui donner la vie, mais à condition qu'il sortira au plus tôt de tout mon royaume pour n'y jamais plus rentrer. C'est sur peine de la vie que je lui commande de s'en éloigner [18]. »

Cette fois-ci, tout l'art, tout le charme, et l'éloquence et les menaces du Provençal n'y feraient rien : les divers pouvoirs vietnamiens en étaient venus à la conclusion que les intervenants et leur doctrine étaient en train, du fait de leur succès, de déstabiliser le système. Trop éclatant, ce Rhodes, trop impatient et trop charismatique !

Le jésuite à la barbe de soie fut conduit à Faifo. En attendant le départ du vaisseau des Portugais pour Macao, il fut confié aux soins d'un Japonais qui se révéla chrétien. Un garde veillait à ne laisser approcher aucun fidèle. Mais la nuit, quand il dormait, le Japonais dressait une échelle sous la fenêtre du logis, et Rodhes pouvait aller prêcher dans les quartiers alentour : pendant les trois semaines qui précédèrent sont départ, il affirme avoir encore baptisé quatre-vingt-douze auditeurs…

Le récit qu'il fait de son embarquement pour Macao, le 4 juillet 1645, ne manque pas de pathétique : « … Les uns se jetaient par terre comme à demi morts, les autres hurlaient d'une façon si lugubre que mon cœur mourait de douleur, voyant la bonté de ces bonnes gens. » Un mandarin monta à bord pour l'édit de bannissement qui spécifiait que tout capitaine qui

---

* Les prêtres étaient tenus, globalement, pour portugais, comme les marchands.

oserait ramener Alexandre de Rhodes en Cochinchine à son bord aurait la tête tranchée[*].

Nul ne s'y hasarda. Le jésuite d'Avignon ne devait plus revoir, Nord ou Sud, Cochinchine ou Tonkin, le Viêt-nam.

Sa trace, on le sait, est marquée. A la fois comme maître d'évangélisation, et comme ingénieur de la linguistique. On n'insistera pas longuement sur le premier point, sinon pour préciser sa double différence avec le grand Matteo Ricci : beaucoup plus imprudent que celui-ci en matière de conversions de masse, ne craignant pas de « faire du chiffre », il était beaucoup plus libéral à propos du traitement des « idoles » qu'il jugeait plus ou moins inoffensives, alors que l'Italien, tout généreux et « chinois » qu'il fût, en exigeait la destruction.

Peut-être cette divergence s'explique-t-elle par des différences d'intensité religieuse, ou d'identification de l'un ou l'autre peuple avec le confucianisme, le bouddhisme ou le taoïsme. En fait, les Vietnamiens plus ou moins liés à cette trilogie syncrétique ne se sentaient vraiment attachés qu'à leur culte des Ancêtres, dévotion qui n'impliquait aucune « idolâtrie », et qu'un missionnaire chrétien pouvait traiter avec une extrême tolérance. Henri Bernard-Maître met très justement l'accent sur les relations d'« amitié » – on pourrait dire d'« intelligence » – que Rhodes entretenait avec les bouddhistes les plus fervents, et les audaces qui en résultèrent : il démarquait, pour ses catéchistes, les règles et les coutumes de certaines confréries de bonzes, et jouait à fond de tout ce qui pouvait rapprocher le culte des Ancêtres autochtone des rituels catholiques, multipliant les liturgies funéraires les plus pompeuses en milieu chrétien, et incitant ses néophytes à se mêler aux cérémonies traditionnelles de leurs concitoyens bouddhistes. Il savait être en désaccord sur ce point ses supérieurs portugais de Macao, mais n'en avait cure tenant leurs avertissements pour du « zèle indiscret ».

Il n'en est pas moins ferme sur les principes. Son catéchisme rédigé en vietnamien est très sévère à propos des repas offerts

---

[*] Et pour que la menace fût prise au sérieux, Thuong Vuong fit décapiter les deux principaux catéchistes de Rhodes, Ignace et Vincent, le jour anniversaire du supplice de leur camarade André.

aux défunts et des maisons de papier brûlées pour leur consolation, où il dénonce des « pompes d'erreur et de factice », et il
exhorte ses catéchumènes à substituer à ces « moqueries » des
distributions aux pauvres.

En tout cas, la compréhension dont il témoigne à propos des
rites locaux (lui qui savait bien comment ses collègues provençaux traitaient en milieu paysan santons et fontaines enchan-
tées) fut moins mal comprise par l'Église que les tentatives
d'accouplement entre confucianisme et christianisme qui dres-
sèrent la Curie romaine contre l'auteur de *La Vraie Doctrine
du maître du ciel*. Il est vrai que celui-là ne mettait en cause
que les formes, et celui-ci le fond...

Ainsi peut s'expliquer, sinon se justifier, la différence entre
le flux des conversions opérées par Rhodes et par Ricci : il était
plus facile de faire entendre à des villageois tonkinois que les
Ancêtres verraient d'un œil favorable leur progéniture adorer
le Fils ou vénérer la mère de Dieu, que de persuader un mandarin du Kiang-si de reconnaître la convergence entre l'enseignement de saint Thomas et celui de Mencius.

Apôtre aux bilans prolifiques, Alexandre de Rhodes fut plus
encore peut-être un génie de la communication culturelle, quelle
que soit la part qu'il ait prise dans l'invention du *quôc-ngu*
(langue de la patrie*), transcription d'une étonnante ingéniosité
des caractères chinois en signes alphabétiques. Opération qui
constitue l'une des passerelles les plus audacieuses et les plus
fructueuses jamais lancées entre la culture asiatique et celle de
l'Occident.

Bien que désigné comme tel par la commune renommée,
Rhodes s'est toujours défendu d'avoir été l'inventeur du système. Dans la préface de son *Vocabulaire annamite* publié à
Rome en 1651, il désigne son jeune confrère Francesco de Pina
comme son précurseur en ce domaine, mais on peut penser que
Pina** lui-même s'est servi des recherches de Francesco Buzomi
et de celles d'un laïc autodidacte nommé Christophe Borri.

En minimisant son rôle en cette glorieuse occurrence, l'Avi-

---

* Ainsi le premier « nom de guerre » de Hô Chi Minh fut Nguyên Ai
Quôc.
** Mort très jeune, noyé dans la baie de Tourane en 1628.

gnonnais tente-t-il de faire valoir l'« esprit d'équipe » de la Compagnie ? On peut juger surprenant que l'homme qui surclassait tous ses compagnons dans le domaine de la communication et disposait d'une culture linguistique exceptionnelle, n'ait été que le plus brillant praticien du système. Mais il est vrai que voué à la pratique de la langue parlée, et en faisant un usage incomparable, il peut avoir laissé à d'autres le soin de travailler à sa transcription.

Rhodes fut en tout cas le premier à aborder l'étude du *quôc-ngu* dans une perspective scientifique, selon une méthode qui relevait déjà de la philologie, en tant qu'auteur du premier glossaire franco-vietnamien et de la première grammaire de cette langue. Si l'on veut vraiment qu'il n'ait pas inventé cette écriture dont le nombre de Vietnamiens lui attribuent volontiers la paternité, il faut du moins lui reconnaître le rôle de vulgarisateur d'un côté, et de théoricien de l'autre [19].

Disons avec Robert Maybon qu'il prit une grande part à la « transcription [qui fut] certainement une œuvre collective » ; avec Henri Chappoulie, que l'imprimerie romaine de la « Propagande » fit fondre pour la première fois des caractères en *quôc-ngu* pour imprimer ses œuvres ; avec Henri Bernard-Maître, qu'en « rationalisant le *quôc-ngu* par son étude minutieuse des tons, il en a fait un instrument d'expression dont tout l'Extrême-Orient lui envie la perfection », et avec Paul Mus, qu'il mérite bien sa gloire pour avoir assumé « la mise au point de la transcription alphabétique du vietnamien [20] ».

Philologue et missionnaire, si Alexandre de Rhodes est tenu en si grande estime par les Vietnamiens que ne musèlent pas les interdits de la propagande totalitaire, c'est aussi parce que, à l'exemple de Ricci, il mit tout son zèle à exprimer dans la langue des autochtones, et non en termes européens, les diverses nuances de la pensée scientifique aussi bien que religieuse ou philosophique : à cet effet, avant même d'en avoir rationalisé et popularisé la transcription alphabétique, il avait assoupli, musclé et diversifié le vieux *nom*.

Ainsi s'explique l'estime dont jouit le jésuite provençal en pays vietnamien : tant dans le domaine linguistique qu'intellectuel, il a contribué sinon à détacher la culture vietnamienne de la chinoise, du moins à autonomiser celle-là par rapport à celle-ci. Il a contribué à donner confiance aux gens du Sud, à alléger l'énorme hégémonie de l'empire du Nord.

Quand on pense que d'expulsion en évasion, et au gré des caprices du roi de Huê ou du *chua* de Hanoi, Rhodes ne put passer qu'un peu plus de sept années[*] au Viêt-nam Nord et Sud, on peut dire qu'il sut tirer parti, avec une ingéniosité sans seconde, de chaque occasion.

Le bilan de l'action pastorale d'Alexandre de Rhodes fut établi un an après son expulsion de Cochinchine, dans un rapport adressé à Rome par Joao Cabral, jésuite portugais qui avait été chargé par ses supérieurs de visiter les missions chrétiennes du Viêt-nam. Bien que la nationalité de l'inspecteur ne contribuât point (nous verrons pourquoi) à le porter à l'indulgence, ses conclusions sont éloquentes.

Assurant que cette chrétienté était « la meilleure [qu'il] ait pu connaître dans tout l'Orient », Cabral précisait :

> « 1° Ces chrétiens sont très sérieux, en général ils abjurent si bien le paganisme qu'il ne leur en reste aucune trace ; c'est comme s'ils ne l'avaient jamais professé.
> 2° Il n'y a pas chez eux de superstition de castes ni de distinctions d'aliments ou autres abus comme ceux qui font grand obstacle à la conversion des nations de l'Inde [ni] plusieurs vices communs à d'autres peuples.
> 3° Ils ont pour nous un amour et un respect extraordinaires ; ils sont très obéissants à tout ce que nous leur ordonnons, très ponctuels pour la réception des sacrements et l'accomplissement de leurs devoirs [...] et ils ne sont guère attachés au culte des pagodes [...] Plus avilis sont les bonzes.
> Toutefois, pour la conservation de cette chrétienté, il faut que les Pères agissent avec précaution : qu'ils évitent les grandes assemblées publiques et qu'ils s'adaptent pour l'habit, les constructions et tout le reste, autant qu'il se peut, aux usages du pays [...] Ils le comprennent encore mieux que moi.
> Il faut aussi que les supérieurs de cette province s'efforcent de maintenir l'amitié du roi, et qu'ils lui écrivent et lui envoient des cadeaux chaque année comme actuellement. Ceci non pas parce qu'il les en récompense assez bien, mais parce qu'il est intéressé et cependant moins orgueilleux et brutal que ceux du Japon. Grâce à ces bonnes relations, il dissimulera pour le moins ses sentiments envers la chrétienté.
> Il importe beaucoup aussi qu'on choisisse bien les sujets à envoyer dans cette mission et qu'on ne les envoie que petit à

[*] Ricci avait vécu vingt-huit ans en Chine.

petit sans aucun éclat. Bien que la chrétienté soit en paix, les choses des gentils n'ont jamais de persistance. Chaque jour ils changent de visage et c'est dans les moments de calme que le diable prépare ses orages [21]... »

Pouvons-nous tenter de nous figurer l'homme qu'était Alexandre de Rhodes d'après les nombreux portraits qu'a suscités sa légende ? Le R. P. Cadière s'y est essayé, dans un long et minutieux article du *Bulletin des amis du Vieux Huê* [22]. Il a dénombré neuf portraits du missionnaire avignonnais dont l'un (le plus parlant ?), peint par un certain Galliardi, est conservé au musée Calvet d'Avignon, sa ville natale.

L'ennui, c'est que la plupart des peintres se sont inspirés de l'excellent Pierre Clouet, petit-neveu du grand, qui a brossé le portrait du jésuite vietnamisant un quart de siècle après sa mort, et en pensant plus vraisemblablement à Matteo Ricci qu'à Alexandre de Rhodes : ce qui a inspiré de plaisantes digressions de tel ou tel biographe sur la ressemblance étonnante entre ces deux archétypes du jésuite asiatisé.

Si l'on accorde un peu de créance tout de même à ces effigies, on peut décrire un Alexandre de haute taille, au visage allongé, aux grands yeux saillants sous des arcades sourcilières très ombrées, au grand nez droit, à la barbe soyeuse amplement étalée sur le costume sombre à la vietnamienne, avec une bouche et un regard plus mélancoliques, sinon tristes, que ne le font prévoir les écrits du mémorialiste. Beau personnage en tout cas, sous le haut bonnet de feutre noir qui s'élargit vers le haut, mi-barrette ignacienne, mi-toque mandarinale.

On ne le suivra pas dans toutes les pérégrinations qui marquèrent la fin de sa longue vie, de son éviction du Viêt-nam (où il eût aimé, comme Matteo Ricci à Pékin, reposer à jamais) à sa mort, à Ispahan – ses supérieurs, intimidés par des pressions politiques que l'on évoquera, l'ayant envoyé en Perse dans un semi-exil, à mi-distance de son Vaucluse natal et de l'Indochine qu'il avait chérie et où il rêvait de retourner.

Mais il faut relever deux traits de cette seconde carrière du jésuite-linguiste avignonnais : la campagne qu'il mena à Rome et à Paris pour la création puis le recrutement d'un clergé « indigène », et la lutte qu'il soutint en vue de libérer l'Église

d'Asie du *padroado* portugais, ce « patronage » ou « protectorat », en fait cette mainmise d'un pouvoir colonial européen
sur une action pastorale qui, en ayant d'abord profité, ne pouvait qu'en pâtir – comme l'avait observé François Xavier en
Inde. Deux traits qui vont l'un et l'autre dans le sens de la
compréhension des peuples dont il est l'hôte, de la reconnaissance de leur personnalité, et de la nécessité d'assurer leur
autonomie de comportement.

D'abord, le *padroado*. Une telle situation n'avait rien de spécifiquement portugais : toute puissance coloniale tendait évidemment à « patronner » l'activité apostolique de telle façon
qu'« une plus grande gloire de Dieu » soit en même temps (ou
d'abord) celle du roi Joao IV de Bragance, ou du roi Felipe,
ou du roi Louis. Au *padroado* de l'un répondait le *patronato**
de l'autre, ou l'hégémonie du troisième. Pas de désignation
d'évêque ou de supérieur qui ne dût être approuvée par l'une
ou l'autre couronne, afin de servir les activités économiques
de celle-ci ou de celle-là, au Japon, en Chine et au Viêt-nam, et
qui ne fût « encadrée » par le pouvoir de Goa ou de Lisbonne,
de Manille ou de Madrid. « Sans nos vaisseaux, seriez-vous
admis ? Pas de bateau, pas d'épices – pas de jésuites ! »

Ces vérités simples qu'Étiemble a résumées dans un chapitre
de *L'Europe chinoise* intitulé « Les affaires sont la religion »,
ne pouvaient être contestées par les missionnaires. Il ne leur
restait que la possibilité d'atténuer l'emprise du pouvoir poli-
tico-négociant sur l'évangélisation, d'éviter que l'Évangile ne
fût que l'étiquette des marchands du temple.

Alexandre de Rhodes en avait pris conscience aussi bien que
François Xavier. Il avait trop pâti des fluctuations provoquées
chez les maîtres de Huê et de Hanoi par les variations saison-
nières du commerce pour n'avoir pas souhaité se dégager de
cette emprise ; mais il avait trop bénéficié de l'arrivée des
galères de Macao en rade de Faifo ou de Cua Bang pour se
contenter de maudire cette interpénétration du spirituel et du
commercial.

La « protection » portugaise ? Il ne la condamnait pas. Mais
il faisait observer que, toute naturelle aux temps héroïques de
Vasco de Gama ou d'Albuquerque, elle se justifiait beaucoup
moins depuis que d'autres puissances – Espagne, Pays-Bas,

* Espagnol.

Angleterre – disputaient à Lisbonne le contrôle de ces mers et de ces marchés ; et depuis que la route terrestre, par le Tibet, la Mongolie et la Perse, pouvait rivaliser avec celle du cap de Bonne-Espérance que les grands navigateurs lusitaniens avaient ouverte, balisée et contrôlée.

Ces observations, les fondateurs romains de la Congrégation de la propagande récemment créée[*] les faisaient aussi, se préparant à contester le *padroado* par trop césarien et quelque peu essoufflé. S'ils trouvèrent en Rhodes un avocat particulièrement actif et prestigieux, c'est bien sûr en raison de ses convictions. Aussi du fait d'un curieux incident de parcours.

Le 20 décembre 1645, Alexandre-le-Vietnamien, contraint de quitter à jamais l'Extrême-Orient, embarquait à Macao en compagnie d'un jeune homme nommé Siqueira, qui serait plus tard le premier Chinois à être ordonné prêtre. Il avait prévu de reprendre la route maritime contournant le cap de Bonne-Espérance contrôlée par le *padroado*. Mais pendant l'escale à Malacca, que les Hollandais avaient quatre ans plus tôt arrachée aux Portugais, il fut invité à faire escale à Batavia (qu'il appelle, lui, Jacquetra, la future Djakarta), par le gouverneur hollandais Cornelius Van Duclin qui tenait à le remercier d'avoir au Viêt-nam sauvé la vie de six commerçants des Pays-Bas.

Crut-il qu'une chance s'offrait de convertir des hérétiques ? Il y alla, et mal lui en prit car, ayant dit la messe dans une ville gouvernée par des calvinistes, et en l'absence du gouverneur, il fut arrêté, jeté en prison, menacé du bûcher et condamné à assister à l'autodafé d'un crucifix. Le retour de Van Duclin lui permit de recouvrer la liberté, de recevoir des excuses, et il se vit prié de demeurer. Mais il préféra gagner Batan où les autorités anglaises lui réservaient un traitement tout différent de celui que les Hollandais lui avaient infligé : le gouverneur de Sa Majesté dans les Indes le reçut.

> « avec toute la bonté que j'eusse pu attendre d'un catholique fort zélé, il me voulut avoir à sa table où il me traita si civilement que j'eus opinion qu'il était catholique, jusqu'à ce qu'un jour, à table, il me fît assez connaître par ses discours qu'il était engagé dans le malheur commun de cette pauvre nation

[*] En 1622.

qui, ayant été autrefois les délices de la vraie piété, a perdu depuis quelque temps ce qui la rendait vénérable à toutes les autres nations depuis tant de siècles [23]... ».

Allons, mieux vaut prendre congé de ces hérétiques, fussent-ils gentlemen, et rejoindre sur une galère portugaise le giron de la Sainte Église catholique...

Rhodes ne souhaitait pas – évidemment pas – braver le *padroado* en se refusant à admettre l'exclusivité de la route maritime portugaise mais, après une longue escale aux Célèbes dont il tenta – mais en vain – de convertir le souverain musulman (« je ne pus jamais découvrir d'où cela pouvait provenir : sa vie n'était point mauvaise en apparence et il n'avait aucun engagement avec les femmes... »), il ne trouva pas d'autre bateau pour gagner les Indes qu'un anglais qui le conduisit jusqu'aux « États du Mogor » et, de là, en Perse. Si peu prémédité qu'il fût, les gens de Lisbonne prirent très mal ce mauvais exemple donné aux divers praticiens de l'Asie par l'illustre Alexandre, avec le concours de ces hérétiques...

Dès lors, Alexandre de Rhodes sera tenu par la cour de Lisbonne pour un ennemi du Portugal, en tout cas comme le meneur d'un jeu consistant à arracher l'action missionnaire du *padroado* pour la confier à la seule Rome. Quand il fut question de le renvoyer en Asie à la tête d'une mission de plusieurs dizaines de membres de la Compagnie rassemblée par ses soins, en 1655, mais transportée par la flotte lusitanienne, le roi Jean s'y opposa violemment. Les démarches de Rhodes auprès de la papauté à propos de l'Asie au détriment des intérêts portugais l'avaient « rendu odieux à la cour de Lisbonne ». Et le septième préposé général des jésuites, Godwin Nickel, n'était pas de taille à résister au souverain portugais comme eût pu le faire un Aquaviva : il n'osa pas « mécontenter ce prince » et Rhodes dut, en 1654, laisser partir ses jeunes émules pour l'Indochine et rejoindre, lui, la Perse, où il allait apprendre une treizième langue – et l'ingratitude des grands.

Si Alexandre de Rhodes fut ainsi en butte à la rancune tenace du souverain portugais, ce n'est pas seulement parce qu'il heurtait ses intérêts commerciaux et ses privilèges régaliens ; c'est aussi et surtout parce qu'il se faisait le propagandiste de la formation d'un clergé « indigène » – sur lequel le roi craignait de ne plus avoir barre, en tout cas moins que sur un Ferreira ou un Mendes.

C'était saper là les fondements du *padroado* plus encore qu'en se refusant à passer par le cap de Bonne-Espérance ou en dénonçant les pratiques de tel ou tel commerçant de Macao : les conditions dans lesquelles, des dizaines d'années plus tard, le prêtre chinois André Ly finit par accéder au sacerdoce, devaient montrer l'acharnement de tous les « patronats » à préserver les situations acquises, mises en péril par les innovations.

Et nulle d'entre elles n'était plus révolutionnaire que la promotion d'un clergé émanant de ceux que l'aimable Fénelon lui-même appelait « les peuples assis à l'ombre de la mort » et que la société chrétienne vouait à la damnation éternelle jusqu'à l'instant où quelque missionnaire échappé par miracle aux tempêtes puisse leur transmettre en un langage incompréhensible la peu compréhensible parole de Dieu. De l'un de ces presque encore idolâtres, faire celui qui suscite, dans un peu de pain, le corps du Christ ? On comprend que les pouvoirs établis, non seulement à Lisbonne, mais aussi à Rome, aient vu là comme un défi. Un clergé indigène* !

« Eh quoi, leur disait Rhodes, ces hommes qui ont su affronter le martyre ne seraient pas dignes d'être prêtres ? » L'Avignonnais ne faisait d'ailleurs pas campagne pour des ordinations immédiates, mais pour que fussent envoyés en Indochine des évêques (européens) capables de recruter sur place et de consacrer les futurs prêtres du Dai-Viêt. Il se trouvait à Rome des personnages pour comprendre ce langage et ces idées. D'autres en étaient épouvantés. La papauté, fidèle à ses traditions, tergiversa.

Si attaché qu'il fût au caractère papal de la cité d'Avignon, Alexandre se souvint qu'il était français et entama, à Paris, une campagne de recrutement pour la chrétienté du Dai-Viêt qui devait en premier lieu prendre la forme d'une fondation apte à financer l'envoi de religieux en Asie : d'abord un groupe de jeunes jésuites, puis deux « vicaires apostoliques » en vue d'ordonner des prêtres autochtones. Les dons comme les candidatures affluèrent par l'entremise de l'évêque du Puy,

---

* Il faudra attendre le début du XIXe siècle pour voir apparaître un prêtre jésuite vietnamien, le R. P. Philippe Binh, mort en 1820 à Lisbonne.

Mgr de Maurepas*, aumônier de la reine et de la duchesse d'Ai-
guillon, mère de Richelieu.

Mais la Curie romaine se méfiait. Les cardinaux de la Propagande conseillèrent au pape Innocent X « de n'accepter une
fondation en faveur des évêques que si elle était faite à Rome.
S'ils voulaient échapper aux Portugais, ce n'était pas pour
tomber à la discrétion des Français. La nouvelle institution
serait purement romaine ou ne serait pas [24] ».

Et voici notre Alexandre, ébloui par Paris (« à mon avis,
l'abrégé ou plutôt l'original de tout ce que j'ai vu de plus beau
dans tout le reste du monde »), et peut-être aussi par la cour et
les grands, pris d'une étonnante passion gallicane :

> « La piété des évêques de France est capable de porter l'Évan-
> gile vers l'un et vers l'autre pôle. Il faut que Paris ait cette
> gloire [...] de sacrer des évêques qui n'aient point d'autre des-
> sein que de s'abandonner à toutes les fatigues d'un grand
> voyage et à une vie pleine de travaux... »

Qu'opposer à un tel homme ? La Propagande romaine dut
s'incliner devant le dynamisme d'Alexandre de Rhodes dont
la mission parisienne remportait un immense succès. Il était
l'« homme du jour ». Le roi le reçut. Les princes de l'Église le
louaient et les princes tout court ouvraient leurs bourses. Rome
dut ainsi tolérer la mainmise provisoire des Français sur l'entreprise missionnaire : les deux postes de « vicaires apostoliques » demandés furent attribués à Laval de Montigny (de
Montmorency) et à François Pallu.

Le tout au détriment du héros de l'entreprise. Les messieurs
de Rome voulaient bien céder devant la puissance du roi très-
chrétien mais non s'aliéner son cousin du Portugal, en ren-
voyant Alexandre de Rhodes en Indochine. C'est ainsi que
l'interlocuteur de Trinh Trang et de Thuong Vuong dut laisser
les deux missions qu'il avait suscitées, celle des évêques *in
partibus* et celle des jeunes jésuites, s'embarquer sans lui,
expédié à Ispahan *perinde ac cadaver*.

Il paraît intéressant de donner ici la parole à un historien
vietnamien contemporain, Lê Thanh Khoi :

---

* Il s'appelait Cauchon de Maurepas – un nom difficile à porter, surtout pour un évêque...

« Alexandre de Rhodes se rendit à Paris [au temps où] la politique française commençait à subir l'attraction de la mer [...] La noblesse française ayant souscrit les fonds nécessaires à l'entretien des évêchés, Rome nomma en 1658 deux vicaires apostoliques français [...] La puissante Compagnie du Saint-Sacrement* projetait la fondation d'une Compagnie de la Chine pour la propagation de la foi et l'établissement du commerce. En 1664, au moment où se fondait, rue du Bac, la Société des missions étrangères, Colbert créait la Compagnie des Indes. [...] Pallu s'appliqua à en diriger l'action vers l'Indochine. On peut dire que, jusqu'à la fin du XVIIIᵉ siècle, le commerce français n'eut guère d'autre représentant au Dai-Viêt que les missionnaires [25]. »

Paul Mus s'autorise à peine un demi-sourire à propos de ce « mélange des canons de l'Église à ceux de nos vaisseaux », quitte à mettre plus gravement l'accent sur les conséquences qui découleraient de cet amalgame poisseux. La canonnière et le goupillon...

Alexandre de Rhodes, ami des hommes du Dai-Viêt et parfois de leurs maîtres, philologue génial, missionnaire inspiré, n'avait-il voué sa vie à ces peuples et à leur culture que pour substituer au *padroado* portugais un « patronage français » non moins lourd et, à long terme, plus « aliénant » ?

A cette question, un historien de la fin du XXᵉ siècle pourrait peut-être tenter de répondre ceci : libérée des mécanismes coloniaux, la chrétienté vietnamienne que le missionnaire d'Avignon fit tant pour implanter, aujourd'hui forte de plusieurs millions d'âmes, est devenue l'une des chances qui restent au Viêt-nam de desserrer le corset totalitaire qui l'asphyxie.

---

* Dont l'animateur était un jésuite, le père Bagot, un temps confesseur du jeune roi Louis XIV, et qui allait être une des cibles de Pascal dans *Les Provinciales*.

CHAPITRE XI

Des cibles pour M. Pascal

• *Les raisons d'une agonie prématurée*
• *Deux visions du monde* • *La grâce et les œuvres,*
augustinisme et pélagianisme • *Un Dieu de*
damnation massive • *Le furieux génie de Blaise*
Pascal • *Les « Petites-Lettres », de la métaphysique*
à la morale • *Les bouffonneries du R. P. Bauny*
• *Haro sur Escobar !* • *Qui saura répondre au*
« secrétaire de Port-Royal » ? • *La foi remplace*
la bonne… • *Une affaire de langage ?* •

Au début de l'automne 1640 paraissait à Anvers un énorme
in-folio intitulé *Imago primi seculi societatis Jesu* (Reflet du
premier siècle de la Société de Jésus), chef-d'œuvre typo-
graphique de l'imprimeur Plantin, publié sous la direction du
R. P. Bolland, l'un des premiers historiens de la Compagnie,
inspirateur de l'école dite des « bollandistes » dont la rigueur
scientifique fera l'une des avant-gardes de l'historiographie
moderne.

Somptueux bouquet d'illustrations et de textes, l'*Imago*
se présentait sans détour comme la célébration de l'ordre de
Loyola, pour le centième anniversaire de sa fondation. Œuvre
polyphonique, ce magnificat jésuite pour grandes orgues,
chœurs et cymbales manifestait, écrit Marc Fumaroli, « une
aspiration vraiment pantagruélique à tout dire […] de façon
à laisser le lecteur étourdi, ébloui, frappé de stupeur et peut-
être saisi d'une contagion d'enthousiasme [par] l'hyperbolisa-
tion constante des idées et des faits énumérés à la gloire de la
Compagnie [1] ». On est bien là à Anvers, chez Rubens. Et aussi
au cœur d'un monde ouvert, multiple, multicolore.

Triomphalisme ? Parbleu… Beaucoup en firent grief aux jésuites. Par-dessus tout les jansénistes qui allaient bientôt dresser, face à ce Capitole rutilant, une roche tarpéienne digne de leur mépris, et qui inspirera ce commentaire à Charles Augustin Sainte-Beuve, deux siècles plus tard :

> « L'ordre des jésuites n'a pas vécu tant qu'on le croit. Mis au monde en 1540, il est blessé à mort en 1656… Depuis, l'agonie est au-dedans […] Les jésuites vont, viennent, reviennent, intriguent, nuisent et même cherchent à bien faire, ils ne vivent pas… *Ed era morto* [2]. »

La date de cette « entrée en agonie », 1656, est celle de la rédaction et de la publication des *Provinciales*. D'où se déduisent l'instrument du supplice : la littérature ; le champ de son application : la morale ; et le nom du bourreau : Blaise Pascal.

Il serait vain de rétorquer à l'auteur de *Port-Royal* : « Les gens que vous tuez se portent assez bien. » Dans son excès même, ce verdict donne la mesure de l'événement. Comment nier que de tous les coups portés en plus de quatre siècles à la Société de Jésus, de Pasquier à Pombal, du pape Clément XIV à Émile Combes, celui-là fut le plus terrible qui mit en cause son honneur aussi bien que son discernement, pour la joie de ses ennemis, de la plupart de ceux de l'Église romaine et la délectation des scrupuleux – et pour la plus grande gloire de la langue française ?

La question n'est pas tant de savoir si la Compagnie de Jésus a survécu intacte, affaiblie ou défigurée à la volée de flèches décochées par l'incomparable archer de Port-Royal, que de comprendre pourquoi ce grand corps voué un siècle plus tôt au service du Christ, à la réforme de l'Église, à un apostolat héroïque et universel par un petit groupe d'aventuriers nobles, se trouvait cloué au pilori pour perversion doctrinale et corruption, par l'un des plus grands écrivains qu'ait enfantés le christianisme.

Question qu'il faut compléter par celle-ci : pourquoi ce châtiment s'opère-t-il en France, un demi-siècle après la fin des guerres de religion, au lendemain de la Fronde et à la veille de l'apogée de la monarchie absolue, alors que le modèle français va se substituer pendant un siècle et demi au modèle hispano-impérial ?

Maintes causes ici s'entremêlent, morales et théologiques, sociales, diplomatiques, esthétiques. Toutes ont été mises en lumière par les historiens, mais les politiques moins que les autres. Car le nationalisme français, et pas seulement sous sa forme gallicane, semble avoir joué ici un rôle dont il faut tenir compte, non chez l'auteur des *Provinciales* mais chez ceux qui, de son cri de colère, tentèrent de faire un arrêt de mort.

Le gallicanisme ? L'origine romaine de la Compagnie, ses liens tout particuliers avec le pape, ses thèses et ses références ultramontaines ne cessaient de défier, d'aiguillonner le gallicanisme de l'Église et de l'université, sinon de la couronne – qui avait passé une sorte d'accord de protectorat avec la Compagnie : par l'édit de Rouen de 1603, Henri IV avait, après vingt ans d'exclusion, rétabli les jésuites dans leurs droits[*] contre l'avis et les pressions du parlement. Mais il avait pris soin de les « naturaliser » français, en faisant d'eux les débiteurs et les clients des Bourbons, situation manifestée par la charge attribuée à l'un d'eux de confesseur du roi.

L'anti-espagnolisme ? On ne peut oublier que la Compagnie avait été fondée par un groupe d'hommes que, dans le Quartier latin de 1530, on désignait comme « les Espagnols », très vite exilés pour cela sur la terre des Habsbourg. On ne peut oublier non plus que les souvenirs des guerres de religion sont lourds, que la Ligue a été par bien des points un « parti espagnol », et qu'il n'y a guère d'année, en ce milieu du siècle, où les troupes du roi n'affrontent, des Flandres à la Catalogne, l'infanterie castillane[**]. Il se trouve constamment des auteurs, d'Antoine Arnauld (le père) à Étienne Pasquier, pour rappeler les origines espagnoles de la Compagnie, le premier soutenant que sa blessure de Pampelune avait empli Loyola « d'une haine contre les Français non moindre que celle d'Annibal contre les Romains [qui lui fit] concevoir sa maudite conjuration de Jésuites qui a causé tant de maux à la France ».

Au surplus, la reine Anne est la protectrice déclarée de la Compagnie. Le bon peuple n'en est pas à la traiter d'« Espagnole » comme il fera pour l'« Autrichienne » un siècle et demi plus tard. Mais la Fronde s'achève à peine, qui n'a pas fait

---

[*] Mais le collège de Clermont ne reprendra son activité qu'en 1617.
[**] Le prince de Condé combattant tantôt dans un camp, tantôt dans un autre…

beaucoup pour la popularité de la mère du roi et de ses amis.

On se ridiculiserait bien sûr à chercher une impulsion « nationaliste » dans ce Pascal qui se riait si bien de ce qu'une vérité pût être bornée par une frontière et, précisément, par les Pyrénées… Et le public « de dames et de cavaliers » auquel *Les Provinciales* s'adressent d'abord est peu sensible au chauvinisme. Mais les « Petites Lettres » n'auraient pas eu l'effet de séisme qu'on leur reconnaîtra si un climat alentour n'avait préparé l'accueil et attisé les passions hors des domaines de la théologie, de l'esthétique et même de la morale.

On ne s'opiniâtrera pas à camper sur le terrain politique. Pascal ne s'y situe pas consciemment, les jésuites ne s'y limitent point. Mais dans une société qui émerge de la Fronde et s'apprête à accoucher de la monarchie absolue, le duel entre l'ordre ultramontain des confesseurs du roi, éducateur de la jeunesse opulente, tenu pour le « cheval de Troie du Saint-Siège en France », et les « solitaires » retranchés dans leur saint désert mais fort bien entendus et relayés par une aristocratie mal guérie de ses récents échecs, revêt une signification tout autre que religieuse. Ni Mazarin ni la reine n'en doutent, ni le cardinal de Retz qui (si peu janséniste !) se rallierait au parti des « messieurs » s'ils lui accordaient une prééminence, ni Bussy-Rabutin (si peu jésuite !) qui sera sollicité de se mettre au service des pères…

Qu'une Compagnie incarnant l'ascendant exercé par l'Église romaine sur le roi très-chrétien fût hardiment apostrophée par un groupe d'hommes qui dénoncent à la fois les mœurs du temps (dont la vie privée du roi est la projection la plus éclatante) et la théologie officielle qui est l'un des fondements de la monarchie et de l'université, voilà qui ne va pas sans ébranler l'État. S'il s'avère que l'Église de France trahit l'esprit du catholicisme, que les confesseurs du roi prostituent la morale chrétienne, n'est-ce pas la raison d'être même de l'ordre établi (rétabli…) qui est mise en question soit par les censeurs enfermés dans leur vertueuse exigence, soit par les sycophantes inspirés par l'étranger ?

Port-Royal, abbaye de religieuses cisterciennes, n'est pas l'hôtel de Rambouillet et moins encore la Genève de Calvin. Ni de fait, ni d'intention. Mazarin, fort indifférent aux problèmes religieux, ne s'inquiète que des risques d'alliance entre les « solitaires » et son ennemi Paul de Gondi. Mais la reine, elle, enrage contre Port-Royal : on l'entend clamer : « Ah fi, fi, fi de la grâce !… » Et quand on demande au cardinal d'intervenir pour l'apaiser, il soupire : « Plutôt lui arracher les yeux… »

Ainsi la grande altercation entre Pascal, héraut des solitaires, et la Compagnie soudée à la couronne et arc-boutée sur le Vatican, prendra, quoi qu'en disent certains, l'allure d'une « Fronde ecclésiastique », voire d'une dissidence. Toujours si lucide en ces matières, François Mauriac observe que « l'instinct de Louis XIV ne le trompait pas : la passion de s'opposer est essentielle au jansénisme » – ce qui fait sa grandeur à nos yeux, bien sûr. Dans ce « calvinisme rebouilli » le roi ne voyait que rébellion et refus. « Je m'appliquerai à détruire le jansénisme », écrit-il dans ses *Mémoires*. On verra comment il s'y prit.

Le triomphe intellectuel de Pascal et la défaite morale des pères ne pourront être interprétés pour autant comme une revanche des princes et de leurs alliés parlementaires, éclipsés qu'ils sont par la montée en puissance de l'absolutisme et par l'épanouissement parallèle de la pédagogie des jésuites jusqu'à la fin du siècle.

Mais qu'est donc devenue la Compagnie, que nous avons suivie à la trace, de Paris aux Flandres et à Pékin, de Coïmbra à Yamaguchi, du Tonkin aux palais romains, audacieuse dans l'abnégation, inventive dans l'adaptation, aventureuse mais animée par une puissante conviction apostolique – pour être ici dénoncée comme un cloaque d'immoralité, tout uniment voué à la prostitution de la foi et des mœurs et à la tortueuse confiscation de tous les pouvoirs de l'Église et de l'État, sinon de l'argent, et pour que ce réquisitoire soulève les applaudissements de bon nombre d'honnêtes gens ravis d'être témoins d'un psychodrame où le jésuitisme figure le vice aussi évidemment que le jansénisme la vertu ?

Ce qui apparaît d'abord, un siècle après la mort d'Ignace de Loyola, c'est l'extraordinaire diversification de l'ordre qu'il a, sitôt fondé avec neuf compagnons, jeté à travers le monde, de l'Extrême-Orient à l'Extrême-Occident, si dispersé que le *perinde ac cadaver* sonne parfois comme le cor de Roland dans les vallées proches du berceau des Loyola. Non que la révolte ait grondé au sein de la Société, ni que de vraies dissensions en aient menacé l'unité. Quand le rappel de Xavier à Rome ne parvient à destination qu'un an après sa mort, quand Ricci peut inventer et conduire au Kiang-si, et pendant des années, une stratégie proconfucéenne qui va épouvanter Rome, en attendant que les pères du Paraguay fassent figure de rebelles contre les monarchies ibériques naguère protectrices de la Compagnie, comment prétendre résumer la Société à un comportement, une visée, et même une morale ?

On tentera plus loin de considérer les références doctrinales qui assurent à la Compagnie, plus d'un siècle après son institution, son unité fondamentale. Mais on veut d'abord marquer ici à quel point, des pagodes d'Asie aux palais romains, et même en France ou en Europe occidentale, le mot de « jésuite » pouvait, au temps de Pascal, faire jaillir d'images contrastées. On en retiendra quatre. Celle d'abord qu'imposait l'*Imago primi seculi*, déjà évoquée ; puis celle qui, à l'enseigne du théologien Molina, faisait de la Société de Jésus un comité de défense du « libre arbitre » humain ; celle que donnait la *Somme des péchés* du R. P. Bauny : une académie du laxisme moral ; et celle enfin d'une exigence mystique, active et réformatrice incarnée, avec une rigueur tout à fait comparable à celle de Port-Royal, par des personnages aussi divers que Jean-Joseph Surin, qui se jeta dans les flammes où se débattaient les possédées de Loudun, le R. P. Louis Lallemant, vrai maître d'oraison, ou encore le grand contemplatif Jean Rigoleuc [3]. Pour ne pas parler de Pierre Coton, que nous retrouverons confesseur du roi Henri IV, l'homme du « développement intérieur », défenseur, en dépit de ses hautes tâches « mondaines », d'une « pureté préservée du siècle ».

Des jésuites, il y en avait déjà, et comme toujours, « de toutes les couleurs » : il suffit de lire l'*Histoire littéraire du sentiment religieux en France* de l'abbé Bremond (qui fut longtemps jésuite mais garde, en cette matière, son libre arbitre…), pour mesurer l'étonnante diversité des courants et tendances au sein de la Société : s'il juge abusif de parler de convergences entre jansénistes et jésuites, il met l'accent sur l'influence exercée au sein de la Compagnie par les idées – et la personne – du cardinal de Bérulle, fondateur de l'Oratoire, que l'histoire religieuse situe pourtant plus près de Port-Royal que de Molina.

Plus significative tout de même de ce qu'on pourrait appeler l'« état d'âme » de la Compagnie en ce temps-là est le courant de conquête du monde reflété par l'*Imago primi seculi*, « ce délire d'amour-propre, écrira Pascal, qui prétend se substituer à Dieu et à l'Église dans l'adoration des fidèles ». Dans l'*Imago*, Marc Fumaroli voit en effet la parfaite antithèse du jansénisme, sa négation radicale :

> « Ce ne sont pas seulement deux conceptions de l'Église, de la foi et de la morale chrétienne qui s'opposent, mais deux idées du style inextricablement liées à des partis pris intellectuels et spirituels. Deux formes du goût autant que deux conceptions du monde [4]... »

Pour Fumaroli, les deux styles en compétition sont d'une part l'atticisme janséniste, admirable de sveltesse nerveuse, qui donnera avec *Les Provinciales* le premier chef-d'œuvre de la prose classique française, et d'autre part ce baroquisme jésuite ou mieux catholique qu'on appelle plutôt alors l'« asianisme », tout en muscles, en saillies, volumes amples, voyants, offerts à la « vue » du plus grand nombre et visant à attirer les foules vers les lieux du culte que la Réforme a peu à peu désemplis.

Aristocratisme parisien (ou francilien ?) contre populisme romain ? Netteté des lignes contre abondance des formes ? Élitisme esthétique exprimant une doctrine fondée sur la rareté des « élus » (élites, élus...) contre décorativisme « tape-à-l'œil » à l'intention du grand nombre* ? Éthique de l'étroitesse, du dépouillement, contre morale de l'ouverture, de l'accommodement ? Les uns se font gloire de leur rareté de prédestinés, de la concision de leurs phrases, de la rétention de leurs manifestations. Les autres mettent leur ambition dans l'ampleur de la convocation, dans la générosité de l'appel et de l'accueil. Le moins contre le plus ? On n'a pas fini de tourner et de retourner ces images et ces concepts, ces métaphores. Mais avant même qu'ait surgi l'*Imago*, de profondes disputes allaient leur train entre jansénistes et jésuites (entre autres...) à propos du « molinisme ».

Luis de Molina, Castillan né en 1535, entré jeune dans la Compagnie, avait enseigné la théologie à Alcalá (où Loyola avait connu les déboires que l'on sait). La *Concordia*, qu'il avait publiée en 1589, passait pour avoir fixé l'orientation

---

* Diligent apologiste de la Compagnie, le R. P. Brou parle de « mauvais goût ».

théologique de la Compagnie, en équilibre (concorde) entre les
« dons de la grâce divine » et le rôle du libre arbitre humain,
mais en mettant en fait l'accent sur celui-ci plutôt que sur
celle-là. Un axiome résulte bien sa doctrine : « A celui qui fait
ce qui dépend de lui, Dieu ne refuse pas sa grâce » – une grâce
offerte à tous et qui, par actes de volonté, devient efficace.
L'œuvre avait reçu le meilleur accueil du plus grand théologien de la Compagnie, Robert Bellarmin, et passait pour
exprimer l'essentiel de la pensée jésuite.

Comment d'ailleurs ne l'aurait-elle pas fait quand elle se
basait sur un texte de Loyola, d'une audace et d'une fermeté
peu communes :

> « Il ne faut pas s'étendre tellement sur la grâce, et avec tant
> d'insistance qu'on fasse naître le poison qui tend à supprimer
> la liberté. Il est donc possible de parler de la foi et de la grâce,
> autant qu'on le peut avec le secours divin, pour une plus
> grande louange de la divine Majesté. Mais non pas d'une
> manière ni avec une présentation telles que, surtout à notre
> époque si dangereuse, les œuvres et le libre arbitre en reçoi-
> vent quelque préjudice et soient comptés pour rien*. »

La grâce, susceptible de faire « naître le poison qui tend à
supprimer la liberté »… Étonnante formule faisant s'entrecho-
quer « grâce » et « poison », qui, en un temps dominé par l'augustinisme, devait prendre une valeur explosive, celle d'un
défi à la tradition. Un cri pour la liberté !

Si radical, ce cri, qu'au sein de la Compagnie la référence au
fondateur est faite plutôt sous une forme plus balancée,
d'ailleurs apocryphe, mais que tous les spécialistes tiennent
pour fidèle à l'enseignement et aux principes de « direction »
de Loyola :

> « Mets ta confiance en Dieu mais agis comme si le résultat de
> tes entreprises ne dépendait que de toi et pas du tout de Dieu.
> Cependant, même en donnant tous tes soins à ces entreprises,
> agis comme si ton action devait être nulle et comme si Dieu
> seul devait tout faire [5]. »

Commentant avec pertinence ce texte clé, Alain Guillermou,
le biographe de Loyola, écrit : « Ne gardez que la première

---

* Ce dont les *Exercices spirituels* sont l'illustration.

partie de la formule : c'est presque du pélagianisme. Ne rete-
nez que la seconde : le jansénisme n'est pas loin[*]. »

(Retenons pour notre part que Loyola se situe clairement
dans une perspective d'« action », l'abandon à Dieu ne venant
ensuite que comme un simulacre, ou plutôt un correctif…)

Ce « pélagianisme » auquel il est fait ici référence et que
nous retrouverons au cœur de toutes les philippiques contre les
jésuites comme l'imputation majeure (et souvent justifiée,
semble-t-il…), c'est la doctrine tirée par ses disciples de la
prédication d'un moine irlandais[**] du IVe siècle, Pélage, selon
lequel l'homme est libre de faire son salut en fonction des
œuvres qu'il accomplit grâce à la « belle nature » accordée par
le Seigneur : le rôle de la grâce, ici, est réduit à une assistance
divine, l'initiative appartenant à la volonté de la créature.

Pélage eût-il fait prévaloir cet optimisme humaniste s'il
n'avait trouvé sur sa route, spirituellement et physiquement,
le plus formidable des contradicteurs, Augustin d'Hippone,
pour qui tout est grâce, et n'est que grâce ? Le fait que le concile
d'Éphèse condamna en 431 les propositions de l'Irlandais,
caricaturées par ses disciples (comme toujours, et comme il
arrivera à Augustin, par la voix des jansénistes…), tandis que
le Berbère devenait un docteur de l'Église. Mais le christianisme ne cessa pas pour autant de balancer entre ces deux
postulations de l'optimisme pélagien qui proclame l'autonomie volontariste de la créature par rapport au créateur, et le
pessimisme tragique d'Augustin qui réduit l'homme, à jamais
dépravé par le péché originel, à n'attendre son salut que de
l'arbitraire suprême.

Pélagiens ! L'anathème jeté par l'évêque d'Hippone contre
les « Marseillais », prêtres provençaux qui avaient pris le parti
des optimistes, c'est encore celui qui fut lancé contre le plus
proche et éloquent compagnon du fondateur de la Compagnie,
Diego Laynez, quand, intervenant au concile de Trente, il jugea
excessif que l'on déclarât le libre arbitre de l'homme « mû
et excité » par Dieu, préférant que l'on réduisît cette notion à
une « lumière éclairant l'esprit humain ». Devenu « général »,
Laynez préconisa une lecture du thomisme dans un sens plus
ouvert à la liberté humaine.

[*] Si peu « loin » que Nicole le janséniste la reprit à son compte.
[**] D'autres disent écossais.

Ainsi la tradition des fondateurs était-elle imprégnée d'un esprit qui, faisant aux « œuvres » une part royale, devait les faire accuser souvent de « semi-pélagianisme », à Genève bien sûr, mais aussi à Paris et même à Rome. La *Concordia* de Luis Molina ne faisait donc que revigorer la tendance la plus profonde de la Compagnie irriguée par l'humanisme et dont Robert Bellarmin allait être l'interprète définitif.

Chaque fois que, dans la suite du récit, nous lirons le nom de Molina, du point de vue doctrinal, nous pourrons y substituer celui de Loyola.

Appelé en 1607 à arbitrer le débat, le pape Pie V se contenta d'affirmer que les jésuites n'étaient pas plus pélagiens que les dominicains calvinistes. Mais la dispute devait prendre de tout autres proportions quand parut en 1640 l'*Augustinus*, œuvre posthume de Cornelius Jansen, né Jansénius, évêque d'Ypres et ami de l'abbé de Saint-Cyran, âme du groupe des solitaires de Port-Royal voués à l'exaltation de la grâce selon une tradition augustinienne systématisée par leurs soins.

Mais c'est ailleurs, sur le terrain de la morale, que le « casier judiciaire » des bons pères paraissait le plus lourd. C'est sur ces points sensibles que Pascal décochera ses tirs les plus nourris. C'est ici que son offensive, d'abord placée sur le terrain de la grâce, déchaîna les acclamations les plus bruyantes, et c'est encore sur cette matière que la postérité a fixé son jugement, à l'avantage de l'assaillant.

Qu'est-ce donc que le « probabilisme » qui, manié par les casuistes, jésuites ou non, allait attirer sur eux les foudres de Pascal ? Il ne s'agit pas ici de probabilités, de référence à ce que nous entendons par probable (« le succès de notre équipe est probable »). Non. Le mot est pris dans son acception ancienne : ce qui peut être prouvé, ou *approuvé*. Tout acte qui est susceptible d'approbation, et par une autorité reconnue. Tel confesseur pratique le « probabilisme » en déclarant licite tel acte (faire gras en carême) parce que lui, ou une autre autorité reconnue, le considère ou l'a considéré ainsi. Probabiliste, le R. P. X., quand il déclare en se fondant sur l'autorité de saint Anselme, ou du curé de Pontoise, qu'il est approuvable de donner des taloches à un enfant insolent, ou d'enfermer dans un asile un grand-père insane.

Le caractère contestable de cette doctrine assez banale vient de ce qu'elle ne signifie pas qu'en cas de discussion, l'autorité d'un seul, choisi pour sa tolérance, doit plier devant des opinions contraires, plus nombreuses ou plus prestigieuses.

Le probabilisme était-il une invention des jésuites ? Non Il était, comme la casuistique, presque aussi vieux que la confession et même fort antérieur à l'obligation de la pénitence, imposée au XIIIᵉ siècle. C'est au XVIᵉ siècle à Salamanque (où Inigo de Loyola avait dû affronter l'Inquisition, incarnée par leur ordre) que des théologiens dominicains, et notamment le grand Melchior Cano que l'on a vu souvent dressé contre les « iniguistes », posèrent les règles du « probabilisme », en conditionnant, par l'opinion autorisée d'un tiers, la conscience du sujet agissant. A partir de là, écrit Alain Guillermou, « la casuistique pouvait se développer, comme la science des opinions probables appliquée à des cas particuliers [6] ».

Pas plus que le probabilisme, la casuistique n'est une invention des jésuites. Pascal fera, en ce domaine, la gloire abusive d'Escobar. En fait, ce studieux casuiste de Valladolid était un compilateur, surclassé par le théatin italien Diana qui prétendait avoir étudié près de vingt mille cas de conscience et en avoir résolu sept mille, mentionnés dans son traité des *Résolutions morales*.

On laissera à Blaise Pascal le soin d'ironiser sur ces pratiques où le saugrenu alterne avec le grotesque et où les prêtres de Dieu semblent si souvent rivaliser avec les médecins de Molière ou les plaideurs de Racine. Que si un homme a perdu les deux bras à la guerre et reçu un soufflet, son fils est-il autorisé à tuer l'insulteur ? Que si un homme a reçu en prêt un poignard qu'il s'est engagé à restituer, dans le cas où le prêteur est devenu fou, doit-il rendre l'arme ? Formulées en latin, les consultations sont à peu près aussi bouffonnes que le « voilà pourquoi votre fille est muette ».

Les jésuites n'avaient pas inventé la casuistique ; mais ils y étaient passés maîtres, fameux surtout pour réduire en bouillie digestible les cas les plus pendables. A tel point que le sixième « général », Vitelleschi, avait dû tenter de mettre le holà, au début du XVIIᵉ siècle. Mais les casuistes les plus retors n'avaient pas désarmé. Et c'est en ce domaine que l'opportunisme déjà légendaire de la Compagnie prêtait le plus fâcheusement le flanc à l'attaque du grand bretteur du puritanisme janséniste.

La doctrine au nom de laquelle Pascal allait s'engager dans le combat, le jansénisme, ne se réduisait évidemment pas à l'exacerbation puritaine de l'exigence morale. De l'*Augustinus* de Jansénius à la *Théologie familière* de Saint-Cyran, cette doctrine faisait de la grâce « efficace » le seul moteur du salut de l'homme irrémédiablement enfoui dans la dépravation originelle. Ce pessimisme tragique s'aggravait du principe de la prédestination vouant au salut, de toute éternité, certains élus spécifiquement « destinés », quels que puissent être les mérites déployés par les malheureux nés pour la seule damnation.

Cette vision du monde, plus implacable que celle d'Eschyle, trouvait sa source dans certains textes de saint Paul, mais surtout dans ceux de saint Augustin, le vainqueur de Pélage et des « Marseillais », dont l'influence et la gloire ne cessaient de s'affirmer au début du XVIIe siècle. Henri Marrou a évoqué la « fascination » exercée sur tout le XVIIe siècle français par l'auteur de *La Cité de Dieu* : de Montaigne au cardinal de Bérulle et de Descartes à La Bruyère, il n'est pas même besoin de se référer aux seuls jansénistes pour suivre Augustin à la trace.

Gloire légitime si on la mesure à l'audace et à la profondeur du génie, mais déconcertante si on s'arrête à l'axiome augustinien qui, au cœur du siècle tout empli de prodiges, proclame : « Dieu et l'âme ! Rien de plus ? Non, rien. » Lisons Henri Marrou, augustinien si fervent par ailleurs :

> « ... Pas de place ici pour une philosophie de la Nature et du monde. Quelle différence avec les Pères grecs qui, nourris de [...] stoïcisme, se penchent sur la splendeur du monde créé pour en dégager un hymne à la gloire de son Créateur ! »

Mais, dans le confinement de Port-Royal, nul ne s'indignait de ce rejet de la « splendeur du monde ». Poussé jusqu'à l'absurde un demi-siècle plus tôt par Michel de Bay, dit Baïus, qui osait écrire : « Toutes les œuvres des infidèles sont des péchés et toutes les vertus des philosophes sont des vices ! », l'augustinisme avait été radicalisé par Jansénius et Saint-Cyran. Mais leur fallait-il solliciter beaucoup un auteur qui avait écrit ces phrases terrifiantes :

« … Les hommes qui n'appartiennent pas à cette sainte
société* et dont cependant la bonté divine a créé l'âme et le
corps et tout ce qui a été attaché à leur nature, à l'exception
du vice qu'ils doivent à la témérité d'une volonté orgueilleuse,
Dieu, dans sa prescience, les a créés pour faire voir en eux ce
que peut, sans la grâce, le libre arbitre de ceux qui l'abandon-
nent ; et pour que leurs châtiments justes et mérités apprissent
aux vases de miséricorde qui ont été retirés de cette masse non
par le mérite de leurs œuvres mais par la grâce toute gratuite
de Dieu, l'étendue et la grandeur du bienfait qui leur a été
accordé, afin que toute bouche soit fermée, et que celui qui se
glorifie se glorifie dans le Seigneur [7]. »

Ainsi d'innombrables hommes auraient été créés par ce Dieu
qui, proclame par ailleurs saint Augustin, « n'est qu'amour »,
uniquement pour faire voir aux autres, par leurs « justes châtiments », ce que peut « sans la grâce le libre arbitre ». Ce qui
s'appelle l'exemplarité des peines – appliquée à des délin-
quants par hérédité, châtiés en toute prescience divine, de toute
éternité, et pour l'éternité, pour cause d'abjection de la nature
humaine. « Dieu est amour »…

Pas plus que Bay (dit Baïus), Jansen (dit Jansénius) n'eut à
torturer** ce Père de l'Église pour faire de l'*Augustinus* un
manifeste de la prédestination qui, pour un esprit un peu naïf,
cousine fort avec le calvinisme.

Compagnon de route, de méditation et de recherches de
l'évêque d'Ypres, bien qu'il diffère de lui par bien des points
de tempérament et même de doctrine, Jean Duvergier de Hau-
ranne, élève des jésuites à Bayonne, sa ville natale***, puis à
Louvain, qui allait être fait abbé de Saint-Cyran puis directeur
de Port-Royal des Champs et pour cela incarcéré par Richelieu
au donjon de Vincennes, est la figure centrale, exemplaire de la
tragédie janséniste – qualificatif que ses compagnons rejetèrent
toujours, se qualifiant eux-mêmes d'augustiniens.

Quoi de plus fidèle d'ailleurs au message de l'évêque d'Hip-

---

* Des élus.
** Ils se contentèrent de choisir, chez Augustin, le vieux champion de
l'antipélagianisme, crispé sur ses positions, contre un premier Augustin
beaucoup plus ouvert aux potentialités humaines, celui de l'*etiam peccata*
que Claudel place en exergue du *Soulier de satin* : le péché même peut
conduire au salut…
*** A 50 kilomètres du château des Loyola.

pone, dans toute son « anxieuse rigueur », que ce texte du maître de Port-Royal :

> « La prédestination n'est rien que l'amour éternel que Dieu porte à *certains**** enfants d'Adam après les avoir vus tous tomber dans la damnation par le péché de leur père, y laissant les autres et n'ordonnant rien pour eux que l'enfer qu'ils ont mérité… Vous voyez par là l'obligation qu'ont à Dieu ceux qui se sauvent, de les avoir *séparés*, avant qu'ils fussent nés, *de la compagnie des autres hommes* [8]… »

De quoi frissonner… Séparation, sélection, exclusion, cela est écrit par un homme admirable dont toutes les « œuvres » (eh oui !…) sont marquées d'une charité profonde, et qui n'a jamais cessé de manifester autour de lui, si âpre pût être parfois son caractère, la plus simple générosité et un héroïsme face aux pouvoirs qui lui fit préférer le donjon de Vincennes à l'évêché de Bayonne et aux plus hauts emplois…

Est-ce parce que autour de ce maître d'exigence impérieuse chacun se croit au cœur du « saint désert » protégé de la corruption des « autres hommes » ? Le fait est que l'univers janséniste, tout drapé de noir qu'il fut et peint aux couleurs austères de Philippe de Champaigne, ne semble pas hanté par l'angoisse ni tout à fait pessimiste. Si étroite, si fragile soit l'arche de Noé aventurée dans la tempête, hors de l'« ordure du monde », sous la bannière augustinienne, les passagers sont habités par l'espérance et la foi. La charité ? Nous verrons comment la pratique Pascal.

Celui qui, en 1656, se fait l'implacable champion de la cause des solitaires de Port-Royal des Champs en lutte contre la corruption du monde incarnée par les jésuites et menacés de condamnation par la Sorbonne, est, à trente-trois ans et depuis des années, l'un des plus célèbres savants de l'Europe. Issu d'une famille de la bourgeoisie aisée de Clermont-Ferrand, fils d'un haut fonctionnaire qui entretient avec le pouvoir des relations chaotiques – tantôt menacé de la Bastille, tantôt associé à la répression d'une émeute en Normandie –, il est en relation

---

* Souligné par nous.

avec tout ce que le monde compte alors de grands esprits : déjà
l'homme qui se jugera en droit d'adresser à la reine de Suède
une lettre de suzerain par l'esprit.

Le corps torturé d'incessantes souffrances, il a mené la vie
du monde, fréquenté des libertins, débattu avec les plus grands
chercheurs de l'époque comme Roberval, connu les triomphes
de la découverte, rédigé un traité de physique et inventé la
« machine arithmétique ». Dix ans plus tôt, cependant, en 1646,
il fait la connaissance de disciples de Saint-Cyran qui lui font
découvrir que marcher sur les traces de Copernic et de Galilée
pour libérer la physique du poids mort d'Aristote et de la scolastique n'est que la démarche d'une vaine raison, impliquée
dans la souillure de l'humanité tout entière, et que tout ce
génie qui bouillonne en lui ne le conduit qu'à le divertir d'une
révélation terrible et rédemptrice. Que signifie un savoir qui ne
jette pas l'homme au pied de la Croix ?

Dès lors, et à jamais, Blaise Pascal – sans abandonner pour
autant ses travaux scientifiques – vivra hanté par l'universelle
corruption de la nature humaine conduite invinciblement au
mal. Au cœur de cet océan de souillures, il se sent appelé à se
dresser dans un combat sans trêve ni merci, avec le sentiment,
écrit François Mauriac, « de vivre au plus épais de lépreux
inconscients de leur lèpre » et voué à observer « avec autant
de soin que la pesanteur de l'air la corruption de la nature »[9]. Il
est celui qui osera écrire :

> « On n'entend rien aux ouvrages de Dieu si on ne prend pas
> pour principe qu'il a voulu aveugler les uns et éclairer les
> autres. Il y a assez de clarté pour éclairer les élus et assez
> d'obscurité pour les humilier. Il y a assez d'obscurité pour
> aveugler les réprouvés et assez de clarté pour les condamner et
> les rendre inexcusables… »

Ce pessimisme radical, la prodigieuse expérience mystique
qu'il fera huit ans plus tard ne saura, semble-t-il, que l'approfondir. Le 23 novembre 1654, Blaise Pascal vit la nuit fameuse
du « feu » et des « pleurs de joie » qui le laissera comme enivré
d'amour, mais non point consolé à l'endroit des autres
hommes. Cette foudroyante confirmation de l'Éternel semble
l'éloigner encore davantage de la « splendeur du monde », de
ce Dieu « des philosophes et des savants », et le river plus

puissamment encore à la certitude d'une prédestination qui l'appelle dans le cercle étroit des élus, mais voue au feu du ciel Sodome, Gomorrhe et le reste de l'humanité.

Pascal, écrit Mauriac, n'est pas un désespéré puisqu'il croit « appartenir au petit nombre [...] des préférés [... si] Dieu ne sauve qu'une poignée de ses créatures, il sent qu'il est de celles-là : il aime, il est aimé, il s'y délecte, et cette délectation l'emporte sur toutes celles qui flattent la chair [10] ».

Et le pascalien effrayé qu'est Mauriac ose alors poser la question impie et pourtant nécessaire : « La croyance au petit nombre des élus renforce-t-elle sa joie d'être l'un d'eux ? » Hypothèse atroce, et qu'il fallait pourtant énoncer : saintes gens dont la joie et la foi, et l'espérance, se nourriraient de l'espérance d'être si rares à avoir été, par le décret suprême, sauvés de l'embrasement général ? Certains ainsi, dans leur abri atomique, se loueront d'être les préservés...

On se détournera de cet abîme pour mettre plutôt l'accent sur l'héroïsme ordinaire et extraordinaire de ceux dont Pascal va se faire le glaive, cette vertu active qui valut à Port-Royal l'admiration de beaucoup de grands esprits, cette détermination de « résistance » qui sut braver tous les pouvoirs de l'État et de l'Église, cet accord constant où vécurent la mère Angélique et Jacqueline Pascal, Saint-Cyran, Arnauld, Nicole et Singlin avec leurs principes rigoristes, cette sainteté assumée avec amour, au nom d'une doctrine de terreur.

Au moment où s'engage la bataille, on en négligerait une donnée stratégique essentielle si l'on ne rappelait pas que cette sainte forteresse d'élus n'est pas assiégée par la terre entière, les argousins du roi, les sophistes de la Sorbonne et les jésuites des ténèbres : d'innombrables sympathies les entourent, de la cour à la ville, des salons à l'université, et qui ne se limitaient pas aux « dirigés » de Saint-Cyran. Comme les réformés au temps des études de Loyola et de Xavier à Paris, les solitaires ont des répondants et des alliés partout, chez les grands et à l'université, du marquis de Liancourt à la princesse de Guéméné et au duc de Luynes, du sorbonnard Saint-Amour à Mmes de Sablé et de Plessis-Guénégaud, en attendant Mme de Sévigné – et Racine.

On s'étonnera aujourd'hui qu'une si terrible doctrine ait attiré tant de privilégiés du monde peuplé des personnages de La Bruyère. C'est apparemment que ce monde cachait bien mal sa corruption, et qu'au lendemain de la Fronde le Pouvoir et l'Église étalaient sans la moindre vergogne un triomphalisme d'autant plus répugnant que tranchait sur ces excès la vertu pratiquée dans la « cité de Dieu » de Port-Royal, sorte de négatif héroïque de la Babylone parisienne.

Si Pascal entre en scène – nous verrons que le mot n'est pas tout à fait aussi réducteur qu'il y paraît d'abord –, c'est parce que les solitaires doivent faire face, en ce début de 1656*, à une offensive qui met en cause les fondements du jansénisme et leur appartenance à l'Église catholique dont, à la différence de Luther et de Calvin, ils n'entendent nullement se détacher. C'est aussi parce que lui-même brûle plus que jamais de souffrir pour leur cause, et contre les jésuites, ayant vécu, entre sa « conversion » de 1646 et la « nuit de feu » de novembre 1654, une crise qu'a exaspérée l'antipathie viscérale qu'il porte à la Compagnie de Jésus.

Une querelle de savants l'avait en effet opposé, en 1647-1648, à un physicien jésuite plus ou moins cartésien, le père Noël (eh oui !…), qui, en désaccord avec ses opinions sur le vide, ce qui était son droit, l'avait fait vilainement accuser par ses confrères de Montferrand de s'être approprié, au cours de ses travaux sur le vide, des découvertes dues à Torricelli. C'était s'en prendre à la fois à sa compétence et à son honneur : et il était homme à ne tolérer ni l'une ni l'autre imputation. Le médiocre Noël, ce faisant, n'engageait pas la Compagnie ; mais notre Auvergnat fit d'autant mieux l'amalgame que, dans son esprit, il n'était pas de bassesse que l'on ne pût imputer aux jésuites.

Celle-ci, notamment, qui n'était que trop avérée : en 1651, le père (on n'ose lui donner du « révérend ») Jean de Brisacier avait produit un libelle intitulé *Le Jansénisme confondu*, condamné d'ailleurs par l'archevêque de Paris, dans lequel il traitait les religieuses de Port-Royal, la mère Angélique et bientôt Jacqueline Pascal…, de « vierges folles désespérées, impénitentes, asacramentaires, incommuniantes, phantastiques »… On imagine l'indignation soulevée chez Pascal par ces infamies visant les compagnes de Jacqueline, qui va devenir sœur Sainte-Euphémie, à ses yeux, en lui-même dirait-on, la sainteté vécue…

---

* Saint-Cyran est mort en 1643.

C'est à la fois un savant blessé dans son orgueil par un jésuite mesquin, un frère insulté en sa sœur, un catholique constamment alerté par ses amis de Port-Royal contre les « casuistes » et les « probabilistes » de la Compagnie, et un prédestiné que la foudroyante révélation du 23 novembre 1654 a rangé sans doute parmi le petit nombre des élus, qui va répondre à l'appel des solitaires au début de 1656.

Deux événements, l'un d'apparence mineure, l'autre d'une gravité évidente, viennent de mettre le feu aux poudres. Au début de février 1655, l'un des plus puissants protecteurs des jansénistes, le marquis de Liancourt, pair de France, se voit refuser l'absolution par le vicaire de Saint-Sulpice (approuvé par son curé, le prestigieux M. Olier) pour n'avoir pas voulu renier ses amis de Port-Royal.

Chef de file des solitaires depuis la mort de Saint-Cyran (bien que Sainte-Beuve voie mieux en lui la stature d'un militant que d'un général), Antoine Arnauld, fils d'un célèbre avocat parisien qui s'était illustré dans maintes polémiques contre les jésuites, ne pouvait manquer de se porter bravement au secours du marquis brimé. Il publia tour à tour son *Plaidoyer pour une personne de condition* puis une adresse au duc de Luynes, autre pair de France et lui aussi ami de Port-Royal : les solitaires avaient, nous l'avons vu, des relations.

Ces interventions ponctuelles n'auraient peut-être pas suffi à attirer sur le « grand Arnauld » et Port-Royal un redoublement des foudres de la Sorbonne, si le chef des jansénistes n'avait été engagé déjà dans un procès beaucoup plus grave contre la faculté de théologie pour s'être dressé contre la condamnation par le pape Innocent X, en mai 1653, de cinq propositions tirées de l'*Augustinus* par un théologien nommé Cornet : le dernier de ces textes spécifiait que c'était du pélagianisme que de prétendre que le Christ avait « répandu son sang généralement pour tous les hommes ». L'essence du jansénisme : Bossuet dira « l'âme du livre » de Jansénius.

Cette proposition, condamnée comme les autres, avait en outre été déclarée par le pape et plusieurs cardinaux « impie, blasphématoire, coutumélieuse[*], dérogeant à la bonté de Dieu,

---

[*] Outrageante.

et hérétique ». L'Église ne pouvait être plus claire. Mais Port-Royal refusait d'y voir sa condamnation.

Arnauld fondait son objection sur ce qu'il appelait la distinction du fait et du droit. Le souverain pontife, admettait-il, est infaillible sur les questions de fond, de doctrine, de droit. Pas sur les questions de fait. Or s'il était vrai que les cinq propositions étaient condamnables au fond, en droit, il n'était pas établi « en fait » qu'elles fussent contenues dans l'*Augustinus*.

Le bien-fondé de cette argumentation n'était pas reconnu par la faculté de théologie de la Sorbonne qui préparait contre le « grand Arnauld », membre de cet illustre corps, une motion de censure pour « témérité », vraisemblablement suivie d'expulsion.

Tout faisait prévoir la condamnation solennelle et globale par la Sorbonne de l'« hérésie » janséniste. Mais Port-Royal se refusait à être traité comme Luther ou Calvin. On se concerta dans l'angoisse : comment parer le coup ? Comment le retourner contre la Sorbonne, sinon en ruinant l'autorité des juges ?

Et comment la ruiner, cette autorité, sinon en faisant appel contre les docteurs, d'ailleurs divisés, à l'opinion « éclairée », mais non spécialiste, de ce Paris qui n'a pas encore inventé le « parti intellectuel » mais le porte déjà en son sein, nourri des échos de la Fronde ? Que d'alliés potentiels chez les grands humiliés et les esprits libres cabrés contre la toute-puissance des cardinaux-ministres, pour peu qu'on sache mettre en mouvement les sympathies qu'attirent toujours les censurés. Que faut-il pour les convoquer ? Un libelle, une campagne ? Et qui en charger ? Arnauld est le porte-parole désigné et son traité *De la fréquente communion* a porté, dix ans plus tôt, un coup terrible aux « probabilistes ». Mais il « fait long », ce théologien, et écrit lourd.

Qui jeta dans la discussion entre solitaires le nom de Pascal ? Sainte-Beuve assure que c'est Arnauld lui-même qui, ayant rédigé un projet de riposte aux sorbonnards, l'ayant lu devant ses amis et les voyant embarrassés,

> « se retourna d'un coup vers Pascal : "Mais vous qui êtes jeune, qui êtes un curieux, un bel esprit*, vous devriez faire quelque chose." Ce qu'il fallait uniquement, poursuit Sainte-

---

* Un éloge qui, à Port-Royal, sonnait étrangement…

Beuve, c'était de répandre dans le public une espèce de factum net et court où l'on fît voir que dans ces disputes, il ne
s'agissait de rien d'important ni de sérieux, mais seulement
d'une question de mots et d'une pure chicane ».

(S'agissant de chrétiens, seulement de savoir pour qui le
Christ est mort en croix…)

Pascal ne se récria point. Toujours selon Sainte-Beuve, il assura
qu'il savait « comment on pourrait faire ce factum » mais qu'il ne
pouvait promettre qu'« une ébauche » que d'autres se chargeraient de « polir ». Dès le lendemain, « il avait la plume à l'œuvre
et, sa lettre faite, il vint la lire aux Messieurs assemblés. Il n'y eut
qu'une voix : "Cela est excellent, cela sera goûté ; il faut le faire
imprimer !" Les bons solitaires ne s'étaient jamais trouvés à
pareille fête [11] ». Parbleu ! c'était le génie de l'homme, la « splendeur du monde » qui faisait irruption dans le « saint désert »… En
apparence et à court terme, leur salut. Au fond, leur négation :
l'œuvre profane, le « factum » du « bel esprit », chargé par eux
de ridiculiser l'adversaire en se servant du talent le plus humain,
le plus « mondain » pour faire rire de « choses saintes »… Il est
vrai que la grâce, infuse à Port-Royal, sanctifiait tout cela.

Le 23 janvier 1656, au moment même où, en Sorbonne, les
partisans d'Arnauld se retiraient de la discussion, paraissait
donc la première *Lettre écrite à un provincial par un de ses
amis sur le sujet des disputes présentes de la Sorbonne*. Pas de
signature, gros tirage (on parlera bientôt de dix mille exemplaires, chiffre énorme pour l'époque), diffusion illicite ; l'éditeur, lui-même janséniste, Saint-Gilles d'Asson, condamné au
Châtelet puis libéré, s'affirma, écrit Sainte-Beuve, comme un
virtuose de « lutinerie et presque de magie en matière d'impression où les jansénistes sont passés maîtres » – précurseurs
de la presse de la Résistance et du Samizdat.

Le titre, provisoire, trouvé par l'éditeur, fut choisi par commodité. Il constitue évidemment un contresens en faisant prévaloir le destinataire ; ce « monsieur de la campagne » (qui
était le beau-frère de Pascal, Florin Périer), sur le scripteur.
Fut-il jamais écrit émanant plus sûrement de la capitale ou de
ses alentours que cet ensemble de textes où s'exprime la nette
élégance du style « parisien », mué en arme de guerre contre
le populisme balourd des jésuites ? C'est bien « Les Parisiennes » qu'il eût fallu les appeler…

Quant à l'auteur, il resta longtemps mystérieux, ayant choisi d'entrer dans la clandestinité dès le lendemain de la publication de la première lettre, en compagnie d'Arnauld, de Nicole et de Le Maître, son *braintrust* de documentalistes. Tous quatre se réfugièrent ensemble chez des amis ou dans des auberges de petite mine. Ainsi préserva-t-il son anonymat, lequel piquait un peu plus l'excitation du public. On se glissait des noms. Arnauld ? Le style était trop neuf et concis. L'abbé Le Roi ? Il exprima le regret de n'être pas l'auteur « d'une si agréable gazette ». On parla de Chapelain, de Mlle de Scudéry... Le nom de Pascal vint à l'esprit de quelques-uns, d'un jésuite en tout cas, qui vint comme par mégarde chez Florin Périer lui conseiller d'être prudent, alors que Pascal se dissimulait dans la chambre voisine.

Le polémiste avait osé d'ailleurs se laisser entrevoir à la fin de la 3e Provinciale, suivie en effet des initiales E. A. A. B. P. A. F. D. E. P. (... et ancien ami Blaise Pascal, Auvergnat, fils d'Étienne Pascal), avant d'adopter, au moment de la publication globale, le pseudonyme de Louis de Montalte (un homme d'altitude, de montagne, cet Auvergnat...) dont Pierre Nicole, pratiquant dans sa préface la casuistique et la restriction mentale, prétendra ignorer l'identité...

C'est sous cette altière signature en tout cas que paraîtront en juin 1657 *Les Provinciales, ou les Lettres écrites par Louis de Montalte à un provincial de ses amis et aux RR. PP. Jésuites sur le sujet de la morale et de la politique de ces pères*. On constate tout de suite que non seulement l'auteur a trouvé une signature mais qu'il a modifié son objectif : la première lettre et les deux suivantes traitaient des « disputes en Sorbonne » à propos de la grâce* : désormais, ce sont « la morale », et « la politique », et les jésuites, qui font l'objet du débat.

Mais revenons aux premiers jours de 1656, et écoutons la première salve :

> « De Paris, ce 23 janvier.
> Monsieur,
> Nous étions bien abusés. Je ne suis détrompé que d'hier ; jusque-là j'ai pensé que le sujet des disputes de Sorbonne était bien important, et d'une extrême importance pour la religion.

---

* Sur laquelle reviendront les deux dernières lettres.

Tant d'assemblées d'une compagnie aussi célèbre qu'est la faculté de théologie de Paris, et où il s'est passé tant de choses extraordinaires et si hors d'exemple, en font concevoir une si haute idée, qu'on ne peut croire qu'il n'y en ait un sujet bien extraordinaire. Cependant vous serez bien surpris quand vous apprendrez, par ce récit, à quoi se termine un si grand éclat... »

Trois remarques, d'emblée : que dans cette première lettre, bien qu'il s'agisse d'un débat sur la grâce, les jésuites ne sont pas nommément mis en cause ; que la vérité est traitée avec une désinvolture souveraine ; et que le génie littéraire étincelle, avec l'aisance propre au très grand talent de donner de la limpidité à l'exposé des sujets les plus arides, ou techniques.

Afin d'apprécier la situation où se trouve Pascal, l'approche qu'il fait du sujet, et le traitement qu'il lui donne, rien de mieux que de recourir à un expert – lui-même écrivain, et pascalien, et polémiste, et qui n'a jamais tenté de démêler en lui la passion de convaincre et la volupté d'enchanter : François Mauriac, qui décrit ainsi l'« enivrement plus puissant que toutes les ivresses du monde » auquel s'abandonne alors le polémiste :

« ... Il est caché et on le porte aux nues. Son ouvrage éclate aux esprits avec une force prodigieuse, ébranle le corps le plus puissant de la chrétienté, et il est presque le seul témoin de sa gloire. Il avait atteint l'excellence dans les mathématiques et dans toutes les sciences, et à sa première tentative, ce qu'il écrit soulève un applaudissement.
Caché sous le nom de M. de Mons, rue des Poirées, dans une auberge à l'enseigne du roi David, en face de ce collège de Clermont, citadelle de l'ennemi, et à Vaumurier chez le duc de Luynes, il connaît cet état de sécurité périlleuse où le chrétien découvre que son devoir et son plaisir ne font qu'un et qu'il assouvit sa passion pour la plus grande gloire de Dieu. Il goûte ce plaisir d'être redoutable et masqué[*]... »

« La foi remplace la bonne », écrit Gide. Qu'importe qu'elle soit « mauvaise », quand les certitudes suprêmes la sacralisent.

---

[*] Celui que Mauriac lui-même a connu et à plus grands risques en 1942-1944 quand, du pseudonyme de Forez, il signait un audacieux réquisitoire « provincial » contre le nazisme, *Le Cahier noir*. Il sait de quoi il parle.

Faisant mine de courir à la rescousse d'un Arnauld déjà perdu
(pour la Sorbonne), et tout à la mission que lui a confiée le
concile des solitaires, celle de ridiculiser par un « factum »
railleur les messieurs de Sorbonne en présentant leurs débats
solennels à propos de la grâce et du salut comme un médiocre
complot de scoliastes acharnés à perdre par leurs intrigues et
arguties le dernier juste de Sodome, Blaise Pascal fait mine de
mener une enquête impartiale entre thomistes et jansénistes,
partisans et adversaires d'une grâce dite « suffisante » qui,
raille-t-il, « ne suffit pas ».

Ce thème enrage particulièrement l'auteur des *Provinciales* :
c'est en effet le point sur lequel les thomistes (surtout dominicains) ont abandonné les jansénistes pour se rapprocher des
molinistes, perdant ainsi Arnauld : c'est par ce biais qu'ils sur-
montent (tentent de surmonter) la contradiction tragique entre
l'universalité de la grâce et la damnation supposée de tant
d'hommes.

Comment ne pas s'étonner d'ailleurs de cet adjectif de « suffisante » qui a permis un bon mot à Pascal, mais est évidemment inadéquat. Michel Le Guern donne la bonne réponse [12] en
revenant au latin *sufficiens* qui ne se traduit pas par « suffi-
sant », mais par « sous-jacent » : un cheminement, un dépôt
souterrain, un gisement, une nappe phréatique d'où la volonté
fait jaillir la « grâce efficace », comme le foreur fait jaillir de
son puits le pétrole. Alors tout devient clair…

Blaise Pascal, évoquant la défaite d'un ami, a bien des raisons de maudire ses juges qui n'étaient pas tous vertueux ni
équitables. Mais il en prend à son aise avec les réalités en substituant des débats imaginaires à ceux qui se déroulaient en
Sorbonne, graves et documentés, à propos notamment de
l'apôtre Pierre, prototype du juste à qui la grâce vint à manquer.

Il n'est pas de procédé qui le gêne, Pascal, pas d'exagération
qui l'effraie : tout à son sacré jeu de massacre, il va jusqu'à
écrire à propos des fameuses « cinq propositions » condamnées
par Rome, qu'on les chercherait en vain dans Jansénius, et
qu'on en trouverait plutôt « de toutes contraires » – assertion si
stupéfiante que Sainte-Beuve lui-même écrit en note : « Ceci
est un peu fort, mais la légèreté commence. »

Légèreté. Ce n'est pas le mot que l'on aurait choisi mais,
de préférence, un autre moins bénin (provocation ?) pour commenter cet autre trait : quand Pascal dénombre pour les dénon-

cer ceux qui ont voté la censure contre Arnauld, il cite, face aux soixante et onze partisans de son ami, ses quatre-vingts censeurs « et quelque quarante moines mendiants qui ont condamné la proposition de M. Arnauld sans vouloir examiner si ce qu'il avait dit était vrai ou faux ». Étrange méprise qui sent son grand bourgeois, triste calomnie à l'encontre des « moines mendiants », c'est-à-dire de dominicains et de franciscains qui avaient été l'honneur du catholicisme. Tout ceci est peut-être janséniste, à coup sûr « efficace », mais contraire à l'équité.

Et les jésuites en tout cela ? Les 2e et 3e « Petites Lettres » (comme allait les appeler Mme de Sévigné, fort imbue de Port-Royal, et justement admiratrice de Pascal) les font surgir de la pénombre, plus ou moins confondus avec les molinistes qui ne sont pas tous de la Compagnie, mais déjà bonasses, spécieux et cafards. Pas encore fondés en cibles privilégiées, en corrupteurs avérés de l'Église. C'est la 4e Provinciale, l'une des plus belles, qui ouvrira contre eux les hostilités.

Pourquoi l'auteur des « Petites Lettres » changea-t-il soudain d'objectif ? Pourquoi, quittant le terrain de la grâce où, sans trop de scrupules intellectuels, il a déjà taillé bien des croupières aux molinistes, c'est-à-dire, dans l'esprit public, aux jésuites, fait-il irruption sur le terrain de la morale ? Parce que, en dépit de la documentation que lui fournissent Arnauld et Nicole au cours de leurs longs conciliabules, il a « vidé son sac », atteint ses limites de compétence (qu'il a déjà poussée prodigieusement loin pour un « amateur » en théologie) ? Ou parce qu'à Port-Royal de pieux amis comme la mère Angélique, Le Maître de Sacy ou M. Singlin s'effarouchent de voir, en leur nom, un sujet aussi grave que celui de la grâce traité sur ce ton de badinage ?

Le fait est que c'est l'un de ses amis du temps où il s'était « plongé dans l'ordure du monde », le chevalier de Méré, « précieux en paroles et en sentiments », mais point du tout ridicule, qui lui suggéra de réorienter le débat et de quitter la grâce, trop aride, pour porter l'offensive sur le point faible de l'adversaire, le laxisme moral : quel beau thème pour se moquer ou s'indigner ! « Vous n'y êtes pas encore, mon cher… Si vous voulez retenir l'attention des honnêtes gens, il faut les divertir. » Pascal venait de mesurer les effets de sa verve : il la savait « efficace ». Il entendit Méré : « Laissez-moi le faire. Vous aurez contentement… »

Il l'entendit même à demi-mot. Car si l'on en croit les chroniqueurs du temps, ou Sainte-Beuve, ou Mauriac, le chevalier de Méré se retint d'user d'un autre argument, tout aussi inspirant que celui de la matière à traiter : la désignation de la cible. Il était beau de ferrailler contre une troupe d'adversaires plus ou moins repérables, thomistes, molinistes, cordeliers, jacobins, sorbonnards. Mais tellement plus éloquent de fixer, déterminer une cible unique, éclatante et bien typée : le jésuite, dont le pouvoir à la cour, à la ville, à Rome, suscitait ou l'envie ou la haine. D'où le foudroyant exorde du 25 février 1656 :

> « Monsieur, il n'est rien tel* que les Jésuites. J'ai bien vu des Jacobins, des docteurs, et de toutes sortes de gens, mais une pareille visite manquait à mon instruction. Les autres ne font que les copier. Les choses vont toujours mieux dans leur source. J'en ai donc vu un des plus habiles… »

La cible ainsi bien affichée : le jésuite (que « les autres ne font que copier » ? les lecteurs dominicains ou oratoriens de Pascal ont dû s'étrangler de rage…) ; le sujet est annoncé : la morale. En ses fondements et en ses praticiens.

La « morale-des-jésuites », la discipline pénitentielle de la Société, pourrait-on en parler au singulier ? On a déjà vu à quel point sa théologie était plurielle, du molinisme dominant aux courants plus proches de Bérulle. Il en allait de même de sa stratégie de la confession. Deux membres de la Compagnie, les RR. PP. Comitolo et Bianchi, avaient été au début du siècle les accusateurs les plus vifs d'un laxisme en voie de généralisation – encouragés dans leur sévérité par deux « généraux » successifs, Aquaviva et Vitelleschi.

Face à ces tenants de la rigueur, surtout italiens, se prodiguaient, au sein de la Compagnie et ailleurs, des experts en bénévolence en tous genres, espagnols, portugais ou français. Parmi ces derniers, le fâcheux Étienne Bauny avait commis un gros traité, *La Somme des péchés qui se commettent en tous les états***, d'un laxisme si débridé qu'un docteur de Sorbonne nommé Hallier – qui devait trahir les jansénistes pour passer dans le camp jésuite – appelait ce casuiste cynique « *Ecce qui tollit peccata mundi* » (« voici celui qui ôte les péchés du

---

* On lit souvent « de tel ». A tort.
** États est pris ici dans le sens de « classes », de milieux sociaux

monde », attribut jusqu'alors réservé au Christ…). Pour cet expert en confort moral dont Bossuet dira qu'il « glisse un coussin sous les coudes du pécheur », le péché finissait par se diluer en un brouillard d'occurrences et d'ignorance, et la confession en confidence indolore. D'où la condamnation portée contre Bauny par l'Assemblée du clergé de France qui l'accusait de « porter les âmes au libertinage » et de violer « l'équité naturelle et le droit des gens ». Ce qui n'avait pas empêché ce jésuite de republier son ouvrage après l'avoir expurgé, s'offrant pour cible à un féroce pamphlet d'Antoine Arnauld sur *La Théologie morale des jésuites* qui portait en germe *Les Provinciales*.

Pascal va se jeter avec emportement à l'assaut de cette baudruche. Il le fait d'abord avec une sorte de bénignité matoise, prenant pour thème les rapports entre l'ignorance et le péché : peut-on fauter par méconnaissance de la loi ? Ou parce que l'occurrence vous y conduit, dans le cas du tireur qui, à la guerre et de nuit, tue son propre enfant ? Le jésuite-de-Pascal, citant son Bauny, soutient que non et que, pour faire le mal, il faut être informé de la loi et de la nature de l'acte qu'on accomplit. Pèche-t-il, celui qui ne connaît pas la règle ?

A quoi Pascal, flanqué de son double le janséniste, oppose naturellement l'opinion de saint Augustin : il y a faute dans l'ignorance, beaucoup « pèchent sans qu'ils veuillent pécher » – ce qui nous ramène à la prédestination, à cette immense troupe des pécheurs-par-destination. Où irait-on si des légions de méchants-par-ignorance pouvaient se justifier en alléguant qu'ils n'ont pas reçu la parole de Dieu ? « Dieu n'a pas révélé ses jugements aux gentils… »

Il est clair que les jésuites ont ici pour eux le sens commun fondé sur la responsabilité de l'homme qui lie la faute à la connaissance de la cause et au « plein consentement ». Pour disqualifier la thèse de ce balourd de Bauny, interprétée par le benêt d'interlocuteur qu'il a pris soin de se donner, le procureur Pascal s'ingénie à confondre chez le pécheur ignorance et mauvaise foi, prenant notamment ses exemples chez le libertin, en un temps où ce mot désignait une personne qui ne se définissait pas par l'ignorance*. On est là de nouveau au cœur

---

* Comment ne pas citer la réflexion fameuse faite par Mme de Choisy à la très janséniste Mme de Sablé : « Les courtisans et les mondains sont détraqués depuis ces propositions de la grâce, et disent à tout moment : "Hé, qu'importe-t-il comme l'on fait puisque si nous avons la grâce nous

du débat entre « intellectuels » de Port-Royal et « populistes »
de la Compagnie, entre aristocrates de l'esprit et confesseurs du
tout-venant. Quand il évoque un pécheur, Pascal pense au duc
de Roannez ou à Retz – dont l'ignorance n'est pas le fort.
Bauny et les siens réagissent en confesseurs de quartier, où la
chair n'est pas plus faible, mais l'esprit moins prompt.

Affaire de « clientèle » ? Non. L'opposition est plus fondamentale encore entre les tenants du libre arbitre, du principe de
la responsabilité humaine et ceux aux yeux desquels l'acte de
l'homme lui échappe, déterminé par Dieu. « Sous la comédie
inventée par Pascal, écrit Roger Duchêne, c'est le problème du
statut de l'action humaine qui se trouve posé. » On serait tenté
de dire que, sur ces bases, seuls les jésuites et leurs semblables
connaissent, pour l'assister, l'homme pécheur, parce que libre…

La Compagnie est désormais sous les projecteurs et le scal-
pel du chirurgien, accusée de faire aussi peu de cas de la grâce
divine que du péché humain. Mais l'opération de dévoilement
ne fait que commencer. Les dernières lignes de la 4e Provinciale font savoir que le supplice n'en est qu'à son début. Le
janséniste-de-Pascal annonce que « leurs excès sont beaucoup
plus grands dans la morale que dans la doctrine ». Sur quoi
notre polémiste, l'œil visiblement allumé, promet que tel sera
le sujet du prochain entretien.

Ici, on voudrait tout citer. Bien que Sainte-Beuve y trouve
« de la morale relâchée en matière de citation » (mais il voyait
là « le propre des hommes d'esprit »…), la 5e Provinciale,
datée du 20 mars 1656, est le chef-d'œuvre de la pédagogie
polémique. Voltaire lui-même n'a jamais peut-être atteint à
cette fulgurance, ni à cet art de la clarification, ou simplifica-
tion. On ne relèvera pas à chaque trait ce qu'il comporte d'exagération ou de mauvaise foi. Notre objet n'est pas l'honnêteté
de Pascal, mais la vie de la Société de Jésus – qu'affectèrent
les « coups bas » tout autant que les justes accusations. Lais-
sons-nous donc emporter par le souffle du génie, quitte à risquer, ici ou là, une indispensable objection :

> « … Voici les premiers traits de la morale des bons Pères
> jésuites, de ces hommes éminents en doctrine et en sagesse, qui

---

serons sauvés, et si nous ne l'avons pas, nous serons perdus… " »
(Alexandre Brou, *Les Jésuites de la légende*, Paris, 1906, t. I, p. 441).

sont tous conduits par la sagesse divine, qui est plus assurée que toute la philosophie. Vous pensez que peut-être je raille : je le dis sérieusement, ou plutôt ce sont eux qui le disent dans le livre intitulé *Imago primi seculi*. Je ne fais que copier leurs paroles aussi bien que dans la suite de cet éloge : C'est une société d'hommes ou plutôt d'anges, qui a été prédite par Isaïe en ces paroles : Allez anges prompts et légers. La prophétie n'en est-elle pas claire ? Ce sont des esprits d'aigles ; c'est une troupe de phénix, un auteur ayant montré depuis peu qu'il y en a plusieurs. Ils ont changé la face de la chrétienté. Il le faut croire puisqu'ils le disent. Et vous l'allez bien voir dans la suite de ce discours, qui vous apprendra leurs maximes. »

« J'ai voulu m'instruire à bonne source », précise notre auteur qui pousse le jeu de l'équité jusqu'à faire observer à « son » janséniste que des opinions licencieuses de certains jésuites auxquelles il a « peine à croire » ne sauraient pas être « imputées au corps » tout entier, et qu'il en connaît d'aussi « sévères » que celles-ci sont « relâchées ». Le janséniste s'opiniâtre : « Un si grand corps ne subsisterait pas dans une conduite téméraire et sans une âme qui le gouverne et qui règle tous ses mouvements. » Sur quelles maximes se fondent-ils donc ?

La réponse du janséniste va loin, et résume d'un coup et *Les Provinciales* et ce que Roger Duchêne a appelé leur « imposture » – qui consiste à présenter comme une stratégie opportuniste de conquête du pouvoir ce qui n'était peut-être que réalisme psychologique et déviations ponctuelles…

« Sachez que leur objet n'est pas de corrompre les mœurs : ce n'est pas leur dessein. Mais ils n'ont pas aussi pour unique but de les réformer. Ce serait une mauvaise politique. Voici quelle est leur pensée. Ils ont assez bonne opinion d'eux-mêmes pour croire qu'il est utile et comme nécessaire au bien de la religion que leur crédit s'étende partout, et qu'ils gouvernent toutes les consciences.

De ce principe vous jugez aisément que s'ils n'avaient que des casuistes relâchés, ils ruineraient leur principal dessein qui est d'embrasser tout le monde, puisque ceux qui sont véritablement pieux cherchent une conduite plus sûre. Mais comme il n'y en a pas beaucoup de cette sorte, ils n'ont pas besoin de beaucoup de directeurs sévères pour les conduire. Ils en ont peu pour peu ; au lieu que la foule des casuistes relâchés s'offre à la foule de ceux qui cherchent le relâchement.

C'est par cette conduite obligeante et accommodante, comme l'appelle le P. Petau*, qu'ils tendent les bras à tout le monde [...] Par là ils conservent tous leurs amis, et se défendent contre tous leurs ennemis. Car si on leur reproche leur extrême relâchement, ils produisent incontinent au public leurs directeurs austères [...] Ainsi ils en ont pour toutes sortes de personnes, et répondent si bien selon ce qu'on leur demande, que, quand ils se trouvent en des pays où un Dieu crucifié passe pour une folie, ils suppriment le scandale de la croix et ne prêchent que Jésus-Christ glorieux et non pas Jésus-Christ souffrant : comme ils ont fait dans les Indes et dans la Chine** où ils ont permis aux Chrétiens l'idolâtrie même, par cette subtile invention, de leur faire cacher sous leurs habits une image de Jésus-Christ, à laquelle ils leur enseignent de rapporter mentalement les adorations publiques qu'ils rendent à l'idole Chacimchoan et à leur Kemm-Fucum*** de telle sorte que la conjugation des cardinaux *De propaganda Fide* fut obligée de défendre particulièrement aux jésuites, sous peine d'excommunication, de permettre des adorations d'idoles sous aucun prétexte, et de cacher le mystère de la Croix à ceux qu'ils instruisent de la religion. »

Le ton du polémiste, ici, a quelque chose de blessant. Nous qui connaissons Ricci, l'ampleur de sa vision, l'audace de son comportement, les périls courus face à l'eunuque Ma-tang, nous voici gênés par cette raillerie des reclus de Port-Royal, qui n'en sont pas encore à affronter les gendarmes du roi. Nous savons d'ailleurs comment Matteo Ricci traitait les « idoles », comment aussi ses tentatives d'accommodation étaient mises en sourdine, au nom de la Compagnie, par son successeur Longobardi. Et que dire de l'usage que Pascal fait ici des noms « barbares », ses « mamamouchis » à lui, bien propres à faire s'esclaffer le parterre, mais peut-être pas tout à fait dignes d'un aussi grand esprit, ni de l'occurrence.

Le janséniste qui sert de plus en plus d'interprète à Pascal ne s'embarrasse pas de ces détails. Menant tambour battant sa charge contre les pères, il soutient qu'il faut voir dans le « relâchement » de leur monde l'origine de leur doctrine touchant la

---

* Denis Petau est l'un des principaux théologiens jésuites du XVIIe siècle.
** Voir chapitre IX.
*** Le premier mot semble, pour les deux voyelles, se rapporter à Shang-ti, souverain d'en haut. Le second est Confucius.

grâce : « Tant de crimes palliés et tant de désordres soufferts »
sont les effets, dit-il, d'une « morale toute païenne », si païenne
que « la nature suffit pour l'observer ».

On peut se demander ici si les lecteurs du temps ne voyaient
pas se profiler une autre cible que la Compagnie : le libertin
La Mothe Le Vayer qui, publiant quatorze ans plus tôt *La Vertu
des païens*, avait fait grand scandale. Convenons que, pour
n'être pas jésuite, La Mothe avait plus d'audience chez les
pères qu'à Port-Royal, et que sa morale de la nature cousinait
parfois avec celle que préconisaient les casuistes.

Mais il s'agit bien d'un libertin ! La nouvelle cible de l'archer
de Port-Royal est trouvée, mise en lumière, et lardée de traits :
c'est le R. P. Escobar, jésuite de Valladolid et auteur de la *Petite
Somme des cas de conscience*, publiée en latin en 1644.

Passant de Bauny à Escobar, le champion de Port-Royal
hausse la barre et le ton. Le jésuite français, condamné par la
faculté de théologie, était un besogneux à toutes mains, une
marionnette entre les doigts de Richelieu qui se servit de lui.
Escobar n'était pas un aigle. Ni Sirmond, ni Molina. Un compilateur. Mais son traité faisait autorité et pouvait être considéré comme un reflet fidèle de l'éthique des jésuites. Ne
fondait-il pas ses décisions sur les opinions de vingt-quatre
docteurs de la Compagnie ? Au surplus, sa *Petite Somme* n'était
pas d'un volume tel qu'il pût effaroucher Pascal. Ses amis
de Port-Royal lisaient pour lui les gros livres de théologie, le
fournissant en morceaux choisis. Mais « le petit Escobar »,
c'est lui qui s'en chargeait, et l'on s'aperçoit de la différence,
écrit Gustave Lanson, « car les autres casuistes ne figurent
dans les *Provinciales* que par leurs pensées ; Escobar, lui, y
entre dans sa forme sensible ».

C'est sur ce pointilleux collectionneur de cas, probablement
pris pour cible à cause de son nom qui se prêtait à tous les
à-peu-près d'« escobarderies » et « escobarder » (alors qu'il
s'était fait la réputation, entre tous les casuistes, d'être l'un des
moins laxistes, dénonçant nombre des commodités accordées
par ses confrères aux pénitentes castillanes), que le dramaturge
Pascal va concentrer ses salves – atteignant à la fois les « vingt-
quatre docteurs » par l'autre compilés[*].

---

[*] Mais souvent mal cités : c'est parfois lui qui induit Pascal en erreur
de citations…

Feu donc sur Escobar ! Les cas défilent, et les réponses, extravagantes, transmises avec une gloutonnerie bénisseuse par « le jésuite » mis en scène par notre railleur :

> « ... Celui qui ne peut dormir s'il n'a soupé, est-il obligé de jeûner ? Nullement. N'êtes-vous pas content ? – Non pas tout à fait, lui dis-je, car je puis bien supporter le jeûne en faisant collation le matin et soupant le soir[*]. On n'est point encore obligé à jeûner. Car personne n'est obligé à changer l'ordre de ses repas. – Usez-vous beaucoup de vin ? – Non, mon Père, lui dis-je, je ne le puis souffrir. – Je vous disais cela, me répondit-il, pour vous avertir que vous en pourriez boire le matin, et quand il vous plairait, sans rompre le jeûne ; et cela soutient toujours.
> Voilà un honnête homme, lui dis-je, qu'Escobar. – Tout le monde l'aime, répondit le Père. Il fait de si jolies questions ! Voyez celle-ci [...] : "Si un homme doute qu'il ait vingt-un ans[**], est-il obligé de jeûner ? Non. Mais si j'ai vingt-un ans cette nuit à une heure après minuit, et qu'il soit demain jeûne, serai-je obligé de jeûner demain ? Non. Car vous pourriez manger autant qu'il vous plairait depuis minuit jusqu'à une heure, puisque vous n'auriez pas encore vingt-un ans : et ayant ainsi droit de rompre le jeûne, vous n'y êtes pas obligé." Le bon père, voyant que j'y prenais plaisir, en fut ravi, et continuant : "Celui qui s'est fatigué à quelque chose, comme à poursuivre une fille *(ad persequendam amicam)*, est-il obligé de jeûner ? Nullement. Mais s'il s'est fatigué exprès pour être par là dispensé de jeûne, y sera-t-il tenu ? Encore qu'il ait eu ce dessein formé, il n'y sera point obligé..." »

Bouffon... Et à peine forcé. Mais s'il excelle à faire ressortir le grotesque de ces consultations, Pascal va frôler l'imposture en les imputant en bloc à la « doctrine des opinions probables », et en faisant du probabilisme une manière de marché aux concupiscences rivales, dès lors que le pénitent peut choisir entre deux autorités consultées celle qui l'accommode le mieux (« ils en ont pour toutes sortes de personnes »). Le polémiste alors embrouille tout et se donne les gants de ridiculiser l'adversaire en glissant dans son argumentation des citations sans rapport avec le débat. Ainsi ce vers d'Ovide qui, par le

---

 [*] Réponse d'un réalisme plutôt jésuite...
[**] Age fixé pour l'obligation de jeûner.

biais d'un poète licencieux supposé leur porte-parole, ramène sur les jésuites l'imputation d'idolâtrie : « Si quelque dieu nous contraint, un autre nous délivre. »

Et que dire du nouveau recours du polémiste « catholique » (c'est-à-dire universel) au procédé de la taxinomie exotique qui lui fait citer pêle-mêle les nouveaux docteurs dont l'autorité, selon « son » jésuite, tend à supplanter celle des Anciens :

> « Qui sont ces nouveaux auteurs ? Des gens bien habiles et bien célèbres, me dit-il. C'est Villalobos, Coninck, Lliamas, Achokler, Dealkozer, Dellacrux, Veracruz, Ugolin, Tambourin, Fernandez, Martinez, Suarez, Henriquez, Vasquez, Lopez, Gomez, Sanchez, de Vechis, de Grassis, de Grassalis, de Pitigianis, de Graphaeis, Squilanti, Bizozeri, Barcola, de Bobada-dilla, Simancha, Perez de Lara, Aldretta, Lorca, de Scarcia, Quaranta, Soophra, Pedrezza, Cabrezza, Bisbe, Dias, de Clavasio, Villagut, Adam à Mandem, Iribarne, Binsfeld, Volfangi à Vorberg, Vosthery, Strvesdorf, – O mon père ! lui dis-je tout effrayé, tous ces gens-là étaient-ils chrétiens ? – Comment, chrétiens ! me répondit-il. Ne vous disais-je pas que ce sont les seuls par lesquels nous gouvernons aujourd'hui la chrétienté ? »

Il n'y manque vraiment que le baron Münchhausen, Cacombo, Ahasvérus et le tirailleur Banania... Des chrétiens, ça ? Encore heureux que le mot de métèque n'ait pas encore été inventé... On dirait une énumération de parlementaires par Léon Daudet dans *L'Action française* des années trente... Ici éclate bien la contradiction entre les centripètes de Port-Royal et les centrifuges de la Compagnie, ces gens en « os », en « is », en « berg » ou en « dorf », venus d'on ne sait où et par qui les jésuites « gouvernent aujourd'hui la chrétienté ». Bigre...

Blaise Pascal se joue en virtuose des balourdises et des compromissions vulgaires de casuistes probabilistes recrutés un peu partout, on l'a dit, de ces prêtres qui, pour ne pas se couper de leur clientèle, font mine de s'interroger sur la justification du duel ou le bien-fondé de l'aumône ou de savoir si, selon Molina, « on peut tuer un homme pour un écu ». Tout Escobar y passe, avec Diana le théatin et Caramuel le cistercien et Medina le dominicain, tous auteurs de consultations effarantes il est vrai, en ce qui finit par apparaître comme un procès féroce du christianisme au quotidien, vécu au ras du sol – et

tel évidemment que ne le pratiquent pas les messieurs solitaires
barricadés dans leur saint désert, ou le crucifié vivant qu'est le
frère de Jacqueline Pascal, dite sœur Euphémie. Le prédicateur
du sermon sur la montagne s'était assez mêlé à la vie des
pauvres hommes pour parler de Madeleine et du publicain, et
de la femme adultère, d'un autre ton que les solitaires.

Plutôt que de collectionner les piètres ruses de quelques
maniaques, et de damner les confesseurs exerçant au milieu
des misérables vivants, les procureurs impitoyables du procès
fait à la Compagnie de Jésus eussent pu s'informer du comportement réel d'hommes immergés dans le débat social, s'intéresser moins à l'heure choisie par le duc d'Alençon pour finir de
déguster des ortolans, avec l'approbation de son chapelain,
pendant la nuit précédant sa communion pascale, qu'à la vie
d'un prêtre tel que le R. P. Pedro de Leon. Cet aumônier de la
prison centrale de Séville se débat alors entre la pratique (qu'il
condamne) de la prostitution, principale activité économique du
milieu où il vit, et les lois du royaume qui, la réglementant
savamment, l'entérinent – et qui en arrive à soutenir, en casuiste
pris à la gorge, qu'il « n'y a pas de métier si dangereux soit-il,
de proxénète, greffier, ou tout autre en rapport avec l'argent, qui
ne permette le salut éternel s'il est exercé en respectant la loi [13] ».

Voilà ce qui s'appelle rendre à César... N'y a-t-il pas là
un trait plus intéressant, plus profond et plus terrible sur les
rapports entre jésuites et pouvoir, que les petits comptes de
Bauny, de Diana et d'Escobar, et le décompte qu'en fait le
grand avocat de Port-Royal ?

Ou que certaines formes prises par la polémique. Quand,
dans la 11e lettre, Pascal assure qu'il s'impose dans le débat
une retenue qui lui fait « épargner » ses adversaires, se refusant
à évoquer, dit-il, « certaines fautes secrètes et personnelles [...]
quelque preuve que j'en eusse », c'est trop dire, ou pas assez.
Car cette insinuation d'un homme qui dit « épargner » ses
adversaires renvoie aux terribles accusations qu'exprimera la
préface du livre d'Arnauld :

> « ... Il n'y a point d'excès qui ne se commettent parmi eux
> [...] Ils abusent de leurs missions dans les pays étrangers pour
> tendre des pièges à la chasteté [...] De la direction des monas-
> tères pour corrompre les vierges consacrées à Dieu [...] De
> leurs collèges pour les excès qu'on n'oserait nommer. »

Et l'on en viendra à se menacer de mort par textes interposés. Les jésuites peuvent-ils tuer les jansénistes ? interroge gravement Pascal dans la 7e Provinciale, pour produire la grotesque réponse du R. P. L'Amy : « Non, d'autant que les Jansénistes n'obscurcissent non plus l'éclat de la Société qu'un hibou celui du soleil ; au contraire, ils l'ont relevée, quoique contre leur intention. *Occidi non possunt, quia non potuerunt.* »

Sottise qui appelle ce trait :

> « Eh quoi ! mon Père, la vie des Jansénistes dépend donc seulement de savoir s'ils nuisent à votre réputation ? Je les tiens peu en sûreté, si cela est. Car s'il devient tant soit peu probable qu'ils vous fassent tort, les voilà tuables sans difficulté. Vous en ferez un argument en forme ; et il n'en faut pas davantage, avec une direction d'intention, pour expédier un homme en sûreté de conscience. O qu'heureux sont les gens qui ne veulent pas souffrir les injures, d'être instruits en cette doctrine ! Mais que malheureux sont ceux qui les offensent ! En vérité, mon père, il vaudrait autant avoir affaire à des gens qui n'ont point de religion, qu'à ceux qui en sont instruits jusqu'à cette direction [...] Et je ne sais même si on n'aurait pas moins de dépit de se voir tué brutalement par des gens emportés, que de se sentir poignardé consciencieusement par des gens dévots. »

Touché entre les deux yeux, par la « botte » de Pascal...

La Compagnie de Jésus n'avait pas été vouée par son fondateur, opiniâtre argumenteur, à se laisser souffleter sans répondre. Dès la fin de mars 1656, sa mise en accusation (dans la 4e lettre, puis en avril dans la 5e) était patente. Du collège de Clermont à Rome on affûta les couteaux. Mais n'est pas Pascal qui veut. L'illustre Compagnie constata avec dépit que, malgré ces « aigles » revendiqués dans l'*Imago*, elle n'avait pas de champion digne d'affronter, ou capable de réfuter celui qu'elle appelait « le secrétaire de Port-Royal ».

Ce n'était pas que les jésuites manquassent de fidèles ou de disciples. Les élèves formés dans leurs collèges, de Descartes à Corneille, étaient fameux ; et si le premier, très attaché à ses maîtres (et au libre arbitre...), était mort quelques années plus tôt, l'auteur du *Cid* eût fait un beau héraut.

Quoi de plus jésuite que cette éloquence du caractère, cet éloge de l'homme « tel qu'il devrait être », cet hymne permanent à la volonté exprimée par le discours, avec sa touche d'hispanisme empanaché et sa rhétorique romaine ? Il est vraiment l'élève modèle des bons pères de Rouen, ce dramaturge dont « la vertu parleuse » trouve, selon Guizot, son secret dans « la nécessité de bien tenir son rang dans la société [qui] mettait presque le soin de se faire valoir au nombre des devoirs, ou du moins des habitudes d'un homme de cœur », et dont Paul Bénichou [14] a mis en lumière l'art de faire participer l'auditoire à « deux fêtes, l'une sociale, l'autre littéraire », objectif fondamental de la dramaturgie en honneur dans les collèges jésuites. Et qui a jamais écrit une phrase plus jésuite que celle-ci : « La foi qui n'agit pas, est-ce une foi sincère ? »

Au surplus, Corneille avait pris position très clairement pour ses anciens maîtres (avec moins de ferveur que Racine le fera pour les siens) dans plusieurs pièces de cette époque, notamment dans le très oublié *Œdipe*. Mais les pères, moins avisés que les solitaires, ne semblent pas avoir songé à recruter ce formidable champion.

Curieusement, les jésuites pensèrent plutôt à quelque bretteur mercenaire. Bussy-Rabutin ? Le futur auteur de l'*Histoire amoureuse des Gaules* était-il bien désigné pour affronter les puritains de Port-Royal ? Desmarets de Saint-Sorlin, dramaturge parfois comparé à Corneille, avait de la vigueur et détestait les jansénistes. Mais pas au point d'affronter le « secrétaire » au stylet pointu*. Bref, il fallait faire avec les moyens du bord.

La Société de Jésus avait recruté et formé beaucoup d'hommes éminents au cours des dernières décennies. Mais certains, comme Jacques Sirmond ou Denis Petau, étaient morts. Pierre le Moyne, dont Pascal raillera le traité de *La Dévotion aisée* et certaine pièce sur la rougeur des filles (« ces roses des Vierges armées »), était l'auteur de *Peintures morales* très admirées. Versificateur fameux, il était inapte au combat. De même les pères Bouhours et Vavassor. Les plus combatifs étaient-ils les plus aptes ? Les RR. PP. Rapin, Pinthereau, des Champs brûlaient de pourfendre l'hérétique. Ils déclenchèrent quelques salves, accusant notamment Pascal de tirer ses arguments, à travers Arnauld, d'un factum du calviniste Du Moulin. Assez piètre argument.

La riposte majeure aux « Petites Lettres » fut publiée en mai

* Il entrera en lice contre eux, mais beaucoup plus tard.

1656, deux mois après l'offensive pascalienne. Elle prit la forme d'une *Réponse aux Lettres provinciales publiées par le secrétaire de Port-Royal contre les RR. PP. de la Compagnie de Jésus sur le sujet de la morale des dits pères*. Ses auteurs étaient les RR. PP. Annat, Nouet, de Ligendes et de Brisacier. On s'arrêtera surtout au premier, provincial des jésuites et confesseur du roi, non sans reconnaître la forte personnalité du R. P. Jacques Nouet, qui avait été disciple de Louis Lallemant, était réputé en tant que prédicateur à Notre-Dame, et auteur d'un livre intitulé *L'Homme d'oraison*.

François Annat était né en 1590 à Espalion, près de Rodez. Professeur de théologie à Toulouse, il avait été appelé à Rome en 1645 comme « assistant de France ». Envoyé à Paris en 1652, confesseur du roi à dater de 1656 et pour quinze ans, il fut le pivot de la lutte contre le jansénisme, non sans avoir été, en 1655, l'âme d'une tentative de conciliation avec l'évêque de Comminges qui, favorable à Port-Royal, salua son « esprit de paix ». Mais dès avant *Les Provinciales* les accusations portées contre lui par les jansénistes d'être lié à Nicolas Fouquet (ce qui était vrai) et de montrer de la complaisance à l'endroit des liaisons du roi (ce qui était faux[*]) avaient mué cette modération en âpreté.

Racine écrira de lui, dans son *Abrégé de l'histoire de Port-Royal*, que, « assez raisonnable dans les autres choses, il ne connaissait plus raison ni équité quand il était question des jansénistes ». Et Nicole, à ce propos : « Il était le maître de tout. » Ce qui n'implique pas qu'il fût maître de son style. Écoutons le R. P. Daniel, qui devait prendre sa relève, avec plus de verve, dans la polémique antipascalienne : « Le bonhomme avait du talent, *même en français*, s'il se fût appliqué à l'étude de notre langue. Je lui ai trouvé parfois une finesse d'expression et de raillerie extraordinaire dans un théologien... »

La raillerie, « en notre langue », le R. P. Annat ne supportait guère d'en être la cible, pas plus que ses compagnons. D'où le thème majeur que vont développer les premières réponses à Pascal. Le propos ne manque pas de force :

> « Que l'on fasse réflexion sur la façon d'écrire de cet auteur, qui sur des matières de théologie, de morale, de cas de conscience,

---

[*] Voir chapitre XII.

et de salut, ne se sert que d'un style railleur et bouffon, indigne,
je ne dis pas d'un théologien ou d'un ecclésiastique, mais même
d'un chrétien qui ne doit pas traiter en gausseur et farceur les
choses saintes. Il s'appelle comme le font tous ceux de sa secte,
disciple de saint Augustin : qu'il me trouve un endroit dans les
écrits de ce grand personnage* où il prenne celui de railleur et
de bouffon. C'est l'esprit hérétique, qui n'a rien de sérieux,
sinon la rage et la fureur, si toutefois ces cruelles passions méritent ce nom ; c'est l'esprit de l'impie et du blasphémateur,
duquel il est parlé dans Job, *imitaris linguam blasphemantium*,
tu parles comme un blasphémateur. L'original porte, *irrisorum*,
tu as la langue des moqueurs : aussi est-ce une espèce de blas-
phème que de traiter des choses saintes en raillerie. »

A quoi le « secrétaire » opposa, trois mois plus tard dans la
11e lettre, cette réponse foudroyante :

« En vérité, mes Pères, il y a bien de la différence entre rire de
la religion, et rire de ceux qui la profanent par leurs opinions
extravagantes [...] Ne prétendez donc pas, mes Pères, de faire
accroire au monde que ce soit une chose indigne d'un chrétien
de traiter les erreurs avec moquerie [...] Ne voyons-nous pas
que Dieu hait et méprise les pécheurs tout ensemble, jusque-là
même qu'à l'heure de leur mort, qui est le temps où leur état
est le plus déplorable et le plus triste, la sagesse divine joindra
la moquerie et la risée à la vengeance et à la fureur qui les
condamnera à des supplices éternels ? *In interitu vestro ridebo
et subsannabo*. Et les saints, agissant par le même esprit, en
useront de même [...] C'est si peu une impiété d'en rire que
c'est l'effet d'une sagesse divine selon cette parole de saint
Augustin : "Les sages rient des insensés, parce qu'ils sont
sages, non de leur propre sagesse, mais de cette sagesse divine
qui rira de la mort des méchants." »

C'est ainsi que la 11e Provinciale balaie, en bonne polémique,
et si nous en sommes à « compter les points » et les avantages
comme dans un match ou une partie d'échecs, l'argumentation
des jésuites. Mais on ne peut pas manquer de retenir, dans le
noble statut qu'il confère au rire à base de raillerie, la part qu'il
fait au mépris.

---

* Le père Annat parle de « personnage », non pas de « saint ». Voilà qui
va loin. Et la riposte de l'augustinien Pascal n'en sera que plus violente.

« Par ce biais, écrit Roger Duchêne, il fait penser à Hobbes qui fonde le rire sur la découverte subite d'une supériorité. Ainsi agit le Dieu de Pascal, agressif avec la créature qui a péché, bien différent du généreux de Descartes pour lequel la vraie supériorité se marque par la protection accordée à autrui… Pour l'auteur des *Provinciales*, au contraire, mépris ou haine sont deux façons de combattre l'erreur. Contre toute la pensée antique il met le mépris de l'erreur sur le même plan que l'indignation [15]. »

Au regard de la postérité – qui connaît par ailleurs les élans d'amour des *Pensées* –, ces textes ne paraissent guère inspirés de l'esprit de l'Évangile. Il n'en reste pas moins que, sur le terrain et dans l'instant, le « secrétaire de Port-Royal » triomphe. C'est lui qui frappe le plus juste et reste maître du jeu cruel. Que valent contre ses fulgurances les dénonciations de ses adversaires qui croient l'accabler en traitant de « bouffon » ou de « petit ravaudeur de calomnies » l'homme au masque de feu ?

D'autant qu'à partir de la 6e lettre, écrite au début d'avril 1656, Blaise Pascal est porté, enlevé, possédé par une nouvelle certitude de son infaillibilité, de son « élection », de la prédestination qui l'a rangé à jamais parmi les très rares justes préservés des flammes de l'enfer : sa nièce, la petite Marguerite Périer, a été guérie d'une horrible fistule à l'œil par l'attouchement d'une relique dite « de la sainte Épine » : ainsi, il n'a pas suffi que Dieu l'enveloppe du feu de la nuit de novembre 1654, le voilà désigné encore par le doigt du Seigneur ! « Paraissez Navarrais, Maures et Castillans ! » : et son armure et son épée portent le sceau divin… Et ce n'est pas lui qui entendrait les réflexions désobligeantes faites sur l'authenticité du miracle par le saint curé de Saint-Sulpice, M. Olier, ou le grand juriste Guy Patin, fort ennemi pourtant des jésuites :

« Il y a cinq chirurgiens-barbiers qui ont signé le miracle. Ne voilà pas des gens bien capables d'attester ce qui peut arriver *supra vires naturae* ; des laquais revêtus et bottés et qui n'ont jamais étudié… »

Chaque réponse des pères est faite d'un préambule et de six « impostures » pascaliennes, chacune composée d'une citation, de sa réfutation et d'un « avertissement aux jansénistes », le premier ayant eu trait à l'identité de l'auteur des « Petites Lettres » :

> « Personne ne peut nier que l'auteur des Lettres qui courent aujourd'hui, et qui font tant de bruit dans le monde, ne soit un janséniste ; si toutefois c'est un seul homme, et non plutôt tout le parti ; à qui si l'on demande son nom, comme le Sauveur le demanda au démon qui tourmentait ce malheureux endiablé, qui faisait sa demeure dans les tombeaux, il répondrait comme lui : le nom que je porte est légion car nous sommes plusieurs. »

Les pères, ici, ont raison, tant il est clair que la part prise dans la campagne par Arnauld, Nicole et Le Maître fut grande (à Mme de Sablé qui lui faisait grief d'une citation incorrecte, Pascal rétorquait : « Prenez-vous-en à ceux qui me fournissent… ») et peu convaincante l'assertion du polémiste : « Je ne suis pas de Port-Royal », bel exemple de restriction mentale… Mais qu'importe au lecteur que le guérillero masqué soit solitaire ou « les solitaires » ! C'est de Port-Royal, bien sûr, que partent les coups, et qui portent. Le mystère relatif à la personnalité du tireur a émoustillé certes le public de ce que Racine appela « une comédie ». Mais c'est le contenu des lettres (le ton plutôt que le fond ?) qui tient chacun en haleine.

La légion d'Annat s'efforce et s'époumone : « Faussaire, tricheur, ignorant ! » Elle a beau accumuler les preuves des origines calvinistes de la documentation de Pascal (et alors, si c'est vrai ?), de la liberté parfois provocante prise avec les citations d'Escobar ou de Sanchez, du fait que la moitié des scandales dénoncés dans les « Petites Lettres » n'est pas imputable à la Compagnie ignacienne, ce sont toujours les textes de Pascal qui restent gravés dans les mémoires. Prenons un exemple plus pertinent que les disputes quelque peu oiseuses relatives au duel ou à la simonie.

Dans la 12e lettre, Pascal s'en prend au laxisme de l'enseignement des jésuites relatif à l'aumône et plus généralement aux devoirs qu'implique par rapport aux pauvres la détention de richesses, du « superflu » par rapport au « nécessaire ». Et de citer Vasquez : « A peine se trouvera-t-il que les gens du monde, et même les Rois, aient jamais de superflu », ainsi interprété : « Les riches sont donc à peine obligés de donner l'aumône de leur superflu », et commenté :

« S'il est vrai que les riches n'ont presque jamais de superflu, il n'est pas certain qu'ils ne seront presque jamais obligés de donner l'aumône de leur superflu ? Je vous en ferai un argument en forme, si Diana, qui estime tant Vasquez qu'il appelle le Phénix des esprits, n'avait tiré la même conséquence du même principe. Car après avoir rapporté cette maxime de Vasquez, il en conclut : "Que dans la question, savoir si les riches sont obligés de donner l'aumône de leur superflu, quoique l'opinion qui les y oblige fût véritable, il n'arriverait jamais, ou presque jamais, qu'elle oblige dans la pratique…" Que veut donc dire ceci, mes Pères ? »

A Vasquez, le défenseur de Port-Royal oppose cette maxime révolutionnaire (dirait-on pas du Proudhon ?) de saint Grégoire :

« Quand nous donnons aux pauvres ce qui leur est nécessaire, nous ne leur donnons pas tant ce qui est à nous que nous leur rendons ce qui est à eux : et c'est un devoir de justice plutôt qu'une œuvre de miséricorde. »

Et pousse ainsi son avantage :

« C'est de cette sorte que les saints recommandent aux riches de partager avec les pauvres les biens de la terre, s'ils veulent posséder avec eux les biens du ciel. Et au lieu que vous travaillez à entretenir dans les hommes l'ambition, qui fait qu'on n'a jamais de superflu, et l'avarice, qui refuse d'en donner quand on en aurait, les saints ont travaillé au contraire à porter les hommes à donner leur superflu, et à leur faire connaître qu'ils en auront beaucoup, s'ils le mesurent, non par la cupidité qui ne souffre point de bornes, mais par la piété qui est ingénieuse à se retrancher pour avoir de quoi se répandre dans l'exercice de la charité. »

Avant de conclure avec saint Augustin, ici admirable :

« Nous avons beaucoup de superflu si nous ne gardons que le nécessaire ; mais, si nous recherchons les choses vaines, rien ne nous suffira. Recherchez, mes frères, ce qui suffit à l'ouvrage de Dieu, c'est-à-dire à la nature, et non pas ce qui suffit à votre cupidité, ce qui est l'ouvrage du démon. Et souvenez-vous que le superflu des riches est le nécessaire des pauvres. »

Que dire de l'argumentation des pères qui, dans son réalisme
moelleux, ne s'inscrit guère à l'encontre de la caricature dessi-
née par leur adversaire ? Après avoir rappelé les obligations
spécifiques des ecclésiastiques en la matière, l'apologiste
jésuite présente ainsi la doctrine de Vasquez à propos des
laïcs :

> « Pour les personnes [...] qui ont de grandes richesses, soit
> qu'ils les aient acquises par leur industrie, ou qu'ils les aient
> trouvées dans leur maison, [Vasquez] assure qu'ils sont obli-
> gés sous peine de damnation à donner l'aumône. Mais il
> demande sur quel principe est fondée cette obligation, et reje-
> tant l'opinion de Cajetan* qui l'établit sur ce qu'un homme
> riche est tenu de donner aux pauvres le superflu de ses biens,
> qui est leur partage, il dit que cette raison ne lui semble pas
> assez forte, et que les riches s'en pourraient facilement
> défendre, disant qu'ils n'ont rien de superflu [...] D'où il
> conclut qu'il faut établir ce devoir sur un autre fondement qui
> le rende indispensable, qui est celui de la charité, qui n'oblige
> pas seulement les riches à faire l'aumône du superflu de leurs
> biens, mais encore du nécessaire dans le sens que je viens de
> dire. Cette doctrine n'est-elle pas toute contraire à celle qu'on
> lui attribue ? Se peut-il voir une imposture plus visible ? Je prie
> le lecteur de voir ce traité et de commencer par le premier cha-
> pitre où il parle des obligations des riches du siècle. Je l'as-
> sure qu'il ne sera pas moins édifié de la prudente conduite de
> ce Père qu'étonné de la malice de son calomniateur. »

Et que dire de l'« Avertissement » donné en conclusion aux
jansénistes :

> « Il faut que je rende le bien pour le mal, et la vérité pour le
> mensonge. J'avertis donc les disciples de Jansénius que toutes
> les aumônes qu'ils tirent des veuves, et tous les testaments
> qu'ils leur font faire en faveur du jansénisme condamné par le
> pape, sont autant de larcins qui tiennent en quelque façon du
> sacrilège : parce qu'ils abusent d'un bien donné à Dieu contre
> l'Église de Dieu ; et que les personnes riches qui font subsister
> ce parti hérétique, soit qu'ils y contribuent de leur autorité ou
> de leurs richesses, se rendent complices de leur rébellion et se
> perdent avec eux. »

---

* Cardinal espagnol.

Il est vrai que Port-Royal, on l'a relevé, ne manquait pas de relations ni d'amis opulents. Mais le rédacteur de ce texte venimeux pouvait-il ignorer qu'à la même époque précisément les *Monita secreta* fabriqués par un jésuite polonais en rupture d'ordre accusaient bassement la Compagnie d'extorquer aux veuves les héritages dont le polémiste accuse ici les jansénistes d'être les bénéficiaires abusifs ? Si l'apologue de la paille et de la poutre a jamais eu un sens, c'est bien en cette occurrence. On a pu accuser les solitaires de Port-Royal de bien des fautes, et souvent à raison. Mais leur imputer, de surcroît, l'esprit de lucre !

Détestables avocats de leur cause, les jésuites avaient bien des raisons pour eux, sinon la raison tout court. Si spécieuse qu'elle pût paraître, leur doctrine de la grâce mal dite « suffisante » avait la supériorité sur celle des « augustiniens » de Port-Royal de préserver l'espoir de la collectivité humaine en l'indivisibilité de la rédemption. Si poisseuse et retorse qu'elle semblât – et pas seulement aux yeux des lecteurs de Pascal – la casuistique probabiliste n'était autre que la reconnaissance des droits et des lois de la vie vécue au milieu du « monde » – moins repoussante en tout cas que ce que Mauriac appelle l'« implacabilité janséniste » qui, dit-il, s'arroge orgueilleusement le droit d'« assigner des bornes à la miséricorde infinie[*] ».

Et pourtant, c'est Pascal qui l'emportait, au moins sur le terrain intellectuel et moral, aux yeux de tous ceux qui ne vouaient pas Port-Royal à l'exécration. Mais cette « victoire » allait saigner, cruellement. Les bons pères s'étaient fait souffleter et, ce qui était bien pire, avaient dû avouer, et s'avouer, que les « aigles » si triomphalement salués par l'*Imago primi seculi* n'avaient pas su écraser une évidente hérésie dès lors que celle-ci s'armait des foudres du génie. Par un retournement si prodigieusement ironique que, si l'on en croit le grand railleur de Port-Royal, il dut faire s'esclaffer les anges et les docteurs, c'est par le très mondain argument du talent littéraire

---

[*] Le fervent pascalien qu'est M. Le Guern écrit, dans la communication déjà citée (cf. R. Duchêne, *op. cit.*) : « Les excès d'un polémiste abusé », que ses amis et mandants avaient caché à Pascal que « si la morale relève de la justice, la casuistique relève de la miséricorde » et qu'elle représente « l'esprit de finesse [face à] l'esprit de géométrie ». Argument pascalien s'il en est !

que l'ordre des mondains avait été vaincu par les ennemis du monde, par ceux qui, tel M. de Sacy, voulaient interdire la lecture de Montaigne aux chrétiens ou, tel Saint-Cyran, prétendaient priver d'instruction un enfant trop doué…

Mais les jésuites, pour une fois privés du talent d'un Laynez ou d'un Bellarmin, avaient d'autres armes : leur crédit était immense au Louvre, à l'archevêché et au Vatican. Vaincus par la vivacité de l'esprit, ils allaient prendre leur revanche par la force du pouvoir.

D'abord, celle qu'arme le bras séculier. Le 23 décembre 1656, après la publication de la 16e lettre, une ordonnance de police interdit d'imprimer et de diffuser quelque lettre que ce soit sans privilège ni nom d'auteur. Il ne suffirait pas de faire paraître le nom de Montalte : c'est toute la campagne du procureur masqué qui tombait sous le coup de la loi. Pascal osera encore publier, le 23 janvier et le 24 mars 1657, deux Provinciales adressées nommément au père Annat. Mais, revenant sur le sujet initial de la grâce, il le fera sous une forme si radoucie, et pour la défense de thèses si amendées, que les jésuites eux-mêmes n'y pourront trouver à redire. Et il gardera par-devers lui la 19e, écrite au mois de mai 1657, si belle, si brève, et qui commence ainsi :

« Mon Révérend Père*,
Si je vous ai donné quelque déplaisir par mes autres lettres, en manifestant l'innocence de ceux qu'il vous importait de noircir, je vous donnerai de la joie par celle-ci en vous y faisant paraître la douleur dont vous les avez remplis. Consolez-vous, mon Père, ceux que vous haïssez sont affligés… »

L'autorité de l'Église, ici gallicane, là romaine, avait en effet répondu à l'attente très active des jésuites.

L'Assemblée du clergé de France venait de prescrire à tous les prêtres, religieux et religieuses de signer un « formulaire » condamnant expressément les thèses jansénistes, et tout Port-Royal et tous ses innombrables amis se trouvaient placés devant le déchirant dilemme de rompre avec l'Église – qui, de Rome, venait de lancer, le 16 octobre 1656, la plus rigoureuse des condamnations, la bulle *Ad sacram* – ou de reconnaître le

---

* François Annat.

caractère hérétique de la doctrine de la prédestination soutenue par Jansénius, Saint-Cyran, Arnauld – et Pascal.

Signer le formulaire était se renier. Refuser d'accomplir ce geste humiliant était rompre avec une Église dont leurs critiques les plus violentes n'avaient pu les détacher. Saint-Cyran mort, et morte aussi la mère Angélique, nulle référence éminente n'était plus là pour guider les solitaires. Lassitude ? Arnauld et Nicole optèrent pour la soumission, entraînant avec eux les « pacifiques », et jusqu'à l'intraitable Jacqueline Pascal, sœur Sainte-Euphémie (dont on a dit souvent que la mort, survenue peu après, fut causée par cette blessure).

Laïc, Blaise Pascal n'était pas soumis au terrible décret. Mais l'autorité de l'auteur des *Provinciales* s'était à ce point imposée qu'il eût à formuler son avis. Et non seulement il se posa en adversaire résolu de la signature, en vrai « jusqu'au-boutiste » contre Arnauld et Nicole, mais il en vint à dénoncer la stratégie de distinction entre « le droit et le fait » qui sous-tend les premières *Provinciales* :

> « La manière dont on s'y est pris pour se défendre contre les décisions du Pape et des Évêques qui ont condamné cette doctrine et ce sens de Jansénius, a été tellement subtile, qu'encore qu'elle soit véritable dans le fond, elle a été si peu nette et si timide, qu'elle ne paraît pas digne de vrais défenseurs de l'Église [...] D'où je conclus que ceux qui signent purement le Formulaire, sans restriction, signent la condamnation de Jansénius, de saint Augustin, de la Grâce efficace [16]... »

Indomptable, il le sera jusqu'à la fin. Irréductible. Après que le roi, l'Église de France et de Rome eurent fait poursuivre, condamné et mis à l'Index *Les Provinciales* – dont la publication globale sous la signature de Louis de Montalte fut assurée en juillet 1657 –, il ne trembla pas d'être, de janvier à juillet 1658, l'un des rédacteurs des six *Lettres des curés de Paris*, virulentes protestations contre les casuistes, et ferventes apologies de l'austérité inspirée par les « Petites Lettres ».

Telle ou telle réflexion isolée du contexte des *Pensées* a pu suggérer que Pascal s'était « repenti » d'avoir si implacablement combattu une société de prêtres vouée à la défense du catholicisme romain dont il ne voulut jamais se détacher, ni même s'éloigner*. Mais ce ne sont là que supputations. Peu de temps avant sa mort, il se glorifiait ainsi d'avoir écrit les « Petites Lettres » :

> « On me demande si je ne me repens pas d'avoir fait les *Provinciales*. Je réponds que, bien loin de m'en repentir, si j'avais à les faire présentement, je les ferais encore plus fortes. »

Quel était en fait le sens profond de ce débat d'où la Compagnie de Jésus sortit si profondément meurtrie dans sa réputation, son prestige, on allait dire dans son « honneur », pour emprunter son langage à Corneille, ici tout à fait pertinent ?

Henri Gouhier, dont l'attachement à Pascal n'altère pas la lucidité, s'efforce de résumer le débat dans un affrontement entre la modernité jésuite et le primitivisme janséniste. Il est clair que les pères ont, globalement, une conscience très aiguë des mutations qui agitent le monde au sein duquel ils vivent, ayant reçu mission d'annoncer à tous l'Évangile. En dépit du dédain marqué à leur plus illustre élève, René Descartes, il est clair aussi qu'ils ont mesuré, à l'orée du XVIIᵉ siècle, le développement des exigences de la raison, l'épanouissement des sciences et aussi de la soif des individus à jouir plus pleinement de la maîtrise d'un univers constamment dilaté depuis un siècle :

> « De là, en théologie, une tendance à insister sur ce que l'homme peut faire, à tenir compte des éléments psychologiques de son action, à souligner la part du libre arbitre dans notre coopération à l'œuvre de la grâce. De là, en morale, une casuistique qui, sans abandonner les principes**, se montre conciliante dans les applications, s'accommodant aux diverses conditions des hommes. »

---

* Sainte-Beuve, grand admirateur de Pascal et assez indifférent, il est vrai, aux débats entre catholiques et protestants, penche pour une interprétation « calviniste » du pascalisme. Selon lui, l'auteur des *Provinciales* en vint à confesser que l'Église romaine était « presque tout entière engagée par son chef dans des voies selon lui parjures », celles du pélagianisme (*Port-Royal, op. cit.*, t. III, p. 91 et 93).

** Si on lit Pascal, pourtant...

A cet optimisme de pionniers cosmopolites, Port-Royal oppose l'horreur panique de toute « nouveauté ». Un mot comme celui de « moderne » est anathème à l'auteur des « Petites Lettres », comme à ses consultants. Ce prodigieux physicien que guide en sa recherche la croyance au progrès scientifique est, en matière religieuse, obstinément braqué vers le retour aux sources – comme il est, en politique, le plus acharné des conservateurs. Port-Royal se veut un reliquaire calfeutré, rétif à tout ce qui n'est pas de dépôt de la révélation.

> « Si *Les Provinciales* ont souvent l'apparence d'une comédie, conclut Gouhier, c'est en fait une tragédie qui se joue. Quelles que soient les petitesses de la polémique, la grandeur du conflit est celle même de la pensée chrétienne, condamnée par son historicité à s'affirmer toujours identique dans un monde qui change continuellement, condamnée dans sa vie militante à deux exigences également nécessaires, celle de l'adaptation et celle de la fidélité. »

On trouvera un plus audacieux commentaire de l'« affaire » des *Provinciales* dans le Mauriac de *Mes Grands Hommes*, qui est allé chercher, en quelque sorte, l'arbitrage de Voltaire :

> « Voulant abattre l'infâme, Voltaire vit bien quelle tête sublime devait recevoir le premier coup. Ce n'est pas que d'abord il n'ait haï en Pascal le janséniste, l'insulteur des Pères à qui il était redevable d'avoir fait de si solides humanités. Il se souvenait avec gratitude du collège de Clermont et connaissait sa dette envers les PP. Porée, Tournemine et Toulié. Il aimait justement, dans les jésuites, ce qui les rendait haïssables à Pascal et les approuvait de ce que la religion devenait, grâce à eux, plus souple, moins sûre de soi. Dans *Le Siècle de Louis XIV*, il prétend les absoudre de tout ce dont les accuse Pascal : "Il est vrai que tout le livre portait sur un fondement faux : on attribuait adroitement à toute la Société des opinions extravagantes de plusieurs jésuites espagnols et flamands. On les aurait déterrés aussi bien chez les casuistes dominicains et franciscains… Mais il ne s'agissait pas d'avoir raison, il s'agissait de divertir le public…" »

Marquant bien l'horreur que l'auteur de *Candide* éprouvait pour le jansénisme, François Mauriac s'aventure à lancer cette hypothèse :

« Peut-être manqua-t-il de flair. Car ce qu'il appelait l'"'infâme",
cette religion tant haïe portait en elle (du moins en France) un
germe mortel qui était justement le jansénisme… Du point de
vue de Voltaire, une habile politique du pire eût peut-être été
de ne pas le combattre […] On ne saurait trop répéter que,
triomphante, la doctrine de Port-Royal eût fait le désert dans
l'Église […] Oui, Voltaire, pour détruire plus sûrement le
christianisme, aurait dû soutenir cette doctrine effroyable [17]… »

Le tour est assez beau, chez un écrivain catholique et réputé
sensible à la fascination janséniste, de faire grief à Voltaire de
n'avoir point confié aux solitaires le soin de ramener le catholicisme français au désert.

Observation convergente chez un écrivain d'inspiration
marxiste, Bernard Gœthuysen : « … Ce fut le sort tragique des
jansénistes qu'en luttant pour la cause de Dieu, ils ont contribué à la perdre… C'est ainsi que l'incrédulité est née de l'abus
qu'on a fait de la théologie [18]. »

Le fait est que c'est Port-Royal d'abord qui fut anéanti. Dès
le 2 mars 1657, quelques jours avant la publication de la
18e lettre, le roi avait fait sienne la condamnation formulée par
la bulle romaine *Ad sacram* que le parlement entérina, de mauvaise grâce, quelques mois plus tard.

Le couperet, il est vrai, resta suspendu d'abord au-dessus de
Port-Royal.

Mais à dater de la mort de Mazarin (1661), le roi qui, comme
sa mère et dès l'origine, était très hostile aux solitaires (en qui
« il n'était pas loin de voir des républicains [19] »), prit les choses
en main. L'Assemblée du clergé donna une forme contraignante – encore aggravée par le Conseil d'État – à la signature
du « Formulaire » contre Jansénius.

Les persécutions contre Port-Royal se font alors systéma-
tiques. Pensionnaires et postulantes de l'abbaye sont expulsées. Les principaux chefs de la « secte » – Pascal est mort en
1662 – n'échappent à l'arrestation ou à l'exil qu'en se cachant ;
mais Sacy sera arrêté en 1666 et interné pour deux ans à la
Bastille. La nomination à l'archevêché de Paris d'Hardouin de
Péréfixe, évêque à la crosse de fer, précipite l'affrontement.
Pénétrant par effraction à Port-Royal en août 1664, ce tranche-

montagne tenta, l'injure à la bouche, d'intimider les moniales ; quelques-unes se soumirent, les plus indomptables furent dispersées en divers autres couvents où les sacrements leur étaient refusés.

On mesure mal le rôle d'incitation répressive joué, en ces lugubres affaires, par les jésuites. Il est très probable que le père Annat se rangea dans le camp de Péréfixe, sans approuver ses méthodes musclées. Il est probable aussi qu'il incita Louis XIV à rechercher un compromis avec Port-Royal. Mais ce qui est certain, c'est que la Compagnie en tant que corps, et bien qu'elle fût (ou parce qu'elle était ?) l'instrument du coup d'arrêt donné au jansénisme, fut tenue à l'écart de la négociation qui aboutit en 1668 à la « paix de l'Église » entre Rome et le roi d'une part, et les jansénistes de l'autre.

En fait, le roi, à la veille d'entamer ses grandes entreprises militaires, avait hâte de se débarrasser de cette irritante querelle : pour avoir une France apaisée, avant de s'élancer vers les champs de bataille, il fit mine de transiger. Mais sa vindicte contre les « républicains » de Port-Royal, qui lui rappelaient les puritains de Cromwell, était seulement mise en veilleuse. La paix de Nimègue lui laissant, en 1679, les mains libres, il dépêcha à Port-Royal le nouvel archevêque de Paris, Mgr de Harlay, moins brutal que Péréfixe, mais prélat à toutes mains, pour y faire place nette. Vidée de ses fidèles, l'abbaye était vouée au dépérissement, tandis qu'Arnauld s'exilait en Hollande.

Quelques années durant, l'absolutisme royal va détourner ses foudres sur les protestants – d'autant que Bossuet qui, en bon gallican, ne dissimule qu'avec peine ses sympathies pour les jansénistes, focalise toutes les énergies en vue de la révocation de l'édit de Nantes*. Mais la clémence n'était pas dans la nature du roi : Port-Royal devait être anéanti. Ce qui advint en 1710 quand les dernières religieuses, âgées ou malades, qui s'y accrochaient encore furent expulsées, et les bâtiments démolis.

A cette ignominie, on doit convenir que la Compagnie eut moins de part que Mme de Maintenon, le confesseur du roi (alors le père Le Tellier) l'ayant expressément désapprouvée. Mais, sur la Compagnie, cette riposte des dragons du roi aux « Petites Lettres » de M. Pascal jette tout de même une honte.

---

* Voir chapitre suivant.

Cette victoire affreuse offerte à l'ordre de saint Ignace par le bras séculier de l'absolutisme était évidemment une défaite morale, si minces que soient les preuves d'une participation de la Compagnie à ce saccage punitif. Mais cette défaite n'allait pas seule : c'est plus profondément que, du fait de cette lapidation par le génie, les pères sortaient affaiblis de ce siècle éclatant, abordé dans un esprit de vitalité conquérante.

C'est leur culture même qui se voyait remise en cause par la France de l'âge classique comme, d'une autre façon, celle des jansénistes vaincus pour fait d'antihumanisme. Cette tentative de synthèse jésuite qu'avaient voulu mener à bien au début du siècle Pierre Coton, Denis Petau, Jacques Sirmond, entre l'universalisme centré sur Rome et le génie proprement français, à la Montaigne (exprimé chez eux par un homme comme Edmond Auger), sembla alors avorter.

Étrangement, écrit Marc Fumaroli,

> « la modernité jésuite, à l'épreuve de la France, apparut à la fois choquante et démodée, et la fidélité jésuite à Aristote, à Cicéron, à saint Thomas, sembla impure et équivoque. Bien qu'ils fussent en fait, par leur encyclopédisme, les derniers tenants de l'Antiquité vivante, les jésuites passèrent pour traîtres à l'Antiquité. Bien qu'ils fussent par leur adaptation aux réalités du monde de la Renaissance, les premiers historicistes, sociologues et ethnologues du catholicisme, ils furent tenus pour ses pires réactionnaires... ».

Étrange disgrâce qui trouve ses sources dans le gallicanisme, bien sûr, aussi dans une sorte d'exaltation de la gloire de la langue qui va alors de sublimation en purification, et cause leurs constants déboires face à Pascal d'abord, à Bossuet, Mme de Sévigné, Racine, La Fontaine – et bien qu'ils aient eu leurs écrivains, leurs interprètes.

Cette maladie française de la Compagnie, quelque temps surmontée au temps du roi Henri et de Louis XIII, ce mal-à-vivre en France, qui sera si tragiquement sanctionné au siècle suivant, est dû pour beaucoup à une distorsion culturelle. Mieux qu'un nouvel avatar du vieux débat entre Gaulois et Romains, il faut y voir un brouillage de notions qui s'enchevêtrent jusqu'à l'incohérence : au regard de l'orgueilleux nationalisme français qui s'exprime sous la triple forme de l'absolutisme politique, du gallicanisme religieux et du rigorisme linguistique, le jésuite apparaît le véhicule d'un cosmo-politisme suspect, d'un populisme démagogique, d'une inter-nationale d'expression indécise.

Cette France qui est en train d'accoucher de Versailles, des *Oraisons funèbres* de Bossuet et de la tragédie racinienne, refuse de se reconnaître dans ces opportunistes venus d'un peu partout, dont on parle toujours (voyez Saint-Simon) au pluriel comme s'ils n'étaient pas réductibles à cette personne, ce « caractère » qui est le héros absolu du classicisme, et dont les porte-parole ne peuvent rivaliser avec M. Pascal. Rappelons-nous le propos de Daniel sur le père Annat : « Le bonhomme avait du talent, même en français, s'il avait travaillé en cette langue... »

Voilà une remarque que l'on n'aurait pas faite à propos de Blaise Pascal.

CHAPITRE XII

L'art de confesser nos rois

• Péchés d'hommes et fautes des rois • Les « deux âmes » du souverain • Henri III, Edmond Auger et les flagellants • Le Vert Galant a « du coton dans les oreilles » • Quand un jésuite maladroit provoque la fécondation d'une reine • Le duel Caussin-Richelieu • Le R. P. de La Chaize et le confort du roi • Sur les fureurs de Le Tellier • Mais le pouvoir se laïcise… •

Le roi de France est, à partir de Louis XI, qualifié de « très-chrétien », et la France est tenue pour la « fille aînée de l'Église ». A tel point que le premier des Bourbon, s'adressant au pape, se prévaut nommément de ce titre, lui dont les relations avec Rome ont commencé par une excommunication.

Le souverain du Louvre n'est pas, comme son rival anglais, le chef de l'Église nationale ni, comme l'empereur, l'autre « moitié de Dieu ». Plus que chef de la communauté politique, moins que pontife, il intervient sans cesse dans le domaine de la religion, non sans être interpellé fréquemment par ses desservants.

Entrecroisant responsabilités laïques et devoirs religieux, le roi de France ne porte qu'une couronne, mais elle est multiface et la croix s'y mêle aux fleurs de lys. Ses pouvoirs civils et militaires ne sont bornés que par l'audace des grands qui parfois l'ont hissé sur le trône et, à dater du XVIe siècle, par la contestation des parlements. Son comportement religieux, lui, ne peut échapper à la férule de l'Église, si large que fût l'autonomie de celle de la France.

En 1438, à Bourges, Charles VII a proclamé la « pragmatique sanction », cette charte du gallicanisme qui transfère notamment du pape au roi le soin ou le devoir de répartir les « bénéfices » ecclésiastiques. Mais, on le verra, cette émancipation de Paris par rapport à Rome ne se croit jamais achevée. La frontière sera peu à peu repoussée jusqu'au schisme, imminent mais différé, de 1682. L'autonomie de l'Église de France n'allège pas le joug du catholicisme sur la monarchie : il divise moins les pressions des clercs qu'il ne les double, celles de Paris s'ajoutant à celles de Rome.

« Pour se maintenir contre tant de vilenies, le Prince ne saurait être tout à fait bon », écrit Machiavel. Ni les rois mérovingiens ni leurs successeurs n'avaient attendu pour la mettre en pratique que le secrétaire florentin leur soufflât cette sobre maxime. Mais du Ve au XVIe siècle, pendant plus de mille ans, les préceptes chrétiens n'en étaient pas moins censés inspirer le comportement des rois de France.

Le souverain est réputé tenir son pouvoir de Dieu. Le sacre (qualifié par maints historiens de « sacrement ») fonde sa légitimité. A partir de Louis le Pieux, et à l'exception d'Henri IV sacré à Chartres, c'est à Reims qu'il devient par la grâce de la « sainte ampoule » le *rex christianissimus*, bien que cette cérémonie ne le mette pas désormais sous la coupe des prélats. Comme l'a bien marqué Jacques Le Goff[1], à partir du moment où l'onction est reçue, « c'est lui qui mène le jeu* ».

La fleur de lys n'est pas moins christique et mariale à la fois. La monarchie se drape dans une symbolique dévote et baigne dans un tissu conjonctif chrétien – encadrée, surveillée par des clercs d'autant plus impérieux que dénués, en apparence, de tout autre pouvoir. Parmi ceux-ci, simple en sa mise, discret en son appareil, pauvre en biens temporels, le plus souvent dénué de tiare ou de mitre, de camail ou de chapeau, cantonné dans la pénombre, peu cité par les chroniqueurs, le confesseur du roi – qui, à partir de la fin du XVIe siècle, sera constamment un jésuite. Par excellence le « noir », selon Stendhal.

La charge avait été longtemps l'apanage des dominicains : Geoffroy de Beaulieu auprès de Louis IX, Nicolas de Fréauville conseillant Philippe le Bel, Pierre de Villers à l'écoute de

---

* Jean de Pange dans *Le Roi très chrétien* (Paris, 1949) soutient la thèse inverse. Avec moins d'autorité…

Charles V. Tous exercent encore une véritable direction de conscience. Sous Louis XI s'amorce l'autonomisation du politique, en application du principe selon lequel, en cette matière, « il n'y a plus de péché, il n'y a que des fautes[2] ». Le dernier confesseur guide sera Jean de Rely, mentor du dévot Charles VIII. Mais la Renaissance est là, et la Réforme, et le machiavélisme.

Le droit de regard du clerc sur le pouvoir va se diluer tout au long du XVIᵉ siècle, de François Iᵉʳ à Richelieu. La soudaine remise en question de l'autorité du pape ne peut qu'alléger le poids des préceptes dont il était supposé le garant. François Iᵉʳ lui-même, assez chaudement catholique pour expédier au bûcher maints « hérétiques », entend désormais d'autres voix que celles venues de Rome. Et le clergé gallican, humaniste ou non, voit s'effriter quelque chose de son hégémonie. Le libre examen fait du chemin dans les consciences, toutes les consciences.

La laïcisation de la monarchie va de pair avec son exaltation totalitaire. Le principe d'État absolu tend à l'autosacralisation, aussi bien sûr à l'éviction de tout ce qui n'est pas lui*, à la minimisation du sens de la cérémonie de Reims. Le souverain n'en est pas à faire déjà le geste de Napoléon saisissant la couronne des mains de Pie VII pour la poser lui-même sur sa tête : mais qui dira que nul des Bourbon n'y a songé ?

A dater de Louis XIII, un « lit de justice » précédant le sacre assure la légitimité royale. Une sacralité politique double la sacralité religieuse. Désormais, l'emprise du religieux sur le politique ne sera qu'une nostalgie, ou une escrime de tous les instants. L'heure des jésuites est venue. Mais leur combat ne sera que de retardement.

C'est au plus fort de la mêlée des guerres de religion, et alors que Henri III fait face à la Ligue, qu'émerge le personnage du jésuite-confesseur-de-rois. Et c'est sous le règne du néo-catholique Henri IV, encore tout emmailloté de calvinisme, que les pères de la Compagnie vont faire prévaloir leur art du comportement et obtenir de ce pénitent ambigu l'officialisation de leur magistère : l'édit de Rouen de 1603, qui met fin à près de dix ans de proscription de la Compagnie de Jésus, noue un lien très fort.

---

* D'où le conflit entre Maurras et l'Église, qui conduira à la condamnation de l'Action française en 1926.

C'est un pacte de puissance hégémonique à puissance vassale, un typique compromis historique. Dans une lettre à Jacques Ier d'Angleterre, le roi Henri explique ainsi son contrat avec les jésuites :

> « J'ai désiré renfermer et régler en mon royaume leur puissance et fonction [pour] les divertir des ambitieuses volontés du roi d'Espagne [et] éviter qu'ils ne servent le pape à mon préjudice. »

Version cynique, et à l'usage d'un roi protestant, son ancien coreligionnaire, de ce qui fut une alliance beaucoup plus que tactique, ou même stratégique. Qui le devint en tout cas, le pacte originel fût-il léonin.

Au surplus, le roi béarnais ne s'engageait pas à la légère. A la veille du pacte ainsi conclu entre la Compagnie et le royaume « très-chrétien », Claudio Aquaviva, quatrième successeur d'Ignace de Loyola et premier Italien ainsi promu au rang de préposé général, avait rédigé une ordonnance à l'usage des jésuites confesseurs de rois qui devait être une table de la loi. C'est en 1602, un an donc avant l'édit de Rouen, que cette ordonnance fut diffusée*, d'abord communiquée à Henri IV en tant qu'usager en quelque sorte privilégié. Il faut lire avec attention ce texte capital, si audacieux sous le velours des mots :

> « 1° La première chose à statuer c'est que, dans tous les cas où la Compagnie ne pourra décliner cette sorte d'emplois (parce que, à raison des circonstances, une plus grande gloire de Dieu notre Seigneur semblera l'exiger) l'on ait à veiller à ce que le choix de la personne et la manière dont elle s'acquittera de ses fonctions tournent à l'avantage du Prince et à l'édification du peuple, sans que la Compagnie en reçoive aucun dommage [...] Si quelque monarque ne s'en trouvait pas pleinement satisfait, il faudrait lui représenter en toute modestie et humilité que c'est à ces conditions seulement, et non pas d'autres, que nos lois nous permettent d'accepter une semblable charge [...]
> 2° Le confesseur doit toujours habiter une maison ou un collège de la Compagnie. Il doit garder dans sa conduite la même soumission qu'auparavant, observer comme tous les autres la

---

* Du texte d'Aquaviva si souvent « saucissonné » par bribes, nous donnons de larges extraits, dans la traduction (du latin) de Crétineau-Joly, à peine retouchée.

discipline commune et ne jouir, en faveur de son titre, d'aucune exception ni d'aucun privilège [...] Encore moins faut-il permettre de recevoir ou de conserver quelque argent, d'en disposer, de donner ou de recevoir des présents. Ces libertés et autres semblables, comme sortir de la maison sans permission et d'aller à son gré où l'on veut, éteignent toute vie religieuse et toute ferveur dans la personne des confesseurs, sans contribuer au service du Prince [...]

3° Le confesseur ne pourra ni loger ni passer la nuit à la Cour dans les lieux où il y aura une maison de la Compagnie ; et, lors même que le Prince voudrait le garder auprès de sa personne dans les voyages ou dans les changements de résidence, après en avoir obtenu la permission du Provincial ou de qui de droit, il sera plus édifiant qu'il fasse en sorte de prendre son logement hors de la Cour, dans quelque maison religieuse ou chez quelque honnête Ecclésiastique. Il aura soin aussi dans ce cas, d'avoir son compagnon toujours présent auprès de lui, tant par sa consolation particulière que pour être le témoin de ses actions.

4° Qu'il se garde de s'immiscer dans les affaires politiques et étrangères à son emploi [...] Il ne devra donc s'occuper que de la conscience du Prince et de ce qui s'y rapporte ou d'autres œuvres certainement de piété. Il évitera de se trouver trop fréquemment à la Cour ou d'y paraître sans y être appelé, à moins qu'une pieuse nécessité ou quelque chose de grave, qu'il croie devoir suggérer, ne l'oblige à s'y rendre. Il est même de la plus grande importance que le Prince lui interdise de son côté toute autre affaire [...]

5° Qu'il ne s'interpose en aucune sorte dans tout ce qui pourrait s'appeler arrangement ; qu'il ne se charge jamais d'obtenir quelque faveur ou quelque emploi, et qu'il ne sollicite ni grâce ni justice pour qui que ce soit. Dans les cas même où la chose est permise, c'est d'ordinaire un sujet de scandale de voir un confesseur, surtout un Religieux, prendre en main des intérêts de ce genre.

6° Plus il jouira des bonnes grâces du Prince et pourra par suite user de quelque autorité, plus il devra se garder de jamais prendre sur lui de recommander une affaire aux Ministres, ni de vive voix ni, à plus forte raison, par écrit. [...]

7° Il est du devoir du souverain d'écouter [...] avec patience tout ce que le confesseur se croira en conscience obligé de lui suggérer [...] car il convient que dans son rapport avec l'homme public et le Prince, le Père ait la liberté d'exposer avec une religieuse franchise tout ce qu'il croira [...] devoir contribuer au service de Dieu et du Prince lui-même. Il ne s'agit pas seulement ici de ce que le Prince lui fera connaître en qualité de pénitent mais aussi des autres abus dignes de répression dont il entendrait parler. Il empêchera par là les oppressions et diminuera les scandales qui se commettent souvent par la faute des Ministres. D'ailleurs, lors même que ces désordres ont lieu à l'insu et contre le gré du Prince, celui-ci n'en est pas moins responsable en conscience et obligé d'y pourvoir. »

Surprenant retournement de texte qui, après tant de prudences, et avec la pirouette concernant les « ministres » qui seraient seuls susceptibles de se rendre coupables « de scandales et d'oppressions », à l'exclusion du « prince » (!), fonde hardiment le confesseur en censeur du pouvoir. Comment s'étonner après cela du conflit qui s'élèvera entre le plus grand des « ministres », Richelieu, et l'un des confesseurs de Louis XIII ? Le texte d'Aquaviva, sous les apparences de la modestie, est d'une grande audace critique. L'admirable est qu'il ait été approuvé non seulement par le roi Henri, mais par le protestant ennemi des jésuites qu'était Sully...

Nous verrons néanmoins que, pour judicieuses qu'elles soient, ces instructions, qui tiennent compte des divers équilibres et postulations entre immixtion et complaisance, n'inspireront pas toujours la conduite des jésuites confesseurs de rois. Tel d'entre eux, comme Nicolas Caussin, se refusera à tenir la conduite publique du roi à l'écart de leur « direction ».

Dans son admirable *Frédéric II*, Kantorowitz a proposé – et imposé – la théorie des « deux corps du roi », le physique et le symbolique. Ainsi peut-on voir dans l'exercice de la direction de la conscience royale l'existence de deux « âmes » du souverain, celle qui inspire sa vie privée et celle qui se manifeste sur le terrain politique. Tel qui n'est que sagesse en ce domaine-ci, est un diable dès qu'il s'agit des femmes : ainsi Henri IV. Tel qui se refuse à « ne jamais toucher à femme qu'à la reyne » déploie, dans le domaine public, un cynisme révoltant : ainsi, Louis XI. Le confesseur ne devra-t-il veiller que sur ceci, ou sur ceci et cela ?

Moins que tous autres clercs, les confesseurs jésuites, fidèles à l'esprit de la société ignacienne, étaient disposés à se cantonner dans l'ordre spirituel. Dès 1540 la Compagnie est « dans le siècle » et se comporte en institution militante et responsable de la chose publique. Il est peu de gestes du fondateur qui ne prennent en compte les intérêts collectifs « mondains » ou terrestres : sa correspondance, on l'a vu, est émaillée de références au comportement des grands, aux équilibres de puissances. Du mariage de la « diva Signoria » à l'entrée de l'infante Juana dans la Société, il est toujours question de politique, des intérêts de la paix, de la stabilité des trônes, des risques de conflits.

Et si prudentes qu'elles puissent paraître, les instructions d'Aquaviva restent fidèles à la pratique de Loyola (et de Xavier par rapport à Jean III), liées à l'esprit originel de la Compagnie hardiment activiste, et dans tous les ordres.

L'ironie de l'histoire voulut que le confesseur jésuite ne pénétrât dans les palais de nos rois qu'à la veille de la grande opération de laïcisation du pouvoir, à l'heure où tous les sacres, *Te Deum* et dévotions crépusculaires ne pouvaient faire que Machiavel et les cardinaux-ministres n'eussent tranché les liens entre les deux domaines et assuré l'autonomie du politique par rapport au religieux. Ainsi le plus politique – mais non militaire – de tous les ordres suscités à l'intérieur du christianisme se voyait-il offrir sa « chance » à l'heure même où il ne pouvait plus qu'en faire un usage marginal ou, autrement, scandaleux.

Aussi bien n'est-ce pas l'édit de Rouen, ni la « jésuiterie » d'Henri IV, ni le génie de Pierre Coton qui ouvre l'ère des jésuites confesseurs des rois très-chrétiens. Un prologue savoureux s'était joué dont les deux protagonistes, Henri III et Edmond Auger, incarnent, sur le mode extrême, l'ambiguïté de ce type de couples, et avec un talent, une conviction, un pittoresque qui font de leur aventure l'exemple de ce qu'aurait pu être, en écho lointain au dialogue entre Thomas Becket et Henri II, une version française de la tragédie entre le roi et le confesseur.

Inutile d'épiloguer sur le fascinant personnage du duc Henri d'Anjou, hardi chef de guerre devenu roi de Pologne et puis de France, qui est à lui seul une guerre civile, dévot et corrompu, modéré et assassin, bisexuel[*] et bigot, humaniste et flagellant.

---

[*] Donnée de plus en plus controversée. S'agit-il seulement, avec les « mignons », de la création d'une « clientèle » d'hommes hardis, parce que très jeunes ?

Face à lui, Edmond (ou Emond ou Emon) Auger, l'un des jésuites les plus marquants de la deuxième génération, celle qui fait le pont entre les « pères fondateurs » et l'époque triomphaliste de l'*Imago*.

Ce fils de paysans briards né en 1536, expédié à Rome par son frère aîné qui avait décelé ses dons et connaissait Pierre Favre, embauché comme aide-cuisinier à la maison professe de la Compagnie, y est remarqué par le vieux Loyola (« Vous vous intéressez aux lettres ? Me feriez-vous une épigramme [3] ? »). Reçu dans la Société de Jésus où nous l'avons vu participer à des entretiens avec Polanco à propos de François Xavier*, puis envoyé par Laynez à Venise et à Pérouse, il s'impose bientôt en France comme l'un des grands prédicateurs de la Contre-Réforme.

Alors que Valence lui fait, à ce titre, un accueil triomphal, il tombe entre les mains d'un des chefs les plus implacables du parti huguenot, le baron des Adrets, qui l'expédie à la potence – puis, à l'instant du supplice, se ravise, espérant récupérer pour sa cause une si belle recrue. En vain : Auger s'évade, fonde le collège de Billom, avant celui de Bordeaux, devient provincial à Lyon où le roi Charles IX, passant par la ville, lui rend un hommage solennel, et déploie de tels trésors d'éloquence qu'il contraint Étienne Pasquier, grand avocat mais plus encore ennemi des jésuites, à saluer en lui « un insigne prédicateur ».

On le retrouve partout, ce Panurge de la foi, soignant les pestiférés, haranguant les Bordelais calvinistes, fondant des hôpitaux puis des confréries de pénitents en Avignon ou à Toulouse, nommé provincial d'Aquitaine, dénonçant la Saint-Barthélemy comme une journée « funeste », invité par le duc d'Anjou à se joindre à lui comme aumônier lors des batailles de Jarnac et de Moncontour et, ce prince succédant à son malheureux frère sous le nom d'Henri III, élevé enfin à la dignité de confesseur du roi.

> « Il était, écrit son biographe Dorigny, d'une taille au-dessus de la médiocre, le visage bien fait, les joues élevées, la tête grosse, le front large, le nez un peu aquilin, la bouche belle, le teint blanc et vermeil, les yeux vifs où éclatait une joie

* Voir chapitre v, p. 188.

modeste… Tout son air avait quelque chose de noble et de doux. »

Le *Journal* de Pierre de l'Estoile, si précieux pour tout ce qui touche au règne d'Henri III, ne le cite qu'une fois, à l'occasion d'une de ces processions de flagellants qu'aimait conduire le roi :

> « Vestus de leurs accoustremens tels que les Battus* de Rome, Avignon, Thoulouze, & semblables, à sçavoir de blanche toile de Holande, de la forme & façon qu'ils sont desseignez par le livre des Confrairies. En cette procession le Roy marcha sans garde ni difference aucune des autres Confrères… le Cardinal de Guise portoit la Croix, le Duc de Mayenne son frère Mestre des ceremonies, & Frère Emont Auger de suite marchoient en rang vestus de mesme habit, chantans melodieusement la Letanie en faux-bourdon. Arrivez en l'Église nostre-Dame, chanteront tous à genoux le Salve Regina en très harmonieuse musique, & ne les empescha la grosse pluye de faire et achever avec leurs sacs tous percez et moüillez, leurs mysteres & ceremonies encommencées [4]. »

Nous voilà au cœur de la relation entre le roi et le confesseur, parmi ces cagoulards ambigus où se mêlent évidemment joueurs de bilboquet, comploteurs, spadassins et moinillons. C'est au cours d'une de ces bacchanales mystiques, en Avignon, en 1574, qu'ils se sont connus.

Les libellistes, qu'ils fussent ligueurs ou huguenots, s'en donnaient à cœur joie contre ce goût du souverain qui se faisait fouetter sur le dos alors que, murmurait-on, « c'est le cul qui a fait l'offense [5] ».

On voit bien ce qui attire le bigot déséquilibré qu'est le roi dans ces séances suspectes – non ce qui y conduisit un humaniste tel qu'Auger**. Ce qui est clair en tout cas, c'est qu'il ne s'y est pas résigné pour complaire au roi ou se faire bien voir de la Ligue. Il était lui-même un adepte de ces « tours de basteleurs, traits et farces », comme l'écrit l'ambassadeur d'Espagne qui, apparemment, n'était ni castillan ni andalou.

---

* Flagellants.
** Que son « général » Aquaviva presse instamment de quitter cette cour mal famée…

Le père Auger, écrit Dorigny,

« était parfaitement informé des pratiques de ces sortes de confréries qui sont fréquentes en Italie où il avait fait un long séjour [...] Henri lui connaissait un singulier attachement à sa personne [...] et par là plus porté à seconder toutes ses intentions [...] Les Ligueurs n'y voyaient qu'hypocrisie dont le roi prétendait couvrir les désordres de sa vie molle et voluptueuse [...] Les coups retombaient sur le père Emond dans les satires dont tout Paris et toute la France furent inondés [6]... ».

Jusqu'ici, l'honnête Dorigny ne fait que refléter l'opinion commune. Mais on est moins tenté de le suivre quand il écrit :

« Le père Emond ne devait nullement approuver [le roi] et bien moins encore permettre, s'il lui fut libre de l'empêcher, que ce prince portât sa dévotion à des excès qui lui ont attiré les reproches de toute la postérité. [Mais] on doit toujours respecter l'Oint du Seigneur, bien loin de condamner ses actions, surtout lorsqu'on peut donner un tour favorable à ses intentions [7]... »

Ah ! père Dorigny, comme vous donnez raison ici à Blaise Pascal ! Croyez-vous, et vos pères avec vous, que le confesseur du roi n'est là que pour approuver « l'Oint du Seigneur » et donner une interprétation, un « tour favorable » à ses « intentions » – celle de noyer dans des exhibitions de « basteleur » les remords suscités par les débordements scandaleux ?

Dorigny ne prétend d'ailleurs « excuser » ni l'un ni l'autre mais observe, en bon casuiste, qu'« il est bien plus aisé de remarquer des fautes dans une affaire qu'un mauvais succès a gâtée ». Pour le R. P. Dorigny en somme, les flagellations processionnaires entre mignons et spadassins eussent été moins condamnables si Henri III n'avait été conduit à se débarrasser des Guise par l'assassinat, avant de succomber lui-même sous le poignard de Jacques Clément... Mais ce pieux jésuite ajoute en baissant les yeux que « si le père Emond [...] par trop de complaisance pour son Prince se laisse aller trop loin, c'est une faute assurément ».

Bon. Aux « libelles scandaleux qui couraient contre lui » le roi chargea Auger de riposter. Ce que fit le confesseur en publiant la *Metanéologie* ou discours sur la pénitence. Mais ce prodigieux prédicateur n'était pas un grand apologiste ; et sa dissertation

ne fit qu'envenimer la polémique et provoquer entre le roi et lui
un certain éloignement, bientôt compliqué par le comportement
de quelques jésuites adeptes de la Ligue dont l'agressivité
envers le roi ne cessait de croître. « Eh quoi, père Auger, sont-ce
là vos compères ? » Le confesseur fit si bien pour dissiper le
soupçon d'Henri qu'il se vit offrir un chapeau de cardinal.

Auger décline cet honneur mais comprend qu'il comporte
en lui-même, dans l'esprit du roi, un congé : il sent depuis
longtemps que la Ligue dresse une ombre entre Henri et lui. Il
convaincra son pénitent, lui arrachant des larmes, de le laisser
regagner Rome où il pourra, dit-il, persuader le « général » et
le pape que la Ligue n'est pas le bouclier du catholicisme
contre le déferlement d'un calvinisme auquel se résignerait
lâchement Henri III, mais la conjuration de quelques grands
avides de se débarrasser des Valois au nom de l'intégrisme
catholique. Ainsi put-il prendre le large. C'est au cours de son
voyage vers Rome qu'il apprit, à Lyon, l'assassinat des chefs
de la Ligue, le duc de Guise et son frère le cardinal de Lorraine, puis, à Bologne, le meurtre du roi lui-même :

> « Il en fut accablé, et l'on dit que durant deux jours entiers ce
> père enfermé seul dans sa chambre sans lumière, sans prendre
> aucune nourriture, ne fit que pleurer et prier pour un si aimable
> prince qui l'avait toujours honoré de sa confiance et de sa
> tendresse [...] Ce fut là un coup mortel*. On l'entendit sou-
> pirer : ils ont beau faire, ils n'empêcheront pas le dessein de
> Dieu : Henri** montera sur le trône, il y sera le protecteur de la
> Religion [8]... »

L'encouragement donné aux délires flagellants d'Henri III
par cet Edmond Auger dont tout dit à la fois le talent et le bon
sens, reste une énigme. Que cet homme des lumières ait été,
dès avant de connaître le roi, étrangement séduit par des bacchanales érotico-mystiques, il faut bien l'admettre. Mais cela
ne suffit pas à expliquer qu'en tant que confesseur d'un roi
dont il admirait les dons et le courage, il eût prêté la main à
ces débordements.

La moins mauvaise explication pourrait être celle-ci : que,
tenant pour vraisemblable l'avènement de « l'hérétique » prince

---

* Il mourra six mois plus tard à Côme.
** Le Béarnais, encore calviniste à cette époque.

béarnais, il crut, comme Henri III, que d'exhiber la plus extravagante dévotion catholique servirait d'antidote aux attaques de la Ligue et ferait la preuve, aux yeux du peuple, que la tolérance de ce souverain prêt à admettre l'accession d'un calviniste au trône très chrétien n'était pas due à la tiédeur religieuse mais aux exigences de la légitimité.

Que le calcul ait été payé par un « mauvais succès », pour reprendre les termes du R. P. Dorigny, qu'il n'eût provoqué que les quolibets et sarcasmes des ligueurs et de leurs libellistes ne le rend pas moins plausible – dans son judicieux jésuitisme. Il prouverait simplement que, dans le temps de troubles extrêmes, l'habileté et le courage sont souvent balayés ou gâtés par le fanatisme. Contre les fureurs de la Ligue confrontée à l'avènement de l'hérétique, la lucidité tactique du jésuite-confesseur fut mise en déroute. Mais elle aura ensemencé, en vue du règne à venir.

Pierre Coton ne fut ni le premier ni le plus durable confesseur du roi Henri IV. Pas même le directeur qui eut l'influence la plus décisive sur la conscience du Béarnais ; c'est René Benoist, curé de Saint-Eustache, dit « le pape des Halles », auteur d'une traduction de la Bible dont certaines connotations calvinistes sonnaient trop bien aux oreilles du roi de Navarre pour ne pas faire de ce prêtre le médiateur privilégié en vue du passage de l'une à l'autre religion, qui joua ce rôle. C'est lui qui bouscula le cours de l'histoire, sinon la vie privée du roi qu'il apostrophait sur cet objet, en vain.

En fait d'histoire, Coton changea moins celle de la nation que celle de la Compagnie de Jésus en France ; mais comment distinguer à moyen et long terme ceci de cela ? En ouvrant une ère d'hégémonie jésuite dans la direction des consciences royales pour près de deux siècles, Pierre Coton se conduisit – pour le meilleur et pour le pire – comme une sorte de fondateur de dynastie. Et il le fit avec un talent et un doigté dont ses successeurs ne sauront pas tout à fait s'inspirer.

Le 27 décembre 1594, « un écolier de dix-huit ans nommé Jean Chatel s'étant coulé avec les courtisans dans la chambre de la belle Gabrielle [9] », avait frappé Henri IV[*] d'un coup de

_____
[*] Qui règne depuis cinq ans.

poignard. La blessure fut bénigne, le châtiment féroce : avant d'être « tenaillé » puis écartelé, Chatel rappela sous la torture qu'il avait été au collège de Clermont l'élève des jésuites. Dans la chambre de l'un d'eux, le R. P. Guignard, bibliothécaire, on trouva des libelles anciens justifiant le tyrannicide : Guignard fut pendu et la Société de Jésus bannie de France par arrêt du parlement – bien que, selon le *Journal* de l'Estoile, peu favorable aux jésuites, ceux-ci eussent constamment été disculpés par Chatel jusque dans ses confidences à un policier qui s'était « pour surprendre son secret déguisé en confesseur ».

Bref, écrit encore Pierre de l'Estoile, « le dimanche 8 janvier 1595, les Jésuites furent conduits hors de la ville de Paris par un huissier de la Cour : ils étaient trente-sept desquels une partie dans trois charrettes et les autres à pied. Leur procureur était monté sur un petit bidet [10] ». Soixante-dix ans après l'entrée à Paris, en équipage analogue, d'un étudiant basque nommé Inigo de Loyola.

Le roi, placé par le parlement devant le fait accompli du bannissement de ces enseignants qu'il tenait pour utiles au royaume, prépara très vite leur réintégration, en dépit des préventions de Sully contre la Compagnie. La lecture de la *Très humble remontrance et requeste du religieux de la Compagnie de Jésus au roi très-chrétien de France et de Navarre*, du R. P. Louis Richeôme, acheva de convaincre Henri IV : et au pape Clément VIII qui le pressait de revenir sur le bannissement des pères, il confia : « J'ai ce pensement au cœur. »

L'homme qui mua ce « pensement » en décision fut Pierre Coton. Ce n'était pas, comme Auger, une manière d'autodidacte. Il avait en Italie poussé fort loin des études théologiques, été l'ami des grands mystiques Isabella Bellinzaga et Achille Gagliardi, comme de Louis de Gonzague, de Robert Bellarmin, de Bérulle. C'était une des lumières de la Compagnie.

Le connétable de Lesdiguières, qu'il avait détourné du calvinisme avant de le convertir, ne cessait de chanter ses louanges au roi. Henri IV voulut le connaître et fut envoûté par son charme et son talent. C'est avec lui qu'il négocia et signa, le 1er septembre 1603, l'édit de Rouen par lequel le « fils aîné de l'Église » Henri IV autorisait la Compagnie à regagner la France et à y enseigner, à condition que le supérieur de la Société, le provincial, fût un Français ; que les pères prêtassent serment de fidélité au roi, et que l'un d'eux résidât en permanence à la cour – cette espèce d'otage répondant des actes de la Société sous l'œil vigilant des pouvoirs serait par ailleurs choisi par le souverain comme confesseur et prédicateur.

A Rome, pape blanc comme pape « noir » s'émurent de ces concessions : le serment de fidélité au roi ne contredisait-il pas le vœu d'obéissance soumettant les pères à leurs autorités respectives ? Pierre Coton, mis en cause par ses supérieurs romains, soutint qu'un tel résultat n'était qu'un effet de la « débonnaireté du roi » et que si l'on voulait rentrer en France il fallait bien « suivre la loi du royaume », ce qui est la version jésuite du « Paris vaut bien une messe »…

Les gens de Rome continuant de maugréer contre le serment à prêter au roi, celui-ci finit par se fâcher.

> « Ne voient-ils pas, dit-il à Coton navré, qu'en refusant ce serment, ils semblent s'avouer coupables de tout ce qu'on vous a reproché ? Vous voulez porter une tache que je m'efforce d'effacer [11] ! »

Le différend va s'apaiser, les ultramontains convenant de la bienveillance du roi Henri.

C'est toujours René Benoist, en dépit de ses quatre-vingts ans, qui jusqu'en 1606 est le confesseur attitré du roi. Mais désormais Pierre Coton est son confident, son augure, son ami, avant d'exercer la charge officielle prévue par l'édit de Rouen. Entre eux, c'est de l'enthousiasme. Témoin cette adresse du « Vert Galant » :

> « … Il vault mieulx qu'on vous porte envie que pitié ; et si, pour les calomnies, on couppoit toutes les langues mesdisantes, il y auroit bien des muets, et on seroit en peine de se faire servir. J'ay esté de deux Religions, et tout ce que je faisois estant huguenot, on disoit que c'estoit pour eux ; et maintenant que je suis catholique, ce que je faicts pour la Religion, on dit que c'est que je suis jésuite […]
> Ne vous souciés de ce que l'on peut dire. Au demeurant, si quelque particulier fault, je seray celuy qui luy courray le premier dessus, et ne m'en prendray pas au corps. Si de trente mille (d'entre vous), quelques uns venoient à faillir, ce ne seroit pas merveille. C'est un miracle qu'il ne s'en trouve davantage, veu qu'il s'est treuve un Judas parmy les douze

Apostres. Pour moy, je vous cheriray tousjours comme la prunelle de mes yeulx. Priés pour moy. »

Le roi allait avoir très vite l'occasion dramatique de témoigner son affection à Pierre Coton : en 1604, se rendant en
coche de La Varenne à Paris, le jésuite reçut d'un individu installé sur la place arrière réservée au laquais un coup d'épée
qui, selon un chroniqueur, lui « transperça le cou » sans que
l'on sût jamais qui avait armé le bras du spadassin. La fureur
du roi fut violente et les soins qu'il fit prodiguer à Coton furent
de ceux qu'on réservait à la famille royale. Dès lors, il voulut
l'avoir constamment à ses côtés, en carrosse, à la cour, en
voyage, en promenade. Commentaire du nonce, Mgr Buffalo :
« *Il Cotone e tanto favorito del Re que fa stupire tutti.* »

Pierre Coton connaissait bien les mises en garde formulées
par Aquaviva. Il écrivait à son ami Richeôme :

> « Le vray religieux doit poinct hanter la Cour de gayeté de
> cœur parce que sont lieux pleins d'espines et distractions…
> Mais c'est acte de charité et magnanimité de subir les travaux
> de la Cour et s'abstraire de son privé repos pour servir à l'uti-
> lité publique [12]. »

Le service de l'utilité publique allait-il jusqu'à mettre en
garde le Vert Galant contre les débordements de ce que l'ambassadeur de Venise appelait le « *bordello* » du Louvre ? Du
temps de Gabrielle d'Estrées [1], morte quelques mois avant l'accès du jésuite à la cour, le curé Benoist avait obtenu du roi que
la favorite s'éloignât quelques semaines avant Pâques, pour ne
revenir que quelques jours après… Ainsi fit Coton, s'agissant
de la marquise de Verneuil puis de la comtesse de Moret – non
sans que le confesseur n'écrivît à tel de ses confidents que
c'était là « pour le règne une source de honte et de chagrin ».

Ce n'est pas lui tout de même, mais son confrère le
R. P. Gonthier, ancien « ligueur » auquel le roi avait fini par
accorder son pardon qui, si l'on en croit le *Journal* de l'Estoile, sut mettre les choses au point. Prêchant à Saint-Gervais
en présence d'Henri IV et de Mme de Verneuil, qui « faisait des
signes au roi pour le faire esclaffer », ce jésuite coupa court sa
prédication et interpella le souverain :

« Sire, vous lasserez-vous jamais de venir avec un sérail
entendre la parole de Dieu et faire si grand scandale dans ce
lieu saint ? »

Moins hardi peut-être que ce Gonthier, Coton était, de l'avis
général, un superbe prédicateur : beau, la taille haute, la voix
prenante, il tranchait sur le sermonneur ordinaire de ce temps
qui, écrit l'Estoile, « toujours souffle, toujours bourdonne, faisant le marmiteux, renversant les prunelles du plus creux de
son âme voûtée, bâtant le mouvement d'un moulin à vent
comme celui qui branle d'un bicacolier[13]... ». Sa sobriété
enchantait le roi et la cour, et jusqu'aux libertins.

Enchanté, le roi ? Mais oui. Il advint un jour que Sully l'hé-
bergeant en son château de Rosny, un effrayant orage survint,
qui ruina tout, submergeant hôte et visiteurs, laïcs et religieux,
dames et chevaliers. Dans la bourrasque on entendit la voix du
roi : il ne s'enquérait pas du sort de sa maîtresse la marquise de
Verneuil, mais criait : « Où est Coton, où est Coton ?[14] » Était-
ce seulement dans l'attente de l'extrême-onction ?

Le père Coton était si avant dans les bonnes grâces royales
que tous les solliciteurs protestants lui étaient adressés. Ceux
qui n'obtenaient pas satisfaction du Béarnais murmuraient,
raconte Pierre de l'Estoile : « Le roi a du coton dans les
oreilles. » Le roi l'apprit. Un jour où Sully, qui était resté « reli-
gionnaire », lui demandait que le prêche réformé pût être prononcé dans une église parisienne jusqu'alors fermée à ce culte,
Henri IV rétorqua : « J'ai de ce côté les oreilles bouchées de
coton... »

L'influence du jésuite sur le roi prit aussi une forme linguistique intéressante. Sa Majesté avait gardé de sa longue vie
« dans les camps » non seulement l'habitude de bousculer les
dames ou les filles de service, mais celle de jurer le nom de
Dieu : ainsi lui venait souvent à la bouche le fameux « Jarni-
dieu ! » qui ne signifie rien de moins que « Je renie Dieu ».
Coton s'en plaignit à son pénitent et, en bon jésuite, trouva
un compromis. Pourquoi, en cure douce de désintoxication, et
comme on fait sucer des bonbons aux fumeurs, ne pas remplacer
ici le nom de Dieu par le sien ? C'est ainsi que le roi Henri se
mit à lancer sous les plafonds du Louvre, entre deux « Ventre
Saint-Gris », de sonores « Jarnicoton »[15] !

Puisqu'il fallait qu'un désaccord intervînt entre eux, ce fut

sur la question de l'attribution d'honneurs ecclésiastiques :
le roi voulait à tout prix faire de son cher Coton un archevêque
d'Arles avant d'obtenir pour lui le chapeau de cardinal. Le
confesseur fit valoir que les principes de la Société s'y oppo-
saient (et le roi en avait souvent félicité les jésuites...), et plus
encore l'ordonnance d'Aquaviva. Henri rugit que, s'il était
pape, il le contraindrait bien à accepter. Il fallut faire intervenir
le R. P. Richeôme pour obtenir que le roi lâchât prise.

Cette extraordinaire faveur dont jouissait Pierre Coton et
qui fit de lui, devait écrire plus tard son confrère Garasse, « le
paratonnerre de son ordre », ne pouvait aller sans susciter ran-
cœurs et fureurs, surtout chez les anciens coreligionnaires du
roi, ceux que l'Estoile appelle les « sectaires ». Ils publièrent
d'innombrables libelles dont le plus fameux, *L'Anti-Coton*,
met en cause la vie privée du jésuite accusé d'être l'amant
d'une nonne provençale... Le Vert Galant en fit des gorges
chaudes. Il était à ce point assuré du génie et du charme de son
confesseur qu'il choisissait lui-même les sujets de ses prédications, le « produisant », comme le prodige de la cour et allant
répétant « Je crois qu'il m'aime ».

Nul des innombrables gestes que fit Henri IV en faveur des
jésuites ne fut mieux reçu de son directeur et de ses confrères
que la donation du château de La Flèche, propriété personnelle
du roi, en vue de la création d'un collège de la Compagnie où,
moyennant une rente royale de 12 000 écus, les bons pères
étaient chargés de former les jeunes gentilshommes sans fortune – les futurs cadres de la monarchie.

C'était mettre entre les mains des jésuites le plus puissant
des leviers du pouvoir. Mais Henri ne se crut pas quitte encore
avec la Compagnie que le parlement accusait d'avoir formé et
inspiré ses pires ennemis : il décréta que le cœur de chacun des
membres de sa famille serait déposé dans la chapelle de ce collège afin, écrit un historien, de « laisser aux jésuites une marque
éternelle de sa tendresse [16] ».

L'exubérante « tendresse » du néo-catholique Henri le Navarrais pour les jésuites incite, par son caractère même, à poser
quelques questions. L'éloquence, la dignité de vie, le charme
et la science apologétique de Pierre Coton ne suffisent évidemment pas à l'expliquer, ni l'art qu'il mit à ne pas harceler le
Vert Galant sur le sixième commandement, sinon pour obtenir
quelques suspensions d'armes...

Une faveur si marquée à l'endroit des bons pères peut s'expliquer par des raisons d'équilibre interne et de politique étrangère. A l'intérieur, il trouve en la Compagnie le bouclier idéal contre les exigences plus ou moins revanchardes de ses vieux amis réformés – à commencer par Sully – qui ont bien voulu passer sur son abjuration à condition que le signataire de l'édit de Nantes reste le protecteur de la « secte » – et contre le harcèlement, en tout cas les pressions du parlement qui a obstinément tenté d'empêcher l'enregistrement de l'édit de Rouen.

Mais la « jésuiterie » d'Henri IV s'explique aussi par des raisons diplomatiques. Le roi béarnais a conscience du caractère trop négatif de ses relations avec l'Espagne. Il faudra longtemps pour les assainir ; mais les jésuites sont de bons intermédiaires avec Madrid, et préparent patiemment le mariage du dauphin avec l'infante Anne d'Autriche. En attendant, ils sont les meilleurs artisans de ce qu'on pourrait appeler l'ouverture romaine.

Un pape francophile, Paul V ; un général des jésuites italien, Aquaviva ; un confesseur formé dans le cadre de la spiritualité transalpine, Coton : voilà qui compose un axe sur quoi s'appuyer, et qui conduira au mariage avec Marie de Médicis. Le charmant, le savant, l'aimable Coton joue parfaitement sa partie dans la symphonie italienne qui berce le Béarnais.

L'assassinat du roi, dans des circonstances qui rappellent celles de l'attentat auquel il avait échappé lui-même six ans plus tôt, ne pouvait manquer d'atterrer le confesseur, le privant d'un incomparable ami et attirant une fois de plus sur la Compagnie les soupçons de l'opinion publique et les foudres de ses ennemis : mais si jamais l'adage *is fecit cui prodest* s'appliqua mal à un crime ce fut, en cette occurrence, aux jésuites. Vit-on jamais groupe humain se priver sciemment d'un si ardent protecteur ?

Mais il était dans le destin des jésuites d'être accusés de tous les crimes, et même de celui qui leur portait un tort irrémédiable. Ni la tragédie ni la rumeur maligne n'empêcheront Coton de rester le confesseur du roi – le fils d'Henri IV était alors âgé de dix ans, et déjà tout confit en bigoterie – jusqu'à son retrait volontaire en 1617. Porté aux nues par le voluptueux Henri, il sera négligé par ce sacristain de Louis XIII.

Nicolas Caussin n'était pas un jésuite de la même stature qu'Auger ou Coton. Il n'avait ni le charisme du premier ni le rayonnement du second. Champenois quelque peu rustaud, de petite mine, de parler rocailleux, pittoresque, c'était un prédicateur dont on critiquait l'enflure. Il s'était fait connaître par un gros livre, *La Cour sainte*, où la piété s'affichait mieux que le talent.

Louis XIII avait déjà « usé » six confesseurs – ce dévot – quand Richelieu, devenu entre-temps maître de toutes choses, mais pas de la conscience royale en son entier, décida de lui procurer, en la personne de Caussin, un successeur aux RR. PP. Coton, Arnoux, Séguiran, Suffren, Maillan et Gordon, tous jésuites et qui s'étaient tous évertués à remplir un rôle étrange : alors que les confesseurs de rois s'aliènent d'ordinaire leur pénitent en lui prêchant l'abstinence hors du mariage, c'est à force de dénoncer la continence royale à l'égard de la reine Anne (dont Alexandre Dumas ne sera pas le premier pourtant à faire un symbole charnel), que ce chapelet de chapelains avait excédé le fils du Vert Galant.

On alla donc chercher Caussin, bien que ses supérieurs eussent mis en garde le cardinal contre sa rugueuse rusticité. Un jésuite malhabile ? Richelieu était trop curieux de la nature humaine pour ne pas mettre ce phénomène à l'épreuve. Mal lui en prit. Ce lourdaud allait livrer contre lui une noble bataille, avant d'être brisé comme de Thou, Montmorency et beaucoup d'autres, mais par d'autres moyens.

Ce Caussin, il suffit de citer le texte de l'une des lettres qu'il adressait à Jacques Sirmond, le plus éminent jésuite français de son temps – qui sera d'ailleurs son successeur –, pour mesurer sa vertu, une vertu où l'on entend un écho de Corneille :

« Le prince a des péchés d'homme et des péchés de roi. Il ne suffit donc pas de l'absoudre de ce qu'il fait comme homme. On est confesseur, non de Louis de Bourbon, mais de Louis XIII. Donc, le confesseur est à la Cour pour remédier aux péchés qui naissent aussi bien de la pourpre royale que du mortier d'Adam. Et comment concevoir qu'il soit donné au Roy pour l'absoudre seulement des péchés d'homme et non pas de ceux de roi ? Si l'on réplique que les péchés que les grands commettent comme hommes sont graves, et que ceux qu'ils commettent comme rois ou princes sont légers, ne combat-on pas l'opinion de tous les sages et ne trompe-t-on pas la

créance du genre humain ? Le dommage qui revient aux particuliers des fautes des monarques et la contagion des mauvais
exemples ne rehaussent-ils pas leurs crimes à la mesure de
leur dignité ?

... Il peut y avoir des péchés des rois*. Ce ne sont pas les
moindres qui se commettent dans le monde [tels] le trouble de
l'Église, l'oppression des peuples, la division des proches,
l'injustice qui s'exerce aux affaires générales du royaume [17]. »

Tout est dit. Dès lors le confesseur du roi se fonde en censeur
des choses de l'État et de ses maîtres, fussent-ils chapeautés de
rouge. Le conflit est inévitable – qu'avaient prévu les supérieurs de Caussin-le-simple, et qu'avait tenté de prévenir
Aquaviva-le-subtil, non sans lui avoir entrouvert la porte, on
l'a vu... Conflit d'autant plus rude que « les affaires générales
du royaume », si elles conduisent l'État à la grandeur et la
France à l'hégémonie, vouent le peuple à la souffrance. Dans
la même lettre à Sirmond, le confesseur, évoquant les provinces ravagées, la misère généralisée, les soulèvements paysans du Languedoc et du Périgord (des « croquants » et
« roquants ») ou de Normandie (où se lèvent les « pieds-nus »),
conclut :

« Il n'y a point d'œil qui ne pleure ; il n'y a point de cœur qui
ne saigne. Tout ce qu'on pourrait dire est moindre que ce qui
se fait... Les gémissements étouffés par la terreur sortent des
cœurs meurtris, et la clameur ne cesse de monter jusqu'au
ciel. »

D'autres arguments de Caussin en faveur de l'interventionnisme du confesseur dans les tristes « affaires du royaume »
sont moins convaincants : notamment quand il dénonce ces
« crimes » que sont les alliances avec le Grand Turc et les
princes protestants contre la catholique maison d'Autriche.
Mais s'il n'était pas infaillible en matière diplomatique, Caussin avait pris, d'un regard implacable, la mesure de son adversaire dans la conscience du roi. Qui n'admirerait ce portrait du
cardinal, digne de Saint-Simon :

---

* Caussin ne se croit pas tenu à être aussi habile qu'Aquaviva qui n'en-
visageait que les péchés des « ministres »... Alors même que l'argument,
Richelieu aidant, eût pu trouver du crédit.

« Son esprit est extraordinaire et a toujours affecté d'aller aux
extrémitez, sans passer par le milieu. Il est plus vaste qu'il
n'est grand, hautain sans être haut, et fier sans être généreux.
La finesse y passe beaucoup la prudence.

Il est changeant par nature et par art. Son cœur est plein de
labyrinthes, où il se cache à tout le monde et quelquefois à
soy-même.

Il ne se montre à personne avec le même visage de peur de
donner quelque entrée dans son esprit. Il est hardy contre les
timides et timide contre les hardys. Une heure le voit espa-
nouy, et l'autre sur des espines… La probité est bannie de son
âme, et l'ambition occupe toutes les régions de son cœur…

Son abord est gracieux et sa langue flatteuse. Il est complaisant à ceux qu'il veut gaigner, et terrible à ceux qu'il a gai-
gnez. Il mesure la foy à ses intérêts, et on dit qu'il escrit ses
promesses sur le sable. Il arrive souvent que ce qu'il dit le plus
est ce qu'il veut le moins. Il attend qu'on devine ses volontés,
et sy vous ne faites rien, vous estes puny pour n'estre pas
devin ; si vous faites mal, vous estes blasmé de témérité. Ses
ombrages trouvent assez de fondement sur des cheveux et sur
des atômes.

Sa haine est pour les généreux, et son mespris pour ceux qui
l'adorent. Son humeur le rend insupportable à ses amys et irré-
conciliable à ses ennemis. Il se donne la gloire de tout ce quy
est mal fait sur autruy, et c'est toujours un grand crime chez
luy que d'estre malheureux [18]… »

A quoi devait répondre, dans les *Mémoires* de Richelieu, un
croquis plus bref mais moins charitable encore, de ce Caussin

« plus plein de lui-même que de l'esprit de Dieu, plus simple
que malicieux, plus dénué de jugement que de bonne volonté,
brouillon, inquiet, artificieux [et trop] occupé des affaires de
l'État… ».

Le grand débat entre ce Saint-Simon en barrette et le grand
ministre à la plume cinglante allait s'amorcer sur un thème
apparemment mineur, mais s'enfler jusqu'à l'affaire d'État
quand la charge du même cardinal fut mise en jeu.

Louis XIII, bigot et apparemment vierge à trente ans, s'était
pris d'amour (chaste) pour une très jeune et fort noble suivante
de la reine, Louise-Angélique de La Fayette, belle, intelligente,
cultivée, mais vouée, en son cœur, au couvent. Le roi amou-

reux tentait de l'en détourner, aidé en cela par le confesseur qui
jugeait excellent pour son pénitent ce commerce vertueux. Plût
au ciel que son père… Le cardinal, en revanche, souffrait mal
la concurrence de cette intelligente dévote qu'il savait rebelle à
ses vues, et fort hardie en ses jugements : il était impatient de
la voir derrière les grilles du couvent des visitandines. Ce qui
advint, non par son industrie, mais par la volonté de la demoiselle que n'habitait pas la passion de Bérénice mais qui infligea au roi le chagrin de Titus – sans pour autant lui interdire
les visites, qui furent nombreuses.

Caussin, s'il n'avait pas été partisan de la prise de voile, y
trouva matière à consolider son alliance avec Mlle de La Fayette
dans l'esprit du roi et contre le cardinal, sur le triple thème de
la recherche de la paix, de l'amélioration du sort du peuple
et… de la consolidation du couple royal. Ce pacte audacieux, le
biographe du confesseur en relate ainsi la signature :

> « Caussin : "Vous savez la haute autorité et les vengeances du
> Cardinal, qui peut tout et ne pardonne rien. Êtes-vous bien
> résolue à souffrir pour une si bonne cause tout ce que la Provi-
> dence ordonnera de vous ?"
> La novice : "Je m'estimerais heureuse d'y mettre ma vie et de
> porter ma teste sur un eschafaud, pour acquérir le salut au Roy
> et la liberté à la France."
> Caussin : "Souvenez-vous que si l'on me met à la Bastille, je
> dois avoir part à vos prières à double titre, comme voisin[*] et
> comme complice" [19]. »

Bigre !… Nous voilà loin des instructions d'Aquaviva : en
plein complot contre le cardinal auquel il s'agit de substituer,
à la tête du ministère, le vieux duc d'Angoulême. La pieuse
intrigue de couvent ne pouvait atteindre tous ses objectifs.
Étrangement, c'est dans le domaine où elle paraissait le moins
propre à l'efficience – à savoir la consommation du mariage
de Louis XIII – qu'elle aboutit. A l'incitation du R. P. Caussin,
la favorite-au-couvent ne cessait de supplier son visiteur
amoureux de traiter la reine en véritable épouse. Ses efforts
trouvèrent l'étrange couronnement ainsi raconté par un chroniqueur jésuite proche de Caussin :

---

[*] La Bastille était toute proche du couvent des visitandines.

« Au commencement de décembre [1637], le Roi était parti de Versailles pour aller coucher à Saint-Maur. En passant par Paris, il s'arrêta au couvent de la rue Saint-Antoine pour rendre visite à Mademoiselle de La Fayette. Pendant qu'ils s'entretenaient, il survint un orage si affreux qu'il ne lui fut pas possible de retourner à Versailles, ni d'aller à Saint-Maur où sa chambre, son lit et les officiers de sa bouche étaient arrivés [...] Son appartement au Louvre n'était point tendu, et il ne savait où se retirer. Guitaut, capitaine aux gardes, qui était dans l'habitude de lui parler avec assez de liberté, lui dit que la Reine demeurant au Louvre, il trouverait chez elle un souper et un logement tout préparé. "La Reine soupe et se couche trop tard pour moi", fit le roi*. Guitaut l'assura qu'elle se conformerait volontiers à sa manière de vivre. Le Roi prit enfin le parti d'aller chez la Reine. Guitaut y courut à toute bride pour avertir cette princesse de l'heure où le Roi voulait souper. Elle donna ses ordres pour qu'il fût servi suivant ses désirs. Ils soupèrent ensemble. Le Roi passa la nuit avec elle et, neuf mois après, Anne d'Autriche mit au monde un fils dont la naissance inespérée causa une joie universelle à tout le royaume [20]. »

Apprenant la nouvelle dans l'exil breton où l'avait entretemps expédié le cardinal, le R. P. Caussin, transporté par un enthousiasme biblique, écrivit à la nonne : « O petite Deborah, vous n'avez rien espargné pour la gloire de Dieu [21] ! » Que personne n'ait songé à faire de cette histoire un opéra-comique a de quoi surprendre. Mais la suite de l'affaire ne le cède en rien, qui fait penser tantôt à *Cinq-Mars*, tantôt aux *Trois Mousquetaires*.

Le jésuite confesseur avait d'autres objectifs, on l'a vu, que la fécondation d'Anne d'Autriche : il voulait arracher à son pénitent le renvoi du cardinal-ministre auquel serait substitué le vieux duc d'Angoulême, inoffensif aux puissances catholiques. Mais Caussin eut le tort de s'en ouvrir à l'intéressé, qui était un pleutre et courut prévenir le cardinal...

Il fut brisé, ce naïf comploteur, et expédié à Rennes, puis à Quimper, encore heureux de garder sa tête sur les épaules. C'est de son exil breton qu'il écrivit à sa « complice », la sœur Louise-Angélique de La Fayette, une très longue lettre-mémoire, que l'on peut trouver belle :

---

* L'heure espagnole...

« Les choses que j'ai dites au Roi sont sainctes et religieuses, ou il n'y en eut jamais au monde. A parler sincèrement, nos adversaires sont fort injustes qui ne cessent de proclamer cette deffense de toucher aux affaires d'Estat, comme estant une chose qui n'appartient point à ceux qui se sont dédiés à Dieu. Et de faict, les canons* recommandent souvent aux évesques et aux prestres de ne se brouiller point dans les affaires séculières, de vacquer continuellement à l'oraison, à la prédication et à l'instruction des peuples. Cependant les prestres sont aujourd'huy les conducteurs d'armées, les amiraux de France, les capitaines et sergens de bandes, les commissaires de vivres [22]… »

Plus convaincante encore est la lettre que Nicolas Caussin écrivit de Quimper au cardinal qui l'y avait exilé :

« Votre Éminence m'a pris pour donner l'absolution à Sa Majesté, et non pas pour me mesler des affaires de l'Estat. Mais y a-t-il choses qui obligent plus étroitement les princes, que celles dont ils doivent rendre compte devant le trône du Dieu vivant ? Sur quoi seront-ils interrogés à ce jour redoutable qui séparera leurs âmes d'avec leurs corps ? Le souverain juge se contentera-t-il de rechercher s'ils ont récité leurs prières, s'ils ont assisté au service divin, s'ils ont eu soin de recevoir l'eau bénite avec révérence, et de veiller sur le règlement des collets et des barbes de leurs aumôniers ? Il y a bien des comptes plus importants que ceux-là, quand Dieu dira d'une voix tonnante à chaque prince en particulier : je t'ai fait mon vicaire sur la terre, je t'ai déclaré l'arbitre des hommes, le Dieu visible des peuples. Qu'as-tu dit, qu'as-tu fait pour les gouverner, pour cimenter les États par la religion, par la justice, et pour les conduire à la paix et à la vraie félicité ? Tant de millions d'épées ont été tirées du fourreau par ton commandement, tant de villes saccagées : a-ce été avec raison ? Que veulent dire tant de larmes des veuves et des orphelins, qui ne cessent de monter jusqu'à moi ? Tant d'oppressions sans pitié ? Tant de levées d'argent sans nécessité ? Tant de profusions sans mesure ? Tant de calamités sans remède ?
Voilà les comptes que Dieu demandera aux rois après leur mort. Comme rois, ils avaient des devoirs envers les peuples confiés à leur gouvernement. Les ont-ils remplis ? S'ils les ont négligés, s'ils les ont sacrifiés, leur conscience ne se trouve-t-

---

* Règles religieuses.

elle pas gravement engagée ? Et dès lors, le confesseur doit-il
parler aux rois de petites chosettes [23] ?... »

« De petites chosettes... » C'est bien ainsi que le cardinal
voyait lui aussi le rituel catholique, comparé à ces « profusions
et calamités » auxquelles il présidait. Mais entre Caussin et lui,
la rivalité pour la possession de l'esprit du roi était trop intense
pour que n'éclatât point entre eux la guerre – une guerre que
Richelieu ne pouvait manquer de gagner.

Quand, sommé par le cardinal, le jésuite se présenta à Rueil[*]
où devait se dérouler l'explication promise entre le roi et les
deux compétiteurs, le visiteur n'eut pas plus tôt écouté quelques
remontrances de son hôte que le bruit d'un carrosse annonça
l'arrivée de Louis XIII. La voix de Richelieu se fit coupante :

> « Voilà le roi qui vient ; il ne faut pas qu'il nous trouve
> ensemble, vous savez qu'il est fort ombrageux. Il est à propos
> que vous vous retiriez promptement par ce petit escalier [24]. »

Caussin n'avait pas le choix. Il s'esquiva. Au bas de l'esca-
lier attendaient une voiture et deux exempts. Une semaine plus
tard, il lisait son missel dans la rue de Quimper. Le même jour,
La Gazette de France publiait l'entrefilet suivant :

> « Le père Caussin a été dispensé par Sa Majesté de la plus
> confesser à l'avenir, parce qu'il ne s'y gouvernait pas avec la
> retenue qu'il devait, et que sa conduite était si mauvaise qu'un
> chacun et son ordre même a bien plus d'étonnement de ce
> qu'il a tant demeuré en cette charge, que de ce qu'il en a été
> privé. »

Le temps du confesseur-pilote, du « directeur de conscience »
au sens large, était aboli. Richelieu n'avait pas seulement décapité les grands, il avait aussi édenté le pouvoir clérical. Désormais, tout jésuite, et puissant, et cultivé qu'il fût, le chapelain
confessera Louis de Bourbon, non plus le souverain. On
parlera des « crimes des ministres », non plus des « péchés du
Roy », fussent-ils éclatants et les « misères du peuple » plus
scandaleuses encore que sous le grand cardinal. La laïcisation

---

[*] La résidence du cardinal.

du pouvoir royal est en marche. Ainsi le génie de l'adaptation des jésuites va-t-il être mis à l'épreuve – dégradé, des audaces de Nicolas Caussin aux complaisances des distributeurs d'absolution de Louis XV.

Les premiers confesseurs de Louis XIV ne sont pas tous des courtisans aussi bénisseurs que Charles Paulin : tout au long du temps de la Fronde, et sous Mazarin vieillissant, ce jésuite savant mais sans ossature n'aura rien fait que flatter les tendances de l'adolescent à la ruse et à l'intolérance.

D'une autre carrure était ce François Annat que nous avons connu souffre-douleur de Pascal, cible impuissante et enragée du « secrétaire » de Port-Royal. Recruté comme symbole et stratège de l'antijansénisme par la reine mère qui haïssait les solitaires, il ne cessa de nourrir les préventions du jeune roi contre la secte et son « calvinisme rebouilli ».

Implacable sur l'article de la doctrine, le trouva-t-on aussi pointilleux sur celui de la morale – où les comportements du jeune roi donnaient prise à la censure ? De Marie Mancini à Louise de La Vallière et à Mme de Montespan, les défis lancés par Louis XIV offraient du grain à moudre aux casuistes.

Le père Annat était un piètre écrivain. Ce n'était pas un opportuniste médiocre. S'il ajouta quelque venin à l'antijansénisme spontané de son pénitent, ce ne fut pas pour lui complaire mais par conviction profonde. S'il fut grand ordonnateur des bénéfices ecclésiastiques, ce ne fut jamais à l'avantage des siens, et le plus souvent en fondant les choix sur la compétence et le mérite. Et s'il ne sut pas ramener le roi au respect et aux pratiques de la fidélité conjugale, ce ne fut pas sans avoir multiplié mises en garde et remontrances. Ce dont témoignent ces quelques vers qu'un chansonnier du temps mettait dans la bouche du petit-fils du Vert-Galant :

> *Le Père Annat est rude*
> *et me dit fort souvent*
> *qu'un péché d'habitude*
> *est un crime fort grand*
> *De peur de lui déplaire*
> *je change La Vallière*
> *et prends la Montespan...*

Pendant trente-quatre ans, de 1675 à 1709, chaque vendredi à l'aube, un carrosse à quatre chevaux franchit le porche de la maison des jésuites de Saint-Paul-Saint-Louis, dans le Marais. Rencogné dans l'ombre, de gros dossiers sur les genoux, un religieux de haute taille, au visage noble, au port majestueux, cahotait sur les quais de la Seine puis sur la route mal empierrée qui menait à Versailles : le confesseur du roi très-chrétien s'en allait à la rencontre du pénitent le plus considérable et le plus incommode de son temps.

Le R. P. François de La Chaize* est, aux yeux de la postérité, « le » confesseur du roi : l'archétype, non seulement parce qu'un cimetière parisien fort bien achalandé porte son nom, mais parce que le sobriquet de « chaise de nécessité » qui lui colle à la peau est aussi célèbre que le « coton dans les oreilles » de son célèbre prédécesseur ; aussi et surtout en raison de la personnalité de son « dirigé » qui fut, tout au long de sa mission de plus d'un tiers de siècle, l'homme le plus puissant de l'univers, et à la fois le plus attaché au catholicisme et le plus indocile à la papauté. Être le confesseur de l'homme qui incarnait l'orgueil de la puissance, la violence d'État, la liberté des mœurs et le gallicanisme militant, dépassait évidemment les forces humaines – fussent-elles décuplées par l'Esprit-Saint.

En ces redoutables occurrences, François de La Chaize ne manifesta ni le génie créatif de Coton, ni le courage intempestif de Caussin. Face à Jupiter tonnant, il se conduisit en habile homme, en humaniste prudent, en confident discret, en jésuite enfin, aussi hautement courtisan à la cour que Xavier s'était fait japonais au Japon et Ricci chinois parmi les Chinois. Exercice moins périlleux que ceux-ci ? Est-ce bien sûr ?

Lisons d'abord, parce qu'il dit presque tout, et sur le ton le plus magnifique, le portrait consacré au père de La Chaize par Saint-Simon – qui, soit dit en passant, n'aimait pas les jésuites, « maîtres des cours par le confessionnal », fort prévenu contre toute forme de cléricalisme, et pour tout dire, d'inclination janséniste :

> « Le père de La Chaize était un esprit médiocre mais d'un bon caractère, juste, droit, censé, sage, doux et modéré, fort ennemi de la délation, de la violence et des éclats. Il avait de l'honneur, de la probité, de l'humanité, de la bonté ; affable,

---

* Orthographe qu'il avait adoptée. On lit aussi souvent La Chaise ou Lachaise dans la toponymie parisienne et dans les archives iconographiques de la Compagnie.

poli, modeste, même respectueux... Désintéressé en tout
genre, quoique fort attaché à sa famille ; il se piquait de
noblesse, et il la favorisa en tout ce qu'il put. Il était soigneux
de son choix pour l'épiscopat, surtout pour les grandes places,
et il y fut heureux tant qu'il y eut l'entier crédit ; facile à revenir quand il avait été trompé, et ardent à réparer le mal que la
tromperie lui avait fait faire [...] D'ailleurs judicieux et pré-
cautionné ; bon homme et bon religieux, fort jésuite mais sans
rage et sans servitude et les connaissant mieux qu'il ne le
montrait, mais parmi eux comme l'un d'eux [25]... »

« Comme l'un d'eux » ? Oh oui ! La Chaize est jésuite avec
intensité, « sans rage » mais avec cette combinaison d'introver-
sion puissante, de fidélité au groupe, à la « bande » qu'a forgée
à jamais Loyola, et d'extraversion ardente, d'aptitude à être
« tout à tous » qui lui permet de passer aussi naturellement d'un
collège de province à l'« allée du roi » qu'Ignace des pauvres
camerete proches du Gesù, à la cour pontificale. Il est jésuite
comme Saint-Simon est duc, Harpagon avare et Racine écrivain, plus jésuite encore que gentilhomme – ce qui ne l'empêchera pas, nous le verrons, de pousser la fidélité au roi gallican
jusqu'aux limites de l'infidélité au papisme fondamental de
la Compagnie ; modéré par nature, mieux que par effet de l'art
ou de la discipline, prudent plutôt que timoré, pris enfin entre
les deux feux de la passion incarnée par Montespan – qui le
déteste – et de la dévotion affichée par Maintenon – qui le hait.

Au fond, soutane et barrette mises à part, c'est un personnage de Molière. Tartuffe ? Pas du tout. Entre Cléante et Phi-
linte, c'est le raisonneur débonnaire, le confident sans illusion
et d'ailleurs sans grand effet, dont la fonction semble d'absorber les péchés du prince comme un buvard les pâtés du cancre.
Un buvard ? Oui, mais sans mémoire...

Reprenons quelques points qui font curieusement apparaître
le confesseur de l'homme Louis plus vain que le conseiller ou
tout au moins le confident du Quatorzième. Pusillanime dans
les affaires de mœurs, on le verra quelquefois brave en matière
d'État, pour celles des affaires en tout cas qui touchent à la
religion. Car pour ce qui est des autres...

Ne nous y trompons pas : « le roi l'aimait », comme l'écrit,
non sans un mélange d'étonnement et d'envie, le petit duc de
Saint-Simon. Pour sa longanimité, son laxisme ? Peut-être.
Aussi pour sa bonne grâce, pour ce que sa culture avait de peu

étalé, de tacite, de bonhomme, n'offusquant pas l'inculture du
souverain. Ainsi le Roi-Soleil acceptait-il de se mettre à genoux
devant François de La Chaize qui avait tenu à lui imposer cette
attitude de pénitent, alors que son grand-père Henri IV allait et
venait gasconnant sous le regard de Pierre Coton.

Parlons des dames, d'abord, puisque le confesseur qui descend du carrosse de Paris, au début d'avril 1675, est d'emblée
confronté à un pénitent que le monde entier voit se débattre
entre une reine oubliée, une Montespan impériale dont le mari,
chassé de Versailles, célèbre dans sa cambrousse les funérailles
permanentes de sa femme, une demoiselle Scorraille qui sera
bientôt faite duchesse de Fontanges, et, aux aguets, Mainte-
non-la-Vertu, gouvernante des enfants de la Grande Favorite.
Vaudeville grandiose, dont un confesseur ne peut s'accommoder sans trahison ni s'indigner sans cesser d'être. Reste l'absence, forme bénigne de la condamnation, qui sera sa stratégie
mais fera peu pour la gloire du jésuite de cour.

Son prédécesseur Ferrier avait été plus ferme, comme son
confrère Bourdaloue qui prenait volontiers l'adultère biblique
comme thème de ses sermons de Versailles[*]. Au roi qui, à la
veille de Pâques, avait expédié Montespan dans son domaine
de Clagny et lui lançait : « Vous devez être content de moi ! »,
le prédicateur bouche d'or riposta : « Je le serais davantage si
Clagny était à cent lieues de Versailles ! »

La Chaize préférait, lui, prendre le large en personne, s'évitant ainsi des refus catégoriques d'absolution. Contre cette
stratégie de fuite, la condamnation la plus violente fut l'apostrophe fameuse – un comble ! – de Mme de Montespan, enragée
de voir installée à la cour sa rivale Fontanges : « La faute en
est, lança-t-elle, à La Chaize de commodité ! »

Cette piteuse comédie de la villégiature pascale du jésuite
pourrait être le sujet d'une vingtième Provinciale. Elle dura
huit ans, jusqu'à la prise de pouvoir de Maintenon. A la stratégie de retraite face au péché de la chair, le confesseur jésuite
substitua plus honorablement une guérilla permanente contre
la cabale des dévots, ou de la dévote. Inapte à la défense de la
vertu, François de La Chaize s'illustrera dans le refus de son
étalage – et l'on n'en veut pour preuve que la correspondance

---

[*] Ce type de dénonciation faisait partie des droits reconnus par l'usage
aux prédicateurs – pas aux confesseurs. *Verba volant…*

de l'épousée nocturne, dont il a bien voulu célébrer le mariage tout en s'opposant à sa publication.

Les lettres de Mme de Maintenon à son protégé le cardinal de Noailles ne sont plus, dès lors, qu'une longue plainte de la Grande Dévote royale contre le jésuite :

> « Tant que nous aurons le père de La Chaize, nous ne ferons rien […] J'ai vu le P. de La Chaize : il faut se confier à Dieu et ne rien attendre de cet homme […] Le P. de La Chaize est venu me voir. Il était gai, libre en sa taille ; et sa visite avait plus l'air d'une insulte que d'une honnêteté… »

Ceci encore, qui va plus loin, combinant l'imputation de sottise à celle de fourberie : « Le P. de La Chaize […] a plus de talents pour le mal que pour le bien, et cela vient de ce que les intentions ne sont pas droites ; peut-être aussi n'est-ce que faute de lumière… » Et toujours à Noailles, à propos du plus récent entretien de Louis XIV et de son confesseur : « Le roi m'a dit que je ne lui ferais pas ma cour de n'aimer pas les jésuites. Cela serait bon à placer quand vous voudrez que je travaille à leur ruine. »

La ruine des jésuites ? Louis XIV n'y songeait guère qui n'avait qu'à se féliciter de la docilité de « son » confesseur* – et en d'autres matières que les stratégies d'alcôve. Avant le mariage du roi avec la veuve de Scarron, François de La Chaize avait donné au souverain le témoignage éclatant d'une fidélité manifestée pour un temps aux dépens même du *perinde ac cadaver*.

C'est en 1682 que, réunie en une sorte de concile national, l'Assemblée des évêques de France proclama les fameux « quatre articles » qui, sous l'autorité de Bossuet, constituent la charte du gallicanisme français, excluant toute ingérence de l'Église romaine dans les affaires de l'État national et tendant à faire prévaloir sur toute autre autorité celle du royaume. D'autant que la proclamation de l'indépendance du « roi très-chrétien » par rapport à Rome s'aggravait d'un défi à l'infaillibilité pontificale, avec cette précision que le jugement du pape n'est

---

* Et de son habileté dans le maniement de la feuille d'attribution des bénéfices, où il avait pour mission de faire le moins de mécontents possible… On n'évoque pas ici la légende qui fit du roi un « jésuite de robe courte », c'est-à-dire camouflé…

« irréformable » que « si consentement de l'Église s'y ajoute ».
Thèse qui eût permis d'envoyer au bûcher, un siècle plus tôt,
ses avocats.

Était-ce l'esquisse de la fondation d'une Église nationale, à
l'anglaise ? Bossuet avait beau multiplier les hommages à la
« Très Sainte Église romaine »[*], il n'y avait pas un mot, dans
tous ces textes, qui ne bravât Innocent XI et qui n'eût un fumet
de schisme. Rien qui ne mît en question le fondement du
papisme romain, pierre de touche de l'institution jésuite.

Comment le père de La Chaize put-il rester si longtemps passif, tandis que s'élaborait un texte autrement scandaleux à ses
yeux que les « égarements » du roi ? Certains historiens donnent pour raison à son long silence, une fois de plus, un séjour
à la campagne « en villégiature diplomatique[26] ». D'autres, qui
le montrent d'abord tenu à l'écart, assurent qu'il parla assez
« fortement » au roi pour obtenir que la déclaration des évêques
ne fût point mise en application. Le fait est qu'il parut s'y résigner d'abord, et que ce jésuite chargé de « diriger » spirituellement le roi avait laissé s'accomplir la première phase d'une
opération qui contredisait, dans ses profondeurs, la primauté
romaine sur laquelle fut fondée la Compagnie ignacienne.

Intime sympathie pour le gallicanisme ? Dévotion à la personne du roi ? Fascination exercée par Bossuet ? Il s'agit bien
là, provisoirement on le verra, d'une trahison des desseins de
l'ordre, d'une manifestation caricaturale de fidélité à la couronne *perinde ac cadaver*, pourrait-on dire. Ainsi ce jésuite
absolu se rangeait-il, le moment venu, du côté de l'absolutisme
de son souverain, de préférence à celui de sa Compagnie.

Si honteuse qu'ait pu être, dans un premier temps, sa soumission aux initiatives françaises, on peut admettre que
La Chaize, durement chapitré par son « général » J. P. Oliva,
fut pour quelque chose dans le retournement du roi. Le 29 juin,
un décret royal imposait à l'Assemblée des évêques une dissolution qui prenait figure de désaveu.

Le pape Innocent XI, ouvertement défié par la fièvre gallicane,
ne se contenta pas de ce recul : il avait fait étudier l'excommunication de Louis XIV, ce qui, assorti d'une condamnation globale de l'épiscopat français, eût conduit à un schisme. Son
indignation lui en faisait admettre les risques.

---

[*] « Je me suspends à ses mamelles », écrivait l'évêque de Meaux…

Si la paix se fit enfin entre Rome et Versailles, ce ne fut pas sans l'insistante pression enfin exercée sur le roi par son confesseur – qui avait fait comprendre au nonce Lauri que le souverain, très embarrassé par l'explosion antipapiste de « son » épiscopat, était surtout attentif à « *salvare la apparenza* ». L'art de la retraite est un des chapitres essentiels de celui de la guerre, où Louis XIV prétendait exceller. Mais un expert, en ce domaine, n'est jamais de trop. Ce fut La Chaize, sous une telle enveloppe de silence qu'il y gagna de se voir qualifié désormais d'« énigmatique ». L'énigme n'était pas si indéchiffrable que le chef nominal de la conjuration gallicane, Maurice Le Tellier, archevêque de Reims et frère de Louvois, ne pût se retenir de la traiter d'« *asino* » et de « *bestia* ». Ce qui, même en version originale, était discourtois.

Louis XIV en conçut une telle rage que ce prélat considérable, frère du principal ministre, fut proprement expulsé de Versailles ; lorsque la cour prit ses quartiers d'automne à Fontainebleau, « Monsieur de Reims estima prudent de n'y point paraître [28] ». Et bien que Mme de Montespan occupât toujours, en ce temps-là, le lit du roi, le R. P. de La Chaize se retint, du coup, de prendre les eaux en quelque villégiature.

Paradoxe majeur : ce jésuite si perméable au gallicanisme fait preuve à l'égard du jansénisme et du calvinisme d'une modération qu'il savait ne pouvoir espérer de ses antagonistes. Plusieurs traits nous le montrent fort attentif à éviter d'abord de ranimer la querelle janséniste – il s'efforça d'éviter la publication de la tardive réponse aux *Provinciales*, alors écrite par son confrère le R. P. Daniel, puis d'en atténuer les effets.

Quand, après la mort d'Antoine Arnauld, ses compagnons ramenèrent son cœur à Paris, Racine fut le seul « notable » qui eut le courage de prendre part à la cérémonie. Bien qu'il fût averti du déplaisir que ce geste avait provoqué en haut lieu, il récidiva en plaidant auprès de Mme de Maintenon la cause des dernières religieuses encore groupées, en 1699, à Port-Royal des Champs et menacées de famine. Pour se faire pardonner tant d'audace, il crut amadouer la dame en alléguant le bon accueil que lui avait réservé à ce propos le R. P. de La Chaize :

> « Je n'ose croire que je l'ai persuadé mais il parut très content de ma franchise et m'assura, en m'embrassant, qu'il serait toute sa vie mon serviteur et mon ami [27]. »

La Chaize, ami de Racine ? Assez en tout cas pour rester, jusqu'au bout, défavorable à toute mesure répressive contre la communauté janséniste. On n'en veut pour preuve que ce mot écrit en 1706 par Mme de Maintenon à son éternel complice Mgr de Noailles, alors qu'elle vient d'apprendre que le confesseur jésuite a présenté sa démission au roi, et espère que celui-ci l'acceptera : « Ainsi, vous allez être en état d'édifier le Port-Royal de Paris et de détruire l'autre[*]. »

S'agissant de la campagne antiprotestante dont la révocation de l'édit de Nantes devait être la manifestation la plus déplorable, il est hasardeux d'en exonérer François de La Chaize, mais plus imprudent encore de lui en imputer la responsabilité. Sa fondamentale modération, pour ne pas parler de son bon sens, tendrait plutôt à le situer dans le camp des « indulgents ». Il entretenait des relations courtoises avec de grands religionnaires comme l'ambassadeur Spanheim ou l'historien Spon qui lui offrit en 1679 un exemplaire de son *Histoire de Genève*. La Chaize répondit sur un ton inimitable, souhaitant à l'auteur de « réparer le malheur [...] d'être né parmi les nouveautés ».

L'historiographie protestante ne ménage pas le jésuite-du-roi. Ouvrons le dernier ouvrage consacré au sujet, celui de Janine Garrisson. La Chaize[28] y est pris pour cible, notamment par cette notation de la page 188 :

> « Tout le monde à la Cour plonge dans la dévotion [et] tend à faire son salut sur l'échine des huguenots ; la vague d'intolérance culmine dans ces années 1680 où le roi écoute son confesseur, le père La Chaize auquel, en 1683, Mme de Maintenon accorde un satisfecit. On est fort content du père de La Chaize. Il inspire au roi de grandes choses[29]... »

Nous avons vu que cette faveur auprès de Maintenon fut de courte durée. Durait-elle encore trois ans plus tard, quand fut promulguée, le 17 octobre 1685, la révocation ? Dès avant l'édit de Fontainebleau, plusieurs intendants ont entamé la chasse aux protestants, notamment, en Languedoc, un certain Foucault « dont les liens avec le père La Chaize, confesseur du roi, n'échapperont à personne », écrit Janine Garrisson.

A personne ? Le fait est que, la décision prise, dont l'instiga-

---

[*] Le couvent de Port-Royal de Paris était indemne de la « contamination » janséniste, alors que « l'autre », celui des Champs, y restait attaché.

teur le plus manifeste semble bien avoir été Louvois (et qui suscita l'enthousiasme de fort honnêtes gens, hélas !), François de La Chaize manifesta une vive satisfaction du nombre des « conversions » opérées, mais formula très vite ses réserves quant aux moyens employés, en tout cas pour tout ce qui relevait de la contrainte. Aux dragons de Louvois il s'employa à substituer des missionnaires qu'il incita à choisir « doux et accommodants », précise Fénelon qui joua en l'occurrence un rôle analogue.

Toute la « douceur » du monde ne pouvait faire d'une ignominie un acte de charité… La Chaize s'en avisa-t-il plus tôt que d'autres, plus tôt qu'une Sévigné ou qu'un La Bruyère, ardents laudateurs de l'édit de Fontainebleau ? On sait en tout cas qu'il manifesta quelque courage dans la compassion, quand fut publiée, le 29 avril 1686, la déclaration condamnant les « relaps » (ou supposés convertis retombés dans l'« hérésie ») à faire amende honorable, cierge au poing, après quoi les hommes étaient condamnés aux galères, les femmes à la clôture perpétuelle. Notation d'un observateur attentif : « Le père de La Chaize représente fortement à Sa Majesté ce que cette action avait d'odieux et de barbare [30]. »

Remords bien tardif ? Dans cette affaire de la révocation, qui reste mystérieuse, tant les effets dévastateurs pouvaient en être prévus, mais dont il faut bien rappeler qu'elle entraîna l'adhésion de presque tous ceux qui avaient fait la grandeur du « siècle de Louis XIV », François de La Chaize déçoit, une fois de plus, ceux qui croient – en bons lecteurs de Saint-Simon – qu'il « para bien des coups dans sa vie […] supprima bien des friponneries […] et ne fit jamais de mal qu'à son corps défendant ».

Ah ! ce « corps défendant »… La déception qu'inspirent tant de comportements de ce gentilhomme en soutane qui fut, à coup sûr, ami de la paix, mais plus encore de la sienne (ou de celle de la Compagnie ?), se fonde sur la comparaison qu'il faut bien établir entre les jugements portés par le plus grand (et féroce) mémorialiste de son temps, et une réalité souvent atroce. Le fait est que cet excellent homme parut s'accommoder sans indignation des misères et des violences qui faisaient cortège à la gloire fulminante de son pénitent.

Ses fonctions étaient contraignantes et impropres à l'éloquence ou à la confidence. On ne pouvait attendre de lui la

rudesse critique de Vauban, ni même les accents indignés de
Fénelon – grands notables tout de même l'un et l'autre. Mais
que n'a-t-il laissé passer, sinon en ses propos, en tout cas en
ses lettres, le moindre écho de déchirante apostrophe qu'est la
Lettre à Louis XIV de l'archevêque de Cambrai (1693) :

> « Vos peuples, que vous devriez aimer comme des enfants
> […] meurent de faim […] Le royaume ayant été ruiné […]
> personne ne peut vivre que de vos dons […] Cette gloire qui
> endurcit votre cœur, vous est plus chère que la justice, que
> votre propre repos, que la consternation de vos peuples […]
> On n'a plus parlé de l'État ni de ses règles, on n'a plus parlé
> que du roi et de son bon plaisir […] Vous n'aimez point Dieu ;
> vous ne le craignez même pas d'une crainte d'esclave ; c'est
> l'enfer et non pas Dieu, que vous craignez […] Vous n'aimez
> que votre gloire et votre commodité. Vous rapportez tout à
> vous, comme si vous étiez le dieu de la terre, et que tout
> le reste n'eût été créé que pour vous être sacrifié. »

On ne sait si ce défi atteignit son destinataire, ou même le
confesseur – qui était cruellement égratigné au passage.

> « Vous êtes le seul en France, Sire, à ignorer que le père
> de La Chaize ne sait rien, que son esprit est court et grossier
> et qu'il ne laisse pas d'avoir son artifice avec cette grossièreté
> d'esprit. Les jésuites même le méprisent. Vous avez fait
> d'un religieux un ministre d'État […] C'est un aveugle qui en
> conduit un autre et, comme dit Jésus-Christ, ils tomberont tous
> deux dans la fosse… »

Texte foudroyant, que l'on pourra toujours opposer aux éloges
de Saint-Simon, compte tenu de l'amitié qui avait d'abord lié
Fénelon et La Chaize, ensuite de l'amertume que provoqua
chez le prélat l'abstention du jésuite dans la querelle du quiétisme. Texte abusif, à coup sûr, mais exaltant, et qui rappelle
que, sous la règle de fer de l'absolutisme versaillais, les vérités
les plus violentes pouvaient être formulées – au moins par
écrit, avec la certitude de n'être pas publiées d'abord, et peut-
être l'espoir de n'être pas lues…

Ernest Lavisse, qui n'aimait pas les jésuites lui non plus,
assure que La Chaize était « puissant dans le tête-à-tête ». Puissant de par sa fonction ? En fait, nous ne connaissons pas la
teneur des dialogues du vendredi, qui se prolongeaient parfois

jusqu'à la nuit tombée, quand le roi souhaitait s'entretenir avec le jésuite de numismatique dont ils étaient tous deux férus. Mais, Saint-Simon en témoigne, les murs de Versailles avaient des oreilles, et si La Chaize avait bronché sur l'essentiel, le bruit s'en fût répandu.

Georges Guitton, soigneux biographe du père confesseur et lui-même jésuite, parle de « réserve à intervenir ». André Latreille, son préfacier, eût souhaité, écrit-il, un jugement « un peu plus sévère » sur ce confesseur qui « se tire d'affaire en disparaissant de la cour »[31]. Certes. Comment mesurer aujourd'hui, si loin de l'état d'esprit qui prévalait à Versailles, le rapport de prestige et de force que créaient d'une part « le roi », magique, hyperbolique, pyramidal, et jouant avec un incomparable génie professionnel et spontané d'une conscience de soi (et de sa charge) forcenée, et de l'autre le confesseur dispensateur de grâce, ce prêtre devant lequel il s'agenouille chaque vendredi, parce qu'il est porteur d'un message sacré que révère le souverain ?

Nous avons perdu ces mesures-là, le sens de ces étranges équilibres. Ce que nous savons, c'est que François de La Chaize ne fut pas incommode à Louis XIV. C'est qu'il fit cortège à ses outrances, plutôt que contrepoids à son absolutisme. C'est que, presbyte à propos des péchés de Louis, il fut un peu plus que myope au sujet des violences de l'absolutisme conquérant. Que n'est-il l'auteur du mot du confesseur de l'Escurial à Charles Quint : « Vous avez avoué les péchés de Charles, mais pas ceux de l'empereur… »

On ne dira pas qu'il sut, par son obséquiosité, gagner les largesses du souverain – l'aide, par exemple, apportée sur la cassette royale à l'aménagement d'un pavillon des faubourgs de Paris qui devint le beau domaine où La Chaize aimait se reposer, et où a été aménagé le cimetière d'aujourd'hui, qui a banalisé son nom. Non : il n'était pas obséquieux.

Puisqu'il faut bien chercher en lui l'honnête homme loué par nombre des familiers de Versailles, citons ce mot rapporté au lendemain de la mort de son confesseur par le roi, en larmes : comme il disait à La Chaize, à propos d'une intervention en faveur d'on ne sait plus quel disgracié : « Comme vous êtes bon ! », le jésuite répliqua : « Ce n'est pas moi qui suis bon, c'est vous qui êtes dur ! »

Faut-il, en guise d'oraison funèbre du jésuite-confesseur-du-

roi-Soleil, donner la parole à l'un ou l'autre des innombrables
chansonniers qui nourrirent leur verve de cette ombre supposée si pesante, et de son nom propre au calambour ? Le plus
célèbre de ces libelles est *Le Prince assis sur une chaise dangereuse ou le Roi T. C. se confiant à un jésuite confesseur qui
le trompe*, ouvert par cette adresse au pape :

> « Saint Père vous voulez faire venir à Rome
> le bon père La Chaize, estimant qu'il est homme
> un peu trop remuant pour les droits de son Roy…
> Ah Saint Père, qui se pourra
> persuader après cela
> que le Pape soit infaillible ? »

Plutôt qu'à tel ou tel libelliste, il vaut mieux donner à nouveau la parole à Fénelon, l'ancien ami déçu :

> « … Il n'est pas vicieux mais craint la solide vertu, et n'aime
> que les gens profanes et relâchés. Il ne se connaît point en
> hommes, pas plus qu'en autres choses. Il est la dupe de tous
> ceux qui le flattent et lui font de petits présents[*]. Il ne doute ni
> n'hésite sur aucune question difficile […] Il penchera toujours
> au relâchement… »

Le mot de la fin, ne serait-ce que du point de vue historique,
on le donnera tout de même au duc de Saint-Simon dont le
croquis funèbre est plus éloquent encore, en sa crudité, que
tous les portraits antérieurs du père confesseur :

> « Vers quatre-vingts ans, le Père de La Chaize voulut se retirer
> […] Il désirait sincèrement le repos, et il pressait le roi de le
> lui accorder […] Inutilement il fallut continuer à porter le faix
> jusqu'au bout. Les infirmités et la décrépitude qui l'accueilli-
> rent bientôt après, ne purent le délivrer. Les jambes ouvertes,
> la mémoire éteinte, le jugement affaissé, les connaissances
> brouillées, inconvénients étranges pour un confesseur, rien ne
> rebuta le roi[**] ; et jusqu'à la fin il se fit apporter le cadavre, et
> dépêcha avec lui les affaires accoutumées. Enfin, deux jours
> après un retour de Versailles [janvier 1709], il s'affaiblit consi-

---

[*] Ici, l'imputation ne paraît pas digne d'un esprit tel que Fénelon.
[**] Un confesseur au « jugement affaissé », ce pénitent n'était-il pas pour
s'en accommoder ?…

dérablement, reçut les sacrements, et eut encore le courage plus encore que la force, d'écrire au roi une longue lettre de sa main, à laquelle il reçut réponse du roi de la sienne, tendre et prompte : après quoi, il ne s'appliqua plus qu'à Dieu [...]
Ainsi fut-il généralement regretté. On avait toujours compris que ce serait une perte ; mais on n'imagina jamais que sa mort serait une plaie universelle et profonde, comme elle le devint et comme elle ne tarda pas à se faire sentir par le terrible successeur du père de La Chaize, à qui les ennemis même des jésuites* furent forcés de rendre justice après, et que c'était un homme bien et honnêtement né, et tout fait pour remplir une telle place [32]. »

« Le terrible successeur »... Ce violent coup de projecteur braqué par le duc-à-la-mémoire-de-feu fait surgir la silhouette revêche du dernier des « confesseurs du roi ». Après Michel Le Tellier (ou Tellier) se succéderont à Versailles des jésuites que ne signale à la postérité ni le courage, ni une docilité particulière. Mais Le Tellier, lui, reste inoubliable, ne serait-ce qu'en tant que cible de Saint-Simon. Jamais jésuite ne fut anathémisé de la sorte, fût-ce par Pascal, fût-ce plus tard par Michelet ou Eugène Sue. Le même mémorialiste qui caresse de mots l'onctueuse, l'ondoyante figure de François de La Chaize, jette ainsi son « terrible successeur » aux enfers de l'histoire :

« Le père Tellier** était entièrement inconnu au roi ; il n'en avait su le nom que parce qu'il le trouva sur une liste de cinq ou six jésuites [établie par] le père de La Chaize [...] Il avait passé par tous les degrés de la Compagnie, professeur, théologien, recteur, provincial, écrivain [...] Chargé de la défense du culte de Confucius [...] Il en avait fait un livre [...] qui fut mis à l'index [...]
Nourri dans ces principes, admis dans tous les secrets de sa Société par le génie qu'elle lui avait reconnu, il n'avait vécu depuis qu'il y était entré, que de ces questions [...] qui l'occupaient tout entier : cette cause, dans toutes ses branches, lui était devenue la plus personnelle, et tellement son unique affaire qu'il n'avait jamais eu d'application ni travail que par

---

* Tels que lui, Saint-Simon...
** Une passion se manifeste par ses points d'application. Saint-Simon supprime le « Le » qui pourrait avoir un relent nobiliaire – et que les jésuites avaient peut-être rajouté...

rapport à celle-là, infatigable dans l'un et dans l'autre. Tout ménagement, tout tempérament là-dessus lui était odieux ; il n'en souffrait que par force, ou par des raisons d'en aller plus sûrement à ses fins ; tout ce qui, en ce genre, n'avait pas cet objet, était un crime à ses yeux, et une faiblesse indigne. Sa vie était dure par goût et par habitude ; il ne connaissait qu'un travail assidu et sans interruption ; il l'exigeait pareil des autres sans aucun égard, et ne comprenait pas qu'on en dût avoir. Sa tête et sa santé étaient de fer, sa conduite en était aussi, son naturel cruel et farouche.

C'était un homme terrible, qui n'allait à rien moins qu'à destruction à couvert et à découvert, et qui, parvenu à l'autorité, ne s'en cacha plus. Dans cet état, inaccessible même aux jésuites, excepté à quatre ou cinq de même trempe que lui, il devint la terreur des autres ; et ces quatre ou cinq même n'en approchaient qu'en tremblant, et n'osaient le contredire qu'avec de grandes mesures et en lui montrant que, par ce qu'il proposait, il s'éloignait de son objet, qui était le règne despotique de sa Société, de ses dogmes, de ses maximes, et la destruction radicale de tout ce qui y était non seulement contraire, mais de tout ce qui n'y serait pas soumis jusqu'à l'abandon aveugle. Le prodigieux de cette fureur, jamais interrompue d'un seul instant par rien, c'est qu'il ne se proposa jamais rien pour lui-même, qu'il n'avait ni parents ni amis, qu'il était né malfaisant, sans être touché d'aucun plaisir d'obliger, et qu'il était de la lie du peuple, et ne s'en cachait pas...

Son extérieur ne promettait rien moins, et tint exactement parole ; il eût fait peur au coin d'un bois. Sa physionomie était ténébreuse, fausse, terrible, les yeux ardents, méchants, extrêmement de travers ; on était frappé en voyant [cet] homme qui avait consacré corps et âme à sa Compagnie, qui n'eut d'autre nourriture que ses plus profonds mystères, qui ne connut d'autre Dieu qu'elle [...] et à qui tout moyen était bon pour arriver à ses fins. »

On s'en veut de ne pas tout citer d'une caricature aussi phosphorescente. Mais il faut bien faire aussi sa part à la banale vérité. En ces deux portraits alternés du jésuite blanc et du jésuite noir, le duc se démasque en entier : François de La Chaize, bien né, a les manières du monde nobiliaire et jusqu'à n'entendre ni le fracas des guerres, ni les plaintes des misérables, ni les rumeurs d'alcôve. Michel Tellier est si mal né qu'il a osé répondre au roi lui demandant, lors de la première visite, s'il était apparenté aux illustres Le Tellier qui ont donné au règne deux grands ministres, dont Louvois, et un cardinal : « Point du tout, Sire, je suis fils de paysans… » Saint-Simon s'en étouffe de rage. Non seulement roturier, mais s'en faisant gloire !

Alors, quand le confesseur, en matière de « bénéfices », guide le choix du roi vers un abbé sans particule, ou un évêque non titré ou quelque bouseux du Languedoc, voilà notre mémorialiste en transe (« … la lie du peuple », « des gens inconnus et des bas-lieux… ») et plus encore quand les instances du confesseur poussent le vieux roi à accepter l'impôt du « dixième » qui frappe la noblesse en même proportion que les miséreux… « Le misérable ! » Comportement, humeur, langage « de classe » dirait-on, ou mieux : « d'ordre », en pensant aux états généraux qui en entendront d'autres…

Le Tellier porte-parole ou précurseur d'un populisme clérical dont le curé Richer et puis l'abbé Grégoire seront bientôt les hérauts ? Certes non. En ce sombre personnage, on ne voit guère percer ce type de charité : sentinelle masquée d'un crépuscule, ordonnateur des longues funérailles d'une certaine gloire, il ne tend et ne vise qu'à cette « plus grande gloire de Dieu » qu'est censée accomplir la Compagnie et qui, dans un esprit tel que le sien, ne saurait aller sans l'écrasement et l'extirpation du jansénisme.

C'est en cela que ce religieux, par ailleurs si repoussant et qui devait être le confesseur le plus honni de l'histoire de France, sut gagner la faveur du vieux roi, plus hanté que jamais par le « républicanisme » des disciples de Saint-Cyran, et apaiser avec Mme de Maintenon la querelle des deux directions de conscience. Unis dans une même haine, l'épouse et le confesseur vont faire prévaloir, contre la majorité du clergé français, la bulle papale *Unigenitus*, condamnation des *Réflexions morales* de Pasquier Quesnel, l'héritier du grand Arnauld, qui ranima la pensée janséniste en la dépouillant assez de certaines outrances pascaliennes pour avoir séduit le père de La Chaize. Ils provoqueront ainsi des tensions et des haines qui seront pour beaucoup, un demi-siècle plus tard, dans la proscription de la Compagnie hors des frontières du royaume.

Mais bien plus que cette immense faute stratégique nous anime contre Tellier le traitement infligé, en 1711, à Port-Royal des Champs. Ici, on touche à l'immonde. Quelque part qu'il y ait prise entre le roi, Maintenon, le chancelier Voisin, Mgr Bissy, successeur de Bossuet en l'évêché de Meaux, le duc de Beauvilliers et le marquis d'Argenson, il fut associé à ces infamies que furent la démolition, pierre à pierre, de cette abbaye qui était un foyer du génie, et l'exhumation des restes des religieuses… Moment signalé de basse vengeance qui, « pour éviter de faire des martyrs », jeta sur ce régime à l'agonie une tache ineffaçable.

Pour accorder quelque chance de rachat au jésuite patibulaire, il faut attendre la confession ultime de ce roi qu'il « dirigeait » et qu'on avait comparé au soleil. Le 26 août 1715, peu de jours avant d'expirer et peu après un très long entretien avec Le Tellier, le vieux souverain fit appeler le dauphin et lui fit l'aveu que rapporte Dangeau :

> « Évitez autant que vous le pourrez de faire la guerre : c'est la ruine des peuples. Ne suivez pas le mauvais exemple que je vous ai donné sur cela ; j'ai souvent entrepris la guerre trop légèrement et l'ai soutenue par vanité. Ne m'imitez pas mais soyez un prince pacifique, et que votre principale occupation soit de soulager vos sujets. »

Cette confession où l'on entend les échos des réquisitoires de Fénelon et de Vauban, même de Bossuet, et qui est peut-être le moment où le révocateur de l'édit de Nantes atteignit enfin à la grandeur, il s'est trouvé naguère un hagiographe pour tenter d'en dérober le mérite au moribond, et suggérer qu'elle lui fut « partiellement soufflée par un confesseur abusif [car] le roi confesse des fautes dont il n'est pas coupable*… »

Le Tellier « souffleur du roi », comme Molière faisant répéter du Croisy dans *Tartuffe ?* La longue séquence historique des jésuites-confesseurs-de-rois, si souvent marquée par les oublis, les silences, la surdité volontaire, par tant d'arrangements, de compromissions, de « villégiatures diplomatiques », s'accomplirait enfin dans cette sublime confession du péché inaccompli, dans cette casuistique inversée qui ferait du souverain-sans-faute un roi-pécheur ? Alors le sulfureux modèle de Saint-Simon prendrait une grandeur presque démoniaque, entre Iago et le Grand Inquisiteur des Karamazov… Le rôle peut s'ache-

---

* Sur cette stupéfiante assertion de M. Bluche, on lira l'excellente mise au point de G. Minois dans *Le Confesseur du roi, op. cit.*, p. 484-487.

ver, les autres confesseurs désormais s'humilier : à jamais, Le Tellier aura fait l'histoire en inventant le Mal…

Trêve de sarcasme. Comme si l'« homme terrible » en avait trop fait en provoquant l'aveu terrible du vieux roi, les Bourbon vont pousser à bout l'œuvre de Richelieu et s'affranchir de cette noire tutelle. D'autres prêtres défileront à Versailles, et auprès de Louis XVI prisonnier de la Révolution. On les retrouvera en temps utile*.

Pourtant, écrit Georges Minois,

« le père Le Tellier fut le dernier confesseur autour duquel se déchaînèrent de telles passions […] Après lui, les derniers directeurs de conscience de la monarchie furent insignifiants […] La véritable direction de conscience avait disparu. Avec Louis XV et Louis XVI, malgré les apparences, la monarchie est déjà laïque ; seuls les rites subsistent. Religion et pouvoir sont désormais deux domaines distincts, sinon opposés [33] ».

---

* Voir chapitre XIV.

CHAPITRE XIII

Une théocratie baroque
chez les Guaranis

• Un espace rationalisé, un art authentique
• La légende dorée, de Voltaire à Chateaubriand
• Les semi-nomades Tupi-Guaranis • « **Reducti**
sunt » *• Un bastion espagnol contre les Portugais*
• Les **mameloucos** *• Un empire du maté ? • La guerre*
guaranitique • Chasse aux Indiens, chasse
aux jésuites • Deux films, deux interprétations
de la grande aventure •

D'abord la forêt, la *selva*.

De part et d'autre de la route rectiligne comme une épée de conquistador qui relie Foz de Iguazú au Brésil, à Posadas en Argentine, à travers la province appelée *Misiones*, se déploie une sylve très vivace, faite d'araucarias au sombre pelage et d'eucalyptus chevelus mais moins dense à coup sûr que celle où erraient voici cinq siècles les Guaranis et où, machette en main, les premiers jésuites se frayèrent leur voie.

A moins de 300 kilomètres au sud des miraculeuses cataractes d'Iguazú, San Ignacio n'est d'abord qu'un village banal, maisons de brique et de bois, boutiques, une église comme partout. Un écriteau dérisoire signale pourtant les *Ruinas jesuiticas*. Quels vestiges peuvent avoir survécu au grand saccage de 1767 et à l'incendie de 1817 allumé par le dictateur paraguayen Rodriguez de Francia ?

Tapie entre les branches, puis déployée dans sa clairière comme un Angkor décapité, corps à corps de lianes et de basalte (ou de grès) rouge au cœur du silence strié de cris d'oiseaux, la voici pourtant, la « réduction » de San Ignacio Mini où une large pierre recouvre les restes des deux pionniers de la « république des Guaranis », Giuseppe Cataldino et Simone Maceta.

On va sur les dalles écarlates, entre les murs hérissés d'arbustes, le *laurel negro*, le *cocú*, le *yerba* qui n'est autre que l'arbuste à maté, lorgnant les chapiteaux baroques où s'affirme le génie descriptif et visionnaire de ces « sauvages » qui pendant près d'un siècle, sous la férule des bons pères, firent de ce kibboutz papiste un creuset de remodelage culturel. Pour le meilleur et pour le pire…

Très vite, la signification du projet éclate au regard avec une évidence souveraine : une réinvention du paysage, de l'espace, soumis par la ligne, la pierre, l'ordonnance d'une pensée soumise, comme à Pékin, à Versailles ou à Saint-Pétersbourg, aux lois de la raison. Ce qui a été bâti ici*, au cœur de la sylve, ce n'est peut-être pas la cité du soleil de Campanella, c'est une cité de l'ordre « civilisateur », rationnel, productiviste, et qui se veut si parfait que seul un Dieu unique et tout-puissant pourrait en avoir pensé et décrété la construction.

De toutes les énigmes – spirituelle, politique, culturelle, linguistique, historique – que pose la saga ambiguë des « réductions** » jésuites du Paraguay, en voici une qui se dissipe d'emblée, par la vertu du regard : celle qui a trait à la nature de l'entreprise – telle en tout cas qu'elle avait évolué vers la fin du XVIIe siècle en fonction des succès et des échecs, des tragédies et des conquêtes.

Il s'agit à l'évidence du remodelage autoritaire d'un paysage d'abord, et par lui d'un peuple, d'une vision du monde enfin, telle que les grands monastères européens, bénédictins surtout, l'opérèrent en Europe au cours du Moyen Age, fixant et organisant les peuplades barbares de la grande forêt que les légions romaines avaient pénétrées mais non « civilisées ».

Par l'ampleur des perspectives, la netteté des lignes, la formidable puissance du matériau et sa beauté solaire, sont théâtralement manifestés ici l'ordre, la stabilité et la sécurité, en vue d'apprivoiser et de rationaliser le monde et les peuples de la forêt. Trois siècles plus tard, c'est en s'inspirant, dit-on, de ces modèles, que le grand urbaniste Lucio Costa a dessiné et construit Brasília.

---

* En République argentine.
** Sur ce mot, voir p. 501.

Ce n'est pas le premier San Ignacio Mini, celui des origines (1610), que l'on visite ainsi en 1990 : c'est la troisième mouture de la « réduction » fondée par les pères italiens Cataldino et Maceta. Si essentielle au projet d'ensemble que fût la fixation, la sédentarisation groupée des Guaranis (qui n'étaient d'ailleurs que des semi-nomades), les convulsions qui agitaient alors ce qu'on appelait le Paraguay, provoquées par la rapacité des chasseurs d'esclaves *mameloucos* et les rivalités hispano-portugaises, vouèrent les premières communautés à l'instabilité.

Fuyant le Guairá (pays des Guaranis) originel razzié par les marchands d'esclaves *paulistas*, les paroissiens de San Ignacio durent, vingt ans après leur regroupement, entreprendre vers le sud un grand exode au-delà des cataractes géantes d'Iguazú, jusqu'à la mésopotamie encadrée par le Paraná et l'Uruguay. Le second emplacement fut lui aussi détruit. C'est alors que deux jésuites architectes italiens, d'abord le père Angelo Paragressa puis le frère Giuseppe Brasanelli (que l'on appelait, dit-on, le « petit Michel-Ange »), édifièrent en 1696 ce troisième San Ignacio, dit Mini (ou petit) par rapport au premier dit Guazu (ou grand)*.

Si l'ordonnancement géométrique de la « réduction » en dit long sur l'esprit didactique du projet – rationalisation de l'espace, encadrement de la société dans un petit esprit productiviste et monothéiste –, les détails plastiques des édifices signifient tout autre chose : une synthèse culturelle ou, plus modestement, un métissage. L'urbanisme est autoritaire et « réducteur », au nom de concepts étrangers. La sculpture est libre, « indigène », imprégnée d'authenticité. Quoi de plus éloquent, à ce propos, que le portique qui sépare l'église du cloître de San Ignacio, qualifié par l'esthéticien Enrique Busaniche de « joyau de l'art américain » (pourquoi ne pas dire amérindien ?).

Tranchant sur l'architecture néo-classique de Brasanelli, le bas-relief qui orne ce portique, divers linteaux et nombre d'autres détails décoratifs manifestent une luxuriance dans l'imagination, les formes, le symbolisme des thèmes où s'exprime avec fougue une culture tropicale, au point qu'un « visiteur » romain, tout imprégné qu'il fût de rococo, pouvait y trouver quelque diabolisme barbare. Ce baroque-ci n'est pas simplement une plante romaine. Il a sa saveur propre...

---

* Situé sur le territoire de l'actuel Paraguay.

Colonisés, « réduits » dans leur vision du monde et leur sociabilité, les Guaranis rappelaient ainsi à leurs maîtres la sauvage vitalité de leur génie*, et faisaient ainsi des « réductions » sinon un vrai dialogue de cultures et de conceptions cosmiques, du moins un hymne au métissage culturel. Inégal ? Certes. Mais la vigoureuse forêt n'est pas seule ici à rappeler que les réductions à l'usage des Guaranis ne furent pas uniquement un triomphe de la « culture » importée sur une nature docile**.

Fertilisation culturelle ? Viol d'un équilibre naturel ? Le débat sur la signification et sur le principe de l'entreprise jésuite chez les Guaranis reste ouvert, et on le sent très ardent au sein même de la Compagnie de Jésus. Peu après cette visite à San Ignacio Mini, j'étais reçu au collège des jésuites de Rio de Janeiro (5 000 élèves) par deux personnalités remarquables, le recteur et une sœur du Sacré-Cœur investie de toute évidence d'une autorité qui aurait surpris le fondateur.

A la question que je posais à l'un et à l'autre sur ce que représentait aujourd'hui à leurs yeux l'épopée multiforme des « réductions » en pays guarani, le premier répondit que la « république jésuite » avait sauvé un peuple et une langue : « En entraînant les Guaranis au-delà des rapides d'Iguazú, elle les a protégés des *paulistas*. En imposant la pratique exclusive du guarani dans les missions, elle a permis à cette langue de rester vivante. »

A quoi sœur Mariana riposta posément : « Oui. Mais une culture ne se résume pas à un peuple et à une langue. La sociologie et l'ethnologie indianistes actuelles dressent un bilan beaucoup plus nuancé, sinon négatif, de l'aventure où les jésuites ont entraîné les Guaranis. Nous savons ce qui a été gagné. Mais pas ce qui a été perdu. Quelles valeurs, quelles croyances, quels équilibres ont été détruits : tout est à réexaminer... »

Ce réexamen est d'ailleurs en cours, conduit par un jésuite espagnol, le R. P. Bartolomeu Melia. Vivant en milieu indien, ce sociologue a tenté, dans *El Guarani conquistado y reducido****, de reconstituer le choc culturel subi au XVIᵉ siècle, et d'évaluer

---

* Nous verrons le même phénomène en musique.
** Josefina Piá a consacré un livre au baroque hispano-guarani.
*** « Le Guarani conquis et réduit. »

les conséquences positives et négatives qu'il a entraînées sur le peuple endoctriné par les fondateurs des réductions.

Ainsi, c'est au cœur même de la Compagnie que sont posés les problèmes qu'il nous faut maintenant étudier. On n'osera pas les résumer en cette double question : les fondateurs de la « république des Guaranis » ont-ils, pour éviter un génocide, pratiqué un ethnocide ? Ou, pour éviter l'ethnocide, ont-ils tout bonnement substitué à l'esclavagisme une pieuse colonisation ou même, osons le mot et la formule, un apartheid paternel ? On nous croira peut-être si nous disons que ces provocations ne résument pas notre pensée. Mais elles sont un point de départ pour l'enquête…

On ne saurait ouvrir le dossier de la « république des Guaranis » sans évoquer la légende dorée qui l'a dès l'origine enveloppée, due parfois à la plume d'ennemis avérés de la Compagnie, comme Voltaire ou d'Alembert.

La rumeur maligne, qui, notamment en France, fit si souvent cortège aux démarches des jésuites, de leurs tentatives de concurrence à la Sorbonne aux querelles sur les rites chinois et aux débats sur le jansénisme ou le gallicanisme, semble ici s'inverser : au cœur même du siècle des philosophes, on voit s'épanouir, s'enfler une louange inattendue à l'adresse des hommes de Loyola, naguère écharpés par Pasquier et Pascal.

A l'origine de ce long dithyrambe, l'auteur de référence fut le philosophe italien Antonio Muratori, natif de Modène et qui d'ailleurs ne quitta jamais sa ville natale, ses informations étant pour l'essentiel fondées sur la correspondance de l'un de ses compatriotes, le R. P. Cattaneo, qui avait « missionné » au Paraguay. Son livre, publié en 1743 sous le titre *Il christianismo felice nella missioni della Compagnia di Gesú* (*Le Christianisme heureux*) dont la traduction par le père de Lourmel en 1754 eut un immense succès.

Montesquieu lui doit beaucoup, conférant l'autorité que lui donne un point de vue plus scientifique et plus « laïque » au plaidoyer apologétique de Muratori, catholique très fervent, qui retrouvait dans les missions « la primitive Église ». Comparant les législateurs jésuites du Paraguay à Lycurgue et à Platon, l'auteur de *L'Esprit des lois* salue en eux les fondateurs d'une cité idéale où on avait su « gouverner les hommes en les rendant heureux » – et voit dans ce « modèle républicain » une utopie enfin vécue.

Diderot a beau faire, et mettre en garde ses lecteurs contre « l'étrange manie » de ces individus qui allaient au bout du monde aux dépens des « commodités de la vie » se vouer à la « fonction pénible et malheureuse de missionnaire » mus par ce « terrible ressort qu'est l'enthousiasme religieux », il a beau même traiter les jésuites paraguayens de « cruels Spartiates en jaquettes noires », il est en l'occurrence submergé par la vague d'admiration que suscite dans l'Europe des Lumières la cité idéale édifiée à l'intention des Guaranis par les bons pères.

L'auteur du *Supplément au voyage de Bougainville*, qui a si fort loué la perspicacité et l'esprit « philosophique » du navigateur, son « coup d'œil qui saisit l'essentiel des choses », ne peut récuser en bloc ce témoin qui, au cours du grand voyage de *La Boudeuse* (et non sans formuler des réserves que l'on citera plus loin), rend hommage à l'œuvre des jésuites : « D'une nation barbare sans mœurs et sans religion, ils firent un peuple doux, policé [...] charmé par ces hommes qu'ils voyaient se sacrifier à leur bonheur... »

Dans *Candide*, Voltaire s'amuse à faire passer son héros par le Paraguay où il voit des jésuites dégustant « un déjeuner dans des vases d'or [... dans] un cabinet de verdure orné de perroquets, de colibris et d'oiseaux-mouches », tandis que les Indiens mangent « du maïs dans des écuelles de bois en plein champ à l'ardeur du soleil » et que le chef de la mission, un colonel allemand, casque en tête et épée à la main, déclare : « Nous recevrons vigoureusement les troupes du roi d'Espagne. Je vous réponds qu'elles seront excommuniées et battues. » Mais, dans l'*Essai sur les mœurs*, le même Voltaire salue avec une sorte de ferveur cette société où rien n'est fait qu'au nom de la « raison » et par les voies de la « persuasion » et qui est par bien des points un « triomphe de l'humanité ». Buffon, l'abbé Raynal (il avait appartenu à la Compagnie) partagèrent cet enthousiasme qui se doubla de pitié quand les pères furent victimes de la terrible répression déclenchée par les monarchies européennes après la « guerre guaranitique ».

Après eux, Chateaubriand – d'ordinaire réservé à propos des jésuites dont les relations avec les Bourbon lui paraissaient suspectes – et Auguste Comte, qui les admirait tant qu'il prétendait faire alliance avec la Compagnie pour fonder l'État positiviste de ses rêves, se firent les hérauts du mythe jésuitico-guarani.

C'est à travers ces nuages d'encens qu'il faut tenter de déceler la vérité sur l'une des entreprises les plus audacieuses de l'histoire des sociétés, des cultures et des croyances, cette intrusion pacifique (mais peut-on dire non violente ?) de la raison dans le monde du mythe, de l'ordre dans l'univers de la forêt, de l'État dans une société sans État, de l'utopie enfin dans l'histoire.

Les jésuites, sur cette terre, n'avaient pas été les pionniers, comme au Japon, ni les inventeurs d'un système, comme en Chine. Ne serait-ce qu'en raison de la date de leur institution (1540), ils avaient été précédés au début du siècle par les franciscains – notamment les douze « sages » appelés à ses côtés par Hernan Cortés – et les dominicains Montesinos et Bartolomé de Las Casas, courageux dénonciateurs du massacre des Indiens.

Dès le milieu du siècle pourtant, les pères Manuel de Nobrega et José de Anchieta, le fondateur de São Paulo, avaient posé les premiers jalons jésuites à partir de Bahia, vers le Pérou, le Rio de la Plata et le Paraguay, où Asunción à peine fondée allait devenir le foyer des entreprises à venir : un collège jésuite y était créé en 1595. Et c'est là, en 1603, qu'un synode réuni à l'initiative d'un cousin d'Ignace de Loyola, Martin, décida l'envoi de jésuites au Guairá, pays des Guaranis, sur le rio Paraná.

Des missionnaires franciscains avaient déjà tenté d'évangéliser des « sauvages » et de les grouper en communautés. Mais ces tentatives s'inscrivaient dans un contexte trop défavorable, trop marqué par les luttes entre les impérialismes rivaux et par les plus détestables pratiques coloniales, pour que les conversions obtenues pussent avoir la moindre signification et assurer un minimum de paix régionale. C'est pourquoi l'évêque de Tucumán, Francisco de Victoria, dominicain impressionné par les expériences de communautés fondées au Brésil par le R. P. de Nobrega sous le nom d'*aldeas*, s'était résigné à faire appel aux jésuites dont le cinquième préposé général, Claudio Aquaviva, préparait à Rome l'intervention.

Mais on ne saurait comprendre cette stratégie et ces méthodes, la création et l'expansion des « réductions du Paraguay », sans avoir évoqué brièvement les tensions qui agitaient le continent sud-américain, les conflits entre puissances et l'état dans lequel vivaient les tribus qui allaient en être l'enjeu puis l'acteur central.

Sitôt après la prise en charge du continent par Christophe Colomb au nom des souverains d'Espagne (ceux du Portugal puis de France lui ayant refusé leur concours), le pape Alexandre VI (Borgia, donc espagnol) avait pris l'initiative de faire signer par les cours de Madrid et de Lisbonne le traité de Tordesillas (1594) délimitant les deux empires – les Castillans se voyant attribuer les terres situées à l'ouest, les Lusitaniens celles situées à l'est du méridien 50, à 500 kilomètres des Açores, non loin du São Paulo actuel. Cette délimitation totalement arbitraire était, en dépit de l'union théorique des couronnes espagnole et portugaise en 1580, la source de perpétuels conflits dans lesquels va s'inscrire l'histoire des réductions.

Si virulente qu'elle fût, la rivalité entre Espagnols et Portugais n'était pas seulement de nature diplomatique et étatique, à propos de frontières et de terres. Elle était aussi culturelle, méthodologique. On n'écrira pas que la colonisation espagnole du continent amérindien fut douce ni rationnelle. Le massacre en fut d'abord la règle. Mais à partir de rudes mises en garde de Las Casas et des franciscains de Cortés, le pouvoir espagnol tenta de « civiliser » ses approches et de procéder moins par rapine et extermination que par l'influence et la persuasion, mettant en cause la pratique de l'esclavage qui sera progressivement condamnée pour des raisons plus politiques que morales : maints docteurs se réclamaient d'Aristote et de la justification qu'il donnait de la servitude des Barbares. Mais il apparaissait que les tribus préféraient résister que la subir.

Les idées de Las Casas progressaient dans les colonies espagnoles ; en 1543, des « lois nouvelles » préparaient l'extinction de l'esclavage – tout en maintenant l'*encomienda*, la mise de l'indigène à la disposition du colon qui était maître, non plus de son corps, mais de sa force de travail, à condition de l'« amener à la foi chrétienne »… Rien n'était moins propre à convaincre les Indiens de se rallier à l'Évangile que cette espèce de servage, qu'il soit pratiqué sous sa forme radicale ou atténuée (*mita*). L'*encomienda* pouvait prendre des formes si féroces, dans les mines d'argent de Potosí par exemple, que les pauvres Indiens expédiés en ces lieux étaient contraints, avant le départ du convoi, d'entendre l'office des morts…

Si terrible qu'il fût, le joug espagnol était soumis à des règles, certes fondées sur le rendement plutôt que sur des exigences humaines, mais que des gouverneurs, à Lima, Buenos Ayres ou Asunción, s'appliquaient à faire observer. En territoire portugais régnait la pire loi de la jungle. Le colon était roi ou dieu. En dépit des exhortations d'un grand missionnaire jésuite, Antonio Vieyra, l'Indien n'y était vu que comme un bétail, une force brute, à chasser comme du gibier. D'autant que les plus puissantes familles de São Paulo avaient levé des bandes de métis indo-portugais, si féroces qu'on les appelait les *mameloucos* – souvenir de l'occupation de la péninsule Ibérique par les Maures –, qui avaient pour unique tâche de capturer les « sauvages ».

Dès lors que le pouvoir espagnol visait à s'amender en donnant mission à des religieux novateurs de transformer les relations entre le monde indien et l'ordre européen, les forces brutales auxquelles la faible administration portugaise accordait licence de se déchaîner à partir de São Paulo ne pouvaient manquer de le combattre : deux pouvoirs, deux visions du monde, deux siècles même – celui de la pure rapine à l'Est, celui de la colonisation à l'Ouest – allaient s'affronter sans merci. C'est dans le cadre de ce conflit terrible que s'insère l'aventure de la république des Guaranis, de 1610 à 1767.

Le territoire où se déroule notre histoire ne doit pas, en dépit de la légende, être confondu avec ce qu'on appelle aujourd'hui le Paraguay. C'est à partir de cette région que s'est développé le mouvement dont Asunción fut en quelque sorte la base de départ. Mais l'entreprise a pour berceau la province dite du Guairá, pays des Guaranis, qui s'étend maintenant sur deux provinces du Brésil, le Paraná et le Rio Grande Do Sul, et le nord de l'Argentine (les provinces du Misiones et de Corrientes).

En fait, l'histoire de la république des Guaranis, que l'on appela dans la Compagnie le Paracuaria, n'est pas immobile : elle ressemble à une navigation le long de trois fleuves – Paraguay, Paraná, Uruguay – et a pour axe fondamental le second de ces cours d'eau. C'est sur la rive ouest du haut Paraná que prirent naissance les premières cités, c'est sur le Paranapanema, son affluent, que débuta le grand exode de 1630 ; et c'est dans l'Entre-Ríos, entre Paraná et Uruguay, que s'établit enfin la confédération qui, un siècle et demi durant, fit l'étonnement du monde.

Si l'on se réfère aux frontières actuelles, on constate que sur trente réductions qui survécurent*, pendant des décennies, aux pillards, massacreurs et chasseurs d'esclaves *mameloucos*, quinze étaient situées en Argentine, huit au Paraguay, sept au Brésil**, le tout sur un territoire de 800 kilomètres sur 300 (environ 350 000 kilomètres carrés), les deux tiers à peu près de la France actuelle. Elles mirent en cause environ 200 000 Indiens Guaranis et un peu plus de 200 pères jésuites dont près de 30 furent, pour une raison ou une autre, massacrés.

Mais qui étaient donc les Guaranis ? La plus importante, probablement la plus nombreuse des tribus ou confédérations de tribus, entre le Pérou, l'Amazonie et le Rio de la Plata. Rien à voir, bien sûr, avec les peuples aussi avancés que les Incas, les Mayas ou les Aztèques dotés d'une civilisation urbaine et inventeurs d'un art somptueux. Et fort différents des hordes nomades de chasseurs néolithiques tels que leurs voisins Guaycurus ou Charruas.

Les Guaranis – les ethnologues disent plus volontiers les Tupi-Guaranis – étaient des semi-nomades pratiquant une agriculture simple sur brûlis ; ne disposant que d'instruments aratoires en bois, ils passaient de site en site selon les récoltes ou les saisons. Grands chasseurs, s'adonnant à une sorte d'élevage extensif, ils vivaient par petits groupes d'une vingtaine de familles nucléaires. Polygames, ils pratiquaient l'anthropophagie, surtout appliquée aux prisonniers de guerre.

Plutôt pacifiques mais courageux, ils avaient d'abord accueilli avec faveur les Européens, voyant en eux, comme l'avaient fait auparavant les Incas et les Aztèques, des demi-dieux pourvus de pouvoirs surnaturels, alors que leurs voisins Guaycurus, beaucoup plus guerriers, avaient toujours résisté à la pénétration européenne. Il avait fallu les excès des conquérants, puis de l'*encomienda*, puis les razzias des chasseurs d'esclaves *paulistas* pour les dresser contre les intervenants : ainsi, pendant la Semaine sainte de 1539, tentèrent-ils de s'emparer d'Asunción, attirant sur eux une terrible répression. Mais il suffira aux jésuites de faire preuve à leur égard d'intelligence

---

* Quarante-huit furent fondées.
** Dans leurs frontières actuelles.

et de compréhension pour que leur juste rancune fît place à la curiosité, souvent à l'accueil, parfois à l'adhésion.

Il est vrai que très vite les pères prirent pour règle d'apprendre la langue des Guaranis : le plus éminent d'entre eux, Antonio Ruiz de Montoya, en établit une grammaire et un lexique. A dater de 1615, aucun jésuite ne fut plus envoyé chez les Guaranis s'il n'en parlait pas la langue. Il est vrai aussi que les hommes en soutane apportaient avec eux bien mieux que les cadeaux ordinaires, bibelots, verroterie, miroirs ou instruments de musique* : des outils de fer, surtout la hache dont l'introduction bouleversa la productivité agricole et constitua, selon Alfred Métraux, « une véritable révolution culturelle ». Tous les observateurs le signalent : les jésuites tirèrent beaucoup de leur prestige de la fourniture des harpons pour la pêche, hameçons, socs de charrues. Nul cadeau n'était plus apprécié de leurs néophytes.

Si les jésuites pénétrèrent si bien la société guaranie et furent si vite considérés comme des maîtres de conduite, ce n'est pas seulement pour des raisons linguistiques et technologiques ; c'est aussi parce que certaines convergences se manifestèrent entre leurs hôtes et eux, aussi bien dans le domaine de la vie publique que dans celui de la religion, convergences relevées par l'ethnologue Roger Lacombe dans une communication présentée à Porto Alegre en 1988.

La donnée de base de la société guaranie, telle que l'a décrite entre autres Pierre Clastres dans *L'Esprit des lois sauvages*, était l'absence de toute autorité étatique, ou plutôt de tout pouvoir contraignant institutionnalisé, les chefs (caciques) n'exerçant qu'une autorité provisoire balancée par celle des chamanes, sorciers investis de pouvoirs indéfinissables (les plus prestigieux étaient appelés *karai*).

Ce qui caractérisait ce type de société, c'était que les uns et les autres, caciques et chamanes, avaient plus de comptes à rendre à la collectivité que de moyens de coercition à son endroit : dette du chef au groupe plutôt que du groupe au chef. Qu'on l'en loue ou qu'on l'en plaigne, la communauté guaranie, d'ailleurs fort individualiste hors du cadre de la famille nucléaire, était tout simplement une société sans État, sinon sans pouvoir d'en haut.

---

* Sur lesquels on reviendra, bien sûr.

Ce point de vue, observe Roger Lacombe, les jésuites n'étaient pas mal placés pour le comprendre. Ils avaient certes noué bon nombre d'alliances avec les pouvoirs d'État et notamment avec le plus puissant de l'Europe d'alors, celui de la cour de Castille – sans parler du Saint-Siège. Mais par nature, ils étaient prêts à se défier des pouvoirs établis, lesquels avaient crucifié Jésus, persécuté les chrétiens, réduit le pape à l'état de vassal du Saint Empire, fait du luthéranisme la religion officielle de la moitié des Allemands, et interdit aux jésuites de transformer la Sorbonne en une autre Grégorienne…

La religion elle-même ne dressait pas dans tous les cas une barrière infranchissable entre Guaranis et jésuites. Les croyances des Indiens du Guairá – qui variaient d'ailleurs d'une tribu à l'autre – avaient certes très peu à voir avec celles que prétendaient leur inculquer les arrivants. Mais quelques points de convergence existaient.

Certaines tribus tupi-guaranies, il est vrai, étaient animistes : l'un des premiers historiens de la « république jésuite », le R. P. de Charlevoix, signale que deux missionnaires découvrirent un village en adoration devant un gigantesque serpent auquel était consacré un autel à sa mesure… Le fond de cette religiosité était la défense contre les démons maîtres de la forêt et des orages. C'est contre eux, impitoyables, qu'était requise l'intervention des chamanes. La plus redoutée de ces déités était Tupan, seigneur de la foudre.

Mais d'autres tribus croyaient à un Être supérieur, maître du « Pays sans mal » où les justes, conduits par un « héros civilisateur », seraient un jour accueillis : quelque chose comme le paradis. Elles révéraient un certain *Paï-Sumé* en qui les jésuites firent mine de retrouver un saint Thomas qui aurait non seulement évangélisé les Indes orientales* mais aussi les occidentales : riches travaux pour un homme de peu de foi…

Roger Lacombe met l'accent, à propos des Tupi-Guaranis, sur « un certain messianisme, trait assez commun chez les peuples nomades », observant qu'ils croyaient à une terre promise et qu'elle était « devant eux » : d'où le mythe de l'Eldorado, ainsi nommé par les conquérants parce que l'or y abonderait – or qui semblait négligeable aux « sauvages »

* Voir chapitre v.

comme à leurs missionnaires. Commune absence de cupidité qui créa entre eux le lien peut-être le plus solide.

Le projet consistant à faire des Guaranis, compte tenu de leurs mœurs plus douces et de leurs croyances plus « élevées », une sorte de communauté modèle, après les avoir arrachés à la razzia permanente de femmes et d'esclaves, au servage de l'*encomienda* et au semi-nomadisme, ne naquit pas dans le cerveau d'un seul jésuite ou fonctionnaire colonial. Sous l'égide du gouverneur Hernandarias et sous l'impulsion d'un grand jésuite, Diego de Torrés-Bollo, il se forma sur place, progressivement, dans les toutes premières années du XVIᵉ siècle, du synode d'Asunción (1603) aux ordonnances dites d'Alfaro (1611), quelquefois précédé par des initiatives de jésuites impatients d'agir (c'est en 1609 qu'est fondée la première réduction, celle de Loreto).

Les ordonnances édictées par le magistrat Francisco de Alfaro inspiré par le génie inventif de Torres – lui-même au courant d'un projet établi par Bartolomé de Las Casas et par des tentatives sporadiques dues aux franciscains –, peuvent être résumées ainsi :

a) Interdiction de toute forme d'esclavage et de l'*encomienda** pour les Indiens convertis.

b) Regroupement des tribus en villages fixes dotés d'un cacique et d'un conseil municipal autonome, le *cabildo*.

c) Interdiction aux Espagnols, Portugais, nègres et métis de pénétrer dans ces communautés.

Tels furent les principes qui servirent de « loi-cadre » à la grande entreprise : refus de l'esclavagisme, regroupement, clôture, que l'on peut appeler aussi ségrégation... Le pouvoir civil espagnol y joua un rôle déterminant du fait de fonctionnaires intelligents, convaincus de la nocivité de l'exploitation effrénée, et enclins à penser qu'un adoucissement de la colonisation, confié à ces experts de la pratique sociale et de la persuasion spirituelle qu'étaient les jésuites, servait mieux les intérêts de la couronne (notamment contre les ambitions portugaises déshonorées par les esclavagistes paulistes) que la

---

* La suppression de l'*encomienda* fut compensée par un tribut payé à la couronne espagnole, paiement qui s'effectuait par le truchement des jésuites, à la demande des Indiens. D'où un surcroît de pouvoir pour la Compagnie, source d'innombrables polémiques, surtout au XVIIIᵉ siècle.

férocité des émules de Pizarre et des colons. A l'origine il y eut donc convergence entre les objectifs du roi et ceux de la Compagnie. A l'origine...

Il est temps enfin de définir les « réductions » – et le mot, et la chose, qui devaient d'ailleurs évoluer profondément de 1610 à 1760, en fonction des expériences, des épreuves, des succès et des échecs, des pressions extérieures aussi.

Notons d'abord que les communautés guaranies rassemblées à partir de 1609 à l'appel des jésuites ne portaient pas, à l'époque, le titre de « réductions ». On les appelait tantôt *doctrinas* ou paroisses, tantôt *pueblos* ou villages (au Brésil *aldeas*). Mais c'est sous le vocable étrange de « réductions » qu'elles sont passées à la postérité.

Trois définitions en sont classiques : celle qui ressort des textes fondateurs des jésuites (en latin), celle qu'en a donnée l'un des héros de l'aventure, le grand Ruiz de Montoya, et celle que Muratori, un siècle plus tard, a empruntée à Cicéron.

Citons d'abord le texte fondateur : « *Ad vitam civilam et ad ecclesiam reducti sunt* » (ils ont été réduits à la vie civique et à l'Église). L'accent est mis à la fois sur le caractère autoritaire de l'opération venue d'en haut, sur le passage à la culture citadine et sur la conversion au catholicisme. On reviendra sur ces points.

Ruiz de Montoya est plus précis, définissant la réduction comme « un village d'Indiens qui, vivant selon leurs anciennes coutumes, furent réduits par la diligence des pères à vivre dans de grandes localités, à y mener une vie humaine et à se vêtir ». Notation très intéressante touchant au respect des anciennes coutumes mais ne rappelant que l'interdiction de la nudité, sans faire allusion à l'anthropophagie ni à la polygamie, ni – et c'est sur ce point qu'il faudra surtout revenir – à l'oisiveté.

Le troisième mode de description de la réduction est celui de Muratori : il loue « le premier homme qui sut rassembler et unir dans un même lieu des hommes auparavant dispersés dans les campagnes ou les antres des rochers... De féroces et cruels qu'ils étaient, il les rendit humains et pacifiques ». Ici, la signification des mots latins *reducere* et espagnol *reducir* devient éclatante : il s'agit de regroupement en société d'êtres auparavant voués à la « dispersion », c'est-à-dire, pensait-on, à la

sauvagerie. Rassemblez-les, ils deviendront des hommes…
*civilisés, policés** : on en revient toujours à l'idée de ville, de
groupement, d'agglomération fixe.

Mais une autre des données impliquées par ce vocable doit
être retenue : elle est stratégique. On reviendra sur les intentions des fondateurs soucieux de protéger « leurs » Indiens de
la rapacité des chasseurs d'esclaves paulistes. Les dictionnaires latins citent une formule de César habile à *reducere*, à
concentrer ses lignes de défense pour mieux résister aux
assaillants. Et les premières cartes jésuites désignaient les
futures réductions comme *oppida christianorum* – forteresses
chrétiennes –, terme militaire entre tous.

On voit la complexité du mot et la diversité des problèmes
qu'il soulève. Une seule des multiples interprétations propo-
sées par les historiens semble abusive : celle qui veut voir en
ce mot l'idée de « ramener » les Indiens à la vraie religion.
Certes, l'intention apologétique est évidente, et même fondamentale, on l'a vu. Mais le « *reducti sunt* » a un sens essentiellement sociologique et culturel. S'il se fût agi d'abord de
religion, les pères fondateurs eussent écrit « *ducti sunt* » – non
pas « reconduits » mais « conduits ». A moins qu'ils ne les
eussent considérés comme les disciples de Païo-Sumé, de saint
Thomas…

L'idée de concentration, de socialisation, de convivialité,
premier stade de l'urbanisation, voie royale de la civilisation,
est essentielle. On n'associera pas pour autant ce vocable à
celui de camp – bien que dans un film dont on parlera** le nom
de réduction soit constamment traduit par ce mot, redoutable,
et impropre !

La réduction (ou *doctrina*, ou *pueblo*, ou *aldea*) est donc
une sorte de creuset collectif où l'on modèle des civilisés ; une
forge à sociabiliser et à convertir, doublée d'une forteresse. La
description que nous avons donnée de San Ignacio Mini va,
nous semble-t-il, dans ce sens : tout est dessiné, bâti, créé pour
contraindre à une vie commune ordonnée par la raison et éclairée par la foi en un Dieu unique.

On a souvent cherché l'origine de ce projet grandiose chez
les grands utopistes européens de l'époque, Thomas More ou

---

* *Civitas, polis.*
** Voir p. 529-530.

Campanella, et c'est une des raisons pour lesquelles on a souvent étudié la « république des Guaranis » dans cette perspective, alors qu'il s'agit d'une des plus durables réalisations, aussi bien matérielles que spirituelles, de l'esprit organisateur jésuite, ancré dans les réalités sociologiques, agricoles, militaires, et avec une visée très productiviste.

En fait, comme le suggère la définition de Ruiz de Montoya, le projet des réductions, mûri à travers maintes tentatives et brouillons avortés, fut beaucoup moins inspiré par des modèles étrangers que par les traditions guaranies. Certes, la fixation en un lieu permanent allait contre les habitudes du semi-nomadisme de ces tribus ; certes, l'accent mis sur l'esprit communautaire n'exprimait pas l'individualisme guarani ; certes, la promotion du travail comme loi de la cité déconcertait profondément un groupe adonné à la spontanéité nonchalante, au gré des seuls besoins. Mais la flexibilité de l'organisation sociale, les équilibres trouvés entre l'autorité du cacique et les responsabilités du *cabildo*, l'égalitarisme, la protection de la famille nucléaire répondaient en partie aux aspirations et à l'attente des Guaranis.

Pour un peuple qui avait si longtemps ignoré l'autorité, la discipline, un tel traitement n'en était pas moins bouleversant. Le Guarani « regroupé » (*reducido*, en espagnol) subissait les contraintes de quatre hiérarchies superposées : – celle du père jésuite du *pueblo*, lui-même soumis au supérieur des *misiones*, au provincial de l'ordre et à Rome, au préposé général – lequel devait obéissance au pape, qui lui-même…

– celle du gouverneur de la province de la Plata dépendant du vice-roi du Pérou, désigné par Madrid ;

– celle du clergé séculier, l'évêque d'Asunción subordonné à l'archevêque de Buenos Ayres : structure parallèle qui compliquait fort les choses et fut à la source de nombreux conflits ;

– la quatrième hiérarchie restait tribale : celle du cacique flanqué du *cabildo*, ou conseil, d'un corrégidor, d'un alcade et d'alguazils indigènes, le tout fort complexe [1].

A cette impressionnante énumération, on doit ajouter un cinquième type de pouvoir, celui des chamanes, sorciers que les jésuites tentaient bien d'éliminer mais qui subsistaient ici et là, s'ingéniant à exploiter leurs fautes. Ainsi, observe Maurice Ezran, « l'Indien qui avait quitté sa tribu pour entrer dans la réduction était bien encadré et surveillé. Il n'avait d'autre choix possible que de se soumettre et d'adhérer à ce nouveau système de valeurs [2] ».

A quoi ressemblait une réduction ? Nous parlons le plus souvent ici de missions du troisième âge, celles qui furent reconstruites à la fin du XVIIe siècle comme San Ignacio. Celles des débuts étaient fort différentes d'aspect : vers 1650, quand il arriva à San Francisco Xavier, le R. P. Paucke, solide Allemand, est stupéfait de n'y rien trouver

> « qui ressemble à une rue ou à une place. Les huttes de paille des Indiens, hautes tout au plus de deux mètres cinquante, sont séparées par une gadoue puante : les vaches s'y promènent en liberté et les Indiens y jettent les restes des bêtes abattues. L'église et les "habitations" des pères sont faites de cuir frais et paraissent des tentes de gitans. L'église a cependant un toit de paille ; deux petites cloches ont été pendues à une potence dressée tout près. L'autel est fait de briques de fange séchée au soleil ; il est orné d'un crucifix et de deux cornes de bœuf remplies de sable afin de pouvoir y ficher des chandelles ».

L'effectif numérique d'une réduction ? Si, à partir de la fin du XVIIe siècle, le plan en était uniforme (« qui en a vu une, les a vues toutes », écrit un correspondant de Bougainville), et l'habitat normalisé, l'ampleur et la densité de l'agglomération pouvaient varier de 300 à plus de 1 000 familles, c'est-à-dire de 2 000 à 7 000 ou 8 000 âmes environ.

Ce qu'était la vie quotidienne d'une réduction guaranie, nous le savons par bon nombre de récits et notamment ceux qui émaillent les *Lettres édifiantes et curieuses*, la correspondance des pères, tel le R. P. Florentin de Bourges. La cloche sonne au lever du jour. Messe pour tous, suivie d'une distribution de bouillie de maïs. École obligatoire pour les enfants à partir de sept ans. Les ateliers des *talleres* (artisans) s'ouvrent autour du *colegio* et les cultivateurs requis pour les travaux collectifs partent en chantant, pieuses bannières en tête, pour les champs. Une heure de repos pour le déjeuner vers 11 heures. Le temps de l'après-midi, jusqu'à 5 heures, est consacré à la mise en valeur du lopin familial. Le tout rythmé par des cérémonies chantées.

La seule référence qu'appelle ce type de vie est monastique. Elle s'impose surtout à l'occasion des fêtes, notamment celle du saint patron de la réduction, Ignace, Xavier, Miguel ou

Pedro. Alors s'entrelacent la religiosité théâtrale de la Compagnie et le baroquisme sauvage des néophytes, avec des relents de militarisme espagnol et de paganisme de la forêt. Ouvrons Muratori :

> « Ils capturent des oiseaux en vie, les plus remarquables par leur éclat et la diversité de leurs couleurs, et les attachent en arcs de triomphe par le pied avec des cordons assez longs pour qu'ils puissent voltiger [...] et placent le long des rues des petits tigres et d'autres bêtes féroces attachées pour ne nuire à personne [...] La fête est annoncée au son des trompettes et tambours assemblés devant l'officier qui porte l'étendard royal [...] monté sur un cheval richement caparaçonné qui se met en marche en tête du cortège vers l'église. »

Sommes-nous à San Ignacio, à Tolède ou à Séville ?

Cette « gloire de Dieu » à l'espagnole, ce triomphalisme des ors, de l'encens et des cantiques, cette théophanie en vue de proclamer la théocratie, ce n'était pas sans d'affreuses peines que les pères les avaient imposés à « leurs » sauvages. Nul mieux que Maxime Haubert n'a su évoquer de page en page, en se référant aux classiques du monde guarani, les épreuves incroyables qui marquaient ce que Diderot, agacé, appelle « la fonction pénible et malheureuse des missionnaires ».

Selon les premières instructions données à ses missionnaires par Diego de Torres, les fondateurs des *doctrinas* sont appelés à faire « un métier d'ange ». D'anges ou de martyrs ?

Ruiz de Montoya rapporte que quand il arriva à la première réduction, celle de Loreto, il trouva les pères Cataldino et Maceta

> « très pauvres [...] Leur soutane avait été tellement rapiécée que l'étoffe d'origine y tenait la moindre place ; leurs souliers eux-mêmes avaient été rafistolés avec des morceaux de soutane. La cabane, le mobilier et la nourriture auraient très bien convenu à des anachorètes. Ils n'avaient goûté au pain ni au sel pendant de nombreuses années, réduits à semer de leurs propres mains le blé nécessaire aux hosties ; une demi-arobe de vin (soit environ 5 litres et demi) leur dura presque cinq ans car ils n'en prenaient que pour la consécration. Pour ne pas importuner les indiens, les pères avaient leur petit jardin où ils cultivaient quelques légumes, des patates douces, du manioc qui composaient leurs repas ; quant à la viande, ils n'en

voyaient que de loin en loin, lorsque leurs néophytes voulaient bien leur apporter un petit morceau de gibier.

D'après une relation de 1628, les missionnaires utilisent pendant la plus grande partie de l'année une soutane de coton grossièrement teinte en noir ("avec de la boue et le suc de certaines feuilles") ; ils mangent sans assaisonnement, comme les Indiens ; certaines années ils ont du vin et d'autres pas du tout ; ils dorment dans des hamacs [...] Le père Falconer qui n'a pas de plat pour manger la viande de cheval qu'il partage avec eux, se sert de son chapeau : celui-ci devient si graisseux qu'il est mangé par des chiens sauvages pendant son sommeil, tandis que les termites envahissent le lit du père Dobrizhoffer [...] Les sangsues, les chauves-souris, les crapauds infestent les rues, les maisons, les habits, les casseroles, l'église même ; les loirs, qui se déplacent en troupeaux, dévastent tout sur leur passage, rongent les tissus, sont friands de viande de bœuf... et mordent les dormeurs. Florian Paucke affirme avoir dénombré quarante-huit espèces de vers sur sa table. Si le missionnaire ne veut pas trouver sa soupe pleine de cheveux et de poux, il faut qu'il prépare lui-même sa nourriture ».

Les missionnaires trouveraient-ils quelque réconfort esthétique à contempler, tel Chateaubriand envoûté par l'imaginaire Meschacebé, la beauté sombre de la pampa ou du Chaco, eux qui ont fait de la prodigieuse merveille de l'Iguazú l'une de leurs armes stratégiques ? Pas même, observe Maxime Haubert. A ce labeur, à ces souffrances, ils ne trouvent apparemment nulle compensation de cet ordre :

« Au milieu des sauvages, c'est avec Dieu seul que les jésuites vivent et travaillent ; ce n'est qu'en son amour qu'ils trouvent leur réconfort, ce n'est qu'en sa gloire qu'ils trouvent leur fierté. »

On parle d'État jésuite, qualifié parfois de socialiste, voire de communiste. Sur ces adjectifs on reviendra, bien sûr, pour en dire surtout l'impropriété. Mais l'État ? Pourquoi utiliser un mot si ambitieux et si inadéquat ? A partir de 1609 et à travers maints avatars, les jésuites fondèrent, sur le rio Paraná et alentour, plus de quarante réductions regroupant selon les époques de 30 000 à 150 000 Indiens. Trente d'entre elles subsistèrent plus d'un siècle durant. Elles eurent donc pour elles la durée et se reconnurent deux capitales, l'une politico-religieuse au nord, Candelaria, l'autre économique au sud, Yapeyu : mais ni l'une ni l'ensemble ne put être défini comme un État, même par référence aux principautés italiennes ou allemandes de l'époque.

Chacune de ces colonies, on l'a dit, était imbriquée dans un mécanisme hiérarchique relevant de Madrid et de Rome. Qu'une certaine autonomie administrative, puis économique et militaire, leur fût accordée n'implique pas ici une structure étatique. Dans une perspective économique, Pierre Chaunu a parlé d'un *Empire du maté*. On a vu que Montesquieu évoquait une « république » par l'esprit plus que par la réalité des pratiques. Maurice Ezran, lui, parle d'un « proto-État ». On ne saurait mieux dire.

En fait, il s'est agi, entre le Paraná, le Paraguay et l'Uruguay, d'une confédération de théocraties coopérativistes autonomes, mais si peu indépendantes que, sitôt qu'elles voulurent affirmer leur existence face à un traité injuste et qui les vouait à la désintégration*, elles furent brisées et dispersées.

Au fond, quelle était la visée profonde de la cour de Madrid lorsqu'elle encouragea ses représentants en Amérique à soutenir et légaliser le projet jésuite formé à Asunción et dont la réalisation s'amorçait au Guairá avant de s'épanouir vers le sud ? C'était, on l'a dit, une opération de révision d'un système d'oppression qui agonisait du fait même de ses excès, et qui allait imploser dans l'horreur et le dégoût si l'art politique des jésuites n'y avait mis bon ordre. C'était aussi un projet stratégique.

Un siècle après que le pape Borgia eut imposé à Madrid et à Lisbonne le traité de Tordesillas, plus personne ne savait quelles frontières il avait dessinées. Mais ce qui était clair, c'est que deux impérialismes s'affrontaient – l'un, le portugais, fondé sur l'exploitation débridée des terres et des hommes, toujours en quête de gisements miniers et d'esclaves pour ses planteurs, l'autre, plus rationnel, plus organisateur, à visées plus longues, et qui, pour avoir détruit de vrais empires, de Mexico à Lima, savait que ce continent pouvait produire autre chose que de la force de travail et des métaux précieux.

Constamment devancés ou surplombés par la puissance

---

* Le traité hispano-portugais de 1750, dit « des frontières ». Voir plus loin, p. 515.

espagnole depuis 1492, les Portugais tentaient de regagner le terrain perdu par l'effervescence et l'outrance, lesquelles furent exacerbées quand du grand empire voisin partirent, comble de tout, des leçons de morale, des interdictions de l'esclavage et du servage… C'en était trop : on irait quérir à main armée cette force de travail que l'Espagnol prétendait confisquer, et par vertu chrétienne encore…

Contre cette ébullition rageuse et revancharde, à l'occasion sanguinaire, le pouvoir de Madrid jugea expédient de se doter d'un bouclier latéral, et béni de Dieu. La « république » jésuito-guaranie fut suscitée ou acceptée comme un État tampon entre l'empire des Habsbourg d'Espagne et les séides turbulents de Lisbonne. Ainsi, en 1649, Philippe IV d'Espagne accordait-il aux Guaranis le droit de vasselage en tant que « barrière du Paraguay contre le Brésil[3] ».

Pour fascinants qu'ils soient, les débats idéologiques sur la nature de l'« État » jésuite seraient trompeurs s'ils ne tenaient compte d'une très forte donnée économique à laquelle les réductions furent en quelque sorte adossées : les collèges jésuites de l'Amérique latine. L'historien suédois Magnus Mörner a très particulièrement attiré l'attention sur ces soubassements de l'entreprise « socialiste » du Paraná, et qui furent aux réductions ce que devaient être aux *kibboutzim* israéliens la généreuse diaspora.

Base de repli, de formation et de commandement, les puissants collèges fondés par la Compagnie à Buenos Ayres, Córdoba, Asunción ou Santa Fé, grâce à des legs et à d'audacieux achats de terres, étaient devenus de véritables *latifundia*, des bastions économiques où, selon Mörner, les jésuites avaient mis à la tâche des esclaves noirs pour éviter d'employer des Indiens…

Sans rien retirer de l'admiration que l'on peut porter à l'utopie réalisée en pays guarani, à la superbe efficacité de cette entreprise paradoxale, à sa réussite économique, il faut tenir compte de cette considérable force d'appoint, de ces foyers capitalistes d'un « socialisme » heureux…

L'histoire des « réductions du Paraguay » est aussi mouvementée, et plus tragique encore, que celle de la compagnie ignacienne. Rien n'y aura manqué, ni l'audace, ni l'invention, ni la grandeur de la vision, ni l'abnégation, ni la formidable réussite matérielle, ni les tentations du siècle, ni les ruses du pouvoir, jésuite et antijésuite, ni la palme du martyre, ni les louanges du génie. Le plus bel épisode de cinq siècles d'histoire ? Le plus propre en tout cas à exciter l'imagination des gens de lettres et des cinéastes.

On a rappelé déjà les précurseurs franciscains, trop liés pourtant au pouvoir colonial pour être reçus au XVIe siècle en pays guarani comme le seront les jésuites au XVIIe. On a aussi indiqué que des fonctionnaires comme Hernandarias et Alfaro ont pour le moins « accompagné le mouvement ». Et il faut dire en outre qu'à Rome, dès l'origine, le préposé général Claudio Aquaviva, quatrième successeur de Loyola, soutint les « aventuriers du Paraná » avec une admirable lucidité : le 1er mai 1609, il adressait aux pères d'Asunción une

> « instruction sur le comportement des nôtres quant à la fondation et à la direction des missions des Indiens, qui est la même que celle que nous envoyâmes à la province des Philippines en avril 1604 et en Nouvelle-Espagne en juin 1608 ».

Cette méthode, nous la connaissons : c'est celle que, si différente qu'y fussent les mœurs et les connaissances, François Xavier, Valignano et Ricci avaient élaborée en Asie, fondée sur une conception profondément originale du christianisme. Comme l'écrit le sociologue Girolamo Imbruglia dans une préface au livre de Muratori, elle impliquait « une vision très large de la divinité qui permettait de dialoguer avec d'autres cultures que les jésuites situaient sur une même échelle que la religion chrétienne, celle-ci n'en constituant que le plus haut degré [4] ».

C'est en s'inspirant de ces principes qu'opérèrent les cinq pères fondateurs, les pionniers : Diego de Torrés-Bollo, provincial d'Asunción, qui fut en quelque sorte le concepteur ; Antonio Ruiz de Montoya, l'animateur par excellence, stratège du grand exode de 1630 ; les deux Italiens Simone Maceta et Giuseppe Cataldino, qui fondèrent les premières réductions, Loreto et San Ignacio ; enfin Roque Gonzalez, créole du Paraguay, qui, non sans quelque outrance, fut le militant par excellence avant d'être assassiné, victime d'un complot monté par un *chamane*. En attendant de revenir sur ce dernier, disons que Torrés et Montoya furent, par le génie imaginatif et l'intrépi-

dité dans l'action, des personnages de la taille des fondateurs
de la Compagnie, ou de Ricci – ou du grand avocat des Indiens,
le Portugais Antonio Vieyra, émule de Bartolomé de Las Casas.
On les retrouvera…

Les premières réductions furent fondées dans les derniers
mois de 1609 et les premiers de 1610, par les pères Cataldino
et Maceta, sous l'impulsion de Diego de Torrés-Bollo, que le
« général » Aquaviva avait nommé un an plus tôt provincial
du Paraguay pour lui donner plus de liberté d'initiative par
rapport à la hiérarchie ecclésiastique de Lima et de Buenos
Ayres. Torrés était un expert : il avait lancé quelques années
auparavant une expérience de regroupement d'Indiens à Juni,
sur les bords du lac Titicaca, s'inspirant à la fois du commu-
nautarisme des Incas et de tentatives faites en Amazonie par
Manuel de Nobrega, le précurseur de tous les jésuites latino-
américains. De l'échec de son entreprise, il avait tiré cette
conclusion que la réussite était liée à deux conditions, le respect de la culture indigène et l'isolement des Indiens du milieu
colonial.

C'est en tenant compte de ces leçons que le père Diego dépêcha Cataldino et Maceta (peut-être parce que, étant italiens, ils
seraient mieux aptes à se distancer, eux et leurs ouailles, de
l'environnement espagnol) dans le Guairá, sur le rio Paranapanema, affluent du Paraná : on disait les habitants de cette
région, les Guaranis, assez accueillants et leurs terres propres
au développement agricole.

Les nouveaux venus étant porteurs de la promesse de la suppression de l'*encomienda*, la première réduction (ou *doctrina*,
ou *pueblo*), baptisée Loreto en raison de l'attachement que
Loyola avait porté à Notre-Dame de Lorette, vit affluer les
volontaires ; et l'idée parut si bonne que le cacique voisin
Aticayani proposa de fonder une seconde mission : ce fut San
Ignacio, qui nous est déjà familière sous son troisième visage.

Dans cette première phase, si l'on se reporte à la maquette
exposée au musée de Curitiba, c'est un campement de type
militaire fait de baraques en bois dressées sur une légère éminence, sur la rive sud du rio Paranapanema. Une centaine de
bâtisses disposées selon un plan rigoureusement géométrique
autour de l'église très haute, faite de gigantesques cèdres du

Paraná (avant d'être reconstruite en basalte rouge), du *colegio* et du *cabildo*, le conseil municipal. De l'eau, un clocher, une position défendable, des terres...

Bien sûr, les jésuites (deux par réduction : le curé et son vicaire) n'accaparaient pas tous les pouvoirs officiels. La hiérarchie « politique » ou administrative était indigène, dominée par le cacique, propriétaire légal des biens communautaires, et le *corregidor* chargé de faire respecter la loi.

Mais par la compétence, le dévouement, le temps consacré aux tâches publiques, par la vertu aussi de leur rayonnement religieux, par l'adéquation de leur type d'autorité aux règlements publics, d'inspiration religieuse, les pères animaient, inspiraient, régulaient, dirigeaient : paternalisme, théocratie, tout relevait d'eux et revenait à eux.

On reviendra naturellement sur le fonctionnement de ces communautés, les règles de répartition entre le collectif et le privé, le type de productions qui assuraient leur subsistance. Ce qu'il faut marquer d'emblée, c'est qu'il s'agit de communautés réduites – quelques milliers de membres au temps de la plus grande prospérité – et d'une vie étroitement contrôlée, rythmée par des horaires très stricts (mais pas plus de six à sept heures de travail) et des cérémonies de type conventuel.

C'est sur ce modèle que s'établirent les dix premières réductions entre 1609 et 1630, dans la région du Paraná. Torrés tenta de pousser ses hommes en direction du Chaco, en zone habitée par les Guaycurus. Mais l'importation du cheval par les Espagnols ayant donné des ailes à leur férocité nomade, les Guaycurus se révélèrent intraitables. L'avenir des réductions était au sud où, refoulé par les cavaliers du nord, Roque Gonzalez déployait son génie d'athlète complet du jésuitisme missionnaire.

Puissante figure. Tous les mémorialistes décrivent avec admiration ce fils de notables d'Asunción, type achevé du conquistador mué en apôtre musclé, bâtisseur, cultivateur, architecte, orateur, polémiste, superbe agitateur au charisme agissant, au verbe tonitruant, au regard et au geste de prophète, et peut-être trop ouvertement « chamane blanc » pour ne pas attirer sur lui, plus encore que ses compagnons, la haine des sorciers déclassés par les nouveaux venus : aussi fut-il massacré sur le parvis de son église avec son compagnon Alonso Rodriguez par les hommes de main du *karaï* Nessu Potirara.

C'est ce personnage éminemment dynamique qui, selon Maurice Ezran, donna impulsion à l'élevage et à la culture des céréales, facteurs déterminants du changement culturel médité par les jésuites, et à la production de la *yerba*, la plante à maté, qui allait assurer, plus que toute autre chose, la fortune des réductions et faire parler, à leur propos, d'« empire »…

Mais déjà l'entreprise est menacée.

On a évoqué plus haut la rapacité des planteurs brésiliens qu'aucune autorité étatique ne bridait, à la différence de leurs concurrents espagnols liés par les lois d'Alfaro et l'influence d'un clergé alerté par Las Casas ou Montesinos A ces rapaces, la création de ces réductions était apparue comme un défi : la priver de cette matière première qu'était le bétail humain guarani ! Et faire de ces sous-hommes des citoyens qui, moyennant un tribut annuel versé au roi d'Espagne, étaient protégés de l'*encomienda* et promus au rang de producteurs, de concurrents !

Du côté espagnol, il fallait bien se résigner : Madrid avait dit la loi. Mais, du côté portugais, on ne connaissait pas cette loi. Et l'on constatait que, les naïfs jésuites ayant regroupé quelques dizaines de milliers d'Indiens en quelques enclos, il n'était même plus besoin de les chasser à travers la forêt : ces *aldeas*, c'étaient des poulaillers pour les renards…

Et quels renards ! Fondée moins d'un siècle plus tôt par le R. P. José de Anchieta, São Paulo était vite devenue une métropole sans loi, dominée par quelques clans disposant de milices formées de ces métis d'Indiens Tupis et de Portugais, ceux qu'on appelait, pour leur cruauté, les *mameloucos*. Très vite, ces bandes s'étaient spécialisées dans les expéditions esclavagistes contre les réductions : le Paraná n'est distant de São Paulo que de trois ou quatre cents kilomètres. Les raids contre les missions désarmées et prospères étaient sans risques.

A partir de 1628, la vulnérabilité des réductions s'aggrava avec la nomination, comme gouverneur d'Asunción, d'un certain Luis de Cespedes, tout acquis aux Portugais et propriétaire d'une plantation de canne à sucre au Brésil. Les « paulistes » étaient prévenus : désormais plus rien ni personne ne viendrait porter secours aux protégés des jésuites voués à l'anéantissement, en tout cas au rôle de réserves à esclaves pour les plantations brésiliennes. En 1629, la première attaque en règle fut conduite contre la réduction d'Incarnation. Il ne restait aux jésuites qu'une issue : transférer leurs fidèles hors de portée des *mameloucos*, loin du Guairá, vers le sud.

L'homme qui, pour cet exode, allait être investi des charges de Moïse, n'était pas inégal à la double tâche de convaincre les Guaranis d'abandonner leur territoire, et de les conduire en terre promise.

Au musée de Curitiba, une immense toile naïve mais d'autant plus saisissante représente le grand voyage : gigantesque, le bras étendu au-dessus de la flottille de centaines de barques et de radeaux lancés sur le rio Paranapanema, on voit la silhouette noire du père Antonio Ruiz de Montoya, guide et chef de cette Anabase jésuite, de cette Longue Marche chrétienne qui, en six mois, projeta à 800 kilomètres vers le sud le peuple des Guaranis. Combien étaient-ils ? On estime à près de 50 000 les Indiens rassemblés avant les raids des *mameloucos*, et encore à 30 000 ceux qui entreprirent l'exode.

Ceux de Loreto, ceux de San Ignacio, ceux de San Miguel prirent le sentier de la forêt. Près de cent jours de marche. Parvenus sur la rive du Paranapanema, ils s'entassèrent sur les sept cents barques et radeaux qu'avait fait construire Ruiz de Montoya : trois cents kilomètres jusqu'aux cataractes de l'Iguazú, gigantesque obstacle. Le chef de l'expédition tenta d'y lancer quelques barques vides : elles furent mises en pièces. Il fallut se glisser le long des falaises à travers les flots et l'écume. Beaucoup moururent dans ces rapides : la plupart des embarcations étaient perdues ; mais, au pied des vingt kilomètres de cataractes, les survivants eurent le sentiment qu'une herse se dressait désormais entre les *mameloucos* et eux.

Le chiffre des survivants que rassembla Montoya en vue de les diriger vers la mésopotamie de l'Entre-Ríos n'est pas connu : on peut l'évaluer à 10 000, le cinquième de l'effectif des réductions avant les raids paulistes. L'Anabase avait coûté cher. Mais ceux qui avaient traversé cette épreuve allaient s'avérer des pionniers efficaces, et ce tour de force avait donné aux Guaranis un leader prestigieux.

Ruiz de Montoya savait bien que, s'il avait arraché ce peuple au pire, il ne pourrait le défendre longtemps sans un armement digne de ce nom, et une organisation militaire : par l'Uruguay ou par la mer, les *mameloucos* reviendraient. Il faudrait se battre. Alors, il obtint de ses supérieurs l'autorisation d'aller plaider sa cause auprès du roi d'Espagne, Philippe IV. Il obtint non seulement du Conseil de Castille le droit d'armer et d'entraîner les Guaranis, mais du pape Urbain VIII une bulle proscrivant toute forme d'esclavage sous peine d'excommunication : premiers coups d'arrêt portés à l'encontre des « chasseurs d'hommes ».

Mais c'est sur le terrain, *in vivo*, que les Guaranis et leurs tuteurs devaient faire leurs preuves. Les *mameloucos* allaient leur en donner l'occasion. En 1641, montés sur une centaine d'embarcations, ils descendirent le fleuve Uruguay et débarquèrent dans l'Entre-Ríos, à proximité de la réduction dont la défense était confiée au cacique Abariu. Dotés de plusieurs centaines de fusils et de canots armés, les milices indiennes firent front avant de tailler en pièces les assaillants, sur le rio Mbororé.

Les Guaranis s'étaient assuré, pour un siècle, une sorte de sécurité. Leurs milices avaient donné de telles preuves de leur valeur qu'elles furent régulièrement employées par les autorités espagnoles contre divers voisins et visiteurs importuns, Indiens Charruas ou Abipones, Hollandais ou Anglais très actifs le long des côtés. D'où les « cédules » royales qui dotèrent les Guaranis d'un statut de vassaux protégés moyennant le versement d'un peso annuel par tête.

Les jésuites semblaient avoir gagné la partie, et d'autant mieux que Ruiz de Montoya avait publié à Madrid, en 1639, un livre intitulé *Conquista espiritual del Paraguay* qui jetait sur l'entreprise une lumière éclatante.

La bataille allait reprendre sur un tout autre terrain, en Europe. Et la Compagnie qui n'y manquait pas d'atouts, semblait-il, de Madrid à Rome, et pour une fois disposait à Paris du soutien du parti intellectuel, y subit l'une des défaites les plus cruelles et humiliantes de son histoire, elle qui, avec des moyens dérisoires, avait su imposer aux Amériques son utopie vécue, son trop terrestre « paradis ».

On ne comprendrait rien à cette tragédie si l'on n'en traçait, fût-ce de façon élémentaire, les linéaments politiques et diplomatiques. Au premier degré il y a les rapports entre Madrid et Lisbonne, le couple infernal du traité de Tordesillas. En 1580, les deux pays avaient certes été réunis du fait du mariage de Philippe II avec une infante espagnole ; mais en 1640, les Portugais avaient récupéré leur indépendance, et la rivalité coloniale à peine calmée par l'éphémère unification des couronnes s'était ravivée. Un siècle de conflits coûteux convainquit les deux pouvoirs de rechercher une entente, au moins territoriale, en Amérique.

Le traité de 1750, dit « des frontières », porta le premier coup irréparable à la « république des Guaranis » : en échange de la rétrocession à l'Espagne du port de Sacramento, sur le Rio de la Plata, Lisbonne obtenait la remise à sa discrétion de sept réductions d'Uruguay situées à l'est de la nouvelle frontière. Victoire décisive pour les « paulistes ». Intolérable défaite morale et matérielle pour les jésuites contraints, en tant que sujets du roi d'Espagne et que « papistes » exemplaires, de livrer aux esclavagistes des populations qui s'étaient confiées à eux, dont ils assumaient la charge, prétendaient garantir la conversion au christianisme.

Si les Portugais avaient pu remporter sur les Espagnols une telle victoire diplomatique et psychologique, ce n'est pas seulement parce que la puissance de Madrid avait décliné depuis un siècle. C'est aussi parce que l'influence de la cour de Versailles à Madrid (décisive sous Philippe V, petit-fils de Louis XIV) s'effritait, tandis qu'à Lisbonne s'enflait celle de la Grande-Bretagne, de plus en plus active en Amérique méridionale, et bien décidée à utiliser ses alliés portugais pour y liquider l'empire de Charles Quint[*].

Au surplus, la vieille tradition antijésuitique des Anglais trouvait désormais un écho vigoureux dans les trois cours de Lisbonne, de Madrid et de Paris, où accédaient au pouvoir trois hommes dits « des Lumières », le marquis de Pombal, le comte d'Aranda et le duc de Choiseul, tous trois fort prévenus contre les « iniguistes », le premier pour des raisons paraguayennes, le deuxième pour des motifs dynastiques, le troisième en tant qu'allié de Mme de Pompadour, des gallicans et des jansénistes[**].

Les ardeurs de cette aristocratique coalition étaient avivées en outre par une double légende : celle du « trésor » des bons pères, qui n'auraient pu assurer une telle prospérité à leurs missions sans puiser à pleines mains les pépites d'or dans

---

[*] Lire à ce sujet l'excellent article de Roger Lacombe, « La fin des bons sauvages », *Revue de la Société d'ethnographie de Paris*.

[**] Voir chapitre XIV.

quelque mine cachée, revenus dont étaient privés les pouvoirs de Madrid et (ou) de Lisbonne ; et celle d'une sécession de l'« État guarani » qui aurait d'ores et déjà trouvé son souverain, un vieux cacique indien nommé Nicolas Nengiru, *corregidor* de la réduction de Concepción : c'est l'un des thèmes du très violent pamphlet rédigé, sur les instructions du marquis de Pombal, sous le titre de *Rapport abrégé sur les missions jésuites*, qui provoqua un grand émoi à Madrid.

Supposés félons vis-à-vis de la couronne de Castille et détenteurs de trésors cachés, les jésuites étaient en butte à d'incessantes campagnes des colons espagnols exaspérés par la concurrence des réductions : un mémoire remis à don Andrés de Orbe y Larriateguy, inquisiteur du Saint-Office à Lima, en 1730, par ce qu'on pourrait appeler la Chambre d'agriculture du Paraguay, dénonce les jésuites non seulement comme accapareurs de richesses, mais en tant que propagateurs d'une religion infestée de polythéisme, de nature à corrompre les malheureux Indiens [5]…

Et il ne faut pas oublier, parmi les causes de la destruction de la « république des Guaranis », celles qui vinrent de France, non par suite d'une volonté délibérée, mais en conséquence de traditions étatiques exportées de Paris à Madrid avec l'installation du Bourbon Philippe V à l'Escurial.

L'Espagne avait une tradition impériale : Charles Quint était (n'était que ?) le roi des rois, ce qui impliquait une sorte de fédéralisme, de démultiplication et délégation des pouvoirs. Avec les Bourbon allait s'appliquer à Madrid la centralisation étatique à la française, beaucoup moins propice à l'existence de pouvoirs marginaux ou excentriques, du type de ceux qu'avaient fondés les jésuites en Amérique. C'est en ce sens que les Bourbon, si favorables qu'ils aient pu être à la Compagnie de Jésus, contribuèrent à la destruction de sa plus glorieuse entreprise au-delà des mers [6].

Il faudra près de dix-huit ans (1750-1768) aux adversaires des jésuites, portugais, ou anglo-portugais, puis espagnols, pour détruire la « république des Guaranis ». Ce qui n'alla pas sans résistance politique, puis militaire, des Indiens naturellement incités, sermonnés, encadrés par leurs hommes en noir. Roger Lacombe a retrouvé de très beaux textes de protestations émises au nom de leur peuple par des caciques – la plus solennelle et pittoresque à la fois étant adressée au gouverneur

de Buenos Aires par le fameux « Nicolas Ier, roi du Paraguay »,
qui sera ensuite le chef de la révolte armée :

> « Les Indiens du Paraguay sont persuadés que ce ne peut être
> l'intention du Roi qu'ils se retirent [...] Cette terre, c'est Dieu
> seulement qui nous l'a donnée [...] Les Portugais, ni même un
> seul Espagnol ne nous ont donné quelque chose : la magni-
> fique église, le beau village, l'étable pour nos bêtes, la grange,
> l'entrepôt pour le coton, les fermes et tout ce qui en dépend,
> sont uniquement nos œuvres ; alors, comment se fait-il qu'ils
> désirent avidement s'emparer des biens qui sont nôtres ? Ils
> veulent se moquer de nous. Cela ne se passera pas ainsi. Dieu,
> notre seigneur ne veut pas cela [...]
> C'est donc pour cela qu'est venu le Père "Commissaire" ? Est-
> ce lui qui a voulu que nos pères soient différents de ce qu'ils
> étaient ? Il les a trompés. Lui ne s'est pas fatigué de notre
> amour, il désire nous faire quitter nos villages et nos terres,
> tout à coup et à toute vitesse, c'est tout ; il veut nous lâcher
> dans la montagne comme si nous étions des lapins, ou dans le
> désert comme si nous étions des escargots [...]
> Je t'ai écrit, Seigneur, les véritables paroles des Indiens. Nous
> les membres du *cabildo*, n'avons plus assez de mots pour les
> faire taire, ni à leur opposer quand ils se mettent en colère.
> Ainsi nous nous humilions devant toi pour que, selon les
> paroles du Roi, tu nous aides. Tout d'abord, nous sommes tous
> ses vassaux : fais comprendre au Roi notre misère et notre
> douleur [7]... »

Ce qui ressort d'un tel texte et quelle que soit la part que tel
ou tel jésuite, comme le père provincial Gervasoni, ait prise à
sa mise au point, c'est qu'une sorte de conscience nationale
avait émergé de l'entreprise théocratique et productiviste des
réductions : en forgeant des hommes pour les conduire au
christianisme, les pères avaient contribué à faire de quelques
dizaines de tribus dispersées, liées seulement par un langage et
des pratiques communes, une sorte de nation. « Nous nous
humilions devant toi. » Des mots où se manifestent à la fois
une fierté blessée et un esprit collectif.

Les maîtres européens n'allaient pas se laisser fléchir pour si
peu. Leur décision était prise : la république jésuite était de
trop. En mai 1754, deux armées sont dirigées contre les réductions : l'une portugaise, venue du nord par la mer, l'autre espagnole, venue du sud par le fleuve Uruguay. Dès avant de

parvenir à la zone qu'elle doit « purger » des jésuites guaranis,
la colonne espagnole se heurte à la milice de Yapeyu, la capitale sudiste de la « république », bien que cette réduction ne
fasse pas partie de celles dont la liquidation est décidée : preuve
remarquable de la conscience solidaire qui anime les Indiens.
Les Espagnols l'emportent sur la milice guaranie mais, faute
de ravitaillement, doivent se replier sur Buenos Aires.

Quant aux Portugais, encerclés, pris au piège par la guérilla
indienne, ils sont obligés de signer une trêve avec les Guaranis
qui exigent que le texte soit rédigé dans les deux langues... On
imagine la fureur de Pombal, qui accuse ses alliés espagnols
de l'avoir jeté dans un piège pour l'humilier. Madrid réagit
en envoyant des renforts et en acceptant une opération combi-
née : en février 1756, la « guerre guaranitique » s'achève par
l'écrasement des Indiens à Caybate. Les Hispano-Portugais
les avaient « saignés ». Certains historiens parlent de plus
de 10 000 tués pour 150 prisonniers, ce qui donne une idée de
l'acharnement du combat et de la cruauté de la répression*...

Le roi d'Espagne Charles III, enfin conscient d'avoir ainsi
travaillé pour son rival de Lisbonne en liquidant une marche
de son empire et en massacrant ses propres sujets, sut bien se
raviser, abolir le traité de 1750, autoriser les Indiens à revenir
dans les sept réductions livrées aux Portugais : mais le ressort
était brisé, la confiance quasi enfantine des Guaranis en leurs
guides jésuites profondément ébranlée. Dans son *Voyage autour
du monde*, Bougainville, dont *la Boudeuse* faisait en 1757 escale
dans le Rio de la Plata, et qui put s'entretenir avec les responsables espagnols, rapporte que, selon le gouverneur de Montevideo, beaucoup d'Indiens l'avaient supplié de les emmener
hors des réductions. Pourquoi ? Il propose cet argument judicieux, non sans avoir abondamment loué le système de gouvernement jésuite si « honorable à l'humanité » :

> « Assujettis à une uniformité de travail et de repos cruellement
> ennuyeuse, d'un ennui qu'avec raison on dit mortel [...] ils
> quittaient la vie sans la regretter et mouraient sans avoir vécu ;
> si bien que, quand les Espagnols pénétrèrent dans la mission,
> ce grand peuple administré comme un couvent témoigna le
> désir de forcer la clôture [8]... »

---

* Les archives espagnoles ne reconnaissent que 1 350 tués.

Explication spécieuse ? Observons que Bougainville était proche de Diderot, l'auteur de *La Religieuse*... Il est certain que cet « ennui » aurait paru moins « mortel » si les Guaranis n'avaient pas été trahis par les instances romaines de la Compagnie, puis vaincus en 1757 par les Hispano-Portugais.

Le fait est que le sursis accordé aux réductions après la « guerre guaranitique » ne fut pas vécu comme une résurrection. Chacun, des pères aux convertis, semblait n'attendre que le coup de grâce. Il leur fut assené en 1767 par Madrid, qui expulsa la Compagnie de Jésus d'Espagne et de ses terres d'Amérique. La « sainte obéissance » l'emporta sur les possibilités, réelles, d'une résistance armée aux grenadiers et aux dragons de Buenos Aires. En avril 1768, les derniers jésuites, forcés comme des rebelles, furent déportés vers l'Europe, non sans que le *cabildo* et les caciques de la réduction de San Luis n'aient adressé au vice-roi de Buenos Aires une nouvelle pétition où la naïveté prend la jolie forme de l'insolence :

> « ... En ce qui concerne la demande de notre Roi : l'envoi de perroquets de diverses espèces, nous avons le grand regret de ne pouvoir les lui envoyer, car ceux-ci vivent uniquement dans les forêts où Dieu les créa, et ils nous fuient et c'est pourquoi nous n'avons pu leur faire la chasse.
>
> Nonobstant, nous restons les fidèles vassaux de Dieu et de notre Roi, toujours prêts à accomplir n'importe quelle de ses volontés [...] Nous implorons Dieu qu'il envoie l'oiseau le plus beau, qui est le Saint-Esprit, à toi et à notre Roi pour remplir vos yeux de lumière et que l'Ange gardien vous assiste.
>
> Ah ! Seigneur Gouverneur ! nous autres qui sommes vraiment tes fils, nous humiliant devant toi, nous te prions avec des larmes dans les yeux de permettre que les Pères prêtres [*Pare abare*, en guarani] de la Compagnie de Jésus restent toujours avec nous [...] Nous n'aimons pas les moines, et les prêtres ne nous plaisent pas. L'apôtre saint Thomas, Pa-I-Zume, saint ministre de Dieu, évangélisa nos ancêtres sur ces terres ; et ces moines et ces prêtres n'ont pris aucun intérêt à nous [...] Alors les fils de saint Ignace vinrent et prirent grand soin de nos ancêtres, les instruisirent, les élevant dans l'obéissance à Dieu et au Roi d'Espagne [...] Les pères de la Compagnie de Jésus savent supporter notre pauvre nature en compatissant, nous vivons une vie heureuse pour Dieu et pour le Roi. Nous offrons de payer un tribut plus élevé en maté de plantation si tu le veux ainsi.

En outre, nous tenons à te dire que nous ne sommes en aucune façon des esclaves, pas plus que nos ancêtres [9]... »

En guise de conclusion à ces péripéties tragiques, on peut se référer à un article du grand ethnologue Alfred Métraux :

« En 1767, à la suite d'une gigantesque opération de police, les missionnaires jésuites furent arrêtés et déportés sur l'ensemble des territoires espagnols en Amérique. Cette date est importante dans l'histoire du Nouveau Monde. De vastes territoires qui venaient d'être conquis et pacifiés, furent rendus à la nature. Des milliers d'Indiens qui vivaient paisiblement dans les établissements missionnaires furent voués à la mort ou à la décadence matérielle et morale. D'autres disparurent à jamais dans les solitudes inexplorées de l'Amazonie ou du Gran Chaco. L'expulsion massive des jésuites détruisit un empire créé par des "conquistadores" d'un nouveau genre qui avaient connu des succès éclatants [10]... »

« Conquis », « pacifiés », « empire », « conquistadores »... Le vocabulaire auquel a naturellement recours Alfred Métraux, et qui est celui de l'histoire coloniale, contribue à entretenir l'ambiguïté relative à cette immense entreprise que ne suffit pas à définir la formule « colonisation douce » choisie par Maurice Ezran comme sous-titre de son livre, ni même celle d'« aristocratie tutélaire » du sociologue argentin Popescu, et bien moins encore celle de Clovis Lugon : « La république communiste chrétienne des Guaranis* », dont chaque mot prête à contestation.

Il était nécessaire de rappeler les étapes de ce qui fut une grande aventure humaine, une épopée « *of Homeric quality* », écrit le R. P. Philip Caraman. Mais il faut aussi tenter d'en définir sommairement la nature politique et sociale, et d'en établir un bilan élémentaire, sur le double plan religieux et culturel.

Pour démontrer la nature « communiste » des réductions du Paraná, Clovis Lugon juge bon de se référer à des textes de

* Publié sous ce titre en 1949 aux Éditions ouvrières, ce livre est intitulé *La République des Guaranis, les jésuites au pouvoir*, Paris, Édition Économie et Humanisme, 1970.

Staline… Ce qui n'est pas charitable pour les jésuites mais a le mérite de mettre en lumière le caractère autoritaire et arbitraire des missions. On ne poussera pas le parallèle plus loin en comparant l'église de San Ignacio Mini à la maison du Parti de Novossibirsk, et les deux pères traditionnellement affectés à chaque réduction au secrétaire de cellule et au président du kolkhoze : mais ce n'est pas pour faire oublier le caractère collectiviste ou, mieux, communautaire du système imposé aux Guaranis.

Première remarque : conformément à leur méthode d'acculturation, les inventeurs des réductions – Torrés, Gonzalez, Montoya – eurent soin de tenir compte des traditions, voire des institutions environnantes, à l'échelon soit du continent, soit des tribus guaranies. Qu'ils aient lu ou non Thomas More ou Campanella, les fondateurs mirent l'accent sur les enseignements de la culture amérindienne. Son expérience péruvienne incita Torrés à s'inspirer du collectivisme des Incas. Ses connaissances du milieu local que lui assurait son origine créole poussèrent Gonzalez à tenir compte des pratiques des Guaranis. C'est sur ces données qu'ils plaquèrent, ou greffèrent, leur système d'organisation productiviste européen, d'ailleurs inspiré, on l'a dit, des grands monastères du Moyen Age.

L'entreprise, en deçà de ses ambitions religieuses et culturelles, était essentiellement agricole. Il fallait donc se fonder sur le système de répartition ou d'utilisation des terres plus ou moins codifié par la tradition guaranie, le *nandéreka* ou loi des ancêtres. S'agissant de populations de cueilleurs-chasseurs semi-nomades, on ne peut évidement se référer aux conceptions de peuples ruraux dès longtemps enracinés dans leur terre et hantés par l'appropriation du sol, la « faim de terre », comme chez les Égyptiens. Tout était question de rapports, comme dans le système cosmique. Dira-t-on que la terre en pays guarani était moins immeuble que meuble, dès lors que le peuple, lui, était mobile ? Il serait alors tentant de résumer ici l'œuvre des jésuites par l'immobilisation du sol…

Les Guaranis, changeant tous les trois ans environ de territoire, de brûlis en brûlis, ne connaissaient donc que la propriété à la fois communautaire et provisoire. La sédentarisation provoquée par la réduction impliquait une forme d'appropriation. Collective ou individuelle ? Compte tenu des traditions guaranies d'une part, du système communautaire des Incas d'autre part, Torrés et ses pères fondateurs avaient institué un régime mixte : d'une part l'*ama'mbaé* (terre de l'homme), ou lopin familial relevant de la propriété privée ; d'autre part le *tupa'mbaé** (ou terre de Dieu), c'est-à-dire collective. Un décret royal de 1743 finit par légaliser ce système, en précisant que la parcelle appropriée devait subvenir aux besoins élémentaires d'une famille.

L'autorité coloniale espagnole, relayée par celle de Madrid, fit grief aux pères de brimer chez les Indiens la propriété individuelle. C'était ignorer les réalités. Le Guarani en faisait très peu de cas, ne tenant qu'aux objets usuels, mais ne faisait nul effort pour accroître son lopin ou la productivité de celui-ci. Le semi-collectivisme paternaliste et familial, sous le contrôle du cacique et des pères, lui semblait le mieux approprié à ses désirs.

L'héritage n'existant pas, tous les modestes biens des concitoyens de la réduction, simple propriété d'usage, revenaient, à la mort, à la communauté. Quant aux bijoux et parures des femmes, limités à deux onces d'or par personne, les pères incitaient leurs paroissiennes à en faire don à l'église où ils ornaient les statues des saints. Ainsi, c'était le *tupa'mbaé* ou propriété collective, auquel étaient affectés le bétail aussi bien que les bâtiments, qui avait donc vocation à s'accroître aux dépens de l'*ama'mbaé*.

Le caractère obligatoire du travail était l'une des caractéristiques essentielles des réductions. Pas de communauté ni de production sans ce type de contrainte, les Guaranis n'étant motivés ni par le lucre ni par le désir d'accumulation familiale en vue d'un héritage. On a dit que les horaires de travail répartis entre les secteurs privé et public n'étaient pas intenses, et entrecoupés de cérémonies et d'offices.

Quant à la répartition de la production, elle était assurée par les pères et le cacique, moins en fonction des besoins de chacun, comme l'eût voulu le principe socialiste, « qu'en favorisant les demandeurs qui faisaient preuve de plus grande activité […] afin de créer un stimulant […] selon le principe de productivité du travail [11] ».

En fait, s'il y eut contrainte jésuite, ce fut beaucoup plus

---

* Tupan était la divinité originelle dont les jésuites avaient emprunté le nom pour Dieu.

dans le sens de la privatisation ou de l'individualisation. Citons Oreste Popescu :

> « La liberté de choisir le lieu de travail et l'emploi, de décider son propre plan de production, de déterminer sa consommation ou d'échanger ses biens n'était […] ni freinée ni contrôlée mais au contraire stimulée […] L'objectif premier, dans l'ama'mbaé, tendait non à détruire mais à faire surgir les mobiles d'un libre comportement [12]. »

Il est aussi difficile de découvrir en tout cela un principe idéologique plus précis que celui d'une théocratie paternaliste, que de décider les mobiles ou les causes qui assurèrent l'extraordinaire réussite de l'entreprise pendant un siècle et demi. Ni terreur (le système des peines était bénin pour l'époque, excluant la peine de mort), ni cupidité, ni impérialisme, ni esprit de compétition, ni éthique. Et si la comparaison avec le kibboutz israélien est tentante, on ne saurait mettre en parallèle le formidable dynamisme fondé sur la tragique histoire des juifs et la nonchalance fondamentale des Indiens du Paraná. Peut-être ne faut-il voir dans les accomplissements des Guaranis au sein des réductions que les fruits d'une docilité admirative à l'égard de ces hommes en noir qu'ils voyaient se dévouer pour eux jusqu'à l'épuisement, et parfois au martyre*.

Car la production de cette fédération de paroisses fut énorme, à tel point que les jésuites durent sortir de l'autarcie. Deux postes avaient pris une importance exceptionnelle : l'élevage et le maté. Chasseurs spontanés, les Guaranis n'eurent pas de peine à passer de la capture à l'entretien du bétail (affecté au *tupa'mbaé*). On évaluait le troupeau des plantations à 800 000 têtes au début du XVIIIe siècle. Dans une grosse réduction comme San Ignacio, on tuait jusqu'à 40 bœufs par jour.

Mais c'est la production du maté, boisson favorite de ces mangeurs de viande que sont restés les gens du Paraná ou de la pampa de l'Entre-Ríos, qui fit la richesse, et peut-être la perte, de la république des Guaranis : car ce sont les profits qu'en tirèrent les maîtres des réductions qui excitèrent, plus que tout, la jalousie des colons espagnols, et parurent fonder la légende des mines d'or que les pouvoirs rapaces de Madrid et de Lis-

---

* Vingt-neuf jésuites furent assassinés sur les deux cents qui se vouèrent aux réductions.

bonne ne purent tolérer de laisser aux mains des Indiens et des jésuites. Production si considérable et mythique que Pierre Chaunu a pu évoquer un *Empire du maté*, titre qui en dit long sur l'assimilation entretenue dans les esprits entre la puissance économique de la « république » jésuite et celle de la Compagnie dans le monde.

Mais l'essentiel, en tout cela, était-il atteint ? La transformation de l'homme indien, sa personnalisation, sa « civilisation », sous forme chrétienne ou autre ? Producteur, ce nonchalant, cet « incupide » l'était devenu. Mais sujet de la société, de l'histoire humaine, libre contributeur et conscient constructeur de cette communauté dans laquelle l'avait inséré la volonté de quelques maîtres étrangers tenus pour les « chamanes blancs », les « héros civilisateurs » prévus par les mythes de la tribu ?

La « christianisation » obtenue par la persuasion plutôt que par la contrainte fut globalement acquise, encore que les réductions n'aient jamais regroupé plus de 150 000 Indiens à la fois, sur une population guaranie qui devait excéder un million d'êtres. Faut-il d'ailleurs tenir pour certain le principe de la liberté des conversions ? Comme l'écrit très bien Maxime Haubert, « l'adoption des pratiques religieuses des conquérants est le meilleur moyen de se prémunir des effets maléfiques de la conquête [13] ». Encore faut-il observer que ces « maléfices », plus intenses hors des réductions, y furent beaucoup moins propices aux conversions.

On a vu que les croyances et la mythologie des Guaranis pouvaient les disposer à accueillir la prédication du Dieu unique et d'un au-delà. *Païe-Sumé*, l'idée du pays « sans mal », celle du « héros civilisateur », un vague messianisme : le terrain n'était pas des plus défavorables, s'il est vrai que les Indiens n'étaient pas enclins à distinguer le naturel du surnaturel, et peu accessibles à l'idée du péché. Ce qui les liait le plus fortement à la prédication des pères, c'était le rituel chrétien, ses pompes, ses ors, ses odeurs, et la musique, la musique surtout dont ils étaient fervents.

Toute une littérature s'est fondée sur ce thème de l'Orphée jésuite charmant le serpent indien. De Muratori à Chateaubriand, on a beaucoup glosé sur cette flûte enchantée qui inspire d'ailleurs un épisode de *Mission*, le film de Roland Joffé. La scène est très belle, mais Roger Lacombe pose à ce propos la bonne question : « Qui, du jésuite européen ou de l'Indien, avait la meilleure pratique de la flûte précolombienne [14] ? »

L'ethnographie contemporaine a fait justice de ces facilités : les Guaranis n'avaient pas attendu les Européens pour manifester leurs dons musicaux : on parlera plus loin du film de Silvio Back où l'on entend une musique bouleversante qui ne doit évidemment rien aux studios de Londres ou de Paris. Disons qu'il y eut au moins échange…

Reste que la musique, sous sa forme sacrée, joua un rôle essentiel dans l'« apprivoisement » des Guaranis. L'auteur du *Christianisme heureux*, Muratori, consacre de longues pages à cette passion des Indiens, à l'enthousiasme qu'ils mettaient au rituel chanté, à toutes les formes de dévotion vocale. Un grand musicien du temps, Domenico Zipoli, jésuite lui-même et rival de Vivaldi, y contribua plus que tout autre, composant pour eux plusieurs cantates. Les Indiens étaient envoûtés par les offices chantés où leurs voix faisaient merveille, et plusieurs missionnaires durent leur prestige à leur talent de flûtiste ou de violoniste, tels les pères Vaisseau et Berger.

A nul autre art plus qu'à la musique on ne peut mieux appliquer l'étonnante formule d'un père provincial d'Asunción, Nicola Mastrilli-Duran : « Il faut les avoir, même à la pipée. Toutes les inventions sont bonnes à la charité, qui se divinisent entre nos mains… » Mais l'on sait bien que de toutes les inventions des conquérants, la flûte ou la harpe ne furent pas les plus efficaces dans l'opération de conversion pratiquée entre le Paraná et l'Uruguay : les outils de fer et les armes à feu achetés grâce à la vente du maté firent plus encore pour « piper » la confiance des Guaranis, en attendant d'être « divinisés »…

Fragile, semble-t-il, dans le domaine religieux, la conversion du peuple guarani fut-elle plus efficace et durable dans le domaine des mœurs ? La femme, l'homme indien modifièrent-ils, en quelques décennies, un comportement que les observateurs et voyageurs européens qualifiaient alors de « sauvage » ou de « barbare », tout imprégné encore des pratiques primitives et naturellement marqué par la polygamie et l'anthropophagie ? (la nudité ? en dépit des illustrations de l'époque, les Guaranis ne semblent pas tous avoir attendu l'arrivée des jésuites pour se vêtir, hommes et femmes, de caleçons et de ponchos).

L'interdiction de la polygamie fut, naturellement, l'un des premiers objectifs des pères. Mais ils s'aperçurent vite qu'elle était surtout pratiquée par les caciques, et que l'intransigeance en ce domaine pouvait leur aliéner ceux sur lesquels ils comptaient pour affirmer leur autorité : à San Ignacio Mini « ils firent silence pendant deux ans sur le sixième commandement, attendant que leur pouvoir personnel soit mieux établi ». La monogamie n'en prit pas moins force de loi en 1646, par le *Libro de Ordenes*, code civil des réductions, auquel le provincial d'Asunción ajouta cinquante ans plus tard des instructions très précises en vue de réformer le mode de vie des Guaranis : chaque famille devrait vivre « séparée, sans qu'il y ait de communication entre les maisons car les Indiens risquent trop d'occasions d'être alors exposés à la tentation de l'adultère ou d'autres offenses envers notre Seigneur ».

Les jeunes gens étaient mariés très tôt : seize ans pour les garçons, quatorze pour les filles, et l'époux était mis en garde contre toute conversation avec les autres femmes. Les fontaines avaient des installations séparées pour l'un et l'autre sexe. Et si chaque réduction possédait sa « maison des veuves » (le *cotiguazu*), ce n'est pas parce qu'on mourait particulièrement jeune chez les Guaranis mâles, mais parce que l'interdiction de la polygamie avait d'abord provoqué la répudiation automatique de très nombreuses épouses : il fallait bien que la communauté les recueillît. A noter que les bons pères avaient admis que les anciens polygames ne seraient pas tenus à revenir à leur première femme et pouvaient choisir la dernière – à condition qu'elle reste unique…

L'anthropophagie ? Elle n'était pas de pratique très courante dans la vie quotidienne des Guaranis d'avant les réductions : ce sont surtout les prisonniers de guerre qui en faisaient les frais, pour des raisons qui avaient moins trait aux nécessités alimentaires – le bétail était abondant, la chasse fructueuse – qu'à une symbolique socioculturelle. Une victoire était-elle totale sans être ainsi couronnée par l'ingestion de l'ennemi dont on s'appropriait en même temps l'énergie vitale ?

Cette manducation des prisonniers n'était d'ailleurs pas immédiate. Le captif vivait d'abord dans la compagnie de ses vainqueurs, assez bien traité et sachant très bien ce qui l'attendait. L'occasion venue, il était informé de son sort imminent et ne tentait point d'y faire obstacle ; abattu à coups de masse, il était ensuite dégusté à la satisfaction générale.

L'interdiction de cette anthropophagie rituelle surprit d'ailleurs les Indiens : les prêtres catholiques ne se faisaient-ils pas une gloire de la consommation de leur Dieu sous diverses espèces ? Rite pour rite… Ils se résignèrent pourtant, et d'autant mieux que l'ordre jésuite faisait, depuis 1641 en tout cas, régner la paix. Plus de guerre, plus de prisonniers, plus de ragoût… Mais on ne jurerait pas que si un *mamelouco* bien dodu leur tombait sous la main…

Que l'anthropophagie fût longtemps demeurée au moins à l'état de nostalgie chez les Guaranis, on n'en veut pour preuve que deux histoires racontées par Maxime Haubert : une vieille Indienne étant sur le point de rendre l'âme, le père-curé de la réduction vint la visiter et, lui ayant administré les derniers sacrements, lui demanda s'il ne pourrait pas de quelque autre façon alléger ses peines. Quelque sucrerie ? Et elle de murmurer dans un avant-dernier soupir : « Ah ! mon petit-fils, mon estomac répugne à tout cela, mais si j'avais la petite main d'un petit garçon tapuya bien tendre, j'aimerais en ronger les os. Hélas ! il n'y a personne qui veuille aller m'en tuer un [15]… »

Les bons pères risquent d'ailleurs de jouer ici un autre rôle que celui de professeur de vertu. Certains chamanes vont répétant que

« la chair des jésuites est plus savoureuse que les autres. Dans les provinces de Tayaoba, un des caciques que les magiciens ont soulevés contre l'Évangile promet à ses concubines "un très bon morceau de jésuite pour le banquet de la victoire" ; le père Ruiz de Montoya réussit à s'enfuir mais son sacristain se fait prendre en allant chercher une image de la Conception de la Vierge oubliée sous un arbre. Quelque temps plus tard, le père et ses néophytes trouvent des jarres pleines de viande et de maïs ; ils ont faim, ils mangent : c'est le sacristain [16] ».

La suppression de l'anthropophagie est peu discutable en tant que progrès de « civilisation ». Celle de la polygamie doit vraisemblablement se situer dans le même cycle, ne serait-ce qu'au regard de la dignité des femmes et de l'égalité des sexes. Mais la divinisation du travail, la théorisation de l'ordre militaire, la création de l'État, ces divers apports des jésuites à la société guaranie, très longtemps admis comme autant de signes de promotion culturelle, sont aujourd'hui contestés, par les indianistes notamment, comme des intrusions dans une civilisation qui avait sa sagesse et sa raison d'être.

Si favorable qu'il fût aux fondateurs du « christianisme heureux » des réductions, Muratori rappelle que les jésuites, après tout, s'occupaient de « peuples qui ne pensaient pas les inviter ». Si leur intrusion ne prit pas la forme de la violence militaire (revenons à Voltaire et à sa « persuasion »), elle s'inscrivait dans une séquence historique ouverte en 1492, tissée de férocités sans nom. Difficile d'imaginer Montoya sans Cortés. Et elle relevait de cette violence interne inhérente à l'État, lequel la légalise ou la légitime, et de cette autre violence qu'implique toute tentative de « re-former », remodeler êtres et choses.

C'est à partir de ce type d'observations que Girolamo Imbruglia formule l'interrogation qui donne toute son ampleur à l'aventure des « héros civilisateurs » dépêchés sur le Paraná par Diego de Torrés :

> « Comment les jésuites réussirent-ils à faire reconnaître et légitimer leur pouvoir ? Comment les peuples qui non seulement ne connaissent pas l'État mais refusaient toute autorité séparée purent-ils accepter de s'intégrer à un ordre qui avait précisément pour fondement une relation de dépendance politique ainsi que le travail aliéné ? Question décisive que le cas du Paraguay nous oblige à poser dans toute son ampleur. Nous avons donc face à face un État et une société sans État : c'est un moment historique exceptionnel et le point de départ de l'anthropologie moderne [...]
> L'œuvre civilisatrice des jésuites, héritiers de Machiavel [...] et théoriciens de la raison d'État [...] pose tous les problèmes de l'anthropologie politique : nature de la société dite sauvage et nature de l'État. [...] Pour des hommes chargés d'y porter l'ordre européen, la découverte des sociétés guaranies fut la découverte du passage de la société sans État à l'État. Et c'est en observant le comportement des jésuites parmi les Guaranis que les hommes du XVIIIe siècle[*] purent formuler de façon nouvelle le problème de l'origine de l'État [17]. »

N'oublions pas que la pensée qui anime Torrés et ses conquistadores en soutane est presque filleule de celle de Montaigne (fort ami des jésuites) pour qui les « sauvages » étaient par

---

[*] Montesquieu notamment.

excellence les « hommes de bien », et une société sans contrainte ne pouvait être qu'« heureuse ». S'ils furent les premiers à tenter bravement de comprendre les institutions et les coutumes des hommes de la forêt jusqu'à se faire parfois « barbares avec ces barbares », ce ne fut probablement pas en tant que lecteurs des *Essais* ; et les conclusions qu'ils en tirèrent, en tenant compte de l'observation préliminaire de Ruiz de Montoya que les Indiens du Paraná « ne vivaient pas sans gouvernement », furent à coup sûr très éloignées de la pensée « libertaire » de Montaigne. (Lequel, il est vrai, en tant que maire de Bordeaux, dut mettre quelque vin dans son eau…)

Voici donc les pères pris entre Montaigne et Montesquieu : on peut être en plus mauvaise compagnie… En amont, dira-t-on, voici l'auteur des *Essais* et ses bons sauvages, ses « hommes de bien » de la forêt que les disciples de Diego de Torrés s'efforcent désespérément de comprendre pour les transformer, menant en tout cas avec eux un dialogue sans précédent (fût-ce dans l'Asie de Ricci et de Nobili, car il s'agit ici de « primitifs ») ; en aval, voilà celui de *L'Esprit des lois*, ébloui par ce coup de sonde vertigineux en vue de la fondation de l'État rationnel, platonicien. Ainsi sont posés tous les problèmes de la vie en société, de la caricature à l'épopée, de la farce au martyre, de la dérision au sacrifice – celui des Indiens de la guerre guaranitique mêlé souvent à celui des pères.

Considérant la fabuleuse aventure des riverains du Paraná, nous rangerons-nous du côté de Montaigne, parmi ceux qui vivent dans la nostalgie des « bons sauvages » contre les « réducteurs » ? Du côté de Montesquieu, admirateur de la création d'une société rationnelle, dût-elle impliquer contrainte et abandon de valeurs estimables ? Nature ou culture – ou plutôt : culture « naturelle » ou culture greffée ? Pas de plus vieux débat, plus ressassé, mais plus neuf.

De sa nouveauté nous avons la preuve dans ce fait qu'au cours des années quatre-vingt deux films (en 1981 et 1986) nous ont proposé les interprétations adverses, deux films dus à des hommes de talent, institués en l'occurrence avocat et procureur de la « république des Guaranis » : l'Anglais Roland Joffé et le Brésilien Silvio Back. Comment imaginer antithèse plus radicale et plus savoureuse ?

On ne peut s'attarder ici sur *Mission*. Contestable sur le plan historique, ne serait-ce que parce qu'il concentre sur une courte période des faits qui se déroulèrent en plus d'un siècle, et parce qu'il épouse très étroitement le point de vue officiel des jésuites, le film de Joffé n'est pas indigne, par sa beauté plastique et la noblesse du propos, de la prodigieuse aventure humaine qu'il évoque.

Bien que le second semble avoir tourné sa *République guarani* pour dissiper les illusions et mirages vulgarisés à travers le monde par le superbe film de Joffé[*], c'est Back qui ouvrit le feu en réalisant le très vigoureux document qui dénonce ce qu'il appelle « l'occupation idéologique de l'indigène », conséquence de « la rencontre entre deux pensées magiques séparées par un Atlantique de différences dans l'Amérique du XVIIᵉ siècle, rencontre qui produisit l'une des plus prodigieuses expériences de l'histoire humaine : la théocratie baroque jésuitico-guarani ».

Le film de Silvio Back ne saurait être réduit à un réquisitoire amer contre la dépossession du « sauvage » par « l'autre » : sans dissimuler son vigoureux parti pris « indianiste », il donne la parole à une vingtaine de spécialistes latino-américains et européens aux opinions contrastées, certaines très favorables aux réductions. Surtout, il évoque la culture indienne avec beaucoup de sensibilité et fait alterner avec un art consommé la musique du père Zipoli, réputé l'« Orphée » de ces « barbares », et d'ailleurs admirable, avec celle, bouleversante, de chanteurs guaranis.

Mais ce que retient aujourd'hui le spectateur, pour peu surtout qu'il ait vu auparavant le film de Joffé ou lu Muratori, Montesquieu ou Métraux, c'est le plaidoyer indianiste formulé ici, notamment par le R. P. Bartholomeu Melia, et que Silvio Back résumait ainsi à notre intention[18] :

> « La réduction à une culture étrangère des Amérindiens du XVIIᵉ siècle – ou d'aujourd'hui – substituant une pensée rationnelle à la pensée mythique, et l'ordre de l'État à la relation libertaire, ne saurait être tenue pour un progrès qu'à partir d'une évaluation purement arbitraire des civilisations... »

---

[*] Qu'il définit volontiers comme un « western aquatique »...

Sur cet « arbitraire », il y aurait beaucoup à dire ; mais il serait fastidieux et d'ailleurs imprudent d'opposer maintes observations de Lévi-Strauss, de Soustelle ou de Métraux aux thèses des indianistes radicaux, comme Clastres [19], plus critiques comme Melia [20], ou nuancés comme Maxime Haubert [21].

Le jugement en la matière dépend aussi de la périodisation adoptée, de la césure historique choisie : 1492, qui implique l'entreprise des réductions dans la conquête globale du continent par les empires ibériques, Cortés et Pizarre mêlés à Torrés et à Montoya ; ou 1610, date de la mise en place de la stratégie de sauvetage ethnique et culturel par Diego de Torrés.

L'historien doit-il regarder les réductions du Paraná comme un chapitre – plus ou moins correctif – de la grande rapine coloniale, ou comme une tentative *sui generis* (et peut-être vaine) de sauver une civilisation et de la sublimer par l'insertion dans un ordre spirituel intégrant tel ou tel des mythes guaranis : le « pays sans mal » où doivent les conduire les « héros civilisateurs » ?

Que l'on reconnaisse ou non la validité du concept de hiérarchie des cultures, le droit implicite qu'aurait eu l'hellénisme, fût-il alourdi par la romanité, à « civiliser » les « barbares » du Danube, du Rhin ou de la Seine, ce qui n'est après tout qu'un résumé de l'histoire humaine. Le tout revient peut-être à des questions de formes et de points de rencontre, de sensibilité à l'autre et de lieu de convergence.

L'isolement des civilisations entre elles n'étant pas plus réalisable que l'incommunicabilité de la lumière ou de la chaleur, la question fondamentale reste celle de la prise en compte, par les plus dynamiques et « avancés », de l'« autre » et de ses valeurs. Quand l'islam s'implante en Espagne au VIIIe siècle, il n'est pas seulement une force, il est un système de valeurs et une vigoureuse greffe culturelle : des noces qu'il célèbre avec la société indigène greffée par le génie juif naît la scintillante civilisation andalouse.

Sur le rio Paraná, et en dépit de l'ombre terrible portée sur leur entreprise par la longue furie des conquistadores, les jésuites de Torrés et de Montoya se comportent en pionniers d'un humanisme défini par le respect de l'« autre ». Ce ne sont pas leurs fautes ni leurs excès, ni l'incapacité où ils furent de former un clergé autochtone, ni même leur lugubre soumission

CHAPITRE XIV

La corrida des Lumières

• État-nation contre internationale noire • Pombal, picador portugais à la main lourde • Banderilles philosophiques et vengeance des jansénistes gallicans • Le confesseur de Mme de Pompadour • Une estocade madrilène à propos du point d'honneur ? • La fatale promesse du cordelier Ganganelli • Un pape aux abois • Le cachot du château Saint-Ange •

La mise à mort de la Compagnie de Jésus par quatre monarchies catholiques européennes et la papauté est l'un des épisodes les plus déconcertants du siècle des Lumières. Il manifeste à la fois l'efficacité stratégique à l'échelle européenne du parti « philosophique », et la vocation suicidaire de pouvoirs absolus qui s'imposèrent les uns aux autres un geste sacrificiel précipitant la grande épreuve qui, vingt ans plus tard, les emportera ou les ébranlera à jamais.

C'est le 21 juillet 1773, deux siècles et trente-trois ans après son institution solennelle par le pape Paul III, qu'un autre pape, Clément XIV, pressé, harcelé, menacé par les quatre souverains très-chrétiens de Lisbonne, de Paris, de Madrid et de Naples, hauts lieux du jésuitisme, supprime la Société ignacienne.

Cette année-là, Voltaire publiait *Les Lois de Minos*, Diderot *Jacques le Fataliste*, d'Holbach ses *Principes naturels de la morale et de la politique* ; Mozart faisait jouer *Lucio Silla*, et Goethe, *Götz von Berlichingen* ; le Grand Orient de France se donnait des statuts proprement maçonniques, et les treize colonies d'Amérique déclenchaient à Boston la « bataille du thé » qui préludait à la guerre d'Indépendance.

Il est tentant d'inscrire le geste de Clément XIV dans cette séquence qu'on intitulerait globalement « triomphe de la philosophie sur l'infâme » tel que l'entendait Voltaire. Les disciples du vieil homme de Ferney n'étaient-ils pas au pouvoir aussi bien à Lisbonne qu'à Paris, à Madrid ou à Naples ? Encore en place ou récemment disgraciés, ils avaient joué dans la pièce les rôles prépondérants.

Présenter ainsi les choses est tout de même céder à la facilité parce que les jésuites du temps de l'*Encyclopédie* sont porteurs d'un message beaucoup plus proche de celui des « philosophes » et du monde savant que leurs adversaires les plus acharnés, les jansénistes du parlement de Paris et les argousins de Lisbonne. Dans un ouvrage récent, René Pillorget met l'accent sur le caractère « déiste » de l'enseignement jésuite au XVIIIe siècle [1]. S'appuyant sur les recherches de son collègue Jean de Viguerie, il relève que la plupart des « philosophes » sont formés par les collèges des pères, où font prime les leçons de Malebranche et du père Mersenne d'où se déduit une religion « naturelle » qui doit peu à la Révélation.

Tant l'affaire des « rites chinois » que celle de la « république des Guaranis » les ont montrés porteurs ou avocats d'un universalisme en lequel Montesquieu, Buffon et même Voltaire se sont reconnus. Certes, leur enseignement vieillit et vient seulement de s'ouvrir à la science. Mais il reste assez avancé pour que le luthérien Frédéric II le donne en exemple à la jeunesse prussienne.

Il est bien vrai que les chefs du « parti philosophique » tiennent la Compagnie ignacienne, et son organe, *Les Mémoires de Trévoux* en exécration – à commencer par Diderot qui lui a consacré un article vengeur dans l'*Encyclopédie* et d'Alembert qui contribue, en 1765, par un opuscule, à sa lapidation[*]. Il est non moins vrai que le Portugais Pombal, le Français Choiseul, l'Espagnol Aranda et le Napolitain Tanucci ont conscience de faire des estocades portées contre « leurs » jésuites autant d'hommages à l'esprit voltairien – dût l'auteur de l'*Essai sur les mœurs* condamner telle ou telle de ces démarches. Mais c'est ailleurs que l'on cherchera la cause principale de la destruction de la Compagnie : dans la constitution, ici et là, de l'État national moderne.

[*] Voir plus loin, p. 552.

La Compagnie fondée par Loyola naît dans une Europe dominée par l'esprit romain et germanique de l'« empire », où le maître des terres et celui des esprits (ces « deux moitiés de Dieu ») tentent pour quelque temps encore de maintenir une commune hégémonie insoucieuse des frontières, encore que François Ier, Henry VIII et les princes protestants s'appliquent à agiter chez eux des drapeaux que la Société de Jésus, internationaliste en son essence même, tente de ne pas voir. Papiste ? certes. Mais surtout européenne. Ignace se sent-il espagnol ? Il ne se conduit jamais comme tel en tout cas, même avec Philippe II ou l'infante Juana. Laynez, tout castillan qu'il est, ne mêle jamais cette donnée au traitement des affaires. Et ce ne sont pas les huguenots français mais les luthériens allemands que Pierre Favre s'efforce de ramener au catholicisme.

Au XVIIe siècle, entre les mains de Richelieu, de Mazarin et de Louis XIV, l'État national centralisé, bureaucratique, est né. La laïcisation du pouvoir s'est opérée. La Sorbonne se referme sur son nationalisme.

L'Église de France affiche son gallicanisme. La Compagnie de Jésus se heurte partout à des verrous nationaux. Bien sûr, elle tente comme toujours de s'adapter, et s'il ne lui est pas possible de faire prévaloir sa conception des « rites chinois », elle va s'efforcer de se plier aux « rites français » : on a vu le jésuite versaillais par excellence, François de La Chaize, confesseur de Louis XIV, se faire pour un temps gallican comme son royal pénitent, en 1682, avant que Rome ne le rappelle à l'ordre romain.

Mais ces tentatives de gommer ses origines extérieures, transnationales, ultramontaines, achopperont définitivement à la fin du règne de Louis XIV, quand le pape se servira de la Compagnie pour faire prévaloir en France l'application de la bulle *Unigenitus* qui prétend soumettre la pratique chrétienne au reniement exprès du jansénisme. C'est là le principal point de rupture qui marque au fer rouge la Société, instrument d'une procédure inquisitoriale, oppressive, et décrétée de l'étranger.

C'est en se comportant ainsi, comme s'ils étaient aux ordres d'une puissance étrangère, au moment même où le pouvoir français se nationalise et où le jansénisme s'arrache aux lieux clos d'une abbaye ou des salons prestigieux de Mme de Longueville ou de Mme de Sablé pour pénétrer les foules émues par les

convulsionnaires de Saint-Médard, entraînées par la comba-
tivité du nouveau chef de la « secte », Pasquier Quesnel, et
devient assez populaire pour être appelé familièrement « la
boîte à Perrette », que les pères ont signé leur arrêt. « Les
pierres de la maison de Port-Royal leur retombèrent sur la
tête », écrit le cardinal de Bernis [2].

L'incompatibilité apparaît alors aveuglante entre le « roma-
nisme » de la Compagnie et la naissante affirmation du nationalisme souverain, non seulement en France mais au Portugal
et en Espagne, voire dans l'Autriche de Joseph II. Et l'on a vu[*]
que l'accession de princes français au trône de Madrid a greffé
le rigide centralisme français sur l'arbre espagnol plus souple-
ment déployé jusqu'alors.

Alors, l'internationale jésuite qui, du fait de cette structure,
de sa vocation universaliste et pluriculturelle, des principes de
son enseignement, de sa prédication, voire de son « laxisme »,
eût dû faire figure d'alliée naturelle du philosophisme et traiter
de pair à compagnon avec tous les « despotes éclairés », entrait
en conflit avec l'*Encyclopédie* et tous ceux qui la prenaient
pour bible. Le nouveau type d'État autoritaire s'avérait aller-
gique à toute entreprise transnationale, qu'elle empiétât sur
ses intérêts directs, comme les jésuites en Amérique hispano-
portugaise, ou simplement sur le fonctionnement de la machinerie sociale et culturelle, comme le faisait la Société en
France. La clé de l'affaire n'est pas « philosophique », elle est
politique.

L'ordre ignacien aurait-il pu survivre en s'adaptant à ces
nouvelles données, non seulement sur le plan des idées et
des formes, mais de sa structure même, en se coulant dans les
divers cadres nationaux, en gommant son papisme, en se
décentralisant, en autonomisant ses « provinces » comme l'y
avaient poussé, après Henri IV, divers princes d'Europe ? Le
fait est qu'il n'y parvint pas.

Cette Compagnie qui avait si constamment suscité des personnalités puissantes aborda cette redoutable épreuve sans
chef à sa mesure, ni en France où les Neuville et les Montigny
font petite figure au regard de ce qu'avaient été un Auger ou
un Coton, ni à Rome où le père Lorenzo Ricci[**], élu « général »

* Chapitre XIII.
** Simple homonyme de Matteo, dit Li Mateou.

en 1758, n'est pas de taille à faire face comme tel ou tel de ses prédécesseurs.

Les liens s'étaient distendus d'ailleurs entre le Saint-Siège et la « milice de choc » créée et implantée à Rome par Ignace de Loyola. La condamnation par la Curie de la pratique jésuite des « rites chinois », la mise à l'Index de l'*Histoire du peuple de Dieu* du R. P. Berruyer, les dissonances entre le Saint-Siège et les missionnaires à propos du Paraguay étaient autant de signes ou d'étapes de ce relatif éloignement. Alors qu'en France, hanté jusqu'en 1770 par le souci de se concilier les parlementaires, Louis XV se distanciait de plus en plus ouvertement des diverses autorités ecclésiastiques, et semblait se résigner à offrir les jésuites de France en pâture à la vindicte des jansénistes, des gallicans et des philosophes.

La grande offensive conjuguée contre la Compagnie de Jésus partit du Portugal, ce même Portugal où Loyola avait trouvé ses premiers parrains couronnés, Jean III et Catherine, et d'où, après François Xavier, étaient partis vers l'Asie les plus fameux missionnaires européens.

Un tel retournement ne pouvait avoir pour seule cause l'avènement au pouvoir d'un homme, fût-il aussi remarquable que Sébastien de Carvalho, plus tard marquis de Pombal. La cause ancienne et profonde en était la situation conflictuelle entre les jésuites fondateurs des missions guaranies et les colonies portugaises. Dès l'origine, on l'a vu, et d'abord sous la protection très affichée et très directe de Madrid, les pères avaient constitué les « réductions » comme des bastions contre les chasseurs d'esclaves, pour la plupart portugais ou venant de territoires contrôlés par le Portugal, comme les *mameloucos* paulistes. Entre la « république des Guaranis » et Lisbonne, les rapports étaient donc fondés sur la contradiction.

Ils devinrent d'hostilité pure quand, après le « traité des limites » de 1750, sept des réductions furent détachées de l'orbite espagnole pour passer sous la coupe des Portugais – qui s'employèrent à les démanteler, non seulement pour liquider un système qui leur avait été toujours contraire, mais pour s'emparer des mines d'or ou d'argent sur lesquelles s'élevaient, pensaient-ils, ces agglomérations dont la prospérité ne pouvait avoir d'autre cause. A la déception qu'éprouva le gouverneur portugais Gomez de Andrade s'ajouta la fureur de se voir opposer, par les milices guaranies armées naguère par les jésuites grâce aux Espagnols, une opiniâtre résistance*.

Quelle qu'ait pu être la part prise par les pères dans cette résistance indienne (et nous avons vu qu'elle fut faible, voire négative), le gouvernement de Lisbonne en attribua la responsabilité à la Compagnie ; et il en fallait moins pour enflammer contre elle le principal ministre du roi Joseph Ier, qui deviendra célèbre sous le titre de marquis de Pombal.

Tour à tour magistrat, officier et diplomate, ce gentilhomme de petite noblesse (d'aucuns le disaient « nouveau chrétien ») avait été appelé au pouvoir par la reine mère. Il afficha très vite des qualités éminentes de chef, d'administrateur et de réformateur qui l'ont fait comparer à Richelieu, avec une brutalité, un cynisme, on dirait même une férocité très supérieurs à ceux de son prédécesseur le cardinal.

Don Sébastien était-il empli d'une animosité si radicale à l'encontre des jésuites par « philosophie », ou parce qu'il s'était formé à Londres ? Ou bien ne fut-il conduit à se faire leur bourreau qu'en représaille de leur attitude, réelle ou supposée, en Amérique ? Le fait est que la campagne qu'il déclencha contre eux à partir de 1757 sous la forme de circulation de libelles intitulés *Nouvelles intéressantes* (dont la version française paraissait à Amsterdam), concernait « les affaires des jésuites, principalement dans l'Amérique méridionale et le royaume de Portugal » : libelles que rédigeait, sous la férule de Carvalho, un capucin défroqué, l'abbé Platel. On y dénonçait tour à tour la rapacité des missionnaires jésuites dont les réductions ne vivaient que de l'exploitation cynique des malheureux Indiens, de leurs richesses et de leur force de travail, et leur prétention à ériger un empire indépendant sous le sceptre de Nicolas Ier, homme de paille de la Compagnie*.

Après les affrontements militaires contre les Guaranis, le ministre portugais fit publier une *Relation abrégée de la république que les religieux jésuites des provinces de Portugal et d'Espagne ont établie dans les domaines d'outre-mer des deux monarchies, et de la guerre qu'ils ont provoquée contre les armées espagnoles et portugaises*. Mais là, il était allé trop loin : ses partenaires espagnols, s'estimant placés en situation

---

* Voir chapitre XIII.

ridicule (faire connaître à l'Europe et leur attribuer les déboires éprouvés, surtout par leurs voisins, face à ces misérables tribus…), firent brûler le texte par la main du bourreau de Castille…

Une autre occasion allait être donnée à Pombal d'écraser ses ennemis en soutane. On donnera de cet événement la version proposée par ces mêmes *Nouvelles intéressantes*, publiées sous son propre label le 14 novembre 1758 :

> « Le 3 septembre, le Roi venant de voir, dit-on, la jeune marquise de Tavora avec Pedro Texeira vers minuit, trois hommes à cheval se présentèrent autour de la chaise*. L'un d'eux, armé d'un bracmare**, tire sur le cocher. Par un grand miracle le feu ne prit point au bassinet, sans quoi il aurait été tué, et le roi ne pouvait plus échapper. Le cocher étonné éperonna les mules et fuit. Dans le même instant, les deux autres assassins tirèrent par-derrière la chaise. Le Roi et Texeira restèrent blessés, le Roi très dangereusement dans le bras et à l'épaule : mais grâce au Ciel, il n'a eu qu'à souffrir pour se guérir, et il ne l'est pas tout à fait, parce qu'on l'a pansé en Roi***… La Cour a voulu cacher cet événement affreux. Le public l'a su deux jours après […] Rien ne transpire, et personne ne manque à Lisbonne […] On ne peut croire que ce fut soit pour la trop grande liaison du Roi avec la marquise : un sujet, quel qu'il soit, prend patience quand la pluye d'or entre dans sa maison****. Et c'est ce qu'il s'est pratiqué sous les règnes de tous les prédécesseurs, par les Portugais même les plus entichés d'honneur. Au surplus, si on a à se venger, est-ce ainsi qu'on doit le faire ? »

Cette juteuse relation ne dit pas le dernier mot, et ne propose que l'hypothèse la plus romanesque. Ce qui est avéré, c'est que la répression conduite par Pombal s'abattit sur la famille de la marquise en question, l'illustre lignée des Tavora. Si son mari fut épargné, son père le duc d'Aveiro, son beau-père le vieux marquis de Tavora, sa belle-mère et leur ami le comte d'Atoguia, furent arrêtés et soumis à la question : ils déclarèrent avoir fomenté un complot pour placer Aveiro sur le

---

   * Carrosse.
  ** Espèce de carabine chargée à mitraille.
 *** Admirable, mystérieuse formule !
**** Une formule digne de Panurge.

trône, et ce à l'instigation des jésuites. Bien que, la torture interrompue, ils se fussent rétractés à diverses reprises, on brûla l'un, on roua l'autre, on pendit le troisième, on décapita la marquise (mère), tandis que celle qu'aimait le roi était placée dans un couvent (où les visites étaient permises…).

Mais les jésuites – puisque aussi bien c'était d'eux qu'il s'agissait surtout ? Pombal, pour commencer, en fit arrêter trois, dont l'ancien confesseur du roi et le vieux père italien Malagrida, ancien missionnaire au Brésil, prédicateur fameux mais alors âgé de quatre-vingt-deux ans et qui, dans sa prison, racontait des sornettes. Quand elles eurent été enregistrées, on le condamna au bûcher où il fut conduit… pour « hérésie ». Ce supplice su du vieux jésuite fut dénoncé par Voltaire comme une « ignominie ». Les attendus du jugement portaient que l'origine italienne du vieux prêcheur était la preuve que le complot avait bien été fomenté à Rome – donc par le « général » des jésuites…

Commentaire des *Nouvelles intéressantes* :

> « Lisbonne, 26 février 1759.
> … Les jésuites sont à la veille d'être tous chassés de ce royaume. Les autres Puissances pourraient bien imiter celle de Portugal. Ces Messieurs ont porté trop loin leur ambition et leur esprit brouillon. Ils voulaient dominer toutes les consciences, et envahir l'empire de l'Univers. »

Six mois plus tard, le 16 septembre 1759 en effet, les quelque quatre cents jésuites portugais furent expulsés de leur pays et déportés vers les États pontificaux, sur le rivage de Civitavecchia où, indigné de ce traitement mais le jugeant surtout injurieux à son égard, le pape Clément XIII refusa d'abord de les accueillir avant de leur accorder l'hospitalité.

Plus rigoureusement traités encore furent les missionnaires jésuites vivant sur les territoires d'Amérique tenus par les Portugais, du Brésil à l'Argentine. Refoulés en masse vers le Portugal, ils y furent incarcérés sans jugement, dans les cachots les plus insalubres de Belém et de Saint-Julien où les attendaient les anciens confesseurs de la famille royale et tous les autres pères ayant occupé des fonctions publiques.

On lit dans un « Commentaire » du jugement du tribunal de Lisbonne, publié par les *Nouvelles intéressantes*, ceci :

« C'est le Roi de Portugal qui a entrepris de dépouiller les
Jésuites de cette souveraineté qu'ils avoient usurpée dans le
Paraguay, qui leur était plus chère que la prunelle de l'œil [...]
C'est pourquoi les Jésuites donnent des leçons, non seulement
de révolte & de sédition, mais encore de meurtre & de sang
[...] Ces Pères décident avec autorité qu'il n'y a pas même de
péché véniel à tuer le Roi [...] Quel doit être l'excès de cette
malice, quand la délibération & la décision regardent non la
vie d'un particulier, mais celle du Souverain ; quand il s'agit
de la sacrifier non à un intérêt public, réel ou prétendu, ce qui
laisserait encore au projet un degré d'énormité qui fait horreur,
mais à l'intérêt privé de ceux qui prononcent la décision, il n'y
a que des jésuites qui en fussent capables. Je ne crains point de
dire que la malice des Jésuites dans cet événement, justifie la
scélératesse de Cartouche & de ses pareils.
Ces Pères ne sont peut-être pas les seuls qui aient mis en thèse
qu'il est quelquefois permis de tuer les Rois ; mais ils sont les
seuls qui n'ont jamais abandonné cette exécrable doctrine. Ils
sont les seuls qui l'aient adoptée en corps. Ils sont les seuls qui
l'enseignent par une tradition perpétuelle, depuis plus de cent
cinquante ans. Ils sont les seuls enfin qui l'aient prise pour
règle de leur conduite, & qui l'aient appliquée à leurs propres
intérêts [3]... »

Ainsi écrivaient les porte-parole du marquis de Pombal.
Comment en eût-il usé plus doucement avec de tels scélérats* ?

Le Portugal avait attendu la tragédie des Guaranis et le
marquis de Pombal pour s'en prendre aux jésuites. En France,
un tel affrontement était une donnée permanente de la vie
publique. Dès les premiers mois de son institution, la Compagnie avait provoqué la résistance acharnée de plusieurs des
grands corps de l'État (et d'abord enseignant) et fait face à tant
de menaces, de proscriptions, de remises en cause, qu'elle
semblait avoir fait de ce pays un gymnase où exercer les
muscles, l'agilité, la fermeté ou l'astuce de ses meilleurs sujets
– comme jadis la Germanie pour les légions romaines.
La querelle fondamentale entre gallicanisme et ultramonta-

---

* Dix-huit ans plus tard, à la mort du roi, Pombal fut évincé du pouvoir,
exilé dans ses terres, puis condamné pour abus de pouvoir– et contraint de
restituer les biens des jésuites et des familles Tavora et Aveiro réhabilitées.

nisme avait été durcie, on l'a vu, par l'ossification de l'État national centralisateur. Puis, sur ces contradictions, étaient venues se greffer la bataille de la Contre-Réforme, puis celle du jansénisme. La destruction de Port-Royal puis l'application brutale de la bulle *Unigenitus* avec son cortège de répressions des « appelants[*] » avaient donné, à la fin du règne de Louis XIV, un tour tragique à ces affrontements.

Or, les jésuites étaient réputés responsables de l'*Unigenitus*. S'ils n'avaient joué qu'un rôle mineur au sein de la commission de rédaction, à Rome (un représentant sur neuf), ils passaient en France pour de fermes tenants de son application : leurs « casuistes », du coup, se faisaient intraitables. Et c'est là que fut distillé le venin qui allait causer leur perte. Mis à mal par l'auteur des *Provinciales* pour laxisme, on va les voir dénoncés, pourchassés et chassés enfin pour rigorisme.

L'adversaire qu'ils bravaient ainsi avait, depuis le temps de Blaise Pascal, crû et multiplié. Le parti janséniste, ce n'était plus seulement quelques dizaines de « solitaires » encouragés ou relayés par quelques salons et beaucoup de beaux esprits, c'était le « noyau dur » des corps parlementaires qui, en lutte contre l'absolutisme royal et, pour beaucoup aussi, la corruption de la cour et des grands officiers, n'avait pas trouvé de meilleur thème de ralliement que ce puritanisme gallican. Travaillé ou non par ce que Louis XIV tenait pour un prurit républicain, ce « jansénisme politique » était en tout cas animé de la passion de s'opposer à un pouvoir dépensier, scandaleux et embarbouillé de cléricalisme – qui peut faire bon ménage avec l'athéisme.

Si l'alliance entre ces nouveaux ligueurs et tout ce qui relevait du courant gallican allait de soi, celle qui les unissait au parti « philosophique » pouvait déconcerter. Mais si Voltaire, esprit indépendant, ennemi de toute secte, ne cachait pas son hostilité au jansénisme, les tacticiens de l'*Encyclopédie* ne se refusaient pas, eux, à tirer profit de la communauté d'ennemi. Dès lors que l'absolutisme clérical était la cible, tout tireur était bon à prendre pour allié[**].

---

[*] Ainsi désignait-on ceux qui, refusant de renier le jansénisme, étaient de ce fait privés des sacrements.

[**] Sans illusion. Ainsi d'Alembert juge-t-il les « deux sectes » janséniste et jésuite « méchantes et pernicieuses », mais il opère cette distinction : « Si l'on était forcé de choisir, en leur supposant un même degré de

Alliés quelque peu surprenants encore des amis de la marquise du Deffand ou de Julie de Lespinasse étaient ceux qu'on appelait les « richéristes », disciples d'Edmond Richer, prêtre de province qui avait inspiré un mouvement populiste, dressé contre le luxe et le laxisme du haut clergé et des jésuites. Vaguement teinté de jansénisme, bien qu'il ne se référât guère à l'augustinisme, ce courant se manifestait surtout dans un sens puritain, et plutôt gallican. C'est de ses marges que viendra l'abbé Grégoire et qu'émanera la Constitution civile du clergé de 1790.

N'oublions pas, à l'autre extrême de la grande coalition qui éliminera de France la Société ignacienne, ces trois personnages clés que sont le roi Louis XV, Mme de Pompadour et le duc de Choiseul.

Bien que la marquise ne soit plus à proprement parler sa maîtresse depuis 1751, le souverain reste sous son empire jusqu'à ce que la mort la lui arrache, en 1764 (le sort des jésuites étant réglé en France). Sous l'empire aussi du ministre qu'elle l'a conduit à mettre en place, séduit par l'entregent, l'aisance, l'esprit de décision et l'esprit tout court de ce gentilhomme lorrain nommé Stainville qu'il a fait duc de Choiseul.

Louis XV n'est pas attaché à la Compagnie comme ses ancêtres Henri IV ou Louis XIII, comme son arrière-grand-père Louis XIV ou son fils le dauphin. Mais si sa vie privée lui vaut bien des désagréments avec ses confesseurs, les RR. PP. Perusseau et Desmarets, on ne saurait dire qu'il est personnellement hostile aux jésuites.

Pourquoi se laisse-t-il entraîner dans le grand assaut de 1759 à 1773 contre la Société ? D'abord parce qu'il n'aime pas se battre, surtout contre son entourage – en l'occurrence Pompadour et Choiseul. Ensuite parce qu'il a, dans l'esprit, assez de modernité – on disait alors de « philosophie » – pour apprécier médiocrement la confusion entre les pouvoirs politique et religieux, et tendre spontanément à leur distinction. Enfin et surtout, parce qu'il a besoin de se concilier le parlement, animé

---

pouvoir, la société qu'on vient d'expulser serait la moins tyrannique. Les jésuites, gens accommodants, pourvu qu'on ne se déclare pas leur ennemi, permettent assez qu'on pense comme on voudra ; les jansénistes, sans égards comme sans lumières, veulent qu'on pense comme eux ; s'ils étaient les maîtres, ils exerceraient sur les ouvrages, les esprits, les discours, les mœurs, l'inquisition la plus violente. »

contre les jésuites, et qui tient les cordons de la bourse. La guerre dite « de Sept Ans » coûte cher, de plus en plus cher, les magistrats rechignent à voter des crédits. Comment se les concilier mieux qu'en leur abandonnant la Société de Jésus ? Si Paris valait bien une messe, les crédits militaires valent bien le reniement d'une société encombrante et dont les confesseurs font bien des histoires pour quelques fredaines…

Mme de Pompadour nourrissait-elle, à l'encontre des jésuites, une hostilité plus spontanée ? Elle devint vite, comme son ami Choiseul, l'alliée des philosophes. Mais rien ne prouve que son « philosophisme » militant ait précédé ses démêlés avec son confesseur (qui s'appelait le R. P. de Sacy mais n'avait rien à voir avec le grand janséniste) et celui du roi. Un document saisissant montre que c'est sur ce terrain que se déclara la guerre qu'elle allait conduire contre la Compagnie.

A la fin de novembre 1757 et alors qu'elle est, si l'on peut dire, « séparée de corps » d'avec le roi[*], mais reste maîtresse de ses décisions, Mme Lenormant d'Étioles, marquise de Pompadour, adresse au souverain pontife une lettre qui ne vise à rien de moins qu'à faire prévaloir la clémence papale sur la rigueur des confesseurs jésuites. Faisant remarquer qu'elle n'est plus liée au roi Louis que « par l'attachement le plus pur », et qu'elle a de ce fait « la conscience tranquille », elle suggère qu'il revient « aux personnes habiles et désirant le bien de Sa Majesté [de] rechercher les moyens d'un apaisement », sans y mettre « des conditions désagréables » – par exemple le retour de Mme d'Étioles au domicile conjugal…

> « Le Roi, pénétré des vérités et des devoirs de la Religion, désire employer tous les moyens qui sont en lui pour marquer son obéissance aux actes de religion prescrits par l'Église, et principalement Sa Majesté voudrait lever toutes les oppositions qu'elle rencontre à l'approche des sacrements. Le Roi est peiné des difficultés que son confesseur lui a marquées sur cet article, et il est persuadé que le Pape et ceux que Sa Majesté veut bien consulter à Rome, étant instruits des faits, lèveront par leur conseil et leur autorité les obstacles qui éloignent le Roi de remplir un devoir saint pour lui et édifiant pour les peuples […] et porteront remède aux difficultés qui sont suscitées, tant pour le fond de la chose que par les intrigues qui les suscitent[4]. »

---

[*] Elle a fait murer sa porte conduisant aux appartements royaux…

Ainsi les jésuites se voient-ils reprocher leurs « intrigues », non plus pour casuistique laxiste mais pour rigueur abusive. Un si menu scandale… Le tour est beau. Mais la Curie romaine, si riche qu'elle fût en gens habiles, pouvait difficilement entrer dans le jeu de la favorite. Le procès intenté par le roi à la Compagnie s'ouvrira donc, l'irritation de la marquise lui donnant quelque piment.

Le duc de Choiseul n'était pas animé, en vue du combat, de mobiles aussi personnels. Aucun confesseur pour le presser, nulle apparence à sauver. Ses maîtresses, du meilleur monde et bien élevées, l'encombraient peu. Trop intelligent pour ne pas concevoir que la destruction de la Compagnie ouvrirait une brèche dans le mur de la citadelle confiée à ses soins, il attachait assez d'importance à son opération diplomatique en direction de l'Autriche pour ne pas se retenir d'afficher un anticatholicisme fait d'ailleurs de plus de désinvolture que de conviction. Mais de façon plus directe encore que le roi, il est pressé par l'exigence d'arracher au parlement le vote des impôts de guerre. Il y a, en toile de fond, l'hypothèse de confisquer à la Compagnie des biens supposés considérables dont le trésor royal s'accommoderait bien. Il y a les applaudissements de Voltaire et de D'Alembert, de D'Holbach et de Diderot. Il y a, on va le voir, l'occasion de resserrer ainsi, par un « coup » opéré en commun, les liens entre les cours de Paris, de Lisbonne et de Madrid.

Mme de Pompadour, écrit l'historien protestant Sismonde de Sismondi,

> « aspirait à se donner une réputation d'énergie dans le caractère, et elle croyait en avoir trouvé l'occasion en montrant qu'elle savait frapper un coup d'État […] Comme le duc de Choiseul, elle était bien aise de détourner l'attention publique des événements de la guerre, espérant acquérir de la popularité en flattant à la fois les Philosophes et les Jansénistes, et couvrir les dépenses de la guerre par la confiscation des biens d'un Ordre fort riche, au lieu de procéder à des réformes qui attristeraient le roi [5]… ».

Le bois qui s'assemblait pour le bûcher des jésuites français était donc multiple et volumineux. Les brandons qu'on y allait jeter feraient vite crépiter les flammes : un régicide, un scandale financier, quelques pamphlets, et la mort d'un pape…

Le régicide, ce fut en 1757 celui que tenta de perpétrer Damiens. Comme toujours en ces occurrences, le soupçon se porta – ou fut porté – sur les jésuites que l'assassin avait quelque peu fréquentés dans sa jeunesse. On eut beau prouver que Damiens était beaucoup plus proche des jansénistes que des pères, la rumeur persista, jetant une fois de plus des lueurs sinistres sur la Société, avec le concours de D'Alembert et du grand avocat Le Paige, chef d'orchestre de la manœuvre et auteur, en 1760, d'une *Histoire des jésuites* dévastatrice.

Le scandale porte un nom : celui du R. P. de Lavalette. Ce jésuite issu d'une famille de chevaliers de Malte (d'où son nom), était procureur de la Compagnie à la Martinique. Il s'était avisé que le très prospère commerce des îles – café, sucre, épices, indigo – pourrait servir à financer ses œuvres pies : l'Évangile ne suggère-t-il pas que les « richesses d'iniquité » peuvent être utiles au salut ? Passe encore de planter, ce qu'il fit, non sans y employer des esclaves. Mais commercer… Non sans talent d'abord il s'y employa, faisant fi des plus évidentes prescriptions canoniques et des règles de la Compagnie (le vœu de pauvreté…).

Antoine de Lavalette fut dénoncé à ses supérieurs parisiens et romains en 1753, après une dizaine d'années d'activités plutôt fructueuses. Une ferme mise en garde lui ayant été adressée, il fit répondre par « l'intendant des Isles du Vent », son ami, qu'il faisait à la colonie « un bien infini ». On le convoqua à Paris où il déploya des trésors d'éloquence pour se justifier. Ses supérieurs eurent l'imprudence de lui donner une nouvelle chance. Mais de retour aux îles, il enregistra deux désastres : une épidémie lui enleva « une partie de ses nègres » et les corsaires anglais saisirent plusieurs de ses navires. C'était la ruine, qu'il tenta d'enrayer par des opérations frauduleuses à l'encontre de commerçants marseillais, les frères Lioncy, et nantais, la veuve Grou et son fils, qui portèrent plainte contre lui.

Entre-temps, le général de l'ordre, le père Centurioni, avait enfin réagi, décidant d'envoyer un visiteur aux Antilles, pour couper court sinon au scandale, en tout cas aux malversations de Lavalette. En 1759, un premier émissaire, le R. P. Fronteau, meurt en route. Un second, le père de Launay, procureur des missions du Canada, se casse la jambe à Versailles au moment de son départ. Un troisième est capturé par les corsaires. Au début de 1762 enfin, le R. P. de La Marche aborde à Fort-de-France et, après deux mois d'enquête, rédige, le 25 avril 1761, une sentence rigoureuse :

> « … En vertu de l'autorité à nous commise, et de l'avis unanime de nos Pères : 1° nous voulons que le Père Antoine de Lavalette soit privé absolument de toute administration, tant spirituelle que temporelle ; 2° nous ordonnons que ledit Père Antoine de Lavalette soit le plus tôt possible renvoyé en Europe ; 3° nous le déclarons interdit *a sacris*. »

Obéissant aussitôt à ce qu'on appelle une invite pressante, Lavalette exprima son « repentir » et plaida coupable bien que ce soit, dit-il, « faute de connaissance ou de réflexion, ou par une sorte de hasard, qu'il m'est arrivé de faire un commerce profane, auquel même j'ai renoncé à l'instant où j'ai appris combien de trouble ce commerce avait causé dans la Compagnie et dans toute l'Europe », attestant d'autre part que « parmi les premiers Supérieurs de la Compagnie il n'y en a pas un seul qui m'ait autorisé, ou conseillé, ou approuvé dans le commerce que j'avais entrepris », et qu'il n'avait été « amené à une telle confession ni par force, ni par des menaces, ni par des caresses et autres artifices » et qu'il s'y prêtait « avec une pleine liberté » [6]*.

Réglée sur le plan des principes au sein de la Compagnie, l'affaire avait déjà rebondi, explosé, déferlé sur le plan judiciaire et politique. Les créanciers marseillais et nantais réclamaient depuis deux ans le remboursement des dettes contractées par le jésuite affairiste, évaluées à près de 3 millions de livres tournois, somme alors tenue pour énorme**. Le tribunal « consulaire*** » de Marseille, considérant la Compagnie comme solidairement responsable, la condamna non seulement à payer cette somme, mais à verser 50 000 livres de dommages-intérêts. La Société de Jésus était-elle en mesure de faire face aux conséquences de ce jugement ruineux ?

Elle avait deux moyens d'esquiver ces obligations : soit

---

* Réfugié en Angleterre, Lavalette ne revint jamais sur ces déclarations, bien qu'il ait été sollicité de « mouiller » la Compagnie.
** Qu'on peut estimer à une somme équivalente en nouveaux francs.
*** Ou tribunal de commerce.

d'exciper de règles internes qui récusaient toute solidarité de biens entre les membres de la Société, soit d'aller en appel. Mais c'était alors affronter le parlement de Paris – à moins de se prévaloir du droit de *commitimus* accordé à plusieurs ordres religieux par Louis XIV, qui les soustrayait aux juridictions parlementaires, les soumettant à celle de son « Grand Conseil ».

Le R. P. de Neuville, supérieur des jésuites parisiens, croyant faire preuve de sa bonne foi et couper court aux campagnes relatives aux privilèges exorbitants des jésuites, accepta la juridiction du parlement. C'était, dans le climat du temps, se suicider.

Le parlement de Paris était appelé à se prononcer sur une affaire de droit commercial, une faillite. Il y trouva l'occasion d'en faire (avec d'autant plus de virulence que la mort du pape Benoît XIV avait persuadé les jansénistes que toute tentative était vaine pour revenir sur la bulle *Unigenitus*) une immense affaire politico-religieuse, le procès global de la Compagnie de Jésus, de sa présence et de ses activités en France.

La première décision des parlementaires était éloquente : le 17 avril 1761, ils enjoignaient aux pères de leur présenter un exemplaire des *Constitutions* de Loyola, réputées secrètes[*]. Le R. P. de Montigny, provincial de l'ordre, s'empressa d'obtempérer. Trois conseillers-clercs furent alors désignés pour les examiner : Chauvelin, Terray et Laverdy[**]. En attendant le rapport, leur collègue Lepeletier de Saint-Fargeau prononça un réquisitoire en vue de l'aggravation du jugement de Marseille, obtenant qu'il y soit donné droit, le 8 mai 1761. Le supérieur général des jésuites est condamné à payer aux créanciers les 50 000 livres prévues par le tribunal marseillais, qui s'enfleront, d'astreintes en amendes, à 5 millions aux dépens des biens de la Compagnie désormais aux abois.

L'abbé de Chauvelin, fort lié aux encyclopédistes, et dûment chapitré par l'avocat janséniste Adrien Le Paige, maître de la manœuvre, présenta, trois mois plus tard, son rapport sur les institutions ignaciennes : réquisitoire implacable qui peignait la Société comme une machine de guerre, de cautèle et d'oppression, simple objet aux mains d'un potentat étranger... Une « cinquième colonne ».

---

[*] Il n'était pas un robin janséniste qui n'en eût un exemplaire...

[**] Les deux derniers seront bientôt appelés aux plus hautes fonctions aux finances.

Les acclamations qui, dans l'opinion, saluèrent les philippiques de Lepeletier et de Chauvelin ne marquaient pas seulement le triomphe du Parlement mais, par là, l'abaissement du « très chrétien » souverain de Versailles et de sa lignée. Louis XV le comprit si bien qu'il osa prendre deux initiatives contre l'opération patronnée par Choiseul et Pompadour : il nomma une commission chargée d'examiner les *Constitutions* jésuites dans un esprit moins prévenu, et enjoignit au parlement de surseoir d'un an à l'application de son arrêt.

Mais si la commission royale présidée par le conseiller Flaisselles émit sur les *Constitutions* un avis beaucoup plus nuancé que celui de Chauvelin, elle aboutit à compromettre la Compagnie dans l'esprit du roi : aux retouches qu'elle suggérait aux jésuites d'opérer dans un sens d'intégration à la société française et d'allégement de l'influence romaine, le « général » et le pape s'opposèrent avec une raideur qui indisposa vivement Louis XV, gallican comme son arrière-grand-père. Le chancelier Lamoignon, le dauphin et l'archevêque de Paris le persuadèrent néanmoins de tenter un dernier effort pour sauver la Société de Jésus.

Le 6 août 1761, le parlement avait poussé plus loin encore son offensive en condamnant au feu les ouvrages les plus illustres des théologiens jésuites, Bellarmin, Lugo et Tolet notamment, en autorisant le procureur général à assigner devant lui le « général » de la Compagnie afin qu'il réponde des « abus » innombrables commis en France par sa Société, en interdisant à la Compagnie de recruter des novices et de prononcer des vœux, enfin en interdisant les congrégations et collèges.

C'est en faisant valoir auprès du roi ce que cette dernière mesure avait d'attentatoire aux intérêts de la couronne et d'offensant pour le clergé que le « parti jésuite » de la cour arracha au roi la suspension de la fermeture des collèges, puis la convocation d'une Assemblée générale du clergé chargée d'examiner les quatre points suivants :

« 1° L'utilité dont les Jésuites peuvent être en France, et les avantages ou les inconvénients qui peuvent résulter des différentes fonctions qui leur sont confiées ;
2° La manière dont les Jésuites se comportent, dans l'enseignement et dans leur conduite, sur les opinions contraires à la sûreté de la personne des souverains […]

3° La conduite des Jésuites sur la subordination qui est due aux évêques et aux supérieurs ecclésiastiques […]
4° Quel tempérament on pourrait apporter, en France, à l'étendue de l'autorité du Général des Jésuites, telle qu'elle s'y exerce. »

Seule la dernière question fit l'objet d'un vif débat. L'évêque de Soissons y trouva argument pour demander la suppression de la Société. Mais si l'on se reporte aux procès-verbaux de l'Assemblée, on lit que quarante-quatre des cinquante évêques recommandèrent en fin de compte qu'« aucun changement [ne soit apporté] par rapport à ce qui a trait à l'autorité du Général ».

Le chancelier de Lamoignon, fort ami des jésuites, n'en jugea pas moins, d'accord avec le roi, que la Compagnie ne pouvait se sauver qu'en s'amendant dans un sens plus « gallican » – en ramenant notamment le provincial de France dans la mouvance de l'Église nationale en tant que « vicaire général », et chacun des pères sous l'autorité de l'évêque du siège. En décembre 1761, les responsables de la Compagnie en France publièrent une déclaration de soumission à peu près sans réserve à cette opération de « gallicanisation », proclamant entre autres choses :

> « Que si, à Dieu ne plaise, il pouvait arriver qu'il nous fût ordonné par notre Général quelque chose de contraire à cette présente déclaration, persuadés que nous ne pourrions y déférer sans péché, nous regarderions ces ordres comme illégitimes, nuls de plein droit, et auxquels même nous ne pourrions ni ne devrions obéir en vertu des règles de l'obéissance au Général telle qu'elle est prescrite par nos Constitutions… »

Total déni du *perinde ac cadaver*…

Un « Munich jésuite » ? C'était pourtant la seule issue, vu de France. Le pape et le « général » des jésuites, dans leur confort romain, ne pouvaient réagir que défavorablement. Ils mirent à leur refus de tout aménagement une sorte de hargne hautaine. C'est à cette occasion que Clément XIII – et non comme le veut la légende le R. P. Ricci, « général » de la Compagnie – rétorqua superbement à un émissaire de Versailles venu tenter de lui faire accepter le plan Lamoignon d'« ajustements à la française » des constitutions : « *Sint ut sunt, aut non sint* » (« Qu'elles soient telles qu'elles sont ou qu'elles ne soient pas »).

Ainsi étaient découragés les efforts de ceux qui tentaient, en le gallicanisant, de sauver l'ordre ignacien en France. Instruits de l'esprit de concession des jésuites parisiens, qu'ils ne pouvaient interpréter que comme un aveu de faiblesse, et de la rigide intransigeance des « romains », en qui ils voyaient des suicidaires absurdes, les parlementaires poussèrent hardiment leurs avantages : ils firent publier en février 1762 un formidable pamphlet contre les pères, rédigé par un certain abbé Goujet sous le titre d'*Extraits des Assertions dangereuses et pernicieuses en tout genre, que les soi-disans Jésuites ont dans tous les temps et persévéramment soutenues et enseignées et publiées dans leurs Livres avec l'approbation de leurs Supérieurs et Généraux*.

La Compagnie y est accusée d'avoir enseigné toutes les erreurs, professé toutes les hérésies. On ne lui fait grâce que du jansénisme ! Historien jésuite de la Société, le R. P. Brucker soutient qu'on a dénombré, dans les fameuses *Assertions* nourries de Pasquier et de Pascal, « plus de neuf cents citations infidèles [7] ». Ce qui n'empêchera pas l'ouvrage de remporter un immense succès, et de préparer les voies au dernier acte – la mise à mort… D'où le sobre commentaire de D'Alembert dans sa *Destruction des jésuites* : « En attendant que la vérité s'éclaircisse, ce recueil aura produit le bien que la nation en désirait l'anéantissement des Jésuites… »

La cognée continuait de frapper en attendant que tombe le couperet final. Après que le parlement de Rouen eut ordonné dans son ressort, en février, la « dispersion » de la Société, son homologue de Paris, en avril 1761, faisait fermer les collèges jésuites de la capitale.

L'Assemblée de l'épiscopat comprit enfin que les choses allaient au pire. Après avoir, le 28 mars, voté les crédits pour la guerre, elle rédigea et remit au roi une mise en garde solennelle contre la liquidation de la Compagnie en France ; texte d'une éloquence si intense qu'il parut propre à balancer, dans l'esprit du roi et du cabinet, la véhémence parlementaire :

« … Tout vous parle, Sire, en faveur des Jésuites. La Religion vous recommande ses défenseurs ; l'Église, ses ministres ; les âmes chrétiennes, les dépositaires du secret de leur conscience ;

un grand nombre de vos sujets, les maîtres respectables qui
les ont élevés ; toute la jeunesse de votre royaume, ceux
qui doivent former leur esprit et leur cœur. Ne vous refusez
pas, Sire, à tant de vœux réunis ; ne souffrez donc pas que dans
votre royaume, contre les règles de la justice, contre celles de
l'Église, contre le droit civil, une Société entière soit détruite
sans l'avoir mérité. L'intérêt de votre autorité même l'exige,
et nous faisons profession d'être aussi jaloux de ses droits que
des nôtres [8]. »

Vaine éloquence. Le roi, qui n'a pas souhaité cela, qui a
vaguement esquissé, on l'a vu, une défense (élastique...) des
pères, comme en cachette de Pompadour et de Choiseul, est
désormais résigné et, au surplus, comme son principal ministre,
accablé d'autres préoccupations : les désastres où les conduit
la guerre contre l'Angleterre et la Prusse. D'où ces réflexions
de D'Alembert écrivant le 4 mai 1762 à Voltaire :

« ... Les Jésuites pourraient dire à Saint Ignace : Mon Père,
pardonnez-leur car ils ne savent ce qu'ils font. Ce qui me
paraît singulier, c'est que la destruction de ces fantômes,
qu'on croyait si redoutables, se fasse avec aussi peu de bruit.
La prise du château d'Arensberg n'a pas plus coûté aux Hano-
vriens* que la prise des biens des Jésuites à nos seigneurs du
Parlement. On se contente, à l'ordinaire, d'en plaisanter. On
dit que Jésus-Christ est un pauvre capitaine réformé qui a
perdu sa compagnie. »

La Compagnie, de fait, semblait bien errer sans guide sur un
champ de bataille inconnu. Rien n'est plus étrange que le comportement de ce corps vigoureux qui avait su jadis, à peine
constitué, forcer les portes de la formidable Sorbonne, conquérir Henri IV, tenir tête à Richelieu, et que l'on voit maintenant
réduit à l'état fantomatique décrit par d'Alembert, incapable
d'autre geste que de soumission, incapable même d'exploiter l'éloquente bienveillance de l'Assemblée du clergé. Une
conduite suicidaire, masochiste ? Et cela, alors qu'au nom des
parlements de province, ceux de Rennes, de Bordeaux, d'Aix,
de grands juristes comme La Chalotais, Dudon et Monclar
poursuivaient le travail de sape ou de grignotage des *Constitutions* jésuites.

---

* C'est-à-dire au parti anglais.

Enfin, le 6 août 1762, le parlement de Paris rendit son jugement où il

> « dit qu'il y a abus dans ledit Institut de ladite Société se disant de Jésus, bulles, brefs, lettres apostoliques, constitutions, déclarations sur lesdites constitutions, formules de vœux, décrets des Généraux et congrégations générales de ladite Société, etc. Ce faisant, déclare ledit Institut inadmissible, par sa nature, dans tout État policé, comme contraire au droit naturel, attentatoire à toute autorité spirituelle et temporelle, et tendant à introduire dans l'Église et dans les États, sous le voile spécieux d'un Institut religieux, non un Ordre qui aspire véritablement et uniquement à la perfection évangélique, mais plutôt un corps politique, dont l'essence consiste dans une activité continuelle pour parvenir par toutes sortes de voies, directes ou indirectes, sourdes et publiques, d'abord à une indépendance absolue, et successivement à l'usurpation de toute autorité[*] ».

Par cet arrêt, les quatre mille jésuites français sont dispersés, chassés de leurs maisons. Leurs biens et églises et bibliothèques sont spoliés. Il leur est interdit d'obéir à leur règle, de vivre en communauté, de porter leur habit… Bien sûr, ce n'est pas la procédure meurtrière de Pombal, mais elle est expéditive…

Tous les parlements ne suivirent pas cet exemple. Ceux de Flandre et de Franche-Comté et les cours souveraines d'Artois et d'Alsace[**] résistèrent à l'impulsion majoritaire et votèrent pour la conservation des jésuites[***] Celui d'Aix se signala à sa façon : il déclara se conformer à la décision de Paris bien que la majorité (29 voix contre 27) fût contestée par ses membres

---

[*] Les conseillers du parlement de Toulouse étudiant, dans la *Constitution* de saint Ignace, les pouvoirs dévolus au préposé général, s'indignaient qu'il n'y eût que deux cas de déposition prévus pour ce supérieur : « s'il violait le vœu de chasteté par un commerce scandaleux avec les femmes » ou « s'il blessait quelqu'un grièvement avec une arme » ; et concluaient : « Un général des Jésuites est bien à l'abri, par son âge et son état, de ces deux excès. » Pour le premier, on pouvait s'interroger : plusieurs furent élus général quadragénaire. Quant au second, on a vu des vieillards à la main lourde.

[**] D'où Choiseul obtiendra bientôt leur exclusion.

[***] Dans ceux qui se prononcèrent contre, les majorités furent étroites : à Rennes, 32 contre 29 ; à Rouen, 20 contre 13 ; à Toulouse, 41 contre 39 ; à Perpignan, 5 contre 4 ; à Bordeaux, 23 contre 18. Le vieux rapport droite-gauche que l'on retrouverait dans nos Conseils de régions ?

les plus prestigieux. Parmi les opposants, on comptait en effet la voix tonnante de Mirabeau (le frère, dit « Tonneau ») et celle du président Boyer d'Eguilles, qui écrivit à ce propos au roi une lettre indignée, sur « les excès où l'on se porte en corps [qui semblent] n'être ceux de personne » : un texte qui fait penser à Tocqueville écrivant sur les journées de 1848.

Jetés à la rue, les jésuites n'y étaient pas voués à la mendicité dont leur fondateur Inigo avait fait, de Manrèse à Bruges, un art de survivre. L'ensemble des parlements leur alloua 20 sous par jour*. Celui de Grenoble alla jusqu'à 30. Celui de Toulouse préféra s'en tenir à 12… Or, en cette ville où passaient de nombreuses chaînes de galériens (souvent des huguenots du sud-ouest dirigés sur Toulon pour y être affectés aux chiourmes), c'étaient les jésuites qui avaient traditionnellement la charge d'en prendre soin, et notamment de les nourrir, faisant servir les repas par leurs élèves issus des familles de notables.

Quelques semaines après l'arrêt du 6 août, une chaîne de forçats traversa la ville ; et tout proscrits qu'ils fussent, les jésuites se virent rappeler au service… Mais les magistrats toulousains avaient fixé à 17 sous par tête le repas des galériens – cinq de plus que l'indemnité journalière des pères… L'opinion s'en émut si fort que les parlementaires toulousains alignèrent le traitement de « leurs » jésuites sur ceux de Lyon et de Bordeaux.

Dans son Mémoire sur *Le Collège royal de Bourbon d'Aix-en-Provence*, Claude-Alain Sarre apporte cette précision :

> « Les jésuites chassés de leur collège ont eu le droit d'emporter chacun une douzaine de chemises […] ainsi que trois paires de draps et une douzaine de serviettes, et de recevoir une pension "pour tenir lieu d'itinéraire" pour les ci-devant soi-disant jésuites, 250 livres s'ils sont âgés de plus de trente-trois ans, 150 s'ils sont plus jeunes. »

Les pères furent naturellement invités à s'assurer un bel avenir dans le clergé séculier en rompant publiquement les serments prêtés à la Compagnie dont ils étaient juridiquement déliés. Il ne s'en trouva que cinq (et une vingtaine de novices et de frères) pour le faire, sur quatre mille. L'opinion moyenne, où avait prévalu longtemps la traditionnelle méfiance gallicane contre la puissante et mystérieuse Compagnie trop riche et trop

---

* Peut-être l'équivalent de 20 francs d'aujourd'hui.

amie des grands, manifesta d'abord une remarquable indifférence.

La municipalité d'Aix, se voyant signifier à propos du collège de Bourbon l'interdiction d'enseigner faite aux pères, se borna à constater que le contrat signé en 1621 avec les jésuites « est en l'état résilié », décida de maintenir à cette institution sa rétribution de 1 000 écus, et conclut froidement que « l'essentiel est de trouver un bon Principal de collège [...] en lui donnant la faculté de tenir des pensionnaires [9] ».

Dispersés, « civilisés », noyés dans la masse, les jésuites regagnèrent dans la proscription un peu de ce qu'ils avaient perdu dans la puissance. Ils semblaient d'un coup devenus innombrables, proliférant dans leur indistinction. D'Alembert, grand veneur intellectuel de cet hallali, s'en inquiéta et, en janvier 1763, fit part de ses alarmes à Voltaire. Le vieil homme de Ferney, l'auteur du *Traité sur la tolérance* (1763), avait peu de goût pour les chasses à l'homme et gardait une vieille tendresse pour ses anciens maîtres. Il répondit sèchement le 18 janvier 1763 : « Les jésuites ne sont pas encore détruits : ils sont conservés en Alsace ; ils prêchent à Dijon, à Grenoble, à Besançon. Il y en a onze à Versailles, et un autre qui me dit la messe[*]. »

Les pères trouvèrent d'autres avocats, et plus « autorisés » que l'auteur de *La Pucelle*. L'archevêque de Paris s'appelait Christophe de Beaumont. Ce n'était pas un esprit subtil, mais il avait du caractère et assez de bon sens pour comprendre que la destruction des jésuites n'était que celle d'une avant-garde et le prélude à une offensive globale contre le système catholique français. Il publia en octobre 1763 une *Instruction pastorale* qui dénonçait l'empiétement du civil sur le spirituel. Le parlement lui répondit en faisant brûler le texte par la main du bourreau, et en le citant lui-même à comparaître – ce que voyant, le roi s'évita la peine d'avoir à prendre parti en exilant piteusement le prélat de son diocèse...

Le premier président Molé resté, comme Voltaire, très attaché à ses anciens éducateurs jésuites, eût aimé se joindre au chœur des pleureuses. C'est lui pourtant, en février 1764, qui proclame au nom de ses confrères parisiens une nouvelle aggravation du

---

[*] Le jésuite de Voltaire s'appelait Adam. Le philosophe n'en faisait pas grand cas, ne lui connaissant qu'une vertu : d'être proscrit.

décret du 6 août 1762 : le bannissement des pères du ressort du parlement de Paris – qu'imitèrent aussitôt ceux de Toulouse, Rouen et Pau*. Les expulsés de ces diocèses furent accueillis en Lorraine où régnait encore pour peu d'années Stanislas Leczynski, père de la reine oubliée, en Suisse (à Fribourg notamment) ou à Louvain chez les jésuites anglais, eux-mêmes exilés depuis plus d'un siècle. Mais les pères belges ou allemands se virent interdire par leurs princes de donner l'hospitalité aux proscrits.

Il n'est pas jusqu'aux derniers jésuites maintenus à Versailles dans l'entourage de la famille royale – notamment le R. P. Berthier, précepteur des enfants du dauphin** –, qui n'aient dû prendre le large. Choiseul fut inflexible, si ému qu'ait été le roi par une adresse de fidélité « inébranlable » reçue des principaux responsables de la Compagnie de France.

Une dernière retouche devait être apportée au régime imposé aux jésuites français, camisole de force passée à la Compagnie par l'arrière-petit-fils de Louis XIV. En novembre 1764, peu de temps avant la mort de la marquise de Pompadour, et au plus fort de la déréliction provoquée dans le pays par la désastreuse conclusion de la guerre de Sept Ans, Louis XV, confirmant l'édit de suppression de 1762, accordait aux anciens jésuites débandés l'autorisation de vivre dans leur patrie en tant que prêtres séculiers, soumis à l'autorité des évêques diocésains ; mais le parlement fit excepter de cette tolérance l'évêché de Paris, et préciser que les « ci-devant soi-disant jésuites » devraient résider dans leur province d'origine, hormis bien sûr, les parisiens***… Ce n'était pas la proscription sanglante à la Pombal, pas non plus la solution Lamoignon qui eût permis, en la « gallicanisant », la survie en France de la Société.

Ce que furent les sentiments véritables de Louis XV en cette étrange affaire nous est connu grâce à une lettre par lui adressée à Choiseul, et citée par Jacques Crétineau-Joly :

* Une carte de ces rigueurs comparées refléterait trois siècles de vie religieuse en France, de la Réforme au jansénisme.

** Le dauphin mourut en décembre 1765, indigné par le traitement infligé aux jésuites. Dans une lettre écrite quelques jours plus tard de Paris, Horace Walpole évoque la « joie » manifestée alors dans le parti philosophe, qui craignait du futur roi le rétablissement de la Compagnie.

*** La réglementation fut aggravée en 1767. Et en mai 1777, le pieux Louis XVI porta la restriction à son comble en interdisant aux anciens jésuites de se « réunir » ou de « vivre en société ».

« Je n'aime point cordialement les Jésuites, mais toutes les hérésies les ont toujours détestés ; ce qui est leur triomphe. Je n'en dis pas plus. Pour la paix de mon royaume, si je les renvoie contre mon gré, du moins ne veux-je pas qu'on croie que j'ai adhéré à tout ce que les Parlements ont fait et dit contre eux. Je persiste dans mon sentiment, qu'en les chassant il faudrait casser tout ce que le Parlement a fait contre eux.

En me rendant à l'avis des autres pour la tranquillité de mon royaume, il faut changer ce que je propose, sans quoi je ne ferai rien. Je me tais, car je parlerais trop [10]. »

Méditant quelques années plus tard sur cette élimination, le cardinal de Bernis écrit dans ses *Mémoires* : « Quand l'affaire commença, ni la Cour ni le Parlement, ni le public n'avaient imaginé qu'elle fût poussée si loin ; un pas fut suivi d'un autre et l'on arriva jusqu'au bout de la carrière presque sans s'en douter [11]. »

Le Saint-Siège ne pouvait manquer de réagir aux atteintes ainsi infligées à son autorité et à son prestige par la « fille aînée de l'Église ». L'opération portugaise avait blessé le pape. La proscription française l'amputait.

Clément XIII, au surplus, était beaucoup plus « enjésuité » que son prédécesseur. Il en avait donné maintes preuves, de la manifestation de son intransigeance à l'encontre du jansénisme à l'obstination dont il s'était fait gloire en refusant la moindre adaptation « à la française » des règles de la Société établies à une époque où les souverainetés nationales étaient moins affirmées qu'en cette seconde partie du XVIIIᵉ siècle : une défaite comme celle de Rossbach est déjà ressentie tout autrement qu'elle l'eût été au temps où Condé servait alternativement les couronnes de part et d'autre des Pyrénées.

Est-ce parce qu'il était conscient de l'erreur où l'avait conduit cet immobilisme, entraînant les ruines que l'on sait ? Ou parce que la grande majorité des évêques de France et de tous les continents le pressaient de prendre la défense de la Compagnie attaquée ? Ou tout simplement par fidélité personnelle, et conscience de ses devoirs ? Le fait est que, le 7 janvier 1765, Clément XIII riposta par la bulle *Apostolicum* à « l'injure grave faite à l'Église » et proclama que

« la Compagnie de Jésus respire au plus haut degré la piété et la sainteté, bien qu'il se rencontre des hommes qui, après l'avoir défigurée par de méchantes interprétations, n'aient pas craint de la qualifier d'irréligieuse et d'impie, insultant ainsi de la manière la plus outrageante l'Église de Dieu… »

Quant à l'épiscopat français, sa réaction, inévitable, prit moins l'allure d'un plaidoyer pour les jésuites, qu'il défendit, que d'une réaffirmation éclatante de l'autonomie du spirituel. Effrayée de la perspective d'une Église inféodée à l'État – surtout à cet État d'inspiration parlementaire, infecté de jansénisme et de philosophisme –, l'Assemblée du clergé réunie en août 1765 proclama avec une solennité pathétique, et à l'unanimité des suffrages, la suprématie intangible du spirituel, l'autonomie de l'Église de France, et ce qu'il faut bien appeler sa méfiance à l'endroit du pouvoir royal.

Voilà bien des révisions, remises en question, remue-ménage : vainqueurs ou vaincus, les jésuites gardent le pouvoir incomparable de déranger…

Dans la suppression de la Compagnie de Jésus en France, Emmanuel Le Roy Ladurie voit « une révocation à l'envers[*] », une « brimade » (belle litote) qui

« n'affecte plus les minorités adventices ni l'écorce, mais l'axe même, un peu s'en faut, de l'Église des Contre-Réformes : l'arbre dévot en sera entaillé jusqu'au cœur. Le gallicanisme royal, en 1682, voulait subordonner l'Église à l'État, quitte à éradiquer, sur les marges, trois ans plus tard, la communauté minoritaire des huguenots. Le gallicanisme des parlements (1762), qu'assument bon gré mal gré, pour des motifs politiques, la monarchie et le ministère, remodèle l'Église au plus intime d'elle-même. De 1762 à 1790 moins d'une génération s'écoulera jusqu'à la Constitution civile du clergé, elle-même issue du gallicanisme des légistes… ».

Globalement, estime l'historien de Louis XV, « la disparition de ce rameau bien vivant qu'est la Compagnie de Jésus prélude, dans la brève durée, à l'essouchage des troncs morts »[12]. Sur un autre plan, Le Roy Ladurie relève que

« la suppression des pédagogues ignaciens […] contraint l'État royal à intervenir dans l'enseignement secondaire dont il

[*] De l'édit de Nantes, bien sûr.

s'est fort peu mêlé jusqu'alors ; intervention qui exprime la prolifération des responsabilités étatiques, d'abord au sein de la monarchie, en attendant le jacobinisme de l'Empire ».

Spécialiste de l'histoire religieuse, Dominique Julia observe pour sa part que la très énergique réaction de l'Assemblée du clergé aux empiétements du pouvoir temporel que constituaient, aux yeux des évêques, les mesures prises par les parlements contre la Compagnie, contribue paradoxalement, à la veille de la Révolution, à « développer l'ultramontanisme » si cruellement atteint en apparence par l'expulsion des jésuites. Julia souligne que

> « l'expulsion des jésuites marque en fait le moment où les querelles religieuses du siècle se muent définitivement en débats politiques et où s'effondrent la théorie de l'union des deux puissances* et la théologie des rapports du spirituel et du temporel telles que les avait élaborées la déclaration des quatre articles de 1682 [13] ».

Certes. Mais l'éradication de la Compagnie du paysage français, si elle marque bien avec la dérobade royale une dissociation entre l'État royal et l'Église ultramontaine, dès longtemps préparée par Richelieu à sa façon et par Bossuet à la sienne, devait peut-être favoriser à terme, sous une autre forme, la collusion des « deux puissances » qui s'affirmera au temps de la Révolution.

On ne tentera pas d'imaginer ce qu'aurait pu être la stratégie de la Société de Jésus face à la montée en puissance des Assemblées de 1789 à 1793. Mais le fait qu'un seul des jésuites sécularisés, le R. P. Cerutti, se soit rallié à la Constitution civile du clergé donne à penser que la puissance de la Compagnie aurait radicalisé l'attitude de l'Église, et rendu plus difficile son soutien à la stratégie versaillaise qui devait faire de Louis XVI le roi bien-aimé des Constituants : la couronne avait plus d'intimité avec les parlements que le clergé, et beaucoup plus que les jésuites…

La proscription de 1762-1764 ne déblayait pas seulement les voies qui conduisaient à la révolution de 1789-1794. Elle dessinait déjà les contours de l'opération, ses méandres, ses étapes

---

* Royale et religieuse.

de parlements en états généraux et en Convention, de Choiseul en Necker et en Mirabeau, de nuit du 4 août en 10 août, de Feuillants en Cordeliers... La liquidation des jésuites avait savonné la planche, les planches de plus en plus inclinées où allait glisser la monarchie. Louis XV l'avait peut-être entrevu. Il préféra néanmoins se taire, on l'a vu, de peur de « parler trop »*...

Entre Belém et Versailles, entre Tage et Pyrénées, entre Pombal et Choiseul, le souverain de l'Escurial semblait immunisé contre ce type de fièvres. L'ordre de saint Ignace était d'origine espagnole. L'homme était pieux, à la différence de son cousin de France, et avec fermeté, à l'opposé de celui de Lisbonne. Et rien n'est moins castillan que d'imiter un Français, sinon de copier un Portugais. La Compagnie, au début des années soixante, semblait à l'abri sur les terres des Bourbons d'Espagne.

Charles III, Carlos Tercero... : tel est le personnage dont tout va dépendre. Son principal ministre, le comte d'Aranda, peut bien être le Choiseul espagnol, homme des Lumières, voltairien, philosophe, et mesuré dans l'affaire des Guaranis. Pour quoi aurait compté son « philosophisme » si le roi très-catholique, arrière-petit-fils de Louis XIV, n'avait pesé soudain de tout son poids dans le sens de la répression antijésuitique ? C'est sous l'impulsion du souverain lui-même que fut menée la chasse aux ignaciens, poussée si loin, si fort, si vite et si furieusement que, l'abolition espagnole accomplie, nul ne pressa le Vatican avec tant de hargne et de passion que Charles III pour que la Compagnie de Jésus fût arrachée de la chrétienté comme une herbe mauvaise, comme la racine du mal.

Citons de nouveau Crétineau-Joly. Bien que les jésuites et

---

* Dans l'opération de « déjésuitification » de 1762-1764, il faut tenir compte de données où les rancunes et les mythes pesèrent moins lourd que les réalités :

– volonté de l'État de récupérer la responsabilité de l'enseignement confié aux religieux depuis deux siècles ;

– caractère caduc de la plupart des contrats de financement des missions et des fonctions pastorales assurées par les jésuites ;

– transformations du régime de propriété, rendant anachronique le système des bénéfices.

lui-même se soient toujours défendu de toute collusion, ce Vendéen monarchiste se comporte souvent en apologiste de la Compagnie. Sa présentation, ici, n'en a que plus de saveur :

> « Charles III régnait sur l'Espagne. Prince religieux et habile, intègre et éclairé, mais impétueux et tenace, il avait la plupart des qualités qui font le bonheur des peuples. Son caractère s'accordait parfaitement avec celui de ses sujets ; comme eux, il poussait au plus haut degré l'esprit de famille et l'honneur du nom. A Naples[*] ainsi qu'à Madrid, Charles III s'était toujours montré dévoué à la Compagnie de Jésus[**]. »

C'est lui, Charles III, qui avait dénoncé le fâcheux « traité des frontières » de 1750, responsable de la « guerre guaranitique » opposant les jésuites au pouvoir portugais et, de fil en aiguille, à la très catholique Espagne. On peut dire que, jusqu'à cet épisode malheureux, le souverain de Madrid avait manifesté avec fermeté le souci de ne rien tenter contre la Compagnie, si peu qu'il l'aimât.

Comment s'opéra le bouleversement qui devait propulser ce dévot au premier rang des chasseurs de jésuites ? Pourquoi Charles III devint-il le procureur par excellence du procès contre la Compagnie, plus en flèche encore qu'Aranda ou que Choiseul, ou même que Pombal, dans la mesure où sa piété, sa foi, son dévouement au catholicisme ne pouvaient être suspectés à Rome, ni ailleurs ?

Plusieurs influences avaient joué ou allaient jouer sur lui pour réorienter sa vision du problème. Il ne faut pas négliger d'abord le développement en Espagne d'un jansénisme très spécifique, essentiellement puritain, qui dressait contre les ignaciens une grande partie du clergé, irrité de leur prééminence. La seconde influence fut anglaise, c'est-à-dire fondamentalement antijésuitique. On sait qu'au prix d'intrigues incessantes et d'une guerre ruineuse, Louis XIV avait réussi,

---

[*] Où il régna d'abord.
[**] Non. Sa correspondance révèle une méfiance ancienne à l'encontre des jésuites, nourrie peut-être de son appartenance probable au tiers-ordre franciscain, et avivée par la responsabilité qu'il imputait à la Compagnie d'avoir fait échouer ses efforts en vue d'obtenir la béatification de Juan de Palafox, évêque de Puebla (Mexique) qui eût été une gloire pour l'Espagne.

en la personne de son petit-fils Philippe (cinquième du nom en Espagne), à faire prévaloir l'influence française à Madrid. Mais à la veille de l'accession au trône de Charles III, l'anglophile duc d'Albe avait supplanté le francophile marquis de la Enseñada, non sans faire circuler des lettres des jésuites prêts à soulever, contre le pouvoir, « leurs » Indiens d'Amérique. Ces lettres ayant été fournies au « parti anglais » de Madrid par Pombal, le roi Charles III refusa de les prendre en considération. Mais le dossier était rangé dans les tiroirs d'Aranda.

Les armes de Pombal étaient un peu grossières, trop pour le gentilhomme Charles III. Celles de Choiseul seraient plus fines. En nouant le « pacte de famille » entre les diverses branches des Bourbon (1761), le principal ministre de Louis XV renforçait certes la « main » de la France à Madrid, et mieux encore en renonçant à exiger, comme l'avait fait absurdement Louis XIV, qu'en matière de représentation diplomatique la France eût d'office le pas sur l'Espagne… Mais ce retour de la diplomatie française à Madrid, dès lors qu'il avait Choiseul pour maître d'œuvre, allait s'opérer à l'encontre des jésuites.

Dernière influence, la plus importante peut-être, celle de l'ancien ministre de Charles à Naples, le célèbre jurisconsulte Tanucci, qui avait gardé un contact très étroit avec celui dont il avait voulu faire le modèle du « despote éclairé », et ne cessait de le mettre en garde contre les hommes noirs, exploitant les circonstances constamment favorables aux jésuitophobes.

Avant de faire d'Aranda son Premier ministre, le roi Charles avait eu la main malheureuse en choisissant, pour exercer ces hautes responsabilités, le Napolitain Esquilacce qui lui mit dans la tête l'idée saugrenue d'interdire aux Espagnols de porter la *capa* et le *sombrero*, sous prétexte que ces affûtiaux pouvaient dissimuler quelques poignards, pistolets et autres atouts de comploteurs – voire des signes et des regards complices, s'agissant des *sombreros*…

On imagine comment le peuple qui allait un demi-siècle plus tard se soulever contre Napoléon accueillit ce genre de brimade ! La révolte gronda dans Madrid. On s'assembla, on conspua, on s'ameuta. On massacra même quelques-uns des gardes wallons du roi, hérités de Charles Quint. Ses conseillers persuadèrent le roi Charles de se mettre à l'abri à Aranjuez. Humilié par ce repli face à son peuple, le souverain le fut beaucoup plus quand il apprit que les pères jésuites, fort influents dans la capitale – ce dont il ne s'était jusqu'alors pas formalisé, semble-t-il –, avaient aisément apaisé le *motin de los sombreros* et, en quelques harangues, rétabli l'ordre à son bénéfice. Avoir fui était humiliant. Devoir son retour en sa capitale à l'éloquence de quelques prêtres ne l'était pas moins. On pouvait compter sur l'influence du nouveau ministre, le comte d'Aranda – au demeurant distingué, lucide, cultivé, digne de ses hautes fonctions – pour lui faire paraître en l'affaire ce qui était propre à le blesser, au détriment des pères.

D'autant qu'aux côtés d'Aranda le duc d'Albe, longtemps ambassadeur à Londres, et le général Walh, tout dévoué à l'Angleterre*, ne cessaient de faire valoir qu'en Amérique latine comme en Europe les jésuites fomentaient des complots contre lui ; thèse qu'envenimaient les agents de Choiseul : ainsi, les deux partis qui prétendaient à une influence à Madrid, l'anglais et le français, faisaient-ils auprès du roi assaut de jésuitophobie.

Indépendamment des historiens espagnols comme Menendez Pelayo, les meilleures sources ici sont allemandes : Ranke (*Histoire de la papauté*), Murr (*Histoire des Français*) et Schoell (*Histoire des États européens*). Elles suggèrent des versions voisines, ou complémentaires, de l'entreprise de « désinformation », de « lavage de cerveau » à laquelle fut soumis Charles III en vue de susciter sa haine contre la Compagnie de Jésus :

« On persuada le roi, écrit Ranke, que les jésuites avaient conçu le plan de mettre sur le trône, à sa place, son frère don Louis. » Christoph de Murr ajoute que Charles III restait marqué par « l'insurrection des chapeaux, la croyant due à quelque intrigue étrangère. On réussit à lui persuader qu'elle était l'œuvre des jésuites ». Aranda aurait même persuadé le souverain que, du fait des jésuites, la vie de la famille royale était mise en danger : Charles III en fut si troublé qu'il s'en ouvrit en deux lettres adressées à son ami Tanucci, à Naples.

Mais d'autres historiens comme Menendez Pelayo, Modesto Lafuente, Crétineau-Joly ou le protestant Schoell vont beaucoup plus loin et probablement beaucoup plus au cœur du sujet, en formulant cette hypothèse :

---

* Bien qu'il fût irlandais.

« On assure qu'on mit sous les yeux du roi une prétendue lettre du père Ricci, général des jésuites, que le duc de Choiseul est accusé d'avoir fait fabriquer ; lettre par laquelle le général aurait annoncé à son correspondant qu'il aurait réussi à rassembler des documents qui prouvaient incontestablement que le roi Charles III était un enfant de l'adultère » (Schoell).

Le commentaire de Crétineau-Joly ne manque pas de force :

« Un homme de la trempe de Charles III ne modifie pas en un seul jour les opinions de toute sa vie. Restant chrétien plein de ferveur, il ne va pas briser un Institut qui, répandu dans chaque province de son empire, avait conquis plus de peuples à la monarchie espagnole que Christophe Colomb, Cortez et Pizarre. Pour décider Charles III à cet acte de sévérité inouïe, il a fallu des motifs extraordinaires. Le plus plausible, le seul qui pût allumer son courroux, c'était de jeter sur son royal écusson le stigmate de la bâtardise. On avait étudié à fond son caractère, on le croyait incapable de céder à des suggestions philosophiques, on le saisit par le point vulnérable [15]. »

Que l'histoire de cette forgerie soit contestable, on en convient volontiers. Mais n'est pas absurde. La mère de Charles III était Elisabeth (ou Isabel) Farnèse, seconde femme de Philippe V. Manœuvrant le roi à sa guise, elle était elle-même dominée par Giulio Alberoni, Italien comme elle et promu, de son fait, d'un infime secrétariat au cardinalat et au sommet du pouvoir. Le parallélisme avec Mazarin s'impose à ceci près que le cardinal parisien n'est pas au côté d'Anne d'Autriche à l'époque de la naissance de Louis XIV.

Elle est mise en doute par le plus prestigieux des historiens de la papauté, l'Allemand Ludwig von Pastor, ainsi que par le R. P. Dudon qui, dans un impressionnant article de la *Revue des questions historiques* (1938, septembre-octobre, p. 92-93), s'étonne de ce que Crétineau-Joly n'ait jamais fourni toutes ses preuves. Mais il retient comme vraisemblable que la fameuse « lettre de Ricci » portant la scandaleuse imputation ait été saisie à Figueras dans les bagages de deux pères quittant l'Espagne pour Rome, les RR. PP. Larrain et Recio, après avoir été glissée dans leurs bagages. Cela s'est vu...

Si romanesque et imprécise qu'elle soit, cette thèse explique mieux que les autres le stupéfiant comportement du roi.

Crétineau-Joly assure d'autre part qu'

> « au moment de mourir le duc d'Albe déposa entre les mains
> du grand inquisiteur Bertram, évêque de Salamanque, une
> déclaration portant qu'il avait contribué à fomenter l'émeute
> des chapeaux, pour la faire imputer aux jésuites, et qu'il avait
> composé en partie la lettre supposée du général des jésuites
> contre le roi d'Espagne et inventé la fable de l'empereur Nico-
> las Ier "empereur des Guaranis" ».

Le fait est que l'imputation de bâtardise était peut-être seule
de nature à bouleverser le pieux Charles III au point de transformer ce dévot en un autre Pombal, ce « despote éclairé » en
un furieux mangeur de jésuites : on pense parfois à un Othello
manipulé par un Iago à triple visage, ceux d'Aranda, de Pombal et de Choiseul…

Animée par la soudaine fureur du roi, une enquête intense
et secrète, comme elle pouvait l'être au pays de l'Inquisition,
visant d'abord les jésuites mais aussi tous ceux qui, au cours
de la dernière décennie, avaient entretenu des rapports avec
eux, se développe à travers le pays. En moins de six mois est
constitué un énorme dossier, soumis, le 29 janvier 1767, à un
« Conseil extraordinaire » devant lequel le « fiscal de Castille »,
Ruiz de Campomanés, prononce un réquisitoire qui entraîne la
sentence, surprenante en ce qu'elle n'énonce aucun grief contre
la Compagnie de Jésus, n'évoque aucun délit, et va directement
à la peine :

> « Supposé ce qui a été dit, le Conseil extraordinaire passe à
> exposer son sentiment sur l'exécution du bannissement des
> Jésuites, et sur les autres mesures qui en sont la conséquence,
> afin qu'il obtienne, dans l'ordre convenable, son entier et plein
> accomplissement. »

Plus remarquable encore est la précision menaçante qui
imprime au traitement de toute l'affaire un tel caractère de
secret, que la version d'une affaire intime, d'une question
d'honneur familial, s'impose évidemment à l'esprit :

> « Sa Majesté se réserve, à elle seule, la connaissance des graves
> motifs qui ont déterminé sa royale volonté à adopter cette juste
> mesure administrative en usant de l'autorité tutélaire qui lui

appartient [...] Sa Majesté doit imposer de plus à ses sujets le silence sur cette affaire, afin que personne n'écrive, ne publie ni ne répande d'ouvrages relatifs à l'expulsion des Jésuites, soit pour, soit contre, sans une permission spéciale du gouvernement [...]; tout ce qui la regarde doit être entièrement du ressort et sous l'autorité immédiate du président et des ministres du Conseil extraordinaire. »

L'ambassadeur du roi très-catholique auprès du Saint-Siège chargé de communiquer cette indescriptible sentence au pape, si cher au cœur du roi Charles, reçut de lui l'ordre « très exprès » de se refuser à toute explication lors de la remise de la lettre royale.

Il est très peu d'exemples dans l'histoire d'une mesure aussi considérable (l'abolition de la Compagnie au pays de Loyola et sur toute l'étendue de l'immense Empire espagnol) qui ait laissé moins de traces. A l'exception du roi, quatre hommes seulement – le Premier ministre Aranda, les diplomates Roda et Monino* et le juriste Campomanés – furent dans la confidence et manièrent le dossier. Seuls quelques pages et de très jeunes secrétaires inconscients servirent de scribes. Tous les ordres en vue de la proscription furent enfermés dans des enveloppes scellées adressées aux fonctionnaires de la *Securidad* dans toutes les possessions espagnoles au-delà des mers, avec cette mention : « Sous peine de mort, à n'ouvrir que le 2 avril 1767, au déclin du jour. »

Mais le plus extraordinaire, le plus saisissant, le plus inimaginable est encore le texte de la lettre royale aux gouverneurs, cachetée comme on l'a dit :

« Je vous revêts de toute mon autorité et de toute ma puissance royale pour sur-le-champ vous transporter avec main-forte à la maison des Jésuites. Vous ferez saisir tous les Religieux, et vous les ferez conduire comme prisonniers au port indiqué dans les vingt-quatre heures. Là ils seront embarqués sur des vaisseaux à ce destinés. Au moment même de l'exécution, vous ferez apposer les scellés sur les archives de la maison et sur les papiers des individus, sans permettre à aucun d'emporter avec soi autre chose que ses livres de prières et le linge

* Qui sera, en tant qu'ambassadeur à Rome, l'inspirateur de la dernière phase de la mise à mort.

strictement nécessaire pour la traversée. Si, après l'embarquement, il existait encore un seul Jésuite, même malade ou moribond, dans votre département, vous serez puni de mort.

Moi, le Roi. »

Plus fort que Choiseul, et même que Pombal dont la brutalité se voilait de quelque forme. Au nom du roi, Aranda poussait l'arbitraire jusqu'à la provocation sans que les motifs fondant la sanction foudroyante fussent jamais formulés.

Coupables ou non, mais condamnés, plus de 5 350 pères de 240 maisons et collèges créés par les jésuites en deux siècles, d'Europe en Afrique et d'Asie en Amérique, furent saisis au cours de la nuit du 2 avril 1767, conduits dans les ports et embarqués sur toutes sortes de vaisseaux à destination des États du pape.

Indigné du procédé comme il l'avait été par celui, de même nature, employé dix ans plus tôt par Pombal, Clément XIII interdit d'abord de laisser pénétrer les embarcations espagnoles dans le port de Civitavecchia, et les fit diriger sur la Corse où le marquis de Marbeuf conduisait les brutales opérations qui allaient conduire à l'annexion de l'île par la France[*]. Ce n'est que dans un second temps que le pape accueillit dans ses États les proscrits de l'Empire espagnol.

Les procédures d'expulsion[**] n'étaient pas de nature à inciter Clément XIII au silence ou à l'oubli, ni à se satisfaire de la sèche notification transmise par l'ambassadeur du roi d'Espagne, ni à se persuader que la Société, en corps, eût commis des crimes assez affreux pour lui valoir ce châtiment collectif. Ne s'y trouvait-il aucun innocent qu'un procès eût pu blanchir ? Aucun des proscrits qu'il accueillit à Rome ne trouvait la moindre explication… Aussi dépêcha-t-il un émissaire secret à Madrid, porteur d'une lettre écrite de sa main au roi Charles. Il le conjurait au nom de l'Église de lui révéler les raisons d'un acte dont, selon lui, la chrétienté restait blessée, et

---

[*] Un an avant la naissance de Bonaparte.

[**] Bientôt élargies à Naples (royaume des Deux-Siciles), à Parme et à Florence. Les Deux-Siciles étaient possession espagnole. Charles III y avait régné avant d'y installer son fils Ferdinand IV dont le Premier ministre Tanucci et l'ambassadeur à Rome, le cardinal Orsini, joueront des rôles importants dans la suppression de la Compagnie par la papauté.

il l'assurait d'une éclatante justice rendue au nom du Saint-Siège si quelques jésuites étaient reconnus coupables…

Le roi répondit, lui aussi de sa propre main, que, « pour épargner au monde un grand scandale, il conserverait à jamais dans son cœur l'abominable trame qui avait nécessité ses mesures de rigueur […] que la sûreté de sa vie exigeait de lui un profond silence sur cette affaire », et qu'il avait pris l'implacable résolution de poursuivre dorénavant, par tous les moyens mis en sa puissance, l'abolition d'un ordre que tous les souverains étaient intéressés à anéantir…

C'était annoncer sans ménagement l'acte final de cette cérémonie sacrificielle en quatre temps, qui s'apparenta, en son irrémédiable rigueur, à une corrida. Au Portugal avait opéré, lourdement comme il se doit, le picador ; en France était venu le tour des banderilleros sournois ; l'Espagne avait donné, naturellement, l'estocade. Manquait le *descabello*, le coup de grâce, qui fut administré, comme le veut la tradition, en ce lieu que l'on appelle la *querencia*, refuge ultime du taureau. Pour la Compagnie, bien sûr, Rome.

Si furieusement décidé à anéantir la Société de Jésus que fût le roi d'Espagne – et avec moins de rage, mais le même souci de n'avoir plus jamais affaire aux jésuites, ses cousins de Paris et de Lisbonne –, l'entreprise comportait encore beaucoup d'aléas, du moins tant que Clément XIII occupait le trône papal : on a vu sur quel ton il avait pris la défense de la Société expulsée de France, puis d'Espagne… Les relations du pape avec les jésuites s'étaient d'autant mieux resserrées que son indignation était plus vive, et que son entourage se peuplait d'exilés de Castille ou du Paraguay, affichant leur innocence face à l'arbitraire des rois. A qui s'attache-t-on mieux qu'à ceux qu'on a pris sous sa protection ?

Nul problème de doctrine ou de discipline, ou de caractère, ne séparait plus « pape noir » et « pape blanc » – et d'autant moins qu'en 1758 la Compagnie avait élu pour préposé général le R. P. Lorenzo Ricci, noble Florentin dont la douceur, la culture, la longanimité, la modestie n'étaient pas pour faire un rude compétiteur. On peut s'étonner que ces vertus pour saisons calmes aient désigné Ricci à l'attention de ses confrères, alors que s'amoncelaient au Portugal, à propos de la « guerre guaranitique », les nuages annonciateurs de l'orage qui allait tout emporter*. La monarchie française eût-elle été élective, il est peu vraisemblable que les scrutateurs aient choisi, vers 1788, le doux Louis de Bourbon.

Lorenzo Ricci, qui manifesta, la catastrophe venue, la plus ferme dignité et mourut dans son cachot en stoïcien, assista sans presque réagir aux diverses étapes du démantèlement de la formidable Compagnie bâtie par Loyola – du supplice de Malagrida à Lisbonne, à la mise au ban des successeurs français de Coton et de Bourdaloue et, en Castille, à la persécution de prêtres rendus responsables, entre autres choses, d'une lettre infamante à lui attribuée. Les jésuites avaient pu, au cours de leur histoire, être accusés ou loués de tout, sauf de passivité… Le préposé général tablait-il, à jamais, sur la fidélité du pape ? Louis XV et Charles III s'étaient bien retournés contre la Société. Mais Clément XIII ?…

Il arriva pourtant ce qui devait arriver : que ce pape mourut. Et que le conclave qui allait s'ensuivre aurait, sous la pression des cours hostiles, à choisir un pontife qui, soit pour être élu, soit en raison de ses sentiments propres, adopterait un autre comportement au regard de la Compagnie. Il était notoire que les principales monarchies d'Europe, à l'exception apparente de celle de Vienne, voulaient couronner leur œuvre par l'anéantissement du jésuitisme à sa source même, et allaient tenter de « faire un pape » soumis à leur volonté et propre à accomplir leurs desseins.

Clément XIII étant mort au début de février 1769, le conclave fut convoqué pour le 14 février, et s'assembla peu à peu sous l'œil pesant des représentants de ces monarchies, dont la puissance jouerait dans le choix de la plupart des cardinaux un rôle plus décisif que leur conscience, ou leur jugement.

La tradition voulait qu'au sein du Sacré-Collège un goupe dit « des couronnes », prêt à tout pour complaire aux monarques, s'opposât à celui des *zelanti*, de ceux qui, sans être pour autant des anges, jugeaient que le pape ne devait pas être « fait » à

* Les participants à la onzième Congrégation qui choisit d'élire le R. P. Ricci, en 1758, ne se faisaient pas d'illusion. On lit dans le « décret » de conclusion de ces assises que, « s'il plaisait à Dieu […] que nous fussions éprouvés par l'adversité, Dieu n'abandonnera pas ceux qui lui sont intimement unis ».

Versailles ou à l'Escurial, mais choisi – surtout… – en fonction de critères apostoliques.

Les rudes représentants des puissances – le général marquis d'Aubeterre qui prétendait conduire l'affaire comme la prise d'une place forte, Azpuru l'Espagnol, Almeida le Portugais –, ayant reçu de leur souverain l'unique mission de faire couronner le cardinal le plus hostile aux jésuites, mirent tous leurs soins à intimider, diviser, écarter les *zelanti*. Ils disposaient à cet effet, au sein du conclave, de deux alliés, animés comme eux de mobiles purement politiques : l'un était l'archevêque de Séville, le cardinal de Solis ; l'autre était l'archevêque d'Albi, le cardinal de Bernis. Mais tandis que le premier remplissait son office en se conformant strictement aux ordres de ses maîtres (temporels), le jeu de François de Bernis fut bien digne de ce personnage en qui semble s'accomplir le siècle de Louis XV.

Brillant jusqu'à s'aveugler lui-même de ses propres rayons, crépitant de cynisme bénin mais ayant déployé un zèle apostolique déconcertant dans son archevêché d'Albi où Choiseul avait voulu le faire oublier, voluptueux au point d'avoir inspiré à Voltaire le surnom de « Babet la bouquetière » (alors que Mᵐᵉ de Pompadour l'appelait « mon pigeon pattu ») et, la cinquantaine bien passée, de se faire livrer par son ami Casanova quelques nonnettes supposées consentantes, poupin, coquet, dodu, plus soucieux d'un bon mot que d'un bon vote et plus attentif à se faire nommer ambassadeur à Rome pour payer ses dettes qu'à envoyer sur le trône le plus éminent des cardinaux, François-Joachim de Pierre de Bernis n'était pas, au fond, ennemi des jésuites dont il avait été l'élève à Louis-le-Grand. Il était en tout cas dégoûté par la brutalité des procédés utilisés à leur encontre et fort agacé par l'activisme rustique de ses interlocuteurs.

Ancien ministre des Affaires étrangères, il avait tout pour préfigurer à Rome le Talleyrand de Vienne, et ne souhaitait pas jouer les bourreaux. Mais à force de louvoyer avec une grâce souveraine entre les rappels à l'ordre de Choiseul, les sommations de ses « alliés » et ses propres ruses, il se fit « doubler » par ses concurrents espagnols qui imposèrent le pape de leur choix, le personnage qu'ils « tenaient » par les promesses les plus sûres à leurs yeux.

Ces séances du conclave romain de 1769, d'où émergea l'exécuteur des hautes œuvres des Bourbon contre les jésuites, sont les moins secrètes de l'histoire de la papauté. Non seulement du fait des scintillants *Mémoires* de Bernis, du *Journal d'un conclaviste*, tenu par le cardinal napolitain Filippo Pirelli, mais aussi du fait de l'historien catholique Crétineau-Joly qui put mettre la main, au milieu du XIXe siècle, sur l'ensemble des rapports adressés par les prélats français à Aubeterre et à Choiseul – au mépris des règles rigoureuses du secret des délibérations – et les publia dans *Clément XIV et les Jésuites*.

Nous n'ignorons donc rien des tractations qui aboutirent à l'élimination préliminaire des quatre cardinaux tenus pour jésuitophiles, puis du retrait du soutien apporté jusque-là à la Compagnie par la cour de Vienne à la suite d'une visite du futur Joseph II au Vatican qui fut d'une importance capitale, puis de la mise à l'écart des cardinaux Albani et Fantuzzi, apparemment les plus capables, parce qu'ils avaient eu l'imprudence de murmurer qu'ils voteraient « selon leur conscience » – les malheureux… Ainsi lisons-nous sous la plume de Bernis :

> « Dans la liste de ceux qu'on peut choisir, il y a des Jésuites aussi Jésuites que j'en connaisse ; et que, pour trouver ici de vrais ennemis de cette Société, il faudrait être Dieu et lire dans les cœurs. Nous allons rentrer dans le silence, cultiver nos créatures, en augmenter s'il se peut le nombre. Elles sont toutes prévenues, avant d'engager leurs voix, de nous demander s'il n'y a point de difficultés sur les sujets* proposés… »

Et comme le cardinal français suggère à ses mandants que l'on fasse savoir que, si satisfaction n'est pas donnée aux cours de Paris et de Madrid, un schisme se produirait en Europe, l'ambassadeur Aubeterre se saisit de l'idée et met les points sur les *i* : « Toute élection faite sans le concert des Cours ne sera pas reconnue… » La menace est si brutale que Bernis s'en effarouche, préférant « sortir du Conclave sans avoir déchargé (ses) armes. »

Son rival sévillan, lui, n'a pas de ces pudeurs et va droit au but. Après son confrère français, mais avec plus de « flair », il a repéré dans la foule écarlate, moins brillant que d'autres, moins jésuitophobe en paroles qu'un Malvezzi ou un Corsini, plus prudent, plus attentiste, le cardinal Ganganelli, le seul moine du Conclave : un cordelier. Comment, issu de cet ordre

---

* « Le » sujet, bien sûr.

un peu prolétaire, un peu décadent, ne serait-il pas animé de quelque ressentiment contre les éclatants jésuites ?

Solis ose faire ce que Bernis, premier interlocuteur de Ganganelli, s'est retenu d'entreprendre. Il harponne le moine, et met cartes sur table : un candidat ne peut être élu que s'il s'engage auprès des puissances à supprimer la Société de Jésus. Si Ganganelli prend le premier cet engagement à l'adresse du roi d'Espagne, lui, cardinal de Solis, se fait fort d'assurer sa victoire. C'est dans ces conditions qu'est rédigé par le cordelier le billet que voici :

> « Je reconnais au Souverain Pontife le droit de pouvoir éteindre en conscience la Compagnie de Jésus, en observant les règles canoniques, et qu'il est à souhaiter que le futur Pape fasse tous ses efforts pour accomplir le vœu des Couronnes. »

Sur ce point, comme sur l'« affaire de la bâtardise », Crétineau-Joly est contesté par ses successeurs von Pastor et Dudon – bien qu'il se réfère lui-même à un prédécesseur, Saint-Priest. Le R. P. Dudon s'étonne qu'il ne produise point en fac-similé, comme il le fait pour d'autres pièces, la « note Ganganelli[*] ». L'auteur de *Clément XIV et les Jésuites* a juré ses grands dieux qu'il avait eu ce texte entre les mains. Pastor et Dudon citent en tout cas une note du cardinal de Solis à l'ambassadeur Azpuru, qui est presque aussi explicite :

> « … J'ai proposé la candidature de Ganganelli, à cause de la sécurité où j'étais, par suite d'entretiens antérieurs et secrets avec lui, qu'il réaliserait les idées de notre monarque et donnerait satisfaction à toutes les prétentions dont sa Cour voulait traiter avec le nouveau pape. »

Ce qui est certain, c'est qu'après l'élection du cordelier les divers émissaires espagnols à Rome se référeront constamment, dans leurs rapports avec lui, à la « parole donnée » en vue de la suppression de la Compagnie. Et l'un d'eux, Florida Blanca, parlera de « promesse par écrit ».

Solis s'est bien gardé de prévenir son « allié » Bernis qui,

---

[*] A laquelle le *Journal d'un conclaviste* ne fait aucune allusion, tout en confortant la thèse de la collusion étroite entre Ganganelli et les Espagnols.

interrogé par Aubeterre, répond négligemment à propos de Ganganelli, déjà ficelé à l'espagnole : « C'est, de tous les sujets papables [*sic*], celui dont je me hasarderais le moins à faire l'horoscope, s'il est élu. »

Mais il lui faudra bien s'aviser du succès de l'intrigue sévillane, et reconnaître que « ce Ganganelli est un jésuite [!] et qui a transigé avec eux… Au moins faut-il prendre des précautions pour que Ganganelli nous ait obligation de sa papauté… ».

Trop tard, cher Bernis, trop tard : Figaro-cardinal l'a emporté sur Votre Éminence, la temporisation charmeuse n'étant plus de saison. C'est le garrot espagnol qui fera la loi, passé au cou du moine.

Vicenzo Antonio Ganganelli, de Rimini, ci-devant « général » des cordeliers, fut donc élu sous le nom de Clément XIV. Ceux de cet ordre (branche de celui des franciscains) sont également appelés « conventuels » parce qu'ils restent groupés en communautés, notamment à Assise. On les disait alors en déclin, ce qui put inciter leur supérieur, tout cardinal qu'il fut, à montrer peu d'indulgence à l'endroit des jésuites – comme l'avait prévu Solis.

En fait, la plupart des observateurs, ecclésiastiques ou non, le tenaient jusqu'au conclave de 1769 pour assez favorable à la Compagnie. Clément XIII le présentait comme « un jésuite revêtu de l'habit franciscain » et le cardinal Orsini, affidé du complot contre la Société, comme « un jésuite déguisé ».

De tous ces observateurs, seul Bernis – qui ne l'aimait pas et ne peut être soupçonné d'avoir voulu lui décerner ainsi un certificat d'éligibilité – le décrivait à la veille du conclave comme « point ami de la Société de Jésus ».

Bref, Ganganelli est sous la tiare. Drôle de pistolet que ce moine. Les mémorialistes, qui soulignent « la pureté de ses mœurs », nous le présentent comme un fougueux cavalier, aimant « galoper en habit court blanc et chapeau rouge, si vite que ses écuyers ne pouvaient le suivre », joueur de boules, musicien, botaniste et entomologiste, avec ça grand admirateur de Bourdaloue et lecteur du *Mercure de France*, passant de longues heures à la villa Patrizi pour jouer au *trucio* et, à Castel Gandolfo, au billard… Ce trait encore, de Bernis : « Sa Sainteté est maîtresse de ses paroles, non de son visage. »

Le visage de ce hardi cavalier ne devait pas cesser, en effet, de refléter de cruelles alarmes. Car Clément XIV ne fut pas plus tôt sur le trône que, par le truchement de son ambassadeur José de Monino fait marquis de Florida Blanca, la cour de Madrid commença de le harceler, lui rappelant la « parole donnée », la promesse écrite (?) faite au roi Charles par l'intermédiaire du cardinal de Solis. Écrit ou oral, l'engagement arraché au cardinal-moine par le souverain, bouillonnant de l'impatience d'accomplir jusqu'au bout sa vengeance contre la Compagnie, faisait du pape l'otage moral de la cour espagnole.

Il est vrai que sa promesse d'« éteindre » la Compagnie, si on retient le texte du billet cité par Saint-Priest et Crétineau-Joly, s'accompagnait d'une condition, le respect des règles canoniques impliquant des procédures compliquées dont Madrid ne souhaitait pas que l'on s'embarrassât. Et Ganganelli sans l'avoir d'ailleurs fait spécifier dans un texte, avait fait valoir à Solis que, s'il livrait les jésuites à la vindicte de Charles III, ce geste ne devait pas aller sans compensation – la remise à la papauté de la principauté de Bénévent, dont le roi d'Espagne pouvait disposer, mais aussi d'Avignon, qui ne lui appartenait point.

N'importe. Le cardinal avait fait une promesse, que le pape était tenu d'honorer. Il n'était plus un échange de vues entre Rome et Madrid qui ne comportât un rappel, une menace. Et le roi disposait contre le pape, sur les terres mêmes du Saint-Siège, d'une arme de poids : une imprimerie où s'éditaient des pamphlets de plus en plus venimeux, jusqu'à celui-ci, rédigé par l'ambassadeur Florida Blanca lui-même, a-t-on dit, et publié sous le titre de *Réflexions des Cours de la Maison de Bourbon sur le Jésuitisme* :

> « Si tout le monde croit naturellement à la probité et à la délicatesse d'un honnête homme, fût-il de la condition la plus ordinaire, à combien plus forte raison doit-il en être de même à l'égard du Vicaire de Jésus-Christ, source de toute vérité. Or, depuis plus de trois ans, le Pape a promis aux Souverains catholiques les plus illustres, de vive voix à plusieurs reprises, et même par écrit, l'abolition d'une Société infectée de maximes perverses dans son régime actuel, abolition généralement désirée par tous les bons chrétiens. Cependant le Saint-Père en diffère toujours l'exécution, sous des prétextes frivoles et artificieux… »

Clément XIV ne se crut pas de taille à relever ce défi qui lui était lancé sur son propre domaine. Épouvanté par les sommations d'un souverain qui le « tenait », et par l'idée (dont Bernis se fit l'écho) d'être empoisonné, soit par les jésuites, soit par leurs ennemis, isolé des cardinaux qui eussent pu lui faire un écran protecteur et, en tout cas, lui fournir une échappatoire à l'exigence de ceux auprès desquels il s'était engagé – un art où excelle la Curie romaine –, seulement entouré de quelques moines de son ordre comme fray Francesco Buentempi, son confident, il eut recours à des mesures dilatoires, non sans faire rédiger en secret un projet de « bref » de suppression qu'il communiqua pour avis aux cours de Madrid et de Paris : geste où s'exprimait ce qu'un rédacteur de la *Nouvelle Histoire de l'Église* appelle sa « servilité [16] ».

Pour s'épargner cette abolition de la Compagnie qu'il avait déclarée jadis « aussi périlleuse que la destruction du dôme de Saint-Pierre », et qu'il sentait fort impopulaire en ses États et dans l'opinion catholique où chacun n'était pas, tant s'en faut, favorable aux jésuites mais où la majorité appréhendait l'ébranlement irrémédiable des structures ecclésiales, le pape Clément crut habile de suivre l'exemple de Pilate, tentant de substituer quelques supplices à l'exécution capitale. Ainsi donna-t-il licence au cardinal Malvizzi, qui les haïssait, de faire la chasse aux jésuites dans le ressort de son archevêché de Bologne.

Piètre compensation pour l'impatient roi d'Espagne qui harcèle son ambassadeur à Rome : le dynamisme expéditif de Florida Blanca va tout balayer. Pour gagner du temps, peut-être même pour sauver la Société de Jésus, Clément XIV avait évoqué, avant son arrivée, la possibilité de convoquer un concile. Eu égard à l'importance prise par les jésuites dans l'histoire de la chrétienté, une telle procédure ne semblait pas démesurée. En vue d'anéantir l'ordre des Templiers, Clément V, d'accord avec Philippe le Bel, n'avait-il pas convoqué une assemblée de trois cents prélats devant lesquels avaient comparu les accusés ? L'Église catholique, en quatre siècles, avait-elle perdu ce sens de l'équité qui implique avant tout le droit reconnu à l'inculpé de présenter publiquement sa défense ?

Les cours, à commencer par l'espagnole, mirent leur veto absolu au déploiement de cette procédure. Qu'arriverait-il si l'on convoquait des évêques provisoirement émancipés des autorités souveraines, et si l'on donnait aux habiles casuistes jésuites le droit d'émouvoir l'opinion ou d'ébranler des juges ? L'ambassadeur de Madrid se fit impérieux, cassant. Il exigea l'exécution de la promesse, il parla d'honneur, il menaça, au nom de l'épiscopat espagnol et mexicain. D'ailleurs, il avait rédigé un projet, en dix-huit articles : le pape voulait-il le lire ? Clément XIV ne s'abaissa tout de même pas jusqu'à entériner ce texte, mais s'empressa d'en rédiger un autre.

Vint le 21 juillet 1773. Ce matin-là, Clément XIV n'entama pas sa journée par une franche galopade en habit blanc et chapeau rouge, ou par une partie de boules, ou par la relecture d'un sermon de Bourdaloue : à l'aube, il avait signé le texte du « bref » *Dominus ac Redemptor* qui portait dissolution de la Compagnie de Jésus.

On tient de l'un de ses successeurs, Grégoire XVI, que Ganganelli signa le bref dans la pénombre, au crayon, sur l'appui d'une fenêtre du Quirinal, et que, l'ayant fait, il tomba évanoui sur les dalles de marbre. Le cardinal de Simone, alors « auditeur » du pape, a raconté ainsi la suite de la scène :

> « Le Pontife était presque nu sur son lit ; il se lamentait, et de temps à autre on l'entendait répéter : "O Dieu, je suis damné ! L'enfer est ma demeure. Il n'y a plus de remède." Fra Francesco[*] me pria de m'approcher du Pape et de lui adresser la parole. Je le fis ; mais le Pape ne me répondit point, et il disait toujours : "L'enfer est ma demeure ! Ah ! j'ai signé le bref ; il n'y a plus de remède." Je lui répliquai qu'il en existait encore un et qu'il pouvait retirer le décret : "Cela ne se peut plus, s'écria-t-il, je l'ai remis à Moniño[**] et, à l'heure qu'il est, le courrier qui le porte en Espagne est peut-être déjà parti. – Eh bien ! Saint-Père, lui dis-je, un bref se révoque par un autre bref. – O Dieu ! reprit-il, cela ne se peut pas. Je suis damné"[17]… »

Que contenait-il, en fait, ce décret où un pape voyait l'instrument de sa damnation ? Observons d'abord qu'en choisissant la forme du bref plutôt que de la bulle, beaucoup plus solennelle – et à laquelle avait eu recours son prédécesseur Clément XIII pour se porter, neuf ans plus tôt, à la défense des jésuites pourchassés –, Ganganelli avait paru vouloir mini-

----

[*] Buentempi.
[**] L'ambassadeur d'Espagne, comte de Florida Blanca.

miser la portée de son acte, et lui ôter toute signification doctrinale. Mais le texte n'en était pas moins éloquent, et virulent :

« ... La Société, presque encore au berceau, vit naître en son sein différents germes de discordes et de jalousies, qui non seulement déchirèrent ses membres, mais qui les portèrent à s'élever contre les autres Ordres religieux, contre le Clergé séculier, les Académies, les Universités, les Collèges, les Écoles publiques, et contre les Souverains eux-mêmes qui les avaient accueillis et admis dans leurs États.

... Il n'y eut presque aucune des plus graves accusations qui ne fût intentée contre cette Société, et la paix et la tranquillité de la Chrétienté en furent longtemps troublées [... au point que] nos très chers fils en Jésus-Christ les Rois de France, d'Espagne, de Portugal et des Deux-Siciles, furent contraints de renvoyer et de bannir de leurs Royaumes, États et Provinces, tous les religieux de cet Ordre, persuadés que ce moyen extrême était le seul remède à tant de maux, et le seul qu'il fallût employer pour empêcher les Chrétiens de s'insulter, de se provoquer mutuellement, et de se déchirer dans le sein même de l'Église, leur mère. Mais ces mêmes Rois, nos très chers fils en Jésus-Christ, pensèrent que ce remède ne pouvait avoir un effet durable ni suffire pour établir la tranquillité dans l'univers chrétien, si la Société elle-même n'était pas entièrement supprimée et abolie.

... Ayant reconnu que la Compagnie de Jésus ne pouvait plus produire ces fruits abondants et ces avantages considérables pour lesquels elle a été instituée [...] après un mûr examen, de notre certaine science, et par la plénitude de notre puissance apostolique, nous supprimons et nous abolissons la Société de Jésus ; nous anéantissons et nous abrogeons tous et chacun de ses offices, fonctions et administrations, maisons, écoles, collèges, retraites, hospices et tous ces autres lieux qui lui appartiennent de quelque manière que ce soit, et en quelque province, royaume ou état qu'ils soient situés.

... C'est pourquoi nous déclarons cassée à perpétuité et entièrement éteinte toute espèce d'autorité, soit spirituelle, soit temporelle, du Général, des Provinciaux, des Visiteurs et autres supérieurs de cette Société.

... Nous mandons en outre, et nous défendons, en vertu de la sainte obéissance, et tous et chacun des ecclésiastiques réguliers et séculiers, quels que soient leurs grade, dignité, qualité et condition, et notamment à ceux qui ont été jusqu'à présent attachés à la Société et qui en faisaient partie, de s'opposer à

cette suppression, de l'attaquer, d'écrire contre elle, et même
d'en parler, ainsi que de ses causes et motifs… »

Si surprenant que fût ce texte, portant l'aveu naïf des mobiles
politiques qui l'inspiraient et du souci prépondérant dont il
témoignait de se plier aux volontés des monarchies bourbo-
niennes, son trait le moins recevable est celui qu'il décoche à
son prédécesseur Clément XIII, en assurant que la bulle *Apostolicum*, publiée en défense des jésuites, lui avait été « arrachée »
(ce qui est vraiment une illustration de la fable de la paille et
de la poutre).

Mais le plus extravagant est évidemment le dernier para-
graphe. A l'absence totale de consultation canonique au sein de
l'Église, ce pape ajoutait l'interdiction non seulement de toute
critique, mais même de tout commentaire, de toute question
relative aux causes et aux fondements de son acte… L'arbitraire
du totalitarisme intégral. Le *cadaver* jésuite avait-il été jamais
si rigide qu'en ce texte qui vouait ses inventeurs au néant ?

Accueilli avec satisfaction à Madrid – parbleu ! – et avec
enthousiasme par l'opinion « philosophique », janséniste et
parlementaire qui ne fut pas loin de réclamer la canonisation
du pape Clément, le bref du 21 juillet 1773 fut, en dépit de la
sommation qu'il comportait à l'adresse du monde catholique,
non seulement critiqué, mais rejeté avec une incroyable hauteur
par l'archevêque de Paris, Christophe de Beaumont. Rappelant
que la bulle de Clément XIII, émanant de l'Église presque
entière, avait dix ans plus tôt proclamé « *l'odeur de sainteté* »
de la Compagnie de Jésus, le prélat français jetait à l'adresse
de Ganganelli :

> « Ce bref qui détruit la Compagnie de Jésus n'est autre chose
> qu'un jugement isolé et particulier, pernicieux, peu honorable
> à la tiare et préjudiciable à la gloire de l'Église, à l'accroisse-
> ment et à la conservation de la Foi orthodoxe […] Saint-Père,
> il n'est pas possible que je me charge d'engager le Clergé
> à accepter ledit bref. Je ne serais pas écouté sur cet article,
> fussé-je assez malheureux pour vouloir y prêter mon minis-
> tère, que je déshonorerais. »

Si le pape exécuteur ne s'était pas senti troublé par son acte,
cette gifle était de nature à le faire vaciller. Certains des témoi-

gnages alors recueillis indiquent que Clément XIV était d'ores et déjà entré dans un état d'égarement profond. On raconte qu'il errait à travers ses appartements en sanglotant « *Compulsus feci !* » (« Je l'ai fait sous la contrainte »).

Lorsqu'il mourut, moins de deux ans après avoir signé le bref d'abolition, la rumeur, comme il se doit, mit en cause les jésuites, ses victimes, qui l'auraient empoisonné à « l'eau de Tofana »… Cette fois, le mobile du crime n'était pas mystérieux : Bernis, devenu entre-temps ambassadeur de France à Rome, sous-entend dans deux lettres à son ministre que la mort du pape pourrait bien n'être « *pas naturelle* » et que le disparu avait « laissé échapper de cruels soupçons qui donneraient à penser que [la suppression des jésuites] était juste et nécessaire ». On a vu l'ami de Mme de Pompadour mieux inspiré : il n'est plus un historien qui tienne la question pour digne d'examen.

A D'Alembert, qui se faisait auprès de lui l'écho de ces rumeurs, Frédéric II rétorquait :

> « Rien de plus faux que le bruit de l'empoisonnement du pape […] Il a été ouvert et l'on n'a pas trouvé le moindre indice de poison. Mais il s'est souvent reproché la faiblesse qu'il a eue de sacrifier un ordre tel que celui des Jésuites […] Il a été d'humeur chagrine et brusque les derniers temps de sa vie, ce qui a contribué à raccourcir ses jours [18]. »

Ceux de la victime, Lorenzo Ricci, ci-devant « général » des ci-devant jésuites, que Clément XIV s'était toujours refusé à recevoir, furent abrégés par d'autres voies. Six semaines après la publication du bref *Dominus ac Redemptor*, le R. P. Ricci, alors âgé de soixante-dix ans, et cinq des pères les plus proches de lui, Comelli, Leforestier, Zaccaria, Gautier et Faure, avaient été conduits au château Saint-Ange pour y être incarcérés et jugés par une commission nommée par le pape, sous le contrôle de l'ambassadeur d'Espagne, tandis que s'opéraient un peu partout les confiscations, spoliations et dispersions des biens, collections et bibliothèques de la Compagnie.

La sentence ayant précédé le procès, celui-ci ne tendait qu'à la justifier *a posteriori*. Le nouveau pape, Pie VI, voulut-il s'épargner cette lugubre formalité, et libérer les pères jetés dans la prison fameuse ? La cour de Madrid ne le permit point.

Elle exigea aussi bien le maintien au cachot de Lorenzo Ricci et de ses compagnons que la poursuite du procès.

La commission en forme de tribunal qui siégea au château Saint-Ange, composée de cinq cardinaux[*] et de deux prélats, disposait de toutes les archives de la Compagnie, préalablement confisquées. Qui pouvait mieux instruire le procès global de l'institution ? En fait, les audiences se réduisirent à des escarmouches, à propos des tentatives faites par les jésuites au cours des dernières années pour se concilier la protection de tel ou tel souverain (notamment Marie-Thérèse d'Autriche) ou de tel ou tel cardinal. L'acte d'accusation parle aussi de tentative de « soulever les évêques contre le Saint-Siège ».

Vaines palabres, qui ne se soutenaient que sur les instances du pouvoir espagnol (l'acharnement de Charles III...). De quoi s'agissait-il, que d'ajouter ou de retrancher à l'autorité d'une chose non jugée, mais accomplie ? On imagine mal ce qu'aurait pu être la sentence ; la mort se chargea de la prévenir. Au début du mois de novembre 1775, Lorenzo Ricci, souffrant depuis longtemps d'une maladie aggravée par trois années d'enfermement dans un cachot sinistre, ne fut plus en mesure de se lever. Il demanda les derniers sacrements et rédigea une lettre qui dit l'essentiel, et qu'il lut avant d'expirer, le 23 novembre 1775, à ses compagnons et à ses geôliers :

> « ... Je déclare et proteste que je n'ai donné aucun sujet, même le plus léger, à mon emprisonnement [...] Je fais cette seconde protestation seulement parce qu'elle est nécessaire à la réputation de la Compagnie de Jésus éteinte, dont j'étais le Supérieur[**] général. »

Pie VI, qui n'avait pas eu le courage d'arracher le vieux jésuite au cachot, se crut peut-être quitte en organisant des funérailles solennelles et en le faisant inhumer au Gesù aux côtés des fondateurs de l'ordre – funérailles moins grandioses que celles que l'empereur de Chine avait réservées peu d'années plus tôt au R. P. Castiglione, son peintre favori, après avoir composé en son honneur une ode de sa main... Ainsi l'héritage de Matteo Ricci opposait-il, par-delà les mers, un

---

[*] L'un d'eux, Marefoschi, connu pour son hostilité aux jésuites, se retira de la procédure, écœuré par tant d'irrégularités.

[**] Curieuse formulation.

démenti géant aux peines infligées par l'Europe catholique à l'ordre de Lorenzo Ricci.

Est-ce parce que les diverses phases de la mise à mort de la Compagnie de Jésus avaient été ordonnées et exécutées par les « tyrans » ? Vingt ans plus tard, la Révolution naissante tenta d'abord de rendre justice à la société « éteinte ».

Lors de la séance de l'Assemblée constituante du 19 février 1790, l'abbé duc de Montesquiou incitait ses collègues à manifester leur « générosité » à l'égard de « cette Congrégation célèbre dans laquelle plusieurs d'entre vous ont fait sans doute leurs premières études, à ces infortunés dont les torts furent peut-être un problème, mais dont les malheurs n'en sont pas un ».

A son tour, le protestant Barnave éleva la voix pour déclarer que « le premier acte de la liberté naissante doit être de réparer les injustices du despotisme, je propose donc la rédaction d'un texte en faveur des Jésuites ».

Mais l'intervention la plus significative fut alors celle d'un homme dont on ne pouvait nier les compétences en la matière, et dont était connue l'antipathie qu'il avait portée aux jésuites, en tant que prêtre provincial favorable aux idées du curé Richer, populiste gallican et jansénisant, l'abbé Grégoire :

> « Parmi les cent mille vexations de l'ancien gouvernement qui a tant pesé sur la France, on doit compter celle qui a été exercée sur un ordre célèbre, sur les Jésuites : il faut les faire participer à votre justice. »

Nous verrons qu'en ses suites la Révolution ne s'inspira pas de l'exhortation de cet honnête homme, futur évêque constitutionnel. Nous verrons aussi que la Compagnie ne prit guère pour modèle ce libre citoyen. Mais l'appel avait été lancé.

Notes

I. Le vagabond et l'inquisiteur

1. *Au cœur religieux du XVIe siècle*, Paris, Livre de Poche, 1983, p. 91.
2. Paris, Le Seuil, « Livre de vie », 1962, présenté par Alain Guillermou.
3. *Autobiographie*, p. 46.
4. R. P. Benedetto Palmio, cité par C. de Dalmasès, *Le Fondateur des jésuites*, Paris, Le Centurion, 1984, p. 42.
5. *Autobiographie*, p. 43.
6. *Ibid.*, p. 43.
7. *Ibid.*, p. 44.
8. *Ibid.*, p. 44.
9. *Ibid.*, p. 45.
10. *Ibid.*, p. 45.
11. *Ibid.*, p. 47-48.
12. *Ibid.*, p. 49.
13. Cité dans Baltasar Gracian, *La Pointe ou l'Art du génie*, trad. par Michèle Gendreau-Massaloux et Pierre Laurens, Paris, L'Age d'homme, 1983, p. 123.
14. *Autobiographie*, p. 58.
15. *Ibid.*, p. 74-75.
16. *Ibid.*, p. 75-76.
17. *Variétés V*, p. 217 (éd. Pléiade).
18. *Ignace de Loyola, le dictateur des âmes*, Paris, Payot, 1936.
19. *Autobiographie*, p. 93-95.
20. *Ibid.*, p. 100.
21. Paris, Droz, 1937.
22. *Au cœur religieux du XVIe siècle, op. cit.*, p. 126.
23. *Ibid.*, p. 128.
24. *Op. cit.*, p. 229.
25. *Autobiographie*, p. 122-124.
26. *Ignace de Loyola et les Renouveaux spirituels en Castille au début du XVIe siècle*, brochure, Paris, 1988, p. 15.
27. Michel de Certeau, supplément à *Vie chrétienne*, n° 147, mai 1972, p. 62-63.
28. *Autobiographie*, p. 127.

II. Les écoliers de Montmartre

1. R. P. Fouqueray, *Histoire de la Compagnie de Jésus en France*, Paris, 1910, p. 29.

2. Michel de Certeau, préface au *Mémorial* de Pierre Favre, Paris, Desclée de Brouwer, 1959, p. 14.

3. R. P. Fouqueray, *op. cit.*, p. 30.

4. *Francis Xavier, his Life, his Time*, traduit de l'allemand, Rome, 1982, t. I, p. 126.

5. Paris, Le Seuil, 1980, p. 7.

6. *Autobiographie*, p. 131.

7. Thurot, *De l'organisation de l'université au Moyen Age*, p. 39-40.

8. *Histoire de Sainte-Barbe, collège et institution*, Paris, Hachette, 1864, p. 151.

9. *Histoire de l'université de Paris*, t. V, p. 572.

10. J. Quicherat, *op. cit.*, p. 88-89.

11. *Op. cit.*, t. VI, p. 378.

12. Pierre Imbart de La Tour, *Les Origines de la Réforme en France*, Melun, Librairie d'Argences, 1948, t. III, p. 213.

13. *Autobiographie*, p. 133.

14. *Ibid.*, p. 134.

15. *Ibid.*

16. J. Quicherat, *op. cit.*, p. 191-192.

17. *Autobiographie*, p. 135.

18. *Ignace de Loyola fonde la Compagnie de Jésus*, Paris, Desclée de Brouwer, 1973, p. 58.

19. *Autobiographie*, p. 138.

20. *Ibid.*, p. 138.

21. Hercule Rasiel da Silva, *Histoire de l'admirable Dom Inigo de Guipuzcoa*, La Haye, chez la veuve Le Vier, 1736, p. 92-96.

22. J. Quicherat, *op. cit.*, p. 194.

23. *Mémorial*, p. 61.

24. *Op. cit.*, p. 106-107.

25. *Op. cit.*, p. 98.

26. Cité par le R. P. Ravier, *op. cit.*, p. 64

27. *Op. cit.*, p. 187.

28. *Op. cit.*, p. 108.

29. Michel de Certeau, préface au *Mémorial*, p. 20.

30. *Op. cit.*, p. 170.

31. R. P. Fouqueray, *op. cit.*, p. 17.

32. *Mémorial*, éd. Certeau, p. 116.

33. A. Ravier, *op. cit.*, p. 70.

34. R. P. Fouqueray, *op. cit.*, t. I, appendice.

35. *Ignace de Loyola et les Renouveaux spirituels en Castille au début du XVIᵉ siècle, op. cit.*, p. 17.

36. « Érasme et Ignace de Loyola », *Revue d'ascétique*, 1959.

37. *Op. cit.*, 631-632.

III. *Papistes et Romains*

1. Cité par André Ravier dans *Ignace de Loyola fonde la Compagnie de Jésus, op. cit.*, p. 35-37.

2. Entretien à Rome du 27 avril 1990.

3. *Autobiographie*, p. 157.

4. *Ibid.*, p. 158.

5. *Ibid.*, p. 159.

6. Témoignage de Diego Laynez dans les *Monumenta Historici S. J.*, t. II, p. 133.

7. Article cité plus haut, p. 91.

8. *Autobiographie*, p. 160.

9. Hugo Rahner, *Ignace de Loyola et les Femmes de son temps*, Paris, Desclée de Brouwer, 1964, p. 37.

10. On se réfère ici à la version qu'en a donnée le R. P. Ravier, *op. cit.*, p. 82-99.

11. *Op. cit.*, p. 115, en note.

12. *Fontes Narrativi*, I, p. 16-17 ; James Brodrick, *Origines et Expansion des jésuites*, Paris, Éditions Spelt, 1950, t. I, p. 85-87 ; G. Schurhammer, *op. cit.*, I, p. 593.

13. *Op. cit.*, p. 140.

IV. *« Perinde ac cadaver »*

1. *Epistolae et Instructiones*, I, p. 179-180, 727.

2. *Monumenta Fabri*, cité par M. de Certeau, *op. cit.*, p. 67.

3. *Monumenta Fabri*, cité par J. Brodrick, *op. cit.*, p. 173.

4. J. Brodrick, *op. cit.*, p. 183.

5. *Discours d'Ignace de Loyola aux jésuites d'aujourd'hui*, Paris, Le Centurion, 1979, p. 56.

6. Cité dans J. Brodrick, *op. cit.*, t. I, p. 94.

7. *Les Jésuites*, Paris, 1934, p. 104.

8. A. Ravier, *op. cit.*, p. 408-409.

9. *Ibid.*, p. 410.

10. H. Rasiel, *op. cit.*, p. 149.

11. R. Barthes, *Sade, Fourier, Loyola*, Paris, Le Seuil, 1971, p. 49.

12. *Lettres*, traduites et commentées par Gervais Dumeige s.j., Paris, Desclée de Brouwer, coll. « Christus », p. 511.

13. *Autobiographie*, p. 163-164.

14. L. Marcuse, *op. cit.*, p. 247.

15. *Portraits sans modèles*, Paris, Grasset, 1935, p. 243-244.

V. *Dialogue à Yamaguchi*

1. *Correspondance (1535-1552)*, présentée par Hugues Didier, Paris, Desclée de Brouwer, 1987, p. 263.

2. *Ibid.*, p. 207-208.

3. A. Brou, *Saint François Xavier*, Paris, Beauchesne, 1922, t. I, p. 433-434.

4. *Correspondance*, p. 248.

5. *Histoire du Japon et des Japonais*, Paris, Le Seuil, 1973, t. I, p. 86.

6. E. O. Reichauer, *op. cit.*, t. I, p. 94.

7. G. Schurhammer, *op. cit.*, t. IV, p. 9.

8. *Vie de saint François Xavier*, Lyon, Perissi Frères, 1842, t. II, p. 145.

9. G. Schurhammer, *op. cit.*, p. 281.

10. *Correspondance*, p. 324-332.

11. *Ibid.*

12. *Ibid.*, p. 347.

13. *Ibid.*, p. 331.

14. *Ibid.*, p. 365.

15. *Ibid.*, p. 367.

16. *Op. cit.*, p. 21.

17. *Fontes Narrativi*, III, 85, p. 278-279 (dialogues d'Edmond Auger).

18. *Op. cit.*, p. 28.

19. *Correspondance*, p. 368-372.

20. *Encyclopaedia britannica*, t. XV, p. 225-226.

21. *Correspondance*, p. 374.

22. R. P. Bouhours, *op. cit.*, p. 33.

23. *Ibid.*, p. 57.

VI. Pas de femmes !

1. *Op. cit.*

2. *El Gentilhombre Inigo Lopez de Loyola en su patria y en su siglo*, Montevideo, 1938.

3. Voir H. Rahner, *op. cit.*, t. I, p. 193.

4. *Autobiographie*. Voir chapitre Ier, p. 46.

5. *Autobiographie*, p. 49.

6. *Ibid.*, p. 78.

7. *Ibid.*, p. 78.

8. *Ibid.*, p. 148-149.

9. *Ibid.*, p. 160.

10. H. Rahner, *op. cit.*, p. 33.

11. *Ibid.*, t. I, p. 37.

12. *Ibid.*, t. I, p. 40.

13. *Ibid.*, p. 90.

14. Cité dans H. Rahner, *op. cit.*, t. I. p. 231-234.

15. *Ibid.*, t. II, p. 49.

16. *Ibid.*, p. 50.

17. *Ibid.*, p. 104.

18. *Ibid.*, t. I, p. 109.

19. E. Antébi et F. Lebrun, *Les Jésuites ou la Gloire de Dieu*, Paris, Stock-Antébi, 1990.

VII. Juifs et jésuites au siècle d'Or

1. In *Razon y Fe*, n° 696, février 1956, Madrid.
2. *Au cœur religieux du XVIᵉ siècle, op. cit.*, p. 116.
3. *Ibid.*, p. 136.
4. Lire sur ce point Cecil Roth, *Histoire des Marranes*, Paris, Liana Levi, 1990.
5. Madrid, 1916.
6. Papiers Ribadeneira, t. II, p. 375-376.
7. Cité dans J. Brodrick, *op. cit.*, p. 69.
8. A. Astrain, *Histoire de la Compagnie de Jésus en Espagne*, t. III, p. 591.
9. J. Brodrick, *op. cit.*, t. II, p. 10.
10. *Diego Laynez en la Europa y la religión de su tiempo (1512-1565)*, Madrid, 1943.
11. *Monumenta historica*, t. VIII, p. 868.
12. *Diego Laynez en la Europa y la religión de su tiempo, op. cit.*, p. 18.
13. *Lainiï monumenta*, t. VIII, p. 831.
14. *Vida y reinado de Carlos II*, Madrid, 1942.
15. F. Cereceda, *op. cit.*
16. J. H. Fichter, *James Laynez, jesuit*, Saint Louis (États-Unis), 1944, p. 3.
17. E. Rey, art. cité, p. 191.
18. Cité dans E. Rey, art. cité, p. 203.

VIII. La campagne de France

1. J. Brodrick, *op. cit.*, p. 245.
2. *Les Universités d'Europe au Moyen Age*, p. 387-388.
3. H. Rasiel, *op. cit.*, p. 121.
4. Cité par le R. P. Fouqueray, *op. cit.*, p. 163.
5. *Ibid.*, p. 200.
6. *Ibid.*, p. 207.
7. Cité par J. Brodrick, *op. cit.*, p. 272.
8. Pasquier, *Œuvres*, t. II, IV, p. 114.
9. Cité par le R. P. Fouqueray, *op. cit.*, p. 254-255.
10. *Ibid.*
11. Du Boulay, *op. cit.*, t. VI, p. 916.
12. R. P. Fouqueray, *op. cit.*, p. 374.
13. Du Boulay, *op. cit.*, p. 585.
14. *Histoire de la littérature française*, p. 296.
15. Cité dans du Boulay, *op. cit.*
16. F. de Dainville, *L'Éducation des jésuites*, p. 181.
17. Sur cette question de formation, qui dépasse le cadre que nous nous sommes tracé, lire le livre de Louis Chatellier, *L'Europe des dévots*, Paris, Flammarion, 1985.

IX. Li Mateou, l'horloge et le maître du ciel

1. *Correspondance*, p. 423.

2. *Histoire de l'expédition chrétienne au royaume de la Chine*, Paris, Desclée de Brouwer, 1978.

3. Henri Bernard-Maître, *Aux portes de la Chine*, Shanghai, 1936, p. 110-115.

4. Henri Bernard-Maître, *Matteo Ricci et la Société chinoise de son temps*, T'ien-Tsin, 1937, p. 55.

5. *Histoire de l'expédition chrétienne au royaume de la Chine*, op. cit., p. 201.

6. *Aux portes de la Chine*, op. cit., p. 148.

7. *Matteo Ricci et la Société chinoise de son temps*, op. cit., p. 88-89.

8. *Ibid.*, t. I, p. 65.

9. *Ibid.*, t. I, p. 70-75.

10. *Ibid.*, t. I, p. 72.

11. *Ibid.*, p. 73-74.

12. *Histoire de l'expédition chrétienne au royaume de la Chine*, op. cit., p. 216.

13. *Ibid.*, p. 220.

14. *Ibid.*, p. 227.

15. *Ibid.*, p. 229.

16. *Ibid.*, p. 240.

17. *Ibid.*, p. 240.

18. *Ibid.*, p. 307.

19. *Ibid.*, p. 308.

20. *Ibid.*, p. 310.

21. *Matteo Ricci et la Société chinoise de son temps*, op. cit., p. 200.

22. *Ibid.*, p. 202.

23. René Étiemble, *L'Europe chinoise*, Paris, Gallimard, 1988, t. I, p. 187.

24. *Ibid.*, p. 198.

25. *Matteo Ricci et la Société chinoise de son temps*, op. cit., p. 221.

26. Paris, Gallimard, 1982, p. 198.

27. *Op. cit.*

28. *Matteo Ricci et la Société chinoise de son temps*, op. cit., t. I, p. 334.

29. *L'Europe chinoise*, op. cit., t. I, p. 257.

30. *Chine et Christianisme*, op. cit., p. 263-269.

31. *Ibid.*, p. 53.

32. Vincent Cronin, *The Wise Man from the West*, Londres, Rupert Hart-Davis, 1955, p. 33.

33. *Histoire de l'expédition chrétienne au royaume de la Chine*, op. cit., p. 390.

34. *Ibid.*, p. 392.

35. Cité et traduit par J. Gernet, *Chine et Christianisme*, op. cit., p. 29-30.

36. *Histoire de l'expédition chrétienne au royaume de la Chine*, op. cit., p. 408.

37. *Ibid.*, p. 451.

38. *Ibid.*, p. 456.

39. *Matteo Ricci et la Société chinoise de son temps, op. cit.*, t. II, p. 31-32.

40. R. Étiemble, *op. cit.*, p. 246.

41. *Le Palais de mémoire de Matteo Ricci*, Paris, Payot, 1986, p. 150-152.

42. *Ibid.*, p. 22.

43. *Chine et Christianisme, op. cit.*, p. 147.

44. *Ibid.*, p. 217.

45. *Histoire de l'expédition chrétienne au royaume de la Chine, op. cit.*, p. 659-660.

46. *Ibid.*, p. 682-685.

X. Un Avignonnais dans la rizière

1. *Mémoires de l'Académie de Vaucluse*, t. X, 1948-1949, p. 109, note du Dr Gaide.

2. A. de Rhodes, *Voyages et Missions*, Paris, 1864, p. 144.

3. *Bulletin des amis du Vieux Huê*, 1915, p. 231.

4. *Hô Chi Minh, le Vietnam, l'Asie*, Paris, Le Seuil, 1971, p. 35.

5. *Études*, été 1960, p. 56.

6. Henri A. Chappoulie, *Aux origines d'une Église, Rome et les missions d'Indochine au XVIIe siècle*, 2 vol. Paris, 1943-1948.

7. P. Cadière, *Les Européens et le vieil Huê*, p. 239.

8. *Voyages et Missions, op. cit.*, p. 92.

9. *Ibid.*, p. 112-113.

10. R. P. Marini, *Histoire nouvelle et curieuse*, p. 115-116.

11. *Voyages et Missions, op. cit.*, p. 96.

12. *Ibid.* p. 110.

13. A. de Rhodes, *Histoire du royaume du Tonkin*, Paris, 1864, p. 194-195.

14. *Ibid.*, p. 199.

15. *Voyages et Missions, op. cit.*, p. 203.

16. *Ibid.*, p. 240.

17. *Ibid.*, p. 208-209.

18. *Ibid.*, p. 256.

19. Voir la thèse de M. Dô Quang Tinh, Université de Paris, 1986.

20. *Hô Chi Minh, le Vietnam, l'Asie, op. cit.*, p. 30.

21. Cité dans H. Chappoulie, *op. cit.*, p. 67.

22. *Bulletin des amis du Vieux Huê*, janvier 1938.

23. *Voyages et Missions, op. cit.*, p. 374.

24. H. Chappoulie, *op. cit.*, p. 108.

25. *Le Vietnam*, Paris, 1955, p. 293.

XI. Des cibles pour M. Pascal

1. Marc Fumaroli, *Baroque et Classicisme : L'Imago primi seculi (1640) et ses adversaires*, Louvain-La-Neuve, 1986.

2. Ch. A. Sainte-Beuve, *Port-Royal*, Paris, Hachette, 1901, t. III. p. 218.

3. Voir _Les Jésuites, spiritualité et activités_, Paris, 1974, article de Michel de Certeau.

4. Fumaroli, _op. cit._

5. _Loyola et la Compagnie de Jésus, op. cit._, p. 152.

6. A. Guillermou, _op. cit._, p. 155.

7. _Saint Augustin et l'Augustinisme_, Paris, Le Seuil, 1978, p. 73.

8. Texte alors inédit, retrouvé à Port-Royal par Jean Orcibal et publié dans son _Saint-Cyran_, Paris, Le Seuil, 1961, p. 31.

9. F. Mauriac, _Blaise Pascal et sa sœur Jacqueline_.

10. _Ibid._

11. _Port-Royal, op. cit._, t. III, p. 123.

12. Roger Duchêne, _L'Imposture littéraire dans les Provinciales de Blaise Pascal_, Aix, 1985, p. 320.

13. Aracoeli Guillaume-Alonso, « Le père de Leon et sa vision de la délinquance », _Médiations culturelles, Cahiers EILA_, n° 7, p. 31.

14. P. Bénichou, _Morales du Grand Siècle_, Paris, Gallimard, 1948, p. 21

15. _L'Imposture littéraire, op. cit._, p. 222-223.

16. _Port-Royal, op. cit._, t. III, p. 83-84.

17. François Mauriac, _Mes grands hommes_, in _Œuvres complètes_, t. VIII, p. 349.

18. _Origines de l'esprit bourgeois en France_, Paris, Gallimard, 1927, p. 129.

19. Cognet, _op. cit._, p. 77.

XII. L'art de confesser nos rois

1. _Les Lieux de mémoire, La Nation_, Paris, Gallimard, 1986, t. I, p. 121.

2. Georges Minois, _Le Confesseur du roi_, Paris, Fayard, 1988, p. 229.

3. R. P. Dorigny, _La Vie du père Edmond Auger_, Avignon, 1828, p. 14.

4. Pierre de l'Estoile, _Journal_, t. III, p. 130-131

5. G. Minois, _op. cit._, p. 289

6. _Ibid._

7. _Ibid._, p. 288-289.

8. _Ibid._, p. 289.

9. _Histoire de Henri-le-Grand_, p. 225.

10. _Journal_, t. III, p. 166.

11. G. Minois, _op. cit._, p. 332.

12. P. J. M. Prat, _Histoire de la Compagnie de Jésus au temps du père Coton_, Paris, 1831, p. 171.

13. _Journal_, t. III, p. 166.

14. _Histoire de la Compagnie de Jésus au temps du père Coton, op. cit._, p. 59.

15. Jacques Crétineau-Joly, _Histoire religieuse, politique et littéraire de la Compagnie de Jésus_, t. III, p. 70.

16. J. Crétineau-Joly, _op. cit._, p. 28.

17. R. P. de Rochemonteix, _Nicolas Caussin et le Cardinal de Richelieu_, Paris, 1911, p. 66-67.

18. Extrait de N. Caussin, _Consolation à la France_, Quimper, 1639.

19. R. P. de Rochemonteix, *op. cit.*, p. 156-157.

20. *Mémoires du R. P. Griffet*, cité par Rochemonteix, *op. cit.*, p. 173-174.

21. *Ibid.*, p. 178.

22. R. P. de Rochemonteix, *op. cit.*, p. 719.

23. *Ibid.*, p. 223-226.

24. *Ibid.*, p. 308.

25. Saint-Simon, *Mémoires*, éd. Yves Coirault, Paris, Gallimard, 1984, Bibl. de la Pléiade, t. III, p. 339.

26. Dupont-Ferrier, *Du collège de Clermont au lycée Louis-le-Grand*, p. 29.

27. *Lettres de Mme de Maintenon*, t. V, p. 414.

28. Georges Guitton, *Le R. P. de La Chaize, confesseur de Louis XIV*, Paris, 1959, p. 135.

29. *L'Édit de Nantes et sa révocation*, Paris, Le Seuil, 1985, p. 192-198.

30. Abbé Oroux, *Histoire ecclésiastique de la Cour de France*, t. II, p. 531.

31. Préface à *Le Père de La Chaize*, *op. cit.*, p.XI.

32. Saint-Simon, *Mémoires*, *op. cit.*, t. III, p 340-341.

33. G. Minois, *op. cit.*, p. 488.

XIII. Une théocratie baroque chez les Guaranis

1. Voir Louis Baudin, *Une théocratie socialiste : l'État jésuite du Paraguay*, Paris, Genin, 1975.

2. Maurice Ezran, *Une colonisation douce : la mission du Paraguay*, Paris, L'Harmattan, 1989.

3. M. Ezran, *op. cit.*, p. 99.

4. *Relation des missions du Paraguay*, Paris, réédition, Maspero-La Découverte, 1983, p.XIII.

5. Archives de Montevideo.

6. Voir à ce sujet M. Ezran, *op. cit.*, chap. IX.

7. Cité par R. Lacombe dans la *Revue d'histoire économique et sociale*, 1964.

8. *Voyage autour du monde*, Paris, La Découverte, 1980, p. 65.

9. R. Lacombe, « La fin des bons sauvages », article cité, p. 119.

10. A. Métraux, *Revue de Paris*, juin 1952.

11. L. Baudin, *op. cit.*, p. 32-33.

12. *El sistema economico en las misiones jesuiticas*, Buenos Aires, 1952.

13. *L'Œuvre missionnaire des jésuites au Paraguay*, thèse de doctorat, 1966, p. 89.

14. *Revue française d'ethnographie*, 1989, p. 113.

15. Maxime Haubert, *La Vie quotidienne chez les jésuites et les Guaranis*, Paris, Hachette, 1986, p. 108.

16. *Ibid.*, p. 136.

17. *Op. cit.*, p.XV.

18. A Rio de Janeiro le 14 octobre 1990.

19. *L'Esprit des lois sauvages*, Paris, Le Seuil, 1990.

20. *El Guarani conquistado y reducido.*

21. *La Vie quotidienne chez les jésuites et les Guaranis.*

XIV. La corrida des Lumières

1. René Pillorget, in *Histoire de France*, sous la direction de Georges Duby, Paris, Larousse, 1971, t. II, p. 208-209.

2. *Mémoires*, Paris, 1878, t. II, p. 104.

3. *Nouvelles intéressantes*, t. III, p. 477.

4. J. Crétineau-Joly, *op. cit.*, t. V, p. 232.

5. *Histoire des Français*, t. XXIX, p. 233.

6. J. Crétineau-Joly, *op. cit.*, p. 246.

7. *Op. cit.*, p. 816.

8. J. Crétineau-Joly, *op. cit.*, t. V, p. 266.

9. Claude-Alain Sarre, *Les Jésuites au collège de Bourbon d'Aix-en-Provence*, mémoire de maîtrise, Aix, 1990.

10. *Op. cit.*, t. V, p. 284, note.

11. *Op. cit.*, t. II, p. 104.

12. Emmanuel Le Roy Ladurie, *L'Histoire de France*, t. III, *L'Ancien Régime 1610-1774*, Paris, Hachette, 1991, chap. x.

13. Dominique Julia, « Le catholicisme, religion du royaume, 1715-1789 », in *Histoire de la France religieuse* (coll.), Paris, Le Seuil, 1991, t. III, p. 39-47.

14. *Op. cit.*, t. V, p. 286.

15. *Op. cit.*, p. 293.

16. L. J. Rogier, in *Nouvelle Histoire de l'Église*, Paris, Le Seuil, 1966, t. IV, p. 118.

17. J. Crétineau-Joly, *op. cit.*, p. 314.

18. J. Crétineau-Joly, *ibid.*, p. 305.

Éléments de bibliographie[*]

Antébi, Élisabeth, et Lebrun, François, *Les Jésuites ou la Gloire de Dieu*, Paris, Stock-Antébi, 1990.

Astrain, Antonio, *Histoire de la Compagnie de Jésus en Espagne*, t. III, Madrid.

Back, Silvio, *Republica Guarani* (texte de film), Rio de Janeiro, Puz y Terra, 1982.

Bangert, William, s.j., *A History of the Society of Jesus*, Saint Louis, 1986.

Barthes, Roland, *Sade, Fourier, Loyola*, Paris, Le Seuil, 1971 ; coll. « Points », 1980.

Bataillon, Marcel, *Érasme et l'Espagne*, Paris, Droz, 1937.

Baudin, Louis, *Une théocratie socialiste, l'État jésuite du Paraguay*, Paris, Genin, 1962.

Benichou, Paul, *Morales du Grand Siècle*, Paris, Gallimard, 1948.

Bernard-Maître, Henri, s.j., *Matteo Ricci et la Société chinoise de son temps*, Tien-Tsin, 1937.

–, *Aux portes de la Chine*, Shanghai, 1936.

Bertrand, Dominique, s.j., *La Politique de saint Ignace de Loyola*, préface de Pierre Chaunu, Paris, Le Cerf, 1982.

Bougainville, Louis-Antoine de, *Voyage autour du monde*, Paris, Maspero-La Découverte, 1980.

Bouhours, Dominique, s.j., *Vie de saint François Xavier*, Lyon, Perissi Frères, 1842.

Brémond, Henri, *Histoire littéraire du sentiment religieux en France*, t. IV et V, rééd., Paris, Armand Colin, 1967.

Brodrick, James, s.j., *Origines et Expansion des jésuites*, trad. française, Paris, Éditions Spelt, 1950, 2 vol.

Brou, Alexandre, s.j., *Les Jésuites de la légende*, Paris, 1906, 2 vol.

–, *Saint François Xavier*, Paris, Beauchesne, 1922.

Brucker, Joseph, s.j., *La Compagnie de Jésus. Esquisse de son institut et de son histoire, 1521-1773*, Paris, 1919.

---

[*] Ne sont mentionnés que les ouvrages cités à plusieurs reprises.

Casalis, Georges, *Luther et l'Église confessante*, Paris, Le Seuil, 1962.

Charmot, François, s.j., *La Pédagogie des jésuites. Principes et actualité*, Paris, Spes, 1943.

Chatellier, Louis, *L'Europe des dévots*, Paris, Flammarion, 1987.

Clastres, Pierre, *Le Grand Parler. Mythes et chants sacrés des Indiens Guaranis*, Paris, Le Seuil, 1974.

Crétineau-Joly, Jacques, *Histoire religieuse, politique et littéraire de la Compagnie de Jésus*, Paris-Lyon, 1844-1846, 6 vol.

–, *Clément XIV et les Jésuites*, Paris, 1847.

Cronin, Vincent, *The Wise Man from the West*, Londres, Rupert Hart-Davis, 1955.

Dainville, François de, s.j., *La Naissance de l'humanisme moderne*, Paris, Éditions de Paris, 1940.

Dalmasès, Candido de, s.j., *Ignace de Loyola, le fondateur des jésuites*, Paris, Le Centurion, 1984.

Delumeau, Jean, *La Civilisation de la Renaissance*, Paris, Arthaud, 1967.

Dhôtel, Jean-Claude, s.j., *Les Jésuites de France*, préface d'Henri Madelin, s.j., Paris, Desclée de Brouwer, 1986.

Duchêne, Roger, *L'Imposture littéraire dans les Provinciales de Pascal*, Université d'Aix-Marseille, 1985.

Dudon, Paul, s.j., *Saint Ignace de Loyola*, Paris, Beauchesne, 1934.

Étiemble, René, *L'Europe chinoise*, Paris, Gallimard, 1988, 2 vol.

–, *La Querelle des rites*, Paris, Julliard, coll. « Archives », 1966.

Ezran, Maurice, *Une colonisation douce : les missions du Paraguay*, Paris, L'Harmattan, 1989.

Febvre, Lucien, *Au cœur religieux du XVIe siècle*, EPHESS, Paris, Le Livre de Poche, 1983.

Fouqueray, Henri, s.j., *Histoire de la Compagnie de Jésus en France*, Paris, Picard, 1910-1925, 5 vol.

François Xavier, *Correspondance (1535-1552)*, présentée par Hugues Didier, Paris, Desclée de Brouwer, 1987.

Fülop-Miller, René, *Les Jésuites et le Secret de leur puissance*, Paris, Plon, 1933.

Fumaroli, Marc, *L'Age de l'éloquence. Rhétorique et « res literaria » au seuil de l'époque classique*, EPHE, Genève, Droz, 1980.

Garrisson, Janine, *L'Édit de Nantes et sa révocation*, Paris, Le Seuil, 1985.

Gernet, Jacques, *Chine et Christianisme. Action et réaction*, Paris, Gallimard, 1982.

Gonçalves da Camara, Luis, *Mémorial*, présenté par Roger Tandonnet, Paris, Desclée de Brouwer, 1966.

Gracian y Moralès, Baltasar, s.j., *La Pointe ou l'Art du génie*, présenté par Michèle Gendreau-Massaloux et Pierre Laurens, Paris, L'Age d'homme, 1983.

Grœthuysen Bernard, *Origines de l'esprit bourgeois en France*, Paris, Gallimard, 1927.

Guibert, Joseph de, s.j., *La Spiritualité de la Compagnie de Jésus*, Rome, IHSI, 1953.

Guillermou, Alain, *La Vie de saint Ignace de Loyola*, Paris, Le Seuil, 1956

–, *Saint Ignace de Loyola et la Compagnie de Jésus*, Paris, Le Seuil, coll. « Maîtres spirituels », 1960.

–, *Les Jésuites*, Paris, Presses universitaires de France, coll. « Que sais-je ? », 1961.

Guitton, Georges, s.j., *Le R. P. de La Chaize, confesseur de Louis XIV*, Paris, Beauchesne, 1959.

Haubert, Maxime, *La Vie quotidienne des Indiens et des jésuites au Paraguay*, Paris, Hachette, 1986.

Ignace de Loyola, *Autobiographie* (ou *Récit du Pèlerin*), traduit et annoté par Alain Guillermou, Paris, Le Seuil, coll. « Livre de vie », 1962.

–, *Lettres*, présentées par Gervais Dumeige, s.j., Paris, Desclée de Brouwer, 1959.

–, *Journal spirituel*, présenté par Maurice Giuliani, Paris, Desclée de Brouwer, 1959.

–, *Exercices spirituels*, textes définitifs (1548), traduit et commenté par Jean-Claude Guy, Paris, Le Seuil, coll. « Points Sagesses » n° 29, 1962.

Imbart de La Tour, Pierre, *Les Origines de la Réforme en France*, Melun, Librairie d'Argences, 1948.

Julia, Dominique, « Le catholicisme, religion du royaume, 1715-1789 », in *Histoire de la France religieuse* (coll.), Paris, Le Seuil, 1991, t. III.

Leclerc, Joseph, s.j., *Histoire de la tolérance au siècle de la Réforme*, Paris, Aubier, 1955.

Lécrivain, Philippe, s.j., *Les Missions jésuites*, Paris, Gallimard, coll. « Découverte », 1991.

Léon-Dufour, Xavier, s.j., *Saint François Xavier. Itinéraire mystique de l'apôtre*, Paris, La Colombe, 1953.

Le Roy Ladurie, Emmanuel, *L'Histoire de France*, t. III, *L'Ancien Régime 1610-1774*, Paris, Hachette, 1991.

Leturia, Pedro de, s.j., *El Gentilhombre Inigo Lopez de Loyola en su patria y en su siglo*, Montevideo, 1938.

Longchamp, Albert, s.j., *Petite Vie de Ignace de Loyola*, Paris, Desclée de Brouwer, 1989.

Lugon, Clovis, *La République des Guaranis, les jésuites au pouvoir*, Paris, Édition Économie et Humanisme, 1970.

Mac Naspy, Clement, s.j., *Lost Cities of Paraguay*, Chicago, 1982.

Marcuse, Léon, *Ignace de Loyola, le dictateur des âmes*, trad. française, Paris, Payot, 1936.

Margolin, Jean-Claude, *Érasme*, Paris, Le Seuil, 1967.

Marrou, Henri-Irénée, *Saint Augustin et l'Augustinisme*, Paris, le Seuil, 1978.

Mauriac, François, *Blaise Pascal et sa sœur Jacqueline*, Paris, Hachette, 1931.

–, *Mes grands hommes*, in *Œuvres complètes*, t. VIII, Paris, Fayard, 1952.

Métraux, Alfred, *La Civilisation matérielle des Tupi-Guaranis*, Paris, 1928.

Minois, Georges, *Le Confesseur du roi : les directeurs de conscience sous la monarchie française*, Paris, Fayard, 1988.

Moisy, Pierre, *Les Églises des jésuites de l'ancienne Assistance de France*, Rome, 1958.

Mörner, Magnus, *The Political and Economic Activities of Jesuits in the Plata Region*, Stockholm, 1953.

Muratori, Antonio, *Relation des missions du Paraguay*, Paris, Maspero-La Découverte, 1983.

Mus, Paul, *Hô Chi Minh, le Vietnam, l'Asie*, Paris, Le Seuil, 1971.

Orcibal, Jean, *Saint-Cyran et le Jansénisme*, Paris, Le Seuil, 1961.

Pascal, Blaise, *Les Provinciales*, Paris, 1656.

Pastor, Ludwig von, *Histoire des papes*, vol. XVI, Paris, Plon, 1962.

Pierre Favre, *Mémorial*, présenté par Michel de Certeau, s.j., Paris, Desclée de Brouwer, 1959.

Prat, J.-M., s.j., *Histoire de la Compagnie de Jésus au temps du père Coton*, Paris, 1831.

Quicherat, Jules, *Histoire de Sainte-Barbe, collège et institution*, Paris, Hachette, 1864.

Rahner, Hugo, s.j., *Ignace de Loyola et les Femmes de son temps*, Paris, Desclée de Brouwer, 1964, 2 vol.

Rahner, Karl, s.j., *Discours d'Ignace de Loyola aux jésuites d'aujourd'hui*, Paris, Le Centurion, 1978.

Rasiel da Silva, Hercule, *Histoire de l'admirable Dom Inigo de Guipuzcoa*, La Haye, chez la veuve Le Vier, 1736.

Ravier, André s.j., *Ignace de Loyola fonde la Compagnie de Jésus*, Paris, Desclée de Brouwer, 1973.

–, *Les Chroniques de saint Ignace*, Paris, Desclée de Brouwer, 1973.

Reischauer, Edwin O., *Histoire du Japon et des Japonais*, t. I, Paris, Le Seuil, 1973.

Rhodes, Alexandre de, s.j., *Voyages et Missions*, Paris, 1864.

–, *Histoire du royaume de Tonkin*, Paris, 1864.

Ricci, Matteo, s.j., et Trigault, Nicolas, s.j., *Histoire de l'expédition chrétienne au royaume de la Chine*, rééd., Paris, Desclée de Brouwer, 1978.

Rochemonteix, P. de, s.j., *Nicolas Caussin et le Cardinal de Richelieu*, Paris, 1911.

Sainte-Beuve, Charles-Augustin, *Port-Royal*, Paris, 1902, 5 vol.

Schmidt, Albert-Marie, *Jean Calvin et la Tradition calviniste*, Paris, Le Seuil, 1957.

Schurhammer, Georg, s.j., *Francis Xavier, his Life, his Time*, traduit de l'allemand, Rome, 1982, 4 vol.

Skinner, Quentin, *Machiavel*, Paris, Le Seuil, 1989.

Spence, Jonathan, *Le Palais de mémoire de Matteo Ricci*, Paris, Payot, 1986.

Tellechea Idigoras, Ignacio, s.j., *Ignace de Loyola pèlerin de l'absolu*, Paris, Nouvelle Cité, 1990.

Valignano, Alessandro, *Les Jésuites au Japon : relation missionnaire (1583)*, présenté par Jacques Besineau, s.j., Paris, Desclée de Brouwer, 1990.

Wachtel, Nathan, *La Vision des vaincus*, Paris, Gallimard, 1971.

Woodrow, Alain, *Les Jésuites, Histoire de pouvoirs*, Paris, Jean-Claude Lattès, 1984, rééd. 1990.

Chronologie

Les jésuites	Le monde

Les jésuites

1492 Naissance d'Inigo de Loyola.

1505 Naissance de Pierre Favre.
1506 Naissance de François Xavier.
1507 Inigo à la cour de Castille.

1512 Naissance de Diego Laynez.

1521 Loyola blessé au siège de Pampelune.
1523 Loyola gagne la Terre Sainte où il fait un bref séjour.

Le monde

Jan Standonck fonde à Paris le collège Montaigu.
1492 Découverte de Colomb.
Expulsion des juifs et des maures d'Espagne.
1493 Traité de Tordesillas entre le pape, l'Espagne et le Portugal.
1494 Vasco de Gama ouvre la route maritime des Indes.
1500 Le Brésil abordé par Cabral.

1509 Henri VIII, roi d'Angleterre.
1510 Albuquerque fonde le Goa portugais.
1511 Érasme : *L'Éloge de la folie*.

1515 Avènement de François Ier.
1516 Le sultan Selim Ier conquiert le pourtour méditerranéen.
1517 Luther affiche sa protestation à Wittenberg.
1518 Charles Quint, empereur d'Allemagne.
1519 Hernán Cortés prend Mexico.
1520 Soliman le Magnifique, sultan.

1525 Défaite et capture de François Iᵉʳ à Pavie.

1528 Arrivée de Loyola à Paris : collège de Montaigu, puis Sainte-Barbe.

1529 Les Turcs assiègent Vienne.
1530 Fondation du « Collège des trois langues » (puis « de France »).
1531 Pizzaro conquiert le Pérou. Rupture d'Henri VIII avec Rome.

1532 « Ignace » de Loyola « maître ès arts » de Paris.
1534 Vœu de Montmartre des sept fondateurs.

Avènement du pape Paul III.

1536 Jacques Cartier sur le Saint-Laurent. Calvin publie à Genève son *Institution chrétienne*.

1538 Installation à Rome d'Ignace et les siens.
1540 Paul III approuve la Compagnie de Jésus. Départ de François Xavier pour les Indes.

1542 Un vaisseau portugais aborde au Japon.
1543 Ivan IV le Terrible au pouvoir.
1544 Concile de Trente.

Charles Quint écrase les protestants à Mühlberg.

1546 Mort de Pierre Favre à Rome.
1547 Bulle pontificale excluant les femmes de la Compagnie.
1549 François Xavier débarque au Japon.
1551 Fondation du Collège romain, future Université Grégorienne.
1552 Mort de François Xavier à San-Cian.
1554 Juana d'Espagne, « jésuitesse » mais…
1556 Mort d'Ignace de Loyola à Rome. Laynez lui succède.
1557 Mission d'Oviedo en Éthiopie.

Création du comptoir de Macao.

1558 Elizabeth Ire, reine d'Angleterre.
Abdication de Charles Quint.

1559 Traité franco-espagnol de Cateau-Cambrésis.

1561 Colloque de Poissy.

1565 A Diego Laynez, le deuxième
« général », succède François
de Borgia.
L'Université de Paris tolère
l'enseignement des jésuites.

1571 Lépante : la flotte « chrétienne » écrase les Turcs.

1572 Mercurian, 4e « général ».
Massacre de la Saint-Barthélemy.

1579 Valignano au Japon.

1581 Claudio Aquaviva, premier
« général » italien.

1582 Matteo Ricci admis en Chine.

1588 Désastre de l'« invincible Ar-
mada ».

1589 Assassinat d'Henri III. Henri IV roi de France.

1593 5e congrégation de la Compagnie (texte antisémitique).

1594 Henri IV à Paris.

1595 Ricci se mue en mandarin.

1598 *Ratio Studiorum* d'Aquaviva.

Promulgation de l'Édit de
Nantes.
Shakespeare : *La Nuit des rois*.

1600 Mort de Luis de Molina.

1601 Matteo Ricci à Pékin.

1603 Édit de Rouen : les jésuites
régularisés en France.

1606 Roberto de Nobili en Inde.

1608 Fondation de Québec

1609 Première « réduction » au Paraguay.

1610 Mort de Matteo Ricci.

Assassinat d'Henri IV.

1612 Mort de Clavius, père de
l'école scientifique jésuite.

1613 Fondation de la dynastie des
Romanov.
Le *Don Quichotte* de Cer-
vantès.

1614 Première *Histoire des jésuites*
du P. Sacchini.

1616 Mise à l'index de Copernic.
Mort de Shakespeare et de
Cervantès.

1618 Début de la Guerre de Trente
Ans.
1620 Débarquement du *May Flo-
wer* au Massachusetts.

1622 Canonisation d'Ignace de
Loyola et de François Xavier.

1623 Vélasquez s'installe à Madrid.
Richelieu au pouvoir à Paris,
Olivarès à Madrid.

1624 Alexandre de Rhodes en
Cochinchine.
1627 Alexandre de Rhodes au Tonkin.

1628 Prise de La Rochelle tenue
par les protestants.
1629 Charles Ier dissout le Parlement britannique.
1630 Mort de Jacob Kepler.
Urbain VIII admet la licité du
prêt à long terme.
1632 Christine sur le trône de
Suède.
1633 Condamnation de Galilée.

1631 Exode vers le sud des
« réductions » du Parana.

1634 Le R. P. Mersenne publie *Les
Mécaniques de Galilée*.
Jean de Brébeuf chez les In-
diens Hurons.

1635 Nouvelle guerre franco-espa-
gnole.
1636 *Le Cid* de Pierre Corneille.
1637 *Le Discours de la Méthode* de
René Descartes.
Révolution en Angleterre.

1640 Publication de l'*Imago primi
seculi*.

1641 Rembrandt : *La Ronde de nuit*.
1642 Mort de Richelieu.
Pascal invente la machine à
calculer.
1643 Mazarin Premier ministre.
Victoire de Cromwell sur l'armée royale à Naseby.

1645 Rome met les jésuites en garde
contre le culte de Confucius.

1648 « Fronde » de Paris. Fin de la Guerre de Trente Ans. Exécution de Charles Iᵉʳ.

1649 Supplice des pères de Brébeuf et Lallemant.

1650 Fronde des princes.
1651 Cromwell écrase Charles II à Worcester.

1653 Protestation anti-esclavagiste au Brésil d'Antonio Vieyra.

1654 Sacre de Louis XIV.
1661 Colbert succède à Fouquet. Mort de Nicolas Poussin.

1665 Mort de Jean-Joseph Surin.

1666 Travaux de Newton sur le calcul intégral.
1672 Guillaume d'Orange Stathouder des Pays-Bas.

1673 Le R. P. Marquette descend le Mississippi.

1677 *Phèdre* de Jean Racine.
1679 Paix de Nimègue. Déclaration des « Quatre articles » gallicans sous l'impulsion de Bossuet.

1680 Mort d'Athanasius Kircher.
1682 Le collège de Clermont devient « Louis-le-Grand ».

1683 Siège de Vienne par les Ottomans.
1685 Révocation de l'Édit de Nantes.
1686 Leibniz invente l'énergie cinétique.
1689 Guillaume d'Orange, roi d'Angleterre.

1692 Édit de tolérance de l'empereur Kang-Hi en faveur des chrétiens.

1696 Pierre le Grand, tsar de Moscovie.

1705 Mission de Tournon en Chine : le culte des ancêtres est interdit aux chrétiens.

1709 Désastre de Louis XIV à Malplaquet.
1710 Destruction de Port-Royal.

1713 Bulle *Unigenitus* contre les jansénistes.
Mort de Louis XIV.

1715 Castiglione en Chine.
Les jésuites sommés par Rome de rompre avec le confucianisme.

1717 Voltaire à la Bastille.

1720 Le R. P. Charlevoix dans l'Ouest américain.

1721 Montesquieu : *Les Lettres persanes.*

1722 Pierre le Grand affirme son hégémonie sur l'Europe du Nord.

1724 Persécution anti-jésuites de l'empereur Yong-Tching.

1725 Mort de Pierre le Grand.

1727 Mort du R. P. Sicard en Égypte.

1740 Frédéric II, roi de Prusse.

1742 Condamnation définitive des « rites chinois ».

1743 Publication du *Christianismo Felice* de Muratori.

1745 Victoire de Maurice de Saxe à Fontenoy.
Mme de Pompadour favorite.

1748 Frédéric II conquiert la Silésie.

1750 Traité « des limites » hispano-portugais en Amérique latine : guerre guaranitique.

1752 L'*Encyclopédie*, aussitôt condamnée.

1754 Expulsion des jésuites du Brésil.

1757 Bougainville autour du monde.

1758 Choiseul aux affaires.

1759 Expulsion des jésuites du Portugal

1761 Le R. P. de La Valette condamné.

1762 Exécution de Calas.
Catherine II sur le trône de Russie.

1763 Traité de Paris : la France perd le Canada et cède la Louisiane à l'Espagne.

1764 Proscription de France de la Compagnie.

1765 Joseph II, empereur d'Autriche.

1767 Expulsion des jésuites d'Espagne et des missions américaines.
Fin des « réductions ».

1768 Expulsion des jésuites de Parme.

1769 Naissance de Napoléon Bonaparte.

1770 Naissance de Beethoven.

1772 Partage de la Pologne entre la Prusse, l'Autriche et la Russie.
Lucio Silla, de Mozart.

1773 A Rome : suppression de la Société de Jésus par le « bref » *Dominus ac Redemptor*.

Index

Ouvrages de Jean Lacouture

L'Égypte en mouvement
en collaboration avec Simone Lacouture
Le Seuil, 1956

Le Maroc à l'épreuve
en collaboration avec Simonne Lacouture
Le Seuil, 1958

La Fin d'une guerre
en collaboration avec Philippe Devillers
Le Seuil, 1960, nouvelle édition 1969

Cinq Hommes et la France
Le Seuil, 1961

Le Poids du tiers monde
en collaboration avec Jean Baumier
Arthaud, 1962

De Gaulle
Le Seuil, 1965, nouvelle édition 1971

Le Vietnam entre deux paix
Le Seuil, 1965

Hô Chi Minh
Le Seuil, 1967, nouvelle édition 1976

Quatre Hommes et leur peuple
Sur-pouvoir et sous-développement
Le Seuil, 1969

Nasser
Le Seuil, 1971

L'Indochine vue de Pékin
(entretiens avec le prince Sihanouk)
Le Seuil, 1972

André Malraux, une vie dans le siècle
Le Seuil, Prix Aujourd'hui 1973
coll. « Points Histoire », 1976

Un sang d'encre
Stock-Seuil, 1974

Les Émirats mirages
en collaboration avec
Gabriel Dardaud et Simonne Lacouture
Le Seuil, 1975

Vietnam, voyage à travers une victoire
en collaboration avec Simonne Lacouture
Le Seuil, 1976

Léon Blum
Le Seuil, 1977
coll. « Points Histoire », 1979

Survive le peuple cambodgien !
Le Seuil, 1978

Le rugby, c'est un monde
Le Seuil, coll. « Points Actuels », 1979

Signes du Taureau
Julliard, 1979

François Mauriac
Le Seuil, Bourse Goncourt de la biographie, 1980
coll. « Points Essais », 2 vol., 1990
1. Le sondeur d'abîmes (1885-1933)
2. Un citoyen du siècle (1933-1970)

Julie de Lespinasse
en collaboration avec
Marie-Christine d'Aragon
Ramsay, 1980

Pierre Mendès France
Le Seuil, 1981

Le Piéton de Bordeaux
ACE, 1981

En passant par la France
Journal de voyage
en collaboration avec
Simonne Lacouture
Le Seuil, 1982

Profils perdus
53 portraits contemporains
A. M. Métailié, 1983

De Gaulle
1. Le Rebelle (1890-1944)
2. Le Politique (1944-1959)
3. Le Souverain (1959-1970)
Le Seuil, 1984, 1985 et 1986
coll. « Points Histoire », 3 vol., 1990
préface de René Rémond

Algérie : la guerre est finie
Éd. Complexe, Bruxelles, 1985

De Gaulle ou l'éternel défi
en collaboration avec Roland Mehl
Le Seuil, 1988

Champollion
Une vie de lumières
Grasset, 1989

Enquête sur l'auteur
Arléa, 1989
Le Seuil, coll. « Points Actuels », 1991

Jésuites
1. Les conquérants
Le Seuil, 1991
2. Les revenants
Le Seuil, 1992

Le Citoyen Mendès France
en collaboration avec Jean Daniel
Le Seuil, coll. « L'histoire immédiate », 1992

Voyous et Gentlemen
Une histoire du rugby
Gallimard, coll. « Découvertes », 1993

Le Désempire
Figures et thèmes de l'anticolonialisme
avec Dominique Chagnollaud
Denoël, coll. « L'aventure coloniale de la France », 1993

RÉALISATION : PAO ÉDITIONS DU SEUIL
IMPRESSION : MAURY-EUROLIVRES S.A. À MANCHECOURT
DÉPÔT LÉGAL : SEPTEMBRE 1995 – N° 25847 (95/09/M7409)

Collection Points

VA